SCHICKE PROZENTE. IMMER.
Über 80 Designer-Marken immer 30–70%* günstiger.
10% Extra-Rabatt auf Seite 565
designer outlet Soltau
Direkt an der A7, Ausfahrt Soltau-Ost
designeroutletsoltau.com
*gegenüber der UVP, solange der Vorrat reicht.
LACOSTE OUTLET
Marc O'Polo
WMF
Samsonite
ESPRIT

NO basics
MODEFABRIK
Let's fashion
Ihr Premium Outlet in Oberfranken
www.nobasics.eu
NEBEN DEM ROSENTHAL OUTLET CENTER
Bench.
FRAAS
MAERZ MUENCHEN
Sanetta
BENVENUTO.
GERRY WEBER
MARC AUREL
SCHNEIDERS SALZBURG
Betty Barclay
GIL BRET
Marc O'Polo JUNIOR
sigikid
CALAMAR
HABSBURG
MILANO ITALY
SPEIDEL
camel active
hattric est. 1972
MORE & MORE
TAIFUN
CARTOON
KANZ
PALMERS
VAUDE
CINQUE
LUISA CERANO
Pampolina
Vera Mont
95100 Selb, Am Nordbahnhof 3
A93 Ausfahrt Selb Nord, 1. Ampel Ri. Schirnding, nach 200m rechts
Montag bis Samstag 10 – 18 Uhr geöffnet

ara
since 1949
ara-shoes.com
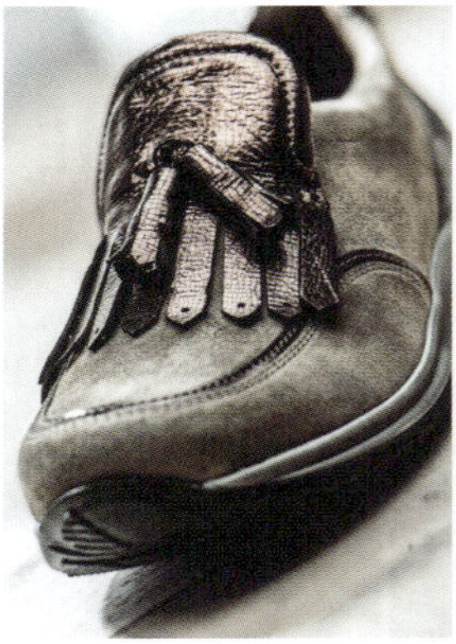

Get your final kick!
PARTY-SHOOTER
Gräf's
Party-Minis
Neu
Holunder-Johannisbeer
Haselnuss-Nougat
Maracuja-Vanille
Bubble-Gum
Erdbeer
www.facebook.com/GraefsPartyMinis
Gefällt mir!
RAUCH'S GALERIE
Destille
Spirituosen-Fabrikverkauf
mit Schnapsmuseum & Probiertheke
Thölauer Straße 12 - 95615 Marktredwitz
Tel. 09231 99501 - Fax 09231 995111
www.graefs.de – info@graefs.de
Öffnungszeiten:
Mo-Mi. 9:30-12:00 / 13:30-17:00 Uhr
Do.+Fr. 9:30-12:00 / 13:30-18:00 Uhr
Sa. 9:30-13:00 Uhr

SEBAMED SHOP
IN BOPPARD
Kronengasse 22 (Marktplatz)
56154 Boppard
Öffnungszeiten:
Montag bis Freitag • 09:00 - 18:00 Uhr
Samstag • 09:00 - 14:00 Uhr
klinisch pH Wert 5,5 geprüft
sebamed®
Wissenschaft für gesunde Haut.
Abgabe nur in haushaltsüblichen Mengen –
nur für den privaten Bedarf

10%
Extra-Rabatt
für Sie!*
*Einfach diese Anzeige
beim Kauf vorlegen.
Einmalig einzulösen bis zum
31.12.2018

WÜSTHOF
Exklusiver Werksverkauf
Sonderposten, B-Ware,
Einzelstücke
Messer
Messersets
Messerblöcke
Scheren
Küchenhelfer
Maniküre
Mo./Di. 9.00 bis 16.00 Uhr
Mi. 9.00 bis 13.00 Uhr
Do./Fr. 9.00 bis 16.00 Uhr
WÜSTHOF DREIZACKWERK
Kronprinzenstr.49,
42655 Solingen
Quality MADE IN GERMANY / Solingen
wuesthof.com
Empfohlen vom Verband
der Köche Deutschlands e.V.

25€
GUTSCHEIN
AB EINKAUFSWERT VON 100 €
NICHT KUMULIERBAR *
JE KUNDE JE KAUF
STOCKMAN
BARUTTI & MASTERHAND
OUTLET HERRENMODE
PREISVORTEIL -30 - 50% ** · GROSSE AUSWAHL
GROSSE GRÖSSEN · TOP-QUALITÄT
BAD MÜNSTEREIFEL
CITY OUTLET BAD MÜNSTEREIFEL
ORCHHEIMER STRASSE 23
53902 BAD MÜNSTEREIFEL
T 02253 544 00 91
MO - SA 10:00 - 19:00 UHR
BREHNA
HALLE LEIPZIG - THE STYLE OUTLETS
BERLINER STRASSE 1
NAVIGATION: THIEMENDORFER MARK
06796 SANDERSDORF-BREHNA
T 034954 63 98 72
MO - SA 10:00 - 20:00 UHR
REGENSBURG
IM GEWERBEPARK C 49
DONAUSTAUFER STRASSE
93059 REGENSBURG
T 0941 46 10 53 45
MO - FR 9:30 - 19:00 UHR
SA 9:30 - 16:00 UHR
HERRIEDEN
A6 FASHION PLACE - PIAZZA OUTLET
AN DER AUTOBAHN 20
91567 HERRIEDEN
T 09825 927 38 43
MO - SA 10:00 - 19:00 UHR
WADGASSEN
OUTLET CENTER WADGASSEN
GEBÄUDE 6 EINHEIT 66
SAARSTRASSE 20
66787 WADGASSEN
T 06834 698 58 88
MO - SA 10:00 - 19:00 UHR
WILHELMSHAVEN
PEINE GMBH FABRIKVERKAUF
EBERTSTRASSE 58 B
26382 WILHELMSHAVEN
T 04421 48 42 31
MO - FR 10:00 - 18:00 UHR
SA 10:00 - 16:00 UHR
* FÜR BEREITS REDUZIERTE ARTIKEL KEIN UMTAUSCH, KEINE GUTSCHEINE & RABATTE
** GEGENÜBER DER UVP DES HERSTELLERS FÜR DEN EINZELHANDEL
BARUTTI

HILTL
GERMAN FOR FINEST TROUSERS

Wo finde ich was?

Mit Gratis-Update siehe Seite 80

Neuigkeiten und Änderungen, die dieses Buch betreffen, gibt es immer aktuell unter www.schnaeppchenfuehrer.com.

Schnäppchentour 1: Hamburg – Kufstein

Schnäppchentour 1: Hamburg – Kufstein

Hamburg/Schleswig-Holstein/Niedersachsen

1. Hamburg: **Olsen**, Damenbekleidung
   Tom Tailor, Damen-, Herren- und Kinderbekleidung
2. Lüneburg: **Roy Robson**, Herrenbekleidung, Schuhe
3. Soltau: **Designer Outlet Soltau**, Bekleidung, Schmuck, Wohnaccessoires
4. Celle: **Cecil/Street One**, Damenbekleidung
5. Isernhagen: **Bree**, Taschen, Lederwaren, Lederaccessoires
6. Hannover: **Bahlsen**, Kekse, Gebäck, Süßwaren
   Pelikan, Füllfederhalter, Schreibwaren
7. Wolfsburg: **Designer Outlets Wolfsburg**, Bekleidung, Sportausrüstung, Schuhe, Lederwaren
   VW, Autos, Jahreswagen, Gebrauchtwagen
8. Goslar: **Odermark**, Herrenbekleidung
9. Northeim: **Wilvorst**, Herrenbekleidung

Hessen

10. Frankenberg/Eder: **Thonet**, Stühle
11. Borken: **Rohde**, Schuhe
12. Kirchheim: **Lloyd**, Schuhe

Baden-Württemberg

13. Wertheim: **Alfi**, Haushaltswaren, Isolierkannen
    Wertheim Village, Bekleidung, Schuhe, Haushaltswaren

Bayern

14. Großostheim: **Eduard Dressler**, Damen- und Herrenbekleidung
15. Aschaffenburg: **Basler**, Damenbekleidung
    Desch, Herrenbekleidung
16. Schwarzach bei Würzburg: **René Lezard**, Damen- und Herrenbekleidung
17. Herzogenaurach: **Adidas**, Sporbekleidung, -artikel, -schuhe
    Nike, Sportbekleidung, -artikel, -schuhe
    Puma, Sportbekleidung, -artikel, -schuhe
18. Hersbruck: **Carl Gross**, Herrenbekleidung
19. Greding: **Reebok**, Sportschuhe, Sportbekleidung
20. Ingolstadt: **Audi**, Autos, Jahreswagen, Gebrauchtwagen
    Ingolstadt Village, Bekleidung, Haushaltswaren, Heimtextilien
21. München: **Aigner**, Damen- und Herrenbekleidung, Lederwaren
    Triumph International, Wäsche
22. Planegg-Martinsried bei München:
    Bassetti, Tisch- und Bettwäsche, Heimtextilien
    Marc O'Polo, Damen- und Herrenbekleidung, Schuhe, Accessoires
23. Baierbrunn bei München: **Timberland**, Freizeitbekleidung, Schuhe
24. Kirchheim-Heimstetten bei München:
    Bogner, Sport-, Damen- und Herrenbekleidung

Österreich

25. Kufstein: **Riedel, Tiroler Glashütte**, Gläser

Schnäppchentour 2 und 2a
Bremen – Bodensee und Alternativroute Reken – Remagen

Schnäppchentour 2: Bremen – Bodensee

Bremen/Niedersachsen

1. Varel: **Friesland**, Porzellan, Geschirr
2. Apen-Augustfehn: **Gardeur**, Damen- und Herrenbekleidung
3. Bremen:
   Wilkens, Besteck, Tafelsilber
   Kleine Wolke, Badtextilien, Haushaltswaren
4. Stuhr-Brinkum bei Bremen:
   Adidas, Sportbekleidung, -artikel, -schuhe
   Marc O'Polo, Damen- und Herrenbekleidung, Schuhe, Accessoires
   Nike, Sportschuhe, Sportartikel und Sportbekleidung
   Tommy Hilfiger, Damen-, Herren- und Kinderbekleidung
5. Sulingen: **Lloyd**, Schuhe

Nordrhein-Westfalen

6. Herford: **Brax**, Hosen
   Bugatti, Damen- und Herrenbekleidung
   Pierre Cardin, Damen- und Herrenbekleidung
7. Bielefeld:
   Seidensticker, Herrenbekleidung, Hemden
   Windsor, Damen- und Herrenbekleidung
8. Schmallenberg: **Falke Fashion**, Strickwaren, Strümpfe

Hessen

9. Frankfurt/Main:
   Perlen- und Schmuckcenter Westend, Perlen und Schmuck

Bayern

10. Miltenberg/Main:
    Miltenberger, Daniel Hechter, Lagerfeld, Damen- und Herrenbekleidung

Baden-Württemberg

11. Nußloch bei Heidelberg: **Fashion Park/Betty Barclay**, Damen-, Herren-, Freizeitbekleidung
12. Künzelsau: **Mustang**, Jeans
13. Kornwestheim: **Salamander**, Damen-, Herren-, Kinderschuhe, Taschen

14. Metzingen:
    Bally, Schuhe
    Escada, Damenbekleidung
    Esprit, Damen- und Kinderbekleidung
    Hugo Boss, Herren- und Damenbekleidung
    Joop!, Damen- und Herrenbekleidung
    Strenesse, Damen- und Herrenbekleidung
    Sowie ca. **50 weitere bekannte Marken, in der Outlet City Metzingen** (siehe Metzingen)
15. Bodelshausen: **Marc Cain**, Damenbekleidung
16. Burladingen: **Trigema**, Sport- und Freizeitbekleidung, Wäsche
17. Radolfzell/Bodensee:
    Schiesser, Tag- und Nachtwäsche, Bademoden
    Seemaxx, Factory Outlet Centrum (FOC)

Schweiz

18. Kreuzlingen:
    Schiesser, Tag- und Nachtwäsche, Bademoden
    Strellson, Damen- und Herrenbekleidung
    Tommy Hilfiger, Damen- und Herrenbekleidung
    Windsor, Damen- und Herrenbekleidung

Schnäppchentour 2a: Alternativroute Reken – Remagen

Nordrhein-Westfalen

1. Reken: **Iglo**, Lebensmittel, Eis, Tiefkühlkost, Fertiggerichte
2. Borken: **Bierbaum**, Bett- und Tischwäsche, Unterwäsche, Schlafanzüge
3. Herten: **Herta**, Fleisch- und Wurstwaren
4. Kempen: **Griesson - de Beukelaer**, Kekse, Gebäck, Süßwaren
5. Mönchengladbach:
   Cinque, Damen- und Herrenbekleidung
   Gardeur, Damen- und Herrenbekleidung
6. Erkelenz: **Statz**, Damen- und Herrenbekleidung
7. Aachen:
   Lambertz, Printen, Spekulatius, Dominosteine, Süßwaren
   Lindt, Süßwaren, Diabetikersüßwareng

Rheinland-Pfalz

8. Remagen: **Schauff**, Fahrräder

Schnäppchentour 3: Berlin – Salzburg

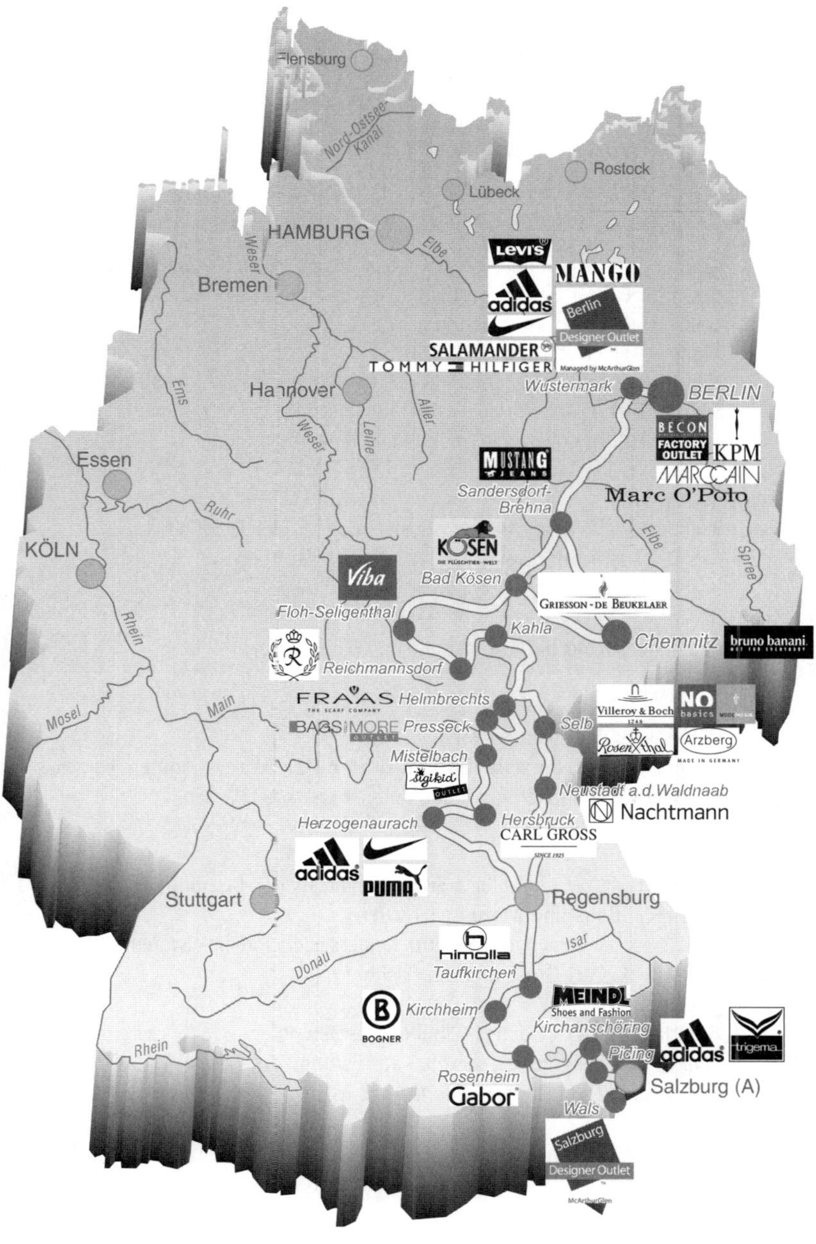

Schnäppchentour 3: Berlin – Salzburg

Berlin

1. Berlin:
   Becon Factory Outlet, Damen- und Herrenbekleidung
   KPM, Porzellan
   Marc Cain, Damenbekleidung
   Marc O'Polo, Damen- und Herrenbekleidung, Schuhe, Accessoires

Brandenburg

2. Wustermark:
   Adidas, Sportbekleidung, -schuhe, -ausrüstung (siehe Herzogenaurach)
   Designer Outlet Berlin, Bekleidung, Uhren, Sportartikel, Heimtextilien
   Levi's, Jeans, Freizeitbekleidung
   Mango, Damenbekleidung
   Nike, Sportbekleidung, -schuhe, -ausrüstung (siehe Herzogenaurach)
   Salamander, Damen-, Herren- und Kinderschuhe (siehe Kornwestheim)
   Tommy Hilfiger, Damen-, Herren- und Kinderbekleidung

Sachsen-Anhalt

3. Sandersdorf-Brehna: **Mustang**, Jeans und Freizeitbekleidung
4. Bad Kösen: **Kösener Spielzeug**, Plüschtiere, Stoffpuppen

Sachsen

5. Chemnitz: **Bruno Banani**, Wäsche und Bademoden

Thüringen

6. Floh-Seligenthal: **Viba Sweets**, Süßwaren
7. Reichmannsdorf: **Porzellanfiguren Gräfenthal**, Porzellanfiguren, Porzellan
8. Kahla: **Griesson - de Beukelaer**, Kekse, Gebäck, Süßwaren

Bayern

9. Helmbrechts-Wüstenselbitz: **Fraas**, Schals, Tücher, Decken
10. Presseck: **Bags and More**, Lederwaren
11. Mistelbach bei Bayreuth: **Sigikid**, Kinderbekleidung, Spielwaren
12. Hersbruck: **Carl Gross**, Herrenbekleidung
13. Herzogenaurach:
    Adidas, Sportbekleidung, -schuhe, -ausrüstung
    Nike, Sportbekleidung, -schuhe, -ausrüstung
    Puma, Sportbekleidung, -schuhe, -ausrüstung

14. Selb:
    Arzberg, Porzellan
    No Basics, Damen-, Herren-, Kinderbekleidung, Wäsche
    Rosenthal, Porzellan, Glas, Bestecke, Accessoires
    Villeroy & Boch, Porzellan, Kristall, Besteck, Accessoires
15. Neustadt an der Waldnaab: **Nachtmann**, Glaswaren
16. Taufkirchen: **Himo Ia**, Polstermöbel
17. Kirchheim-Heimstetten: **Bogner**, Sport-, Damen-, Herrenbekleidung
18. Rosenheim: **Gabor** Damen- und Herrenschuhe
19. Kirchanschöring: **Meindl**, Wander-, Trekkingschuhe, Trachtenbekleidung
20. Piding:
    Adidas, Sportbekleidung, -schuhe, -ausrüstung (siehe Herzogenaurach)
    Trigema, Sport- und Freizeitbekleidung, Wäsche (siehe Burladingen)

Österreich

21. Wals-Himmelreich **Designer Outlet Salzburg**, Damen-, Herren-, Kinder-, Sport- und Freizeitbekleidung, Wäsche, Schuhe

Alle Firmen, die in diesen Schnäppchentouren genannt sind, finden Sie mit detaillierten Informationen im Hauptteil des Buches unter dem Namen der jeweiligen Stadt bzw. über das Firmen- und Markenregister.

Heinz Waldmüller, 73, ist Verbraucherjournalist mit Leib und Seele. Sein Credo: Du musst alles selbst ausprobieren, um zu wissen, ob es auch funktioniert. Waldmüller geht da gern noch einen Schritt weiter: „Das, was Du empfiehlst, musst du möglichst auch zusammen mit Deinen Lesern, Hörern und Zuschauern ausprobieren!" Das hat der frühere Leiter der Ratgeberredaktion des Süddeutschen Rundfunks auch immer getan. Egal ob bei der PfundsKur, der größten Gesundheitsaktion Deutschlands oder bei der Tour de Ländle, der schönsten Fahrradtour für Freizeitradler in Deutschland.

Selbst ausprobiert hat er natürlich auch das Einkaufen direkt beim Hersteller. Deshalb gibt er in diesem Buch die Summe seiner eigenen guten Erfahrungen und Tipps an seine Leser weiter.

Waldmüller kam bei seinen Vor-Ort-Recherchen zu diesem Buch viel in Deutschland herum.

Das Ergebnis seiner Recherchen:
Nirgendwo kann man Markenprodukte günstiger einkaufen als direkt beim Hersteller. Das ist auch das Fazit eines Tests der WISO-Redaktion des ZDF: Einkaufen im Fabrikverkauf direkt beim Hersteller ist die günstigste Einkaufsmöglichkeit für Markenprodukte überhaupt. Das schlägt im Test das Einkaufen im Internet und beim Einzelhändler.

Der springende Punkt dabei: Man muss wissen, wo die besten Marken in Deutschland ab Fabrik verkauft werden. Genau das ist seit über 20 Jahren der Stoff der Schnäppchenführer. Und genau darin liegt ihr enorm hoher Nutzwert.

Der Schnäppchenführer Deutschland 2018/19

- ▶ verrät die besten Marken.
- ▶ garantiert eine durchschnittliche Ersparnis von 30 bis 50 %.
- ▶ punktet zusätzlich mit 99 Einkaufsgutscheinen.

Waldmüller spürt Dank und Anerkennung seiner Leser aus Leserbriefen wie diesem:
„Schon beim ersten Einkauf hat sich der Schnäppchenführer mehr als bezahlt gemacht!"

Liebe Leserin, lieber Leser,

Sie suchen beste Markenqualität zum kleinen Preis? Und das als Dauerleistung, das ganze Jahr über auf alle Waren? Auf täglich wechselnde Lockvögel reagieren Sie mit „Nein, danke"? Dann ist unser Schnäppchenführer für Sie allererste Wahl.

Warum? Weil dieses Buch Sie zu bester Markenqualität führt. Zu bester Markenqualität mit Preiswertgarantie. 100% Marke, 50% Preis – mit diesem Versprechen sind wir vor über 20 Jahren angetreten. Wir haben unser Preiswertversprechen nicht nur gehalten, wir haben auch keine Mühen gescheut, um Ihnen auch in dieser Ausgabe wieder ein Geschenk zu machen: Einkaufsgutscheine im Wert von weit über 1000,- €. Es springt also etwas raus für Ihren Geldbeutel, wenn Sie „mit Buch" einkaufen. Den Schnäppchenführer sollten Sie beim Einkauf vorzeigen, nur dann gibt es auf den günstigen Outletpreis noch einen Preisabschlag. Bei allen Herstellern, die Einkaufsgutscheine zur Verfügung gestellt haben, bedanken wir uns im Namen unserer Leser.

Wie sind die guten Preise im Outlet möglich? Unsere Grafik soll das überlegene Preis-Leistungs-Verhältnis des Einkaufens ab Fabrik gegenüber dem Einzelhandel veranschaulichen.

Im **Fabrikverkauf** (neudeutsch Factory Outlet oder Outlet) verkauft der Hersteller seine Ware direkt an den Endverbraucher.

Auch im **Factory Outlet Center (FOC)** verkauft der Hersteller seine Ware direkt an den Endverbraucher. Im FOC finden Sie viele Hersteller unter einem Dach. Jeder Hersteller hat dort seinen Laden/Outlet. Die Hersteller sind Mieter der Ladengeschäfte. Betreiber der FOCs sind meist große internationale Investmentgesellschaften.

Im klassischen **Einzelhandel** verkauft der Einzelhändler an den Endverbraucher. Die Ware kauft er entweder beim Hersteller direkt oder über zusätzliche Handelsstufen wie Importeur/Handelsagentur/Großhändler zum Händler-Einkaufspreis. Der Einzelhändler schlägt auf den Händler-Einkaufspreis seine Einzelhandelsspanne (bei Textilien z.B. 100 % vom Händler-Einkaufspreis). Das verteuert die Ware für den Kunden.

Preisbeispiel

Fabrikverkauf

Der Hersteller verkauft einen Pullover direkt an den Endverbraucher zum Händler-Einkaufspreis von 100 € zzgl. 19 % MWSt. = 119 €.

Einzelhandel

Der Einzelhändler verkauft einen Pullover an den Endverbraucher zum Händler-Einkaufspreis von 100 € plus 100 % Einzelhandelsspanne = 200 € zzgl. 19 % MWSt. = 238 €.

NB: Ganz Clevere haben es bemerkt: Wer beim Hersteller direkt einkauft, spart auch die halbe Mehrwertsteuer!

Sie wollen wissen, wo über 1000 erstklassigen Hersteller in Deutschland ab Fabrik verkaufen? Da bietet Ihnen unsere Schnäppchenführer Deutschland 2018/19 perfekte Orientierung.

Ihr
Heinz Waldmüller
Herausgeber und Erfinder der
Buchreihe Schnäppchenführer

Inhalt

Neuigkeiten und Änderungen, die dieses Buch betreffen, gibt es immer aktuell auf www.schnaeppchenfuehrer.com.

Inhaltsverzeichnis Deutschland alphabetisch nach Bundesländern

Innerhalb der Bundesländer sind die Fabrikverkaufsorte ebenfalls alphabetisch aufgeführt, innerhalb der Orte die Verkaufsstellen in alphabetischer Reihenfolge der Firmennamen.

DEUTSCHLAND

Baden-Württemberg

Metzingen

Bayern

Berlin

Brandenburg

Bremen

Hamburg

Hessen

Mecklenburg-Vorpommern

Niedersachsen

Nordrhein-Westfalen

Rheinland-Pfalz

Sachsen-Anhalt

Schleswig-Holstein

Thüringen

EUROPA

Belgien

Frankreich

Großbritannien

Niederlande

Österreich

Tschechische Republik

Gratis-Update

Es ist nicht auszuschließen, dass ein Hersteller seine Öffnungszeiten, den Standort oder das Warenangebot während der Laufzeit dieses Buches verändert.
Sollten Sie feststellen, dass unsere Informationen nicht mehr korrekt sind, wären wir dankbar für einen Hinweis. Für die ersten 50 Zuschriften gibt es einen Buchpreis.

Auf www.schnaeppchenfuehrer.com veröffentlichen wir regelmäßig und kostenlos aktuelle Veränderungen und Neuigkeiten, die dieses Buch betreffen. Einfach ausdrucken und ins Buch einlegen.

Fabrikverkauf – was ist das ?

Nicht alle Adressen in diesem Buch haben Fabrikverkauf im Rechtssinn. Für Fabrikverkauf im Rechtssinn gibt es strenge Rechtsnormen. Als Verbraucherjournalist habe ich meine Aufgabe nicht darin gesehen, zu überprüfen, ob die aufgeführten Firmen Fabrikverkauf im Rechtssinn durchführen. Ausschlaggebend war vielmehr die Frage: Ist dieser Verkauf für Sie eine gute Einkaufsadresse im Sinne von Marke, Warenqualität und Preisvorteil? Deshalb gibt es in diesem Buch auch Factory Outlets, Outlet Stores, Outlet Center, Vertriebsgesellschaften, Lagerverkäufe, Direktverkäufe, Werksläden oder auch Einzelhandelsgeschäfte, die Ware aus der eigenen Fabrik zu günstigen Preisen verkaufen. Die Firmenadressen geben keine Auskunft über die Rechtsform oder über die Gesellschaft, die den Verkauf betreibt.

Tipps erwünscht !

In dieser Reihe haben wir bisher ca. 3000 Fabrikverkäufe vor Ort recherchiert. Wir haben jedoch die Spreu vom Weizen getrennt und nur die besten Marken ausgewählt und veröffentlicht. Das heißt nicht, dass wir wirklich schon alle hervorragenden Einkaufsquellen aufgespürt hätten. Wir bitten hier um Ihre Mithilfe. Nachdem es nichts gibt, was man nicht noch besser machen könnte, bitten wir um Ihre Geheimadressen, aber auch um Ihre Anregungen, Ihre Kritik, Ihre Vorschläge. Bitte teilen Sie uns auch mit, wenn Ihnen Herstelleradressen nicht gefallen haben und warum. Wir prüfen jede Kritik und nehmen Hersteller, über die es Beschwerden gibt, wieder aus unseren Schnäppchenführern heraus. Wir sind allein Ihnen, unseren Lesern verpflichtet und sonst niemandem. Für die besten 50 Vorschläge von neuen Adressen gibt es Buchprämien.
Bitte schreiben Sie, Sie helfen damit allen Verbrauchern, die mit unseren Schnäppchenführern preisgünstig einkaufen wollen.

Schnäppchenführer Deutschland 2018/19
Heinz Waldmüller
Schnäppchenführer-Verlag GmbH
Lucas-Cranach-Straße 7
70794 Filderstadt

Fax: 07 11/77 72 06
E-Mail: info@schnaeppchenfuehrer.com
Internet: www.schnaeppchenfuehrer.com

Zum Gebrauch

Die Einkaufsgutscheine: Hat ein Hersteller einen Einkaufsgutschein zur Verfügung gestellt, so wird dies auf der entsprechenden Firmenseite im Hauptteil des Buches mit dem Button „Einkaufsgutschein" neben dem Markenlogo (oder den Logos) gekennzeichnet. Dort ist auch vermerkt, auf welcher Seite der Gutschein zu finden ist. Auf Seite 554 finden Sie die Rahmenbedingungen zum Einlösen der Gutscheine und auf den Folgeseiten sämtliche Gutscheine in der alphabetischen Reihenfolge der Markennamen.

Die Schnäppchentouren von Nord nach Süd (Seite 28 bis 35): Wenn Sie mit dem Auto in Deutschland in Nord-Süd-Richtung oder umgekehrt unterwegs sind, erhalten Sie mit unseren Schnäppchentouren-Vorschlägen ca. 60 Anregungen für beste Fabrikverkäufe, die unmittelbar an den großen Fernverbindungen liegen.

Im Inhaltsverzeichnis nach Orten (Seite 39 bis 79) erfahren Sie, auf welcher Seite ein Fabrikverkauf im Hauptteil des Buches beschrieben wird. Achtung: Das Inhaltsverzeichnis für Deutschland nach Orten ist nach Bundesländern gegliedert. In alphabetischer Reihenfolge werden für jedes Bundesland alle Orte mit Fabrikverkauf benannt. Unter jedem Ort sind alle Verkäufe des Ortes aufgeführt und zwar alphabetisch nach Firmennamen, die nicht immer identisch sind mit den Marken. Zusätzlich erhält man eine erste Information über das jeweilige Warenangebot.

Anwendungsbeispiel Orte: Sie möchten wissen, welche Fabrikverkäufe es neben Hugo Boss in Metzingen gibt. Im Inhaltsverzeichnis unter Metzingen werden über 80 Firmen benannt. Die Details finden Sie auf Seite 285 ff. Von der Anreisebeschreibung über die Karten bis hin zu Warenangebot, Ersparnis, Ambiente und Öffnungszeiten erfahren Sie hier Seite für Seite die Spezialinformationen zu jeder einzelnen Firma.

➤ Dieser Pfeil in den Orientierungskarten zeigt Ihnen den Standort der jeweiligen Firma an.

Ein Firmen- und Markenregister (Seite 610 ff.) und ein **Warenregister** (Seite 605 ff.) dienen als weitere Suchhilfen. Diese beiden Register geben darüber hinaus erste Hinweise auf die jeweiligen Warengruppen einer Verkaufsstelle.

Anwendungsbeispiele Firmen: Sie suchen die Firma Esprit. Sie finden das Unternehmen am schnellsten im **Firmen- und Markenregister**. Zusätzlich erhalten Sie die Information, dass diese Firma an vier Standorten Damen-, Herren-, Kinder- und Freizeitbekleidung direkt verkauft (Seite 313, 428, 484 und 532). Sie suchen Outdoor-Bekleidung. Hier gehen Sie am besten ins Warenregister. Dort erfahren Sie unter dem Stichwort Outdoor-Bekleidung, auf welchen Seiten entsprechende Hersteller beschrieben sind.

Im **Postleitzahlenregister** (Seite 625 ff.) können sie rasch feststellen, wie viele und vor allem welche Firmen es in Ihrem Umkreis bzw. in Ihrer Zielregion gibt.

Wichtig noch: Jede Firmenbeschreibung ist eine Momentaufnahme. Redaktionsschluss war im Juli 2017. Falls sich die Einkaufssituation geändert hat, berichten Sie uns Ihre Erfahrungen. Ihnen viel Spaß und Erfolg beim Einkaufen.

Was spart man beim Fabrikverkauf ?

Zugegeben, eine schwierige Frage, weil echte Vergleiche zum Teil unmöglich sind. Der Fachhandel bietet die hochaktuelle Ware an. Zum Abverkauf in der Fabrik kommt dagegen auch Ware der vergangenen Kollektion. Wenn die identische Ware in den Fachgeschäften nicht zu finden ist, ist ein exakter Preisvergleich nicht möglich. Der Verbraucher will jedoch wissen, wie hoch die Ersparnis ist. Deshalb wurden für die Ermittlungen der Preise Hilfskonstruktionen gesucht. Beispiel aus dem Bekleidungsbereich: Es wurde die vergleichbare neue Kollektion als Maßstab herangezogen, auch wenn es nicht die gleiche Ware, sondern allenfalls vergleichbare Ware ist.
Als Faustregel lässt sich sagen: Im Textil- und Schuhbereich ist die Bandbreite der Ersparnis groß. Es konnte eine durchschnittliche Preisreduzierung zum empfohlenen Endverkaufspreis von zirka 30 bis 50 % ermittelt werden. In der Sale-Phase in den Monaten Januar und Juni/Juli gibt es Preisreduzierungen bis zu 70 %.
Und noch etwas ist wichtig: Die Prozentangaben sind immer Circa-Angaben. Wo es möglich war, diente als Preisvergleichsmaßstab der empfohlene Endverkaufspreis aus Händlerpreislisten und Prospekten oder es wurde vor Ort in Fachgeschäften recherchiert. Um zu einer möglichst objektiven Beurteilung zu kommen, wurde in Zweifelsfällen aus den unterschiedlichen Aussagen ein Mittelwert festgelegt.

Korrekturstand der vorliegenden Ausgabe: Juli 2017.

Vor- und Nachteile des Fabrikverkaufs

Vorteile

- Hersteller betrachten ihren Fabrikverkauf als Visitenkarte ihrer Marke und bieten dort Markenqualität, Service, angenehmes Ambiente und besten Preis Der Kunde soll ja zur Markentreue hingeführt werden.
- Konkurrenzlos preisgünstige Einkaufsmöglichkeit.
- Markenqualität: Als Einkäufer ab Fabrik mit Markenbewusstsein treffe ich im Vorfeld meine Entscheidung, welcher Marke ich mein Vertrauen gebe.
- Sehr gute Preis-Leistungs-Relation (Qualität zum halben Preis).
- Produktpalette der jeweiligen Marke/Firma meist in großer Auswahl.
- Fabrikverkauf als Chance für Kurzurlaub (Anlässe für Kurzurlaub schaffen oder Freunde besuchen).
- 99 Einkaufsgutscheine aus dem Schnäppchenführer im Wert von weit über 1000,– €.

Nachteile

- Nicht immer jeder Artikel in jeder Größe und Farbe vorhanden.
  Tipp: Winterware schon im September/Oktober, Frühjahrs- und Sommerware ab Mitte Februar einkaufen. Anrufen, ob die neue Ware schon da ist.
- Meist nur Ware eines Herstellers.
- Vor Ort kein Waren-, Preis- und Qualitäts-Vergleich mit anderen Produkten anderer Firmen möglich.
  Tipp: Sich schon zu Hause informieren evtl. auch über Kataloge oder Internet.
- Anfahrtswege oft lang, Zeitverlust, Benzinkosten.
  Tipp: Fahrgemeinschaften mit Nachbarn, Freunde besuchen, Wochenendausflug, Shoppingurlaub, Schnäppchenreise oder Einkaufen ab Fabrik in normale Reiseroute einbeziehen, siehe auch Schnäppchentouren Seite 28 bis 35.
- Kaufrausch, weil Ware so preisgünstig ist oder wenig Ware. Gefahr, dass man ohne Einkauf zurückkommt oder Ware kauft, die einem gar nicht gefällt.
  Tipp: Vor der Schnäppchentour Reiseroute ausarbeiten, die mehrere Fabrikverkäufe einbezieht.
- Preisgünstige Ware oft mit kleinen Fehlern. Kein Umtausch bei fehlerhafter Ware.
  Tipp: Ware genau anschauen.
- Nicht überall Beratung.
  Tipp: Solche Firmen auswählen, die inzwischen ihren Fabrikverkauf zu ihrer Visitenkarte gegenüber dem Endverbraucher gemacht haben. Mit aktueller Ware, ansprechendem Ambiente und sehr fachkundigen Kundenberaterinnen. Das ist der Trend im Fabrikverkauf.

Als der erste Schnäppchenführer gedruckt wurde, war Lambertz ein mittelständisches Unternehmen. Inzwischen hat sich die Firma Lambertz zum nationalen Gebäckkonzern und Weltmarktführer bei Weihnachtsgebäck entwickelt.

Seit über 325 Jahren

Warenangebot
Kleingebäck aller Art, Aachener Printen, Dominosteine, Spekulatius, Spitzkuchen, Gebäckmischungen, Lebkuchen. Dazu: Haeberlein & Metzger Premium-Spezialitäten, Nürnberger Lebkuchen, Pralinen, große Auswahl an Geschenkpackungen.

Ersparnis
20 bis 50 %, bei Bruchware, Fehlpartien und Saisonresten noch mehr.

Ambiente
Moderner Werksverkauf direkt neben dem Firmengelände.

Adresse
Aachener Printen- und Schokoladenfabrik Henry Lambertz GmbH & Co. KG, Ritterstraße 9, 52072 Aachen, Tel.: 02 41/ 8 90 50.

Öffnungszeiten
Kernöffnungszeiten Montag bis Freitag 9.00 bis 19.00 Uhr, Samstag 9.00 bis 14.00 Uhr. Vor Weihnachten und Ostern erweiterte Öffnungszeiten.

Weitere Verkaufsstellen
- 49549 **Ladbergen**, Heemann GmbH, Im Sande 3, Tel.: 0 54 85/84 18.
- 89231 **Neu-Ulm-Schwaighofen**, Max Weiss GmbH & Co. KG, Junkersstraße 4-6, Tel.: 07 31/7 29 12 52.
- 90425 **Nürnberg-Großreuth**, Ferdinand Wolff GmbH & Co. KG, Kiliansstraße 96, Tel.: 09 11/9 37 93 12.

Anreise
A4 Aachen Richtung Heerlen. Ausfahrt Aachen-Laurensberg. Richtung Innenstadt. Nach ca. 400 m rechts. 1. Ausfahrt Gewerbegebiet Süsterfeld.

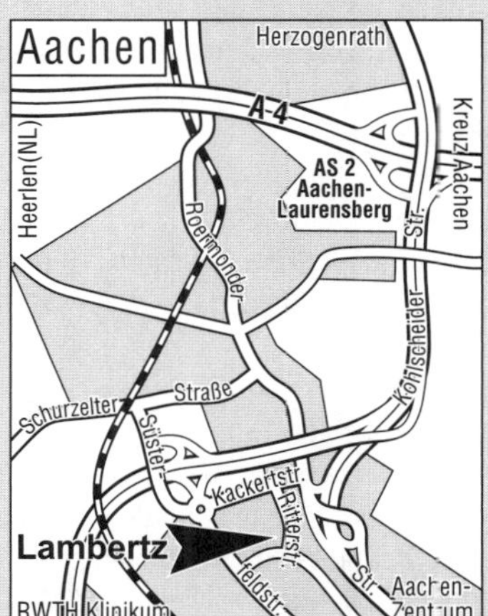

Lindt
SCHWEIZER MAÎTRE CHOCOLATIER
SEIT 1845

Der Lindt-Werksverkauf ist nicht nur einer der am besten ausgebauten Fabrikläden in Deutschland, sondern hier wurde auch an all das gedacht, was vielerorts bei Fabrikläden noch verbessert werden kann. Sei es die besonders lobenswerte Warenauszeichnung oder aber eine Rampe, so dass auch Rollstuhlfahrer leicht das süße Paradies von Lindt erreichen können.

Die Edelmarke

Warenangebot
Schokoladen – gefüllt und ungefüllt, Sorten wie Lindor, Diabetikerprodukte, Saisonprodukte, Pralinen, auch -bruch, Geschenkartikel, MHD-Angebote (Produkte, deren Mindesthaltbarkeitsdatum in drei bis sechs Monaten erreicht wird).

Ersparnis
25 bis 75 % bei MHD-Angeboten und Bruchpralinen. Der Preisvergleich zur regulären Ware ist leicht; der unverb. Verkaufspreis wird mit angegeben.

Ambiente
Wie ein Selbstbedienungssupermarkt. Bei starkem Andrang sind elf Kassen besetzt.

Adresse
Werksverkauf Chocoladefabrik Lindt & Sprüngli, Süsterfeldstraße 130, 52072 Aachen.

Öffnungszeiten
Montag bis Samstag 9.00 bis 18.00 Uhr. Sonderöffnungszeiten zu den Saisonmärkten, vor Weihnachten (ab dem 1. Oktober): Montag bis Freitag 8.30 bis 20.00 Uhr, Samstag 9.00 bis 18.00 Uhr. Vor Ostern (ab Aschermittwoch): Montag bis Freitag 8.30 bis 20.00 Uhr, Samstag 9.00 bis 18.00 Uhr.

Anreise
Autobahnkreuz Aachen A4 Richtung Heerlen. Ausfahrt Aachen-Laurensberg. Richtung Innenstadt. Nach ca. 400 m rechts. 1. Ausfahrt Gewerbegebiet Süsterfeld. An der Querstraße links, am Kreisverkehr rechts.

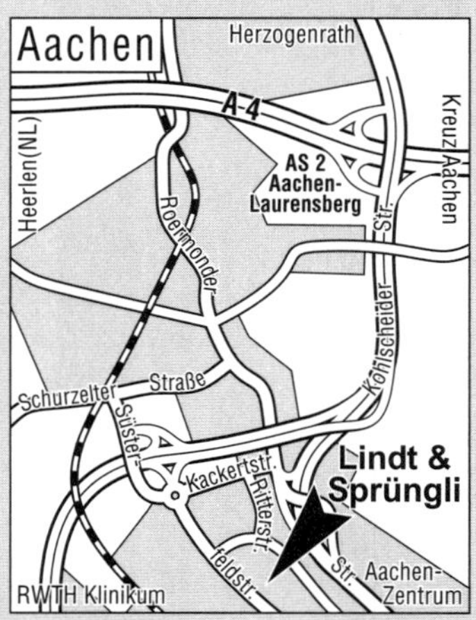

ZENTIS

Fruchtige Konfitüren, edle Marzipanspezialitäten und köstliche Cremes: Jedes Produkt aus dem Hause Zentis wird mit besonderer Sorgfalt und Liebe zur Frucht hergestellt. Seit 1893 sorgt das Aachener Traditionsunternehmen für unverwechselbaren Frühstücksgenuss.

Hier ist die Frucht zu Hause

Warenangebot
Konfitüren, süße Cremes, Marzipanspezialitäten; auch Ware mit kleinen Ausstattungsfehlern (das Etikett sitzt nicht so, wie es sollte). Die Handschrift des Qualitätskontrolleurs ist unübersehbar: Viele Angebote sind mit breitem, schwarzem Filzstift markiert. Diese (sehr brauchbare) Ware landet am Verkaufsschalter.

Ersparnis
30 bis 50 %.

Ambiente
Verkauf in einem separaten Gebäude, ganz einfach zu finden, da ausgeschildert.

Adresse
Zentis GmbH & Co. KG, Jülicher Straße 177, 52070 Aachen, Tel.: 02 41/4 76 00.

Öffnungszeiten
Montag bis Freitag 9.00 bis 11.45 und 12.30 bis 16.30 Uhr. Samstag geschlossen.

Anreise
A544 bis zum Ende, Europaplatz. Am Kreisverkehr die 1. Ausfahrt in die Joseph-von-Görres-Straße nehmen. Diese führt direkt auf die Jülicher Straße. Dort rechts ab. Nach ca. 200 m erreicht man auf der linken Seite die Einfahrt zum Kundenparkplatz.

EINKAUFS-GUTSCHEIN S. 575

KAULFUSS
DER ABTSWINDER KRÄUTER-GEWÜRZ-TEELADEN

Der Familienbetrieb gehört zu den führenden Anbietern im Bereich Tee- und Kräuterwaren. Sechs Jahrzehnte Erfahrung machen Abtswinder Tees und Naturheilmittel zu Spitzenprodukten.

Die Teemeister

Warenangebot
Kräuter-, Früchtetees, Schwarztees, Heilkräuter, Gewürze, Kaffee, Bonbons, Spezialitäten für die Gesundheit, große Auswahl an Bio-Produkten sowie gluten- und glutamatfreie Artikel, Teesträuße, Suppen, Nudeln, Honig.

Ersparnis
Ca. 50 bis 60 %.

Ambiente
2500 verschiedene Artikel, davon ca. 300 Teesorten, sind übersichtlich und gut zugänglich in dem Laden sortiert. Probeausschank. Parkplätze vor dem Laden. 32A Elektro-Ladesäule Typ 2.

Besonderheiten
Gewürzmuseum auf 1400 m² (Eintritt: 3,00 €. Für Busse nach Absprache Führung durch das Museum (1 Stunde), Teeprobe, Einkauf. Versand-Preisliste anfordern. Kein Mindestbestellwert.

Adresse
H. Kaulfuss, Abtswinder Kräuter, Gewürze, Teeladen, Ebracher Gasse 11-13, 97355 Abtswind, Tel.: 0 93 83/9 97 97, teeladen@t-online.de, www.teefuchs.de.

Öffnungszeiten
Montag bis Freitag 9.00 bis 18.00 Uhr, Samstag 9.00 bis 13.00 Uhr.

Anreise
A3 aus Richtung Würzburg, Ausfahrt Schweinfurt/Wiesentheid, durch Rüdenhausen Richtung Abtswind. In Abtswind am Marktplatz links, am Gasthof vorbei. Nach 100 m links.

EINKAUFS-
GUTSCHEIN
S. 597

TERAMICO

Die Teramico GmbH importiert aus Italien, England und Asien hochwertige, handgemachte Pflanzgefäße. Alle Gefäße sind frostfest und können drinnen und draußen verwendet werden.

Edel, elegant, extravagant

Warenangebot
Hochwertige, frostfeste Pflanzgefäße aus aller Welt für den Innen- und Außenbereich (italienisches und griechisches Terrakotta, moderne und leichte Gefäße aus Fiberstone und anderen Kunststoffen, Wasserspiele, Dekoartikel und vieles mehr).

Ersparnis
30 bis 50 %.

Ambiente
Der Verkauf befindet sich größtenteils auf einem Freigelände mit zwei historischen Gebäuden aus dem 19. Jh. Beispielgarten mit Sitzecke. Die Auswahl ist riesig und freundliche Berater helfen auch beim Verstauen der schweren Töpfe ins Auto. Genügend Parkplätze auf dem Gelände.

Adresse
Teramico GmbH, Lagerverkauf, Import, 28832 Achim bei Bremen, Uphuser Heerstraße 104, Tel.: 0 42 02/52 24 47, info@teramico.de, www.teramico.de.

Öffnungszeiten
15.3. bis 30.10.: Montag bis Freitag 10.00 bis 18.00 Uhr, Samstag 10.00 bis 16.00 Uhr. 1.11. bis 14.3.: Montag bis Freitag 10.00 bis 18.00 Uhr, Samstag 10.00 bis 16.00 Uhr.

Anreise
A1 Hamburg-Münster, Ausfahrt Bremen-Mahndorf/Uphusen. Auf der Uphuser Herrstraße Richtung Bremen-City, nach 400 m ist links Teramico.

almaKÜCHEN
direkt perfekt!

Alma-Küchen mit Stammsitz in Ahaus und 13 Werkstudios in NRW ist Hersteller und Direktvermarkter hochwertiger Küchen in vielfältigen Design- und Ausstattungslinien. Aufmaß, Beratung, Planung, Fertigung und Montage erfolgen Hand in Hand. Und dazu: zehn Jahre Garantie, Umbau- und Umzugsservice.

Direkt perfekt!

Warenangebot
Einzelschränke, komplette Küchen, Musterküchen, Fronten, Küchen-Arbeitsplatten, Spülen, Küchen-Zubehör und Küchen-Einbaugeräte.

Ersparnis
Einzelschränke 30 bis 50%, Musterküchen 35 bis 70% reduziert.

Ambiente
Im 2.-Wahl-Verkauf kann aus dem Alma-Küchenauslaufprogramm, zahlreichen Frontfarben und sehr preisgünstigen Teilen mit dem geschulten Personal mühelos eine Küche zusammengestellt werden. Auch komplette Küchen und Musterküchen zu günstigen Preisen sind dort vorhanden.

Adresse
Alma-Küchen GmbH & Co.KG, Küdi 1 - Der Ahauser Küchendiscount, Von-Röntgen-Straße 9-11, 48683 Ahaus, Tel.: 02561/694-0 oder 694-718.

Öffnungszeiten
Freitag 16.00 bis 18.45 Uhr, Samstag 10.30 bis 15.30 Uhr.

Anreise
A31 Bottrop-Emden, von Süden bis zur Ausfahrt 32, Legden/Ahaus, weiter Richtung Ahaus. Am Kreisverkehr 1. Straße rechts, an der 3. Kreuzung links, dann die 2. Straße links. Von Norden kommend bis zur Ausfahrt 31, Heek, weiter Richtung Ahaus, am 2. Kreisverkehr die 3. Möglichkeit rechts, danach die 2. Straße wieder rechts.

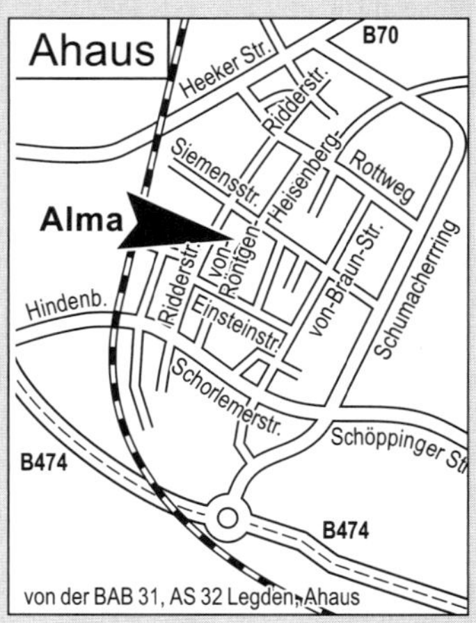

GERRY WEBER SCHIESSER NATÜRLICH. ZEITGEIST. SEIT 1875 schuh braun

Ein kleines, aber feines Outletcenter mit folgenden Marken: Gerry Weber, Schiesser, Schuh-Braun, Lindt, Toni, Pierre Cardin, Felina und Kenny S. Das Outlet liegt in unmittelbarer Nähe des adidas Outlets Piding.

Outletcenter Ainring

Warenangebot
Gerry Weber: Modische Damenbekleidung. Neben der klassischen Marke werden auch Taifun mit junger Mode und Samoon (Größen 42–54) angeboten.

Lindt: Schokoladen, Diabetikerprodukte, Saisonartikel und Pralinen.

Schiesser: Die Wäsche mit höchstem Anspruch an Qualität und Ästhetik. Tag- und Nachtwäsche für Damen, Herren und Kinder. Dessous, Homewear, Bademoden, Sportwäsche, Freizeitbekleidung.

Schuh-Braun: Fast alle bekannten und aktuellen Markenschuhe (keine Auslaufmodelle oder Altware) zu „Hauspreisen“. Damen-, Herren- und Kinderschuhe. Nur Markenfabrikate wie: Timberland, Tommy Hilfiger, Paul Green, Lloyd, Clarks, Rieker, Converse, Richter, Primig etc. In der Kinderabteilung: Fußabmessung nach WMS! Großes Angebot an Übergrößen!

Ersparnis
30 bis 50 %.

Ambiente
Große, gepflegte Halle, moderner Outletcharakter. Viele Parkplätze, klimatisierte Verkaufsräume.

Adresse
Outletcenter Ainring, Sägewerkstraße 9, 83404 Ainring-Hammerau, Tel.: Vorwahl 0 86 54, Schuh-Braun: 7 70 16-0, Schiesser: 7 78 89-13, Gerry Weber: 7 78 88 56.

Öffnungszeiten
Montag bis Freitag 10.00 bis 18.30 Uhr, Samstag 9.30 bis 16.00 Uhr.

Anreise
A8 München–Salzburg, Ausfahrt Bad Reichenhall, weiter auf der B20 Richtung Freilassing. Nach ca. 6 km links, dann gleich wieder links.

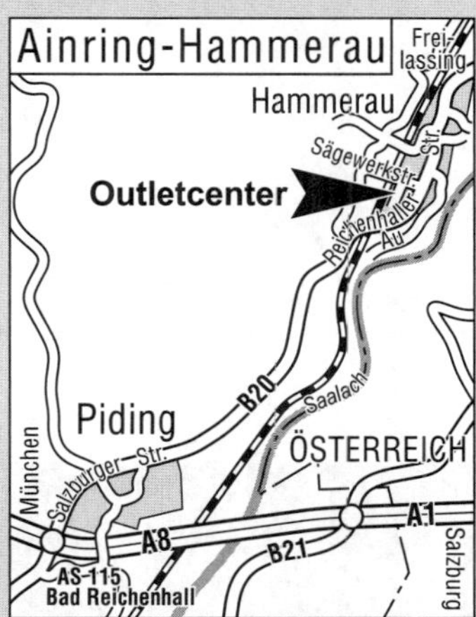

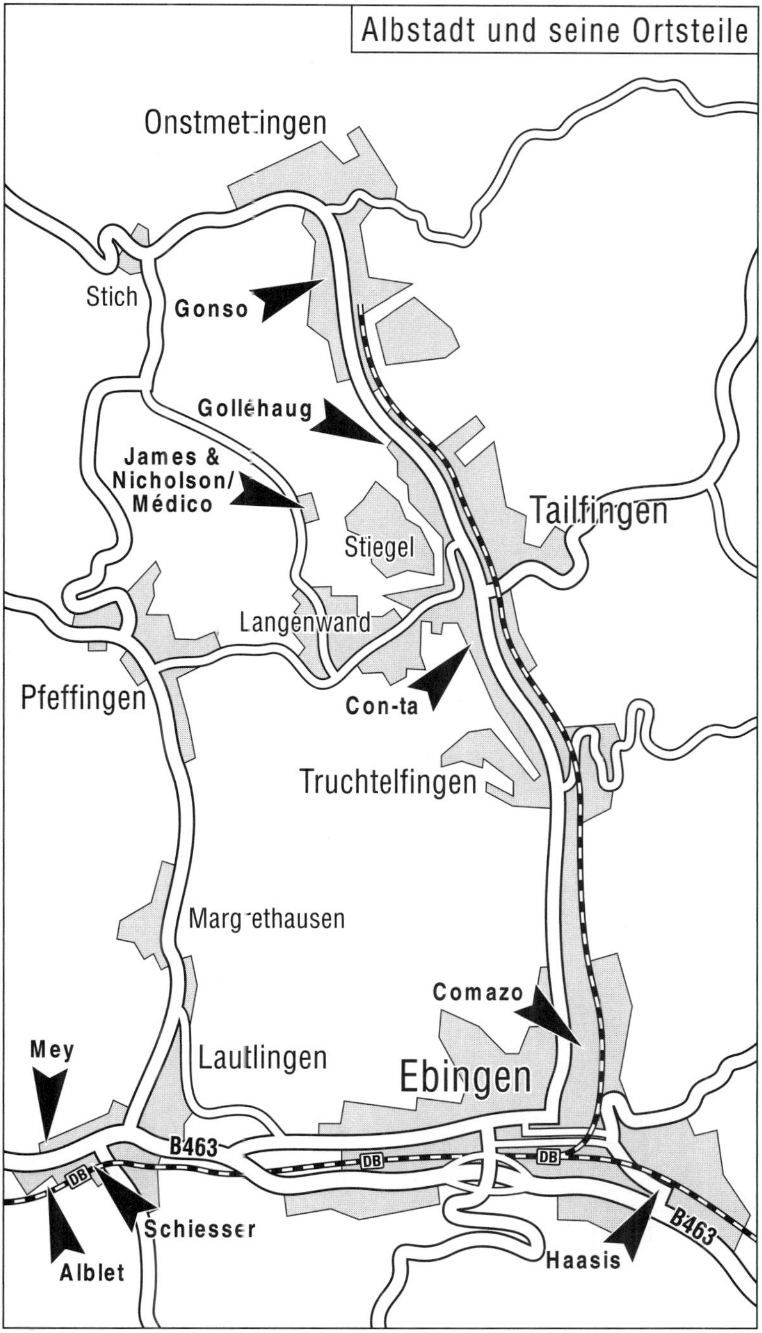
Albstadt und seine Ortsteile
Onstmettingen
Stich
Gonso
Gollehaug
James &
Nicholson/
Médico
Tailfingen
Stiegel
Langenwand
Pfeffingen
Con-ta
Truchtelfingen
Margrethausen
Comazo
Mey
Lautlingen
Ebingen
B463
DB
DB
DB
Schiesser
Albiet
Haasis
B463

EINKAUFS-GUTSCHEIN S. 563

comazo
Wir leben Lieblingswäsche

Comazo, eine der führenden Marken im Wäschebereich, produziert als erster deutscher Wäscheanbieter mit Fairtrade-Label.

Lieblingswäsche seit 1884

Warenangebot
Damenwäsche, Herrenwäsche und Kinderwäsche, Funktionswäsche, Fairtrade-Biowäsche, Nachtwäsche und Homewear.

Ersparnis
Bis zu 50 % bei 1A-Ware, viele attraktive Aktionen über das ganze Jahr verteilt; www.comazo.de/Stores/Store-Angebote.

Ambiente
Ca. 200 m² Verkaufsfläche, übersichtliche Warenpräsentation, Kinderspielecke, Kaffee-Ecke, Kundenparkplätze.

Adresse
Comazo-Herstellerverkauf, Keplerstraße 24, 72458 Albstadt-Ebingen, Tel.: 0 74 31/ 59 10 96, www.comazo.de.

Öffnungszeiten
Montag bis Freitag 9.30 bis 18.30 Uhr, Samstag 9.30 bis 14.00 Uhr.

Weitere Verkaufsstellen
- 63814 **Mainaschaff**, Am Glockenturm 1, Tel.: 0 60 21/4 47 96 74. Montag bis Freitag 9.30 bis 19.00 Uhr, Samstag 9.30 bis 17.00 Uhr.
- 70597 **Stuttgart-Degerloch**, Jahnstraße 6, Tel.: 07 11/3 27 52 59. Montag bis Freitag 9.00 bis 18.30 Uhr, Samstag 9.00 bis 16.00 Uhr.
- 71032 **Böblingen**, Sindelfinger Straße 39, Tel.: 0 70 31/4 28 53 59. Montag bis Freitag 9.00 bis 18.00 Uhr, Samstag 9.00 bis 14.00 Uhr.
- 71229 **Leonberg**, Berliner Straße 31, Tel.: 0 71 52/33 10 57. Montag bis Freitag 9.30 bis 18.30 Uhr, Samstag 9.30 bis 14.00 Uhr.
- 71332 **Waiblingen**, Marienstraße 19-21, Tel.: 0 71 51/97 60 43. Montag bis Freitag 9.00 bis 18.00 Uhr, Samstag 9.00 bis 13.00 Uhr.

Anreise
Siehe Übersichtskarte Seite 93.

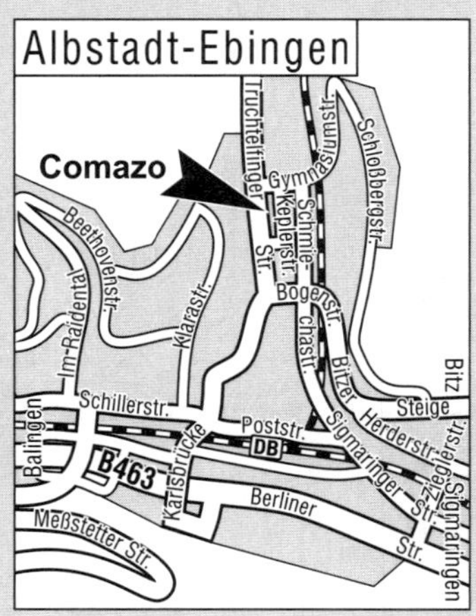

● 71522 **Backnang**, Im Wiesengrund 1, Tel.: 07191/1878454. Montag bis Freitag 9.00 bis 19.00 Uhr, Samstag 9.00 bis 16.00 Uhr.

● 71634 **Ludwigsburg-Eglosheim**, Monreposstraße 53, Tel.: 07141/4871163. Montag bis Freitag 9.30 bis 18.30 Uhr, Samstag 9.30 bis 16.00 Uhr.

● 72270 **Baiersbronn**, Freudenstädter Straße 10, Tel.: 07442/6043367. Montag bis Freitag 9.30 bis 18.00 Uhr, Samstag 9.30 bis 13.00 Uhr.

● 72622 **Nürtingen**, Max-Eyth-Straße 21, Tel.: 07022/211227. Montag bis Freitag 9.00 bis 18.30 Uhr, Samstag 9.00 bis 14.00 Uhr.

● 72764 **Reutlingen**, Obere Wässere 8, Tel.: 07121/3045330. Montag bis Freitag 9.30 bis 18.30 Uhr, Samstag 10.00 bis 16.00 Uhr.

● 73329 **Kuchen/Fils**, Hauptstraße 46, Tel.: 07331/9462359. Montag bis Freitag 9.30 bis 18.00 Uhr, Sa. 9.30 bis 14.00 Uhr.

● 74523 **Schwäbisch Hall**, Crailsheimer Straße 13/1, Tel.: 0791/8565026. Montag bis Freitag 9.00 bis 18.00 Uhr, Samstag 10.00 bis 13.00 Uhr.

● 75179 **Pforzheim-Wilferdinger Höhe**, Freiburger Straße 15 Tel.: 07231/154770. Montag bis Freitag 9.00 bis 18.30 Uhr, Samstag 9.00 bis 17.00 Uhr.

● 76133 **Karlsruhe-Südweststadt**, Karlstraße 56, Tel.: 0721/46713632. Montag bis Freitag 10.00 bis 18.00 Uhr, Samstag 10.00 bis 16.00 Uhr.

● 76571 **Gaggenau**, Hans-Thoma-Straße 4, Tel.: 07225/984389. Montag bis Freitag 9.00 bis 18.00 Uhr, Samstag 9.00 bis 14.00 Uhr.

● 78658 **Zimmern o.R.**, Raiffeisenstraße 6, Tel.: 0741/330937. Montag bis Freitag 10.00 bis 18.30 Uhr, Samstag 10.00 bis 14.00 Uhr.

● 82152 **Planegg-Martinsried**, Lena-Christ-Straße 44, Tel.: 089/31029379. Montag bis Freitag 11.00 bis 19.00 Uhr, Samstag 11.00 bis 17.00 Uhr.

● 82418 **Murnau**, Straßäcker 19, Tel.: 08841/628540. Montag bis Freitag 9.30 bis 18.00 Uhr, Samstag 9.30 bis 14.00 Uhr.

● 83059 **Kolbermoor**, Am Rothbachl 1, Tel.: 08031/4007258. Montag bis Freitag 10.00 bis 19.00 Uhr, Samstag 10.00 bis 16.00 Uhr.

● 85049 **Ingolstadt-Friedrichshofen**, Levelingstraße 38, Tel.: 0841/37066042. Montag bis Freitag 10.00 bis 18.00 Uhr, Samstag 10.00 bis 14.00 Uhr.

● 85221 **Dachau**, Ludwig-Thoma-Straße 26, Tel.: 08131/3563501. Montag bis Freitag 10.00 bis 18.30 Uhr, Samstag 10.00 bis 13.30 Uhr.

● 87439 **Kempten**, Memminger Straße 43, Tel.: 0831/5121 0106. Montag bis Freitag 9.00 bis 19.00 Uhr, Samstag 9.00 bis 14.00 Uhr.

● 87527 **Sonthofen**, Bahnhofstraße 22, Tel.: 08321/4073131. Montag bis Freitag 9.00 bis 18.30 Uhr, Samstag 9.00 bis 14.00 Uhr.

● 87700 **Memmingen**, Schlachthofstraße 49, Tel.: 08331/86434. Montag bis Freitag 10.00 bis 18.00 Uhr, Samstag 10.00 bis 13.00 Uhr.

● 90765 **Fürth-Sack**, Gründlacher Straße 313, Tel.: 0911/3070346. Montag bis Freitag 10.00 bis 18.00 Uhr, Samstag 10.00 bis 16.00 Uhr.

● 93051 **Regensburg-Ziegetsdorf-Neuprüll**, Kumpfmühler Straße 49-49a, Tel.: 0941/2806060. Montag bis Freitag 9.00 bis 18.00 Uhr, Sa. 9.00 bis 13.00 Uhr.

OTTO KERN KUMPF BODY FASHION Sweety for kids

EINKAUFS-GUTSCHEIN S. 575

Seit 1919 stellt Haasis Feinstrickwäsche für Kinder und Herren her. Haasis produziert und vertreibt die Marken Sweety for Kids, Kumpf Body Fashion und Otto Kern Underwear für Herren!

Wäschetradition

Warenangebot
Modische Tag- und Nachtwäsche für Herren und Kinder. Von 100% Baumwolle über innovative Materialmixes bis zur Funktionswäsche. Marken: Sweety for Kids, Otto Kern Underwear und Kumpf Bodyfashion.

Ersparnis
30 bis 50% auf reguläre Ware. Aktionsangebote und 1B-Ware noch mehr.

Ambiente
Ca. 140 m² modern gestaltete Verkaufsfläche, Loungesessel mit Lesemöglichkeiten. Kostenloser Kaffee, Kinderspielecke mit TV, ausreichend Kundenparkplätze, separater Eingang im Innenhof.

Adresse
Gebrüder Haasis Herstellerverkauf, Sigmaringer Straße 25, 72458 Albstadt-Ebingen, Tel.: 07431/13770, Info@gebrueder-haasis.de, www.gebrueder-haasis.de.

Öffnungszeiten
Zwei bis drei mehrtägige Verkaufsaktionen im Jahr. Termine siehe www.gebrueder-haasis.de.

Anreise
Von Stuttgart auf der B27 über Tübingen bis Balingen, weiter auf der B463 bis Albstadt-Ebingen. Nach der 2. Brücke links Richtung Ebingen, 1. Möglichkeit wieder links, die Firmenzufahrt ist rechts.

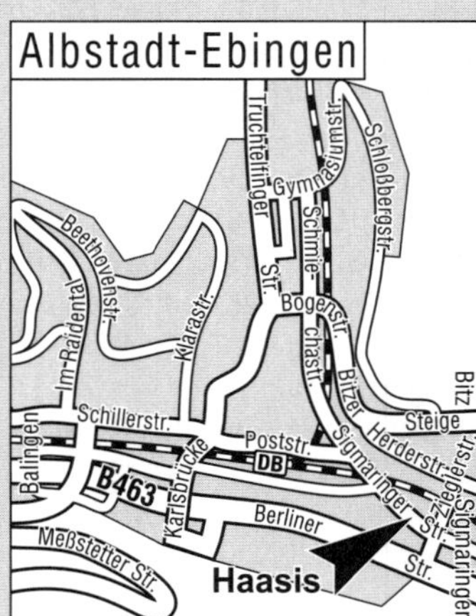

ALB LET
MARKEN OUTLET STORE

SCHIESSER

DING DONG

In ansprechendem Ambiente bietet das Alblet in Albstadt-Lautlingen neben Kinderbekleidung führender Hersteller auch Markenmode für Damen und Herren.

Outlet für die ganze Familie

Warenangebot
Exklusive Markenmode für Damen und Herren, Taschen, Gürtel, Schuhe und andere Accessoires. Schiesser Outlet auf 300 m² mit Wäsche und Homewear für Damen, Herren und Kinder. Baby- und Kindermode verschiedener Marken.

Ersparnis
20 bis 80 %.

Ambiente
Großzügig gestalteter Verkaufsraum mit ca. 1200 m² Verkaufsfläche. Gute Beratung durch fachkundiges Personal.

Adresse
DD-Textilvertriebs- und Consult GmbH, Eschachstraße 7, 72459 Albstadt-Lautlingen, Tel.: 07431/95850, info@alblet.de, www.alblet.de.

Öffnungszeiten
Montag bis Freitag 9.30 bis 18.30 Uhr, Samstag 9.30 bis 14.00 Uhr.

Anreise
B463 Balingen Richtung Sigmaringen. Am Ortseingang Lautlingen rechts ins Industriegebiet Eschach. Verkauf nach 300 m links. Siehe auch Anreise-Empfehlung und Detailkarten auf Seite 93.

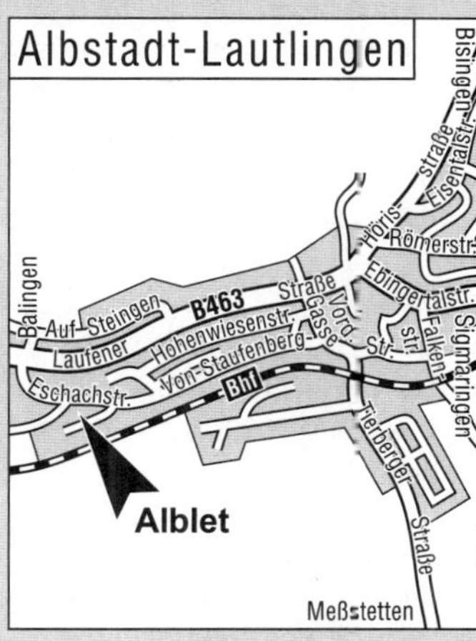

mey
bodywear

Wer Mey drunter trägt, trägt drüber ein Lächeln. Denn egal ob Dessous, Tag- oder Nachtwäsche: Wäsche von Mey ist gemacht, um sich wohlzufühlen und besticht durch erstklassige Qualität, innovative Materialien und attraktive Designs, aber auch durch soziale Verantwortung und nachhaltige Produktion.

Me, Myself and Mey

Warenangebot
Dessous, Damen-, Herren-, Tag- und Nachtwäsche, die sich durch innovatives Design, modische Eigenständigkeit und kompromisslose Qualität auszeichnet. Klassische Angebote gibt es ebenso wie aktuelle Wäschetrends.

Ersparnis
20 %. Zum Ende der Sommer-/Wintersaison nochmals reduziert.

Ambiente
Modernes Outlet, untergebracht in einem Neubau auf dem Firmengelände. Auf 500 m² heller, großzügiger Fläche wird die Wäsche übersichtlich präsentiert. Ware gut ausgezeichnet, große Auswahl. Kompetente, freundliche Beratung. Nähmaschinen-Museum Mey, Bistro. Parkplätze vorhanden.

Adresse
Mey Outlet, Mey Handels GmbH, Auf Steingen 6, 72459 Albstadt-Lautlingen, Tel.: 07431/706120, outlet@mey.de, www.mey.com.

Öffnungszeiten
Montag bis Freitag 9.00 bis 18.00 Uhr, Samstag 9.00 bis 16.00 Uhr.

Anreise
A81 Stuttgart-Singen, Ausfahrt Empfingen. Weiter auf der B27 Richtung Balingen. Ausfahrt Balingen-Süd, weiter auf der B463 Richtung Albstadt. Kurz vor der Ortseinfahrt Albstadt-Lautlingen links ins Gewerbegebiet „Auf Steingen". Aus Richtung Sigmaringen über die B463. Albstadt-Ebingen Richtung Balingen durchfahren. Kurz vor der Ortsausfahrt Albstadt-Lautlingen rechts abbiegen in „Auf Steingen". Siehe auch Übersichtskarte Seite 93.

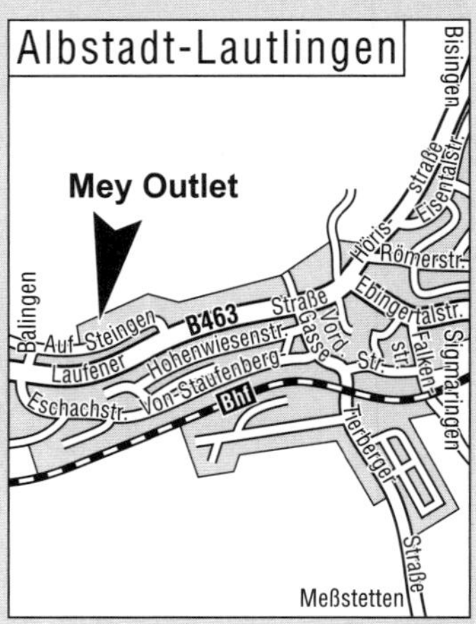

EINKAUFS-GUTSCHEIN S. 573

Für all diejenigen, deren Leben draußen stattfindet: Neben der Traditionsmarke Gonso, einer festen Größe im Bereich der Radsportbekleidung, komplettiert Maier Sports, bekannt für erstklassige Ski- und Outdoor-Mode das Sortiment.

Funktion und Mode

Warenangebot
Funktionsbekleidung rund um Rennrad, Mountainbike und Trekking, für Langlauf, Skifahren und Snowboard, Wandern und weitere Outdoor-Aktivitäten sowie Funktionsunterwäsche und Accessoires.

Ersparnis
20 bis 50 % bei Auslauf- oder Aktionsware, 1B-Ware und Sondermodellen. Zum Ende der Sommer-/Wintersaison nochmals reduziert.

Ambiente
Der Fabrikverkauf wurde vergrößert und ist großzügig und übersichtlich gestaltet. Fachkundige Beratung.

Adresse
Gonso Bike & Active Outlet, Hauptstraße 70, 72461 Albstadt-Onstmettingen, Tel.: 0 74 32/2 09 52.

Öffnungszeiten
Montag bis Freitag 9.30 bis 18.00 Uhr, Samstag 9.30 bis 14.00 Uhr.

Anreise
Der Stadtteil Onstmettingen liegt im Norden von Albstadt. Der Verkauf befindet sich direkt an der Hauptstraße/Ecke Brunnentalstraße und ist durch großzügige Beflaggung vor dem Gebäude leicht zu finden. Siehe auch Übersichtskarte Seite 93.

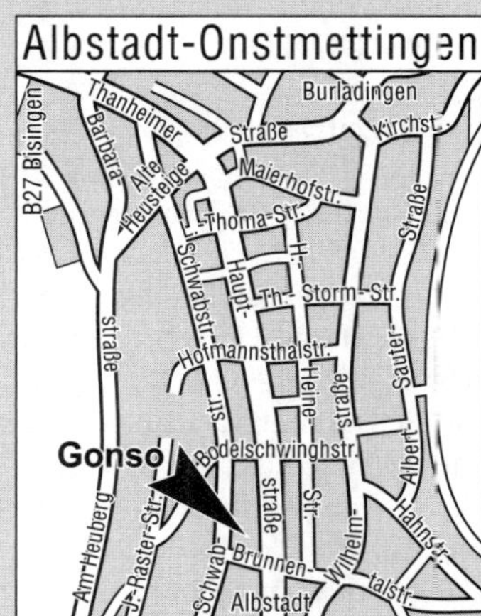

-con-ta-

Wäsche zum Wohlfühlen.

Man nehme die drei Anfangsbuchstaben des Herstellernamens Conzelmann, bringe die beiden Anfangsbuchstaben des Herkunftsortes, der Gemeinde Tailfingen, dazu und fertig ist der Firmenname con-ta.

Der Basic-Spezialist

Warenangebot

Hochwertige Wäsche für Damen, Herren, Kinder, Dessous, Funktionswäsche.

Ersparnis

Bei regulärer Ware 30 bis 40 %. Zusätzlich immer günstige Schnäppchen.

Ambiente

Ca. 190 m² Verkaufsfläche. Übersichtliche, ansprechende Warenpräsentation. Gute Beratung, Kundenparkplätze.

Adresse

Gebr. Conzelmann GmbH & Co. KG, Untere Bachstraße 60, 72461 Albstadt-Tailfingen, Tel.: 0 74 32/97 95-4 54, www.conta.de.

Öffnungszeiten

Montag bis Freitag 9.00 bis 18.30 Uhr, Samstag 9.00 bis 13.00 Uhr.

Weitere Verkaufsstellen (Auswahl)

- 08056 **Zwickau**, Innere Schneeberger Straße 11, Tel.: 03 75/2 70 32 69.
- 18609 **Ostseebad Binz**, Proraer Chaussee 3g, Tel.: 03 83 93/66 39 16.
- 72414 **Rangendingen**, Hechinger Straße 36, Tel.: 0 74 71/87 13 27.
- 72477 **Schwenningen**, Talstraße 10, Tel.: 0 75 79/9 33 61-28.
- 82467 **Garmisch-Partenkirchen**, Klammstraße 2, Tel.: 0 88 21/9 66 86 04.
- 87561 **Oberstdorf**, Weststraße 20, Tel.: 0 83 22/9 87 69 80.
- 88212 **Ravensburg**, Marktstraße 17, Tel.: 07 51/65 23 39.

Anreise

B463 Balingen–Sigmaringen nach Albstadt-Ebingen. Weiter nach Albstadt-Tailfingen. Der Verkauf ist ausgeschildert. Siehe auch Übersichtskarte Seite 93.

golléhaug
C·O·L·L·E·C·T·I·O·N

Die hier angebotenen Strickwaren entsprechen dem höchsten Genre. Verarbeitet werden hervorragende Qualitäten. Farben und Schnitte sind top-aktuell.

Wie in der Boutique

Warenangebot
Damenbekleidung, vor allem Strickwaren: Pullover, Strickjacken und Strickwesten, T-Shirts, Blusen und Outdoor-Jacken. Alles farblich aufeinander abgestimmte Themen. Dazu werden passende Hosen, Röcke, Jacken und Blazer angeboten. Größe 36 bis 52. Für Herren: klassische Pullover, Strickjacken, Poloshirts und Hemden.

Ersparnis
20 bis 30 % auf 1. Wahl.

Ambiente
Sehr ansprechender Verkaufsraum. Ware nach Farben und Preisklassen sortiert. Verkauf und Sortiment wie in einer Boutique. Der Unterschied: Hier gibt es auch sehr günstige 1B-Ware.

Adresse
Gottlieb Haug GmbH & Co. KG, Emil-Mayer-Straße 35 (beim Naturbad), 72461 Albstadt-Tailfingen, Tel.: 07432/9792-55 oder 9792-62, www.gollehaug.de.

Öffnungszeiten
Montag bis Freitag 9.30 bis 18.00 Uhr, Samstag 9.30 bis 13.00 Uhr.

Anreise
Auf der B463 Balingen-Sigmaringen nach Albstadt-Ebingen. Dort nach Albstadt-Tailfingen. In Tailfingen Richtung Onstmettingen. Nach dem Ortsendeschild links ins Industriegebiet. Gollèhaug befindet sich beim Naturfreibad direkt auf der rechten Seite. Verkauf beim Besucherparkplatz. Siehe auch Übersichtskarte Seite 93.

JAMES & NICHOLSON

EINKAUFS-GUTSCHEIN S. 573

Attraktive Mode für Damen und Herren im James-Nicholson Outlet. Aktuelle Trends für Freizeit und Business sowie funktionelle Outfits für Fitness, Wandern, Joggen, Radfahren und für Team- und Wintersport.

Fashion, Lifestyle, Sports

Warenangebot
Sportswear für Trekking, Running, Bike und Wintersport. Modische Outfits für Freizeit und Business wie T-Shirts, Poloshirts, Sweatshirts, Hemden sowie Softshell-, Fleece- und Daunenjacken. Produkte aus Bio-Baumwolle und große Auswahl an trendigen Hats, Caps, Mützen, Schals und modischen Accessoires.

Ersparnis
30 bis 50 %. Sonderaktionen und Musterteile. Große Schnäppchenecke mit attraktiven Angeboten.

Ambiente
Großes Warenangebot in moderner und großzügiger Atmosphäre. Freundliche und fachkundige Beratung. Ausreichend Parkplätze auch für Busse.

Adresse
James-Nicholson Outlet, Vor dem Weißen Stein 25-31, 72461 Albstadt-Tailfingen (Lichtenbol), Tel.: 07432/701677, www.james-nicholson.de.

Öffnungszeiten
Montag bis Freitag 10.00 bis 18.00 Uhr, Samstag 9.00 bis 13.00 Uhr.

Anreise
Aus Richtung Stuttgart: A81 Stuttgart-Singen, Ausfahrt Empfingen. Auf der B463 Richtung Bisingen-Süd. In Bisingen rechts auf die L360 Richtung Thanheim abbiegen. In Thanheim Richtung Albstadt-Onstmettingen, dort rechts Richtung Albstadt-Pfeffingen. Der Verkauf befindet sich nach ca. 1 km auf der linken Seite. Siehe auch Übersichtskarte Seite 93.

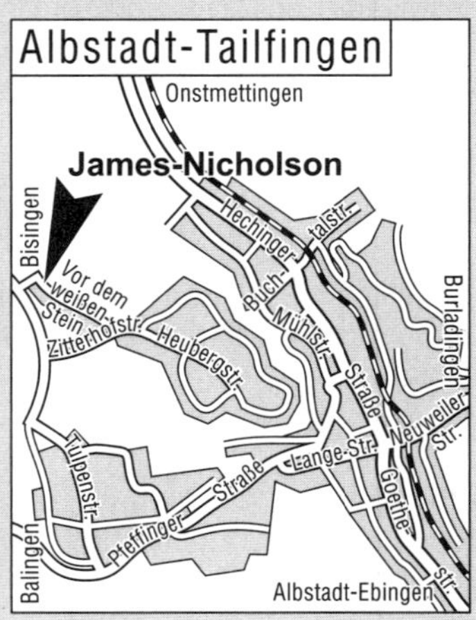

EINKAUFS-GUTSCHEIN S. 583

NICI

Mit viel Humor, Fantasie und Liebe zum Detail entwickelte das Unternehmen unverwechselbare Kultfiguren. Ob aus Plüsch, auf Tassen, Geldbeuteln, Schreibwaren oder trendigen Accessoires – die niedlichen kleinen Persönlichkeiten wie „Wild Friends" oder „Jolly Mäh" lassen nicht nur Sammlerherzen höher schlagen.

Zum Knuddeln

Warenangebot
Auslaufartikel und 2. Wahl. Plüschtiere, Tassen, Schlüsselanhänger, Post- und Klappkarten, Schreibwaren, Taschen, Mäppchen, Geldbeutel, Socken, Bettwäsche, Frottierwaren, Uhren.

Ersparnis
30 bis 70 %.

Ambiente
300 m² Ladenfläche, behindertengerecht gestaltet. Übersichtliche Warenpräsentation. Parkplätze direkt vor dem Verkauf.

Adresse
Nici-Shop, Zum Külmitz 15, 96264 Altenkunstadt, Tel.: 0 95 72/96 53, www.nici.de.

Öffnungszeiten
Montag bis Freitag 10.00 bis 18.00 Uhr, Samstag 9.00 bis 16.00 Uhr.

Anreise
A73 Nürnberg-Suhl bis zur Ausfahrt Lichtenfels, weiter auf der B173 bis hinter Hochstadt am Main. Dann rechts der B289 nach Kulmbach folgen. In Burgkunstadt rechts Richtung Weismain. Der Verkauf befindet sich direkt an der 3. Straße links.

EINKAUFS-GUTSCHEIN S. 555

Ahorn Sportswear ist bundesweit der Übergrößenspezialist für Sport- und Freizeitmode. Auch im Bereich der Piqué-Polohemden nimmt Ahorn eine Spitzenposition ein. Das Basic-Programm wurde wesentlich erweitert, das Angebot an schadstoffgeprüften Textilien vergrößert. Größen: M bis 10XL.

Sportlich bis Größe 10XL

Warenangebot
Damen- und Herren-Sport- und Freizeitbekleidung. Darüber hinaus alles für den „Übergrößen-Mann": Sportswear, Aktivsportmode, Jeans, Tag- und Nachtwäsche, Hemden für Business und Freizeit, Bademäntel, Socken. Erhältliche Größen: M bis 10XL (Bauchumfang von ca. 2 m). Damengrößen 38 bis 60.

Ersparnis
Bei neuen und laufenden Kollektionen ca. 30 %, Auslaufmodelle und -farben ca. 50 %, Designermuster, Einzelstücke ca. 70 %.

Ambiente
Verkaufsräume im Erdgeschoss, übersichtliche Präsentation, freundliches, fachkundiges Personal, gute Beratung.

Adresse
Ahorn Sportswear Textilien GmbH, Otto-Lilienthal-Straße 2a, 55232 Alzey, Tel.: 0 67 31/94 89 27, info@ahornsport.de, www.ahornsport.de.

Öffnungszeiten
Montag bis Freitag 9.00 bis 18.30 Uhr, Samstag 9.00 bis 15.30 Uhr.

Anreise
A61 Koblenz–Ludwigshafen, Ausfahrt Alzey. Den Kreisverkehr an der 2. Ausfahrt verlassen, dann rechts in die Karl-Heinz-Kipp-Straße. Durch zwei Kreisverkehre fahren. Danach die 1. Straße links und gleich wieder rechts, graues Alugebäude.

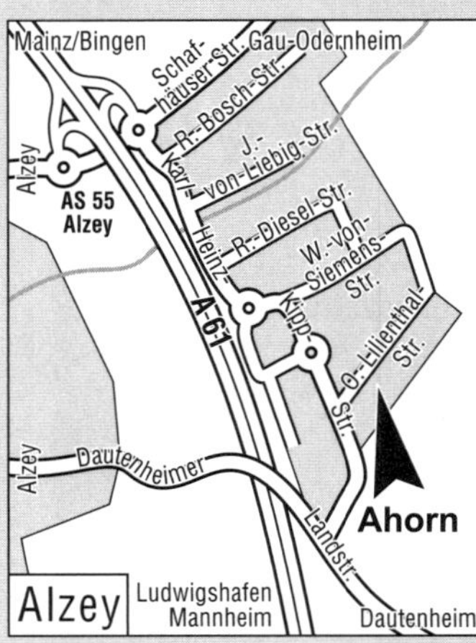

EINKAUFS-GUTSCHEIN S. 563

ombrelloni di creco

Die Schirmmanufaktur fertigt seit mehr als 40 Jahren hochwertige Großschirme aus Holz und Segeltuch für jeden Einsatz.

Wetterfeste Holzschirme

Warenangebot

Wetterfeste Holzschirme ab Durchmesser 2,50 m bis Durchmesser 5,00 m; rund, rechteckig und quadratisch; naturfarben und farbig; leichte und schwere Ausführungen, die bis Windstärke acht standhalten. Betonständer, Metallplattenständer, Bodenhülsen, Rollständer, Schutzhüllen, Ersatzbespannungen, Sonderanfertigungen.

Ersparnis

Reguläre Ware um 10 % reduziert. Interessante Preise gibt es bei Musterteilen und Ausstellungsstücken. Hier spart man 20 bis 25 %, Auslaufmodelle bis 50 %. Im Herbst/Winter sind Sonderanfertigungen günstiger als in der Hochsaison, ebenso Ersatzbespannungen und Schutzhüllen.

Ambiente

Alle aktuellen Produkte präsentiert; erstklassige Fachberatung.

Adresse

Ombrelloni di creco, Manuhan GmbH, Käsbachstraße 15, 72119 Ammerbuch-Pfäffingen, Tel.: 0 70 73/31 51, info@di-creco.de, www.di-creco.de.

Öffnungszeiten

Freitag 15.00 bis 20.00 Uhr.

Anreise

B28, Ausfahrt Pfäffingen, nach dem Bahnübergang rechts. Die Firma befindet sich gegenüber der Firma Impreg.

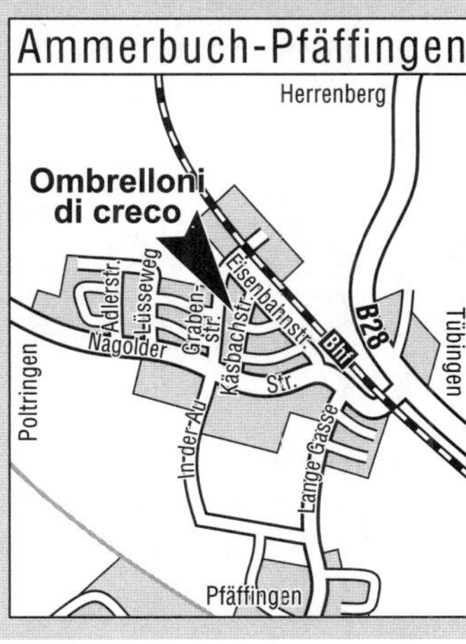

Mountainshop Outlet Center

REGATTA GREAT OUTDOORS

Dare 2b

Seit der Firmengründung im Jahr 1989 liegt der Fokus auf Outdoor-Artikeln und funktioneller Sport- und Freizeitbekleidung. Namhafte Markenhersteller wie z.B. Regatta und Dare2b runden das Angebot mit Sonderposten zu einem Komplettsortiment für Outdoor-, Rad- und Freizeitbekleidung ab.

Große Outdoor-Marken

Warenangebot
Funktionsunterwäsche, Fleece-, Travel-, Sport-, Freizeit- und Kinderbekleidung, wasser- und winddichte Bekleidung, Rad- und Laufbekleidung, Rucksäcke, Schlafsäcke, Zelte, Trekking- und Wanderschuhe, Schneeschuhe und Zubehör, Accessoires, Musterkollektionen.

Ersparnis
20 bis 60% auf alle Produkte. Einzelstücke, Produktionsmuster bis zu 80%.

Ambiente
Über 800 m² Verkaufsfläche, Schuhtest-Parcour, Zelte sind aufgestellt, Schlafsäcke ausgestellt, kompetente Beratung. Parkplätze direkt vor dem Laden.

Adresse
Mountain-Shop GmbH & Co. KG, Schattbucher Straße 21, 88279 Amtzell-Schattbuch, Tel.: 0 75 20/95 61-0, info@mountain-shop.de, www.mountain-shop.de.

Öffnungszeiten
Montag bis Freitag 10.00 bis 19.00 Uhr, Samstag 9.00 bis 16.00 Uhr.

Anreise
Von München/Memmingen/Ulm: auf der A96 Richtung Lindau, Ausfahrt Wangen-West, Richtung Amtzell/Ravensburg. Nach ca. 3 km in Geiselharz bei der Aral-Tankstelle links Richtung Schomburg/Neukirch. Im 1. Haus rechts ist der Mountain-Shop, direkt an der Kreuzung. Von Ravensburg: auf der B32 Richtung Wangen. Ca. 2 km nach Amtzell rechts Richtung Schomburg/Neukirch, weiter s.o.

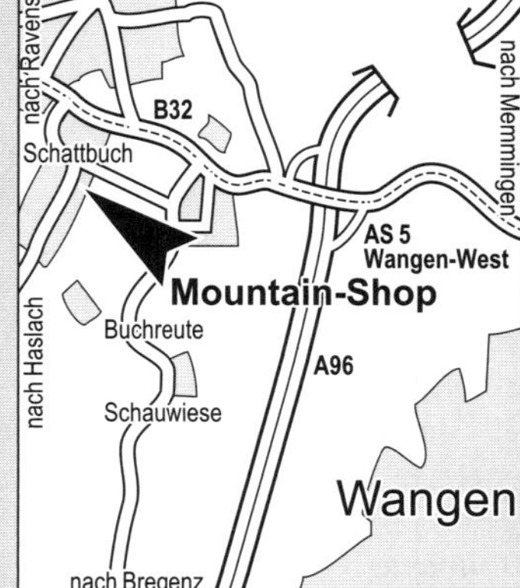

Duschkabinen und Duschabtrennungen aus Glas für Ihr Bad. Qualität „Made in Germany". Schnelle Fertigstellung – abholbereit in zwei Stunden. Durch das patentierte „Klick & Fest-Montagesystem" ist es sogar möglich, die Dusche von nur einer einzelnen Person montieren zu lassen.

Premiumqualität vom Hersteller

Warenangebot
Duschkabinen und Duschabtrennungen aus Glas. Duscharmaturen und Duschsäulen.

Ersparnis
Bis zu 30 %. Tolle Rabatte und Aktionen.

Ambiente
Werksverkauf mit großem Ausstellungs- und Verkaufsraum. Große Auswahl, kompetentes Personal. Wunschmaße von 750 mm bis 1200 mm verfügbar. Abholfertig in nur zwei Stunden.

Adresse
Dusbad GmbH, Fichtenstraße 18, 56584 Anhausen (Kreis Neuwied), Tel.: 0 26 39/ 9 62 79 90, info@dusbad.de, www.dusbad.de.

Öffnungszeiten
Montag bis Freitag 9.00 bis 18.00 Uhr, Samstag 9.00 bis 14.00 Uhr.

Anreise
A3, Ausfahrt 37, Dierdorf. Richtung Anhausen fahren. Nach ca. 4,5 km der Beschilderung folgen und links in die Buchenstraße einbiegen. Der Werksverkauf ist ausgeschildert.

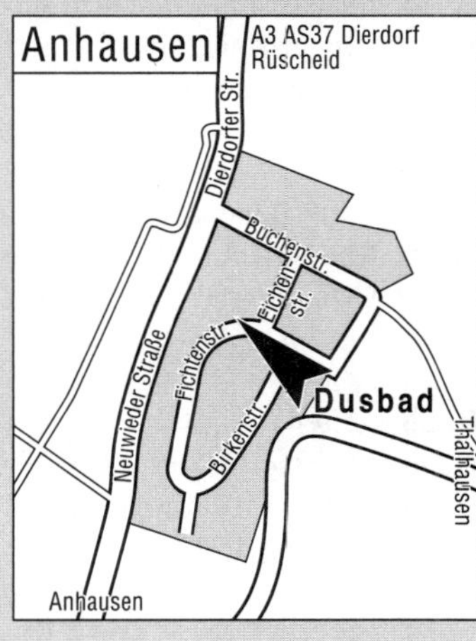

Berndes®

Das Haushaltswaren Outlet Arnsberg – Berndes Werksverkauf bietet nicht nur die Produkte der Firma Berndes, sondern auch anderer namhafter Markenhersteller (Blomus, Wüsthof, Rösle, Friesland, Leifheit, Lindt). Hier gibt es alles, was der ambitionierte Küchenchef oder die -chefin braucht.

Alles für die gute Küche

Warenangebot
Hochwertiges Kochgeschirr aus Aluminium-Druckguss, Aluminium und Edelstahl, Küchenzubehör, Textilien, Messer und Schneidwaren, Porzellan, Bestecke, Glaswaren, Dekorationsartikel etc. Gute Auswahl an 1B-Ware, Restposten und Auslaufartikeln.

Ersparnis
30 bis 60 %.

Ambiente
Heller, freundlicher Verkaufsraum mit fachlicher Beratung und Kinderspielecke. Für größere Gruppen werden auch Kochvorführungen angeboten. Ausreichend Parkplätze vorhanden.

Adresse
Haushaltswaren Outlet Arnsberg GmbH, Berndes Werksverkauf, Wiebelsheidestraße 9, 59757 Arnsberg, Tel.: 0 29 32/ 94 17 90.

Öffnungszeiten
Montag bis Freitag 10.00 bis 18.00 Uhr, Samstag 10.00 bis 16.00 Uhr. Adventsamstage 10.00 bis 18.00 Uhr.

Anreise
A46, Ausfahrt Neheim-Süd, Richtung Rathausplatz/Herdringen. Ruhrbrücke überqueren, am Bahnhof vorbei in den Holzener Weg. Am Industriegebiet in die Wiebelsheidestraße einbiegen, ab dem Hauptwerk dem Straßenverlauf folgen (ca. 1 km). Mit der Bahn bis Neheim-Hüsten fahren.

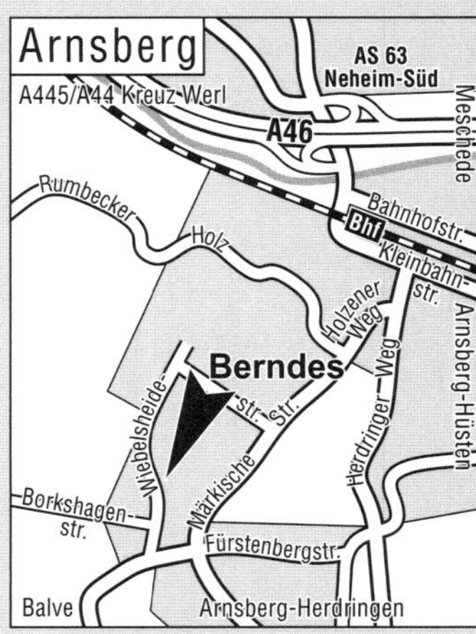

BASLER

Basler ist eine international bekannte Marke, die mehr als nur Mode für anspruchsvolle Frauen bietet. Mit einer einzigartigen Kollektion – unterteilt in mehrere Themenwelten – werden stilbewusste Frauen in über 60 Ländern jeden Tag aufs Neue inspiriert.

Mode mit Stil

Warenangebot
Breite Auswahl an Kollektions-, Musterteilen und 2.-Wahl-Ware. Klassische Blazer, elegante Blusen, hochwertige Strickwaren, aktuelle Shirts in frischen Farben, Coordinates, modische Outdoor-Jacken, Hosen und dazu passende Pullover, schicke Westen.

Ersparnis
1. Wahl bis zu 30 %, 2. Wahl, je nach Fehler, bis zu 50 %. Auf alle Kollektions- und Musterteile zusätzliche Preisreduzierung, Sonderaktionen.

Ambiente
Ca. 370 m² Verkaufsfläche, übersichtlich gestalteter Verkaufsraum mit kompetentem und freundlichem Fachpersonal. Parkmöglichkeiten vorhanden.

Adresse
Basler Outlet, Schwalbenrainweg 36, 63741 Aschaffenburg-Damm, Tel.: 0 60 21/4 42 59 10, www.basler-fashion.com.

Öffnungszeiten
Montag bis Freitag 10.00 bis 18.00 Uhr, Samstag 10.00 bis 16.00 Uhr.

Anreise
A3 Frankfurt-Würzburg, Ausfahrt Aschaffenburg-West. B8 Richtung Aschaffenburg bis zur 2. Ausfahrt, dann an der 1. Kreuzung rechts.

DESCH
factory-shop

Die Desch Herrenkleiderwerke fertigen seit über 130 Jahren hochwertige Bekleidung für den Herrn. Im Desch Factory-Shop bietet das Unternehmen ein Bekleidungssortiment, das internationalen Ansprüchen gerecht wird.

Hochwertige Herrenmode

Warenangebot
Mäntel, Anzüge, Sakkos, Hosen, Hemden, Krawatten, Gürtel. Auch Freizeitbekleidung: Jeans, Baumwollhosen und Freizeitjacken, Strickwaren. Neben den Desch-Produkten werden auch Fremdfabrikate anderer namhafter Hersteller angeboten.

Ersparnis
30 bis 50 %.

Ambiente
Freundliches Ambiente mit dem Service eines Einzelhandelsgeschäftes. Änderungsservice. Kundenparkplätze vorhanden.

Adresse
Desch Factory-Shop GmbH & Co. KG, Schwalbenrainweg 36, 63741 Aschaffenburg-Strietwald, Tel.: 0 60 21/59 79 19, shop@desch.com, www.desch-factory-shop.de.

Öffnungszeiten
Montag bis Samstag 10.00 bis 18.00 Uhr.

Anreise
A3 Frankfurt-Würzburg, Ausfahrt Aschaffenburg-West. Weiter auf der B8 Richtung Aschaffenburg-Zentrum. Nach ca. 2 km an der Ausfahrt Strietwald abfahren. Links halten und an der 1. Ampel wieder links in die Linksstraße. Nach 400 m im Kreisel die 1. Ausfahrt abfahren und nach 200 m rechts in den Schwalbenrainweg einbiegen.

Rohrmeier
Markenschuhe

Rohrmeier bietet eine riesige Auswahl an Markenschuhen: mehr als 100.000 Paar für Damen, Herren und Kinder zu Outletpreisen.

Riesengroße Schuhauswahl

Warenangebot

Riesige Auswahl an Damen-, Herren- und Kinderschuhen der führenden deutschen Markenfabrikate der bekanntesten nationalen und internationalen Schuhhersteller. Auch Unter- und Übergrößen (Damenschuhe von Größe 35 bis 45, Herrenschuhe von Größe 39 bis 50). Breites Taschen- und Accessoires-Programm, Saisonneuheiten.

Ersparnis

Mindestens 10 %, häufig 15 bis 25 %, bei Aktionen bis zu 60 %. Kostenlose Prospekte mit Preisaktionen können schon vor dem offiziellen Erscheinen mit einer Anmeldung für den Newsletter angefordert werden.

Ambiente

Freundliche, kompetente Beratung und Service durch qualifiziertes Fachpersonal, großzügige Atmosphäre. Kinderfüße werden nach WMS vermessen. Ausreichend kostenlose Parkplätze.

Adresse

Rohrmeier-Markenschuhe, Boschweg 10, 63741 Aschaffenburg-Strietwald, Tel.: 0 60 21/4 81 64, info@rohrmeier-markenschuhe.de, www.rohrmeier-markenschuhe.de.

Öffnungszeiten

Montag bis Freitag 10.00 bis 19.00 Uhr, Samstag 10.00 bis 18.00 Uhr.

Anreise

A3 Frankfurt-Würzburg, Ausfahrt Aschaffenburg-West. Richtung Aschaffenburg. 2. Ausfahrt Richtung Industriegebiet Strietwald abfahren. Dann zweimal links, weiter s.u. Oder: A3 Frankfurt-Würzburg, Ausfahrt Aschaffenburg-West. B8 Richtung Aschaffenburg bis Ausfahrt „Gewerbegebiet Strietwald". Dann zweimal links. Kreisverkehr an der 1. Ausfahrt verlassen und zweimal links fahren.

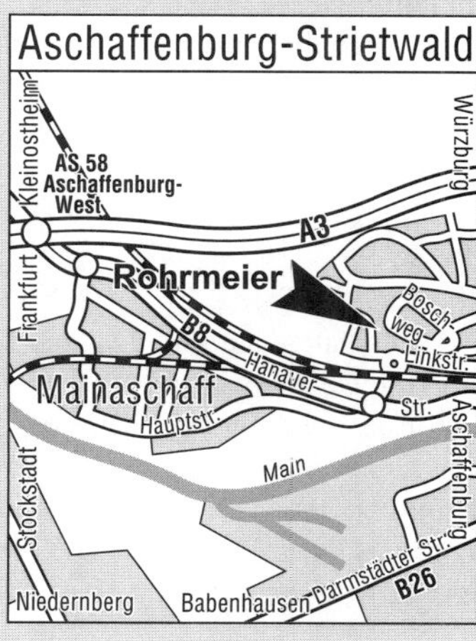

Rohrmeier SPORTIVE

Rohrmeier-Sportive bietet eine riesige Auswahl an Sport-Outfits und -Equipment mit mehr als 50.000 Artikeln zu Outletpreisen.

Sport von A-Z

Warenangebot
Der Schwerpunkt liegt auf Sportschuhen. Top Marken für nahezu alle Sportarten. Daneben auch Spezialmarken für ambitionierte Sportler. Die Bandbreite reicht von Freizeitschuhen über Funktionsschuhe bis zu professioneller Sportbekleidung.

Ersparnis
Mindestens 10%. Bei bestimmten Aktionen sogar bis zu 50%. Kostenlose Prospekte mit Preisaktionen können schon vor dem offiziellen Erscheinen mit einer Anmeldung für den Newsletter angefordert werden.

Ambiente
Sehr kompetente und zuvorkommende Beratung mit Serviceleistungen. Entspannte Atmosphäre. Ausreichend kostenlose Parkplätze.

Adresse
Rohrmeier-Sportive, Linkstraße 66, 63741 Aschaffenburg-Strietwald, Tel.: 0 60 21/42 99 20, info@rohrmeier-sportive.de, www.rohrmeier-sportive.de.

Öffnungszeiten
Montag bis Freitag 10.00 bis 19.00 Uhr, Samstag 10.00 bis 18.00 Uhr.

Anreise
A3 Frankfurt-Würzburg, Ausfahrt Aschaffenburg-West. Weiter Richtung Aschaffenburg. 2. Ausfahrt Richtung Industriegebiet Strietwald abfahren. Dann zweimal links, weiter s.u. Oder: A3 Frankfurt-Würzburg, Ausfahrt Aschaffenburg-West. Dann auf der B8 Richtung Aschaffenburg bis zur Ausfahrt Gewerbegebiet Strietwald. Nach der Ausfahrt zweimal links. Den Kreisverkehr an der 1. Ausfahrt verlassen. Der Verkauf befindet sich auf der linken Seite.

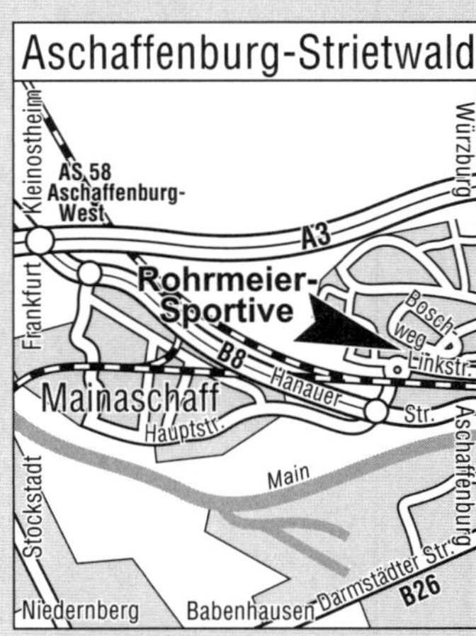

EINKAUFS-GUTSCHEIN S. 591

RHM

HOSEN ZU OUTLET-PREISEN
FÜR SIE UND IHN

Als Produzent der bekanntesten Hosenmarken Deutschlands bietet RHM Top-Qualität, neueste Designs und optimale Kombinationen.

Der Hosenspezialist

Warenangebot
Damen- und Herrenmode folgender Marken: Benvenuto, Digel, Eterna, Joop Jeans, Joker, Pierre Cardin, Cambio, MAC, Marc Aurel, PME Legend, Lieblingsstück, Wellensteyn, die Hausmarke Valley of Trousers und viele mehr.

Ersparnis
Bis zu 50 %.

Ambiente
Gepflegter Fabrikverkauf auf über 700 m². Kompetentes Fachpersonal. Gemütliche Kaffee-Ecke, Änderungsservice, Versandservice.

Adresse
RHM Mode GmbH & Co. KG, Welle 23, 31749 Auetal-Rolfshagen, Tel.: 0 57 53/ 96 00 20, info@rhm-mode.de, www.rhm-mode.de.

Öffnungszeiten
Montag bis Freitag 15.00 bis 19.00 Uhr, Samstag 10.00 bis 16.00 Uhr.

Anreise
A2 Hannover-Dortmund, Ausfahrt Bad Eilsen. Rechts auf die B83 Richtung Hameln/Rinteln, dann links Richtung Rehren, weiter links Richtung Obernkirchen/Rolfshagen und in Rolfshagen rechts Richtung Kathrinhagen. Ca. 200 m nach der Schule finden Sie ein Hinweisschild auf RHM.

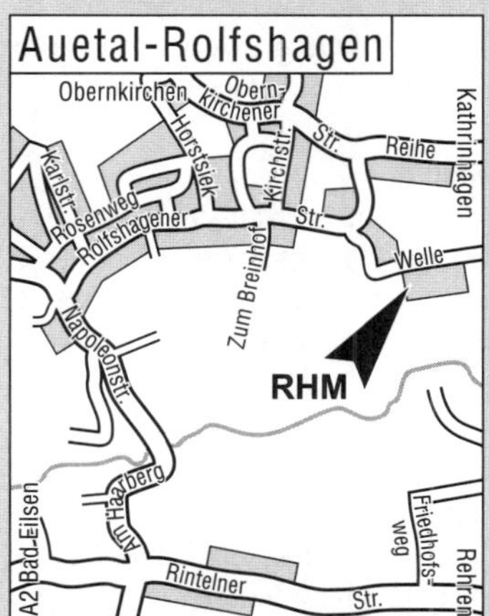

PEARL
www.pearl.de

Pearl gehört zu den europaweit größten Katalogversendern für Computerzubehör und Software-Produkte. Das Sortiment umfasst rund 16.000 Produkte mit den Schwerpunkten PC-Zubehör, Software, Tablets und Smartphones, Unterhaltungs- und Haushaltselektronik sowie Wellness-, Freizeit-, Spaß- und Lifestyle-Produkte. Im Factory-Outlet in Auggen verkauft Pearl sowohl Neuware als auch stark reduzierte, geprüfte Versandrückläufer und Restposten von über 120 Marken.

Rabatte bis zu 90 %

Warenangebot
Computer-Zubehör jeglicher Art, Software, Druckerpatronen, Spezialpapiere und Etiketten, Multimedia-Produkte, Navigationssysteme, Smartphones, Tablets und Zubehör, Unterhaltungselektronik, Wellness- und Fitness-Produkte, Spielzeug, Leuchtmittel und Hauselektronik, Auto- und Gartenzubehör, Freizeit-Artikel, Lifestyle- und Fun-Produkte und vieles mehr.

Ersparnis
30 bis 90 %, auch bei Versandrückläufern volle 24 Monate Gewährleistung.

Ambiente
Über 2000 m² Verkaufsfläche mit Bistro (z.B. Frühstück mit Kaffee ab 1,50 €). Behindertengerecht eingerichtet für barrierefreies Einkaufen.

Adresse
Pearl Factory-Outlet, An der B3, 79424 Auggen, Tel.: 01 80/5 15 15 95 (0,14 €/Min.), www.pearl-outlet.de. Adresse für Navi: Mittlerer Weg 70.

Öffnungszeiten
Montag bis Samstag 9.00 bis 21.00 Uhr.

Anreise
A5 Karlsruhe-Basel, Ausfahrt Müllheim/Neuenburg. B 378 Richtung Müllheim. Bei Müllheim von der B378 auf die B3 Richtung Weil am Rhein. Das Outlet ist im Industriegebiet Auggen direkt an der B3, 5 Minuten zu Fuß vom Bahnhof Auggen.

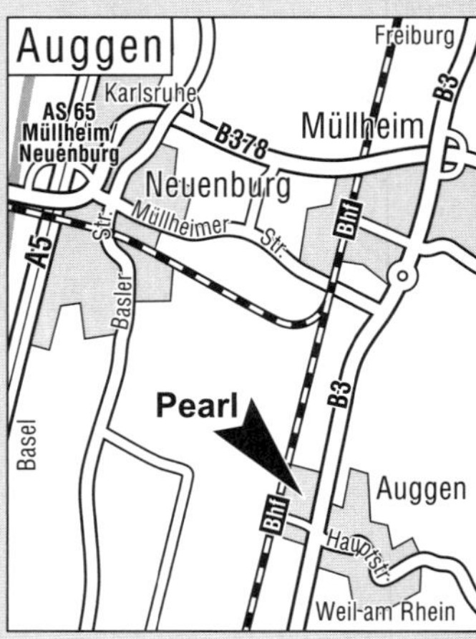

FÖRG
SPORTERLEBNIS IM FABRIKSCHLOSS

Seit elf Jahren befindet sich im denkmalgeschützten „Fabrikschloss", einer ehemaligen Spinnerei und Weberei, die Firma Förg. Dort kann man aus Rest- und Sonderposten sowie den aktuellen Kollektionen namhafter Markenhersteller wählen und dabei im Turbinen- und Skimuseum auf Zeitreise gehen.

Günstige Sporteinkaufsquelle

Warenangebot

Schuhe für Trekking, Walking, Fußball, Fitness, Tennis, Rad, Freizeit, Ski, Snowboard sowie Schlittschuhe, Sandalen und Inlineskates, Zelte und Zubehör, Ruck- und Schlafsäcke, Campingmöbel und -zubehör, Kletter- und Fahrradzubehör, Schlitten, Ski, Snowboards, Fitnessgeräte und Zubehör, Funktionswäsche, Sport-, Rad-, Outdoor-, Ski-, Freizeitbekleidung für Damen, Herren und Kinder. Sonder- und Restposten, Auslaufmodelle, Musterkollektionen, 2. Wahl und reguläre Ware.

Ersparnis

Bis 60 %, im Schlussverkauf und bei Aktionen bis zu 90 %.

Ambiente

Über 8500 m² gut beschilderte, übersichtliche Verkaufsfläche. 2 Kinderecken und eine Rutsche über 2 Etagen. Während der Campingsaison riesige Outdoor-Oase mit großer Zeltstadt. Markenshops von Adidas, Campagnolo, IcePeak, Jack Wolfskin, Meru, Nike, Protest, Tatonka und ein Kettler Fitnesspark. Fußballarena auf 200 m².

Adresse

Förg das Sporterlebnis im Fabrikschloss, Proviantbachstraße 30, 86153 Augsburg, info@foerg.de, www.foerg.de.

Öffnungszeiten

Montag bis Freitag 10.00 bis 20.00 Uhr, Samstag 10.00 bis 19.00 Uhr.

Anreise

A8 Stuttgart-München, Ausfahrt Augsburg-Ost. Auf der B2 Richtung Augsburg-Zentrum. Nach der Lechbrücke rechts in die Berliner Allee abfahren, an der 2. Ampel nach der 3. Brückendurchfahrt wieder rechts.

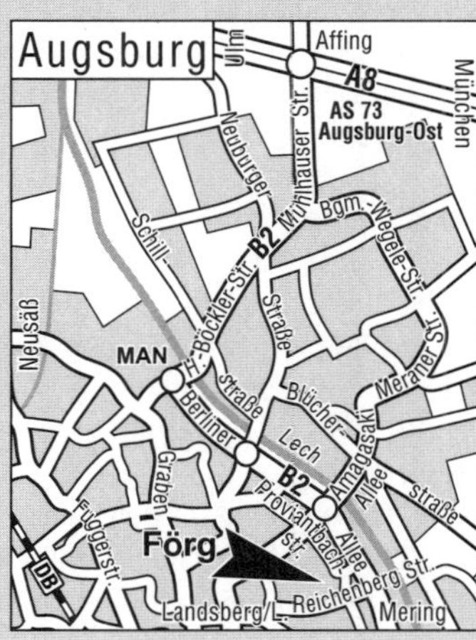

EINKAUFS-GUTSCHEIN S. 601

vileda®

Die cleveren Haushaltshelfer von Vileda erleichtern seit Jahrzehnten die Hausarbeit. Dabei steht Vileda für Qualität und Forschung. Alle Produkte zeichnen sich durch eine enorme Langlebigkeit aus. Das Angebot wird durch Produkte anderer Marken ergänzt.

Alles für den Hausputz

Warenangebot
Reinigungsgeräte, Boden-, Fenster-, Allzweck-, Schwamm-, Spül-, Geschirr- und Staubtücher, Topfreiniger, Besen, Bürsten, Dunstfilter, Haushaltshandschuhe, DIY-Handschuhe, Bügeltische, Wäschetrockenständer, Wäschespinnen, Wäschepflegezubehör. Außerdem: Markenprodukte von Alfi, Berndes, Cilio, Fissler, Haribo, IHR Servietten, Kaiser Backformen, Küchenprofi, Melitta, Ritter Sport, Rösle, Rotho, Schneekoppe, Swirl, Toppits, Zassenhaus.

Ersparnis
Bis zu 50% auf alle Artikel. Spezielle Produkte bis zu 70% reduziert. Infos und Super-Knüller-Angebote unter www.vileda.de.

Ambiente
Der Verkauf befindet sich in der Nähe des Martini Parks und des Textilmuseums. Ausreichen kostenlose Parkplätze direkt vor dem Outlet.

Adresse
Vileda Werksverkauf, Reichenberger Straße 39, 86161 Augsburg-Herrenbach, Tel.: 08 21/56 97 85 66.

Öffnungszeiten
Montag bis Freitag 9.30 bis 18.00 Uhr, Samstag 9.30 bis 16.00 Uhr.

Anreise
A8 Stuttgart-München, Ausfahrt Augsburg-Ost. Auf der B2 Richtung Augsburg. Nach der Lechbrücke rechts abfahren. Nach der 3. Unterführung in die 2. Straße am Real-Markt rechts abbiegen. Den Kreisverkehr an der 2. Möglichkeit verlassen. Der Verkauf befindet sich auf der rechten Seite, links vom Supermarkt.

GÖTZBURG
Stil aus Tradition seit 1889.

ceceba
BODYWEAR SINCE 1893

TOM TAILOR
EST. 1962

EINKAUFS-GUTSCHEIN S. 573

Der Götzburg Herstellerverkauf bietet eine große Auswahl an Tag- und Nachtwäsche sowie Sport- und Freizeitbekleidung für Damen und Herren. Die Produkte haben zwei Jahre Garantie auf Material, Passform und Verarbeitung und entsprechen den neuesten ökologischen Richtlinien.

Wäsche und mehr

Warenangebot
Große Auswahl an Tag- und Nachtwäsche für Damen und Herren. Business-Hemden, T-Shirts (teilweise auch in Anschlussgrößen). Funktionswäsche, Hausanzüge, Socken, Bademäntel und Frottierwaren. Produkte der Marken Götzburg, Ceceba, Tom Tailor, Speidel, Hajo, Stautz, Ringella, Sassa, Marvelis, Grace Frottierwaren, BlueSeven, Killtec.

Ersparnis
20 bis 50 %. Musterteile bis 70 %.

Ambiente
Neuer, modern gestalteter Verkaufsraum mit übersichtlicher Warenpräsentation und Fachberatung. Parkmöglichkeiten vorhanden.

Adresse
Herstellerverkauf Götzburg, Hauptstraße 19, 88422 Bad Buchau, Tel.: 0 75 82/92 60 47, info@goetzburg.de, www.goetzburg.com.

Öffnungszeiten
Montag bis Freitag 9.00 bis 18.00 Uhr, Samstag 9.00 bis 13.00 Uhr.

Anreise
A7 Ulm–Füssen, Ausfahrt Berkheim. Weiter auf der B312 bis Biberach. Am Ortsausgang links ab nach Mittelbiberach und durch Stafflangen und Oggelshausen nach Bad Buchau. Dort rechts Richtung Riedlingen. Götzburg befindet sich in der ersten Rechtskurve auf der linken Seite.

KÖSEN
DIE PLÜSCHTIER-WELT

Das Unternehmen stellt seit über 100 Jahren Plüschtiere und Puppen her. In dieser Tradition wurde stets Wert gelegt auf naturgetreues Aussehen, gute Verarbeitung und hohen Spielwert. Durch den Kauf der Marke Silke werden jetzt auch Stoffpuppen und Stofftiere für Kleinkinder gefertigt.

Tiere zum Kuscheln

Warenangebot
Das ganze Tierreich ist hier vertreten: Maikäfer, Schneeeule, Luchs, Elefant, Giraffe und viele, viele andere Plüschtiere führen hier ein friedliches Miteinander mit Stoffpuppen und Teddybären.

Ersparnis
Ca. 15 %.

Ambiente
Der Werksverkauf befindet sich in der Erlebniswelt „Mutiger Ritter". Der ehemalige Schafstall wurde zum Verkaufsraum umgebaut. Täglich (außer an Feiertagen) wird um 14 Uhr eine Führung durch die Manufaktur angeboten. Das Werksmuseum kann zu den Ladenöffnungszeiten besichtigt werden.

Adresse
Kösener Spielzeug Manufaktur GmbH, Rudolf-Breitscheid-Straße 2, 06628 Bad Kösen, Tel.: 03 44 63/6 37 28 12, info@koesener.de, www.koesener.de, www.mutiger-ritter.de.

Öffnungszeiten
Montag bis Freitag 10.00 bis 18.00 Uhr, Samstag 10.00 bis 16.00 Uhr, Sonntag und Feiertage 11.00 bis 16.00 Uhr.

Anreise
A9 Nürnberg–Berlin, Ausfahrt Naumburg und weiter auf der B180 nach Naumburg und auf der B87 Richtung Weimar nach Bad Kösen. In Bad Kösen links zu Erlebniswelt und Werksverkauf im „Mutigen Ritter".

VESTEBENE
FACTORY STORE

Der renommierte Vestebene Shop bietet ein umfangreiches Angebot an eleganter, sportiver und festlicher Kleidung an. Ein gut sortiertes Outlet für Frauen, die Wert auf modische, feminine Markenbekleidung legen.

Der DOB-Spezialist

Warenangebot
Sehr große Auswahl an Damenbekleidung in verschiedenen Materialien von kleinen bis großen Größen aus den italienischen Kollektionen. Folgende Marken werden angeboten: Elena Miro, Krizia, Caraktere, Diana Gallesi, Motivi etc.

Ersparnis
50 % gegenüber dem Einzelhandelspreis. Bei Aktionen bis zu 70 %.

Ambiente
Heller Verkaufsladen mit Umkleidekabinen, persönliche Kundenbetreuung und fachliche Beratung.

Adresse
Vestebene Factory Store, Riegelgrube 23, 55543 Bad Kreuznach, Tel.: 0671/ 79626979.

Öffnungszeiten
Montag bis Mittwoch und Freitag 9.30 bis 17.30 Uhr, Donnerstag 9.30 bis 19.00 Uhr, Samstag 9.00 bis 14.00 Uhr.

Anreise
Bad Kreuznach liegt südwestlich von Mainz. Auf der B41/428 Richtung Bad Kreuznach. Hier ins Industriegebiet Süd fahren. In den Kreisverkehr hinein und die Ausfahrt Kreuznach, Industriegebiet Süd 1, nehmen. Gleich die 1. Straße links abbiegen. Nach ca. 50 m auf der rechten Seite ist der Werksverkauf.

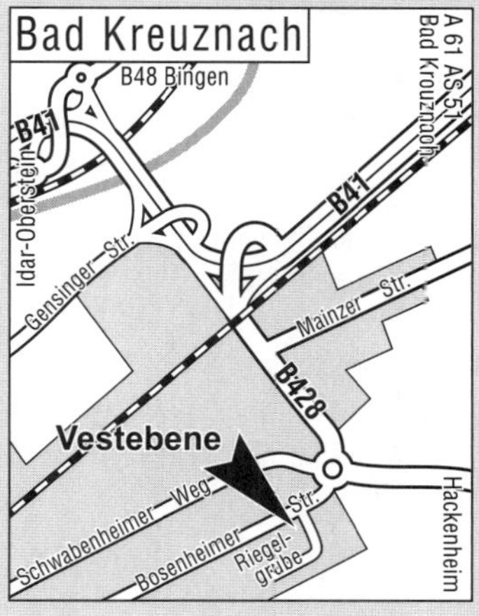

City Outlet
Bad Münstereifel

Bad Münstereifel ist ein historisch gewachsenes romantisches Städtchen mit nahezu vollständig erhaltener restaurierter Stadtmauer, malerischen Fachwerkhäusern sowie einer lebhaften Fußgängerzone mit vielen Cafés. Hier hat 2014 ein innerstädtisches Outlet eröffnet.

Das Shopping-Erlebnis

Warenangebot
Mode für Damen, Herren und Kinder, Sport, Outdoor, Freizeit, Schuhe, Lederwaren und Accessoires, Dessous, Schmuck. Heimtextilien, Haushaltswaren und Geschenkartikel.

Ersparnis
Immer 30 bis 70% gegenüber der UVP des Herstellers.

Ambiente
Ca. 30 Boutiquen, zum Teil in denkmalgeschützten Häusern eingerichtet. Das Konzept ist eine Outletstadt mitten im Ort.

Adresse
City Outlet Bad Münstereifel, Trierer Straße 1, 53902 Bad Münstereifel, Tel.: 02253/3170000, info@cityoutlet badmuenstereifel.com, www.cityoutlet badmuenstereifel.com.

Öffnungszeiten
Montag bis Samstag 10.00 bis 19.00 Uhr. Verkaufsoffene Sonntage siehe Homepage.

Anreise
A1 Köln–Blankenheim/Eifel, Ausfahrt Mechernich. Dann rechts Richtung Bad Münstereifel. Nach dem Überqueren der Erft im Ort, 1. Möglichkeit links Richtung Altstadt. Dann der Beschilderung P A-D folgen.

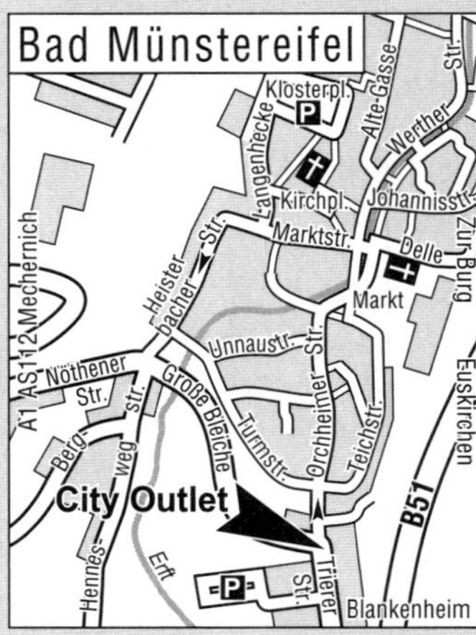

EINKAUFS-GUTSCHEIN S. 555

Alba Moda

Das Alba Moda-Outlet in Bad Salzuflen, ein Tochterunternehmen des Otto-Versands, überrascht mit italienisch inspirierter Designermode. Das exklusive Angebot hat es zu einem begehrten Einkaufsziel gemacht.

Anziehend Italienisch

Warenangebot
Damen- und Herrenbekleidung. Bademoden, Freizeitbekleidung, Schuhe. Artikel vieler bekannter Marken, z.B. Joop, Bogner oder LiuJo.

Ersparnis
Bis zu 70 %, auf Saisonüberhänge. Zusätzlich ständig Sonderverkaufsaktionen. Bis zu 15 % Zusatzrabatt mit der kostenlosen „Vorteils-Card".

Ambiente
1200 m² Verkaufsfläche, kompetente Beratung, klimatisierte Verkaufsräume, preiswerte Cafeteria, Kinderkino. Über 300 kostenlose Parkplätze.

Adresse
Alba Moda Outlet, Daimlerstraße 13, 32108 Bad Salzuflen, Tel.: 0 52 22/ 92 05 55, www.albamoda-outlet.de.

Öffnungszeiten
Montag bis Samstag 10.00 bis 18.00 Uhr.

Anreise
A2, Ausfahrt Ostwestfalen-Lippe Richtung Lemgo/Bad Salzuflen. Auf der Ostwestfalenstraße ca. 8 km bis Ausfahrt Herford/Detmold (B239), 1. Ampelkreuzung geradeaus und 1. Straße (Daimlerstraße) rechts. Zum Parkplatz der Beschilderung folgen.

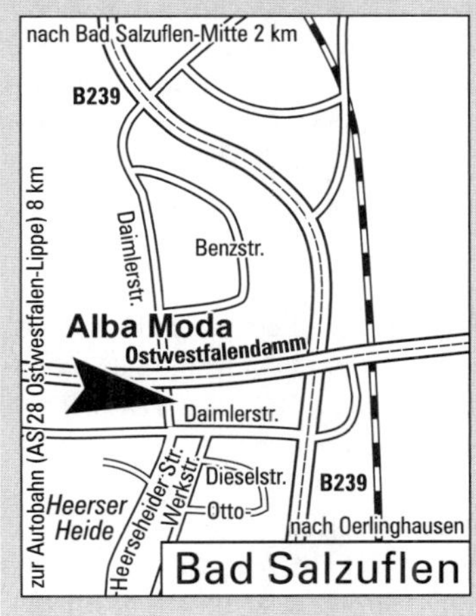

Timberland

Bekleidung, die von weiten Reisen und glücklich überstandenen Abenteuern erzählt, und Outdoor-Schuhe, die in Ausstattung und Verarbeitung überzeugen: Damit kann man die Natur bei jeder Witterung erleben.

Simply the Best

Warenangebot
Große Auswahl für Damen, Herren, Kinder: Trekkingschuhe, Boots, Halbschuhe, Stiefel, Mokassins. Herrenbekleidung: Outdoor-Jacken, Lederjacken, Blousons, Trekkinghosen, Hosen, Jeans, Hemden, T-Shirts, Sweatshirts, Accessoires: Taschen, Rucksäcke, Caps, Mützen, Uhren, Handschuhe. Kleine Auswahl an Outdoor-Bekleidung für Kinder.

Ersparnis
30 bis 70 %.

Ambiente
Der großzügige Verkaufraum ist ganz in Holz gehalten: Timberland eben. Beratung auf Anfrage. Übersichtliche Warenpräsentation. Parkplätze vorhanden, ggf. auf den großen Parkplatz ca. 100 m Richtung Baierbrunn ausweichen.

Adresse
Timberland Outlet Store, Höllriegelskreuther Weg 3-5, 82065 Baierbrunn-Buchenhain, Tel.: 0 89/79 36 03 90, www.timberland.com.

Öffnungszeiten
Montag bis Mittwoch 10.00 bis 18.00 Uhr, Donnerstag 10.00 bis 20.00 Uhr, Freitag 10.00 bis 20.00 Uhr, Samstag 10.00 bis 18.00 Uhr.

Weitere Verkaufsstelle
● 72555 **Metzingen**, Lindenplatz 1, Tel.: 0 71 23/17 00 09, www.timberland.com.

Anreise
A95 München-Garmisch-Partenkirchen, Ausfahrt Schäftlarn, weiter nach Baierbrunn, dort auf der B11 Richtung München. Timberland nach dem Ortsende rechts.

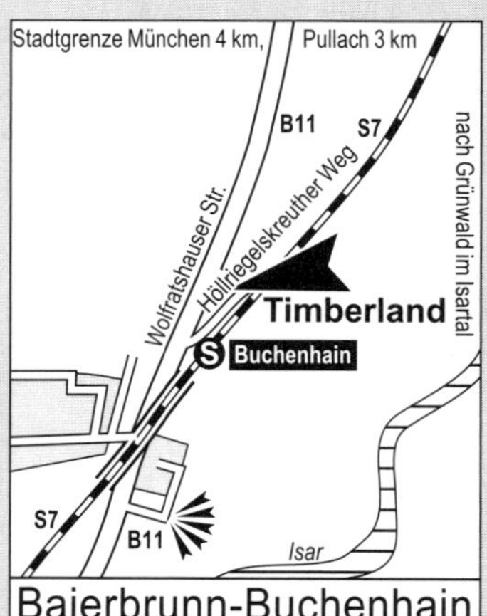

GÖTZBURG Stil aus Tradition seit 1889. ceceba® BODYWEAR SINCE 1893 TOM TAILOR EST. 1962

EINKAUFS-GUTSCHEIN S. 573

Das Unternehmen produziert seit mehr als 120 Jahren hochwertige Tag- und Nachtwäsche. Mit den Marken Ceceba, Götzburg und Tom Tailor zählt es zu den führenden Produzenten von Herrenwäsche auf dem nationalen wie internationalen Markt.

Die Wäscheprofis

Warenangebot
Große Auswahl an Tag- und Nachtwäsche für Damen und Herren (teilweise auch in Anschlussgrößen), Business-Hemden, T-Shirts, Funktionswäsche, Hausanzüge, Socken, Bademäntel und Frottierwaren. Produkte der Marken Ceceba, Götzburg, Tom Tailor, Speidel, Ringella, Sassa, Marvelis.

Ersparnis
30 bis 50 %. Musterteile bis 70 %.

Ambiente
Attraktiver Verkaufsraum mit Umkleidekabinen. Übersichtliche Warenpräsentation, sehr gute Fachberatung. Schnäppchenecke mit Musterteilen. Großer Kundenparkplatz.

Adresse
Herstellerverkauf Ceceba-Outlet, Hopfstraße 7, 72336 Balingen, Tel.: 0 74 33/ 26 03 44, info@ceceba.de, www.ceceba.com, www.goetzburg.com.

Öffnungszeiten
Montag bis Freitag 10.00 bis 18.00 Uhr, Samstag 10.00 bis 14.00 Uhr.

Anreise
Balingen liegt zwischen Tübingen und Rottweil. B27, Ausfahrt Balingen-Nord in Richtung Industriegebiet West. Nähe E-Center.

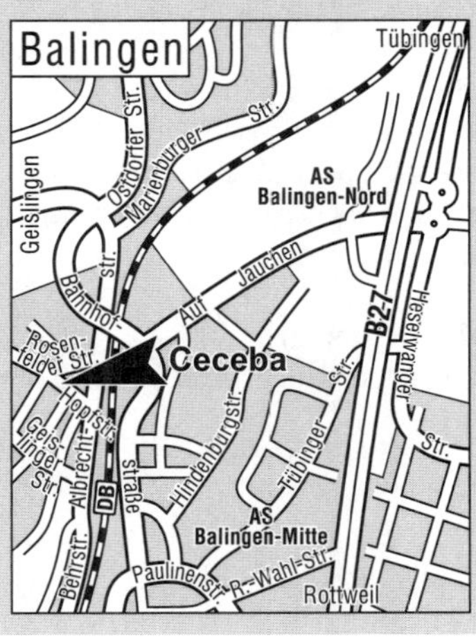

DORIS**STREICH.**

Viele Frauen erleben jetzt die beste Zeit ihres Lebens. Den Kampf der Geschlechter haben sie hinter sich und für den Schönheitswahn nur ein müdes Lächeln. Sie wollen das Leben genießen. Gut so, sagt Doris Streich, denn an diese Frauen richtet sich ihre Kollektion.

Für optimistische Frauen

Warenangebot
1B-Ware, Musterteile und Sonderposten. Lässige, moderne Kombimode mit Jacken, Blazern, Shirts, Tops, Blusen, Hosen, Röcken und Kleidern. Größen 36 bis 54.

Ersparnis
30 bis 40 %.

Ambiente
Großzügige, helle Verkaufsfläche mit ansprechender Warenpräsentation. Ware nach Kombi-Gruppen geordnet. Sehr gepflegte Atmosphäre. Freundliches Personal, fachkundige Beratung.

Adresse
Streich Bekleidungswerk GmbH & Co., Jurastraße 3, 72336 Balingen-Engstlatt, Tel.: 07433/9009-0, www.dorisstreich.de.

Öffnungszeiten
Montag bis Freitag 14.00 bis 18.00 Uhr.

Anreise
Aus Richtung Tübingen: B27 Tübingen–Rottweil, Ausfahrt Engstlatt-Süd. Rechts abbiegen in das Industriegebiet Lehenmorgen, danach noch zweimal rechts abbiegen. Aus Richtung Rottweil: B27 Rottweil–Tübingen, Ausfahrt Balingen-Nord, weiter Richtung Hesselwangen/Engstlatt. Am Ortsschild Engstlatt links ins Industriegebiet Lehenmorgen. Danach noch zweimal rechts.

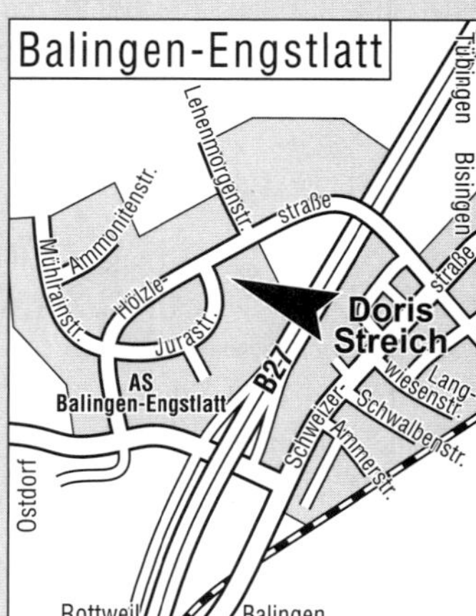

GREIFF FACTORY-STORE

Ob zeitlos oder aktuell, im Greiff Factory-Store gibt es Qualitätsbekleidung für Sie und Ihn in großer Auswahl und zu günstigen Preisen.

Mode für Sie und Ihn

Warenangebot
Business-Kleidung aus eigener Produktion sowie ein großes Sortiment von zusätzlich ca. 60 Marken für Damen- und Herrenbekleidung wie z.B. Street One, Cecil, Madonna, Mac, Comma, Gerry Weber, Taifun, Mustang, Jack&Jones, Gardeur, Bugatti, Digel und viele mehr. Große Auswahl auch in großen Größen.

Ersparnis
Teilweise 10 bis 20% bei aktuellen Kollektionen, zusätzliche Ersparnis bei Musterteilen und 2.-Wahl-Ware bis zu 70%.

Ambiente
Angenehme Verkaufsatmosphäre auf klimatisierten 1200 m² Verkaufsfläche. Fachkundige Beratung, hauseigene Schneiderei und ca. 100 kostenlose Parkplätze direkt vor der Tür.

Adresse
Greiff Mode GmbH & Co.KG, Memmelsdorfer Straße 250, 96052 Bamberg, Tel.: 09 51/40 52 78, info@greiff-store.de, www.greiff-store.de.

Öffnungszeiten
Montag bis Freitag 9.30 bis 19.00 Uhr, Samstag 9.00 bis 16.00 Uhr.

Anreise
A73 Nürnberg-Bamberg-Coburg, Ausfahrt Memmelsdorf/Bamberg-Gartenstadt. Richtung Bamberg. Nach 300 m steht links das Firmengebäude. Der Factory-Store befindet sich etwas weiter hinten.

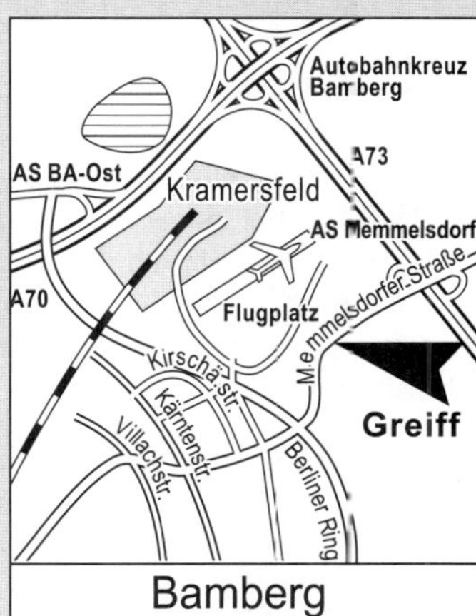

WINKLE
POLSTERBETTEN

Die Firma Winkle liefert täglich 350 bis 500 Polsterbetten ins In- und Ausland; angesiedelt in der unteren bis mittleren Preisklasse.

Qualität preiswert

Warenangebot
Polsterbetten, Wasserbetten, Lattenrahmen und Standard-Matratzen aus eigener Produktion.

Ersparnis
30 bis 50 %. Extra Resteverkauf.

Ambiente
Sehr schöner Präsentationsraum. Fachkundiges Personal, das auch den Aufbau erklärt. Anlieferung der Ware in die nähere Umgebung möglich.

Adresse
Winkle Polsterbetten, Ludwigsburger Straße 91, 71726 Benningen, Tel.: 0 71 44/99 70.

Öffnungszeiten
Verkauf von Matratzen und Betten: Montag bis Freitag 8.30 bis 12.00 und 13.00 bis 16.30 Uhr, Samstag 8.30 bis 12.30 Uhr. Im August sind Betriebsferien, bitte vorher anrufen. Verkauf von Stoffen und Polstermaterialien nur an Samstagen.

Anreise
Auf der Strecke Ludwigsburg–Benningen befindet sich rechts am Ortseingang von Benningen unübersehbar die Polsterbetten-Fabrik. Von der A81 Stuttgart–Heilbronn kommend, Ausfahrt Pleidelsheim, weiter nach Murr, von Murr nach Benningen, durch den Ort Richtung Ludwigsburg durchfahren, Firma am Ortsende links.

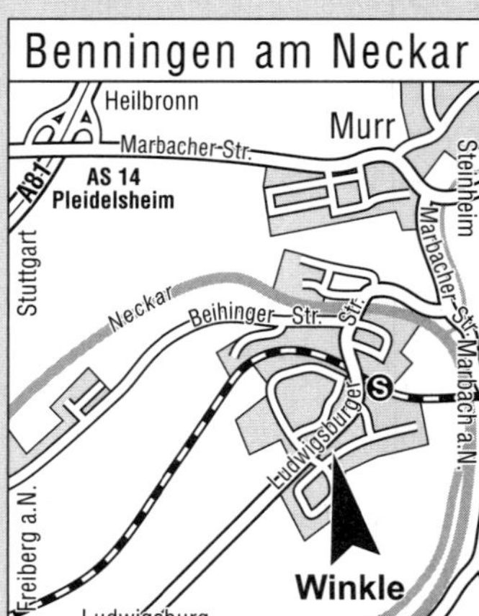

KPM
KÖNIGLICHE
PORZELLAN-MANUFAKTUR
BERLIN

König Friedrich der Große gab der Porzellanmanufaktur Namen und Zeichen: das königsblaue Zepter. Seitdem entstanden hier in jeder Epoche stilprägende Porzellane, immer wieder neue Klassiker in schöner, traditioneller und moderner Formgebung und Bemalung. Das handgeformte KPM-Porzellan besitzt außerdem hohe Funktionalität und findet deshalb zunehmend Verwendung in der gehobenen Gastronomie.

Die Klassiker in Porzellan

Warenangebot
Angeboten wird im Manufakturverkauf in erster Linie hochwertiges, hochpreisiges Porzellan. Daneben gibt es jedoch auch B-Ware und Auslaufmodelle.

Ersparnis
20 bis 30 %.

Ambiente
Im Manufakturverkauf können Sie sich einen einzigartigen Überblick über die Porzellankunst der KPM verschaffen. 2.-Wahl-Ware ist besonders gekennzeichnet. Allein der historische Innenhof und die Ofenhalle lohnen einen Besuch.

Besonderheiten
Täglich Führung durch die Manufaktur. Eintritt 10,– €, ermäßigt 5,– €.

Adresse
KPM-Königliche Porzellanmanufaktur Berlin GmbH, Manufakturverkauf, Wegelystraße 1, 10623 Berlin-Charlottenburg, Tel.: 0 30/39 00 92 15, manufakturverkauf@kpm-berlin.de, www.kpm-berlin.de.

Öffnungszeiten
Montag bis Samstag 10.00 bis 18.00 Uhr.

Anreise
Mit der S5, S75, S3, S9 zum S-Bahnhof Tiergarten. Dort ist der neue Manufakturverkauf. Mit dem Pkw: A100, Ausfahrt Kaiserdamm, dieser wird zunächst zur Bismarckstraße und dann zur Straße des 17. Juni. Von dieser links in die Bachstraße und wieder links in die Wegelystraße.

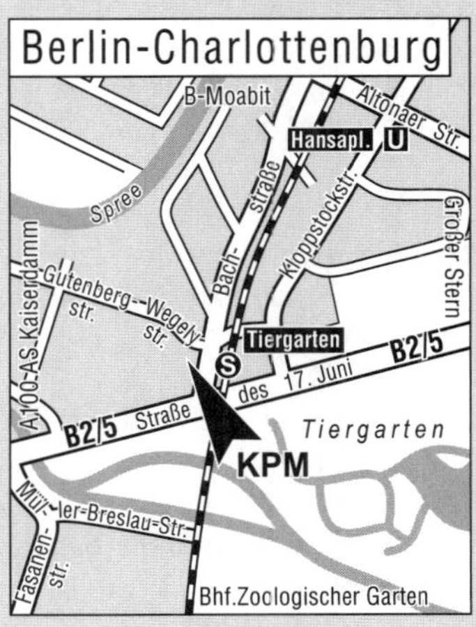

BECON
BERLINER CONFEKTION
FACTORY OUTLET

Becon Berlin ist Hersteller hochwertiger Bekleidung für Herren und Damen. Unter dem Label Becon menswear und Becon women erwartet Sie eine abgestimmte, gut kombinierbare Kollektion aus hochwertigen Stoffen.

Nicht nur Männersache

Warenangebot
Für Herren: Anzüge, Mäntel, Hosen, Sakkos, Westen, Pullis, Schals und Krawatten in reicher Auswahl. Das Angebot für Damen ist eher überschaubar. Neue Ware, aber auch Ware aus der Vorsaison.

Ersparnis
30 %, bei Sonderangeboten mehr. Weitere Vorteile mit einer Businesscard.

Ambiente
Großer Verkauf, übersichtliche Warenpräsentation, freundliches Personal.

Adresse
Becon Berlin, Factory Outlet, Eldenaer Straße 35, 10247 Berlin-Friedrichshain, Tel.: 0 30/2 93 45 20, www.becon-berlin.de.

Öffnungszeiten
Montag bis Freitag 10.00 bis 19.00 Uhr, Samstag 10.00 bis 15.00 Uhr.

Weitere Verkaufsstellen (Auswahl)

- 10117 **Berlin-Mitte**, Friedrichstraße 194-199, Tel.: 0 30/20 65 84 91. Montag bis Freitag 10.00 bis 19.00 Uhr, Samstag 10.00 bis 16.00 Uhr.
- 10369 **Berlin-Lichtenberg**, Landsberger Allee 131, Tel.: 0 30/97 60 40 12. Montag bis Freitag 10.00 bis 19.00 Uhr, Samstag 10.00 bis 16.00 Uhr.
- 14057 **Berlin-Westend**, Kaiserdamm 38, Tel.: 0 30/30 10 16 62. Montag bis Freitag 11.00 bis 20.00 Uhr, Samstag 10.00 bis 16.00 Uhr.

Anreise
A10, Ausfahrt Berlin-Hellersdorf, B1/B5 stadteinwärts, von der Frankfurter Allee rechts (Petersburger Straße), am Bersarinplatz halbrechts (Thaerstraße) und wieder rechts.

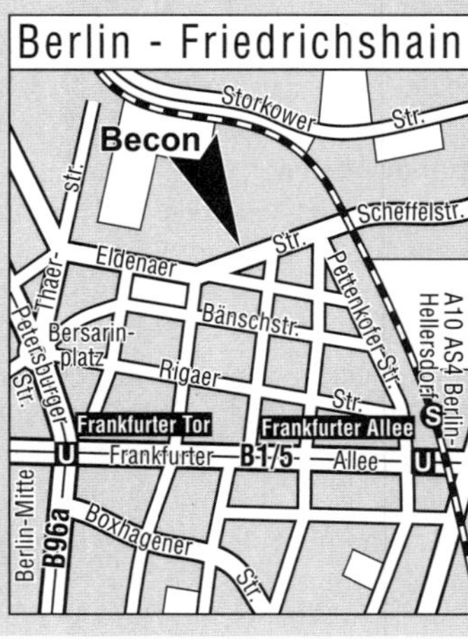

Palmen24.de
Echtblattkonservierte Palmen
Preserved Palms

Palmen24.de fertigt Dekorationspalmen für Privatkunden, Hotels, Fitness-Studios etc. Die Palmblätter sind in der Natur gewachsen und werden so präpariert, dass die Palme weder Licht noch Wasser braucht. Die Stämme sind aus Holz, mit natürlicher Palmfaser umwickelt.

Konservierte Echtblattpalmen

Warenangebot
Echtblattpalmen aller Größen und Formen für Räume ab 2,50 m Höhe.

Ersparnis
50,- € pro Palme.

Ambiente
Der Produktionsbereich der Palmen ist nicht für einen öffentlichen Lagerverkauf ausgelegt. Kunden werden nach Absprache aber gerne empfangen. Innerhalb Berlins auch Vor-Ort-Beratung für eine optimale Objektbegrünung.

Adresse
Palmen24.de, Simplonstraße 14, 10245 Berlin-Friedrichshain, Tel.: 030/2942299, info@palmen24.de, www.palmen24.de.

Öffnungszeiten
Montag bis Freitag 10.30 bis 16.30 Uhr.

Anreise
Vom Alexanderplatz in Berlin-Mitte auf der Karl-Marx-Allee bis zum Frankfurter Tor. Dort rechts in die Warschauer Straße, dann die 3. Möglichkeit links in die Kopernikusstraße. Die 3. Straße rechts ist die Simplonstraße. Der Verkauf befindet sich rechts.

zalando

Zalando hat eine hohe Retourenquote von Waren die nicht mehr regulär zu verkaufen sind. Diese Produkte von über 500 Marken werden hier verkauft. Nach Aussage der Verkäufer handelt es sich nicht nur um Versandretouren, sondern auch um B-Ware und Second-Season-Ware.

Schrei vor Glück

Warenangebot
Damen-, Herren-, Kinderschuhe, Taschen, Accessoires, Bekleidung. Vor allem Versandretouren, B-Ware, Second-Season-Ware, 2.-Wahl-Ware. Ständig wechselndes Angebot. Meist ist jeder Artikel nur einmal in einer Größe und Farbe vorhanden. Kein Umtausch. Keine Originalverpackungen.

Ersparnis
30 bis 70%. Weitere Vorteile mit der Zalando Outlet Card, diese kann vor Ort oder online beantragt werden.

Ambiente
Ca. 1000 m^2 Verkaufsfläche, großer, heller, übersichtlicher Laden. Verkauft wird auf zwei Ebenen in mehren Räumen, unterteilt nach Herren, Damen, Kinder. Freundliches Personal. Begrenzte Anzahl von Parkplätzen.

Adresse
Zalando Outlet Store Berlin, Köpenicker Straße 20, 10997 Berlin-Kreuzberg, Tel.: 0800/3300900, info@zalando-outlet.de, www.zalando-outlet.de.

Öffnungszeiten
Montag bis Samstag 11.00 bis 20.00 Uhr.

Weitere Verkaufsstelle
● 60487 **Frankfurt-Bockenheim**, Leipziger Straße 41-42.

Anreise
Aus Berlin-Mitte oder von der A10 Berliner Ring kommend bis zum Ostbahnhof. An der großen Kreuzung davor Richtung Spree und Kreuzberg abbiegen. Nach der Brücke die 1. Straße wieder links. Buslinien 140 und 265 bis Manteuffelstraße/Köpenicker Straße. Linien U1 bis Schlesisches Tor oder U8 bis Heinrich-Heine-Straße.

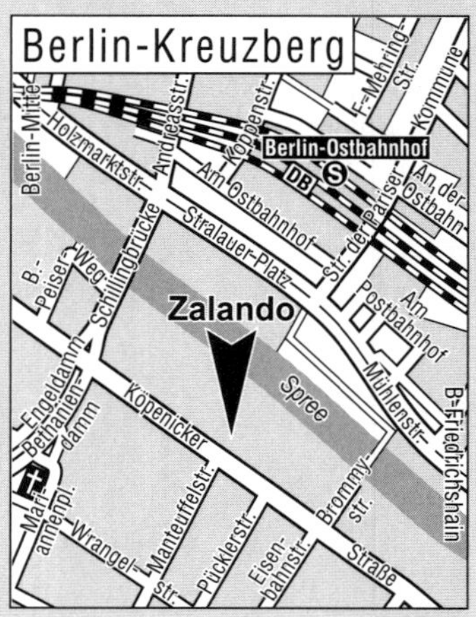

Marc Cain ist ein internationaler Mode- und Qualitätsbegriff. Das Unternehmen ist Hersteller von hochwertiger Damenbekleidung mit eigener Produktion am Firmenstandort in Deutschland. Das Marc Cain Factory Outlet bietet Designermode zu reduzierten Preisen.

Exklusive Damenmode

Warenangebot
Hochwertige Mode der Labels Marc Cain Collections und Marc Cain Sports. Mäntel, Jacken, Kleider, Blusen, Pullis, Westen, T-Shirts, Hosen, Schuhe, Gürtel, Taschen, Hüte und Handschuhe.

Ersparnis
40 bis 80 %. Die Ware liegt im höherpreisigen Segment.

Ambiente
Großzügiger Verkaufsraum mit übersichtlich nach Themen sortierter Ware. Fachkundiges, freudliches Personal, zahlreiche Umkleidekabinen, WLAN-Zugang vorhanden, ausreichend Parkplätze im Innenhof.

Adresse
Marc Cain Factory Outlet, Oudenarder Straße 16, 13347 Berlin-Wedding, Tel.: 0 30/26 59 47 50, mc.factory.outlet.berlin @marc-cain.com, www.marc-cain.com.

Öffnungszeiten
Montag bis Freitag 10.00 bis 20.00 Uhr, Samstag 10.00 bis 18.00 Uhr.

Weitere Verkaufsstellen
- 24539 **Neumünster-Wittorf**, Oderstraße 10, Tel.: 0 43 21/9 52 40 52.
- 72411 **Bodelshausen**, Marc-Cain-Allee 15, Tel.: 0 74 71/7 09-0 oder 70 92 74.

Anreise
A100 vom Dreieck Charlottenburg bis zum Ende und geradeaus in die Seestraße. In Richtung Wedding halten. Kurz nach der Kreuzung Seestraße/Müllerstraße bei den Osram-Höfen rechts befindet sich die Oudenarder Straße.

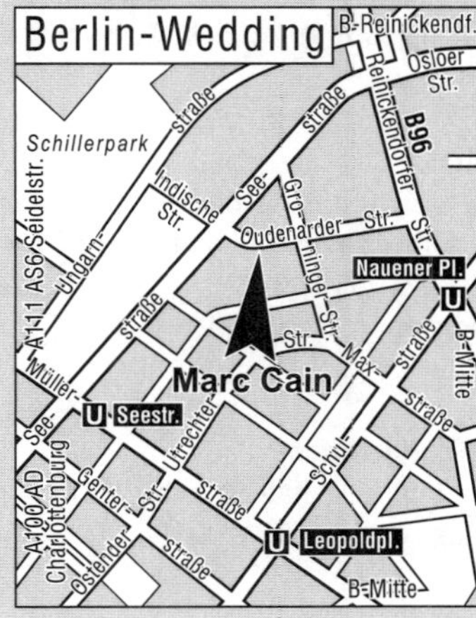

EINKAUFS-GUTSCHEIN S. 595

seidensticker

Seidensticker ist die bekannteste Hemdenmarke Deutschlands und Europas größter Hersteller für Hemden und Blusen. In jeder Faser stecken die Werte, die das Traditionsunternehmen so erfolgreich machen: Qualität, Zuverlässigkeit, Beständigkeit, Tradition und Innovation.

Die Welt von Seidensticker

Warenangebot
Attraktive Angebote an Hemden und Blusen der Marken Seidensticker, Schwarze Rose, UNO super slim, Camel active, Jacques Britt (nicht alle Marken in allen Outlets erhältlich). Abgerundet wird das Angebot durch eine ständig wechselnde Auswahl an Krawatten, Herrenschals, Damentüchern und Manschettenknöpfen.

Ersparnis
30 bis 70 %. Ständig attraktive Angebote.

Ambiente
Gepflegter Laden. Gute, übersichtliche Warenpräsentation. Parkplätze vorhanden.

Adresse
Factory Outlet Store Seidensticker, Herforder Straße 182-194, 33609 Bielefeld, Tel.: 05 21/3 06-3 47, fos.bielefeld@seidensticker.de, www.seidensticker.de.

Öffnungszeiten
Montag bis Freitag 10.00 bis 19.00 Uhr, Samstag 10.00 bis 18.00 Uhr.

Weitere Verkaufsstellen (Auswahl)
- 06796 **Sandersdorf-Brehna**, FOC Halle-Leipzig, Berliner Straße 1, Tel.: 03 49 54/49 24 86.
- 14641 **Wustermark bei Berlin**, Designer Outlet Berlin, Alter Spandauer Weg 1, Tel.: 03 32 34/2 22 75.

Anreise
A2, Ausfahrt Ostwestfalen-Lippe. Vom Ostwestfalendamm in die Eckendorfer Straße, dort links und wieder rechts.

● 24539 **Neumünster-Wittorf**, Designer Outlet Neumünster, Oderstraße 10, Tel.: 0 43 21/9 52 50 57.

● 29614 **Soltau**, Designer Outlet Soltau, Rahrsberg 7, Tel.: 0 51 91/9 79 20 21.

● 33378 **Rheda-Wiedenbrück**, Bosfelder Weg 7, Tel.: 0 52 42/40 40 44.

● 38440 **Wolfsburg-Rothenfelde**, Designer Outlet Wolfsburg, An der Vorburg 1, Tel.: 0 53 61/2 75 14 93.

● 48607 **Ochtrup**, Laurenzstraße 51-55, Tel.: 0 25 53/7 26 33 91.

● 66787 **Wadgassen**, Myland/Cristallerie Wadgassen, Saarstraße 20, Tel.: 0 68 34/ 9 57 68 18.

● 72555 **Metzingen**, Mühlstraße 5, Tel.: 0 71 23/16 26 72.

● 85055 **Ingolstadt-Feldkirchen**, Ingolstadt Village, Otto-Hahn-Straße 1, Tel.: 08 41/9 81 91 01.

● 87527 **Sonthofen**, Burgsiedlung 1, Tel.: 0 83 21/67 43 50.

● 97877 **Wertheim-Dertingen**, Wertheim Village, Unit 95, Almosenberg, Tel.: 0 93 42/91 66 90.

● A-5073 **Wals-Himmelreich**, Designer Outlet Salzburg, Kasernenstrasse 1, Tel.: 00 43/6 62/25 43 21.

● CZ-10800 **Praha**, Fashion Arena Outlet Center, Prumyslova 440, Tel.: 00 42/ 2 34/65 74 58.

● CZ-66902 **Znojmo**, Chvalovice 196 – Hate, Tel.: 00 42/05 15/22 37 40.

● F-67480 **Roppenheim**, The Style Outlets, 1, Route de l'Europe, Tel.: 00 33/3 88/ 63 82 78.

● I-39041 **Brennero**, Outlet Center Brenner, St. Valentin Straße 9A, Tel.: 00 39/04 72/05 56 21.

● NL-6041 **Roermond**, Designer Outlet Roermond, Stadsweide 150, Tel.: 00 31/ 4 79/31 72 17.

● 28816 **Stuhr-Brinkum bei Bremen**, Ochtum Park, Bremer Straße 111, Tel.: 04 21/89 75 26 38.

● A-7111 **Parndorf**, Designer Outlet Parndorf, Designer Outlet Straße 1, Tel.: 00 43/21 66/4 30 62 11.

WELLINGTON® OF BILMORE

EINKAUFS-GUTSCHEIN S. 603

Das Sortiment bietet viele Marken, wie z.B. S.Marlon, Cross Jeans, Blue Fire, Joker Jeans, Tom Joules, Ragman, Didrikson, IVKO, Emily, MAC, Milano, Selected femme/homme, PME - Legend, Wellington of Bilmore.

Anglo-American Sportswear

Warenangebot
Mäntel, Parkas, Blazer, Anzüge, Jacken, Hosen, Hemden, Blusen, Strickwaren, Sweatshirts, Jeans, Schuhe, Accessoires - alles im internationalen Sportswear-Stil für Damen und Herren.

Ersparnis
Zwischen 30 und 50% - zum Saisonende jeweils Sonderverkäufe, bei denen die Fabrikpreise noch einmal um ca. 30% und mehr gesenkt werden.

Ambiente
Großer Bekleidungsmarkt auf 500 m² Verkaufsfläche mit Kleiderständern, Regalen, Fachpersonal und Anprobemöglichkeiten. Kostenlose Parkplätze im Hof.

Adresse
Wellington Fashion GmbH, Fashion-Outlet, Detmolder Straße 230, 33604 Bielefeld, Tel.: 05 21/92 01 93 25.

Öffnungszeiten
Montag bis Samstag 10.00 bis 18.00 Uhr.

Weitere Verkaufsstellen
● 33330 **Gütersloh**, Kolbeplatz 5, Tel.: 0 52 41/9 04 19 95.

● 33602 **Bielefeld**, Ritterstraße 14, Tel.: 05 21/1 64 67 57.

Anreise
A2 Dortmund-Hannover, Ausfahrt Bielefeld-Zentrum. Auf die B66 Richtung Innenstadt. Der Verkauf befindet sich gegenüber der 1. Straßenbahnhaltestelle bzw. nach 4 km an der linken Straßenseite.

strellson windsor. JOOP!

Echte Lifetsyle-Marken für modisch Interessierte gibt es in Bielefeld. Windsor, die stilsichere Übersetzung von Souveränität in Schneider- und Handwerkskunst. Strellson – innovative Mode für Männer. Tommy Hilfiger – American Spirit und JOOP, die internationale Designermarke für Damen und Herren.

Innovativ, vielfältig, modern

Warenangebot

Damen- und Herrenbekleidung aus den Kollektionen windsor women und windsor men, Joop women, Joop casual women, Joop men, Joop casual men, Strellson Premium, Strellson Sportswear. Anzüge, Sakkos, Westen, Jeans, T-Shirts, Sweatshirts, Lederbekleidung, Kleider, Röcke, Kostüme, Blazer, Hosen, Jacken, Mäntel, Blusen, Hemden, Strickwaren, Schuhe, Krawatten, Taschen und Accessoires.

Ersparnis

Bis zu 30 % bei aktueller Ware, herabgesetzte Ware bis zu 60 % günstiger. Zweimal jährlich Saisonendverkäufe.

Ambiente

Das großzügig gestaltete Factory Outlet ist modern und spiegelt die Markenwelten wider. Getränke und Snacks im integrierten Windsor-Bistro. Das Outlet befindet sich am Firmensitz. Bezahlung mit EC-Karte, Amex, Visa und Mastercard möglich.

Adresse

Windsor Outlet, Am Ellerbrocks Hof 2-6, 33617 Bielefeld-Gadderbaum, Tel.: 05 21/41 77 50 30, www.windsor.de.

Öffnungszeiten

Montag bis Freitag 10.00 bis 19.00 Uhr, Samstag 9.00 bis 18.00 Uhr.

Weitere Verkaufsstelle (Auswahl)

● 72555 **Metzingen**, Reutlinger Straße 36, Tel.: 0 71 23/38 09 09.

Anreise

A2 Dortmund–Hannover, Ausfahrt Bielefeld-Zentrum. Auf die B66 Richtung Innenstadt, am Ende der Straße links auf die Artur-Ladebeck-Straße abbiegen. Nach 1300 m links.

EINKAUFS-GUTSCHEIN S. 557

Ihr Leben wird gut laufen®

Bär-Schuhe sind bekannt für Qualität und handwerkliche Verarbeitung (vorwiegend Mokassins, handgenäht). Keine Massenware, auch Schuhe für Problemfüße bei Damen und Herren.

Bärig zu Fuß

Warenangebot
Bequeme Schuhe vom Hausschuh bis zum Trekkingstiefel für alle Lebensbereiche (Beruf, Freizeit, Sport), von festlich schick (Colani) bis zum Designerschuh. Neu: „fast-barfuß"-Schuhe von Joe Nimble. Schuhgrößen von 35 bis 51.

Ersparnis
2.-Wahl-Ware 10 bis 30 %. Sonderangebote, Musterware, Restverkäufe: 50 %. Aber: Bär ist kein Billigschuh-Hersteller.

Ambiente
Das gesamte Bär-Bequemschuh-Programm und große Auswahl an Auslaufmodellen, 2.-Wahl-Ware und Fehlfarben zu attraktiven Sonderpreisen. 600 m² Verkaufsfläche mit Bistrobereich.

Besonderheiten
Schuh-Teststrecke.

Adresse
Bär GmbH, Pleidelsheimer Straße 15, 74321 Bietigheim-Bissingen, Tel.: 0 71 42/ 95 66 10.

Öffnungszeiten
Montag bis Freitag 9.00 bis 18.00 Uhr, Samstag 9.00 bis 16.00 Uhr.

Anreise
Die Firma befindet sich im Industriegebiet Büttenwiesen am Forst im Ortsteil Bietigheim. Immer den Schildern zu Möbel-Hofmeister folgen. Der Fabrikverkauf von Bär ist ca. 250 m neben Möbel-Hofmeister.

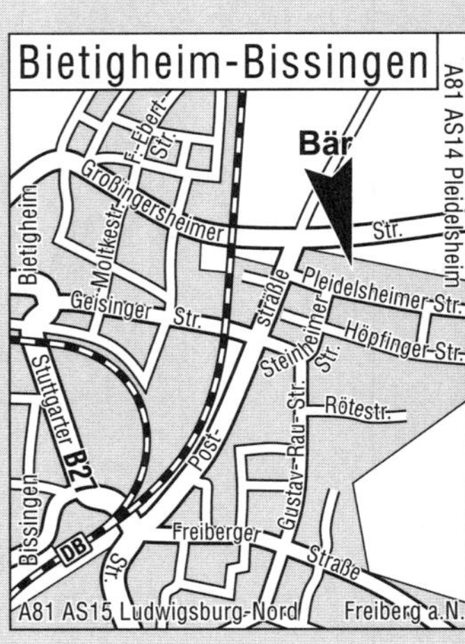

EINKAUFS-GUTSCHEIN S. 569

Gailing
GUTE NACHT SCHÖNER TAG.

In den Outlets der Firma Bettenhaus Gailing findet man alles rund um den gesunden und schönen Schlaf. Kompetente Beratung zu Matratzen, Schlafsystemen, Bettgestellen und Wohntextilien. Da bleiben keine Wünsche offen.

Gute Nacht – schöner Tag

Warenangebot

Große Auswahl an qualitativ hochwertigen Produkten für den kleinen Geldbeutel. Auslaufmodelle, Restposten in 1. und 2. Wahl: Schaumstoffmatratzen, Einlegerahmen, Einziehdecken, Kissen und Bettdecken mit Daunen-, Feder- und Naturhaarfüllung. Allergikerbetten aus waschbaren Materialien, Nackenstützkissen, Federkernmatratzen und Lattenroste, Schaumstoffzuschnitte und auch Bettwäsche.

Ersparnis

10 bis 20 %, bei Angeboten 60 %.

Ambiente

Der Lagerverkauf ist in zwei separaten Räumen untergebracht, die sich an das Fachgeschäft anschließen, in dem die Waren allerdings zu Einzelhandelspreisen angeboten werden. Nur in diesen (ausgeschilderten) Räumen sind die günstigen Angebote erhältlich.

Adresse

Bettenhaus Gailing, Pleidelsheimer Straße 11-13, 74321 Bietigheim-Bissingen, Industriegebiet Büttenwiesen, Tel.: 0 71 42/99 39-0, info@betten-gailing.de, www.bettenhaus-gailing.de.

Öffnungszeiten

Montag bis Freitag 9.30 bis 19.00 Uhr, Samstag 9.30 bis 16.00 Uhr.

Weitere Verkaufsstelle

● 71636 **Ludwigsburg**, Schwieberdinger Straße 104, Tel.: 0 71 41/4 64 41.

Anreise

A81 Stuttgart-Heilbronn, Ausfahrt Ludwigsburg-Nord. Auf der B27 nach Bietigheim-Bissingen. Das Bettenhaus Gailing befindet sich im Industriegebiet Büttenwiesen.

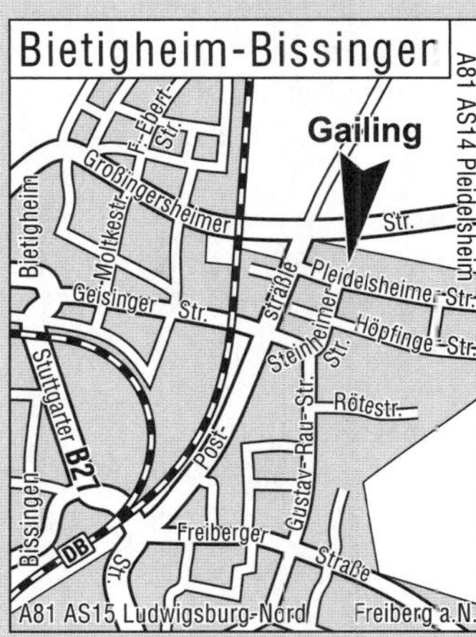

EINKAUFS-GUTSCHEIN S. 595

FEEL THE INDIAN SPIRIT

Sioux-Schuhe stehen für beste Qualität, perfekten Tragekomfort und traditionelle Schuhmacherkunst, designed in Germany, und das bereits seit über 60 Jahren. Ein besonderes Highlight des Mokassin-Spezialisten ist der Kultschuh Grashopper, der seit 50 Jahren die Kollektion bereichert.

Starke Marken im Outlet

Warenangebot
Große Auswahl an Schuhen für Damen und Herren. Vom eleganten Business-Schuh für formelle und festliche Anlässe bis hin zum lässig sportiven Mokassin ist für jeden das Passende dabei. Handtaschen, Business-Taschen und Lederwaren von Marc Picard ergänzen das Sortiment.

Ersparnis
Ca. 20 bis 50 %, in Einzelfällen 70 %.

Ambiente
Angenehme Atmosphäre auf über 400 m². Moderne, gepflegte Ausstattung. Die Ware ist übersichtlich nach Marken und Größen geordnet. Qualifizierte Beratung durch geschultes, freundliches Personal.

Adresse
Sioux Factory Outlet, Talstraße 17, 74321 Bietigheim-Bissingen, Tel.: 0 71 42/ 7 74 89 47, www.sioux.de.

Öffnungszeiten
Montag bis Freitag 9.30 bis 19.00 Uhr, Samstag 9.30 bis 18.00 Uhr.

Anreise
B27 Stuttgart-Heilbronn, Ausfahrt Bietigheim-Bissingen. Das Outlet befindet sich am Stadtrand in einer Parallelstraße zur B27 gegenüber von Intersport.

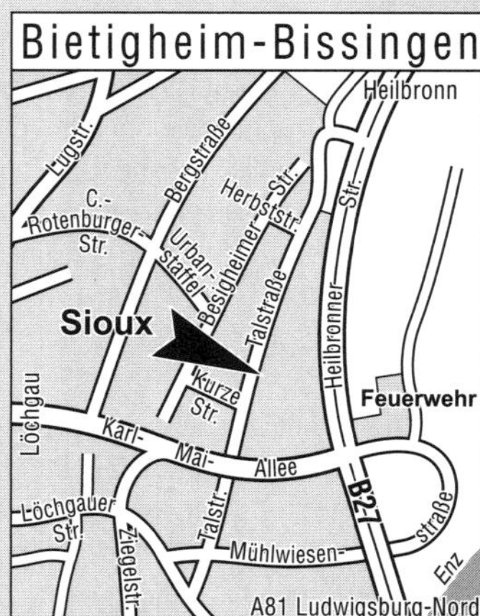

Lafuma MILLET MOUNTAIN BY EXPERIENCE EIDER

EINKAUFS-GUTSCHEIN S. 577

Die ganze Vielfalt von Bergsport, Wandern, Trekking, Wintersport und Gartenmöbel in einem Fabrikverkauf. Die vier starken Marken der Lafuma Group: Lafuma, Millet, Eider und Oxbow bieten alles für den ungetrübten Outdoor-Spaß. Jetzt auch Wäsche von Calida.

Die Spezialisten für Outdoor

Warenangebot
2. Wahl, Muster, Auslaufware direkt vom Hersteller. Ski- und Outdoor-, Fleece-, Regen-, Trekking- und Reisebekleidung, Rucksäcke, Schlafsäcke, Garten- und Campingmöbel.

Ersparnis
30 bis 50%. Bei 2.-Wahl-Ware und Einzelstücken auch höhere Nachlässe möglich.

Ambiente
Gepflegte Lagerverkaufshalle mit Umkleidekabinen.

Besonderheiten
Sonderverkäufe zu jeder Jahreszeit, Schnäppchenecke. Seit kurzem auch Bekleidung und Wäsche der Marke Calida hier erhältlich.

Adresse
Lafuma Group, Fabrikstraße 35, 73266 Bissingen/Teck, www.lafuma.de.

Öffnungszeiten
Dienstag bis Freitag 13.00 bis 19.00 Uhr, Samstag 10.00 bis 16.00 Uhr. Montag geschlossen.

Anreise
5 Minuten von der A8 Stuttgart–München, Ausfahrt 57, Kirchheim/Teck-Ost. Auf der B465 Richtung Süden, nach ca. 1200 m links Richtung Nabern/Bissingen. In Bissingen 2. Straße links, Fabrikstraße bis ans Ende.

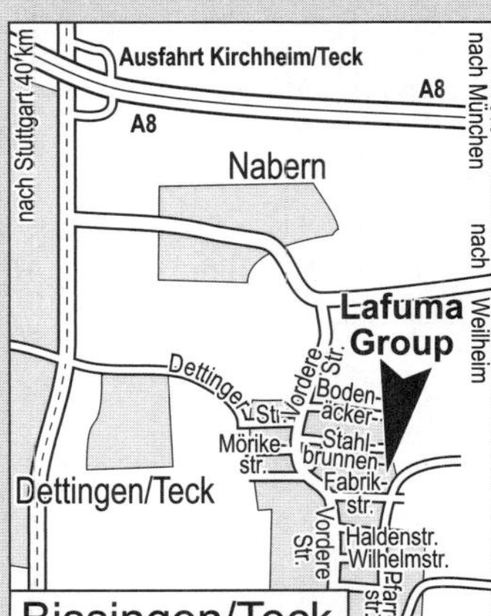

EINKAUFS-GUTSCHEIN S. 577

Lück

Lück ist einer der führenden Hersteller von Füllmaterialien und Bezügen für Bett- und Polsterwaren und Lieferant hochwertiger Kissen, Matratzen, Steppartikel, Decken, Bezüge und Boxspringbetten. Die Lück GmbH & Co. KG ist ein Unternehmen der EuroComfort-Group.

Liegekomfort von Lück

Warenangebot
Bettwaren wie Steppbetten, Kopfkissen, Nackenstützkissen, Sofa- und Spezialkissen, Matratzen sowie Boxspringbetten.

Ersparnis
30 bis 50%, bei Sonderposten auch mehr.

Ambiente
Ca. 300 m² Verkaufsfläche in einer Lagerhalle mit freundlicher und fachkompetenter Bedienung.

Adresse
Lück GmbH & Co. KG, Werksverkauf, Moorweg 22, 46395 Bocholt-Mussum, Tel.: 0 28 71/9 97 95 75.

Öffnungszeiten
Dienstag 10.00 bis 14.00 Uhr, Donnerstag 14.00 bis 20.00 Uhr, Samstag 9.00 bis 13.00 Uhr.

Anreise
A3 Oberhausen-Arnheim, Ausfahrt Hamminkeln/Bocholt. Weiter auf der B473 Richtung Bocholt, nach ca. 1 km an der Ampelkreuzung rechts Richtung Dingden abbiegen. Nach ca. 3 km an der Kreuzung links Richtung Bocholt (Dingdener Straße) fahren, nach ca. 3 km wieder links in den Vennweg abbiegen, anschließend 2. Straße rechts ab: Moorweg. Bis zum Ende/Wendehammer fahren.

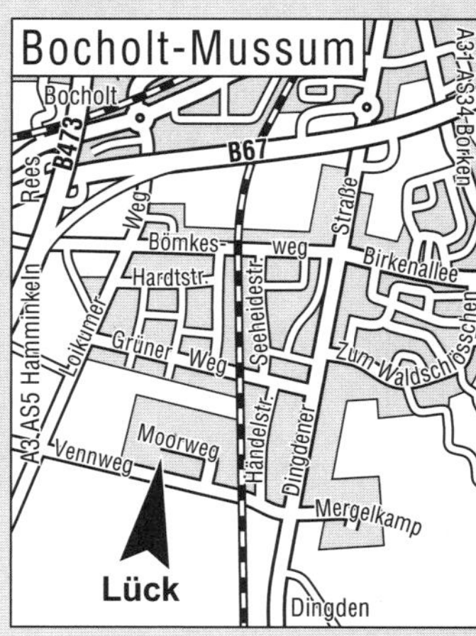

MARC CAIN

Marc Cain ist ein internationaler Mode- und Qualitätsbegriff. Das Unternehmen ist Hersteller von hochwertiger Damenbekleidung mit eigener Produktion am Firmenstandort in Deutschland. Das Marc Cain Factory Outlet bietet Designermode zu reduzierten Preisen.

Exklusive Damenmode

Warenangebot
Hochwertige Mode der Labels Marc Cain Collections und Marc Cain Sports. Mäntel, Jacken, Kleider, Blusen, Pullis, Westen, T-Shirts, Hosen, Schuhe, Gürtel, Taschen, Hüte und Handschuhe.

Ersparnis
40 bis 80 %. Die Ware liegt im höherpreisigen Segment. Ecke mit zusätzlich reduzierter Ware.

Ambiente
Großzügiger Verkaufsraum mit hochwertigem Ambiente und übersichtlich nach Themen sortierter Ware. Fachkundiges und freundliches Personal, zahlreiche Umkleidekabinen. Fashion Café mit WLAN-Zugang. Ausreichend Parkplätze.

Adresse
Marc Cain Factory Outlet, Marc-Cain-Allee 15, Industriegebiet West, 72411 Bodelshausen, Tel.: 0 74 71/70 92 74, mc.factory.outlet.bodelshausen@marc-cain.com, www.marc-cain.com.

Öffnungszeiten
Montag bis Freitag 10.00 bis 20.00 Uhr, Samstag 10.00 bis 18.00 Uhr.

Weitere Verkaufsstellen
- 13347 **Berlin-Wedding**, Oudenarder Straße 16, Tel.: 0 30/4 55 00 30.
- 24539 **Neumünster-Wittorf**, Oderstraße 10, Tel.: 0 43 21/9 52 40 52.

Anreise
B27 Tübingen-Hechingen Ausfahrt Bodelshausen. Von der Bahnhofstraße links in die Hechinger Straße, Richtung Hechingen. Rechts in die Dömlerstraße und gleich wieder links in die Marc-Cain-Allee.

EINKAUFS-GUTSCHEIN S. 595

SPEIDEL
Feines auf der Haut

Speidel hat sich mit qualitativ hochwertiger Damentagwäsche und einem sehr guten Preis-Leistungs-Verhältnis einen hervorragenden Namen gemacht. Innovative Materialien aus eigener Produktion in Deutschland garantieren höchste Qualität.

Feine Wäsche

Warenangebot
Damentagwäsche: sportiv, klassisch und modisch. Slips, BHs, Hemden und Bodies in allen Passformen. Dessous und Shapewear. Große Größen bis 56/58. Miederwaren und Damennachtwäsche. Herrentag- und Nachtwäsche. Frottierwaren runden das Angebot ab.

Ersparnis
Ca. 20 %.

Ambiente
Großer, heller Neubau mit Umkleidekabinen, übersichtliche und großzügige Präsentation. Kostenlose Parkplätze.

Adresse
Speidel – Feines auf der Haut, Hechinger Straße, 72411 Bodelshausen, Tel.: 0 74 71/70 10, www.speidel-lingerie.de.

Öffnungszeiten
Montag bis Freitag 9.00 bis 18.00 Uhr, Samstag 9.00 bis 14.00 Uhr.

Anreise
B27 Tübingen–Hechingen. Ausfahrt Bodelshausen. In die Bahnhofstraße (Hauptstraße), dann 4. Straße links abbiegen.

Weitere Verkaufsstellen (Auswahl)

- 06796 **Sandersdorf-Brenha**, Thiemendorfer Mark 1, Tel.: 03 49 54/31 65 30. Montag bis Samstag 10.00 bis 20.00 Uhr
- 71522 **Backnang**, Am Rathaus 6-7, Tel.: 0 71 91/3 45 80 56. Montag bis Freitag 9.00 bis 18.00 Uhr, Samstag 9.00 bis 16.00 Uhr. Adventsamstage 9.00 bis 18.00 Uhr.
- 78054 **Villingen-Schwenningen**, Kronenstraße 21, City Rondell, Tel.: 0 77 20/9 93 29 35. Montag bis Freitag 9.30 bis 20.00 Uhr, Samstag 9.30 bis 18.00 Uhr. Adventsamstage 9.30 bis 20.00 Uhr.
- 78462 **Konstanz**, Hussenstraße 5, Tel.: 0 75 31/2 82 60 00. Montag bis Freitag 10.00 bis 19.00 Uhr, Samstag 10.00 bis 18.00 Uhr.

- 69226 **Nußloch**, Fashion Park, Max-Berk-Straße 20, Tel.: 0 62 24/ 1 75 78 50. Montag bis Freitag 10.00 bis 19.00 Uhr, Samstag 10.00 bis 18.00 Uhr.

- 79189 **Bad Krozingen**, Bahnhofstraße 16, Tel.: 0 76 33/10 10 44. Montag bis Freitag 9.00 bis 18.00 Uhr, Samstag 9.00 bis 13.00 Uhr. Adventsamstage 9.00 bis 16.00 Uhr.
- 82467 **Garmisch-Partenkirchen**, Bahnhofstraße 41, Tel.: 0 88 21/ 9 09 65 70. Montag bis Freitag 10.00 bis 18.00 Uhr, Samstag 10.00 bis 16.00 Uhr.
- 86825 **Bad Wörishofen**, Kathreiner Straße 12, Tel.: 0 82 47/9 63 69 10. Montag bis Freitag 9.00 bis 18.00 Uhr, Samstag 9.00 bis 14.00 Uhr. Adventsamstage 9.00 bis 17.00 Uhr.
- 87561 **Oberstdorf**, Nebelhornstraße 10, Tel.: 0 83 22/9 58 94 50. Montag bis Freitag 9.00 bis 18.00 Uhr, Samstag 9.00 bis 16.00 Uhr.
- 88353 **Kißlegg**, Erlenweg 8, Tel.: 0 75 63/9 10 50. Montag bis Freitag 9.00 bis 18.00 Uhr, Samstag 9.00 bis 13.00 Uhr.
- 94424 **Arnstorf**, Mariakirchener Straße 32, Betty Barclay Fashion Park, Tel.: 0 87 23/9 79 98 88. Montag bis Freitag 10.00 bis 18.00 Uhr, Samstag 9.00 bis 16.00 Uhr.

Das Warenangebot der einzelnen Verkaufsstellen ist abweichend.

Seit HERKULES 1908 ®

Die Herkules Hobelbankfabrik geht mit ihren Produkten über die Baumarkt-Qualität hinaus. Ihre schweren und halbschweren Hobelbänke sind auch für den professionellen Einsatz geeignet. Im Möbelbereich fertigt sie Container und Regalsysteme.

Wo gehobelt wird ...

Warenangebot
Neben Hobelbänken gibt es Werkbänke mit Stahlrohruntergestellen, auch höhenverstellbar und behindertengerecht. Das Containersystem mit Massivholzschubkästen ist komplett aus Buchenholz hergestellt und das Herkules-Regalprogramm aus Massivholzstollen. Damit kann sich der Kunde Regale jeder Abmessung zusammenstellen. Regal- und Containerprogramm sind in Möbelqualität.

Ersparnis
25 bis 50 %.

Ambiente
Heller Raum, in dem Teile der Ware ausgestellt sind.

Adresse
Herkules Hobelbankfabrik, Uslarer Straße 22, 37194 Bodenfelde, Tel.: 0 55 72/ 18 35, www.herkules-deutschland.de.

Öffnungszeiten
Montag bis Freitag 16.00 bis 18.00 Uhr, Samstag 9.00 bis 13.00 Uhr. Darüber hinaus nach telefonischer Absprache.

Anreise
A7 Kassel-Hannover. Von Norden: Ausfahrt Northeim, von Süden: Ausfahrt Hann. Münden. Von Westen: A4 Dortmund-Kassel, Ausfahrt Warburg. Jeweils Richtung Uslar/Beverungen fahren. Der Verkauf befindet sich direkt an der Durchgangsstraße am Ortsein- bzw. -ausgang.

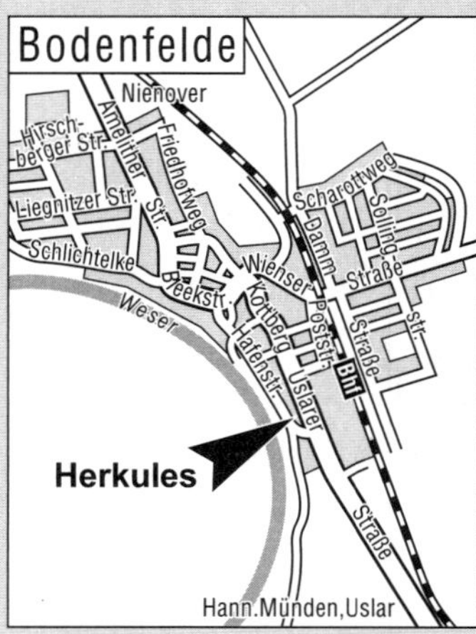

HARIBO

Die Spielwiese der Goldbären ist ein paar Straßen von der Fabrik entfernt. Haribo hat seinen Fabrikverkauf zu einer Sehenswürdigkeit gemacht mit viel Platz und bisweilen bärenstarken Ausstellungsstücken.

Goldbär ganz groß

Warenangebot
Vollständiges Haribo- & Maoam-Sortiment, große Auswahl an exklusiven Haribo-Boutique-Artikeln (Merchandise-Ware). Umfangreiches Angebot an 2.-Wahl-Artikeln. Riesige Candy-Bar.

Ersparnis
Bei 2.-Wahl-Artikeln über 40%.

Ambiente
Riesiger Laden mit großem Parkplatz. Sehr gepflegte Warenpräsentation. Große, gut ausgestattete Kinderspielecke.

Adresse
Haribo-Fabrikverkauf, Friesdorfer Straße 121, 53175 Bonn-Bad Godesberg, Tel.: 02 28/9 09 29 30, Laden-Godesberg@haribo.com, www.haribo.com.

Öffnungszeiten
Montag bis Freitag 9.30 bis 18.00 Uhr, Samstag 9.30 bis 16.00 Uhr.

Weitere Verkaufsstellen (Auswahl)
- 08112 **Wilkau-Haßlau**, Haaraer Straße 7-13, Tel.: 03 75/69 22 90, Laden-Wilkau@haribo.com.
- 41464 **Neuss-Pomona**, Ruwerstraße 6, Tel.: 0 21 31/4 02 11 52.
- 42653 **Solingen-Gräfrath**, Wuppertaler Straße 76, Tel.: 02 12/2 50 21 42, Laden-Solingen@haribo.com.
- 97350 **Mainbernheim**, Gebr.-Schmidt-Straße 14, Tel.: 0 93 23/8 71 10.

Anreise
Von Köln aus oder der A3 oder A61 zur A565 bis zur Ausfahrt 7 Bonn-Poppelsdorf. Weiter zur B9 bis Bonn-Bad Godesberg. An der Kreuzung der Haltestelle Wurzerstraße, direkt vor dem Tunnel Bad Godesberg, rechts abbiegen, am Straßenende links. Der Verkauf befindet sich direkt rechts an der Straße.

In der belebten Fußgängerzone von Boppard gelegen, lädt der Sebamed Shop an sechs Wochentagen zum Stöbern und Einkaufen ein. Die Besucher haben im Shop die Möglichkeit, sich vom geschulten Verkaufsteam ausführlich zu den über 100 Produkten individuell beraten zu lassen.

Wissenschaft für gesunde Haut

Warenangebot
Über 100 Sebamed Reinigungs- und Pflegeprodukte wie z.B. Flüssig-Waschemulsionen, Lotions, Duschöle, Sportduschpräparate, Deos, After Shave Balsams, Cremes, Duschbäder, Shampoos, Fußcremes, spezielle Serien für sehr trockene Haut, Neurodermitiker/Diabetiker sowie weitere Produkte aus dem Hause Sebapharma. Alle Produkte können vor Ort getestet werden.

Ersparnis
Im Durchschnitt ca. 20 %.

Ambiente
Übersichtliche Warenpräsentation. Fachkundige Beratung. Abgabe nur in haushaltsüblichen Mengen. Nur für den privaten Bedarf.

Adresse
Sebamed Shop, Kronengasse 22 (Marktplatz), 56154 Boppard, www.sebamed.de.

Öffnungszeiten
Montag bis Freitag 9.00 bis 18.00 Uhr, Samstag 9.00 bis 14.00 Uhr.

Anreise
Aus Richtung Köln: A61 bis Anschlussstelle Boppard (Nr. 41), weiter Richtung Boppard. Auf die B9 Richtung Bad Salzig. Dann der Beschilderung „Sebapharma" folgen. Aus Richtung Frankfurt: A61 bis Anschlussstelle Emmelshausen (Nr. 42) und weiter Richtung St. Goar/Bad Salzig. In Karbach links auf die L212 Richtung Rheinbay. In Rheinbay links ab nach Weiler. Dort links in Richtung Bad Salzig. Nach 1,3 km rechts der Beschilderung „Sebapharma" folgen.

bierbaum

wohnen und verwöhnen

Vom Garn bis zum fertigen Bettset achtet Bierbaum auf herausragende Verarbeitung und kann Qualitäten „Made in Germany" bieten, die zum Besten gehören, was in Deutschland hergestellt wird. In der Textilbranche gehören Bierbaum-Marken zu den unumstrittenen Spitzenprodukten.

Spitze (nicht nur) fürs Bett

Warenangebot

Spitzenprodukte in Bettwäsche (Irisette). Heim-, Kinder- und Schlafdecken, Flinka-Haushaltstücher, Damen- und Herrenunterwäsche, Schlafanzüge für Herren der Marke Ceceba. Frottierwaren, Kiloware Bettwäsche, Bettwaren Ausnahmemaße. 1. und 2. Wahl.

Ersparnis

33 bis über 66 %, bei 2. Wahl und Sonderposten.

Ambiente

Fabrikverkauf im eigenen, großzügig gestalteten Verkaufsraum. Separate Abteilungen für Unterwäsche und Haushaltstücher. Parkmöglichkeiten.

Adresse

Bierbaum Unternehmensgruppe GmbH & Co. KG, Werksverkauf, Gelsenkirchener Straße 11, 46325 Borken, Tel.: 0 28 61/ 9 48-1 72.

Öffnungszeiten

Montag bis Freitag 13.00 bis 18.30 Uhr, jeden 2. Dienstag im Monat 9.30 bis 18.30 Uhr, Samstag 10.00 bis 14.00 Uhr.

Weitere Verkaufsstelle

- 48691 **Vreden**, Ottensteiner Straße 2, Tel.: 0 25 64/93 18 36.

Anreise

A31, Ausfahrt 34, Borken, auf der B67 Richtung Borken. 1. Ausfahrt Borken-Kaserne, rechts Richtung Borken. Über die 1. Ampel geradeaus, dann der Beschilderung folgen. Oder: A2 am Autobahnkreuz Bottrop auf die A31 Richtung Gronau/Emden bis zur Ausfahrt Borken, dann weiter wie oben.

WÜLFING seit 1885

... wirkt mit Leidenschaft!

Wülfing ist ein international tätiges Textilunternehmen mit über 125 Jahren Erfahrung. Mit der Herstellung hochwertiger Heimtextilien ist es dem Familienunternehmen aus Borken gelungen, sich im In- und Ausland als bekannter Markenhersteller zu etablieren.

Wirkt mit Leidenschaft

Warenangebot
Restposten, 2.-Wahl-Artikel oder Überproduktion aus den Bettwäsche-Kollektionen, Spannbetttücher, Matratzenschutzprodukte, textile Baby-Produkte, Decken, Frottierwaren, Schlafanzüge.

Ersparnis
Ca. 20 bis 50 %.

Ambiente
Eleganter Verkaufsraum mit ca. 80 m² Verkaufsfläche im Stadtzentrum. Attraktive Warenpräsentation mit Deko-Betten, ständig wechselnde Angebote. Parkplätze vorhanden.

Adresse
Wülfing Werksverkauf, Kapuzinerstraße 2, 46325 Borken, Tel.: 0 28 61/8 08 55 96, www.wilh-wuelfing.de.

Öffnungszeiten
Montag bis Freitag 9.30 bis 18.30 Uhr, Samstag 9.30 bis 16.00 Uhr.

Anreise
A31 Bottrop-Emden, Ausfahrt Borken. Weiter auf der B67 Richtung Borken, an der 4. Ausfahrt Richtung Innenstadt abfahren. Nach 1 km die 1. Möglichkeit links zur Altstadt in die Mühlenstraße abbiegen, direkt nach der Kirche geht es links zum Verkauf.

PADDOCK'S®

Paddock's steht seit über 40 Jahren für Denim-Erfahrung und -Leidenschaft, erkennbar z.B. an der tadellosen Verarbeitung, der optimalen Passformgenauigkeit, dem perfekten Tragekomfort sowie den erstklassigen Denim-Qualitäten.

German Jeans

Warenangebot
Jeans, T-Shirts, Sakkos, Jacken, Jeansjacken, Westen für Damen und Herren.

Ersparnis
30 bis 50 %, bei 2. Wahl mehr.

Ambiente
Das Factory Outlet befindet sich in einem separaten Gebäude mit moderner Präsentation und fachmännischer Beratung.

Adresse
Ospig GmbH & Co. KG, Carsten-Dreßler-Straße 17, 28279 Bremen-Arsten, Tel.: 04 21/8 40 11 46.

Öffnungszeiten
Montag bis Freitag 10.00 bis 18.00 Uhr, Samstag 10.00 bis 14.00 Uhr.

Anreise
A1 Bremen-Oldenburg, Ausfahrt Arsten, dort auf den Autobahnzubringer Richtung Arsten. In Habenhausen abfahren, Richtung Arsten/Arsterdamm. Dann links Richtung Arsten und in das Industriegebiet hinein. Die Firma Paddock's ist hier ausgeschildert. In einer Rechtskurve nun links in die Carsten-Dreßler-Straße. Diese beschreibt einen Halbkreis um die Firma Paddock's herum.

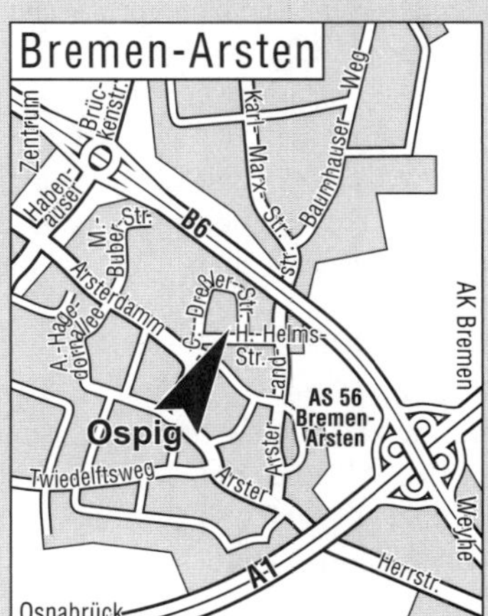

Die Kleine Wolke ist seit über 35 Jahren einer der führenden Badtextilienhersteller. Neben den klassischen Kleine Wolke-Produkten werden hier auch viele Haushaltsartikel im Werksverkauf angeboten.

Praktisches für Bad & Co.

Warenangebot
Badteppiche, Duschvorhänge, Sicherheitseinlagen, Frottierwaren, Accessoires, Bügeltische, Leitern, Haushaltstritte, Wäscheständer, div. Haushaltsartikel wie Isolierkannen etc.

Ersparnis
Bei 1B-Ware bis 50 %, bei Auslaufartikeln, 2. Wahl und Überproduktionen 60 %.

Ambiente
Direkt am Parkplatz des Verwaltungsgebäudes befindet sich der Eingang zum Werksverkauf. Großzügiger Verkaufsbereich mit umfangreichem Warenangebot.

Adresse
Kleine Wolke Textilgesellschaft mbH & Co. KG, Fritz-Tecklenborg-Straße 3, 28759 Bremen-Grohn, Tel.: 04 21/ 62 61-0.

Öffnungszeiten
Donnerstag 15.00 bis 18.00 Uhr, Samstag 10.00 bis 13.00 Uhr.
Achtung: 1. Mai bis 30. September nur donnerstags geöffnet!

Anreise
Die Kleine Wolke Textilgesellschaft befindet sich in Bremen-Nord. A27 Bremen-Cuxhaven, Ausfahrt Bremen-Burglesum. Auf der A270 Richtung Vegesack, Ausfahrt St. Magnus nehmen. Auf die linke Spur, links abbiegen. Nach ca. 300 m an der Ampel links, nach der Überführung in der Kurve rechts abbiegen. Die Schönebecker Straße ca. 1 km durchfahren bis zur Kreuzung.

zero

zero steht für unkomplizierte, trendbewusste Mode, die zu jeder Situation passt. Jeder einzelne Style der Trendthemen ist perfekt mit anderen Elementen aus der Kollektion oder dem eigenen Kleiderschrank kombinierbar. Der zero-Look: lässig, gepflegt und absolut zeitgeistig.

Design made in Bremen

Warenangebot
Großes Angebot an trendbewusster Mode für alle Anlässe (Business, Freizeit, Event). Bei den reduzierten Styles handelt es sich in der Regel um Vorsaisonware.

Ersparnis
Die Ware ist mit Farbpunkten gekennzeichnet. Je nach Farbe beträgt die Ersparnis zwischen 30 und 70 %, teilweise bis 90 %.

Ambiente
Großes Factory Outlet, zielgruppenorientiert und funktional eingerichtet. Im Erdgeschoss neben reduzierter Ware auch die aktuellen Kollektionen zu regulären Preisen.

Adresse
zero Factory Store, Scipiostraße 10, 28279 Bremen-Habenhausen, Tel.: 04 21/ 83 18 34, www.zero.de.

Öffnungszeiten
Montag bis Freitag 10.00 bis 20.00 Uhr, Samstag 9.00 bis 18.00 Uhr.

Anreise
A1 Osnabrück-Hamburg, Ausfahrt Bremen-Arsten und auf den Autobahnzubringer Richtung Obervieland, Ausfahrt Habenhauser Brückenstraße. Von hier links in die Borgwardstraße und dann rechts in die Scipiostraße.

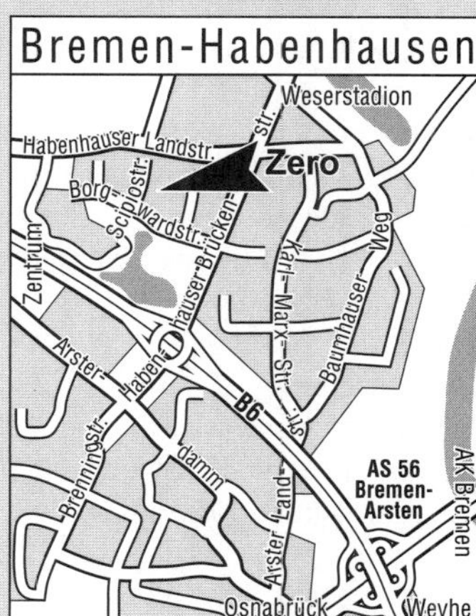

EINKAUFS-GUTSCHEIN S. 603

WILKENS
Silbermanufaktur seit 1810

Traditionsreiche Silbermanufaktur. Seit 1810 werden hier Silberwaren in sehr guter Qualität hergestellt. Im Fabrikverkauf werden Rest- und Sonderposten sowie Rückläufe außerordentlich günstig angeboten.

Highlights der Tafelkultur

Warenangebot
Bestecke zwischen klassisch und modern. Tafelbestecke in den Materialien 925-Sterling-Silber, 180 g versilbert sowie 18/10 Edelstahl, Geschenkartikel, Schmuck, Porzellan, Messer, Glaswaren, Haushaltswaren, Scheren, Maniküre-Sets, Kochgeschirr, Küchenhelfer etc.

Ersparnis
30 bis 50 %, bei Sonderposten auch mehr.

Ambiente
Ansprechend ausgestatteter, einzelhandelsmäßig anmutender Verkaufsraum mit freundlicher, entgegenkommender Bedienung.

Adresse
Wilkens & Söhne GmbH, An der Silberpräge, 28309 Bremen-Hemelingen, Tel.: 04 21/41 03-2 04, werksverkauf@wilkensundsoehne.com.

Öffnungszeiten
Dienstag und Mittwoch 10.00 bis 16.00 Uhr, Donnerstag und Freitag 10.00 bis 18.00 Uhr, Samstag 10.00 bis 14.00 Uhr.

Anreise
A1 Bremen–Osnabrück, Ausfahrt Bremen-Hemelingen. Auf dem Zubringer die 2. Ausfahrt, dann rechts (An der Grenzpappel), gleich wieder links in die Hannoversche Straße einbiegen. Auf der Bahnüberführung links fahren in die Hemelinger Bahnhofstraße. Der Verkauf befindet sich an der Ecke Godehardstraße.

Seitenbacher®

Bekannt ist die Firma Seitenbacher vor allem für ihre Müslispezialitäten. Der Fabrikverkauf offenbart die ganze Vielfalt der Produktpalette dieses äußerst erfolgreichen Unternehmens: vom Fruchthütchen bis hin zu Diät-Lebensmitteln.

Lecker, lecker, lecker ...

Warenangebot
Seitenbacher Müsli, Mühlen-Müsli, Backzutaten, Brotbackmischungen, Getreide und Flocken, Sämereien, Suppen und Soßen, Diät-Lebensmittel, Getreideküchle, Öl, Teigwaren ohne Ei, ökologisch oder mit Frischei, Kekse, Nüsse, Trockenfrüchte und Honig. Auch Cerealien, Riegel, Schokofrüchte und Fruchthütchen.

Ersparnis
Mindestens 10 %.

Ambiente
Ansprechender Verkaufsladen, Warensortiment übersichtlich angeordnet, freundliche Bedienung. Versand möglich.

Adresse
Seitenbacher, Siemensstraße 8 (Industriegebiet II), 74722 Buchen (Odenwald), Tel.: 0 62 81/30 67.

Öffnungszeiten
Montag bis Freitag 9.00 bis 18.00 Uhr.

Anreise
Von Stuttgart kommend auf der B27 Richtung Walldürn. Die 2. Ausfahrt nach Buchen führt ins Industriegebiet. Von der B27 aus ist Seitenbacher bereits zu sehen. Immer der Beschilderung Industriegebiet II folgen.

Trigema, Deutschlands größter Hersteller von Sport- und Freizeitbekleidung, kennt man aus der ARD-Fernsehwerbung. Trigema produziert ausschließlich in Deutschland. Im Gegensatz zu den anderen großen Sportmarken.

Deutschlands Nr. 1

Warenangebot
Original-Katalogangebot für Damen, Herren und Kinder. Sport- und Freizeitbekleidung, Bademoden, Tag- und Nachtwäsche. Auch Übergrößen 4 bis 5XL.

Ersparnis
Mindestens 40 bis 50 % Ersparnis gegenüber dem empfohlenen Einzelhandelspreis.

Ambiente
Auf Wunsch sachkundige Beratung, volles Katalogangebot. Im Trigema-Gebäude auch andere bedeutende Hersteller wie Aroma-Snacks, Schaupp Lederwaren, Grace und MAC. Preisgünstiges Tanken in Burladingen, Altshausen und Rangendingen.

Anreise
Von Hechingen kommend am Ortseingang.

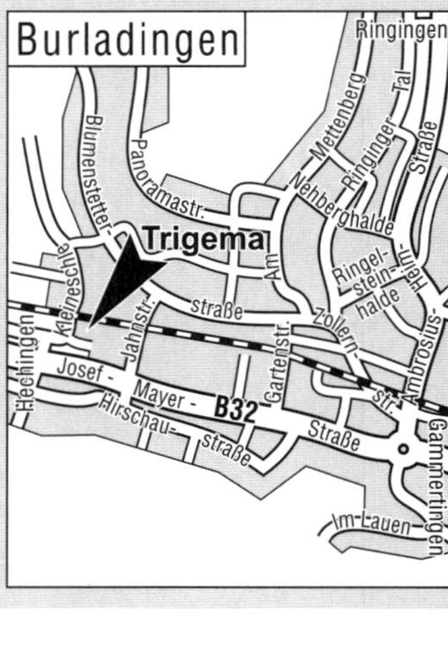

Adresse
Trigema-Testgeschäft, Josef-Mayer-Straße 94, 72393 Burladingen, Tel.: 0 74 75/8 82 29.

Öffnungszeiten
Montag bis Freitag 9.30 bis 19.00 Uhr, Samstag 9.30 bis 18.00 Uhr.

Weitere Verkaufsstellen (Auswahl)
Alle Verkaufsstellen im Internet unter www.trigema.de.

Mecklenburg-Vorpommern
- 18182 **Rövershagen-Purkshof**, Purkshof 2, Tel.: 03 82 02/4 43 26.

Schleswig-Holstein
- 23730 **Neustadt i.H.**, Eutiner Straße 49, Tel.: 0 45 61/71 47 11.
- 25761 **Büsum**, Am Hafentörn 2, Tel.: 0 48 34/96 28 60.
- 25826 **Sankt Peter-Ording**, Nordergeest 9, Tel.: 0 48 63/47 88 32.

Niedersachsen

● 26506 **Norden-Süderneuland**, Bahnhofstraße 41, Tel.: 0 56 23/9 73 51 46.

● 37441 **Bad Sachsa-Tettenborn-Kolonie**, Steinlohstraße 1-7, Tel.: 0 55 23/30 34 88.

Nordrhein-Westfalen

● 33609 **Bielefeld**, Eckendorfer Straße 64, Tel.: 05 21/3 05 90 50.

● 50226 **Frechen**, Europaallee 4, Tel.: 0 22 34/27 40 04.

● 53604 **Bad Honnef**, Lohfelderstraße 33, Tel.: 0 22 24/91 10 05.

● 57392 **Bad Fredeburg**, Wehrscheid 24, Tel.: 0 29 74/83 33 99.

Saarland

● 66693 **Mettlach**, Am Marktplatz 6, Tel.: 0 68 64/27 03 34.

Hessen

● 36275 **Kirchheim**, Stockäcker 2, Tel.: 0 66 25/34 35 39.

● 61191 **Rosbach-Ober-Rosbach**, Raiffeisenstraße 4, Tel.: 0 60 03/93 02 90.

Baden-Württemberg

● 70806 **Kornwestheim**, Stammheimer Straße 10, Tel.: 0 71 54/80 17 79.

● 72270 **Baiersbronn**, Uferweg 47A, Tel.: 0 74 42/12 00 50.

● 72414 **Rangendingen**, Hechinger Straße 56, Tel.: 0 74 71/8 30 20.

● 73084 **Salach**, Karl-Laible-Straße 8, Tel.: 0 71 62/72 77.

● 76275 **Ettlingen-Albtal**, Pforzheimer Straße 202, Tel.: 0 72 43/53 77 05.

● 77736 **Zell am Harmersbach**, Hauptstraße 2, Tel.: 0 78 35/63 11 86.

● 77955 **Ettenheim**, Rudolf-Hell-Straße 14, Tel.: 0 78 22/4 40 83 12.

● 78476 **Allensbach**, Prof.-Maier-Leibnitz-Straße 16, Tel.: 0 75 33/9 49 39 03.

● 79189 **Bad Krozingen**, Im Unteren Stollen 5, Tel.: 0 76 33/1 39 36.

● 79664 **Wehr**, Im Hemmet 12, Tel.: 0 77 62/80 50 84.

● 88361 **Altshausen**, Max-Planck-Straße 9, Tel.: 0 75 84/27 73.

● 88662 **Überlingen-Nußdorf**, Nußdorfer Straße 101, Tel.: 0 75 51/93 63 30.

● 97999 **Igersheim**, Roggenbergstraße 6, Tel.: 0 79 31/4 30 00.

Bayern

● 63814 **Mainaschaff**, Industriestraße 1-3, Tel.: 0 60 21/45 89 26.

● 82496 **Oberau**, Werdenfelser Straße 28, Tel.: 0 88 24/92 90 20.

● 83313 **Siegsdorf**, Breslauer Straße 9, Tel.: 0 86 62/66 46 58.

● 83451 **Piding-Mauthausen**, Lattenbergstraße 7, Tel.: 0 86 51/71 55 00.

● 83734 **Hausham**, Obere Tiefenbachstraße 15A, Tel.: 0 80 26/3 85 29.

● 87538 **Fischen-Langenwang**, Dorfstraße 25, Tel.: 0 83 26/38 41 69.

● 87459 **Pfronten-Weißbach**, Kemptener Straße 24, Tel.: 0 83 63/96 02 10.

● 87480 **Weitnau**, Klausenmühle 1, Tel.: 0 83 75/97 47 12.

● 87645 **Schwangau**, Alemannenweg 5, Tel.: 0 83 62/8 17 07.

● 91350 **Gremsdorf**, Gewerbepark 1, Tel.: 0 91 93/50 41 30.

● 92348 **Berg b. Neumarkt (Oberpfalz)**, Karl-Schiller-Straße 8, Tel.: 0 91 81/26 32 39.

● 93471 **Arnbruck**, Zellertalstraße 4, Tel.: 0 99 45/3 75.

● 94086 **Bad Griesbach-Schwaim**, Schwaimer Straße 67, Tel.: 0 85 32/92 46 76.

● 95100 **Selb**, Philip-Rosenthal-Platz 1, Tel.: 0 92 87/89 07 41.

● 97688 **Bad Kissingen**, Rudolf-Diesel-Straße 21, Tel.: 09 71/6 92 80.

CECIL Street One

Die Marken Cecil und Street One sind mit ihrer unkomplizierten, sportiven Mode ein unverkennbarer Trend. Mit markanten Einzelteilen und ihrer vielseitigen Kombimode bieten sie das Rezept für den neuen Stilmix.

Stil-Cocktail

Warenangebot
Pullover, Hosen, Jacken, Jeans, Kleider, Westen, Hemden, T-Shirts, Röcke, Lederbekleidung, Socken, Accessoires. Bei 2. Wahl zum Teil mit Fehlern.

Ersparnis
50 % und mehr.

Ambiente
Der Verkauf befindet sich in einem hellen Raum im Erdgeschoss. Die Ware wird übersichtlich präsentiert.

Adresse
CBR Fashion Outlet, Wernerusstraße 39, 29227 Celle.

Öffnungszeiten
Montag bis Freitag 10.00 bis 18.00 Uhr, Samstag 9.00 bis 14.00 Uhr.

Anreise
Vom Zentrum Celle aus die Hannoversche Straße in Richtung Westercelle/Hannover. In Westercelle geht dann eine relativ große Straße (Dasselbrucher Straße) rechts ab, der man folgt, bis rechter Hand keine Wohnhäuser mehr zu sehen sind. Dort geht es dann links ins Industriegebiet Westercelle, dann wieder rechts. Der Verkauf ist ein etwas von der Straße zurückgesetztes, neues weißes Gebäude mit auffälligen, roten Tür- und Fensterrahmen.

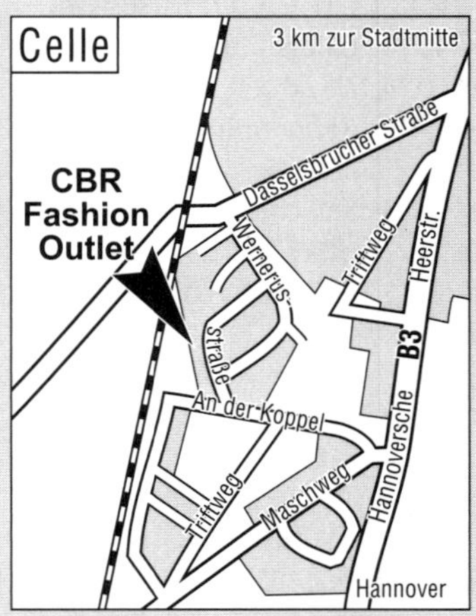

bruno banani
NOT FOR EVERYBODY

Bruno Banani steht für hochwertige Designer-Unterwäsche und Bademoden. Aus dem Segment Designer-Unterwäsche hat sich Bruno Banani in wenigen Jahren zur kompletten Lifestylemarke mit Lizenzprodukten entwickelt. Der Kult um Bruno Banani geht weiter.

„Funtastic Underwear"

Warenangebot
Herren- und Damenunterwäsche, Bademoden sowie Lizenzprodukte wie Uhren, Düfte, Socken Schuhe, Taschen, Gürtel und Bettwäsche.

Ersparnis
30 bis 50 %.

Ambiente
Renovierter Altbau in einem ehemaligen Textilfirmengebäude. Moderner 220 m² großer Verkaufsraum, qualifiziertes und freundliches Fachpersonal, Umkleidekabinen, Bezahlung mit EC-, Visa-, Mastercard möglich. Gutscheine erhältlich.

Adresse
Bruno Banani factory store, Schloßstraße 12, 09111 Chemnitz, Tel.: 03 71/ 8 44 96 21, chemnitz@brunobanani-factorystore.de.

Öffnungszeiten
Montag bis Freitag 10.00 bis 19.00 Uhr, Samstag 10.00 bis 14.00 Uhr.

Weitere Verkaufsstellen (Auswahl)
- 14641 **Wustermark**, Designer Outlet Berlin, Alter Spandauer Weg 1, Tel.: 03 32 34/90 03 48.
- 38440 **Wolfsburg-Rothenfelde**, Designer Outlets Wolfsburg, An der Vorburg 4, Tel.: 0 53 61/2 75 77 35.

Anreise
Von der A72 bzw. A4 kommend Ausfahrt Chemnitz-Mitte. Richtung Chemnitz Zentrum auf der Leipziger Straße. Nach ca. 4 km links in die Hartmannstraße und an der 2. Ampelkreuzung links in die Schloßstraße einbiegen. Nach ca. 50 m rechts zu den Parkplätzen. Gegenüber ist der Factory Store.

Die Haut ist eines der wichtigsten Organe des Menschen. Die Töpfer Naturkosmetik schützt empfindliche Haut vor Einflüssen von außen, gibt der Haut ihr natürliches Gleichgewicht zurück und unterstützt die Babyhaut dabei, ihre eigene Schutzfunktion aufzubauen.

Babycare Naturkosmetik

Warenangebot

Für Babys und Kinder Naturkosmetik nach BDIH: Kleie-Kinderbad, Pflegecreme, Pflegeöl, Shampoo, Bodymilk, Waschgel, Wundschutzpaste, Wind- & Wetter-Creme, Ringelblumensalbe, mein 1. Ölbad. Bionahrung aus dem Allgäu für Babys und Kinder: Lactana Bio-Säuglingsmilchnahrung und Bio-Breie. Außerdem: Bessau Spezialnahrung, probiotische Nahrungsergänzungsmittel, Trinkgelatine und Cranberry-Kapseln.

Ersparnis

20 %, Sonderangebote.

Ambiente

Moderner Verkaufsraum auf ca. 35 m². Sehr freundliche Verkäuferin, Fachberatung, Prospekte, Kundenparkplätze.

Adresse

Töpfer GmbH, Heisinger Straße 6, 87463 Dietmannsried, Tel.: 0 83 74/9 34-0, www.toepfer-babywelt.de.

Öffnungszeiten

Montag bis Donnerstag 8.00 bis 12.00 Uhr, Freitag 8.00 bis 12.00 und 13.00 bis 16.00 Uhr.

Anreise

A7 Ulm-Kempten, Ausfahrt Dietmannsried. Richtung Ortsmitte; 500 m nach dem Ortseingang ist die Firma links.

EINKAUFS-GUTSCHEIN S. 591

RICHTER®

Leuchten Werksverkauf

Die Firma Richter-Leuchten ist mit über 30 Jahren Erfahrung Spezialist für Leuchten aller Art. Ihr Standort befindet sich im romantischen Saaletal unterhalb der berühmten Dornburger Schlösser.

Die ganze Welt der Leuchten

Warenangebot
Innovative Leuchten aller Art und für jeden Zweck: Außenbeleuchtung, Wohnraumleuchten, Objekt- und Hotelbeleuchtung von zeitlos über rustikal bis hin zu supermodern. Mehr als 1000 Leuchten und Ersatzteile für Leuchten aus eigener Produktion und von Partnerfirmen. Auch Sonderanfertigungen, Restaurierung von Leuchten, Beziehen von Stoffschirmen und Reparaturen von Fremdleuchten. Planung und Beratung bei der Erstellung eines Beleuchtungskonzepts.

Ersparnis
Bis zu 50 %, bei Sonderposten auch darüber hinaus.

Ambiente
2500 m² Verkaufsfläche, ein Lagerverkauf mit verschiedenartigen Leuchten; drei anspruchsvoll gestaltete Verkaufsräume. Kompetente Beratung. Spielecke.

Adresse
Richter-Leuchten, Jenaer Straße 39, 07774 Dornburg-Camburg Dorndorf-Steudnitz, Tel.: 03 64 27/2 23 00, www.Richter-Leuchten.de.

Öffnungszeiten
Montag bis Samstag 9.00 bis 18.00 Uhr.

Anreise
A9 München–Leipzig, Ausfahrt Jena-Lobeda. Weiter auf der B88 Richtung Naumburg. Im Ortsteil Dorndorf-Steudnitz befindet sich die Firma am Ende der Jenaer Straße.

Buffalo

Mode- und Szenebewusste verbinden mit Buffalo Boots längst nicht mehr nur Plateauschuhe, sondern ein breites Sortiment an aktuellen Trends und Looks. In den drei Outlet-Stores werden aktuelle Styles, aber auch die Buffalo Klassiker günstig angeboten.

Nicht nur Plateau

Warenangebot
Damen- und Herrenschuhe, Taschen.

Ersparnis
Ware aus den vorherigen Kollektionen und Überproduktionen werden mit bis zu 70% Rabatt angeboten.

Ambiente
Verkaufsraum mit 300 m² Verkaufsfläche, freundliches und kompetentes Verkaufsteam.

Adresse
Buffalo Outlet, Dieselstraße 13, 63303 Dreieich-Sprendlingen, Tel.: 06103/ 2022781, http://stores.ebay.de/ BUFFALO-BY-TASCHA.

Öffnungszeiten
Montag bis Samstag 10.00 bis 19.00 Uhr.

Weitere Verkaufsstellen
Buffalo Online-Shop auf http://stores.ebay.de/BUFFALO-BY-TASCHA.

● 55232 **Alzey**, Rudolf-Diesel-Straße 8, Tel.: 06731/406800. Montag und Dienstag 10.30 bis 19.00 Uhr, Mittwoch bis Freitag 10.00 bis 19.00 Uhr, Samstag 10.00 bis 18.00 Uhr.

● 79576 **Weil am Rhein-Friedlingen**, The Outlet City, Colmarer Straße 2, Tel.: 07621/7709644. Montag bis Freitag 11.00 bis 19.00 Uhr, Samstag 10.00 bis 19.00 Uhr.

Anreise
Dreieich liegt in der Nähe von Frankfurt. A661, Ausfahrt Dreieich, 1. Kreuzung links ins Industriegebiet. Der Offenbacher Straße folgen, nach ca. 250 m rechts in die Robert-Bosch-Straße, nächste Kreuzung links, nach ca. 300 m in die Dieselstraße.

REPLAY

Dass die Jeans-Schneider ein sehr klares Konzept fahren, hat ihre Gemeinde von Markenüberzeugten wachsen lassen. Jeanskleidung mag einfach wirken – doch die Feinheiten unterscheiden die Marken erheblich.

Jede Menge Jeans

Warenangebot

Jeans, Shorts, Jacken, Hemden, Blousons, Hosen, Socken, Schuhe und das übrige Outfit. Große Auswahl, viele Größen, alle lieferbaren Farben der Marke Replay und verwandter Marken.

Ersparnis

30 bis über 50 %. Zu Sonderangebotszeiten darüber hinaus.

Ambiente

Das bei Jeanskleidung bewährte Konzept eines klaren, sehr übersichtlich angeordneten Warenangebots mit der Möglichkeit der Farbüberprüfung und mehreren Anprobekabinen wurde auch hier beachtet. Rund um die Jeans wurden die übrigen Warengruppen angeordnet, so dass Kombinieren Spaß macht.

Adresse

Replay Outlet, Bürgerstraße 15, 47057 Duisburg-Neudorf-Nord, Tel.: 02 03/ 3 63 14 66.

Öffnungszeiten

Montag bis Freitag 11.00 bis 19.00 Uhr, Samstag 10.00 bis 18.00 Uhr.

Weitere Verkaufsstellen

- 40472 **Düsseldorf-Lichtenbroich**, Volkardayer Weg 68, Tel.: 02 11/ 4 79 22 43.
- 50226 **Frechen**, Kölner Straße 114, Tel.: 0 22 34/3 79 42 90 12.
- 81379 **München-Solln**, Hofmannstraße 7A, Tel.: 0 89/72 49 97 03.

Anreise

A59, Ausfahrt Duisburg-Zentrum, unter der Bahnunterführung hindurch bis zum Sternbuschweg, hier links. Die Bürgerstraße zweigt rechts vom Sternbuschweg ab.

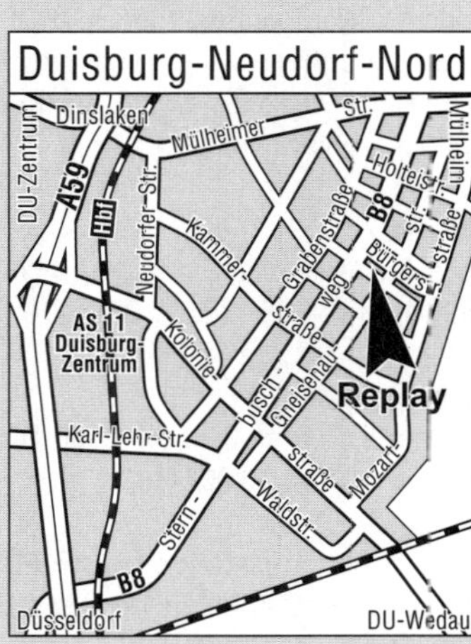

MAERZ

MUENCHEN

Maerz Muenchen steht seit über 90 Jahren für Strickkompetenz auf höchstem Niveau. Mit viel Liebe zum Detail und einer modisch-zeitgemäßen Handschrift werden die Kollektionen entwickelt. Hochwertigste Verarbeitung, Produktinnovationen sowie moderne Designs zeichnen sie aus.

Qualität seit 1920

Warenangebot

Das Angebot umfasst hochwertige Pullover, Strickjacken, Strickmäntel, Polos, Hemden, Blusen, T-Shirts, Sweatshirts sowie Accessoires aus Merinowolle, Cashmere und Baumwolle. Für Herren Übergrößen bis Größe 72.

Ersparnis

Bis zu 30% auf 1B-Ware, Ware aus Vorsaisons bis zu 50%, Musterteile aus aktuellen Kollektionen 50 bis 70%, Sonderposten bis zu 80%.

Ambiente

Moderne Warenpräsentationen. Fachkundiges, aufmerksames und zuvorkommendes Personal. Große Auswahl. Änderungsservice vor Ort.

Adresse

Maerz Outlet, Amshamer Straße 2, 84385 Egglham, Tel.: 08543/307235.

Öffnungszeiten

Montag bis Freitag 9.30 bis 17.30 Uhr, Samstag 9.00 bis 13.00 Uhr.

Weitere Verkaufsstellen (Auswahl)

- 34549 **Edertal-Mehlen**, Lieschensruh 8, Tel.: 05623/9735134.
- 81737 **München-Ramersdorf-Perlach**, Bayerwaldstraße 7, Tel.: 089/62727208.
- 95100 **Selb**, No Basics, Am Nordbahnhof 3, Tel.: 09287/8828570.

Anreise

Von München kommend auf der B388 über Erding bis Pfarrkirchen, dort Richtung Vilshofen a.d. Donau. In Egglham rechts nach Bad Birnbach, der Verkauf ist direkt rechts.

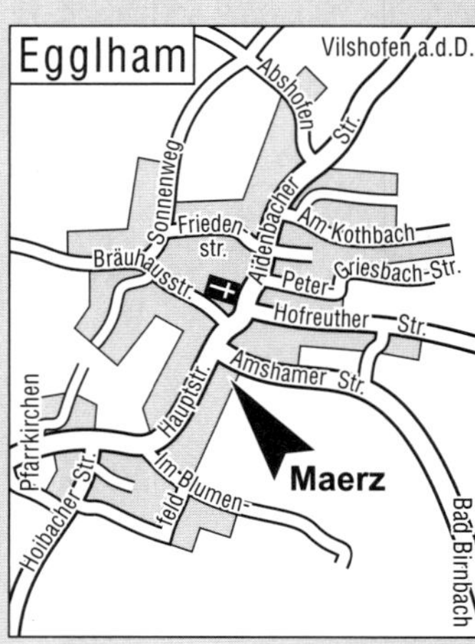

koziol

Made in Germany

Originelles Design aus Deutschland für Küche, Bad und Wohnbereich. 100 % Made in Odenwald und 100 % recyclebar.

better design, bigger smile

Warenangebot
Designartikel für Küche, Bad und Wohnen, zum Schenken und Selbstbehalten. Etageren, Tassen, Karaffen, Kochlöffel, Spülbürsten, Bad-Accessoires, Deko-Artikel, Leuchten, Taschen, Hocker.

Ersparnis
Ca. 20 bis 50 %.

Ambiente
500 m^2 Erlebnisshopping in der Koziol-Glücksfabrik. Museum mit Produktionsbesichtigung, Workshops (Anmeldung erforderlich) und Events.

Adresse
Koziol-Glücksfabrik, Werner-von-Siemens-Straße 90, 64711 Erbach/Odenwald, Tel.: 0 60 62/60 43 25, gluecks fabrik@koziol.de, www.koziol-gluecks fabrik.de.

Öffnungszeiten
Dienstag bis Samstag 11.00 bis 18.30 Uhr, Sonntag 14.00 bis 18.30 Uhr. Sonderöffnungen an Feiertagen, Details s. Website.

Anreise
A5 Mannheim-Darmstadt, Ausfahrt Bensheim. Weiter auf der B47 über Lindenfels und Michelstadt Richtung Erbach. Direkt an der Stadtgrenze Michelstadt - Erbach, beim Abzweig der B47, rechts in den Roßbacher Weg abbiegen und gleich wieder links in die Werner-von-Siemens-Straße. Koziol ist auf der rechten Seite nicht zu übersehen.

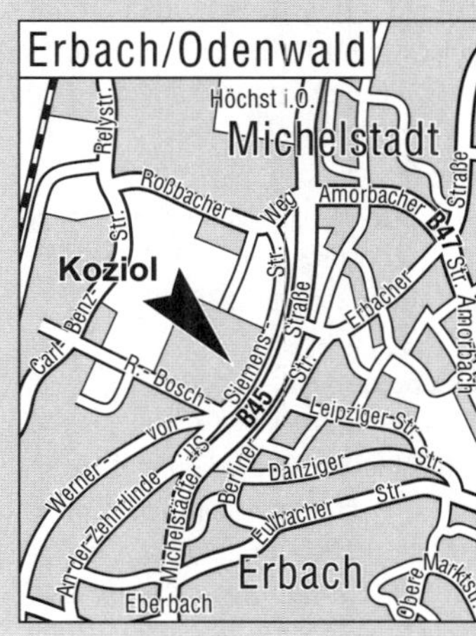

STATZ®

Ein Outlet mit dem Service eines Facheinzelhändlers zu Lagerverkaufspreisen. Persönliche Beratung wird hier groß geschrieben.

Statz mit Supermarken

Warenangebot
Damen- und Herrenhosen, Jeans, Anzüge (Baukasten-System), Sakkos, Jacken, Hemden, Damen-Kombiprogramme, Sportswear, Strickwaren und Schuhe – bisweilen auch in Sondergrößen.

Ersparnis
Bis zu 30%. Teilweise Sonderrabatte zum Saisonende.

Ambiente
Großer Lagerverkauf mit Umkleidekabinen, sehr motiviertem Personal und guter Übersicht über das Angebot. Viele Spiegel, Tageslicht für die Farbbeurteilung und sehr gute Warenpräsentation. Spielecke und Kaffeebar sowie kostenlose Parkplätze sind vorhanden.

Adresse
Statz Lagerverkauf, Kölner Straße 100, 41812 Erkelenz, Tel.: 0 24 31/80 53 41, www.statz-lagerverkauf.de.

Öffnungszeiten
Montag bis Mittwoch 10.00 bis 13.00 Uhr, Donnerstag 10.00 bis 13.00 und 16.00 bis 19.00 Uhr, Freitag 10.00 bis 13.00 und 15.00 bis 19.00 Uhr, Samstag 10.00 bis 13.30 Uhr. Sonderöffnungszeiten siehe Internet: www.statz-lagerverkauf.de.

Anreise
Aus Richtung Düsseldorf über die A46, Ausfahrt 9, Erkelenz-Ost. Richtung Erkelenz. Gleich in Richtung Westen auf die Alfred-Wirth-Straße und auf ihr ziemlich parallel zur Autobahn; nach etwa 1,5 km mündet diese Straße auf die Kölner Straße, dort rechts abbiegen.

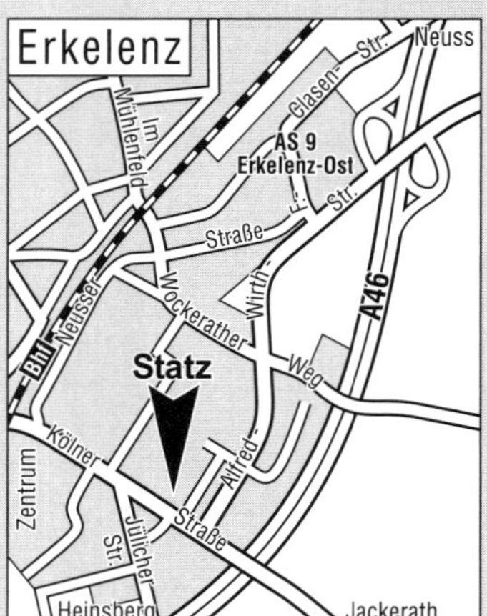

EINKAUFS-GUTSCHEIN S. 601

VIA APPIA

Die Marke Via Appia gilt bei der modebewussten Frau als interessant und hochwertig. Der Hersteller von Damen-Shirts und Pullovern ist in führenden Modehäusern und im engagierten Fachhandel vertreten. Neu im Sortiment ist die Marke Passport, die von dem Unternehmen übernommen wurde.

Damenmode in Größe 36-54

Warenangebot
1.- und 2.-Wahl-Ware, Restposten, Überhänge, Rückläufe aus aktueller Kollektion. Pullover, Blusen, Shirts, Kleider, Hosen, Röcke. Kollektionen Via Appia (ab Größe 42), Via Appia Due (Größe 42–54), Frapp Kombimode in den Größen 40–54, Passport (Größe 36–48).

Ersparnis
30 bis 40 %, zum Saisonschluss zusätzlich bis zu 50 %.

Ambiente
320 m² großer, heller Verkaufsraum mit 15 Umkleidekabinen. Die Ware ist in Farbwelten aufgebaut und mit Größenmarkierungen ausgestattet. Newsletter, kann per E-Mail angefordert werden. Onlineshop für große Größen unter www.via-appia-mode.de. Parkplätze.

Adresse
Via Appia Factory Store, Röthelheimpark, Kurt-Schumacher-Straße 16, 91052 Erlangen, Tel.: 0 91 31/9 99 42 11, factorystore@via-appia-mode.de, www.via-appia-mode.de, www.frapp.de.

Öffnungszeiten
Montag bis Freitag 10.00 bis 19.00 Uhr, Samstag 9.00 bis 18.00 Uhr.

Anreise
A3, Ausfahrt Tennenlohe, weiter auf der B4 Richtung Erlangen. Ausfahrt Erlangen-Ost/Gräfenberg/Südl. Universitätsgelände. Links in die Kurt-Schumacher-Straße. Nach ca. 3 km am Kreisverkehr Richtung OBI. Der Factory Store ist auf der linken Seite.

Seit über 100 Jahren fertigt Riempp Bilder und Rahmen von höchster Qualität. Außerdem richtet Riempp Räume mit Bildern ein und ist eines der ältesten familiengeführten Unternehmen dieser Branche.

Bild und Rahmen

Warenangebot
Holz- und Aluminiumrahmen, Fotorahmen, Gemälderahmen, Bilder aller Stilrichtungen und Formate, Originale, Kunstdrucke, Passepartouts, Rahmenzubehör, Aufhängesysteme, Spiegel etc.

Ersparnis
Bis zu 50 %.

Ambiente
Großzügiger, heller Verkaufsraum, der direkt an die Produktion angeschlossen ist. Angenehme Atmosphäre und freundliche Beratung durch fachkundiges Personal. Parkplätze vorhanden.

Adresse
Julius Riempp GmbH & Co. KG, Öschleweg 1, 88521 Ertingen-Erisdorf, Tel.: 0 73 71/60 98, www.riempp-rahmen.de.

Öffnungszeiten
Montag bis Freitag 9.00 bis 12.00 und 14.00 bis 18.00 Uhr, Samstag geschlossen.

Anreise
B311 Ulm-Tuttlingen, 4 km hinter Riedlingen nach Neufra-Süd links abbiegen. Danach rechts Richtung Erisdorf. Im Ort die 2. Straße links ist der Öschleweg, der Verkauf liegt direkt an der linken Seite.

McTREK
OUTDOOR SPORTS

EINKAUFS-GUTSCHEIN S. 581

McTrek ist ein Unternehmen mit großem Online-Shop und 35 Filialen in Deutschland. Gegründet wurde es von Ulrich Dausien, Outdoor-Urgestein und Begründer der Marke Jack Wolfskin. Nach dem Verkauf von Jack Wolfskin 1991 widmete er sich dem Thema Outdoor-Fachmärkte mit Niedrigstpreisgarantie.

Mit Niedrigstpreisgarantie

Warenangebot

Sport- und Outdoor-Bekleidung für Damen, Herren und Kinder. Unterwäsche, Fleecebekleidung, Funktionsbekleidung für Damen, Herren und Kinder, Radsportbekleidung, Wetterschutzkleidung, Winter- und Wintersportbekleidung, Strümpfe, Schuhe für Trekking, Wandern, Sport, Sandalen, Gummistiefel. Rucksäcke und Taschen, Schlafsäcke, Zelte, Isomatten, Campingmöbel, Hängematten, Luftbetten, Luftmatratzen, Kletterseile, Kletter-Ausrüstung, Klettergurte, Stirnlampen, Taschenlampen, Messer, Pflegemittel, Reiseutensilien. Es werden über 250 Marken angeboten. Muster, Lagerüberhänge und Auslaufmodelle sowie aktuelle Kollektionen der führenden Outdoor-Hersteller.

Ersparnis

20 bis 70%. Besonders günstig bei Sonderverkäufen. Stammkunden erhalten mit der kostenlosen McTrek-Kundenkarte nochmals bis zu 10% Rabatt in Form eines Bonus.

Ambiente

Ca. 600 m² Verkaufsfläche, großer, heller, übersichtlicher Laden, geschultes Personal, 4 Umkleidekabinen, Parkplätze direkt vor der Tür, Zeltaufbaustation.

Besonderheiten

Niedrigstpreisgarantie: Wer innerhalb von 10 Tagen nach dem Kauf bei McTrek das gleiche Produkt (gleiche Größe, gleiche Farbe) bei einem anderen Händler in Deutschland (außer Ebay) zu einem niedrigeren Preis entdeckt, bekommt von McTrek gegen Vorlage des Händlerangebots und der Kaufquittung den Differenzbetrag erstattet. Für den Preisvergleich können auch die Online-Terminals in den Filialen genutzt werden.

Adresse

McTrek Outdoor Sports, Ginnheimer Straße 17, 65760 Eschborn, Tel.: 0 61 96/9 98 56 80, eschborn@mctrek.de, www.mctrek.de.

Öffnungszeiten

Montag bis Freitag 9.00 bis 19.00 Uhr, Samstag 9.00 bis 18.00 Uhr.

Anreise
A66 zwischen der A3 Wiesbadener Kreuz und der A5 Nordwestkreuz Frankfurt bis zur Ausfahrt Eschborn. Weiter Richtung Eschborn. Nach der Kreuzung rechts auf die Schnellstraße auffahren. Bei der nächsten Ausfahrt wieder abfahren und an der 1. Ampel links abbiegen. Der Straße scharf rechts, dann links dem Verlauf der Straße folgen. Der Verkauf befindet sich links direkt vor der nächsten Kreuzung.

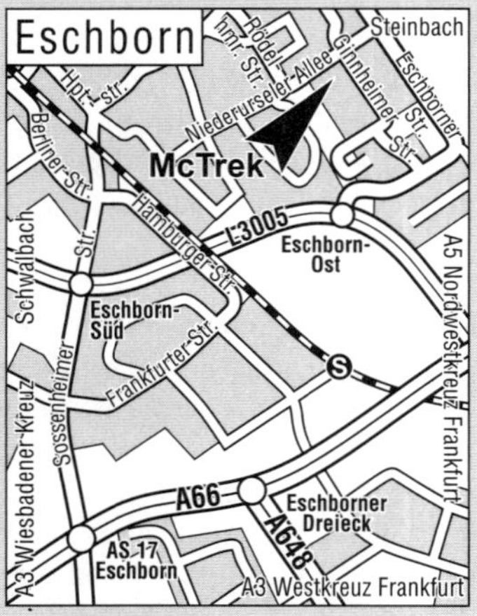

Weitere Verkaufsstellen

- 04109 **Leipzig**, Willy-Brandt-Platz 7, Tel.: 03 41/12 45 36 02, leipzig-center@mctrek.de.
- 06108 **Halle (Saale)**, Große Ulrichstraße 32, www.mctrek.de/Service/Filialen
- 10243 **Berlin-Friedrichshain**, Karl-Marx-Allee 112-114, Tel.: 030/29 04 89 04, berlin@mctrek.de.
- 10627 **Berlin-Charlottenburg**, Wilmersdorfer Straße 46, Tel.: 030/31 80 70 28, berlin-center@mctrek.de.
- 21029 **Hamburg-Bergedorf**, Curslacker Neuer Deich 44, Tel.: 040/72 00 42 56, hamburg@mctrek.de.
- 23569 **Lübeck-Kücknitz**, Dänischburger Landstraße 81, Tel.: 04 51/70 75 65 26, luebeck@mctrek.de.
- 34123 **Kassel-Bettenhausen**, Leipziger Straße 289 a, Tel.: 05 61/31 69 05 90, kassel@mctrek.de.
- 35440 **Linden-Großen-Linden**, Gottlieb-Daimler-Straße 2, Tel.: 0 64 03/7 79 77 18, linden@mctrek.de.
- 37075 **Göttingen-Weende**, Hannoversche Straße 43-47, Tel.: 05 51/2 09 76 76, goettingen@mctrek.de.
- 40211 **Düsseldorf**, Jacobistraße 20, Tel.: 02 11/1 64 62 00, duesseldorf@mctrek.de.
- 45141 **Essen**, Berthold-Beitz-Boulevard 492, Tel.: 0 20/1 05 90 80, essen@mctrek.de.
- 45711 **Datteln**, Castroper Straße 80, Tel.: 0 23 63/3 57 74 48, datteln@mctrek.de.
- 50170 **Kerpen-Sindorf**, Kerpener Straße 181, Tel.: 0 22 73/6 01 98 07, kerpen@mctrek.de.
- 50674 **Köln-Neustadt-Süd**, Hohenstaufenring 61, Tel.: 02 21/21 51 99, koeln@mctrek.de.
- 50679 **Köln-Deutz**, Siegburger Straße 227, Tel.: 02 21/96 47 69 55, koeln-deutz@mctrek.de.
- 52074 **Aachen**, Vaalser Straße 236, Tel.: 02 41/47 96 77 83, aachen@mctrek.de.
- 53111 **Bonn**, Friedrichstraße 33, bonn@mctrek.de.
- 54294 **Trier-West-Pallien**, Hornstraße 21, Tel.: 06 51/99 84 96 50, trier@mctrek.de.

● 55232 **Alzey**, Rudolf-Diesel-Straße 8, Tel.: 0 67 31/49 65 55, alzey@mctrek.de.

● 56412 **Heiligenroth**, Industriestraße 18, Tel.: 0 26 02/9 99 97 01, montabaur @mctrek.de.

● 58095 **Hagen-Mittelstadt**, Elberfelder Straße 93-103, Tel.: 0 23 31/ 2 04 08 04, hagen@mctrek.de.

● 60314 **Frankfurt-Ostend**, Hanauer Landstraße 208-216, Tel.: 0 69/ 97 99 20 10, frankfurt@mctrek.de.

● 63263 **Neu-Isenburg**, Hermesstraße 4, Isenburg Center, Tel.: 0 61 02/8 83 78 60, Isenburg-center@mctrek.de.

● 63486 **Bruchköbel**, Keltenstraße 20 b, Tel.: 0 61 81/3 07 54 30, bruchkoebel@ mctrek.de.

● 64331 **Weiterstadt-Riedbahn**, Robert-Koch-Straße 6-16, Tel.: 0 61 51/ 3 97 97 77, weiterstadt@mctrek.de.

● 65510 **Idstein**, Limburger Straße 38-40, Tel.: 0 61 26/22 76 86, idstein@ mctrek.de.

● 68519 **Viernheim**, Heidelberger Straße 12, Tel.: 0 62 04/98 61 11, viernheim@ mctrek.de.

● 70794 **Filderstadt-Plattenhardt**, Heinrich-Hertz-Straße 23, Tel.: 07 11/ 90 77 74 05, filderstadt@mctrek.de.

● 83026 **Rosenheim**, Grubholzer Straße 5, Tel.: 0 80 31/2 31 52 50, rosenheim@ mctrek.de.

● 85057 **Ingolstadt**, Richard-Wagner-Straße 40, Tel.: 08 41/95 35 99 55, ingol stadt@mctrek.de.

● 85774 **Unterföhring**, Feringastraße 14, Tel.: 0 89/95 76 04 50, muenchen@ mctrek.de.

● 90431 **Nürnberg-Höfen** Sigmundstraße 151, Tel.: 09 11/6 09 93 92, nuernberg@mctrek.de.

● 93073 **Neutraubling**, Pommernstraße 2, Tel.: 0 94 01/5 28 27 33, regensburg@ mctrek.de.

● 94060 **Pocking**, Würdinger Straße 6, Tel.: 0 85 31/9 14 47 55, pocking@mc trek.de.

● 28816 **Stuhr-Brinkum bei Bremen**, Ochtum Park, Bremer Straße 111, Tel.: 04 21/8 98 37 25, bremen@mctrek.de.

● 97228 **Rottendorf**, Am Moritzberg 1, Tel.: 0 93 02/9 80 03 63, wuerz burg@mctrek.de.

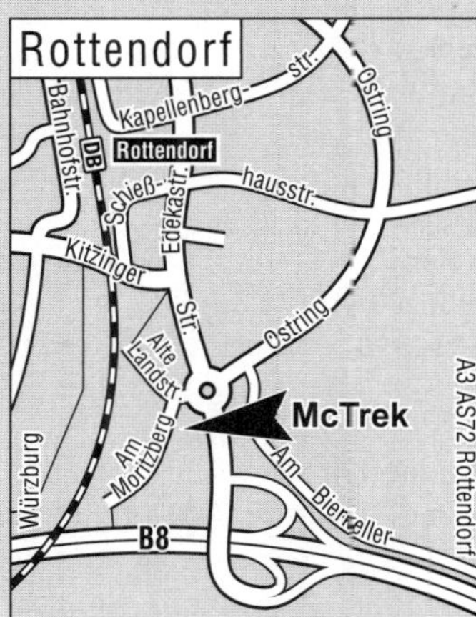

MEDION FABRIK VERKAUF

Die Medion AG bietet funktionale Qualitätsprodukte zu einem hervorragenden Preis-Leistungs-Verhältnis in ausgezeichnetem Design. Viele Produkte bietet der Hersteller zu teils stark reduzierten Preisen in seinem Fabrikverkauf in Essen-Kray an.

„Unmögliche" Preise

Warenangebot
Notebooks, Tablet-PCs und PCs, Monitore, LED-TVs, TV-Receiver, DVD- und Blu-ray-Player, Festplatten und Zubehör, DECT-Telefone, Handys und Smartphones (auch Nokia, Samsung, Sony, LG), MP3- und MP4-Player, Musikanlagen und Car-HiFi, Navigationssysteme, Digitalkameras, HD-Camcorder sowie Haushaltsgeräte.

Ersparnis
Erheblicher Preisvorteil bei A- und B-Ware. Zusätzlich regelmäßige Abverkaufsaktionen mit bis zu 80 % Rabatt.

Ambiente
Verkauf direkt von der Palette. Kompetentes Personal.

Adresse
Medion Fabrikverkauf, Schönscheidtstraße 100, 45307 Essen-Kray, Tel.: 02 01/ 83 83 45 20, www.medionfabrikverkauf.de.

Öffnungszeiten
Montag bis Samstag 10.00 bis 20.00 Uhr.

Anreise
Aus Richtung Duisburg: A40 Duisburg–Dortmund, Ausfahrt Essen-Frillendorf. Rechts in die Straße Am Zehnthof. Nach ca. 800 m links in die Schönscheidtstraße. Der Verkauf befindet sich nach ca. 300 m links.
Aus Richtung Dortmund: A40 Dortmund–Duisburg, Ausfahrt Essen-Kray. Links auf die Krayer Straße. Am Bocklerbaum rechts halten. Nächste Straße rechts (Am Zehnthof). Nach ca. 800 m rechts ab in die Schönscheidtstraße.

Seit 1914 werden in Fischbach/Rhön hochwertige Qualitäts- und Markenprodukte aus dem Bereich Haushaltswaren (Töpfe, Pfannen, Bräter usw.) gefertigt und erfolgreich im Fachhandel vertrieben.

Profis kochen mit BAF!

Warenangebot
Töpfe, Pfannen, Bräter, Woks usw. in Aluminium-Handguss-Qualität und BAF-Micro-Ceramic-Beschichtung, Töpfe und Pfannen aus gewalztem Aluminium mit Teflon-Platinum-Beschichtung (von Du Pont), alles für den perfekt ausgestatteten Haushalt sowie den Profi-Kochbereich.

Ersparnis
Ca. 30 bis 50%. Zweimal jährlich (vor Ostern und in der Vorweihnachtszeit) Sonderverkäufe mit teilweise extrem reduzierten Sonder- und Restposten, Auslaufmodellen u.ä. in Top-Qualität.

Ambiente
Moderner, übersichtlicher Ausstellungs- und Verkaufsbereich. Kompetentes Beratungs- und Bedienungspersonal. Führungen durch einzelne Fertigungsbereiche nach Absprache möglich.

Adresse
BAF Industrie- und Oberflächentechnik GmbH, Umpfenstraße 18, 36452 Fischbach/Rhön, Tel.: 03 69 66/7 80, werksverkauf@baf-fischbach.de, www.baf-fischbach.de.

Öffnungszeiten
Montag bis Freitag 8.00 bis 16.00 Uhr, Samstag geschlossen. Sonderöffnungszeiten nach Absprache möglich.

Anreise
A7 Kassel–Fulda, Ausfahrt Fulda-Nord bzw. Süd. Richtung Tann/Rhön, dann Richtung Theobaldshof, Meiningen. An der B285 rechts Richtung Kaltennordheim, nach ca. 2 km links nach Fischbach. BAF befindet sich im Ort rechts hinter der Felda-Brücke.

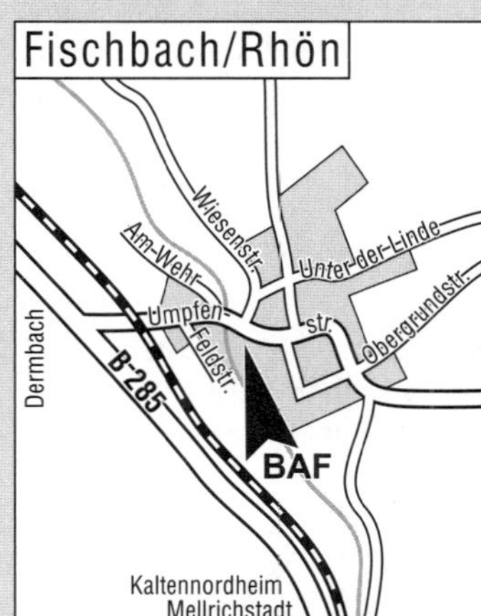

Der Thüringer Süßwarenhersteller Viba ist bekannt für seine Nougatspezialitäten, Marzipan, Fruchtschnitten und Mint-Kissen. Der Klassiker ist die zart schmelzende Viba Nougatstange, das Original seit 90 Jahren.

Süßwarenspezialitäten

Warenangebot

Nougat, Marzipan, Fruchtschnitten, Nuss-Dragees, Zucker-Kissen, Nougat-Schoko-Spezialitäten, handgefertigte Pralinen. Umfassendes Geschenksortiment für jeden Anlass; 2.-Wahl- und Werbeartikel. Auch Süßwarenspezialitäten anderer nationaler und internationaler Hersteller.

Ersparnis

Ca. 20 bis 25 % (nur im Werksverkauf Floh-Seligenthal).

Ambiente

Stilvolles Ambiente, Beratung und Bedienung, Verkostungsmöglichkeiten. Bestuhlter Videopräsentationsraum mit Einblick in die Produktion – geeignet für Busgruppen (telefonische Anmeldung erwünscht). Großer Andrang vor Ostern und Weihnachten. Ausreichend Parkplätze.

Adresse

Viba sweets GmbH, Die Aue 7, 98593 Floh-Seligenthal, Tel.: 0 36 83/6 92 11 05, werksverkauf@viba-sweets.de, www.viba-sweets.de, www.viba-shop.de.

Öffnungszeiten

Montag bis Freitag 9.00 bis 18.00 Uhr, Samstag 9.00 bis 12.00 Uhr.

Anreise

A4 Eisenach–Erfurt, Ausfahrt Waltershausen. Weiter Richtung Tabarz/Friedrichroda und über Kleinschmalkalden bis Floh-Seligenthal. Am Abzweig Richtung Floh und Tambach-Dietharz Richtung Schmalkalden. „Die Aue" ist die 2. Straße rechts.

EINKAUFS-GUTSCHEIN S. 579

MADELEINE

Madeleine steht für anspruchsvolle High-Fashion für Frauen mit Sinn für Qualität und Stil. Im Outlet in Forchheim werden hochwertige Artikel aus der Vorsaison, Lagerüberhänge und 2.-Wahl-Waren in den Größen 34 bis 48 zu stark reduzierten Preisen angeboten.

Exklusive Damenmode

Warenangebot
Gute Auswahl an hochwertiger Damenbekleidung: Mäntel, Kleider, Kostüme, Jacken, Blazer, Hosen, Blusen, Röcke, Dessous, Freizeit- und Homewear, Strickwaren, Schuhe, Accessoires, Bademoden.

Ersparnis
Mindestens 50 %.

Ambiente
Ansprechender Shop auf ca. 800 m² Verkaufsfläche mit freundlicher Atmosphäre und fachkundiger Beratung. Regelmäßig wechselnde Sonderaktionen.

Adresse
Madeleine Outlet, Boschstraße 5, 91301 Forchheim, Tel.: 0 91 91/97 53 27, www.madeleine.de.

Öffnungszeiten
Montag bis Freitag 9.00 bis 19.00 Uhr, Samstag 9.00 bis 16.00 Uhr.

Anreise
A 73 Nürnberg–Bamberg, Ausfahrt Forchheim-Süd/Ebermannstadt. In Richtung Ebermannstadt fahren. An der 2. Ampel links, ca. 1 km bis zur Ampelkreuzung. Weiter der Straße folgen, nach ca. 300 m rechts in die Boschstraße abbiegen. Das Outlet liegt am Ende der Straße.

EINKAUFS-GUTSCHEIN S. 597

THONET

Der Caféhausstuhl Nr. 14, von dem bis 1930 über 50 Millionen Stück verkauft wurden, ist ein bis heute gefertigter Klassiker. Michael Thonet, Erfinder der Bugholztechnik und dieses legendären Stuhls, gilt als eine der größten Persönlichkeiten der internationalen Möbelgeschichte. Das Lebenswerk von Michael Thonet bestimmt das Unternehmen, das in der fünften Generation geführt wird, noch heute. So sind neben aktuellen Entwürfen sowohl die traditionellen Bugholzstühle als auch die klassischen Stahlrohr-Freischwinger aus der Bauhauszeit im Thonet-Lieferprogramm zu finden.

Legendäre Stühle und mehr

Warenangebot
Messe- und Ausstellungsstücke sowie Fotomuster, die leichte Gebrauchsspuren zeigen. Weiterhin 2.-Wahl-Modelle mit kleinen Fehlern.

Ersparnis
Je nach Modell und Ausführung zwischen 30 und 70 %.

Ambiente
Lager innerhalb des Betriebsgeländes. Sehr gute Beratung und Service. Parkplätze vor dem Haus. Kein Ladepersonal vorhanden.

Adresse
Thonet GmbH, Michael-Thonet-Straße 1, 35066 Frankenberg, Tel.: 0 64 51/5 08-0.

Öffnungszeiten
Montag bis Freitag 10.00 bis 16.00 Uhr. Jeden 1. Samstag im Monat 14.00 bis 16.00 Uhr.

Anreise
A45 Dortmund–Frankfurt, Ausfahrt Dillenburg, Richtung Frankenberg. In Frankenberg Richtung Bahnhof orientieren, danach der Beschilderung „Thonet" folgen.

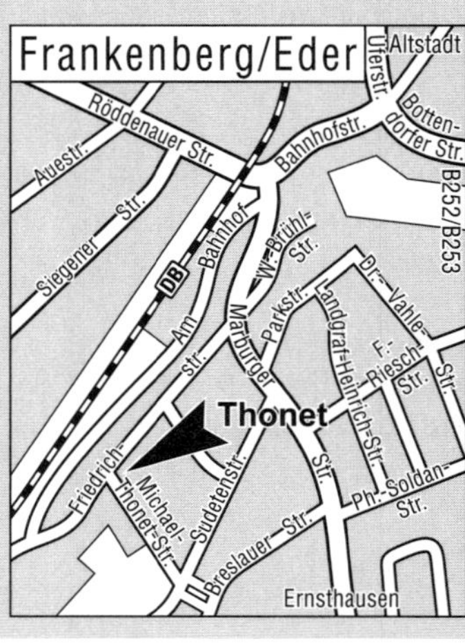

Das Perlen- & Schmuckcenter Frankfurt ist ein seit 50 Jahren in Frankfurt-Westend etabliertes Familienunternehmen. Die Familie Narasimhan ist Importeur, Hersteller, Großhändler und Lieferant für Großkonzerne mit Edelsteinen, Diamanten, Perlen und Goldschmuck. Es gibt auch eine extra Abteilung für den Direktverkauf.

Perlen vom Importeur

Warenangebot

Zucht-, Südsee-, Tahiti-, China- und Süßwasserperlen. Lose Perlen, Stränge, Ketten, Armbänder, Ringe, Trauringe, Ohrschmuck, riesiges Schließensortiment. Änderungen aller Art. Goldschmuck 585 und 750 von Standard bis hochwertig für Damen, Herren und Kinder.

Ersparnis

Bis 50 %.

Ambiente

Straßenschaufenster, fachkundige Beratung, alle Artikel ausgezeichnet, Kreditkarten akzeptiert, Getränke. Parkplätze im Hof.

Besonderheiten

Perlen-Pass, Schmuck-Pass, Geschenk-Gutscheine. Umarbeitung und Neuanfertigung von Perl- und Goldschmuck. Reparaturen wie: eigene Perlenketten verändern, kürzen, verlängern, Zwischenteile, neues Schloss. Ein Besuch im nahen Palmengarten ist lohnend.

Adresse

Perlen- & Schmuckcenter Westend GmbH, Friedrichstraße 23/Ecke Liebigstr. 33, 60323 Frankfurt-Westend, Tel.: 0 69/ 71 71 72, info@perlen-schmuckcenter.de, www.perlen-schmuckcenter.de.

Öffnungszeiten

Montag bis Freitag 10.00 bis 18.00 Uhr, Samstag 10.00 bis 14.00 Uhr.

Anreise

Der Verkauf ist in Frankfurt-Westend, Nähe Palmengarten, Einfahrt von der Liebigstraße 33 her.

rich&royal

Die Marke Rich & Royal wurde im Jahr 2006 gegründet und kleidet seitdem mit großer Leidenschaft Fashionistas und alle Trendsetter mit exklusiver und hochwertiger Mode made in Europe ein. Rich & Royal steht für einen anspruchsvollen Szene-Style, Glamour und Outfits mit leicht rockigem Touch.

Junge Mode

Warenangebot
Rich & Royal-Frauen- und Herrenkollektion: Jeans, Chinos, T-Shirts, Tops, Strick- und Sweat, Hemden und Blusen, Jacken, Blazer, Mäntel, Lederjacken, Kleider und Accessoires wie Gürtel, Armbänder und Schals.

Ersparnis
Überhänge und Saisonausläufer: 50 bis 70 % reduziert. Musterkollektionen bis zu 70 % reduziert.

Ambiente
Neues, schönes, helles Design mit hohen Decken und sechs Umkleidekabinen. Attraktive Warenpräsentation auf 200 m^2. Parkplätze vor dem Outlet.

Adresse
Rich & Royal Outlet, Siemensstraße 17, 71691 Freiberg a. N., Tel.: 07141/27680, outlet@richandroyal.de, www.richandroyal.de.

Öffnungszeiten
Donnerstag 14.00 bis 19.00 Uhr, Freitag 10.00 bis 19.00 Uhr, Samstag 10.00 bis 16.00 Uhr.

Anreise
A81, Ausfahrt Ludwigsburg-Nord. Weiter Richtung Ludwigsburg. An der 1. Möglichkeit links bis zum Kreisverkehr. Dort die 1. Ausfahrt nehmen. Danach 1. Möglichkeit rechts ab. Die 2. Straße rechts ist die Siemensstraße.

BADENIA BETTCOMFORT

irisette®

Badenia Bettcomfort gehört zu den europaweit führenden Bettwarenherstellern und produziert seit über 60 Jahren Steppbetten, Kopf- und Spezialkissen, gefüllt mit synthetischen Fasern oder Naturhaar. Die Badenia Bettcomfort GmbH & Co. KG ist ein Unternehmen der EuroComfort-Group.

Topqualität – Toppreis

Warenangebot

Bettwaren mit synthetischen Faser- oder Naturhaarfüllungen (z.B. Cashmere, Merinowolle, Kamelhaar): Steppbetten, Kopfkissen, Matratzenauflagen, Kinderbettwaren sowie Matratzen, Nackenstützkissen und Spezialkissen.

Ersparnis

Einzelstücke und Messeware 30 bis 50 %, Sonderposten und 2.-Wahl-Artikel bis zu 80 %.

Ambiente

Ca. 150 m² ansprechend gestaltete Verkaufsfläche mit freundlicher und fachkompetenter Bedienung.

Adresse

Badenia Bettcomfort GmbH & Co. KG, Werksverkauf, Niederschopfheimer Straße 1, 77948 Friesenheim-Oberschopfheim, Tel.: 0 78 08/89-1 82, www.badenia-bettcomfort.de.

Öffnungszeiten

Dienstag und Samstag 9.00 bis 14.00 Uhr, Donnerstag 14.00 bis 19.00 Uhr.

Anreise

A5 Karlsruhe–Basel, Ausfahrt Offenburg. Weiter auf der B3 Richtung Lahr. Nach ca. 10 km erreichen Sie Friesenheim-Oberschopfheim. Badenia Bettcomfort befindet sich auf der linken Seite, direkt an der B3. Oder: A5 Basel-Karlsruhe, Ausfahrt Lahr. Weiter Richtung Lahr. In Lahr auf die B3 Richtung Offenburg. Nach ca. 8 km erreichen Sie Friesenheim-Oberschopfheim. Badenia Bettcomfort befindet sich am Ortsende auf der rechten Seite, direkt an der B3.

FÜRSTENBERG
1747

Fürstenberg ist ein idyllisch gelegener Ort, der sich mit seiner Porzellantradition Weltruf erworben hat. Die Porzellanmanufaktur zählt zu den renommiertesten Europas.

Porzellankultur seit 1747

Warenangebot
Neben der aktuellen Fürstenberg-Kollektion in 1. Wahl werden eine Vielzahl von Accessoires rund um den gedeckten Tisch angeboten.

Ersparnis
Bis zu 30 % auf 1.-Wahl-Artikel. Viermal im Jahr Porzellansonderverkauf mit 2.-Wahl-Ware und Sonderauflagen (bis zu 50 % Ersparnis).

Ambiente
Wunderschön im historischen Schlossensemble der Manufaktur gelegener, gut sortierter Verkauf.

Besonderheiten
Das manufaktureigene, einzige Porzellanmuseum Norddeutschlands sowie das Schlosscafé & Restaurant Lottine sind immer einen Besuch wert.

Adresse
Porzellanmanufaktur FÜRSTENBERG, Geschäft „Manufaktur Werksverkauf", Meinbrexener Straße 2, 37699 Fürstenberg/Weser, Tel.: 0 52 71/4 01-1 10.

Öffnungszeiten
Hauptsaison: Dienstag bis Sonntag und Feiertage 10.00 bis 18.00 Uhr. Weitere Termine und Öffnungszeiten der Vor- und Nebensaison im Internet unter www.fuerstenberg-porzellan.com.

Anreise
Von Norden: B83 über Hameln Richtung Holzminden/Höxter. Dort auf die B497 Richtung Uslar. In Neuhaus im Solling Richtung Boffzen. Dort der Beschilderung nach Fürstenberg folgen. Von Süden und Westen: A44, Ausfahrt Warburg, B252 Richtung Brakel, auf der B241 Richtung Beverungen. Über Beverungen/Lauenförde, Meinbrexen nach Fürstenberg.

HILSER
Fine Timepieces

WEHRLE

JACCARD
PARIS

In der eigenen Werkstatt werden Reparaturen von der Armbanduhr bis zur Kuckucksuhr durchgeführt, auch für scheinbar „hoffnungslose" Fälle. Große Auswahl an antiken Uhren.

Paradies für Uhrenschnäppchen

Warenangebot
Die Marken Wehrle und Jaccard by Hilser (eigene Herstellung) umfassen hochwertige Wecker, Stiluhren, Schiffsuhren, mechanische Wanduhren, die kleinste Pendeluhr der Welt, Armbanduhren, Kurzzeitmesser, Einsteckwerke. Außerdem Armbanduhren, Wanduhren, Kuckucksuhren, Standuhren, Regulateure, Jahresuhren, Wetterstationen. Gold- und Silberschmuck, Perlen und Steinschmuck anderer Marken.

Ersparnis
Bei Uhren der Marken Wehrle und Jaccard by Hilser 40 bis 50%.

Ambiente
Sehr gut geschultes Personal, Ware übersichtlich und gut präsentiert. Zahlung mit EC- und Kreditkarte möglich.

Adresse
Uhrenkabinett Wehrle, Lindenstraße 2, 78120 Furtwangen, Tel.: 07723/5324, uhren-wehrle@web.de, www.uhrenkabinett-wehrle.de.

Öffnungszeiten
Montag bis Freitag 10.00 bis 12.00 und 15.00 bis 18.00 Uhr. Am Samstag geschlossen.

Anreise
A81 Stuttgart-Singen, Ausfahrt Villingen-Schwenningen. Über St. Georgen nach Furtwangen. Im Ort an der B500 links bis zur Stadtkirche und nochmals links, der Verkauf ist im letzten Haus links, gegenüber dem Deutschen Uhrenmuseum.

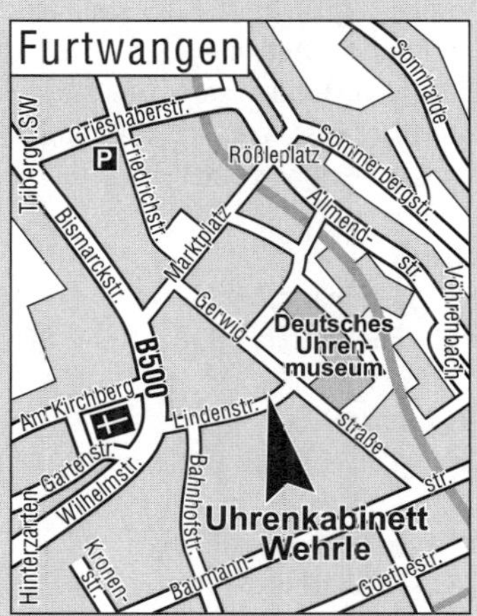

DER Sport-Markt®

OBERSTDORF • SONTHOFEN • FÜSSEN • OBERSTAUFEN

Seit über zehn Jahren sind hier große Outdoor-Marken zu günstigsten Preisen zuhause: Salewa, Vaude, Odlo, Campagnolo, Icepeak, Alpina, Uvex, Puma, Reebok, Adidas, Gonso, Protective, Ziener und andere. An vier Standorten präsentiert sich eine große Warenvielfalt von Sport- und Freizeit-Equipment.

Markenshopping im Allgäu

Warenangebot

Trekking- und Outdoor-Bekleidung für Kinder und Erwachsene, Ski-, Wintersportbekleidung, Bikewear, Laufbekleidung, Funktionswäsche, Schlafsäcke, Rucksäcke, Zelte, Camping- und Kletterzubehör, Berg- und Wanderschuhe, Trekking-Stöcke etc., auch Sonderposten und Auslaufartikel.

Ersparnis

20 bis 50%. Alle Bekleidung 50%.

Ambiente

Vier Sportmärkte mit individueller Atmosphäre: Oberstdorf: extra Schuhladen und Running-Abteilung, Sonthofen: ca. 600 m^2 Verkaufsfläche, Oberstaufen: Kurortflair, Füssen: großer In- und Outdoor-Hochseilgarten nebenan.

Adresse

Der Sportmarkt, Schäfflerstraße 17, 87629 Füssen, Tel.: 0 83 62/3 00 41 82.

Öffnungszeiten

Montag bis Samstag 9.00 bis 19.00 Uhr.

Weitere Verkaufsstellen

- 87527 **Sonthofen**, Oststraße 10, Tel.: 0 83 22/9 65 50.
- 87534 **Oberstaufen**, Hugo-von-Königsegg-Straße 11, Tel.: 0 83 22/9 65 50.
- 87561 **Oberstdorf**, Weststraße 6, Tel.: 0 83 22/9 65 50.

Anreise

A7 Ulm–Füssen, Ausfahrt Füssen. Richtung Füssen-Gewerbepark West. Beim Kreisverkehr Richtung Gewerbegebiet/Hiebelerstraße. Diese mündet nach ca. 1 km links in die Froschenseestraße. Nach 200 m links in die Schäfflerstraße.

KANZ®
Fashion. Made for Kids.

S&D
sons and daughters

Kanz gehört zu den Marktführern in der Baby- und Kinderbekleidungsbranche. Diese hochwertige, strapazierfähige und bezahlbare Kindermode ist nicht nur in vielen Ländern Europas, sondern auch international bekannt. Fröhliche Farben und bequeme Schnitte – das ist Kindermode, wie sie sein soll.

Kindermode wie sie sein soll

Warenangebot
Mode von der Babyausstattung bis zum Teenageralter. Neben Produkten von Kanz werden die Marken Steiff, Lemmi, Bellybutton, Papermoon, Pampolina, Döll, Whoopi und Melton angeboten.

Ersparnis
30 %, bei Sonderangeboten und bei Restposten mehr.

Ambiente
Über 400 m² große Verkaufsfläche. Freundliche Beratung.

Adresse
Kanz, ALB-Outlet Gammertingen, Reutlinger Straße 27, 72501 Gammertingen, Tel.: 0 75 74/9 36 21 78.

Öffnungszeiten
Montag bis Freitag 10.00 bis 18.00 Uhr, Samstag 10.00 bis 14.00 Uhr.

Weitere Verkaufsstellen (Auswahl)
- 48607 **Ochtrup**, FOC, Laurenzstraße 51, Tel.: 0 25 53/97 33 86.
- 36341 **Lauterbach**, Johann-Friedrich-Diehm-Straße 2, Tel.: 0 66 41/1 81 61.
- 72770 **Reutlingen-Betzingen**, Jettenburger Straße 42, Tel.: 0 71 21/5 14 70 83.

Anreise
A8 Karlsruhe-München, Ausfahrt Stuttgart-Degerloch. Über die B27 und B464 nach Reutlingen. Weiter auf der B312 über Engstingen und Trochtelfingen nach Gammertingen. Der Verkauf befindet sich direkt am Ortseingang rechts.

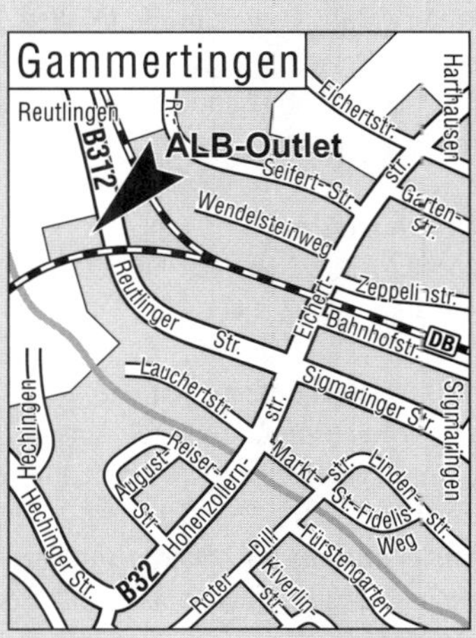

Schuh Walter besteht seit 2001. Schuh Walter steht nicht nur für die günstigen Preise, sondern auch für ein umfangreiches Sortiment, die beste Markenqualität und die freundliche Beratungsleistung.

Schuh-Outlet

Warenangebot
Große Auswahl an Herren-, Damen- und Kinderschuhen, Taschen und Schuhpflegemitteln. Mehr als 100 bekannte deutsche und internationale Qualitätsmarken.

Ersparnis
Bis zu 50% auf Auslaufmodelle; bei Rest- und Einzelpaaren auch mehr.

Ambiente
Ca. 400 m² Verkaufsfläche, persönliche Beratung durch geschultes Personal.

Adresse
Walter Outlet, Fraunhoferstraße 2, 94333 Geiselhöring, Tel.: 09423/943863, info@shopwalter.de, www.shopwalter.de.

Öffnungszeiten
Montag bis Freitag 9.30 bis 18.30 Uhr, Samstag 9.30 bis 14.00 Uhr.

Weitere Verkaufsstellen
- 84174 **Eching-Weixerau**, Am Moos 9. Montag bis Freitag 9.30 bis 19.00 Uhr, Samstag 9.30 bis 18.00 Uhr.
- 85649 **Brunnthal-Waldbrunn**, Zusestraße 7. Montag bis Samstag 9.30 bis 20.00 Uhr.
- 94227 **Zwiesel**, Stadtplatz 23. Montag bis Freitag 9.00 bis 18.00 Uhr, Samstag 9.00 bis 14.00 Uhr.
- 94424 **Arnstorf**, Mariakirchener Straße 32. Montag bis Freitag 10.00 bis 18.00 Uhr, Samstag 9.00 bis 16.00 Uhr.

Anreise
A92 München-Deggendorf, Ausfahrt Landshut/Essenbach. Weiter auf der B15, nach Neufahrn links Richtung Mallersdorf-Pfaffenberg und Geiselhöring, erst am Kreisverkehr Richtung Geiselhöring abbiegen. Verkauf 2. Straße rechts.

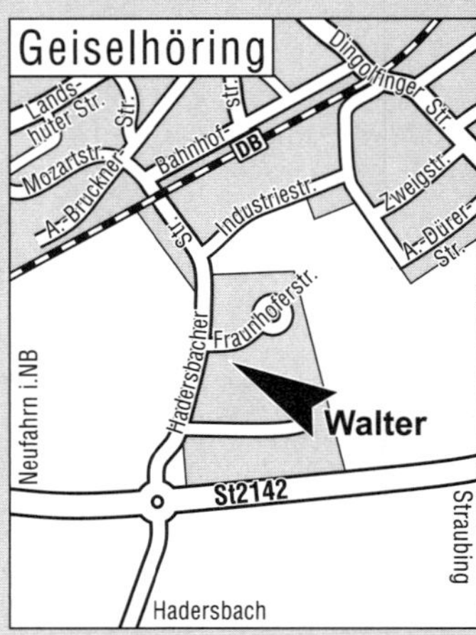

city outlet Geislingen

Seit Mai 2012 um eine weitere Ausbaustufe erweitert, hat das City Outlet Geislingen die Bandbreite an Produkten zu den Themen Home, Fashion und Lifestyle weiter ausgebaut.

Jetzt über 40 Marken

Warenangebot
Bekleidung für Damen und Herren, Produkte für Tisch und Küche, wie Bestecke, Töpfe, Küchenhelfer, Isolierkannen, Gläser, Porzellan, Backformen, Elektrokleingeräte in großer Auswahl, Wohntextilien und -accessoires. Süßwaren, Wäsche, Dessous, Frottier- und Bettwaren, alles für den Garten, Schmuck, Uhren, Naturkosmetik und Spielwaren.
Folgende Marken sind hier vertreten:
Alfi, Amor, Betty Barclay, Blank Home, Carl Gross, De Beukelaer, Estella, Gardena, Griesson, Gummi-Bären-Land, Home, Kaiser Backformen, Kahla, Kneipp, Koziol, Lindt & Sprüngli, Marvelis, My Müsli, Nachtmann, Nina von C., Pioneer, Prinzenrolle, Ravensburger, Riedel, Rosenthal, Seltmann Weiden, Silit, Spiegelau, Trigema, Triumph,Viania, WMF.

Ersparnis
15 bis 75%. Darüber hinaus Aktionsware, Sonder- und Auslaufposten mit zusätzlicher Preisreduzierung.

Ambiente
Gepflegte Atmosphäre, Schauküche in der Fischhalle, großes Bistro und Café mit kleinen Köstlichkeiten.

Adresse
City Outlet Geislingen, Fabrikstraße 40, 73312 Geislingen/Steige, Tel.: 0 73 31/ 9 43 40 00, www.cityoutletgeislingen.com.

Öffnungszeiten
Montag bis Samstag 10.00 bis 18.00 Uhr.

Anreise
A8 Stuttgart-München, Ausfahrt Mühlhausen. 15 km Richtung Geislingen/Steige. Im Ort rechts auf die B10 Richtung Ulm/Stadtmitte. Das City Outlet ist beschildert.

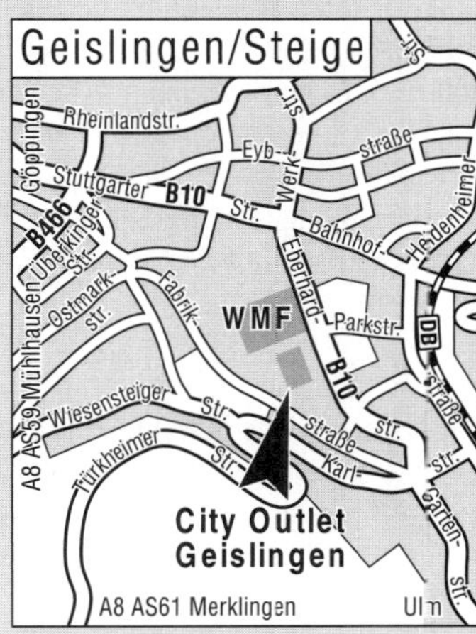

WMF

WMF macht das Kochen, Essen und Trinken zum Erlebnis. Für die Kunden ist die Marke zuallererst ein Versprechen. Für einzigartige Erlebnisse mit außergewöhnlichen Produkten. Denn die WMF Käufer zeichnen sich durch Geschmack, Innovations- und Qualitätsbewusstsein aus.

Das Leben schmeckt schön

Warenangebot
Im traditionsreichen Werksverkauf „WMF Fischhalle“: Bestecke, Kochgeschirr, Schnellkochtöpfe, Messer, Pfannen, Tisch- und Wohnaccessoires und Kaffeemaschinen von WMF. Silit: Kochgeschirr, Küchenhelfer. Alfi: Isolierkannen. Kaiser: Backformen, dazu elektrische Haushaltskleingeräte von WMF sowie Lifestyleartikel von home. Ausschließlich 2A-Ware.

Ersparnis
Bis 30 % auf die gültige UVP bei 2A-Waren, Sonderangebote bis 50 %.

Ambiente
1400 m² Verkaufsfläche, freundliche und kompetente Beratung, ansprechende Warenpräsentation, regelmäßig Produktvorführungen in der Schauküche. Kleine Gerichte im Bistro, jetzt mit Biergarten.

Adresse
WMF Fischhalle, Fabrikstraße 30, 73312 Geislingen/Steige, Tel.: 0 73 31/25 88 70, fischhalle@wmf.de, www.fischhalle.wmf.de.

Öffnungszeiten
Montag bis Samstag 9.30 bis 18.30 Uhr. 24.12. und 31.12. 9.30 bis 14.00 Uhr. Siehe auch www.fischhalle.wmf.de.

Anreise
Geislingen an der Steige liegt zwischen Göppingen und Ulm. A8 Stuttgart-München, Ausfahrt Mühlhausen. 15 km Richtung Geislingen/Steige. Im Ort rechts auf die B10 in Richtung Ulm/Stadtmitte. Direkt an der B10 liegt WMF. Die Einfahrt ist deutlich beschildert.

Bett-Art
Matratzen zum Träumen!

EINKAUFS-GUTSCHEIN S. 559

Ein Drittel seines Lebens verbringt der Mensch im Bett. Grundvoraussetzung für einen erholsamen Schlaf ist die richtige Lagerung des Körpers. Bett-Art weiß, wie es geht.

Wie man sich bettet ...

Warenangebot
Matratzen aller Art, einschließlich der qualitativ hochwertigsten Modelle mit visko-druckentlastendem Kaltschaum und Taschenfederkern, dazu Boxspring-Matratzen und Matratzen für den Caravanbereich. Als Zukaufware Lattenroste und Betten.

Ersparnis
Kommt darauf an: Die Matratzen werden auf Bestellung gefertigt. Ab 30 %, bei vielen Produkten mehr.

Ambiente
Verkauf im Untergeschoss der Fabrik – Möglichkeiten zum Besichtigen und Probeliegen. Dann aber wird der Einzelkäufer behandelt wie der Großabnehmer: Produktion erst nach fester Bestellung.

Adresse
Bett-Art Matratzenfabrik GmbH, Weseler Straße 115, 47608 Geldern, Tel.: 0 28 31/ 38 49, www.bett-art.de.

Öffnungszeiten
Montag bis Freitag 8.00 bis 18.00 Uhr, Samstag 10.00 bis 13.00 Uhr.

Anreise
A57, Ausfahrt Alpen, weiter auf der B58 Richtung Geldern. Die Straße wird in Geldern zur Weseler Straße. Die Firma befindet sich zwei Grundstücke neben McDonald's.

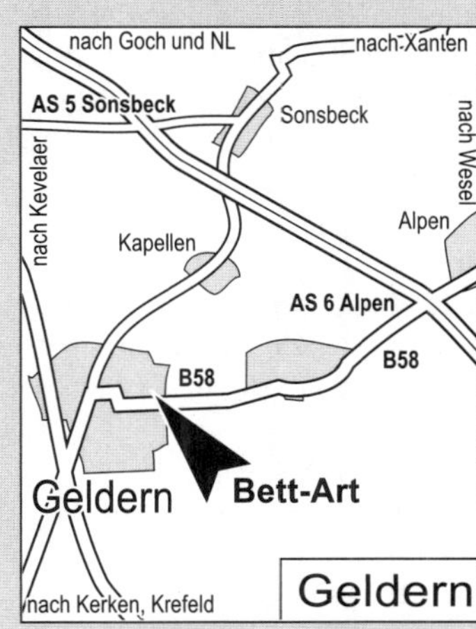

deuter

Die Firma Deuter Sport ist einer der weltweiten Markführer für Rucksäcke und Schlafsäcke im hochwertigen Outdoor-Bereich. Die technologisch innovativen Produktserien werden immer weiter ausgebaut.

Hochwertig und innovativ

Warenangebot
Sämtliche Arten von Rucksäcken: Wanderrucksäcke, Rucksäcke für Biking, Trekking, Bergsteigen, Kinder- und Schulrucksäcke, Business-Rucksäcke mit Laptop-Fach, Reisegepäck, Schlafsäcke. Einwandfreie High-Tech-Produkte in 2. Wahl aus Muster- und Vorführkollektionen.

Ersparnis
20 bis 70 %.

Ambiente
Neue, freundliche und moderne Verkaufsräume. Übersichtliche und gut sortierte Warenpräsentation. Freundliches, kompetentes Service-Personal. Kinderspielecke. Bezahlen in bar, mit EC- oder Kreditkarte möglich. Zahlreiche Parkplätze vor dem Outlet.

Adresse
Deuter Sport- & Lederwaren GmbH, Daimlerstraße 23, 86368 Gersthofen, Tel.: 08 21/4 98 71 25, www.deuter.com.

Öffnungszeiten
Nur Dienstag und Donnerstag 8.00 bis 16.00 Uhr.

Anreise
A8 Ulm–München bis zur Ausfahrt Neusäß. Dann links Richtung Hirblingen. Am 1. Kreisverkehr die 1. Möglichkeit rechts, am folgenden wieder die 1. rechts.

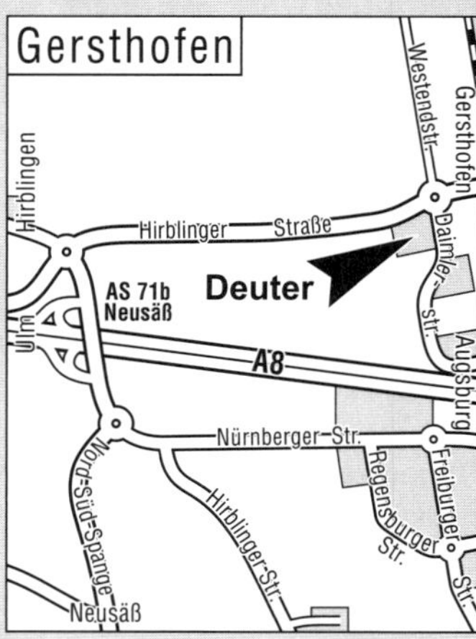

Steiff
Museum

Im Steiff Erlebnismuseum sehen und erfahren Sie alles über die mehr als 135-jährige Geschichte der schönsten Freunde fürs Leben. Ein animiertes Erlebnismuseum mit Events sowie Schaufertigung von Steiff Produkten.

Knopf im Ohr

Warenangebot
Sehr große Auswahl an Plüschtieren, Babyartikeln und Teddybären. Sortimentsartikel. Bekleidung für Babys und Kleinkinder.

Ersparnis
Steiff Factory Outlet bis maximal 50 %.

Ambiente
Größter Steiff Shop im Gebäude des Steiff Museums. Parkplätze vorhanden. Zusätzlich 2.-Wahl-Verkauf (Steiff Factory Outlet), im Fachwerkhaus neben dem Steiff Museum.

Besonderheiten
Architektonisch sehr interessantes Gebäude. Ein Tipp für Sammler: Der **Steiff Club** zählt weltweit rund 30.000 Mitglieder.

Adresse
Steiff Museum, Margarete-Steiff-Platz 1, 89537 Giengen/Brenz, Tel.: 0 73 22/ 13 15 00, museum@steiff.de, www.steiff.com.

Öffnungszeiten
Täglich 10.00 bis 18.00 Uhr. 24.12., 31.12. bis 13.00 Uhr. 25./26.12., 01.01., Karfreitag geschlossen.

Anreise
Giengen an der Brenz liegt direkt an der A7 Ulm–Würzburg, Ausfahrt Giengen/Herbrechtingen. Steiff ist im Stadtzentrum an der Brenz. Mit der Bahn über Ulm bzw. Aalen direkt nach Giengen. Der Bahnhof ist nur 3 Gehminuten entfernt.

Buchsteiner
Die Marke mit dem Büffelhorn

Qualität: Made in Germany

Die Eigenprodukte werden unter „Buchsteiner – Die Marke mit dem Büffelhorn" verkauft. Hier gibt es alles, was man braucht, um Lebensmittel optimal zu lagern.

Spitzenqualität made in Germany

Warenangebot
Hochwertige Kunststoffprodukte für Küche und Haus. Schöne Farben. Ein vielfältiges Angebot für die Bereiche Vorratshaltung, Frischhalten, Einfrieren, Kuchenbacken, Freizeit- und Organisationstalente für den Haushalt, Original-Klickboxen für jeden Zweck.

Ersparnis
1.-Wahl-Ware ca. 20 %, 2.-Wahl-Ware bis 50 %, Sonderangebote, Musterware und Restverkäufe.

Ambiente
Verkaufsraum ca. 360 m². Die Präsentation der Waren erfolgt wie im Fachgeschäft.

Besonderheiten
Das Programm zeichnet sich durch erstklassige Qualität, durchdachte Funktion und gutes Design aus. Alle Produkte sind 100 % recycelbar.

Adresse
Fundgrube, Werksladen der Firma Johannes Buchsteiner GmbH & Co. KG, Lindenstraße 18, 73333 Gingen/Fils, Tel.: 0 71 62/40 96 31, www.buchsteiner-shop.de.

Öffnungszeiten
Montag bis Freitag 9.30 bis 12.30 und 14.30 bis 17.30 Uhr.

Anreise
Gingen liegt an der B10 zwischen Göppingen und Geislingen. An der einzigen Ampel im Ort Richtung „Hohensteinhalle". Die Fundgrube in der Lindenstraße ist ausgeschildert.

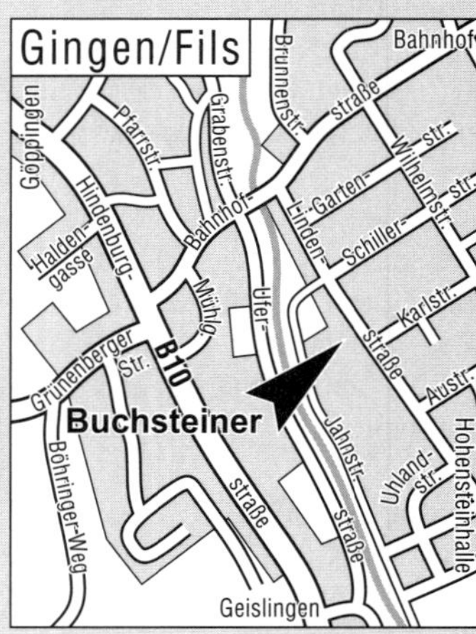

Gies Kerzen gehört zu den führenden Herstellern von Qualitätskerzen in Europa. Für alle Kerzenliebhaber, die nie genug von schönen Kerzen bekommen und gerne mal ein Schnäppchen machen, gibt es im Werksverkauf eine Riesenauswahl an Kerzen und Geschenkideen.

Kerzen für jeden Anlass

Warenangebot
Kerzen aller Art, Duftkerzen, gefüllte Gläser und Windlichter, Accessoires, Geschenksets.

Ersparnis
30 bis 40 %.

Ambiente
Moderner und großzügiger Shop mit vielen Parkplätzen direkt vor der Tür.

Adresse
Gies Kerzen GmbH, Beim Zeugamt 8, 21509 Glinde, Tel.: 0 40/71 00 07-0, www.gies-kerzen.de.

Öffnungszeiten
Januar bis Mai und September: Dienstag bis Donnerstag 9.00 bis 16.00 Uhr, Freitag 9.00 bis 12.00 Uhr. Juni und Juli: nur Donnerstag 9.00 bis 16.00 Uhr, Freitag 9.00 bis 12.00 Uhr. Oktober bis Dezember: Dienstag und Mittwoch 9.00 bis 16.00 Uhr, Donnerstag und Freitag 9.00 bis 18.00 Uhr. Siehe auch unter www.gies-kerzen.de.

Anreise
A24 Hamburg–Berlin, Ausfahrt Reinbek. Weiter Richtung Reinbek bis zur 1. Ausfahrt, dort rechts nach Glinde fahren. Beim 1. Kreisverkehr an der 3. Möglichkeit abfahren in die Berliner Straße, dann die 1. Einmündung rechts. Der Laden befindet sich auf der rechten Seite.

Wir sind Knabbern.

Lorenz Snack-World ist einer der führenden Hersteller von salzigen Snacks. „Wir sind Knabbern", lautet das Motto, unter dem mit dem Lorenz-Logo geworben wird. Dies unterstreicht auch die Produktpalette, die die bekannten Marken Crunchips, Nicnac's, Erdnuss-Locken und viele andere umfasst.

Der Ruf verpflichtet

Warenangebot
Alle Snack-Produkte der Lorenz Snack-World, auch eine Auswahl hochwertiger Schokoladenspezialitäten sowie Kuchen und Gebäck von Bahlsen, Parlasca Kekse und Feodora.

Ersparnis
30 bis 50 %. Sonderangebote zum Teil noch günstiger.

Ambiente
Angenehmer Neubau mit übersichtlicher Warenpräsentation auf ca. 300 m².
Freundliches Verkaufspersonal.

Adresse
Fabrikladen Lorenz Snack-World, Barnstorfer Straße 3, 49424 Goldenstedt, Tel.: 0 44 44/96 33 10.

Öffnungszeiten
Montag bis Samstag 9.00 bis 19.00 Uhr.

Weitere Verkaufsstellen
Öffnungszeiten s. unter www.lorenz-snackworld.de.

- 29386 **Hankensbüttel**, An den Fischteichen 5, Tel.: 0 58 32/8 12 07.
- 63263 **Neu-Isenburg**, Rathenaustraße 54, Tel.: 0 61 02/81 66 93.
- 88131 **Lindau-Reutin**, Kemptener Straße 66, Tel.: 0 83 82/9 47 90 80.
- 92431 **Neunburg vorm Wald**, Industriestraße 11, Tel.: 0 96 72/4 61 05.

Anreise
A1 Osnabrück-Bremen, Ausfahrt Vechta. Weiter durch die Stadt Richtung Goldenstedt, dort rechts nach Barnstorf abbiegen. Der Verkauf befindet sich direkt an der Straße.

EINKAUFS-GUTSCHEIN S. 579

märklin

Auf über 1000 m² bietet das Märklin Museum neben einer beeindruckenden Darstellung der Märklin Firmengeschichte auch Faszination Modelleisenbahn pur. Große Modellbahnanlagen mit wirklichkeitsgetreuen Themenwelten – auch für Kinder in Augenhöhe.

Mythos Märklin

Warenangebot
Riesiges Sortiment der Marken Märklin, Trix und LGB im Märklin Flagshipstore. Umfangreiches Angebot an Modellbahn-Zubehör. Service Point zur Annahme von Reparaturen. Viele 2.-Wahl-Artikel, Zubehör zum Landschaftsbau.

Ersparnis
2.-Wahl-Artikel 10 bis 40 % günstiger, je nach Beschädigung.

Ambiente
Museum und Verkaufsräume unter einem Dach machen den Besuch zu einem Erlebnis für die ganze Familie. Attraktionen für Kinder, sehr gut informiertes Personal, Fachberatung. Parkplätze auf dem Gelände.

Adresse
Märklin Museum, Reutlinger Straße 2, 73037 Göppingen, Tel.: 0 71 61/60 82 89, museum@maerklin.de, www.maerklin.de. **Achtung: Der Verkauf zieht ab Oktober 2017 in die Stuttgarter Straße (vor Besuch anrufen!).** Das Museum eröffnet erst wieder 2019.

Öffnungszeiten
Montag bis Samstag 10.00 bis 18.00 Uhr. Sonn- und Feiertagsöffnung siehe unter www.maerklin.de.

Anreise
A8 Stuttgart–München, Ausfahrt Wendlingen. Auf der B313 zum Plochinger Dreieck, dort auf die B10 Richtung Göppingen bis Ausfahrt Göppingen-Heiningen. Dann zweimal rechts abbiegen, vorbei am ehemaligen Märklin Museum, immer geradeaus, bis die Straße auf die Reutlinger Straße trifft. Rechts abbiegen, Märklin auf der linken Seite.

bequemschuh-versand
Hausschuhe | Schuhe

EINKAUFS-GUTSCHEIN S. 559

Nicht nur hochwertige Hausschuhe und Schuhe, sondern auch Bekleidung und Accessoires sind hier zu finden. Folgende Qualitätsmarken werden angeboten: Haflinger, Living Kitzbühel, Joe N Joyce, Scholl, Shepherd, Sorel, Florett, Varomed, Berkemann, Gabor, Gumbies, Padders, Mufflon und Warmbat.

Mehr als nur Hausschuhe

Warenangebot
Große Auswahl an hochwertigen Haus- und Freizeitschuhen für alle Altersklassen von der modischen Pantolette bis zum Hausschuh für Füße mit besonderen Ansprüchen sowie Bekleidung aus Wolle, Taschen, Strümpfe und Accessoires.

Ersparnis
10 bis 40%. Schuhe außerhalb der Saison teilweise zusätzlich reduziert. Zusatzrabatt durch den Einkaufsgutschein in diesem Buch.

Ambiente
Lagerverkauf mit Verkaufsraum und individueller Beratung. Eine gute Verfügbarkeit der Modelle bis zur Übergröße 50 ist gewährleistet.

Adresse
Bequemschuh-Versand, Lange Wanne 5, 38644 Goslar-Baßgeige, Tel.: 0 53 21/ 39 59 49, info@bequemschuh-versand.de, www.bequemschuh-versand.com.

Öffnungszeiten
Montag bis Mittwoch und Freitag 10.00 bis 16.00 Uhr, Donnerstag 10.00 bis 18.00 Uhr, jeden 1. Samstag im Monat 10.00 bis 13.00 Uhr. Im November und Dezember jeden Samstag 10.00 bis 13.00 Uhr.

Anreise
A7 Kassel-Hannover, Ausfahrt Rhüden (von Süden), Derneburg/Salzgitter (von Norden). B82 nach Goslar. Dort Richtung Gewerbegebiet Baßgeige.

bugatti ODERMARK

EINKAUFS-GUTSCHEIN S. 585

Odermark wurde in die Firma Wilvorst in Northeim integriert. Wer Wert auf erstklassige Stoffe namhafter italienischer und deutscher Fabrikanten legt, findet in dem neuen Outlet hochwertige Herrenbekleidung in großer Auswahl, vor allem auch in Spezialgrößen.

Hochwertige Herrenmode

Warenangebot
Neben der vielfältigen Auswahl an Mix & Match-Anzügen, Sakkos, Gesellschaftsbekleidung, Sportswear und Mänteln wird das Angebot um Hemden, Strickwaren, Schuhe, Gürtel, Ledertaschen etc. ergänzt.

Ersparnis
Die Waren der Brinkmann-Gruppe mit den Fachhandelsmarken Atelier Torino, Wilvorst, Tziacco und Bugatti werden 30 bis 40% günstiger als im Handel angeboten.

Ambiente
Moderner Fachhandelsshop mit angenehmer Atmosphäre, fachkundige und kompetente Beratung, ca. 500 m^2 Verkaufsfläche, Parkplätze direkt vor der Tür.

Adresse
Odermark Fashion Outlet, Wilvorst Herrenmoden GmbH, Odermarkplatz 1, 38640 Goslar-Oker, Tel.: 0 53 21/ 3 51 90 21, info@odermark-fashion-outlet.de, www.odermark-fashion-outlet.de.

Öffnungszeiten
Montag bis Freitag 13.00 bis 18.00 Uhr, Samstag 10.00 bis 14.00 Uhr.

Anreise
A7, Ausfahrt Rhüden auf die B82 oder Ausfahrt Derneburg auf die B6 nach Goslar und hier Ausfahrt Ohlhof/Zentrum in die Immenröder Straße bis zur Kreuzung Okerstraße. Hier liegt der Odermarkplatz.

Reebok OUTLET

Seit 1895 ist Reebok führend in der Herstellung und Entwicklung authentischer Produkte für Athleten und Freizeitsportler. Die Technologien und Designs setzen Trends rund um den Globus. Herausragende Qualität und innovative Funktionalität sind das Markenzeichen von Reebok.

Fulfilling Potential

Warenangebot
Sportschuh- und Sportbekleidungsangebot, jedoch keine aktuelle Ware. Lauf-, Tennis-, Crossfit-, Fitness- und Basketballschuhe, Tennis-, Fitness-, Freizeitbekleidung, Kindersportbekleidung. Auch Business- und Freizeitschuhe der Marke Rockport, Taschen, Rucksäcke.

Ersparnis
30 bis 50 %. Bei Aktionen bis zu 70 %.

Ambiente
650 m² Verkaufsfläche, Atmosphäre und Ausstattung angenehm. Outlet im amerikanischen Stil, qualifizierte Beratung, Umkleidekabinen, Spielecke, Parkplätze.

Adresse
Reebok-Outlet Store, An der Autobahn 2, 91171 Greding, Tel.: 0 84 63/6 42 20.

Öffnungszeiten
Montag bis Freitag 10.00 bis 19.00 Uhr, Samstag 9.00 bis 17.00 Uhr.

Weitere Verkaufsstellen (Auswahl)
- 38440 **Wolfsburg**, Designer Outlets Wolfsburg, An der Vorburg 1.
- A-7111 **Parndorf**, Designer Outlet Parndorf, Designer Outlet Straße 1, Tel.: 00 43/21 66/36 83.

Anreise
A9 Nürnberg-München, Ausfahrt Greding. Direkt an der Autobahn, oberhalb von McDonald's.

Manz fertigt seit mehr als 100 Jahren gepflegte, gute Herrenschuhe in meisterhafter Qualität in Franken. Fortuna ist Spezialist für Damen-Sandaletten und -Pantoletten mit Komfort sowie Damen- und Herrenhausschuhe.

Modisch, bequem, flexibel

Warenangebot
Damen- und Herrenschuhe. Vom bequemen Freizeitschuh über den modischen Halbschuh zum zeitlosen, klassisch-eleganten Schuh. Lederwaren, Kleinlederwaren, Gürtel.

Ersparnis
1. Wahl ca. 30 %, 2. Wahl ca. 50 %.

Ambiente
Riesenauswahl, übersichtlich nach Größen geordnet. Parkplätze vorhanden. Hier auch Greuther Teeladen und ein Outlet von s.Oliver, Allegra, Gönner und Trigema sowie das Restaurant Bonny's Dinner.

Adresse
Manz-Fortuna GmbH, Gewerbepark 10a, 91350 Gremsdorf, Tel.: 0 91 93/50 28 00, www.manz-fortuna.com.

Öffnungszeiten
Montag bis Freitag 9.30 bis 19.00 Uhr, Samstag 9.30 bis 18.00 Uhr.

Anreise
A3 Nürnberg-Würzburg, Ausfahrt 80, Höchstadt-Ost. Der Fabrikverkauf liegt direkt an der Autobahnausfahrt im Industriegebiet.

Weitere Outlets in Gremsdorf

In Gremsdorf bieten mehrere Markenhersteller ihre Produkte im Outlet an. Von Damenmode über Sport- und Freizeitbekleidung für die ganze Familie, Schuhe bis hin zu Teespezialitäten alles direkt vom Hersteller.

GERRY WEBER

Gerry Weber, Gewerbepark 1, 91350 Gremsdorf, Tel.: 0 91 93/5 07 13 80, www.gerryweber.de. Montag bis Freitag 9.30 bis 19.00 Uhr, Samstag 9.30 bis 18.00 Uhr.

GREUTHER TEELADEN

Qualität im Fabrikverkauf

Greuther Teeladen, Gewerbepark 1, 91350 Gremsdorf, Tel.: 0 91 93/ 50 74 45, www.greuther-teeladen.de. Montag bis Freitag 9.30 bis 19.00 Uhr, Samstag 9.30 bis 16.00 Uhr.

NAOT

Naama Naot, Gewerbepark 1, 91350 Gremsdorf, Tel.: 0 91 93/5 01 17 67, www.naot-shop.de. Montag bis Freitag 9.00 bis 19.00 Uhr, Samstag 9.00 bis 18.00 Uhr.

s.Oliver®

s.Oliver, Gewerbepark 1, 91350 Gremsdorf, Tel.: 0 91 93/5 08 94 14, www.soliver.de. Montag bis Freitag 9.30 bis 19.00 Uhr, Samstag 9.00 bis 18.00 Uhr.

trigema

Trigema Testgeschäft, Gewerbepark 1, 91350 Gremsdorf, Tel.: 0 91 93/50 41 30, www.trigema.de. Montag bis Freitag 9.30 bis 19.00 Uhr, Samstag 9.00 bis 18.00 Uhr.

Anreise

A3 Nürnberg–Würzburg, Ausfahrt Höchstadt-Ost. Der Gewerbepark befindet sich direkt an der Autobahnausfahrt im Industriegebiet.

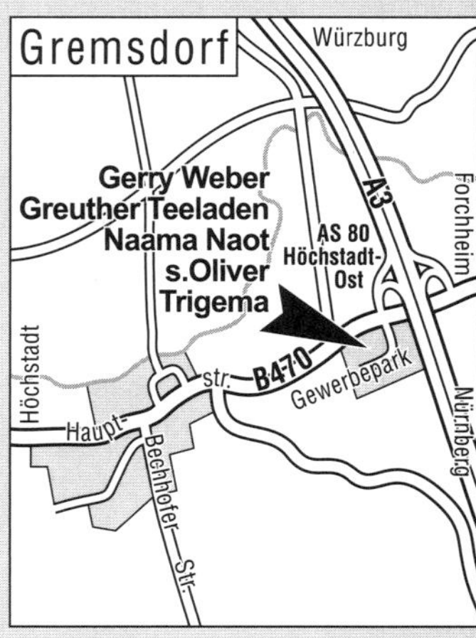

EDUARD DRESSLER
Finest Menswear. Since 1929.

Die exklusive deutsche Herrenmodemarke EDUARD DRESSLER beeindruckt durch kompromisslose Qualität und einer gut durchdachten Angebotspalette. In der Verbindung von Kreativität mit handwerklicher Perfektion entsteht Mode für selbstbewusste Persönlichkeiten.

For very important Persons

Warenangebot
EDUARD DRESSLER: Anzüge, Sakkos, Hosen, Smokings, Blazer, Mäntel, Jacken, Hemden, Krawatten, Accessoires.
DAKS: Anzüge, Sakkos, Hosen, Jeans, Mäntel, Jacken, Hemden, Strickwaren, Poloshirts, Krawatten, Accessoires.

Ersparnis
Mindestens 30 %, größtenteils 40 % auf 1.-Wahl-Ware.

Ambiente
Der VIP-Store befindet sich direkt am Firmengelände. Die Ware wird in einer hochwertigen Einrichtung wie in einem Fachgeschäft präsentiert. Heller, übersichtlicher Verkaufsraum mit ca. 400 m² Verkaufsfläche, freundliches Personal, acht Umkleidekabinen.

Adresse
Dressler Bekleidungswerke Brinkmann GmbH & Co. KG, Stockstädter Straße 43, 63762 Großostheim, Tel.: 0 60 26/ 50 24 84, vip-store@eduard-dressler.com.

Öffnungszeiten
Montag bis Freitag 9.30 bis 18.00 Uhr, Samstag 9.30 bis 16.00 Uhr.

Anreise
A3 Frankfurt-Würzburg, Ausfahrt Stockstadt/Obernburg. Auf der B469 bis Ausfahrt Großostheim/Pflaumheim/Schaafheim, weiter Richtung Großostheim/Flugplatz. Links ab in die Bauhof- und wieder links in die Stockstädter Straße.

Hemden-Blusen-Polos
PETERMANN

Eigene Fertigung, ausschließlich Verarbeitung geprüfter, erstklassiger Meterware aus dem EU-Raum. Großes Angebot bis Kragenweite 54, auch Überlängen in Armlänge und Übergrößen.

Der Hemdenprofi

Warenangebot
Herrenhemden im oberen bis höchsten Qualitätsstandard durch eigenen Fertigungsbetrieb. Riesensortiment von klassisch bis hochmodisch. Gute Auswahl auch in ausgefallenen Größen und Überlängen. Sonderanfertigung nach Maß sowie für Vereinsausstattung möglich. Das Sortiment wird ergänzt durch Herrenanzüge im Baukastensystem, Herrenstrickwaren, Krawatten und Socken.

Ersparnis
Ca. 50 %.

Besonderheiten
Änderungswünsche werden vom Kundenservice kurzfristig erledigt. Sonderanfertigungen haben eine Lieferzeit von fünf bis sechs Wochen.

Adresse
Petermann, Hemden- und Blusenfabrik, Aschaffenburger Straße 28, 63762 Großostheim, Tel.: 0 60 26/50 02-0, www.hemdenfabrik.de.

Öffnungszeiten
Montag bis Freitag 10.00 bis 18.00 Uhr, Samstag 10.00 bis 15.00 Uhr.

Anreise
A3 Frankfurt–Nürnberg, Ausfahrt Stockstadt. Großostheim liegt im Maintal bei Aschaffenburg am Autobahnzubringer Stockstadt/Miltenberg. 2. Ausfahrt nach Großostheim, Verkauf ist unmittelbar vor der Eder-Brauerei. Auffallend durch vier Fahnen an der Einfahrt.

SAN|SIRO

EINKAUFS-GUTSCHEIN S. 593

Bei San Siro gibt es italienischen Schick mit exzellenter Verarbeitung, raffinierten Schnitten und unerwarteten, modischen Details. Und das alles zu sensationell günstigen Outlet-Preisen.

Das Herrenausstatter-Outlet

Warenangebot
Anzüge, Hosen, Hemden, Strickwaren, Jacken und vieles mehr. Ob für die Freizeit oder klassisch.

Ersparnis
Bis zu 40 %.

Ambiente
Das Outlet bietet nicht nur ein großes Sortiment, sondern besticht auch durch absolut kompetente Beratung. In dem neuen, ebenerdigen, lichtdurchfluteten Verkaufsraum mit einer Fläche von über 400 m² kann man auch einen Espresso oder Prosecco genießen.

Adresse
SAN|SIRO Retail GmbH, Stockstädter Straße 45, 63762 Großostheim, Tel.: 0 60 26/9 96 77 07, stubbe.thomas@sansiro-outlet.de, www.sansiro-outlet.de.

Öffnungszeiten
Montag bis Freitag 10.00 bis 18.00 Uhr, Samstag 9.30 bis 16.00 Uhr.

Anreise
A3 Frankfurt–Würzburg, Ausfahrt 57 Stockstadt. Weiter auf der B469 Richtung Obernburg, an der Ausfahrt Großostheim-Mitte abfahren und weiter Richtung Schaafheim. An der 1. Kreuzung rechts abbiegen, am Ende der Straße links und gleich wieder rechts. Der Verkauf befindet sich auf der linken Seite.

MÖVE frottana

Möve Frottana – das ist Qualität und Lifestyle made in Germany seit 1856. Kuschelige Frottierwaren und stilvolle Badaccessoires gibt es hier im Werksverkauf.

Qualität und Design für Zuhause

Warenangebot
Gäste-, Hand- und Badetücher, Badematten, Badteppiche, Bademäntel für Damen, Herren und Kinder, Strandtücher, Saunaartikel und Badaccessoires.

Ersparnis
30 bis 50 %, bei Sonderposten 70 %.

Ambiente
Der Werksverkauf befindet sich links neben dem Verwaltungsgebäude.

Adresse
Frottana Textil GmbH & Co. KG, Waltersdorfer Straße 54, 02779 Großschönau, Tel.: 03 58 41/82 45.

Öffnungszeiten
Montag bis Freitag 9.00 bis 18.00 Uhr, Samstag 9.00 bis 16.00 Uhr.

Weitere Verkaufsstellen (Auswahl)
- 14641 **Wustermark**, Designer Outlet Berlin, Alter Spandauer Weg 1, Tel.: 03 32 34/2 07 99.
- 28816 **Stuhr-Brinkum bei Bremen**, Ochtum Park, Bremer Straße 115-117, Tel.: 04 21/8 98 37 20.
- 66482 **Zweibrücken**, The Style Outlets, Londoner Bogen 10-90, Tel.: 0 63 32/ 99 35 15.
- 72555 **Metzingen**, Reutlinger Straße 22, Tel.: 0 71 23/16 55 25.
- 97877 **Wertheim-Dertingen**, Wertheim Village, Gewerbegebiet Almosenberg, Tel.: 0 93 42/85 85 27.
- NL-6041 **Roermond**, Designer Outlet Roermond, Stadsweide 132-134, Tel.: 00 31/4 75 33 08 47.

Anreise
A4 Eisenach-Dresden-Görlitz, Ausfahrt Bautzen-West. Auf der B96 nach Zittau. In Oberoderwitz rechts nach Großschönau.

CAIRO

Cairo steht für eine hochwertige und geschmackvolle Auswahl an Designmöbeln und Accessoires. Wer auf der Suche nach Designstücken für Büro, Praxis, Wohn- oder Außenbereich ist, der liegt hier genau richtig.

Designmöbel zum Sonderpreis

Warenangebot
Große Auswahl an Ausstellungsstücken, Restbeständen und leicht beschädigter Ware von Vitra, Kartell, Artemide, Driade, Luceplan, u.v.a. Tische, Stühle, Regale, Leuchten und Freizeitmöbel.

Ersparnis
Mindestens 30%.

Ambiente
Zwei helle, moderne Verkaufsräume mit ca. 400 m² Verkaufsfläche. Freundliches und hilfsbereites Fachpersonal. Zahlung per EC- oder Kreditkarte möglich. Kostenlose Parkplätze.

Besonderheiten
Im Factory Outlet gibt es nur eine Auswahl des Sortiments. Das komplette Sortiment und aktuelle Produkte findet man in den Designstores in Nürnberg, München und Frankfurt oder auf www.cairo.de.

Adresse
Cairo AG, Werner-Heisenberg-Straße 14, 64823 Groß-Umstadt, www.cairo.de.

Öffnungszeiten
Freitag 14.00 bis 18.00 Uhr, Samstag 10.00 bis 14.00 Uhr.

Weitere Verkaufsstellen (keine Outlets)
Montag bis Samstag 10.00 bis 20.00 Uhr.
● 60313 **Frankfurt**, Große Eschenheimer Straße 9, Tel.: 0 69/29 99 26 46.
● 90403 **Nürnberg**, Kaiserstraße 37, Tel.: 09 11/2 34 27 33.

Anreise
Von der A3 Frankfurt–Aschaffenburg, Ausfahrt Hanau auf der B45 oder aus Darmstadt kommend auf der B26 Richtung Dieburg, weiter auf der B45 Richtung Groß-Umstadt. 2. Straße Richtung Ortsmitte nach links abbiegen, nächste wieder links.

moll

moll ist das Original. Aus dem ersten Kinderschreibtisch vor mehr als 35 Jahren entstanden durchdachte Systeme aus höhenverstellbaren Tischen, Anbauteilen und Drehstühlen für Kinder in hoher Qualität, die allen Ansprüchen an Ergonomie, Langlebigkeit und Flexibilität gerecht werden.

moll wächst mit

Warenangebot
Hochwertige mitwachsende/höhenverstellbare Kinderschreibtische und Kinderdrehstühle, Schreibtischleuchten und Rollcontainer für Kinder. Kein Komplettsortiment, nur Auslaufmodelle, Ausstellungs- oder Messestücke sowie 2. Wahl. Die Ware ist teilweise vollständig montiert oder aber zerlegt verpackt.

Ersparnis
Je nach Artikel unterschiedlich, durchschnittlich ca. 30 bis 40 %.

Ambiente
Übersichtliche Warenpräsentation, fachkundige Beratung, Parkplätze vorhanden.

Adresse
moll Funktionsmöbel GmbH, Rechbergstraße 7, 73344 Gruibingen, Tel.: 07335/181-145, www.moll-funktion.de.

Öffnungszeiten
Freitag 13.00 bis 17.00 Uhr, Samstag 9.00 bis 13.00 Uhr. Die aktuellen Öffnungszeiten gibt es auch auf www.moll-funktion.de.

Anreise
A8 Stuttgart-Ulm, Ausfahrt 59 Mühlhausen. An der 1. Ampel rechts abbiegen Richtung Gruibingen, dort die 1. Möglichkeit links und sofort wieder links. Der Verkauf befindet sich am Ende der Straße.

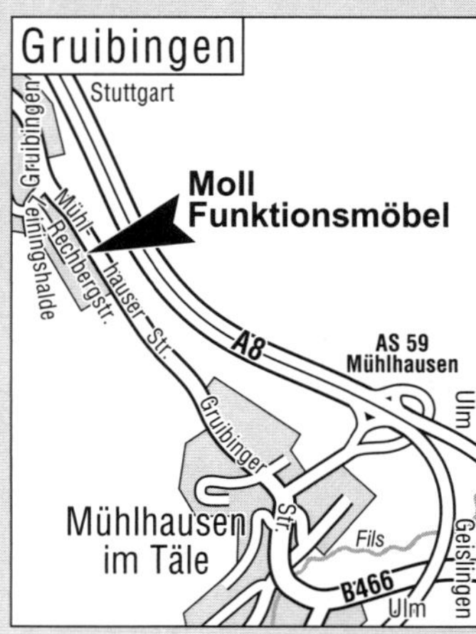

Seit 1935 baut die Firma mit das Beste, was auf dem Kindermöbelsektor zu finden ist. Hervorragende Verarbeitung und strapazierfähiges Material halten den hohen Anforderungen, die an Kindermöbel gestellt werden, vollkommen stand.

Der Kindermöbel-Spezialist

Warenangebot
Ausschließlich 2.-Wahl-Ware, Entwicklungs-, Auslauf-, Messemodelle, Rücknahmen. Kinderbetten, Hoch-, Spiel-, Etagenbetten, Schülerschreibtische, Wickelkommoden, Kinderschränke.

Ersparnis
Je nach Beschädigungsgrad bis zu 40 %.

Ambiente
Schönes neues Outlet mit ca. 1500 m².

Besonderheiten
Unterfranken ist berühmt durch seine Frankenweine in der Bocksbeutelflasche. Würzburg ist immer eine Reise wert. Aber auch die Weinorte drumherum. Es bietet sich an, ein verlängertes Wochenende einzuplanen.

Adresse
Paidi Outlet, Obere Hofäckerstraße 6, 97840 Hafenlohr, Tel.: 0 93 91/9 35 95 25, www.paidi.de.

Öffnungszeiten
Montag bis Freitag 9.00 bis 12.00 und 12.30 bis 17.00 Uhr, Samstag 9.00 bis 14.00 Uhr.

Anreise
A3 Frankfurt–Würzburg, Ausfahrt 65 Markheidenfeld, weiter auf der B8 Richtung Marktheidenfeld, später weiter geradeaus nach Hafenlohr. Direkt am Ortseingang links abbiegen und gleich nochmal links. Dem Straßenverlauf nach rechts folgen. Der Verkauf befindet sich auf der rechten Seite.

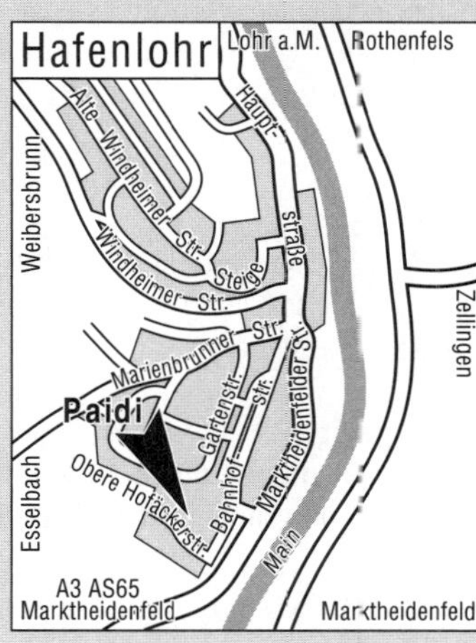

EINKAUFS-GUTSCHEIN S. 565

Collection
DORIS MEYER
Exclusive Bettwäsche

Die Firma „Collection Doris Meyer" liegt in einem romantischen Tal der berühmten Fliederstadt Haigerloch und ist seit 160 Jahren im Familienbesitz (ältestes Textilunternehmen Südwürttemberg/Hohenzollern). Bekannt für gute Qualität, schöne Designs, Bettwäsche und Spannbetttücher.

Bettgeflüster

Warenangebot
Ausgesucht schöne Jersey-Bettwäsche in großer Auswahl in vielen Designs, auch Unis, in allen Größen. Dazu passende Spannbetttücher in 38 Farben und allen Größen (bis 220 cm Länge). Nicky-Velours-Bettwäsche und -Spannbetttücher werden in den Wintermonaten angeboten.

Ersparnis
40 bis 50 %.

Ambiente
Schöner 200 m² großer Verkaufsraum mit übersichtlich angeordneten Regalen (war früher eine alte Remise). Ware nach Größen geordnet. Attraktive Warenpräsentation.

Adresse
Doris Meyer GmbH & Co. KG, 72401 Haigerloch-Karlstal, Tel.: 0 74 74/69 09 33, www.doris-meyer.de.

Öffnungszeiten
Montag bis Freitag 10.00 bis 12.00 und 13.30 bis 17.00 Uhr, Samstag 10.00 bis 12.30 Uhr.

Weitere Verkaufsstellen
- 53604 **Bad Honnef**, Lohfelder Straße 33 (im Birkenstock-Firmengelände), Tel.: 0 22 24/9 78 01 16.
- 94072 **Bad Füssing**, Lindenstraße 5, Tel.: 0 86 31/3 10 87 16.

Anreise
A81 Stuttgart-Singen, Ausfahrt Empfingen, weiter Richtung Bad Imnau. Karlstal ist ein Ortsteil von Haigerloch, liegt jedoch im Tal.

GERRY WEBER SAMOON TAIFUN

Gerry Weber steht für ein besonderes Lebensgefühl, das Looks faszinierend in Szene setzt, das Spiel mit Details stilsicher beherrscht und die Persönlichkeit unterstreicht. Modern, hochwertig und unwiderstehlich feminin.

Die Lifestyle-Marke

Warenangebot
Musterteile, 2.-Wahl-Artikel, Überhänge und Einzelstücke von Gerry Weber, der jüngeren Marke Taifun sowie selbstbewusste Mode für Frauen mit Anschlussgrößen von Samoon by Gerry Weber.

Ersparnis
Zumeist zwischen 25 und 70%.

Ambiente
Angenehme Einkaufsatmosphäre, gut ausgeschilderte Verkaufsräume.

Adresse
Gerry Weber, Ravenna-Park 3, 33790 Halle/Westfalen, Tel.: 05201/8565475, outlet.ravenna-park@gerryweber.de, www.gerryweber.de. Adresse für Navi: Flurstraße Ecke Kreisstraße.

Öffnungszeiten
Montag bis Samstag 9.30 bis 18.00 Uhr.

Weitere Verkaufsstellen (Auswahl)
- 28816 **Stuhr-Brinkum bei Bremen**, Ochtum Park, Bremer Straße 103, Tel.: 0421/68553057.
- 50189 **Elsdorf**, Oststraße 1a, Tel.: 02274/9381596.
- 55606 **Kirn/Nahe**, Emporium – The Loft, Übergasse 8, Tel.: 06752/1313539.

Anreise
A33 Osnabrück-Bielefeld bis zum Ausbauende. Weiter auf der B68 Richtung Halle/Westfalen. Von Osnabrück kommend am Ortsausgang rechts; von Bielefeld kommend am Ortsbeginn von Halle/W. links Richtung Gewerbegebiet Ravenna-Park in den Schnatweg abbiegen. Am Kreisverkehr 1. Möglichkeit rechts und danach 1. Straße links. Der Verkauf mit großem Parkplatz befindet sich links.

Mit harmonisch aufgebauten Kollektionen ist Olsen bei den Modetrends im mittleren Preissegment mitbestimmend. Kreatives Design, gehobene Qualität und liebevolle Details zeichnen die Kollektionen aus.

Hanseatisch und weltoffen

Warenangebot
Strickwaren und Shirts in allen Variationen, Hosen, Kleider, Röcke, Jacken, Mäntel und Accessoires. Bei dem Angebot handelt es sich um Ware aus der vergangenen Saison, Überproduktion und Musterteile.

Ersparnis
30 bis 50 %. Weitere Preisersparnis bis 70 % gegen Saisonende und bei temporären Sonderaktionen.

Ambiente
Großzügige und gepflegte neue Verkaufsräume von ca. 550 m². Freundliche und kompetente Beratung. Ausreichend Parkplätze vorhanden.

Adresse
Olsen Germany GmbH, Schnackenburgallee 52, 22525 Hamburg-Bahrenfeld, Tel.: 0 40/85 15 70 57, www.olsenfashion.com.

Öffnungszeiten
Montag bis Freitag 10.00 bis 18.00 Uhr, Samstag 10.00 bis 16.00 Uhr.

Anreise
A7 Hamburg-Flensburg, Ausfahrt Volkspark. An der Ampel links und schon nach 200 m sehen Sie auf der linken Seite die Firma Olsen.

TUCANO
TRADING

EINKAUFS-GUTSCHEIN S. 599

Tucano importiert Pflanzgefäße aus aller Welt und hat Deutschlands größte Auswahl an frostbeständigen Gartenpflanzgefäßen. Glasiertes Steinzeug in allen Farben, klassische Terrakotta, aber auch leichte, elegante Gefäße aus Materialien wie z.B. Fiberstone.

Edel, Elegant, Extravagant

Warenangebot
Riesige Auswahl an Pflanzgefäßen aller Art. Glasiertes Steinzeug, klassische Terrakotta, moderne Kunststoffmaterialien wie Fiberstone.

Ersparnis
Ca. 20 bis 50 % gegenüber Gartencentern.

Ambiente
Der Verkauf findet in einer hellen Lagerhalle mit einem Außenbereich auf über 3000 m² statt. Freundliche Berater helfen auch beim Verstauen der schweren Töpfe ins Auto. Gute Parkmöglichkeiten direkt auf dem Hof.

Adresse
Tucano Trading GmbH & Co, Verkaufslager, Boschstraße 2 / Ecke Bornkampsweg, 22761 Hamburg-Bahrenfeld, Tel.: 0 40/85 50 83 86, www.tucano.de.

Öffnungszeiten
Sommerzeit: Montag bis Freitag 10.00 bis 19.00 Uhr, Samstag 10.00 bis 17.00 Uhr. Winterzeit: Montag bis Samstag 10.00 bis 16.00 Uhr. Winterpause von Mitte Dezember bis Anfang Februar.

Anreise
A7 Hamburg-Flensburg, Ausfahrt Bahrenfeld. Auf der B431 Richtung Stadtmitte, an der Kreuzung Bornkampsweg links abbiegen, an der nächsten Kreuzung wieder links, der Verkauf ist direkt rechts an der Ecke.

CLOSED

Traditionell finden die Lagerverkäufe der Firma Closed im Halbjahresrhythmus statt. Die Modemarke Closed entstand 1977 in Rimini und wird inzwischen mit großem Erfolg weit über Europa hinaus im Fachhandel vertrieben. Bei den Lagerverkäufen sogar zu extra kleinen Preisen.

Für geladene Gäste

Warenangebot
Jeans, Jeansjacken, -westen, Hemden, T-Shirts, Sweatshirts, Röcke, Kleider, Blusen, Lederjacken, Strickwaren, auch Turnschuhe und mehr.

Ersparnis
Bis 50 %, zum Teil mehr.

Ambiente
Großer, gut sortierter Lagerverkauf. Umkleidekabinen, Spielecke, Parkplätze.

Besonderheiten
Der Verkauf befindet sich nicht am Firmensitz. Einkaufen kann man nur mit einer persönlichen Einladung. Diese gilt auch für eine Begleitperson. Um eine Einladung zu bekommen: Anruf unter 0 40/4 41 84 00 oder E-Mail an service @iffo.de. Auch im Verkaufsraum kann man sich in eine Kundenliste eintragen.

Adresse
Closed/IFFO Store Outlet, Billbrookdeich 43, 22113 Hamburg-Billbrook, Tel.: 0 40/ 4 41 84 00, www.iffo.de.

Öffnungszeiten
Stehen in der Einladung. Nächster Verkaufstermin: voraussichtlich November 2017.

Anreise
Von der A7 oder A25 auf die A1 Richtung Lübeck und bei der Ausfahrt Moorfleet über die Andreas-Meyer-/Gruson-/Wöhlerstraße vor der Blauen Brücke links ab in den Billbrookdeich. Vor dem großen Klinkergebäude rechts. Es gibt nur ein ganz kleines Schild an der Seitentür.

Seit mehr als 70 Jahren bietet Louis den Motorradfahrern mit modernen Filialen und einem leistungsfähigen Versand über Onlineshop und Katalog die größte Einkaufswelt für ihr Hobby. Besonders günstige Schnäppchen finden Sie im ständigen Lagerverkauf in Hamburg.

Bikerdreams

Warenangebot
Riesiges Sortiment an Motorradbekleidung, Motorradhelmen, -stiefeln, -handschuhen, Regenkombis und sonstigem Zubehör vieler bekannter Marken.

Ersparnis
Ca. 40 %, bei Einzelstücken bis 80 %.

Ambiente
Der Louis Lagerverkauf mit über 1000 m² Verkaufsfläche ist ein neuer Anlaufpunkt für die Bikerszene.

Adresse
Detlev Louis Motorradvertriebsges. mbH, Verkauf ab Lager, Süderstraße 129, 20537 Hamburg-Hammerbrook, Tel.: 0 40/23 80 81 14, info@louis.de, www.louis.de.

Öffnungszeiten
Dienstag bis Freitag 12.00 bis 20.00 Uhr, Samstag 10.00 bis 18.00 Uhr.

Weitere Verkaufsstellen
Die Adressen und Öffnungszeiten von allen Louis Filialen in Deutschland und Österreich und den Beste Reste Restpostenmärkten finden Sie im Onlineshop unter www.louis.de.

Anreise
Von Hamburg-Centrum kommend B75 Richtung Flughafen (Heidekampsweg); 2. Möglichkeit links ab.

EINKAUFS-GUTSCHEIN S. 587

Pflanzgefäße-Hamburg.de

Pflanzgefäße-Hamburg.de bietet eine der größten Ausstellungen für Pflanzgefäße in Deutschland. Die im Hamburger Hafen angekommene Ware wird hier vom Importeur direkt an Endverbraucher und Wiederverkäufer verkauft. Gefäße für Garten und Innenbereich aus Terrakotta, Steinzeug und Fiberstone.

Direkt vom Schiff

Warenangebot
Große Auswahl an Pflanzgefäßen. Das Sortiment an Gefäßen für den Außenbereich umfasst hochwertiges Terrakotta, Steinzeug und leichte Materialien wie Fiberstone.

Ersparnis
Durch Direktimport und Vertrieb ca. 25 bis 60 % Ersparnis gegenüber dem normalen Einzelhandel.

Ambiente
Geschmackvoll gestaltete Ausstellung. Die Ware kann direkt mitgenommen werden. Alternativ bringt auch ein Lieferservice die Ware zum Kunden. Kundenparkplätze vorhanden.

Adresse
Pflanzgefäße-Hamburg.de, Verkaufsstelle, Tarpen, 22419 Hamburg-Langenhorn. Postalische Anschrift bzw. für das Navigationsgerät: Rugenbarg 71, 22848 Norderstedt, Tel.: 0 40/30 85 74 00, www.pflanzgefässe-hamburg.de.

Öffnungszeiten
Montag bis Freitag 10.00 bis 18.00 Uhr, Samstag 10.00 bis 16.00 Uhr. Die Öffnungszeiten variieren allerdings je nach Saison. Bitte auf der Homepage aktuell informieren.

Anreise
A7 Hamburg-Neumünster, Ausfahrt 23 HH-Schnelsen-Nord. Zunächst Richtung Flughafen HH weiterfahren, nach 1 km links auf der B432 Richtung Norderstedt abbiegen, nach 4 km rechts in die Straße „In de Tarpen" fahren, der Verkauf befindet sich am Straßenende direkt hinter dem Kreisverkehr.

BONITA

Bonita steht für attraktive, vielseitig kombinierbare und farblich harmonisch aufeinander abgestimmte Mode für die Frau ab 30. Sehr gute Qualitäten, Verarbeitungen und Passformen zeichnen das Sortiment aus.

Mode mit Gefühl

Warenangebot
Damenmode in den Größen 36 bis 48. Angeboten werden neben Jacken, Blazern, Westen, Strickwaren, Hosen, Jeans, Röcken, Kleidern, Blusen und Shirts auch Accessoires wie Tücher, Ketten, Taschen und Schals. Im Verkauf sind vorwiegend Musterteile, Ware aus der vorangegangenen Saison und 2.-Wahl-Artikel zu finden.

Ersparnis
Bis zu 70 %.

Ambiente
Großer Verkaufsraum mit klar gegliedertem Sortiment und ausreichend Umkleidekabinen.

Adresse
Bonita GmbH & Co. KG, Daßhorst 16, 46499 Hamminkeln, Tel.: 0 28 52/71 17 84, www.bonita.eu.

Öffnungszeiten
Montag bis Freitag 10.00 bis 19.00 Uhr, Samstag 10.00 bis 17.00 Uhr.

Anreise
A3 Oberhausen-Arnheim, Ausfahrt Hamminkeln/Bocholt. Weiter auf der B473 Richtung Wesel/Hamminkeln. Nach ca. 800 m an der Kreuzung (Tankstelle Shell) rechts ins Industriegebiet. 1. Straße rechts in den Daßhorst, geradeaus zu Bonita. Im selben Haus befindet sich auch der Verkauf von Bonita men (Herrenbekleidung).

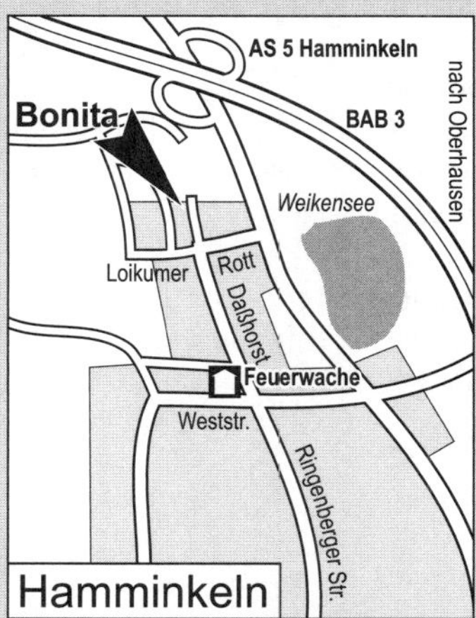

BONITA

Bonita men, ehemals NIC, setzt auf komfortable Passformen, große Themenvielfalt und qualitativ hochwertige Materialien. Ungezwungene Herrenmode, sportiv bis lässig, mit vielen Kombinationsmöglichkeiten.

Mode für den Mann

Warenangebot
Herrenmode, von der Outdoor-Jacke über Sakko, Hosen/Jeans, Hemden, Strickwaren, Sweatshirts, Polo-Shirts bis hin zu Accessoires, Schuhen, Socken und Krawatten. Im Verkauf hier: Ware aus der Vorsaison, Musterteile sowie 2.-Wahl-Artikel.

Ersparnis
Bis zu 70 %.

Ambiente
Großer Verkaufsraum mit gut sortierter Auswahl an Modellen, Materialien und Farben. Ausreichend Umkleidekabinen vorhanden.

Adresse
Bonita GmbH & Co. KG, Daßhorst 16, 46499 Hamminkeln, Tel.: 0 28 52/71 17 84, www.bonita-men.de.

Öffnungszeiten
Montag bis Freitag 10.00 bis 19.00 Uhr, Samstag 10.00 bis 17.00 Uhr.

Anreise
A3 Oberhausen–Arnheim, Ausfahrt Hamminkeln/Bocholt. Weiter auf der B473 Richtung Wesel/Hamminkeln. Nach ca. 800 m an der Kreuzung (Tankstelle Shell) rechts ins Industriegebiet. 1. Straße rechts in den Daßhorst, geradeaus zu Bonita men. Im selben Haus befindet sich auch der Verkauf von Bonita (Damenbekleidung).

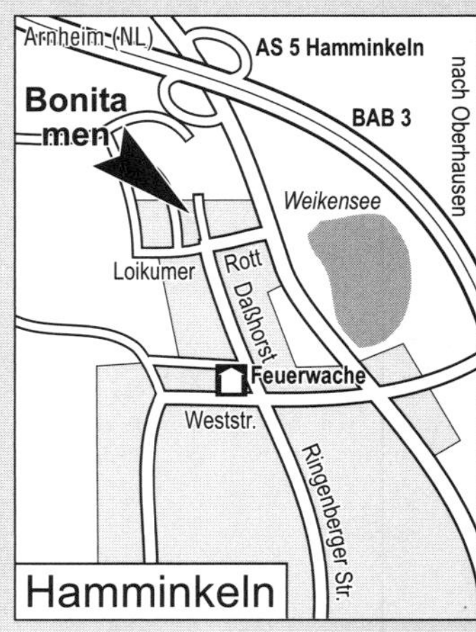

biberna®
Elegante Bettwäsche zum Wohlfühlen

TOM TAILOR

Biberna ist ein Familienbetrieb in der dritten Generation, der sich stetig den Bedürfnissen der Zeit anpasst. Als einer der ersten Bettwäschebetriebe weltweit ließ sich Biberna die deutsche Produktion 1993 nach „Ökotex Standard 100" zertifizieren.

Ein Traum von Qualität

Warenangebot
Bettwäsche in Biber, Edelflanell, Weichfrottier, Jersey, Seersucker, Linon, Satin und Microfaser der Vorsaison, auch in Übergrößen bis 200 x 200 cm. Dazu farblich passende Spannbetttücher in Biber, Frottier, Jersey und Microfaser. Wohn- und Schlafdecken, sowie Molton- und Inkontinenzauflagen in diversen Größen. Restposten und 2.-Wahl-Artikel. Original Tom Tailor-Bettwäsche (Auslaufdesigns), in verschiedenen Qualitäten.

Ersparnis
30 bis 70 %.

Ambiente
Gut organisierter und sortierter Lagerverkauf, freundliches Personal mit Sachkenntnis. Parkplätze direkt am Haus. Ebenerdiger Eingang – leichter Zugang für Rollstuhlfahrer und Kinderwagen.

Adresse
Biberna, H. und W. Schmänk GmbH & Co. KG, Zum Tollberg 11, 46499 Hamminkeln-Dingden, Tel.: 0 28 52/7 19-0, info@biberna.de, www.biberna.de.

Öffnungszeiten
Dienstag 10.00 bis 14.00 Uhr, Donnerstag 14.00 bis 18.00 Uhr, Samstag 9.00 bis 13.00 Uhr.

Anreise
A3 Oberhausen-Arnheim, Ausfahrt Hamminkeln. Weiter auf der B473 Richtung Bocholt (Isselburgerstraße). Nächste Ampel rechts (Loikumer Straße), 3. Straße wieder rechts (Zum Tollberg). Dem Straßenverlauf folgen, der Verkauf befindet sich auf der rechten Seite.

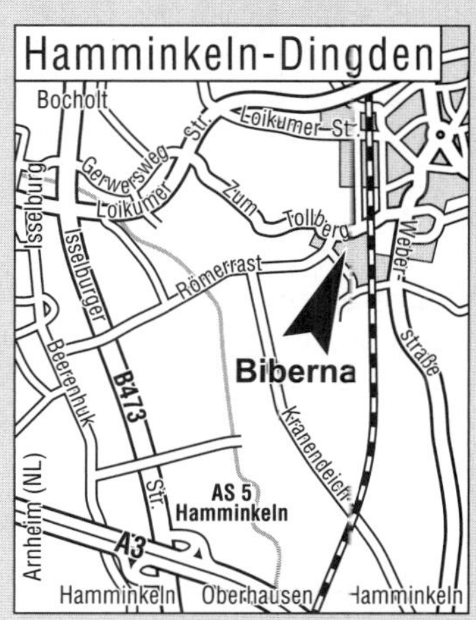

Das traditionsreiche Familienunternehmen macht seit 1889 Keksliebhaber glücklich. Mit seinen innovativen Ideen zählt Bahlsen seit Jahren zu den Top 2 in seiner Branche. Bis heute hält Bahlsen seinen hohen Qualitätsstandard und zeigt optisch ansprechende Süßgebäcke.

Das Leben versüßen

Warenangebot
Abwechslungsreiches Angebot an Bahlsen- und Leibniz-Produkten. 1.-Wahl-Produkte sowie 2. Wahl, Bruch- und Fabrikware. Ausgesuchte Produkte von Drittanbietern, wie z.B. Lindt, XOX, Lorenz.

Ersparnis
30 bis 50%.

Ambiente
Hier wurde ein traditioneller Fabrikverkauf auf moderne Art umgestaltet. Kostenpflichtige Parkmöglichkeiten befinden sich in unmittelbarer Nähe.

Adresse
Bahlsen GmbH & Co. KG, Sutelstraße 54, 30659 Hannover-Bothfeld, www.bahlsen.de.

Öffnungszeiten
Montag bis Freitag 9.00 bis 18.00 Uhr, Samstag 9.00 bis 16.00 Uhr.

Anreise
A2 Dortmund–Hannover, Ausfahrt 45 Hannover-Bothfeld. Weiter Richtung Bothfeld, an der Kreuzung nach der Kaserne links abbiegen, am Ende der Straße rechts fahren. Der Verkauf befindet sich nach 300 m rechts.

Weitere Verkaufsstellen

- 10365 **Berlin-Lichtenberg**, Coppistraße 11.
- 12099 **Berlin-Tempelhof**, Oberlandstraße 52-63.
- 13437 **Berlin-Wittenau**, Oranienburger Straße 173.
- 25980 **Sylt-Tinnum**, Kiarwai 3.
- 26135 **Oldenburg-Osternburg**, Emsstraße 3-7.
- 26316 **Varel**, Kohlhof 05.
- 27472 **Cuxhaven**, Präsident-Herwig-Straße, Halle V/VI.
- 28277 **Bremen-Kattenturm**, Kattenturmer Heerstraße 7.
- 29223 **Celle-Hehlentor**, Hohe Wende 3.
- 30159 **Hannover**, Karmarschstraße 49, Hannover-Markthalle.
- 30890 **Barsinghausen**, Hermann-Bahlsen-Straße 2.
- 30853 **Langenhagen-Alt-Langenhagen**, Walsroder Straße 194.
- 37077 **Göttingen-Weende**, Lutteranger 5.
- 30890 **Barsinghausen**, Hermann-Bahlsen-Straße 2.
- 58095 **Hagen**, Schwenke Zentrum, Elberfelder Straße 93-103.

- 22761 **Hamburg-Bahrenfeld**, Luruper Chaussee 5.

Pelikan

Jeder kennt die Pelikanprodukte. Egal, ob Deckfarbenkasten oder Füller für die Schule oder Druckerzubehör und Schreibutensilien fürs Büro. Pelikanprodukte sind Klassiker. Die Füllhalter aus Hannover mit ihrer weichen Feder und dem perfekten Tintenleitsystem sind bei Vielschreibern erste Wahl.

Da wird Schreiben zum Genuss

Warenangebot
Angeboten wird die komplette Pelikan-Produktpalette vom Radiergummi bis zum Buntstift, vom Faserschreiber bis zum edlen Füller. Außerdem gibt es Druckerpatronen und viele Foto- und Office-Papiere.

Ersparnis
20 bis 30 %.

Ambiente
Werksverkauf im Stil eines Schreibwarengeschäfts.

Adresse
Pelikan Werksverkauf, Werftstraße 9, 30163 Hannover-List, Tel.: 05 11/ 6 96 92 16.

Öffnungszeiten
Dienstag bis Donnerstag 12.30 bis 16.30 Uhr.

Weitere Verkaufsstelle
● 31228 **Peine-Vöhrum**, Pelikanstraße 11, Tel.: 0 51 71/2 99-1 38. Montag und Mittwoch 12.00 bis 17.00 Uhr.

Anreise
A2, Braunschweig–Bielefeld, Ausfahrt Hannover/Langenhagen und über die Vahrenwalder Straße Richtung Zentrum bis zum Niedersachsenring. Dort links und die 3. Straße wieder links in die Linsingenstraße. An der Heiliggeist-Kirche rechts in den Nordring und dann links in die Werftstraße.

Josef Seibel
THE EUROPEAN COMFORT SHOE

1886 gründete Carl-August Seibel in Hauenstein, einer kleinen Gemeinde in der Pfalz, eine der ersten Schuhfabriken Deutschlands. Mittlerweile steht hier das größte „Schuheinkaufsdorf" Deutschlands mit umfangreichem Angebot.

Das Schuhdorf

Warenangebot
Hochwertige Schuhe zu attraktiven Sonderpreisen für Damen, Herren, Kinder. Haus-, Freizeit-, Sportschuhe, Stiefel, Sandalen von Josef Seibel.

Ersparnis
Aktuelle Kollektionen 20 bis 30 %. Einzelstücke bis 50 %, Restposten bis 80 %.

Ambiente
Outlet auf über 400 m², Gläserne Schuhmanufaktur „Made in Germany" – Schuhe aus der Produktion der Gläsernen Manufaktur mit Fabrikverkauf, modernes Schuhzentrum „ShoeCity" mit Fabrikverkauf der Marken Romika, Romikids und Westland. Fabrikcafé, Deutsches Schuhmuseum.

Adresse
Josef Seibel Fabrikverkauf, Industriestraße 1, 76846 Hauenstein, Tel.: 0 63 92/ 99 43 45, service@josef-seibel.de, www.josef-seibel.de.

Öffnungszeiten
Montag bis Samstag 10.00 bis 18.00 Uhr. April bis Oktober: zusätzlich Sonn- und Feiertage 13.00 bis 18.00 Uhr (außer Karfreitag).

Weitere Verkaufsstelle
● 54292 **Trier**, Romika Shoes GmbH, Metternichstraße 35, Tel.: 06 51/20 44 63.

Anreise
Aus Richtung Saarbrücken/Trier/ Pirmasens: B10 Richtung Landau, Ausfahrt Hauenstein. Aus Richtung Karlsruhe/Frankfurt: A65 bis Landau, auf der B10 Richtung Pirmasens, Ausfahrt Hauenstein. Der Verkauf ist direkt am Ortseingang rechts.

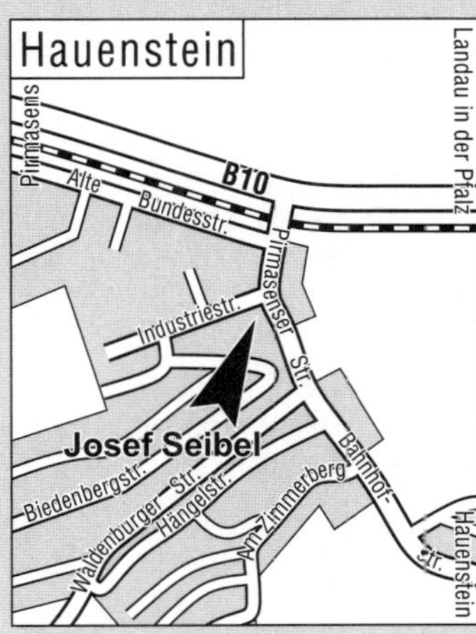

JOCKEY

Seit der Unternehmensgründung im Jahre 1876 legt das Unternehmen bei seinen Produktinnovationen stets größten Wert auf die Verbindung von modischem Aussehen, Bequemlichkeit und höchsten Qualitätsstandards.

Show you're Jockey

Warenangebot
Für Herren: Wäsche, Nachtwäsche, Homewear, Bademoden und Accessoires der Marke Jockey: Shorts, Boxershorts, Pyjamas, Hausanzüge, Badeshorts, T-Shirts, Poloshirts, Hemden, Pullover, Socken u.v.m. Für Damen: Loungewear und Wäsche.

Ersparnis
Bis zu 30% auf reguläre Ware. 2.-Wahl-Artikel, Musterstücke und Auslaufmodelle sind nochmals reduziert.

Ambiente
Fabrikverkauf im ehemaligen Produktionsgebäude. Herren- und Damensortiment auf einer Ebene. Fachkundige Beratung.

Adresse
Jockey GmbH, Neustraße 12, 72379 Hechingen, Tel.: 07471/189126, www.jockey.de.

Öffnungszeiten
Montag bis Freitag 9.00 bis 19.00 Uhr, Samstag 9.00 bis 16.00 Uhr.

Anreise
A81 Stuttgart–Singen, Ausfahrt 31 Empfingen, weiter auf der B463 Richtung Balingen. Am Ausbauende auf die B27 Richtung Tübingen auffahren. An der Ausfahrt Hechingen-Mitte abfahren, direkt rechts abbiegen und der Beschilderung zum Kreiskrankenhaus folgen. Nach dem scharfen Linksknick im Straßenverlauf befindet sich der Verkauf auf der rechten Seite.

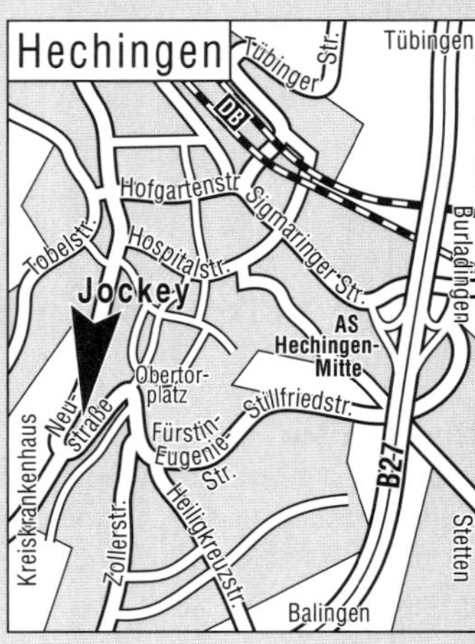

EINKAUFS-GUTSCHEIN S. 569

FRAAS

THE SCARF COMPANY

Seit 135 Jahren stellt FRAAS in Familientradition hochwertige Schals her, die weltweit ihresgleichen suchen. Schals, in denen man die besondere Liebe zum Detail fühlt. Das ist auch der Grund dafür, dass FRAAS sich als größter Schalhersteller der Welt etablieren konnte.

Schals sind unsere Welt

Warenangebot
Hochwertige textile Accessoires für Damen, Herren, Kinder und das Zuhause. Schals, Tücher und Ponchos aus Baumwolle, Schurwolle, Kaschmir, Seide, Modal, Viscose, Acryl u.v.m. in zahlreichen Designs und Größen. Vorjahres- und aktuelle Kollektion, 1B-Ware, Musterteile und „Made-in-Germany"-Artikel. Sehr großes, erstklassiges Angebot. Accessoires wie Handschuhe, Mützen, Hüte, Taschen, Krawatten und Gürtel. Hochwertige Decken aus Baumwolle, Wolle, Kaschmir und Cashmink.

Ersparnis
Ca. 30 bis 70%. Das ganze Jahr über Sonderverkäufe.

Ambiente
Direkt am Produktionsstandort. Neuer Verkaufsraum, Ware ist übersichtlich und preisausgezeichnet in Regalen ausgelegt, Tücher auf Bügeln. Schals nach Materialart und Trends sortiert.

Adresse
V. FRAAS GmbH, Kulmbacher Straße 208, 95233 Helmbrechts-Wüstenselbitz, Tel.: 09252/7030140, www.store.fraas.com.

Öffnungszeiten
Montag bis Freitag 11.00 bis 18.00 Uhr, Samstag 10.00 bis 13.00 Uhr.

Anreise
A9, Ausfahrt Münchberg-Nord; rechts Richtung Helmbrechts. In Helmbrechts 1. Ausfahrt links Richtung Kulmbach. Nach ca. 2 km links Richtung Wüstenselbitz; am Ortseingang 1. Haus auf der rechten Seite (im Haus des Kindergartens); Parkmöglichkeiten hinter dem Haus.

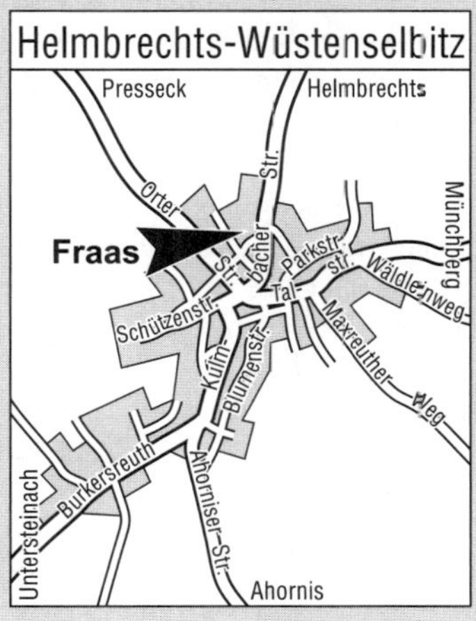

BRAX
FEEL GOOD

Brax ist eine besonders feine Firma. Das zeigt sich am klassizistischen Verwaltungsgebäude ebenso wie am Wahlspruch „The Sign of good trousers, Brax, finest Quality". Ein Markenzeichen für gute Hosen eben. Beste Hosenqualität ist in der Tat ein Kennzeichen für Brax, die Markenhose in der sich die Träger „gut fühlen" sollen.

Die Hose mit Anspruch

Warenangebot
Hosen aller Arten und Größen für Damen und Herren. Sehr große Auswahl auch in Über- und Untergrößen. Herren- und Damenoberteile (Strickwaren, Polo- und Sweatshirts, Hemden), Damen-Outdoor-Jacken sowie Golfbekleidung.

Ersparnis
30 bis 50 %. Bei Angeboten bis zu 70 %.

Ambiente
Die Verkaufsräume befinden sich in einer Fabrikhalle. Ca. 1000 m² Verkaufsfläche, modern und übersichtlich gestaltet. Damen- und Herrenabteilung.

Adresse
Brax-Leineweber GmbH & Co.KG, Im Kleinen Felde 4, 32051 Herford, Tel.: 0 52 21/5 92-1 25, www.brax-fashion.com.

Öffnungszeiten
Montag bis Freitag 10.00 bis 18.00 Uhr, Samstag 9.00 bis 16.00 Uhr.

Weitere Verkaufsstellen (Auswahl)
- 14641 **Wustermark**, Designer Outlet Berlin, Alter Spandauer Weg 1.
- 72555 **Metzingen**, Krumme Straße 10, Tel.: 0 71 23/16 48 23.

Anreise
A2 Dortmund-Hannover, Ausfahrt Herford/Bad-Salzuflen. Auf der B61 und B239 Richtung Herford. Nach ca. 300 m links in den Westring. Am Kreisverkehr an der 1. Ausfahrt in die Straße „Im Kleinen Felde" einbiegen.

bugatti

Die Werte Europas – Vielfalt, Innovation, Modernität und Tradition, Zeitgeist, Lebensfreude und Internationalität – all das sind auch die Werte von Bugatti und sie prägen den Erfolg der Marke

The European Brand

Warenangebot
Vollsortiment für Männermode in Business und Freizeit sowie Damenjacken, -schuhe und -taschen. Ware aus vorhergehenden Kollektionen. Auch Musterteile und 2.-Wahl-Artikel. Das Angebot kann je nach Verfügbarkeit der Produkte in Art und Umfang schwanken.

Ersparnis
30 bis 70 %.

Ambiente
800 m² Verkaufsfläche. Besonders attraktive Angebote im Schnäppchenmarkt.

Adresse
Bugatti Outlet, Wehmühlenstraße 9, 32049 Herford, Tel.: 0 52 21/88 42 92, outlet_herford@bugatti.de.

Öffnungszeiten
Montag bis Freitag 10.00 bis 18.00 Uhr, Samstag 9.00 bis 16.00 Uhr.

Anreise
A2, Ausfahrt Herford-Ost, weiter in Richtung Herford, an der Agentur für Arbeit rechts in die Werrestraße. Nach ca. 150 m links in die Wehmühlenstraße.

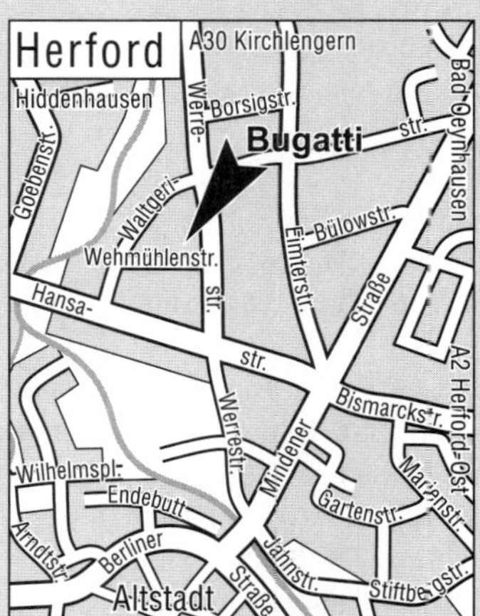

ahlers FABRIKVERKAUF FACTORYOUTLET

OTTO KERN

pierre cardin

EINKAUFS-GUTSCHEIN S. 587

Die Ahlers AG ist ein Top-Markenhersteller aus Ostwestfalen. Der Modespezialist setzt auf unterschiedliche Marken – darunter Marken wie Baldessarini, Pierre Cardin, Otto Kern, Gin Tonic, Pioneer etc.

Jede Marke ein Programm

Warenangebot
Herrenbekleidung in großer Vielfalt und für alle Zielgruppen, klassisch und sportlich. Auch die neue Damenabteilung hat eine große Auswahl zu bieten.

Ersparnis
Überhänge und 2. Wahl oft über 50 %, 1. Wahl 25 bis 40 %. Sonderangebote und Preishits sind gekennzeichnet.

Ambiente
Freundlicher Fabrikverkauf mit Einzelhandelscharakter in einem eigenen Gebäude. Gute fachliche Beratung.

Adresse
Ahlers AG, Elverdisser Straße 313, 32052 Herford-Elverdissen, Tel.: 0 52 21/ 9 79-6 71.

Öffnungszeiten
Montag bis Freitag 10.00 bis 18.00 Uhr, Samstag 9.00 bis 16.00 Uhr.

Weitere Verkaufsstellen (Auswahl)
- 33803 **Steinhagen-Brockhagen**, Michaelisstraße 2, Tel.: 0 52 04/8 90 86 84.
- 48607 **Ochtrup**, Laurenzstraße 51, Tel.: 0 25 53/97 32 25.
- 50189 **Elsdorf**, Oststraße 1a, Tel.: 0 22 74/7 00 27 03.
- 72555 **Metzingen**, Wilhelmstraße 14, Tel.: 0 71 23/16 23 86.
- 78315 **Radolfzell**, Schützenstraße 50, Tel.: 0 77 32/9 42 39 72.
- 91567 **Herrieden**, Am Eichelberg 1, Tel.: 0 98 25/9 27 96 11.
- 97228 **Rottendorf**, Am Moritzberg 2, Tel.: 0 93 02/9 89 44 42.

Anreise
A2 Dortmund-Hannover, Ausfahrt 29 Herford/Bad Salzuflen. Auf der B239 Richtung Herford. 2. Ausfahrt abfahren, links Richtung Elverdissen. Der Verkauf ist direkt im Ort.

WorldShop

Lufthansa

Das Lufthansa WorldShop Outlet in Herford-Elverdissen präsentiert ausgewählte, hochwertige Markenprodukte, die nicht nur das Reisen angenehmer machen. Große Auswahl an reisespezifischen Produkten mit und ohne Lufthansa-Logo.

Travel, Trends & Taste

Warenangebot
Von Reisegepäck über praktische Reiseaccessoires der gehobenen Klasse, Reisetaschen, Rimowa-Koffer mit dem Lufthansa-Logo, Markensonnenbrillen, Pilotenlederjacken, Markenparfums (2. Wahl), Handtaschen von Markenherstellern, Reise-Unterhaltungselektronik von Casio und Sony und vieles mehr - alles führende Marken.

Ersparnis
1.-Wahl-Ware: 10 % auf ausschließlich Lufthansa Artikel, bei 2.-Wahl-Artikeln ca. 40 % und mehr.

Ambiente
Auf ca. 200 m² wird die Ware in hellem, freundlichem Ambiente gepflegt und stilvoll präsentiert. Freundlicher Service. Ausreichend Parkplätze.

Adresse
Lufthansa WorldShop Outlet, Röntgenstraße 17, 32052 Herford-Elverdissen, Tel.: 0 52 21/2 84 52 50, www.worldshop.eu.

Öffnungszeiten
Montag bis Freitag 9.00 bis 18.00 Uhr.

Anreise
A2 Bielefeld-Hannover, Ausfahrt Ostwestfalen/Lippe. Rechts auf die Ostwestfalenstraße Richtung Herford, weiterhin der Ausschilderung Röntgenstraße folgen.

A6 FASHION PLACE

Am Standort des früheren Carlo Colucci-Centers besteht seit einigen Jahren das A6 Fashion Place. In den beiden Einheiten Centro Outlet und Piazza Outlet werden u.a. die Modemarken Gerry Weber, Pierre Cardin, Barutti, Schiesser, Eterna, Tamaris und Camel active präsentiert.

FOC mit italienischem Flair

Warenangebot
Bekleidung, Wäsche und Schuhe der bekannten Modemarken Gerry Weber, Pierre Cardin, Mac, Schiesser, Barutti, Eterna, Betty Barclay, Felina, Camel active und Tamaris.

Ersparnis
30 bis 70%.

Ambiente
Zwei großzügige Outleteinheiten: Centro Outlet und Piazza Outlet mit einer Verkaufsfläche von ca. 2300 m² bieten den Schnäppchenjägern ein perfekt gestaltetes Ambiente. Aktuelle Informationen siehe unter www.a6-fashion place.de.

Adresse
A6 Fashion Place, Am Eichelberg 1, 91567 Herrieden, Tel.: 09825/ Gerry Weber: 9279744, Ahlers: 9279611, Mac: 9236879, Schiesser: 9279614, info@a6-fashionplace.de, www.a6-fashionplace.de.

Öffnungszeiten
Montag bis Samstag 10.00 bis 19.00 Uhr.

Anreise
A6 Heilbronn-Nürnberg, Ausfahrt Herrieden (neben dem ARAL-Rasthof). Factory Outlet direkt an der Ausfahrt.

CARL GROSS

SINCE 1925

CG CLUB of GENTS

EINKAUFS-GUTSCHEIN S. 561

Die Marke Carl Gross steht im gehobenen Fachhandel für Eleganz und hohen Tragekomfort. CG – Club of Gents, die junge, progressive und unkonventionelle Slimline-Kollektion bietet Komplettoutfits.

Lässig, modisch, trendy

Warenangebot
Hauptsächlich 1.-Wahl-Ware, zweimal im Jahr 2.-Wahl-Aktionen. Aktuelle Kollektionen, Produktionsüberhänge, Musterteile, Restposten. Anzüge, Sakkos, Westen, Hosen, Hemden, Krawatten, Socken, Wäsche, Schuhe, Gürtel, Pullover, Poloshirts. Hemden und Krawatten sind in Material und Farbe auf die Anzüge abgestimmt.

Ersparnis
Ca. 30 %. Bei Sonderverkäufen zusätzlich bis zu 50 %.

Ambiente
Großzügiger, gut eingerichteter Fabrikverkauf auf über 1000 m² Verkaufsfläche, davon ca. 400 m² Damenmode namhafter Hersteller. Kompetentes Personal. Ausreichend Umkleidekabinen, Loungebereich. Bei Sonderverkäufen werden die Kunden angeschrieben. Kundenliste zum Eintragen liegt aus. Parkplätze vorhanden.

Adresse
Carl Gross Retail GmbH, Houbirgstraße 7, 91217 Hersbruck, Tel.: 0 91 51/73 60, www.carlgross.com, www.cg-club-of-gents.com.

Öffnungszeiten
Montag bis Freitag 10.00 bis 18.00 Uhr, Samstag 10.00 bis 15.00 Uhr.

Weitere Verkaufsstelle (Auswahl)
● I-39041 **Brennero**, Outlet Center Brenner AG, St.-Valentin-Straße 9/A, Tel.: 00 39/4 72/63 67 00, www.dob-brennero.com.

Anreise
A9 Nürnberg–Berlin, Ausfahrt Hersbruck. Auf der B14 in Richtung Hersbruck, Abzweigung Hersbruck-Süd und der Beschilderung Carl Gross folgen.

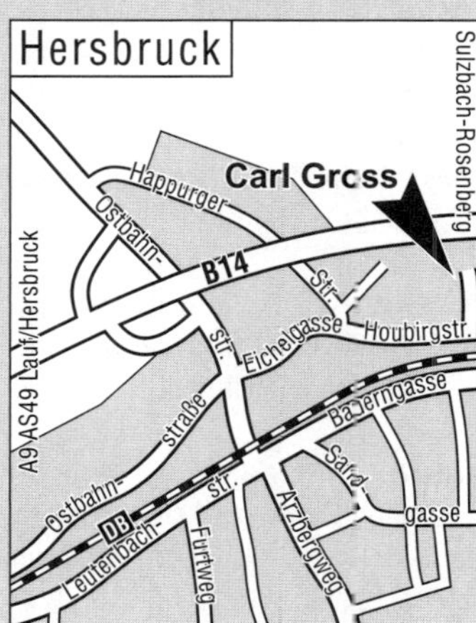

FACKELMANN®

Fackelmann gehört zu den europaweit bedeutenden Herstellern und Vertreibern von Haushaltswaren und Badmöbeln. Das Unternehmen ist mit über 30 Produktions- und Vertriebsstätten weltweit aktiv und stellt Haushaltsprodukte aus Holz, Kunststoff und Metall, Staubsaugerbeutel sowie Badmöbel, Waschbecken und Accessoires her.

Im Haushalt zuhause

Warenangebot
Im Schnäppchenmarkt werden Auslaufartikel, Waren mit kleinen Fehlern, Ausstellungsstücke und Artikel mit beschädigten Verpackungen etc. angeboten. Das Sortiment umfasst Haushaltswaren und Küchenhelfer aus Holz, Metall und Kunststoff, Messer, Party-Artikel, Backformen und Zubehör der Marken Fackelmann, Zenker und Nirosta und weiterer Marken sowie Badmöbel (komplette Ensembles und Einzelstücke). Das Angebot kann von Monat zu Monat variieren. Keine Garantie für Verfügbarkeit oder Nachkaufmöglichkeit.

Ersparnis
30 bis 50 %, bei vielen Waren über 50 %. Angeboten werden Artikel in Preislagen ab 1,–/2,– oder 5,– €.

Ambiente
Ca. 320 m² Verkaufsfläche in einem ehemaligen Küchenstudio.

Adresse
Fackelmann GmbH+CO. KG, Nürnberger Straße 91, 91217 Hersbruck-Altensittenbach, Tel.: 0 91 51/81 10, www.fackelmann.de.

Öffnungszeiten
Mittwoch 15.00 bis 18.00 Uhr, Freitag 12.00 bis 16.00 Uhr, Samstag 9.00 bis 13.00 Uhr.

Anreise
A9 Nürnberg–Leipzig, Ausfahrt 49 Lauf/Hersbruck. Weiter auf der B14 Richtung Hersbruck. Am Kreisverkehr vor Altensittenbach die 2. Möglichkeit rechts abfahren Richtung Ortsmitte. Der Verkauf befindet sich direkt nach der Linkskurve links.

Es gilt nach wie vor: „Herta, wenn es um die Wurst geht". Herta gehört heute zum Nestlé-Konzern und der war und ist immer recht zurückhaltend, wenn es um Fabrikverkäufe geht. Nicht so hier: Bei Herta in Herten gibt es viele gute Nestlé-Marken zu Superpreisen.

Es geht um die Wurst

Warenangebot
Es werden nahezu alle Nestlé-Marken angeboten, dazu viel Frischfleisch und Wurstspezialitäten. Nescafé, Dallmayr-Kaffee, Maggi-Suppen, Tiefkühlkost, Lünebest- und LC1-Molkereiprodukte.

Ersparnis
Von etwa 20 bis zu 90 %.

Ambiente
Wie zwei Läden, der eine mit SB-Verkaufsregalen, der andere wie ein Fleischerladen mit Bedienung.

Adresse
Herta Personalladen, Herta GmbH, Westerholter Straße 750, 45701 Herten-Westerholt, Tel.: 0 23 66/3 01-4 83.

Öffnungszeiten
Montag bis Freitag 8.30 bis 18.00 Uhr, Samstag 8.30 bis 13.00 Uhr.

Anreise
A43 bis zur doppelten Anschlussstelle Recklinghausen und Herten. Hier Richtung Herten-Westerholt, immer geradeaus. Herta befindet sich in Westerholt direkt an der Westerholter Straße. 2. Einfahrt zum Parkplatz nehmen (Beschilderung BKK Betriebskrankenkasse). Zum Verkauf durch die Eingangshalle zum Sozialbau.

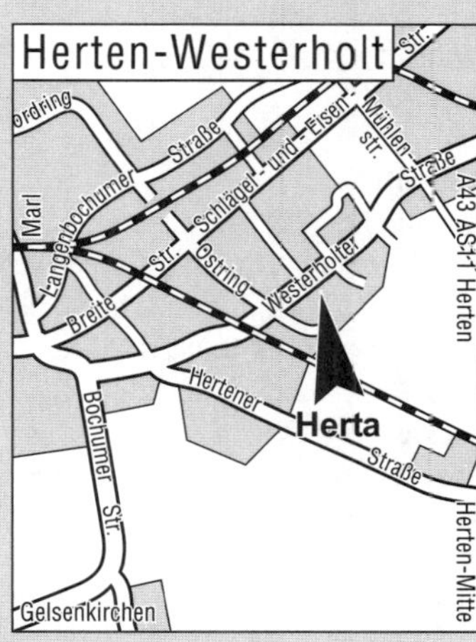

adidas outlet

Alle Sportbegeisterten strömen in das adidas Factory Outlet. Die Marke ist Symbol für Sport rund um den Globus, die legendären drei Streifen haben Kultcharakter. Auf 2000 m² Verkaufsfläche entstand in der Hauptstadt des Sports ein Factory Outlet, das europaweit Maßstäbe setzt. Einmaliges Ambiente in Anlehnung an eine Sportarena mit einladendem Foyer. Auf der weitläufigen Piazza finden Aktionen und Events statt.

Drei Streifen

Warenangebot
Riesengroße Auswahl an Sportschuhen und Sportbekleidung, auch für Kinder und Jugendliche. Sonderposten, Lagerüberhänge, Muster, Auslaufartikel, 2.-Wahl-Ware. Die Produktpalette ist übersichtlich nach Themen aufgebaut: Fitness, Running, Tennis, Golf, Training, Fußball, Basketball, Sportswear, Outdoor, Schwimmen, Trekkingschuhe, adidas Originals, Brillen und Taschen. Es wird keine Ware aus der aktuellen Kollektion angeboten.

Ersparnis
30 bis 70 %.

Ambiente
Futuristisches Gebäude, Bistro, Ruhezone, Wickelraum, Internet-Corner. Verkaufsraum: 2000 m², ausreichend Umkleidekabinen, über 400 Parkplätze.

Adresse
adidas & Reebok Outlet Store Herzogenaurach, Olympiaring 2, 91074 Herzogenaurach, Tel.: 0 91 32/84 20 00, www.adidas.com.

Öffnungszeiten
Montag bis Freitag 9.00 bis 20.00 Uhr, Samstag 9.00 bis 18.00 Uhr.

Anreise
A3 Nürnberg-Würzburg, Ausfahrt Frauenaurach/Herzogenaurach. Richtung Herzogenaurach, nach ca. 400 m geradeaus auf der Nordumgehung bleiben. adidas ist direkt an der Nordumgehung.

Weitere Verkaufsstellen (Auswahl)

● 38440 **Wolfsburg-Rothenfelde**, Designer Outlets Wolfsburg, An der Vorburg 1, Tel.: 0 53 61/6 09 37 79.

● 48607 **Ochtrup**, Designer Outlet Ochtrup, Adidas Outlet, Laurenzstraße 51-55, Tel.: 0 25 53/7 22 07 79.

● 14641 **Wustermark bei Berlin**, Designer Outlet Berlin, Alter Spandauer Weg 10, Tel.: 03 32 34/2 06 21.

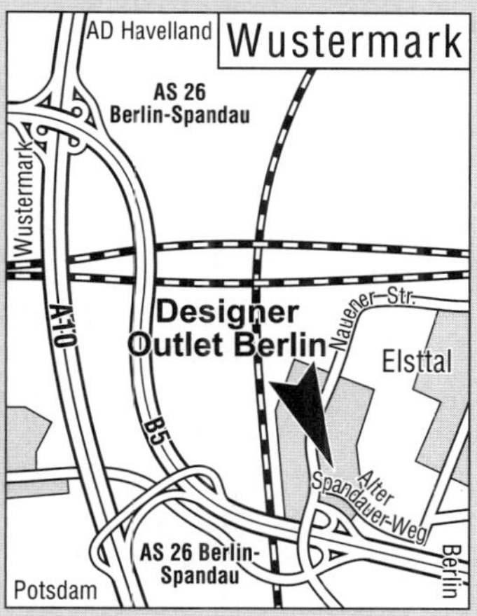

● 66482 **Zweibrücken**, The Style Outlets, Londoner Bogen 10-90, Tel.: 0 63 32/47 27 35.

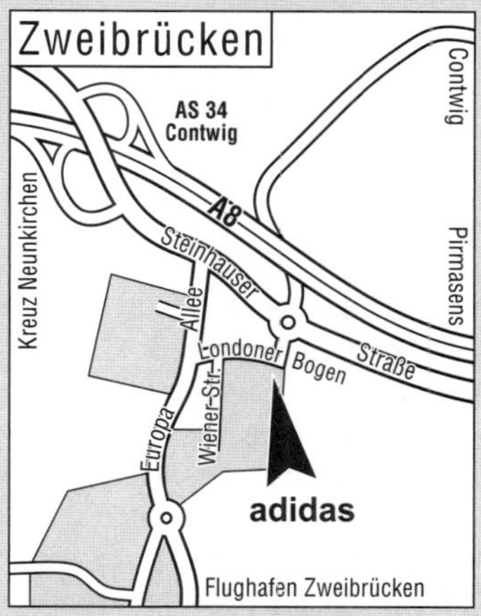

● 28816 **Stuhr-Brinkum bei Bremen**, Bremer Straße 111, Tel.: 04 21/ 8 77 54 46.

● 83451 **Piding-Mauthausen**, Lattenbergstraße 6, Tel.: 0 86 51/71 46 13.

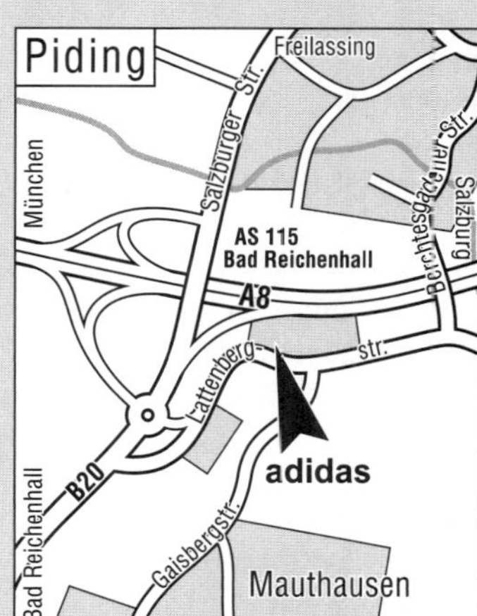

BERGWELT OUTLET

Wander- und Outdoor-Begeisterte finden im Bergwelt-Outlet auf zwei Ebenen eine breite Palette an Outdoor-Bekleidung, Wander-, Running- und Freizeitschuhen sowie Accessoires vieler namhafter Hersteller. Auf über 600 m² bietet das Bergwelt-Outlet zahlreiche Angebote und eine persönliche Beratung.

Alles für den Bergsport

Warenangebot
Breite Auswahl an Outdoor-Bekleidung, Wander-, Running- und Freizeitschuhen sowie Accessoires auch für Kinder und Jugendliche. Sonderposten, Musterware und Auslaufartikel. Die Produktpalette erstreckt sich über die Themenbereiche Outdoor, Trekking, Freizeit, Running. Auch viele Accessoires für den Sport. Vertreten sind die Marken Mammut, Lowa, Columbia Sportswear, Odlo, Salewa, Salomon, Asics und viele mehr.

Ersparnis
30 bis 70 %.

Ambiente
Funktionelles Gebäude. Über 600 m² Verkaufsfläche, ausreichend Umkleidekabinen. Parkplätze direkt vor der Haustür.

Adresse
Bergwelt-Outlet, Zeppelinstraße 6a, 91074 Herzogenaurach, Tel.: 0 91 32/ 79 76 10, www.bergwelt-outlet.de.

Öffnungszeiten
Montag bis Samstag 10.00 bis 18.00 Uhr.

Anreise
A3 Nürnberg–Würzburg, Ausfahrt Frauenaurach/Herzogenaurach. Richtung Herzogenaurach. Über die Nordumgehung bis zur Kreuzung bei der Puma-Zentrale. Rechts fahren und nach 400 m wieder links in die Zeppelinstraße. Geradeaus und dann rechts bis zum Bergwelt-Outlet.

Der „Swoosh" gilt weltweit als Symbol für attraktiven Sport. Im Factory Outlet Store finden Sie eine große Auswahl an Produkten des Weltmarktführers im Sportbereich zu reduzierten Preisen.

Der Nike Swoosh

Warenangebot
Umfangreiches Sortiment an Sportbekleidung und -ausrüstung für Damen, Herren und Kinder aus den Bereichen Fußball, Running, Fitness etc. Angeboten werden Ware aus der Vorsaison, B-Ware und Musterteile.

Ersparnis
Durchschnittlich 30 %; bei besonderen Aktionen Ersparnis bis zu 70 % möglich.

Ambiente
Ca. 1150 m² Verkaufsfläche im Stil eines Sportgeschäfts, freundliches Personal, Umkleidekabinen, Garantieanspruch, Umtauschmöglichkeit. Verkauf im Haus Sport Hoffmann.

Adresse
Nike Factory Store, Zeppelinstraße 1, 91074 Herzogenaurach, Tel.: 0 91 32/ 7 45 28 10.

Öffnungszeiten
Montag bis Mittwoch 9.00 bis 19.00 Uhr, Donnerstag und Freitag 9.00 bis 20.00 Uhr, Samstag 9.00 bis 18.00 Uhr.

Anreise
A 3 Nürnberg–Würzburg, Ausfahrt Herzogenaurach. Auf der Nordumgehung Richtung Herzogenaurach. An der 2. großen Kreuzung rechts Richtung Herzo Base. 1. Straße links.

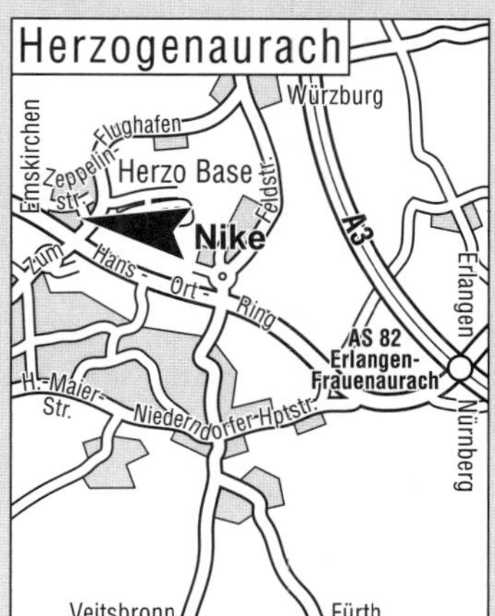

Weitere Verkaufsstellen

● 38440 **Wolfsburg-Rothenfelde**, Designer Outlets Wolfsburg, An der Vorburg 1, Tel.: 0 53 61/2 76 44 04 10.

● 83451 **Piding-Mauthausen**, Lattenbergstraße 5, Piding Factory Store, Tel.: 0 86 51/7 68 02 10.

● 85055 **Ingolstadt-Feldkirchen**, Ingolstadt Village, Otto-Hahn-Straße 1, Tel.: 08 41/99 35 42 10.

● 97877 **Wertheim-Dertingen**, Wertheim Village, Almosenberg, Tel.: 0 93 42/85 82 80.

● A-7111 **Parndorf**, Designer Outlet Parndorf, Designer Outlet Strasse 1, Tel.: 00 43/2 16/6 36 72.

● CH-1165 **Allaman**, ES Grangettes 5, Tel.: 00 41/21/8 07 49 02.

● CH-6850 **Mendrisio**, Fox Town, Via Angelo Maspoli 18, Tel.: 00 41/91/6 40 40 60.

● CH-7302 **Landquart**, Alpenrhein Village Outlet Shopping, Tardisstrasse 41, Tel.: 00 41/81/3 22 67 23. bei Berlin

● 14641 **Wustermark bei Berlin**, Designer Outlet Berlin, Alter Spandauer Weg 7, Tel.: 03 32 34/20 89 10.

● 66482 **Zweibrücken**, The Style Outlets, Londoner Bogen 10-90, Tel.: 0 63 32/47 94 02.

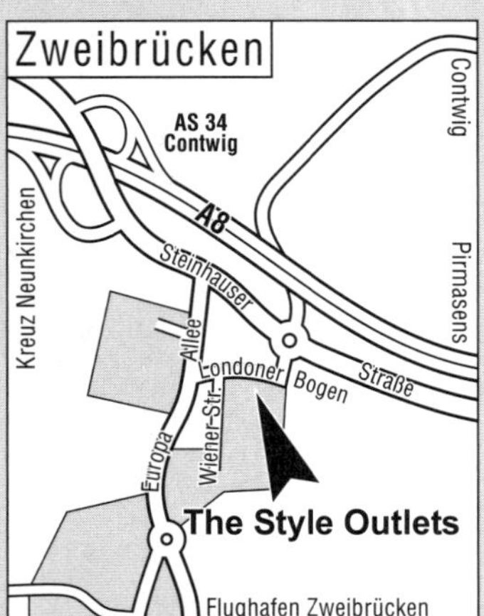

● 72555 **Metzingen**, Lindenplatz 3, Tel.: 0 71 23/8 88 97 12.

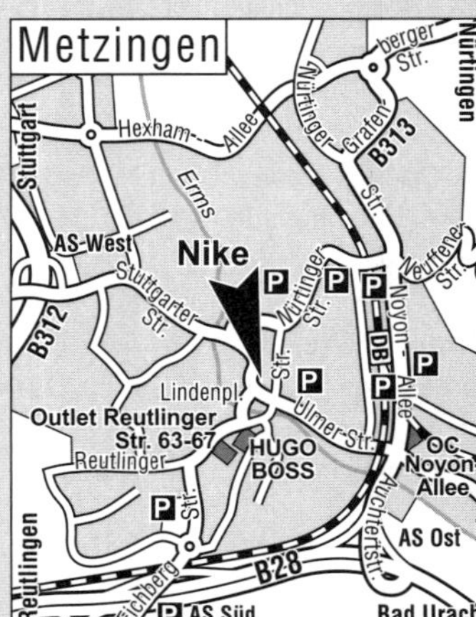

EINKAUFS-GUTSCHEIN S. 589

PUMA®

Das PUMA Outlet Herzo lässt keine Wünsche offen. PUMA hat den Sprung von der Sport-Marke zum Lifestyle-Label gemeistert und begeistert Jung und Alt gleichermaßen.

Outlet mit Ambiente

Warenangebot
Große Auswahl in allen Sportartikelbereichen: Lauf-, Joggingschuhe, Fußball-, Kinder-, Fitnessschuhe, große Auswahl an Lifestyle-Schuhen. Freizeit-, Funktions-, Sport- und Fitnessbekleidung, Kinderbekleidung, Lifestyle-Mode. Teamsportartikel wie Bälle, Taschen, Accessoires. Integrierter Concept-Store mit den Top-Neuheiten.

Ersparnis
30 bis 70 %.

Ambiente
Modernstes Ambiente, weltweit größtes Outlet auf drei Ebenen. Ca. 2400 m² Verkaufsfläche, ca. 300 m² separater Concept Store (neuestes PUMA Design & Ambiente).

Adresse
PUMA Outlet Herzo, PUMA Way 1/Zum Flughafen, 91074 Herzogenaurach, Tel.: 0 91 32/74 17-0, herzogenaurach-puma_Vision_Outlet.DE@puma.com, www.puma.de.

Öffnungszeiten
Montag bis Mittwoch 9.00 bis 19.00 Uhr, Donnerstag und Freitag 9.00 bis 20.00 Uhr, Samstag 9.00 bis 18.00 Uhr.

Weitere Verkaufsstellen (Auswahl)

- 28816 **Stuhr-Brinkum bei Bremen**, Bremer Straße 111.
- 66482 **Zweibrücken**, The Style Outlets, Londoner Bogen 10-90.

Anreise
A3 Würzburg-Nürnberg, Ausfahrt Erlangen-Frauenaurach. Danach rechts auf der Umgehungsstraße Richtung Emskirchen/Neustadt a.d. Aisch fahren. An der 2. großen Kreuzung links nach Herzogenaurach. Am Kreisverkehr die 2. Möglichkeit führt direkt zu PUMA.

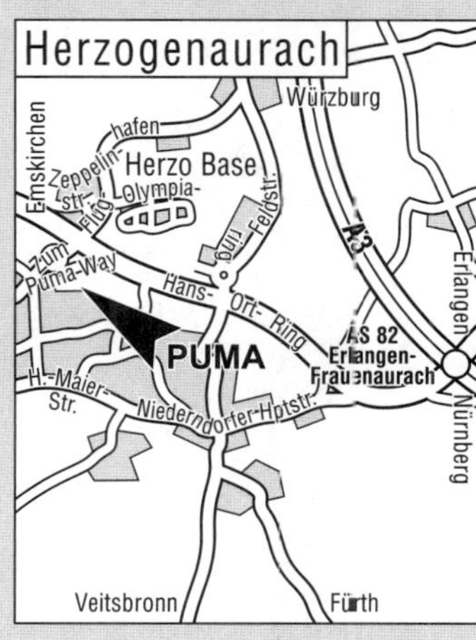

Weitere Verkaufsstellen (Auswahl)

● 90411 **Nürnberg-Schafhof**, Klingenhofstraße 70, Tel.: 09 11/ 5 27 29 10. Montag bis Freitag 10.00 bis 18.00 Uhr, Samstag 9.00 bis 16.00 Uhr.

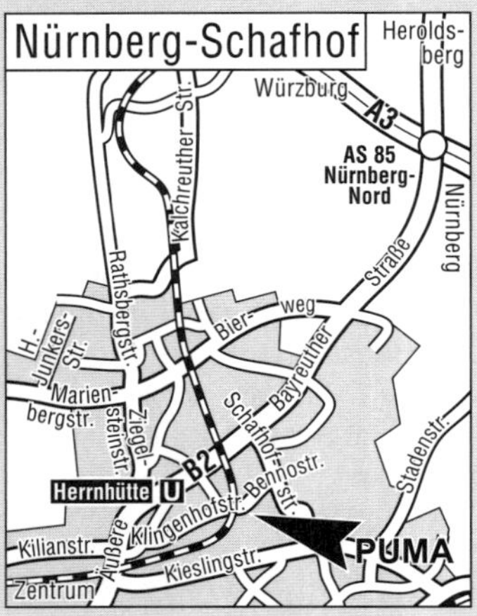

● 96132 **Schlüsselfeld-Elsendorf**, Rudolf-Dassler-Straße 1, Tel.: 0 95 52/ 93 30 77. Montag bis Freitag 10.00 bis 18.00 Uhr, Samstag 9.00 bis 14.00 Uhr.

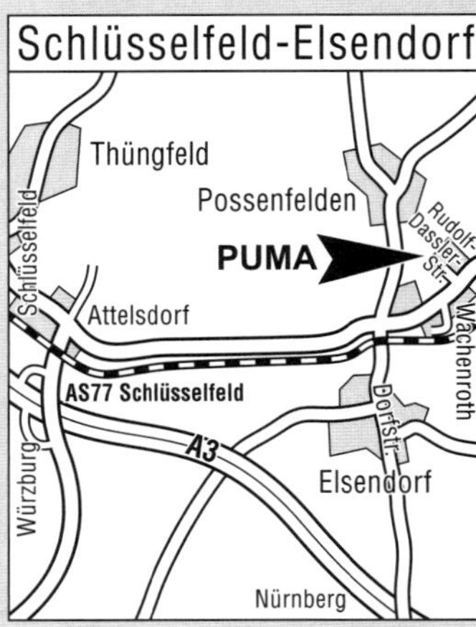

● 97877 **Wertheim-Dertingen**, Wertheim Village, Almosenberg, Tel.: 0 93 42/91 86 50. Montag bis Samstag 10.00 bis 20.00 Uhr.

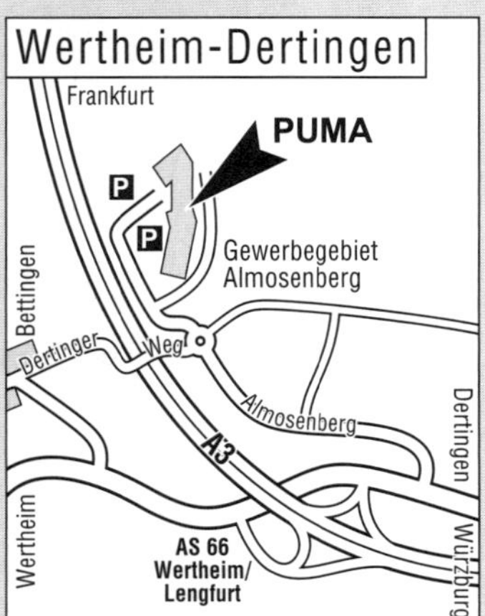

EINKAUFS-GUTSCHEIN S. 597

SPORT HOFFMANN

In Herzogenaurach, der Einkaufsstadt für den Sport, hat Sport-Hoffmann auf 2000 m^2 sein Fachgeschäft. Kundenfreundlich befinden sich alle Verkaufsräume auf einer Ebene. Hervorzuheben sind der Schnäppchenmarkt und der „1. FC Bayern Fan Shop in Franken".

Alles in einem Haus

Warenangebot

Sportschuhe, Sport-, Trainings- und Freizeitbekleidung, Regenbekleidung, Rad-, Wander-, Trekkingbekleidung und -zubehör, Tennis-, Gymnastik- und Bademoden. Taschen, Bälle und Schläger für alle Sportarten. Ski, Skistiefel, Golfartikel, Fußball- und Fanartikel, Fitnessgeräte.

Ersparnis

1.-Wahl-Ware zum regulären Preis. 2.-Wahl-Ware, Auslaufartikel und Sonderposten zwischen 30 und 60 % Ersparnis. Zum Saisonende nochmals attraktive Preisreduzierungen.

Ambiente

Gepflegte Atmosphäre. Kompetentes, freundliches Fachpersonal. Im selben Haus Nike Factory Store auf 1155 m^2.

Adresse

Sport Hoffmann GmbH & Co. KG, Zeppelinstraße 1, 91074 Herzogenaurach, Tel.: 0 91 32/78 19-0.

Öffnungszeiten

Montag bis Mittwoch 9.00 bis 19.00 Uhr, Donnerstag und Freitag 9.00 bis 20.00 Uhr, Samstag 9.00 bis 18.00 Uhr.

Anreise

A3 Nürnberg–Würzburg, Ausfahrt Frauenaurach/Herzogenaurach. Auf der Nordumfahrung Richtung Herzogenaurach. An der 2. großen Kreuzung nach ca. 3 km rechts Richtung Herzo Base, 1. Straße links.

EINKAUFS-GUTSCHEIN S. 579

MARC
ART OF WALKING

Als Hersteller anspruchsvoller Damen- und Herrenschuhe gehört Marc weltweit zu den führenden Anbietern der Branche. Jeder Marc Schuh verkörpert die Verbindung von modernem Design, innovativer Technologie und traditioneller Handarbeit.

Auffallend modisch

Warenangebot
Modische und sportliche Damen- und Herrenschuhe, vom Cityschuh bis zum sportlichen Casualschuh, auch Pumps, Stiefel und Stiefeletten. Außerdem Taschen, Lederaccessoires und Strümpfe.

Ersparnis
20 bis 70 %, je nach Angebot.

Ambiente
Steht in Beratung und Ausstattung einem normalen Schuhgeschäft in keiner Weise nach.

Adresse
Fabrikverkauf Marc Shoes, Goldbinnen 1, 31840 Hessisch Oldendorf-Fischbeck, Tel.: 0 51 52/60 12 57.

Öffnungszeiten
Montag bis Freitag 10.00 bis 18.30 Uhr, Samstag 10.00 bis 16.00 Uhr.

Weitere Verkaufsstelle
● 31749 **Auetal-Rehren**, Sandstraße 1, Tel.: 0 57 52/92 98 80.

Anreise
A2 Osnabrück-Hannover, Ausfahrt Rehren, auf der B83 Richtung Hameln, nach ca. 5 km an der Ampel links nach Fischbeck. Oder: A7 bis Kasseler Kreuz. Auf der A44 Richtung Dortmund, Ausfahrt Warburg. Auf der B252 Richtung Brakel, Ausfahrt Blomberg/Hameln. Weiter Richtung Hameln, dort über die B83 Richtung Minden Abfahrt Fischbeck. Vor den Bahngleisen links abbiegen.

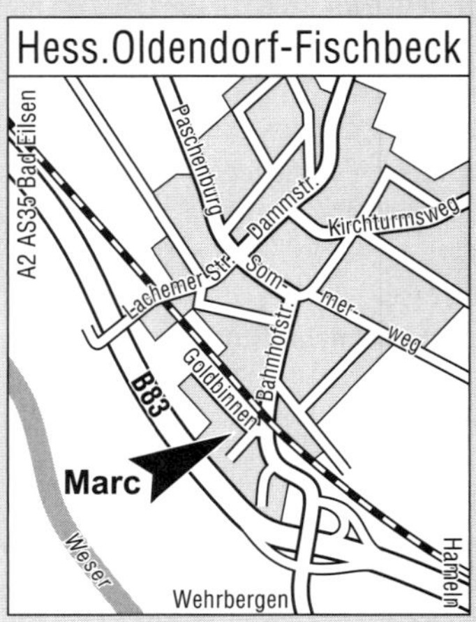

susa

seit 1859

EINKAUFS-GUTSCHEIN S. 597

Seit über 150 Jahren produziert Susa Markenunterwäsche für Frauen mit hohen Ansprüchen. Das Unternehmen legt bei seinen Produkten höchsten Wert auf eine optimale Passform, um für jede Figur den bestmöglichen Tragekomfort zu erreichen.

Qualität aus Tradition

Warenangebot
Damenwäsche: BHs, Slips, Bodys. Miederwaren: Miederhosen, Bodyformer (Shapewear). Bademoden: Badeanzüge, Bikinis.

Ersparnis
Auf reguläre Ware ca. 20 %, Warenrückläufe und Saisonüberhänge bis zu 70 %, außerdem saisonale Sonderverkaufsaktionen (z.B. Mai bis Juli: Bademoden).

Ambiente
Verkauf in einem Nebengebäude im Innenhof. Vier Umkleidekabinen. Ware hängt preisausgezeichnet auf Bügeln. Restposten in Schütten. Genügend Kundenparkplätze.

Adresse
Susa-Vertriebs-GmbH & Co., Hausverkauf, Helmut-Hörmann-Straße 6, 73540 Heubach, Tel.: 0 71 73/1 82-0.

Öffnungszeiten
Mittwoch und Freitag 13.30 bis 17.00 Uhr, Dienstag und Donnerstag 9.30 bis 12.00 und 13.30 bis 17.00 Uhr.

Anreise
B29 Stuttgart–Aalen über Schwäbisch Gmünd nach Heubach. Kurz nach Schwäbisch Gmünd nach Heubach abfahren (beschildert). Im Ort am Kreisverkehr Richtung Stadtmitte. Nach dem Reisebüro (linke Seite) links in die Helmut-Hörmann-Straße. Susa befindet sich auf der rechten Seite. Der Verkauf ist von der Hauptstraße an beschildert.

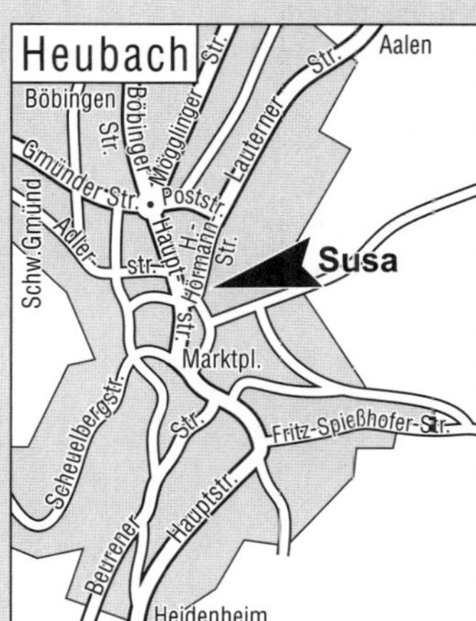

RINGELLA

Die Firma Bett & Bad hat seit dem Jahr 1999 den Fabrikverkauf der Firma Ringella übernommen. Die Angebotspalette reicht von Nachtwäsche, Bademänteln und Homewear für die ganze Familie bis hin zu attraktiven Freizeitmodellen. Außerdem können zahlreiche weitere Artikel, wie z.B. Handtücher, Socken und Wäsche zu sehr günstigen Preisen erworben werden.

Für Bett & Bad

Warenangebot
Nachtwäsche, Bademäntel und Wäsche für Damen, Herren und Kinder. Heimtextilien und Handtücher.

Ersparnis
Ca. 30 %, bei 2.-Wahl-Ware bis zu 70 %.

Adresse
Bett & Bad Textilien GmbH & Co.KG, Daimlerring 3, 31135 Hildesheim-Bavenstedt, Tel.: 0 51 21/76 49 73, www.ringella.com.

Öffnungszeiten
Dienstag bis Freitag 11.00 bis 17.00 Uhr.

Weitere Verkaufsstelle
● 29227 **Celle**, Wernerusstraße 26a, Tel.: 0 51 41/27 99 43. Montag bis Freitag 10.00 bis 18.00 Uhr, Samstag 10.00 bis 14.00 Uhr.

Anreise
A7 Kassel–Hannover, Ausfahrt Hildesheim. Weiter auf der B1 Richtung Braunschweig. An der 1. Kreuzung links und gleich wieder links in den Daimlerring.

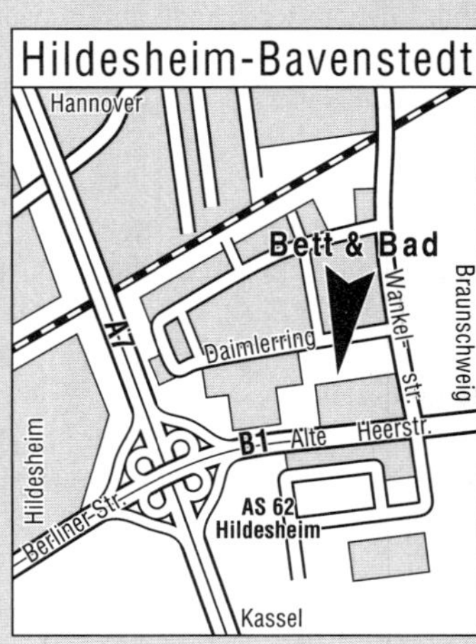

RABE
1920

LUCIA
LeComte

EINKAUFS-GUTSCHEIN S. 589

Die Wohlfühlmode von RABE bietet jung gebliebenen Frauen top Qualität und optimale Verarbeitung. Die Linie TR steht für moderne, trendbewusste Mode. Die feminin-lässigen Looks von LUCIA verkörpern edle, aber unkomplizierte Modelle für jeden Tag. LeComte ist eine vielseitige Strickkollektion.

Mode zum Wohlfühlen

Warenangebot
Damenmode mit Kernkompetenz in den Bereichen Strick und Jersey sowie großes Sortiment an Jacken, Westen, Blusen, Röcken, Hosen, Blazern und Accessoires. Größen 36 bis 52.

Ersparnis
Bis zu 70 %.

Ambiente
Großzügig gestalteter Verkaufsraum in neuem Ambiente, fachkundige Beratung, aufmerksames Personal. Ware übersichtlich und gut sortiert im Outlet Center „Werk 2", kleine Café-Bar integriert. Ausreichend Parkplätze für PKW und Busse.

Adresse
Rabe Moden GmbH Outlet Hilter, Osnabrücker Straße 3, 49176 Hilter, Tel.: 0 54 24/8 04 96 88, www.rabemoden.de.

Öffnungszeiten
Montag bis Freitag 10.00 bis 18.00 Uhr, Samstag 10.00 bis 16.00 Uhr.

Anreise
A33 Osnabrück Richtung Bielefeld, Ausfahrt Hilter am Teutoburger Wald. An der Ampel links Richtung Bad Iburg/Hilter. Nach ca. 400 m auf der rechten Seite Einfahrt zu „Werk 2". Das Outlet befindet sich direkt im EG.

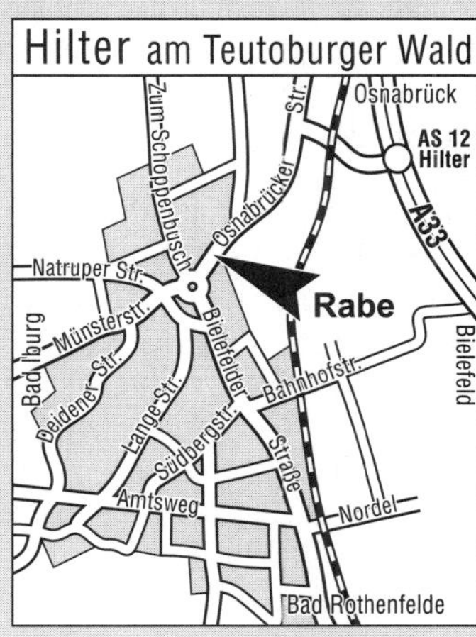

curiosa baby factory

kiddy WE LOVE OUR KIDS

Wer Kiddy-Kindersitze auswählt, entscheidet sich ganz bewusst für hohe Sicherheit und besten Komfort. Neben den bekannten Testsiegern bei Stiftung Warentest gibt es im Werksverkauf in Hof auch eine interessante Auswahl an Kinderwagen und Babyausstattung.

Kiddy – das Original

Warenangebot
Babyschalen und Kindersitze sowie Kinderwagen (3- und 4-rädrig) und Babyausstattung. Zusätzlich sind weitere Markenprodukte von TFK, Heike Hauck, Geuther, Sterntaler, Rice, Baby Björn u. a. mit vertreten.

Ersparnis
20 % auf 1.-Wahl-Ware von Kiddy, bei 2. Wahl bis zu 50 %.

Ambiente
Heller, freundlicher Verkaufsraum mit über 400 m² Verkaufsfläche. Übersichtlich präsentierte Auswahl an Produkten rund um den Nachwuchs. Kompetente Fachberatung durch Verkäuferinnen, die selbst Mütter sind.

Adresse
Curiosa baby factory, Schaumbergstraße 8, 95032 Hof, Tel.: 09281/708066, info@curiosa-hof.de, www.curiosa-hof.de.

Öffnungszeiten
Montag bis Freitag 9.00 bis 18.00 Uhr, Samstag 10.00 bis 15.00 Uhr.

Anreise
A9, München-Nürnberg, Ausfahrt Hof West. Auf der B15 stadteinwärts Richtung Rehau, Ausfahrt Landratsamt. Nach der Tankstelle rechts, nach ca. 300 m befindet sich der Verkauf auf der linken Seite.

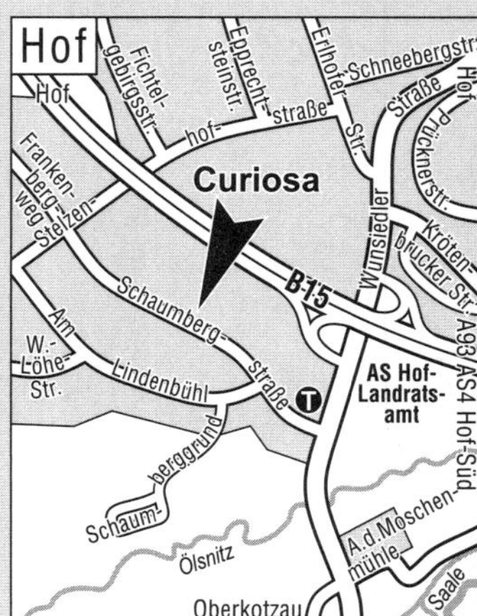

EAGLE PRODUCTS®

Der Cashmere Shop

100 Jahre Webtradition haben den Namen „Eagle Products" (ursprünglich „Adler-Fabrikate") weltweit bekannt gemacht. Produziert werden hochwertige Accessoires aus Lammwolle, Cashmere, Mohair und Seide.

Naturhaar, gekonnt verarbeitet

Warenangebot
Eagle Products Home Collection in 1B-Ware und Musterartikel: Decken aus Cashmere, Mohair, Lammwolle, Plaids mit Seidenabseite, Rascheldecken, Sonderanfertigungen möglich. Eagle Products Accessoires: Schals, Tücher, Stolen aus Naturhaar, Pashminas, Seidentücher, Ponchos, Kinder- und Babyschals, Mützen und Handschuhe.

Ersparnis
30 bis 70%, aktuelle Kollektion mit kleinen Fehlern und Musterteile sowie Sonderposten und 1B-Ware sehr günstig. Keine Billigware. Zweimal im Jahr Aktionsverkäufe.

Ambiente
Kleinverkauf in gemütlichem Verkaufsraum in der Fabrik. Fachkundige Beratung. Immer aktuelle Angebote, auch Sonderwünsche werden erfüllt. Parkplätze auf dem Betriebsgelände.

Adresse
Eagle Products, Der Cashmere Shop, Orleansstraße 16, Eingang Landwehrstraße 48, 95028 Hof, Tel.: 09281/ 81913-33, www.dercashmereshop.de.

Öffnungszeiten
Montag bis Donnerstag 14.00 bis 17.00 Uhr, Freitag 9.00 bis 12.00 Uhr.

Anreise
A9 München–Berlin, Ausfahrt Hof-West oder A93 Regensburg–Hof, Ausfahrt Hof-Süd. Weiter auf der B15 Richtung Hauptbahnhof. Am Kreisverkehr an der 2. Ausfahrt (Sedanstraße) abfahren und an der folgenden Kreuzung rechts in die Landwehstraße abbiegen.

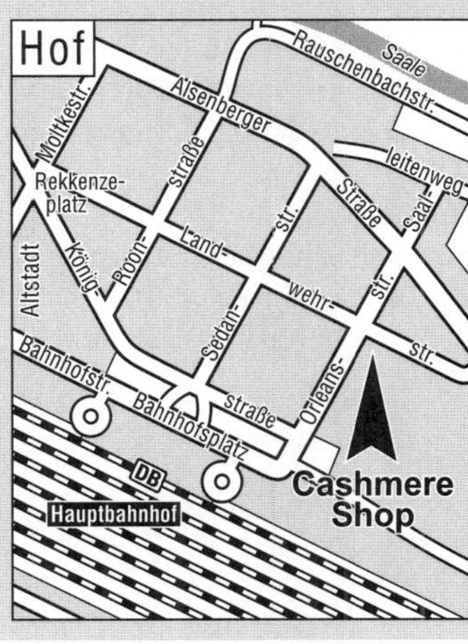

1946

KASTELL

Kastell macht Mode, die sich selbst nicht wichtig nimmt, sondern den Mann, der sie trägt. Seit über 65 Jahren steht hier der Kunde im Mittelpunkt. Feinste italienische Tuche von Loro Piana und Ermenegildo Zegna sowie perfekte Verarbeitung verleihen den Kollektionen ihren Stil.

Einfach Männersache!

Warenangebot
Anzüge, Sakkos, Blazer, Hosen, Smokings, Mäntel, Schals, Sportswear, Hemden, Pullover, Poloshirts, Krawatten, Gürtel, Jeans, Lederjacken, Accessoires, Maßkonfektion.

Ersparnis
30 bis 40%.

Ambiente
Größte Anzug- und Sakko-Auswahl im Rhein-Main-Gebiet auf über 500 m² Verkaufsfläche.

Adresse
Herrenkleiderfabrik Kastell GmbH und Co. KG, Daimlerstraße 4, 63768 Hösbach, Tel.: 0 60 21/53 04 10, www.kastell.com.

Öffnungszeiten
Montag bis Mittwoch und Freitag 9.00 bis 18.00 Uhr, Donnerstag 9.00 bis 19.00 Uhr, Samstag 9.00 bis 16.00 Uhr.

Anreise
A3 Franfurt-Würzburg, Ausfahrt Hösbach. 1. Ampel links, 2. Ampel links, B26 Richtung Hösbach. 2. Straße rechts in die Daimlerstraße. Nach 50 m Eckgebäude rechts.

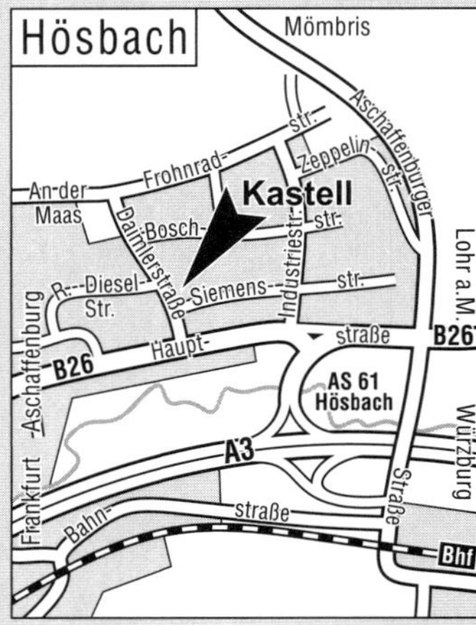

EINKAUFS-GUTSCHEIN S. 561

Es muss an den Orten liegen. Gerade in kleinen Gemeinden beschäftigen sich Textilfabriken gerne mit Unterwäsche oder, wie hier, mit Bademoden. Dass dabei mit Liebe und großem Schick gearbeitet wird, versteht sich in dieser Branche von selbst.

Größe 34 bis 54, A- bis F-Cups

Warenangebot

Bademoden für Herren (Größe 5 bis 10), Kinder (Größe 98 bis 176) und Damen (Größe 34 bis 54, Cups A bis F). Badeanzüge, Bikinis, Tankinis etc. Fitness- und Gymnastikbekleidung, Bodys, Tag- und Nachtwäsche, Bademäntel. Ware aus Überproduktionen und Saisonüberhänge.

Ersparnis

Die interessanten Angebote ermöglichen eine Ersparnis von 50 %, einige mehr.

Ambiente

Der Verkaufsraum wurde auf knapp 100 m² erweitert. Ware wird in stilvollem Ambiente präsentiert; angenehme Atmosphäre mit Kaffee-Angebot. Freundliche, erfahrene Verkäuferinnen.

Adresse

Calao Bademoden, S.T.A.-U. Schneider, Heinrich-Schicht-Straße 15, 42499 Hückeswagen-Winterhagen, Tel.: 0 21 92/ 42 89, www.calao.de.

Öffnungszeiten

Montag bis Freitag 9.00 bis 18.00 Uhr, Samstag 10.00 bis 15.00 Uhr.

Anreise

A1 Köln–Dortmund, Ausfahrt 95, Remscheid. Links Richtung Remscheid-Lennep/Halver bis zur Kreuzung mit der B51. Dort rechts und später links in die B237 Richtung Hückeswagen. Nach der 2. Bahnbrücke rechts ins Industriegebiet Winterhagen. Die 1. Möglichkeit rechts und gleich wieder links in die Heinrich-Schicht-Straße.

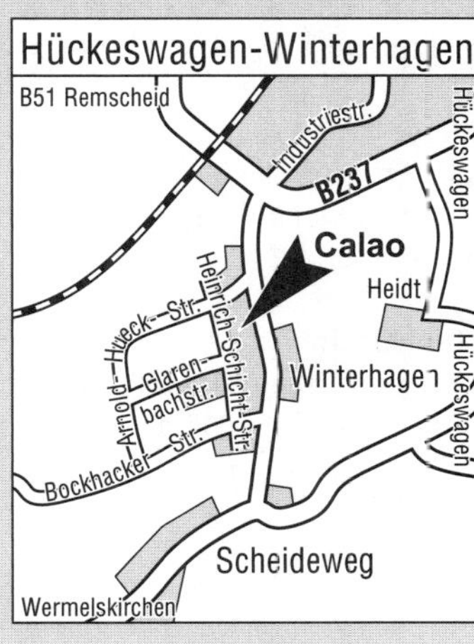

EINKAUFS-GUTSCHEIN S. 569

Fissler hat sich seit 160 Jahren einen festen Platz in Millionen von Küchen erobert. Der Name bürgt für Ideen in der Küche, für Innovation und Qualität. Das Unternehmen gehört zu den bedeutendsten Haushaltswarenherstellern in Deutschland.

Kochen wie die Profis

Warenangebot

Komplettes Fissler-Sortiment: Töpfe in vielen Größen und für alle Herdarten geeignet, Pfannen mit Antihaftversiegelung oder Edelstahl, Schnellkochtöpfe, Bräter, Messer und Küchenhelfer.

Ersparnis

1.-Wahl-Ware ca. 20 bis 25 %, 2.-Wahl-Ware ca. 40 %.

Ambiente

Sehr gut sortierter Verkaufsladen neben dem Fisslerwerk. Gesamtes Sortiment ist ausgestellt, die Preise sind jeweils ausgezeichnet.

Adresse

Fissler GmbH, Fissler Shop, Hauptstraße 30/Ecke H.-Fissler-Straße, 55743 Idar-Oberstein, Tel.: 0 67 81/4 03-1 20.

Öffnungszeiten

Montag bis Freitag 9.00 bis 18.00 Uhr, Samstag 9.00 bis 14.00 Uhr.

Weitere Verkaufsstelle

• 55768 **Hoppstädten-Weiersbach**, Industriegebiet Neubrücke, Tel.: 0 67 81/ 40 3-5 63. Montag bis Freitag 9.00 bis 18.00 Uhr, Samstag 9.00 bis 14.00 Uhr.

Anreise

Auf der B41 Bad Kreuznach-Saarbrücken nach Idar-Oberstein. Von dort nach Idar fahren, dort weiter Richtung Allenbach.

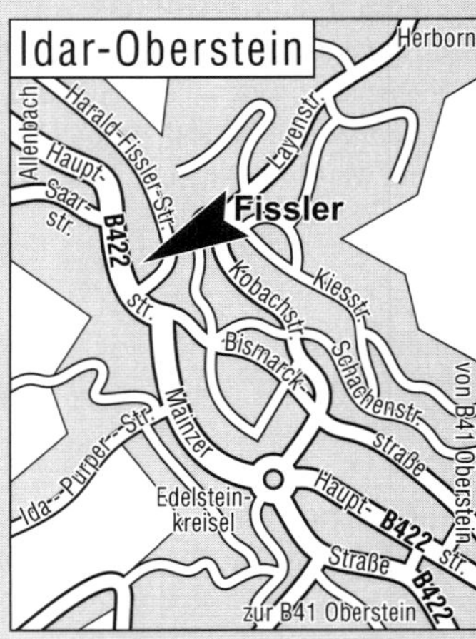

JOKER

Joker ist eine der führenden Jeansmarken im gehobenen Bereich. Modisch beliebt und geschätzt von allen Altersklassen.

All about Jeans

Warenangebot
Joker Jeans & Jackets in klassischen und modischen Farben, aktuelle Sportswear-Hosen. Modische Damenlinie in allen Schnittformen wie Röhre, Bootcut, gerade Beinform, verschiedene Waschungen und Optiken. Sehr große Auswahl für Damen, Herren und Kinder.

Ersparnis
1A-Ware 25 bis 30 % Ersparnis. Außerdem 1B- Ware und 2. Wahl, Restposten und Sonderangebote.

Ambiente
Übersichtliche und großzügige Präsentation in einer großen Halle erleichtert ein schnelles Zurechtfinden. Beratung, falls gewünscht. Sehr fachkundiges und freundliches Personal. Die Atmosphäre ist hell und freundlich. Kinderkino, Wickelraum sowie 200 Parkplätze vorhanden.

Adresse
Joker Jeans OHG, Sälzerstraße 6, Industriegebiet Nord, 74360 Ilsfeld, Tel.: 0 70 62/97 31 20.

Öffnungszeiten
Montag bis Freitag 10.00 bis 19.00 Uhr, Samstag 10.00 bis 16.00 Uhr.

Anreise
Ilsfeld liegt an der A81 zwischen Stuttgart und Heilbronn. Der Fabrikverkauf befindet sich in einem Hallenkomplex nahe der Autobahnausfahrt Ilsfeld. Man verlässt die Autobahn, fährt Richtung Ilsfeld und biegt schon nach wenigen hundert Metern rechts in das Industriegebiet Nord ein. Joker befindet sich dort in der Sälzerstraße 6.

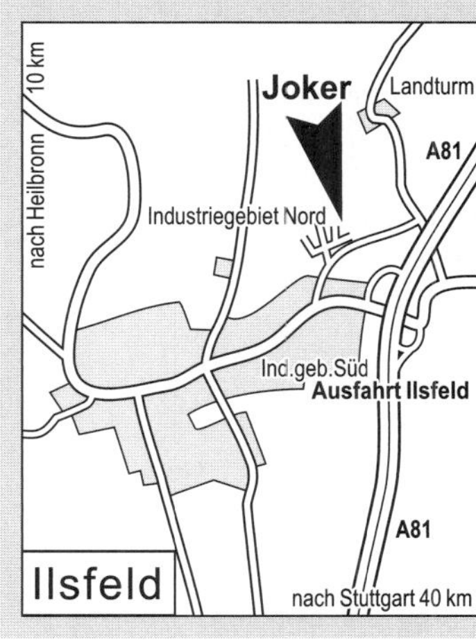

OLYMP

Olymp-Herrenhemden sind bekannte Markenqualität. Hochwertige Verarbeitung, bequemer Schnitt, sehr gute Stoffe, erstklassiger Tragekomfort. Material: reine Baumwolle. Die Hemden sind sehr leicht zu bügeln.

Wo Zeus eingekauft hätte

Warenangebot
Olymp-Herrenhemden in Markenqualität, Krawatten, Strickwaren, Polo-Shirts, T-Shirts, Hosen, Socken, Herrenunterwäsche, Gürtel und Pyjamas. Jetzt auch Damenblusen.

Ersparnis
Mindestens 30 % bei 2. Wahl.

Ambiente
Sehr kompetente, hilfsbereite und freundliche Verkäuferinnen; Ware wird zur Auswahl am Thekentisch vorgelegt.

Adresse
Tracta Textilvertriebs GmbH, Gewerbegebiet Gröninger Weg, Freiberger Straße 26, 74379 Ingersheim-Großingersheim, Tel.: 0 71 42/99 38 08-0.

Öffnungszeiten
Montag bis Freitag 9.00 bis 18.30 Uhr, Samstag 9.00 bis 16.00 Uhr.

Anreise
A81 Stuttgart-Heilbronn, Ausfahrt Pleidelsheim. Ingersheim ist der 1. Ort nach Pleidelsheim (3 km). Bis zur Kreuzung am Ortsende von Ingersheim fahren. Hier links abbiegen Richtung Ludwigsburg/Freiberg. Die 1. Querstraße rechts führt ins Gewerbegebiet Gröninger Weg. Die 2. Möglichkeit wieder rechts.

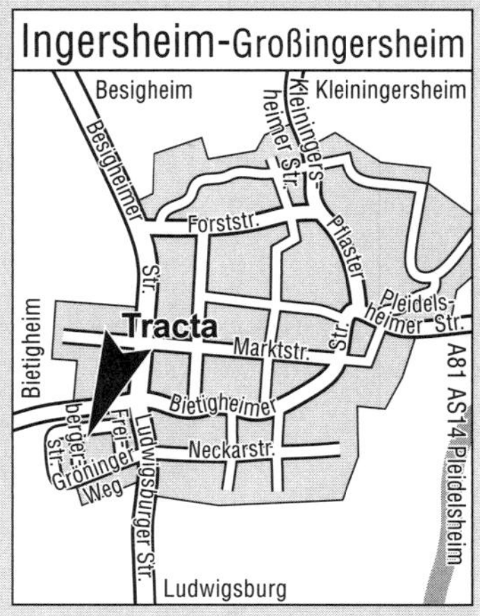

INGOLSTADT VILLAGE
CHIC OUTLET SHOPPING®

Das Outlet-Center Ingolstadt Village beherbergt über 110 Mode- und Designermarken wie 7 for all Mankind, Aigner, Baldessarini, Calvin Klein Jeans, Desigual, Escada, Hogan, Lacoste, Levi's, Möve, Pandora, Sportalm, Superdry, The North Face, Tod's, Tom Tailor. Das Warenangebot deckt die Palette von Mode über Sport- und Outdoor-Bekleidung, Accessoires bis hin zu Heimtextilien ab.

Shopping mit Ambiente

Warenangebot
Damen-, Herren- und Kinderbekleidung, Sport- und Outdoor-Bekleidung, Lederwaren, Reisegepäck, Uhren, Schmuck, Accessoires, Wäsche, Haushaltswaren.

Ersparnis
30 bis 70 %.

Ambiente
Die Architektur spiegelt das traditionelle Industriedesign des frühen 20. Jahrhunderts wider. Restaurants und ein Café, Ausstellungen, Events.

Besonderheiten
Attraktive Lage zwischen Donau und Altmühltal am Rande von Ingolstadt. Ideal für einen kombinierten Shopping- und Kultur-Kurzurlaub.

Adresse
Ingolstadt Village, Otto-Hahn-Straße 1, 85055 Ingolstadt-Feldkirchen, Tel.: 08 41/ 8 86 31 00, www.IngolstadtVillage.com.

Öffnungszeiten
Montag bis Samstag 10.00 bis 20.00 Uhr.

Weitere Verkaufsstelle
● 97877 **Wertheim-Dertingen**, Wertheim Village, Almosenberg, Tel.: 0 93 42/ 9 19 91 00, www.WertheimVillage.com.

Anreise
A9 München-Nürnberg, Ausfahrt Ingolstadt-Ost. Dann der Beschilderung Gewerbepark Nordost/Ingolstadt Village folgen.

BREE

Designideen, Täschnerkunst und ökologischer Umgang mit dem Naturprodukt Leder sind die Markenzeichen der 1970 gegründeten Firma BREE, ebenso wie der hohe Anspruch an die Funktionalität.

Alles im Griff

Warenangebot
Handtaschen, Businesstaschen, Reisetaschen, Koffer, Geldbörsen, Brieftaschen, Etuis, Rucksäcke aus Leder oder neuen, hochwertigen High-Tech Materialien. Es handelt sich um 2. Wahl, Muster sowie Restposten.

Ersparnis
30 bis 60 %.

Ambiente
Übersichtlicher, gut sortierter Verkauf in einem Nebengebäude auf dem Firmengelände.

Adresse
BREE Collection GmbH & Co. KG, Gerberstraße 3, 30916 Isernhagen-Kirchhorst, Tel.: 0 51 36/89 76-2 60, www.bree.com.

Öffnungszeiten
Montag bis Freitag 10.00 bis 18.00 Uhr, Samstag 10.00 bis 16.00 Uhr.

Anreise
A7 Kassel-Hannover, Ausfahrt Altwarmbüchen/Kirchhorst (55), Richtung Kirchhorst. Links vor dem Ortseingang Kirchhorst in das Industriegebiet Großhorst und dort der Ausschilderung folgen.

EINKAUFS-GUTSCHEIN S. 585

OUTDOOR & SPORT
MARKENLAGERVERKAUF

Im Herzen der Altstadt von Isny befindet sich der Outdoor & Sport Markenlagerverkauf. Angeboten werden starke internationale Marken in Topqualität.

Wandern, Freizeit, Ski

Warenangebot
Ski- und Wanderbekleidung, Funktionswäsche, Bademoden, Alpin- und Langlaufski, Rucksäcke, Schlafsäcke, Zubehör, Trekking- und Wanderschuhe, Schneeschuhe. Im Winter: Skiverleih mit Zubehör.

Ersparnis
Bis zu 50 % Rabatt, Einzelstücke bis zu 70 %.

Ambiente
Der Verkauf befindet sich im Erdgeschoss. Ansprechende, übersichtliche Warenpräsentation. Kompetente und freundliche Mitarbeiter. Parkplätze vor dem Geschäft.

Adresse
Outdoor & Sport Markenlagerverkauf, Obertorstraße 16, 88316 Isny im Allgäu, Tel.: 0 75 62/97 17 92, www.outdoor-rudhart.de.

Öffnungszeiten
Montag bis Freitag 9.00 bis 13.00 und 14.00 bis 18.00 Uhr, Samstag 9.00 bis 13.00 Uhr.

Anreise
A7 Ulm–Füssen bis zum Dreieck Allgäu bei Kempten. Weiter auf der A980 und B12 Richtung Isny und Lindau/Bodensee. Vor Isny die B12 verlassen und der Beschilderung Altstadt folgen. Am Marktplatz dem Straßenverlauf nach links folgen, der Verkauf befindet sich nach 100 m auf der rechten Seite.

GRIESSON - DE BEUKELAER

Fast alle Menschen, die in Fabrikläden arbeiten, haben Freude daran, gute Ware extrem günstig verkaufen zu dürfen. Hier in Kahla kommt noch etwas dazu: Die Keksfabrik zählt zu den modernsten Gebäckfabriken Europas.

Zu Recht stolz darauf!

Warenangebot
Gebäck der Marken Griesson, DeBeukelaer, Tekrum, Prinzen Rolle, TUC, Leicht & Cross und Wurzener. Pralinen, Konditorengebäck, Schokolade, Saisonware, Knusperbrot, Salzgebäck, Geschenkartikel.

Ersparnis
20 bis 50 %, insbesondere bei den Pfundbeuteln.

Ambiente
Wie großer Supermarkt, Selbstbedienung, drei Kassen, Probiertheke.

Adresse
Griesson – de Beukelaer, Im Camisch 1, 07768 Kahla, Tel.: 03 64 24/80 27 26, www.griesson-debeukelaer.de.

Öffnungszeiten
Montag bis Freitag 9.00 bis 18.30 Uhr, Samstag 9.00 bis 14.00 Uhr. September bis Dezember: Samstag 9.00 bis 16.00 Uhr.

Weitere Verkaufsstellen (Auswahl)
- 04808 **Wurzen**, Wurzener Dauerbackwaren GmbH, Albert-Kuntz-Straße 13, Tel.: 0 34 25/8 19 72 99.
- 47906 **Kempen**, Arnoldstraße 62, Tel.: 0 21 52/1 41 42 71.
- 56751 **Polch**, Heinz-Gries-Straße/L52, Tel.: 0 26 54/4 01 17 21.

Anreise
A4 Eisenach–Dresden, Ausfahrt Jena-Göschwitz. Auf der B88 Richtung Kahla (etwa 14 km). Nach Rothenstein und Schöps an der Ampelkreuzung rechts.

Ideenreiche Produkte für fantasievolle Menschen: Die kreativen und innovativen Porzellanerzeugnisse des 1844 gegründeten Unternehmens begeistern weltweit. Mehr als 95 Designpreise bestätigen das feine Gespür für gut gestaltete Kreationen.

Porzellan für die Sinne

Warenangebot
Große Auswahl aus allen Kahla-Serien mit kleinen und kleinsten Schönheitsfehlern; vielfältige Auswahl an Gläsern, Kochgeschirr und Kochbestecken zu besonders günstigen Preisen.

Ersparnis
2.-Wahl-Ware und Auslaufsortimente 30 bis 50 %.

Ambiente
Auf 750 m² können die Kunden nach Herzenslust wählen. Wechselndes Angebot, kompetente Beratung, saisonale Sonderaktionen wie Porzellanmarkt im Frühjahr und Herbst.

Adresse
KAHLA/Thüringen Porzellan GmbH, Christian-Eckhardt-Straße 38, 07768 Kahla, Tel.: 03 64 24/7 92 79, contact-kahla@kahlaporzellan.com, www.kahlaporzellan.com.

Öffnungszeiten
Montag bis Samstag 10.00 bis 18.00 Uhr. Bei saisonalen Sonderaktionen auch länger.

Anreise
A4 Kassel-Dresden, Ausfahrt Jena-Göschwitz. Auf der B88 über Rothenstein nach Kahla, am Ortsanfang auf der linken Seite (gegenüber der Tankstelle) abbiegen. Der Verkauf ist sehr gut ausgeschildert.

Angora-Verkauf

EINKAUFS-GUTSCHEIN S. 581

Medima ist die bekannteste Marke für Angorawäsche. Die Wäsche wird jetzt in Albstadt produziert, der Fabrikverkauf bleibt in Kandern. Neben der beliebten Medima-Angorawäsche sind Baumwollwäsche und Schlafanzüge aber auch Frottierwaren anderer bekannter Hersteller im Verkauf.

Wohlfühlen ...

Warenangebot
Angora-Gesundheitswäsche und hochwertige modische Wäsche in unterschiedlichen Angora-Qualitäten, Angora-Schals und -Handschuhe sowie Baumwollunterwäsche.

Ersparnis
1B-Ware ist um 30 bis 50 % reduziert, dazu ganzjährig Sonderangebote.

Ambiente
Angenehme Einkaufsatmosphäre, sehr freundliche Beratung. Alle Wäsche-Artikel werden auf Kleiderbügeln präsentiert.

Adresse
Angora-Verkauf, Hauptstraße 7, 79400 Kandern, Tel.: 0 76 26/9 77 83 21.

Öffnungszeiten
Montag bis Freitag 9.00 bis 12.30 und 15.00 bis 18.00 Uhr, Samstag 9.00 bis 12.30 Uhr.

Anreise
A5 Karlsruhe–Basel, Richtung Lörrach, Ausfahrt Kandern. Oder B3 Freiburg–Müllheim, Ausfahrt Schliengen nach Kandern. In Kandern in der Ortsmitte.

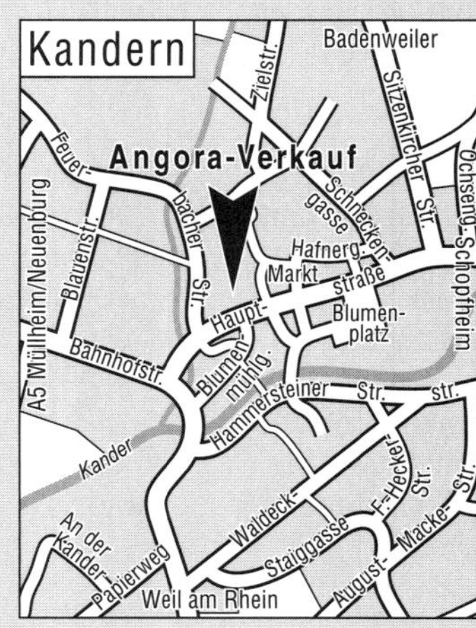

MAJOLIKA
MAJOLIKA KARLSRUHE
KERAMIK MANUFAKTUR

Die Majolika-Manufaktur, im freien Geist des Jugendstil gegründet, hat sich mit hochrangigen Keramikarbeiten einen bedeutenden Ruf geschaffen und ist heute die einzige Keramikmanufaktur in Deutschland.

Kunst und Design

Warenangebot

Kerzenhalter, Schalen, Schmuckwandteller, Wandfliesen und Vasen. Tierfiguren in Terrakotta, glasiert, in traditioneller Darstellung sowie in moderner Gestaltung, Weinkühler, Espresso-Sets, künstlerische Arbeiten als Unikate oder Replikate. Gartenbereich: Pflanzgefäße, Wasserspeier, Vogeltränken, Gartenfiguren, Brunnen – frostfest gebrannt.

Ersparnis

Regelmäßiger „Schnäppchenmarkt" mit 1.- und 2.-Wahl-Ware, bis zu 70 % reduziert. Termine via Internet oder telefonisch erfragen.

Ambiente

Große, lichtdurchflutete Verkaufsausstellung auf über 500 m²; umfangreiches Angebot, nach Künstlern geordnet. Preisauszeichnung, fachkundige und freundliche Beratung, Restaurant „Cantina Majolika", Museum.

Besonderheiten

Führungen durch die Produktionsstätten auf Anfrage.

Adresse

Staatliche Majolika Manufaktur Karlsruhe GmbH, Ahaweg 6-8, 76131 Karlsruhe, Tel.: 07 21/9 12 37 70, info@majolika-karlsruhe.com, www.majolika-karlsruhe.com.

Öffnungszeiten

Dienstag bis Freitag 10.00 bis 19.00 Uhr, Samstag, Sonntag 10.00 bis 17.00 Uhr.

Anreise

A5, Ausfahrt Karlsruhe-Durlach, Richtung Stadtmitte. Vor Beginn der Fußgängerzone rechts, nächste Ampel rechts, entlang des Schlossgartens nach ca. 500 m rechts in den Ahaweg.

Schmuck
Ries
Fabrikverkauf

Designerschmuck aus Karlsruhe ist in der Schmuckwelt seit über 30 Jahren ein Begriff. Die Familie Ries stellt exklusiven Silberschmuck in Kombination mit Perlmutt, Achaten, Perlen etc. her und ist immer am Puls der Zeit.

Seit über 30 Jahren

Warenangebot
Colliers, Ohrringe, Ringe, Armbänder, Broschen, etc. Die Produktpalette umfasst alles, was das Herz der modisch interessierten Frau höher schlagen lässt. Mit funkelnden Kristallen, klassisch ohne Stein oder elegant mit Perle. Jeder kann hier sein Schmuckstück in Silber oder Gold finden. Auch saisonale Specials. Keine Trauringe.

Ersparnis
Bis zu 50 % gegenüber den regulären Juwelierpreisen. Im Schnäppchenmarkt (immer freitags) auch mehr.

Ambiente
Renovierte, freundliche Räume mit ca. 100 m² Verkaufsfläche. Angenehmer Service durch Fachpersonal. Parkplätze vorhanden.

Adresse
Ries GmbH & Co. KG, Daimlerstraße 5a, 76185 Karlsruhe, Tel.: 07 21/9 72 21-60, www.schmuckgalerie-ries.de.

Öffnungszeiten
Montag bis Freitag 12.00 bis 18.00 Uhr, Samstag 10.00 bis 15.00 Uhr.

Anreise
A5 Basel–Frankfurt, Ausfahrt Karlsruhe Mitte. Auf der B10 Richtung Landau bis zur Anschlussstelle KA-Mühlburg/Neureut. Dort auf die B36 Richtung Mannheim. An der 5. Ampel links in die Siemensallee und nach 50 m rechts in die Daimlerstraße. Der Verkauf befindet sich nach 100 m links.

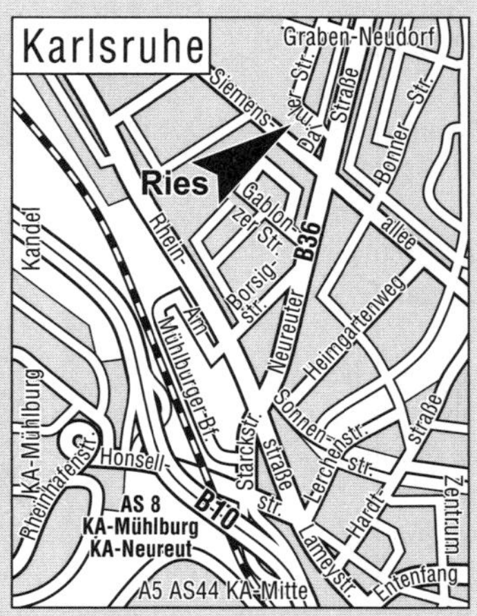

EINKAUFS-
GUTSCHEIN
S. 581

Die Firma Miko-Schmuck produziert seit über 70 Jahren hochwertigen Modeschmuck und attraktive Accessoires. Bei allen Kreationen werden präzisionsgeschliffene Swarovski-Kristalle verwendet. Erstklassige, nickelfreie Verarbeitung.

Exklusiver Modeschmuck

Warenangebot
Qualitativ hochwertiger Modeschmuck, veredelt mit Swarovski Elements. Colliers, Armbänder, Ohrschmuck, Broschen, Schlüsselanhänger und Glücksbringer.

Ersparnis
Ca. 50 %. Nur erstklassige Ware zu Fabrikpreisen.

Ambiente
Persönliche Beratung durch fachkundiges Personal.

Besonderheiten
Neugablonz ist als Schmuckstadt bekannt. Ein Besuch des Isergebirgs-Museums und der Erlebnisausstellung ist empfehlenswert. Dort erhält man reichhaltige Informationen über Modeschmuck.

Adresse
Ferdinand Mikolasch OHG, Schmuck- und Metallwarenfabrik, Hüttenstraße 24, 87600 Kaufbeuren-Neugablonz, Tel.: 0 83 41/63 29, www.miko-schmuck.de.

Öffnungszeiten
Montag bis Donnerstag 8.00 bis 12.00 und 13.00 bis 17.00 Uhr, Freitag 8.00 bis 12.00 Uhr. Betriebsferien im August.

Anreise
Neugablonz liegt neben Kaufbeuren zwischen Kempten und Landsberg im Allgäu. B12, Ausfahrt Kaufbeuren, Kreisverkehr Richtung Neugablonz, dann Sudetenstraße bis zur Kreuzung, dann Hüttenstraße, nächste Kreuzung Ecke Grünwalder Straße ist Fabrikverkauf (schräg gegenüber Firma Swarovski).

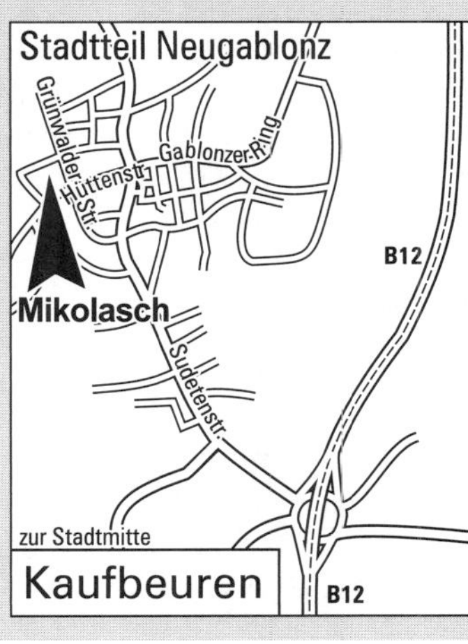

GRIESSON - DE BEUKELAER

Die Produkte selbst sind die beste Werbung für die zugehörigen Marken. Hier darf probiert werden. Dass die acht Factory Outlets der Gruppe zu den schönsten überhaupt gehören, steigert das Vergnügen noch.

Zum Reinbeißen!

Warenangebot
Kekse und Gebäck der Marken Griesson, DeBeukelaer, Prinzen Rolle, Soft Cake, Tekrum, TUC, Leicht & Cross, Wurzener, Pralinen, Saisonartikel, auch von befreundeten Herstellern.

Ersparnis
20 bis 50 %, besonders die Pfundbeutel mit der 2. Wahl sind sehr günstig.

Ambiente
Feiner Laden, überwiegend Selbstbedienung, auch Beratung. Kaum Wartezeiten. Kostproben. Bezahlen mit EC-Karte möglich.

Adresse
Griesson – de Beukelaer GmbH & Co. KG, Arnoldstraße 62, 47906 Kempen, Tel.: 0 21 52/1 41-42 71, www.griesson-debeukelaer.de.

Öffnungszeiten
Montag bis Freitag 9.00 bis 18.00 Uhr, Samstag 9.00 bis 13.00 Uhr.

Weitere Verkaufsstellen
- 04808 **Wurzen**, Wurzener Dauerbackwaren GmbH, Albert-Kuntz-Straße 13, Tel.: 0 34 25/8 19 72 99.
- 56751 **Polch**, Heinz-Gries-Straße/L52, Tel.: 0 26 54/4 01 17 21.
- 73312 **Geislingen/Steige**, Fabrikstraße 40, Tel.: 0 73 31/9 84 86 61.

Anreise
A40 Duisburg–Venlo, Ausfahrt und Richtung Kempen, 1. Ampel links, nächste rechts, 2. Straße rechts.

MEINDL
Shoes and Fashion

Schuster bleib bei deinen Leisten – dieser Spruch ist das Leitmotiv für die Arbeit der Firma Meindl. Seit nunmehr elf Generationen produzieren sie Schuhe und Bekleidung mit internationalem Anspruch. Schuhe für Alltag, Freizeit, Sport und Bewegung sowie Leder- und Lammfellbekleidung in modernem alpinem Design.

Auf Schritt und Tritt

Warenangebot
Trekking-, Berg-, Outdoor-Schuhe, „Aktivschuhe" (Sportschuhe für den Alltag), Langlauf-, Trachtenschuhe und Stiefel. Die Kollektion der Trachtenmode umfasst von Lederhosen über Lederjacken bis hin zur Trachtenbluse so ziemlich alles in sehr großer Auswahl.

Ersparnis
Die Sonderangebote aus Restposten, 2. Wahl und Sondermodellen sind 20 bis 40 % günstiger. Bei Jacken und Hosen Anfertigung auch nach Maß! Keine Ersparnis bei aktueller Ware.

Ambiente
Großzügig gestaltetes Einzelhandelsgeschäft.

Adresse
Meindl Bekleidung GmbH & Co. KG, Dorfplatz 8-10, 83417 Kirchanschöring, Tel.: 0 86 85/98 52 73, laden@meindl.de, www.meindl-fashions.de.

Öffnungszeiten
Montag bis Freitag 9.00 bis 18.00 Uhr, Samstag 9.00 bis 13.00 Uhr.

Anreise
B20 Freilassing-Passau nach Laufen. Richtung Kirchanschöring. A8, Ausfahrt Siegsdorf über Waging/See nach Kirchanschöring.

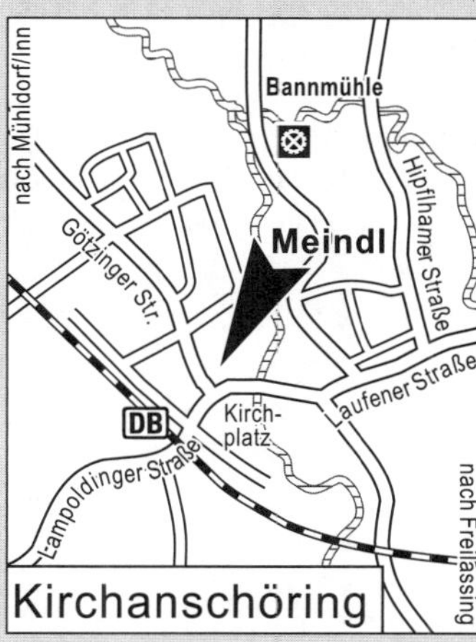

EINHORN
SINCE 1924

Einhorn ist der Inbegriff hochwertiger Herrenhemden. Bekannt für gute Qualität und gute Passform. Führender Markenhemdenhersteller.

Klasse: das Hemd, die Bluse

Warenangebot
Hemden, Blusen und Krawatten von Einhorn, Bettwäsche, Spannbetttücher, Stoffe von Brennet. Frottierwaren, Unterwäsche etc.

Ersparnis
Bis zu 40%. Kein Umtausch für 2. Wahl und reduzierte Ware.

Ambiente
Heller, großer Verkaufsraum. Nette Verkäuferin, die auch berät. Die Ware ist übersichtlich präsentiert. Parkplätze.

Adresse
Einhorn Mode Manufaktur GmbH & Co. KG, Einhornstraße 10, 72138 Kirchentellinsfurt, Tel: 0 71 21/3 25 91 50.

Öffnungszeiten
Montag bis Freitag 10.00 bis 18.00 Uhr, Samstag 10.00 bis 14.00 Uhr.

Anreise
B27 bis Ausfahrt Kirchentellinsfurt. Über eine große Bücke in den Ort. An der 1. Kreuzung links. Nach ca. 100 m Verkauf auf der linken Seite.

BOGNER

Die internationale Lifestyle-Marke BOGNER steht seit mehr als 80 Jahren für Sportlichkeit, Mode, Qualität und Exklusivität.

Sportlich, hochwertig, elegant

Warenangebot
BOGNER SPORT: Luxusmarke für Ski- und Golfbekleidung. BOGNER WOMAN: hochwertige, elegante Damenmode. SÔNIA BOGNER: hochwertige Designerkollektion. BOGNER MAN: sportlich elegante Herrenmode. BOGNER FIRE+ICE: Active- und Sportswear. Nicht aus aktuellem Sortiment oder mit kleinen Fehlern.

Ersparnis
30 bis 70 %.

Ambiente
Outlet direkt auf dem Bogner Firmengelände. 900 m² große, helle Verkaufsräume.

Adresse
BOGNER OUTLET, Am Werbering 5, 85551 Kirchheim-Heimstetten, Tel.: 0 89/ 4 36 06-6 70.

Öffnungszeiten
Montag bis Freitag 10.00 bis 18.00 Uhr, Samstag 10.00 bis 16.00 Uhr.

Weitere Verkaufsstellen (Auswahl)
- 14641 **Wustermark-Elstal**, Alter Spandauer Weg 1, Tel.: 03 32 34/2 49 79 0.
- 24539 **Neumünster-Wittorf**, Oderstraße 10, Tel.: 0 43 21/5 55 56 82.
- 66482 **Zweibrücken**, The Style Outlets, Londoner Bogen 10-90, Tel.: 0 63 32/47 29 79.
- 80993 **München-Moosach**, Triebstraße 36-38, Tel.: 0 89/14 72 86 01.
- 85055 **Ingolstadt-Feldkirchen**, Ingolstadt Village, Otto-Hahn-Straße 1, Tel.: 08 41/1 29 41 84.
- 97877 **Wertheim-Dertingen**, Wertheim Village, Almosenberg, Tel.: 0 93 42/ 85 82 15.
- CH-7302 **Landquart**, Designer Outlet, Tardisstrasse 79, Tel.: 00 41/81/3 23 17 01.

Anreise
A94, München-Passau, Ausfahrt Feldkirchen-Ost. Richtung Heimstetten. An der Kreuzung geradeaus, dann rechts in „Am Werbering".

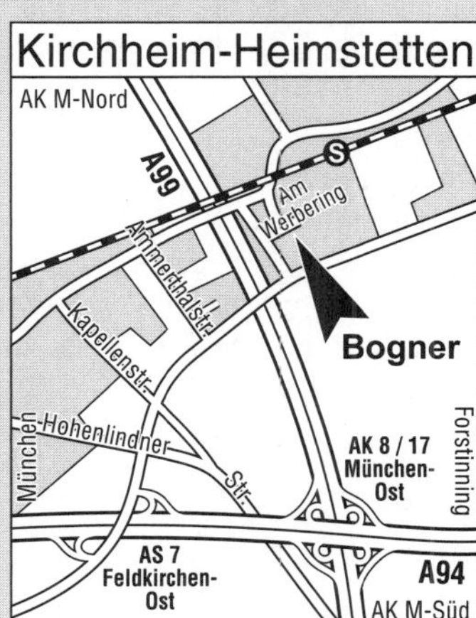

BRAUN BÜFFEL
1887 · GERMANY

Gegründet 1887, entwickelte sich Braun Büffel zu einer internationalen Lifestyle-Marke mit meisterhafter Verarbeitung und anspruchsvollem Design. Braun Büffel bietet Lederaccessoires wie Taschen, Portemonnaies und Mappen in verschiedenen Produktlinien an.

Functional Luxury

Warenangebot
Kleinlederwaren, Damentaschen, Aktenmappen, Businesstaschen, Reisegepäck, Gürtel und Accessoires aus auslaufenden Linien, 1. und 2. Wahl.

Ersparnis
Ca. 30 bis 50 %.

Ambiente
Outletstore direkt auf dem Firmengelände. Freundliche, helle Atmosphäre, gute Beratung, ausreichend Parkplätze.

Adresse
Braun GmbH & Co. KG, Industriestraße 10, 55606 Kirn/Nahe, Tel.: 0 67 52/9 33 30, www.braun-bueffel.de.

Öffnungszeiten
Montag, Mittwoch und Freitag 10.00 bis 17.00 Uhr. An Brückentagen und Rosenmontag geschlossen. Zwischen Weihnachten und Neujahr bleibt der Verkauf ebenfalls geschlossen.

Weitere Verkaufsstelle
● 66787 **Wadgassen**, Myland/Cristallerie Wadgassen, Saarstraße 20, Tel.: 0 68 34/ 4 68 86 63.

Anreise
A61 Koblenz-Mannheim, Ausfahrt Bad Kreuznach. Weiter auf der B41 über Bad Sobernheim nach Kirn. An der Ausfahrt Kirn direkt nach dem Tunnel abfahren und links ins Gewerbegebiet abbiegen. Die 1. Straße rechts führt über die Nahe und direkt zu Braun Büffel auf der rechten Seite.

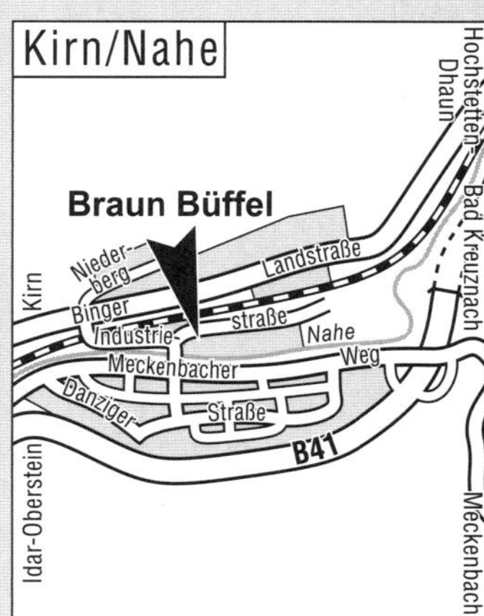

ST.EMILE

Die Marke St.Emile gilt als Geheimtipp beim gehobenen Fachhandel. Der Grund: Die Marke besetzt trendige Themen. Alles, was in Sachen Damenmode etwas mehr Pfiff hat, findet man bei St.Emile. Kundinnen, die anders aussehen möchten als in der Vergangenheit – jünger, modischer – finden hier eine gute Adresse.

Echt anziehend

Warenangebot
Anzüge, Kostüme, Röcke, Hosen, Blazer, Mäntel, Strickwaren, Lederbekleidung. Vorjahresware, Musterteile aus der laufenden Saison, 1. und 2. Wahl.

Ersparnis
Generell 30 bis 50 %.

Ambiente
Die Ware in dem ca. 150m² großen Verkaufsraum ist sehr übersichtlich sortiert. Die Kunden können in ruhiger Atmosphäre einkaufen. Sechs Umkleidekabinen. Im hinteren Teil des Verkaufsraumes gibt es preisreduzierte Sonderposten. Freundliche und fachkundige Beratung. Bezahlung mit EC-Karte möglich.

Adresse
St.Emile, Saaläckerstraße 2a, 63801 Kleinostheim, Tel.: 0 60 22/6 62 41 14.

Öffnungszeiten
Montag bis Freitag 10.00 bis 18.00 Uhr, Samstag 10.00 bis 16.00 Uhr.

Weitere Verkaufsstelle (Auswahl)
● 97877 **Wertheim-Dertingen**, Wertheim Village, Almosenberg, Tel.: 0 93 42/ 91 46 52.

Anreise
A3 Frankfurt-Würzburg, Ausfahrt 58 Aschaffenburg-West. Weiter auf der B8 Richtung Kleinostheim. An der Kreuzung nach dem Kreisverkehr rechts abbiegen, der Verkauf befindet sich direkt rechts.

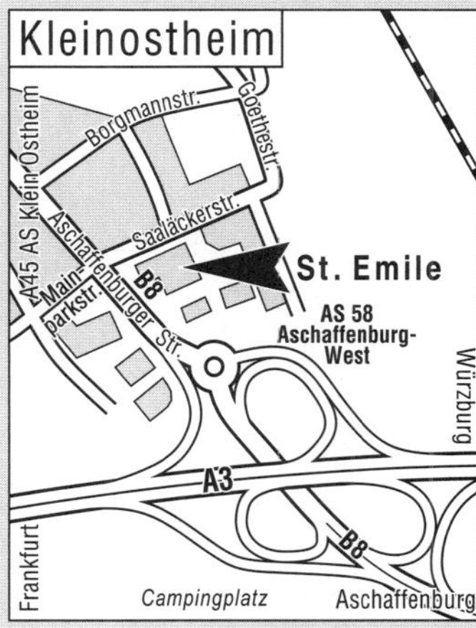

EINKAUFS-GUTSCHEIN S. 571

GATZ-KANUS

In Sachen Canadier ist Gatz nicht irgendein Hersteller – Gatz, Gatz Royal und das dazugehörige Elch-Markenzeichen sind Kult unter den Kanufahrern, hat doch dieser Hersteller seit den 60er-Jahren das Kanufahren in Deutschland nicht nur begleitet, sondern durch seine Kanus, Bücher, Videos und Zubehörideen richtig populär gemacht.

Der (Deutsch-)Canadier

Warenangebot
Canadier und Kajaks aller Ausführungen und Arten: 1 bis 4 Personen, Mannschaftscanadier (bis 11 Bänke), Bootswagen, Dachgepäckträger, Paddel, Spritzdecken, Lukendeckel, Persenninge, Doppelpaddel, Material für wasserdichtes Packen, Sicherheitszubehör, Pflegesets, Outdoor-Artikel, Schuhe, Flussführer, Tourenbeschreibungen, Wassersportkarten und -atlanten, Videofilme, Fremdboote. Individuelle Wünsche können hier erfüllt werden.

Ersparnis
Vom Preis her sehr interessant sind Sonderangebote, Gebrauchtboote und Vermietung von Canadiern und Kajaks. Hier 25 bis 40 % Ersparnis.

Ambiente
Die Gatz-Fertigung verteilt sich auf mehrere Häuser. Vom Hof aus kann man in die Näherei sehen. Testfahrten möglich.

Adresse
Gatz-Kanus, Bergisch Gladbacher Straße 787, 51069 Köln-Dellbrück, Tel.: 02 21/ 96 44 77 00, www.gatz-kanus.de.

Öffnungszeiten
Montag bis Freitag 10.00 bis 13.00 und 14.00 bis 18.00 Uhr, Samstag 10.00 bis 13.00 Uhr. Im Winter Montag geschlossen.

Anreise
A3, Kölner Autobahnring, Ausfahrt und 2 km in Richtung Köln-Dellbrück. Nach Aral-Tankstelle und etwas vor Abzweig Mauspfad: Gatz (Eingang mit Elchsignet gekennzeichnet).

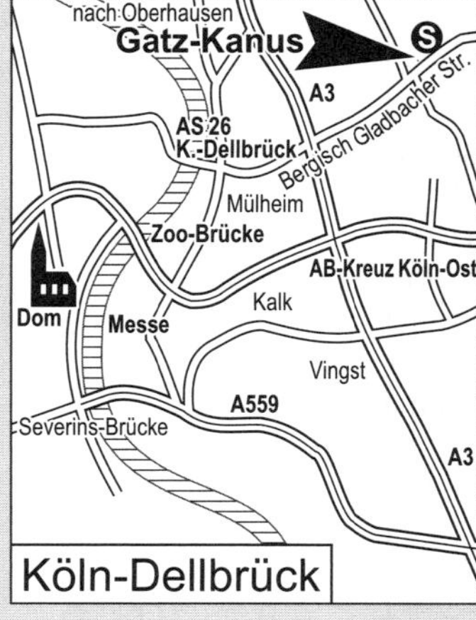

Die eigenen Mitarbeiter sollen stolz auf ihre Produkte sein. Deshalb fördern alle Automobilhersteller den Neuwagenverkauf an ihre Beschäftigten bzw. Pensionäre und auch den Absatz der „Jahreswagen".

Feel the difference

Warenangebot

Ford-Automobile der aktuellen Serien oder der Vorjahres-Serien. Meist nur 10.000 bis 15.000 km Fahrleistung.

Ersparnis

Mindestens 25 %, Spitzenmodelle werden mit nur 17 % Nachlass angeboten. Von der Verhandlungsbasis (VB) ausgehend, wird über den Endpreis verhandelt.

Ambiente

Über das laufende Angebot an Jahreswagen informiert der Ford-Mitarbeiter Automobilverein e.V. (www.fmav.de). Dazu kann über die Ford Jahreswagen-Vermittlung die jeweils aktuelle Liste mit Angeboten und Preisen angefordert werden. Hinzu kommt die Jahreswagen-Börse in Köln-Niehl, Parkhaus Nord, „Am Ölhafen" und Saarlouis, Henry-Ford-Straße vor dem Rhein Energie Stadion (Termine über www.fmav.de). Verkauft wird nur noch dort.

Adresse

Ford Werke GmbH, Jahreswagen-Vermittlung N/267, Henry-Ford-Straße, 50735 Köln-Niehl, Tel.: 02 21/9 01 43 63, www.fmav.de.

SALAMANDER Lurchi

Salamander ist für Millionen Verbraucher Inbegriff internationaler Schuhmode, erstklassiger Verarbeitung und perfekter Passform. Die bekannteste Schuhmarke in Europa hat eine über 100-jährige Tradition.

Die Nr. 1 in Sachen Schuh

Warenangebot
Starke Schuhmarken im Lagerverkauf: Salamander, Lurchi, Sioux, Camel Active und viele andere. Damit bietet das Unternehmen ein Vollsortiment vom Krabbel- bis zum Seniorenalter. Sehr große Auswahl auch an modischen Accessoires. Hemden der Marken Lorenzo Calvino und Dornbusch, Reisegepäck von Travelite.

Ersparnis
10 bis 30% bei Markenschuhen, Sonderposten bis zu 50%.

Ambiente
Großzügiger Neubau mit 2600 m² Verkaufsfläche. Fachkundige Beratung möglich. Kinderspielecke. Schuhreparaturservice. Im Stil eines Factory Outlet Center verkaufen hier auch andere Hersteller, z.B. Trigema, Yeanshalle, JCC Ledermoden.

Adresse
Salamander, Stammheimer Straße 10-14, 70806 Kornwestheim, Tel.: 0 71 54/ 8 00 62 48, www.Salamander.de.

Öffnungszeiten
Montag bis Freitag 10.00 bis 19.00 Uhr, Samstag 10.00 bis 18.00 Uhr.

Weitere Verkaufsstellen (Auswahl)
- 14641 **Wustermark-Elstal**, Alter Spandauer Weg 4a, Tel.: 03 32 34/2 20 75.
- 30916 **Isernhagen-Altwarmbüchen**, Siemensstraße 9, Tel.: 05 11/6 16 56 87.
- 86842 **Türkheim**, Jakob-Sigle-Straße 58, Tel.: 0 82 45/52-1 23.

Anreise
Kornwestheim liegt zwischen Stuttgart und Ludwigsburg. Der Lagerverkauf befindet sich gegenüber dem Bahnhof. S-Bahn (S4, S5) hält direkt vor dem Lagerverkauf.

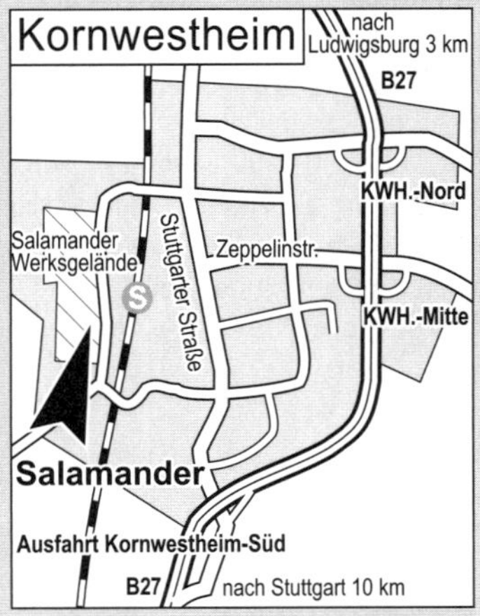

MEXX

„Schön, aber nicht in meiner Größe da", klagten die Schnupperkunden im Kollektionsverkauf von Mexx in Mönchengladbach, wo es nur Musterteile gibt. Für alle, die bei Damengröße 38 oder Herrengröße 50 passen müssen, gibt es das Mexx Factory Outlet Center.

Mexx für alle

Warenangebot
Große Auswahl der Linien Mexx Men, Mexx Woman, XX by Mexx, Mexx Youth, Mexx Sport Woman. Während im Kollektionsverkauf naturgemäß aktuellste Mode gezeigt wird, wird die Ware hier saisonversetzt angeboten. Überproduktion und Restware werden hier verkauft, wenn der Handelseinkäufer schon an die nächste Saison denkt.

Ersparnis
Etwa 30 bis 40 %.

Ambiente
Geschmackvoll und modern eingerichteter Fachmarkt mit vielen Anregungen, fachkundigen Mitarbeitern und besten Anprobemöglichkeiten, Bistro-Café.

Adresse
Mexx Factory Outlet, Friedrich-Ebert-Straße 9, 41352 Korschenbroich.

Öffnungszeiten
Montag bis Freitag 10.00 bis 19.00 Uhr, Samstag 10.00 bis 18.00 Uhr.

Weitere Verkaufsstelle
● 41065 **Mönchengladbach-Pesch**, Mexx Kollektionsverkauf, Reyerstraße 45-47, Tel.: 0 21 61/4 79 32 77. Hier nur Mustergrößen (Damen 38, Herren 50).

Anreise
A52, Mönchengladbach-Düsseldorf, Ausfahrt Schiefbahn. Auf der L382 Richtung Korschenbroich. Nach der Bahnüberführung rechts und gleich nochmals rechts in die Rochusstraße Richtung Kaarst. Diese geht in die Friedrich-Ebert-Straße über.

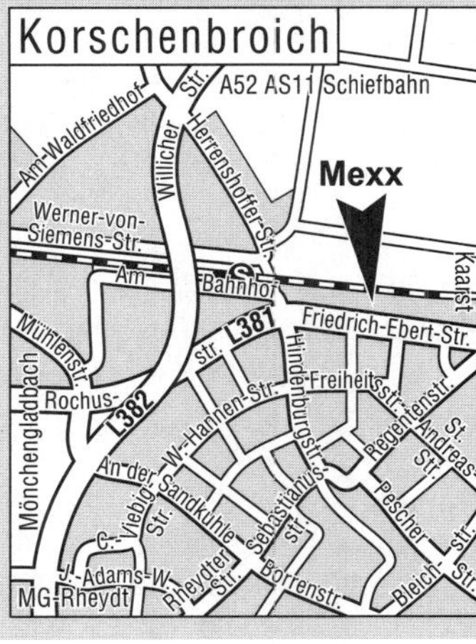

billerbeck
HOME STORES

EINKAUFS-GUTSCHEIN S. 561

Die Firma Billerbeck steht für Schlafkultur seit 1921 und ist ein inhabergeführtes Familienunternehmen mit mehr als 90 Jahren Tradition und Erfahrung im Bereich Bettwaren. In Deutschland, Österreich, Ungarn und in der Schweiz ist Billerbeck Marktführer.

Ein guter Tag beginnt nachts

Warenangebot
Bettwaren, Einziehdecken und Kopfkissen gefüllt mit Daune, Faser, Naturmaterialien sowie Nackenstützkissen und Matratzenauflagen, Matratzen und Rahmen. Außerdem Frottierwaren, Bettwäsche, Spannbettlaken, Plaids, Wohnaccessoires von hochwertigen Markenartikelherstellern und vieles mehr.

Ersparnis
20% auf alle Artikel, außer auf bereits reduzierte Ware. Solange der Vorrat reicht.

Ambiente
Der Markenshop befindet sich direkt im Hauptgebäude. Große Auswahl an Bettwaren und Accessoires.

Adresse
Billerbeck Home Stores GmbH, Eppinger Straße 40-44, 76703 Kraichtal-Münzesheim, Tel.: 0 72 50/7 50, www.billerbeck-home.com.

Öffnungszeiten
Montag und Mittwoch bis Freitag 10.00 bis 18.00 Uhr, Samstag 9.00 bis 13.00 Uhr.

Anreise
A5 Karlsruhe-Mannheim, Ausfahrt Bruchsal. Weiter auf der B35 und B3 nach Ubstadt-Weiher. Dort rechts Richtung Kraichtal abbiegen. Billerbeck befindet sich am östlichen Ortsausgang direkt an der Durchfahrtsstraße.

MUSTANG®

True Denim

Das Beste, was man sein kann, ist man selbst. Darum setzt die Traditionsmarke Mustang auf eine grundehrliche Denim-Philosophie, bei der Natürlichkeit und Originalität im Vordergrund stehen. So ist eine Jeans von Mustang immer daran zu erkennen, dass sie perfekt zu einem passt.

Authentische Marke

Warenangebot
Riesiges Sortiment an Jeans- und Lifestyle-Produkten für Damen und Herren, Mustang-Accessoires wie Schuhe, Lederjacken, Gürtel, Bodywear. Überwiegend Restposten und Modelle der vergangenen Saison. Täglich Warenanlieferung.

Ersparnis
30 bis 70 %.

Ambiente
Shoppingspaß auf über 690 m². Zahlreiche Umkleidekabinen, freundliche, kompetente Beratung, Spielecke, Parkplatz.

Besonderheiten
Mustang Museum in einer Villa am Firmenstandort, Austraße 10. Öffnungszeiten Museum: Dienstag bis Freitag 10.00 bis 18.00 Uhr.

Adresse
Mustang Outlet Store, Würzburger Straße 48, 74653 Künzelsau, Tel.: 0 79 40/ 9 25 20.

Öffnungszeiten
Montag bis Freitag 9.30 bis 20.00 Uhr, Samstag 9.30 bis 18.00 Uhr.

Anreise
A6, Heilbronn–Nürnberg, Ausfahrt Kupferzell. B19 Richtung Künzelsau. Dort an der 1. Kreuzung zweimal links ab Richtung Würzburg/Bad Mergentheim. Über die Kocherbrücke, dann rechts.

EINKAUFS-GUTSCHEIN S. 561

Bonacelli produziert seit 1931 Anzüge und Sakkos ausschließlich aus italienischen Oberstoffen z. B. von Loro Piana oder Reda. Die Produktion findet zu 100 % in der EU statt.

Qualitätsbewusst

Warenangebot
Für Herren: Anzüge, Sakkos, Hosen, Hemden, Strickwaren, Mäntel, Jacken (auch in Leder) sowie Freizeitmode. Für Damen: Business- und Freizeitmode. Außerdem Maßkonfektion für Anzüge, Sakkos und Hemden.

Ersparnis
30 bis 50 %.

Ambiente
Sehr große Auswahl auch in großen Größen, Änderungsservice, Beratung, gutes Preis-Leistungs-Verhältnis. Ausreichend Parkplätze vorhanden.

Besonderheiten
Ausflug bietet sich an z.B. nach Straßburg, an die Elsässische Weinstraße, in den Schwarzwald, in den Europapark Rust (10 km entfernt).

Adresse
Bonacelli Moda GmbH, Lotzbeckstraße 47/Schwarzwaldstraße, 77933 Lahr, Tel.: 0 78 21/9 36 40, info@bonacelli.de, www.bonacelli.de.

Öffnungszeiten
Montag bis Freitag 10.00 bis 19.00 Uhr, Samstag 10.00 bis 18.00 Uhr.

Weitere Verkaufsstelle
● 79540 **Lörrach**, Basler Straße 86, Tel.: 0 76 21/1 61 68 09. Montag bis Freitag 10.00 bis 19.00 Uhr, Samstag 10.00 bis 16.00 Uhr.

Anreise
A5 Karlsruhe-Basel, Ausfahrt Lahr. Richtung Lahr. An der 2. Ampel nach dem Ortsschild Lahr links, nächste Ampel links. Verkauf nach 800 m links.

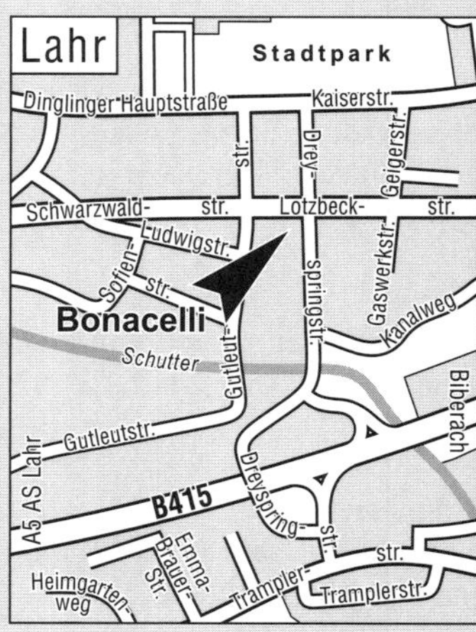

EINKAUFS-GUTSCHEIN S. 555

ara®
since 1949

Wie die südamerikanischen Ara-Papageien sind Ara-Schuhe langlebig – und hin und wieder, je nach Modell, sogar bunt!

Noch mehr vom bunten Ara!

Warenangebot
Damen-, Herren- und Kinderqualitätsschuhe für jeden Tag und besondere Anlässe. 1. und 2. Wahl. Auch Taschen, Hemden, Krawatten, Strickwaren und Strümpfe.

Ersparnis
Etwa 30 %.

Ambiente
Warenpräsentation auf 800 m² in modernem Wohlfühl-Ambiente. Große Auswahl. Schuhe nach Größen sortiert. Anprobemöglichkeiten. Parkplätze.

Adresse
Ara Shoes AG, Zur Schlenkhecke 1, 40764 Langenfeld-Immigrath, Tel.: 0 21 73/1 05-3 32.

Öffnungszeiten
Montag bis Freitag 10.00 bis 18.00 Uhr, Samstag 10.00 bis 14.00 Uhr.

Weitere Verkaufsstellen
- 42929 **Wermelskirchen**, Dörpfeldstraße 20, Tel.: 0 21 96/88 83 47.
- 44534 **Lünen**, In den Hummelknäppen 10, Tel.: 0 23 06/9 78 92 54.
- 48607 **Ochtrup**, EOC, Laurenzstraße 51, Tel.: 0 25 53/72 29 97.
- 66787 **Wadgassen**, Myland/Cristallerie, Saarstraße 20, Tel.: 0 68 34/9 61 83 73.
- 72555 **Metzingen**, Noyon-Allee 4, Tel.: 0 71 23/9 44 90 91.
- 85579 **Neubiberg**, Arastraße 2, Eingang Kameter-Straße, Tel.: 0 89/ 60 01 38 60.
- 89343 **Jettingen-Scheppach**, Siemensstraße 2, Tel.: 0 82 25/3 08 70 56.
- 97475 **Zeil am Main**, Erbelle-Outlet-Center, Sander Straße 3, Tel.: 0 95 24/ 3 03 33.

Anreise
A3 Düsseldorf–Köln, Ausfahrt Solingen, rechts auf der B 229 nach Langenfeld. An der großen Kreuzung links und 1. Möglichkeit wieder links.

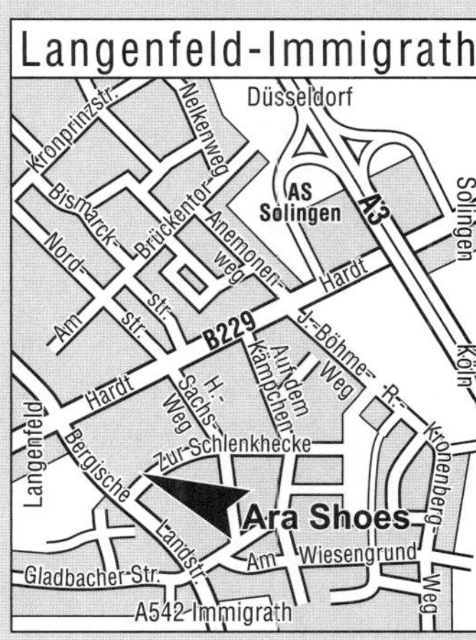

EINKAUFS-GUTSCHEIN S. 593

schlafen24

Schlafen24 ist der Fabrikverkauf der Firma OBB Oberbadische Bettfedernfabrik GmbH in Lörrach-Tumringen. Hier werden frisch ab Werk hochwertige daunen- und federgefüllte Markenbettwaren zu Schnäppchenpreisen verkauft. Es gibt auch einen Online-Shop: www.schlafen24.de.

Bettwaren für Anspruchsvolle

Warenangebot
Komplettes Sortiment an Kopfkissen und Bettdecken in allen gängigen Größen (auch Übergrößen) und Füllungen (Daunen/Federn, Naturhaare, Faser). Großes Marken-Matratzenstudio (auch Boxspring). Große Auswahl an Marken-Frottierwaren und Bettwäsche. Alles auch in Schweizer Größen erhältlich.

Ersparnis
Auslaufware bis 50 %, 1B- und Restposten bis 60 % günstiger.

Ambiente
Verkaufsraum auf über 400 m² mit genauer Produktaussage. Barrierefrei. Qualifizierte und ganzheitliche Schlaf-Fachberatung mit Herstellerkompetenz. Gratis-Parkplätze und Bushaltestelle vor dem Verkauf.

Adresse
Schlafen24 GmbH & Co. KG, Mühlestraße 54, 79539 Lörrach-Tumringen, Tel.: 0 76 21/15 20 45, info@schlafen24.de, www.schlafen24.de.

Öffnungszeiten
Dienstag bis Freitag 10.00 bis 17.00 Uhr, Samstag 10.00 bis 14.00 Uhr.

Anreise
A5 Basel-Karlsruhe, Ausfahrt Lörrach. Auf die A98, nach ca. 3 km Ausfahrt Kandern. 1. Kreuzung geradeaus (Berg hinunter), dann 1. Ampel links. Die Firma befindet sich nach ca. 400 m auf der rechten Seite (beschildert).

Continental Foods ist der Hersteller der bekannten Erasco-Suppen und Produzent von Fertiggerichten in Dosen und im Aroma-Pack. Doch nicht nur Erasco-Fans werden im Shop fündig, auch andere Marken wie „Heiße Tasse" werden dort angeboten.

Wo Suppen schmecken

Warenangebot
Alle Produkte der Firma Continental Foods aus der laufenden Produktion.

Ersparnis
30 bis 40 %.

Ambiente
Parkmöglichkeiten vorhanden. Zahlung nur mit EC-Karte möglich.

Adresse
Continental Foods, Geniner Straße 88-100, 23560 Lübeck, Tel.: 04 51/ 5 30 60.

Öffnungszeiten
Mittwoch 7.00 bis 11.00 Uhr, Donnerstag 7.00 bis 16.30 Uhr, Freitag 7.00 bis 14.00 Uhr.

Anreise
A20 Lübeck-Wismar, Ausfahrt 2a Lübeck-Genin. Weiter Richtung Lübeck. Der Verkauf befindet sich nach 2,5 km links.

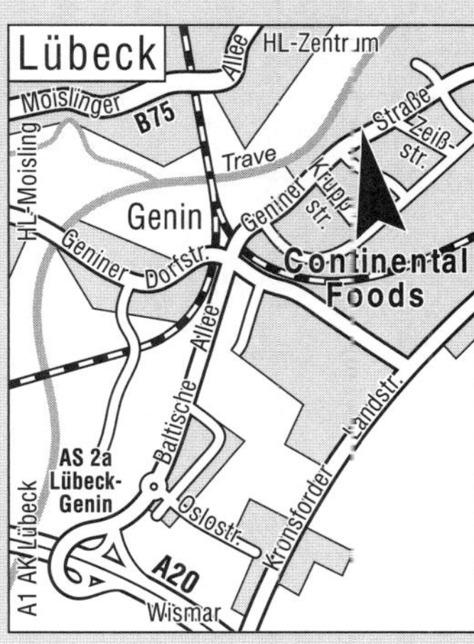

NIEDEREGGER
LÜBECK

Der Lübecker Marzipanhersteller Niederegger gehört zu Lübeck wie das Holstentor. Niederegger ist weltbekannt und Inbegriff von feinsten Marzipanspezialitäten.

Marzipan von A bis Z

Warenangebot
Von Marzipan-Aal bis Marzipan-Zitrone ist alles vorhanden: Marzipan mit und ohne Schokolade, mit Nugat, Pralinen mit und ohne Alkohol, Gebäck und Saisonartikel zu Ostern und Weihnachten.

Ersparnis
Nur bei beschädigter oder untergewichtiger Ware, bei nahem Mindesthaltbarkeitsdatum oder Sonderangeboten.

Ambiente
Großzügiger Erlebnis-Werksverkauf zu dem Thema „Rund um Marzipan".

Adresse
IG Niederegger GmbH und Co. KG, Zeißstraße 1-7, 23560 Lübeck, Tel.: 04 51/ 5 30 10, www.niederegger.de.

Öffnungszeiten
Montag bis Freitag 8.00 bis 17.00 Uhr, Samstag 9.00 bis 14.00 Uhr.

Anreise
Von der A1 Hamburg-Lübeck am Kreuz Lübeck auf die neue A20 Richtung Wismar bis zur ersten Ausfahrt Lübeck-Genin. Von dort über die Baltische Allee Richtung Lübeck-Innenstadt und weiter geradeaus in die Geniner Straße und die 4. Straße rechts in die Zeißstraße.

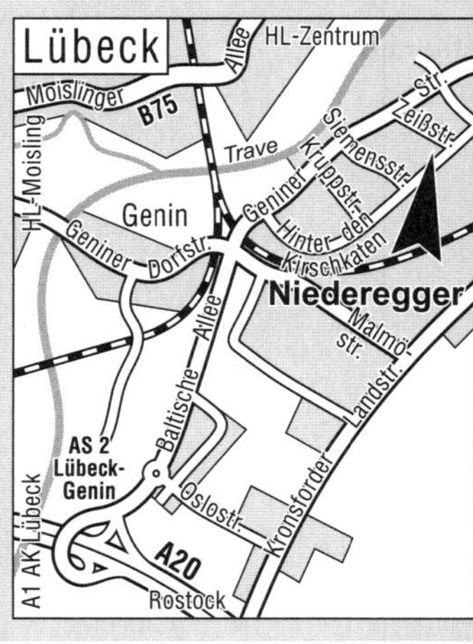

EINKAUFS-GUTSCHEIN S. 593

ROY ROBSON

Roy Robson ist eine internationale Lifestyle-Marke für Männermode. Seit 1922 vertrauen die Kunden auf die modische Kompetenz und das hohe Qualitätsniveau. Abwechslungsreiche Kombinationsmöglichkeiten unterstreichen den Stil und die Persönlichkeit des Trägers.

Lifestyle-Marke

Warenangebot
Anzüge ab 42/88 und bis 64/118, Hochzeits- und Event-Anzüge, Baukasten-Anzüge, Sakkos, Hosen, Westen, Hemden, Krawatten, Jeans, Pullover, Shirts, Jacken, Mäntel, Gürtel, Schuhe, Socken, Lederwaren. Außerdem sind folgende Marken vertreten: Cinque, Fynch Hatton, Frank Walder, Gardeur, Monari, Million X, Tuzzi, Vanizetti, B-Belt, con-ta, Coastline und First B.

Ersparnis
30 bis 50 %, bei Rest- und Sonderposten mehr.

Ambiente
Neu gestalteter Verkaufsraum im modernen Design mit Kaffeebar und Spielecke. Umkleidekabinen und fachkundige Beratung. Gratis-Parkplätze vorhanden.

Adresse
Roy Robson Trade GmbH & Co., Bleckeder Landstraße 22, 21337 Lüneburg, Tel.: 0 41 31/88 72 02, www.royrobson.de.

Öffnungszeiten
Montag bis Freitag 10.00 bis 18.00 Uhr, Samstag 9.30 bis 16.00 Uhr.

Weitere Verkaufsstellen
- 38440 **Wolfsburg-Rothenfelde**, Designer Outlets Wolfsburg, An der Vorburg 1, Tel.: 0 53 61/8 93 50 14.
- 66482 **Zweibrücken**, The Style Outlets, Londoner Bogen 10-90, Tel.: 0 66 32/46 01 74.

Anreise
Aus Richtung Hamburg über die A39 nach Lüneburg, Weiterführung B4 Ausfahrt Stadtkoppel, rechts Richtung Innenstadt, nach ca. 800 m auf der linken Seite.

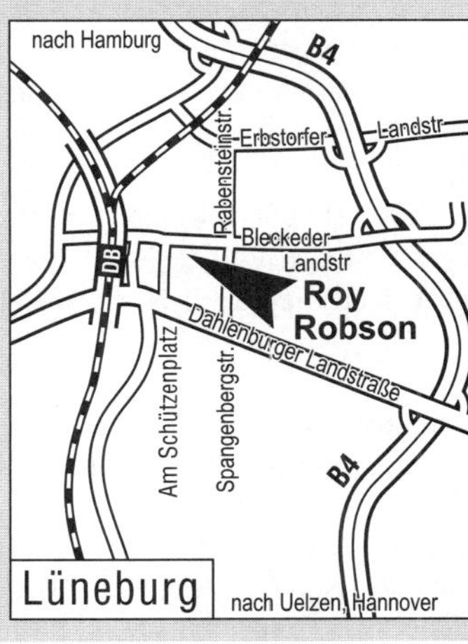

frankenstolz schlafkomfort
f.a.n.

EINKAUFS-GUTSCHEIN S. 567

fan frankenstolz Schlafkomfort ist einer der führenden deutschen Hersteller im Bereich der Bettwaren und Matratzen.

f.a.n.tastische Betten

Warenangebot

Großes Matratzensortiment (Federkern-, Latex-, Kaltschaum-, Viscoschaum-, Kindermatratzen), Lattenroste, Auflagen, Bettwäsche, Steppdecken, Schlafsäcke, Tagesdecken und Bettüberwürfe, Steppbetten, Kissen mit Naturhaar- und Synthetik-Füllungen (waschbar, kochfest), Nackenstützkissen, Daunen- und Federartikel. Viele Artikel wurden in Tests mit „gut" bis „sehr gut" bewertet.

Ersparnis

30 bis 70%. Zum Winter-/Sommer-Saisonende weitere Preisvorteile.

Ambiente

Großer Verkaufsraum mit übersichtlichem Artikelangebot, Möglichkeiten zum „Liegetest" bei Matratzen, Fachberatung.

Adresse

fan frankenstolz Schlafkomfort H. Neumeyer GmbH & Co. KG, 63814 Mainaschaff, Industriestraße 1-3, Tel.: 0 60 21/ 70 81 31.

Öffnungszeiten

Montag bis Samstag 9.00 bis 18.00 Uhr.

Weitere Verkaufsstellen

● 04758 **Oschatz-Merkwitz**, Hangstraße 19-37, Tel.: 0 34 35/67 08 30. Montag, Mittwoch und Freitag 13.00 bis 17.30 Uhr, Dienstag und Donnerstag 9.00 bis 17.30 Uhr, Samstag 9.00 bis 13.00 Uhr.
● 96132 **Schlüsselfeld-Aschbach**, Sandweg 8, Tel.: 0 95 55/92 41 41. Montag und Samstag 9.00 bis 13.00 Uhr, Freitag 13.00 bis 18.00 Uhr.

Anreise

A3 Frankfurt–Würzburg, Ausfahrt 58 Aschaffenburg-West. Weiter auf der B8 Richtung Aschaffenburg. Die 1. Ausfahrt abfahren, am 1. Kreisverkehr rechts vorbei, am 2. Kreisverkehr 3. Möglichkeit abfahren. Der Verkauf befindet sich direkt links der Straße.

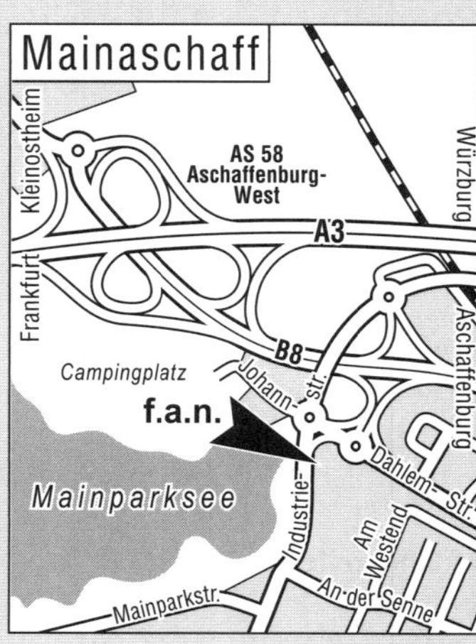

„Outdoor" bedeutet übersetzt „im Freien" – genau das ist das Thema von Deproc. Deproc entwickelt Outdoor-Bekleidung und -Accessoires für Menschen, die Wert auf Qualität, Funktionalität und durchdachte Details legen. Der Schwerpunkt liegt dabei auch im Bereich der Sondergrößen und großen Größen.

Der Outdoor-Spezialist

Warenangebot
Komplettes Sortiment an Wander- und Outdoor-Bekleidung, Ski- und Regenbekleidung, Kinder-Outdoor-Bekleidung, Softshell-Bekleidung, Rücksäcke, Sonnensegel.

Ersparnis
30 bis 50 %, bei Aktionen auch mehr.

Ambiente
Lagerverkauf direkt beim Hersteller. Verkauf der aktuellen Kollektion, Kollektionsmuster, B-Ware und Messeteile stark reduziert.

Adresse
Deproc Freizeitartikel GmbH, Am Abrahamschacht 1A, 09496 Marienberg, Tel.: 0 37 35/60 99 03, www.deproc.de.

Öffnungszeiten
Montag bis Freitag 10.00 bis 18.00 Uhr, Samstag 9.00 bis 13.00 Uhr.

Anreise
B174 von Chemnitz nach Marienberg bis zum Beginn der Ortsumgehung Marienberg bei Lauta. Dort rechts an Lauta vorbei Richtung Marienberg, an der 1. Ampel links ins Gewerbegebiet und gleich wieder rechts abbiegen. Zufahrt hinter dem Großmarkt (Toom) links.

EINKAUFS-GUTSCHEIN S. 557

AUTHENTIC STYLE LAGERVERKAUF

Die Firma Authentic Style befindet sich in der Nähe von Würzburg und verfügt über eines der größten Young Fashion-Sofortlager in Europa. Im neuen Lagerverkauf bietet das Unternehmen topmodische Textilien aus der eigenen Kollektion an.

Tolle Preise – tolles Design

Warenangebot
Riesenauswahl an Jeans, Hemden, Blusen, Sweatshirts, Pullovern, Kleidern, Röcken etc. Ebenfalls im Programm sind Schuhe und Accessoires. Angeboten werden Sonderposten, Lagerüberhänge, Musterteile, Auslaufartikel und 2.-Wahl-Ware.

Ersparnis
50 bis 80 %.

Ambiente
Großzügige Warenpräsentation in einem modernen Gebäude auf über 1000 m² Verkaufsfläche. Großer Bistrobereich. Ausreichend Parkplätze direkt vor dem Verkauf.

Adresse
Authentic Style Lagerverkauf, Michelfelder Straße 15, 97340 Marktbreit, Tel.: 0 93 32/50 40 63.

Öffnungszeiten
Donnerstag 15.00 bis 19.00 Uhr, Freitag 10.00 bis 19.00 Uhr, Samstag 10.00 bis 15.00 Uhr.

Anreise
A7 Ulm–Würzburg, Ausfahrt Marktbreit. Weiter Richtung Kitzingen. Der Verkauf befindet sich am Ortsausgang von Marktbreit Richtung Kitzingen, direkt an der Abzweigung Richtung Michelfeld.

RÖSLE

EINKAUFS-GUTSCHEIN S. 591

Kochen ist eine Kunst und jeder Künstler braucht das richtige Handwerkszeug. Verschiedene Designpreise (Design Award Winner, Stahlinnovationspreis, Der Feinschmecker/Die goldene Gabel) unterstreichen die hervorragende Qualität und Form der Küchenhelfer von Rösle.

Küchenhelfer und BBQ

Warenangebot

1B-Ware, 2B-Ware, Sonderposten, Ware aus Überproduktion, Auslaufartikel. Große Palette an Haushaltsgeräten. Töpfe, Pfannen, Schüsseln, Kochlöffel, Backgeräte, Küchenspezialgeräte, Reiben, Hobel, Schäler, Messer, Schneidbretter, Messerträger, Siebe, Messgeräte, Mühlen, Kochgeschirre aus Aluguss von Berndes und Le Creuset. Porzellan von Friesland und Kahla, Kristallglas von Schott Zwiesel, Kaffeemaschinen von Melitta, Bestecke von Auerhahn, Mühlen von Cilio und Peugeot. Neu: Rösle BBQ: Kugel-Holzkohle-Grills und Spezial-Grillzubehör.

Ersparnis

20 bis ca. 50 %.

Ambiente

Heller Fabrikverkauf auf über 600 m² in einer ehemaligen Produktionshalle. Das reichhaltige Angebot ist übersichtlich angeordnet. Freundliches, kompetentes Personal. Besucherparkplatz vorhanden.

Adresse

Rösle Shop Allgäu, Johann-Georg-Fendt-Straße 38, 87616 Marktoberdorf, Tel.: 0 83 42/91 22 11, foc@roesle.de, www.roesle.de.

Öffnungszeiten

Montag bis Freitag 10.00 bis 18.00 Uhr, Samstag 10.00 bis 14.00 Uhr.

Anreise

B472 Schongau-Marktoberdorf, nach Marktoberdorf auf der Schongauer Straße. Weiter auf der Füssener Straße in Richtung Zentrum, links abbiegen in die Salzstraße. Weiter über den Bahndamm bis zur Brückenstraße, hier rechts abbiegen in die Johann-Georg-Fendt-Straße.

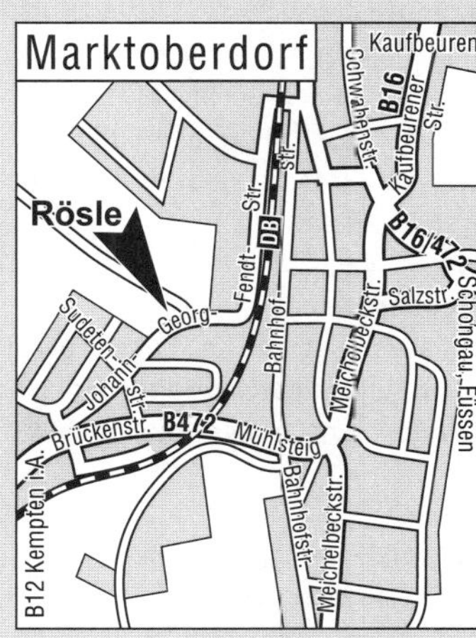

Destillerie Dr. Gerald Rauch GmbH

Gräf's Party-Minis

Käfer

EINKAUFS-GUTSCHEIN S. 589

Die Destillerie Dr. Gerald Rauch GmbH mit Firmensitz im oberfränkischen Marktredwitz im Naturpark Fichtelgebirge widmet sich seit 1969 der Produktion von Spirituosen-Spezialitäten, die nach traditionellen Rezepturen mit erstklassigen, ausgewählten Zutaten hergestellt werden.

Hochwertige Spirituosen

Warenangebot
Über 80 verschiedenen Spirituosen, wie Gräf's Party-Minis, Gräf's Fränkische Pflaume, Altfränkischer Kräuter, 55.5 & 77.7 Absinth, Rauch Edelbrände, Feinkost Käfer Edelbrände u.v.m. Präsente für jeden Anlass.

Ersparnis
Verschiedene Schnäppchen und Aktionspreise. Beim Kauf von 6 Party-Minis à 25 Flaschen gibt es eine siebte Packung gratis dazu. 12er-Party-Packs ab 2,99 €, 25er-Party-Packs ab 6,99 €.

Ambiente
Probiertheke zum kostenlosen Probieren aus dem riesigen Sortiment. Schnapsmuseum, das Antiquitäten und Raritäten aus der Kunst der Destillerie präsentiert. Kostenlose Parkplätze.

Besonderheiten
Auch als Ausflugsziel für Gruppen geeignet. Führungen durch die Produktion ab 10 Personen nach Anmeldung möglich.

Adresse
Rauch's Galerie Destille, Thölauer Straße 12, 95615 Marktredwitz, Tel.: 09231/ 995151, www.schnapsmuseum.de.

Öffnungszeiten
Montag bis Mittwoch 9.30 bis 12.00 und 13.30 bis 17.00 Uhr, Donnerstag und Freitag 9.30 bis 12.00 und 13.30 bis 18.00 Uhr, Samstag 9.30 bis 13.00 Uhr.

Anreise
A93 Regensburg–Hof, Ausfahrt Marktredwitz-Nord. Weiter auf der B303 Richtung Marktredwitz. An der 3. Ausfahrt abfahren, am Kreisel die 2. Möglichkeit abfahren und dann in die 2. Straße links abbiegen. Parkplatz und Verkauf nach 300 m rechts.

Sanetta

Als familiengeführtes Unternehmen in der dritten Generation hat sich Sanetta seit 1957 zur Aufgabe gemacht, Bekleidung für Kinder herzustellen. Heute ist Sanetta Marktführer für Kinderwäsche und einer der bedeutendsten Hersteller für Kinderbekleidung sowie Damen- und Herrenwäsche und Beachwear.

Für drunter und drüber

Warenangebot
Produktionsüberhänge und Sonderposten der Marken Sanetta und Eat Ants by Sanetta. Das Angebot beinhaltet Unterwäsche, Nachtwäsche und Oberbekleidung von der Geburt bis zum Teenageralter. Angenehmer Tragekomfort und Körperverträglichkeit sowie strapazierfähige Materialien. Zusätzlich ab Januar 2015 das brandneue Wäschelabel Short Stories für Damen in den Bereichen Underwear, Loungewear und Beachwear. Herren und Jungs können sich über die Marke Camp David freuen.

Ersparnis
Im Schnitt 35 %; bei Sonderangeboten und Restware erheblich mehr. Zusätzliche Reduzierung im Januar/Juli ca. 50 %.

Ambiente
Großzügig gestalteter Verkaufsraum (2000 m²) mit übersichtlicher Warenpräsentation, Spielecke, Spielplatz, große Stammkundengemeinde.

Adresse
Sanetta, Gebrüder Ammann, Sanettastraße 1, 72469 Meßstetten, Tel.: 0 74 31/ 63 96 36, www.sanetta-group.com.

Öffnungszeiten
Montag bis Freitag 9.30 bis 17.30 Uhr, Samstag 9.30 bis 14.00 Uhr.

Anreise
Meßstetten liegt südlich von Albstadt. In Meßstetten auf der Hauptstraße, L 433, in Richtung Unterdigisheim. Am Ortsausgang nach dem städtischen Bauhof links einbiegen zu Sanetta (Gebäude mit großem Firmenemblem, gut sichtbar).

interstuhl

Interstuhl entwickelt und produziert Bürositzmöbel, die Genuss und clevere Performance vereinen. Sie kommen direkt aus der Engineering-Schmiede auf der Schwäbischen Alb.

Sitzinnovationen

Warenangebot
2.-Wahl-Artikel, Sonderposten zu attraktiven Preisen.

Ersparnis
50 bis 70 %.

Ambiente
Große, helle Verkaufsräume und fachkundige Beratung. Ausreichend Parkplätze vor dem Shop vorhanden.

Adresse
Sitzmöbelshop GmbH, Neue Straße 26, 72469 Meßstetten-Tieringen, Tel.: 0 74 36/9 10 84 11, sms@sitzmoebelshop.de.

Öffnungszeiten
Mittwoch bis Freitag 9.00 bis 18.00 Uhr oder nach Vereinbarung.

Anreise
B27 Stuttgart-Rottweil, Ausfahrt B463 Balingen-Süd-Sigmaringen, Richtung Weilstetten-Stockach nach Tieringen. In Tieringen bei der Ampel Richtung Meßstetten-Ortsmitte in die Balinger Straße, halb rechts in die Neue Straße. Nach ca. 60 m liegt rechter Hand der Sitzmöbelshop.

EINKAUFS-GUTSCHEIN S. 559

bassetti LAURA ASHLEY ZUCCHI COLLECTION

Bassetti bringt die Stoffe zum Leuchten und spielt mit den Farben und Tönen der Natur. Ein heiteres Design prägt die vielseitigen Kollektionen. Neben Bassetti gibt es hier auch Heimtextilien der Marken Zucchi und Laura Ashley in großer Auswahl.

Stoffe und Farben begeistern

Warenangebot
Hauptsächlich Ware der Vorjahreskollektion. Große Auswahl an Bettwäsche, Spannbetttüchern, Granfoulards, Tagesdecken, Kissenbezügen, Tischdecken, Sets, Vorhängen, Frottierwaren, Handtüchern, Strand- und Badetüchern, Bademänteln.

Ersparnis
1. Wahl 25 bis 50 %, 1B-Ware und 2. Wahl bis 60 %, Sonderposten bis zu 80 %.

Ambiente
Präsentation wie im Fachgeschäft, Fachberatung und große Auswahl.

Adresse
Bassetti Factory Outlet, Marktplatz 8-10, 66693 Mettlach, Tel.: 0 68 64/9 11 98 10, www.bassetti.de.

Öffnungszeiten
Montag bis Donnerstag 9.30 bis 18.00 Uhr, Freitag 9.30 bis 19.00 Uhr, Samstag 9.30 bis 18.00 Uhr.

Weitere Verkaufsstellen (Auswahl)
- 82152 **Planegg-Martinsried**, Lochhamer Straße 4, Tel.: 0 89/89 54 36 04.
- 95100 **Selb**, Philip-Rosenthal-Platz 1, Tel.: 0 92 87/5 00 90 13.
- A-5073 **Wals-Himmelreich**, Designer Outlet Salzburg, Kasernenstraße 1, Tel.: 00 43/6 62/25 44.

Anreise
A8, Ausfahrt Merzig. Auf der B51 Richtung Mettlach/Trier. Das Outlet befindet sich im Zentrum.

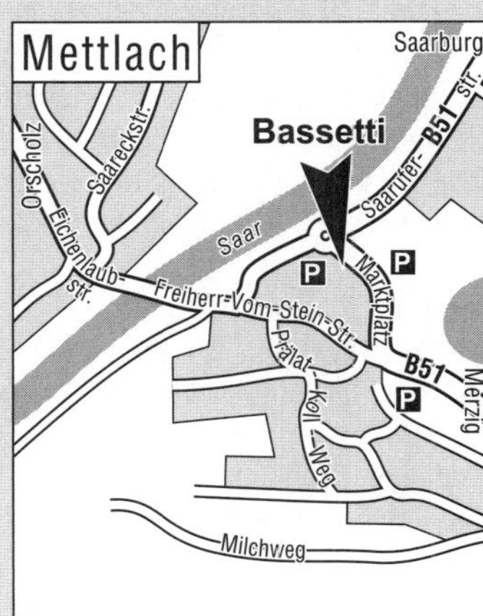

Villeroy & Boch
1748

Das 1748 gegründete Unternehmen hat sich zu einem der bedeutendsten Keramikhersteller der Welt entwickelt. Die Marke Villeroy & Boch bürgt für Qualität und gutes Design, eine Marke mit Ausstrahlung und Prestige.

Tischkultur komplett

Warenangebot
Vollsortiment am Tisch. Tafelgeschirr in vielfältiger Materialauswahl (Premium Bone Porcelain, Premium Porcelain, Hartporzellan), Trinkgläser, Bestecke, Tisch- und Wohnaccessoires. Umfangreiches Sortiment an Serien, alle Teile auch einzeln erhältlich.

Ersparnis
30 bis 40 % im regulären Sortiment. Auslaufdekore, Restposten bis zu 70 %.

Ambiente
Spezialgeschäft für Porzellan, Besteck, Glas, Accessoires, Weihnachtsaccessoires (ganzjährig), Fundgrube. Erlebniszentrum „The House of Villeroy & Boch" mit Keravision, Keramikmuseum, Erlebniswelt Tischkultur und Info-Zentrum Bad, Küche, Fliesen und Wellness, historischer Milchladen.

Adressen
● 66693 **Mettlach**, Telefonvorwahl: 0 68 64, outletcentermettlach@villeroy-boch.com.
- Villeroy & Boch Outlet Center, Freiherr-vom-Stein-Straße 4-6, Tel.: 20 31.
- Villeroy & Boch Weihnachten, Freiherr-vom-Stein-Straße 19, Tel.: 27 04 63.

Öffnungszeiten
Montag bis Freitag 9.30 bis 19.00 Uhr, Samstag 9.30 bis 18.00 Uhr. Aktuelle Sonntagsöffnungszeiten im Internet unter www.mettlachoutletcenter.de.

Anreise
A8, Ausfahrt Merzig. Auf der B51 Richtung Mettlach/Trier. Die Geschäfte sind im Ortskern.

Weitere Verkaufsstellen

● 04860 **Torgau**, Hafenstraße 2-4, Tel.: 0 34 21/74 01 78.

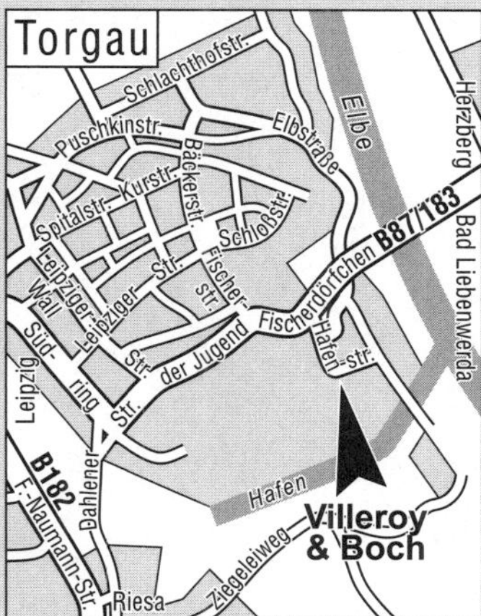

● 24539 **Neumünster-Wittorf**, Designer Outlet Center Neumünster, Oderstraße 10, Tel.: 0 43 21/4 89 68 54.

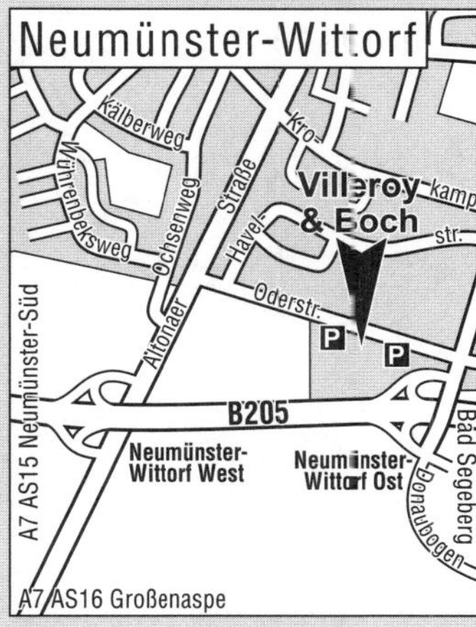

● 14641 **Wustermark**, Designer Outlet Berlin, Alter Spandauer Weg 1, Tel.: 03 32 34/2 06 77.

● 66482 **Zweibrücken**, The Style Outlets, Londoner Bogen 10-90, Tel.: 0 63 32/ 47 99 62.

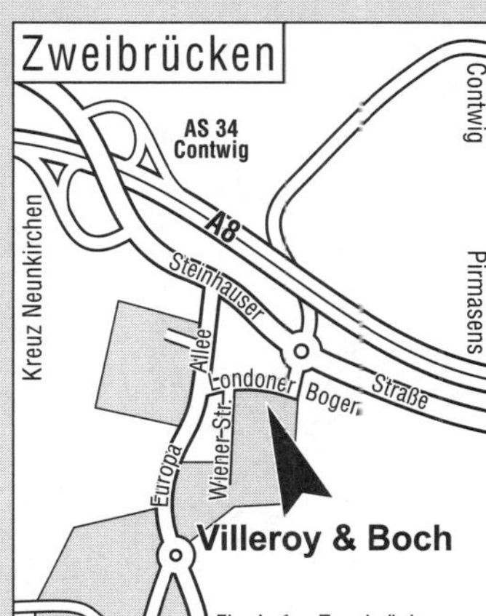

Weitere Verkaufsstellen

● 66787 **Wadgassen**, myland Outlet, Saarstraße 20, Tel.: 0 68 34/4 09 07 61, foc.wadgassen@villeroy-boch.com.

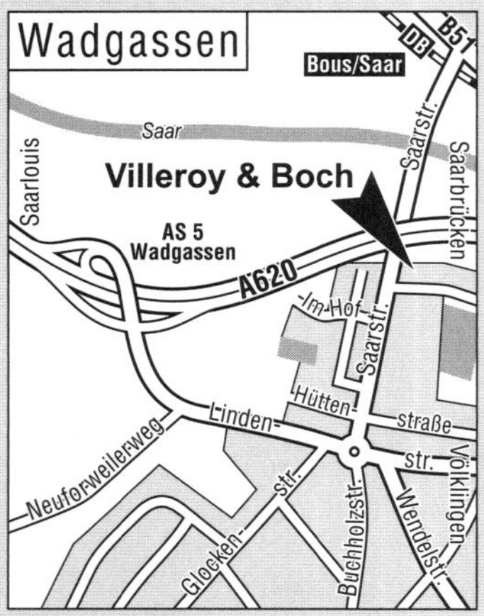

● 95100 **Selb**, Vielitzer Straße 26, Tel.: 0 92 87/99 80 70, www.factory-in.de.

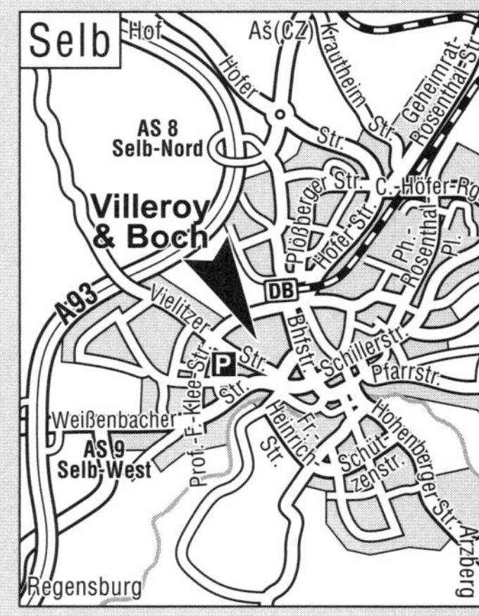

● 97877 **Wertheim-Dertingen**, Wertheim Village, Almosenberg, Tel.: 0 93 42/9 16 93 71, www.wertheim village.com.

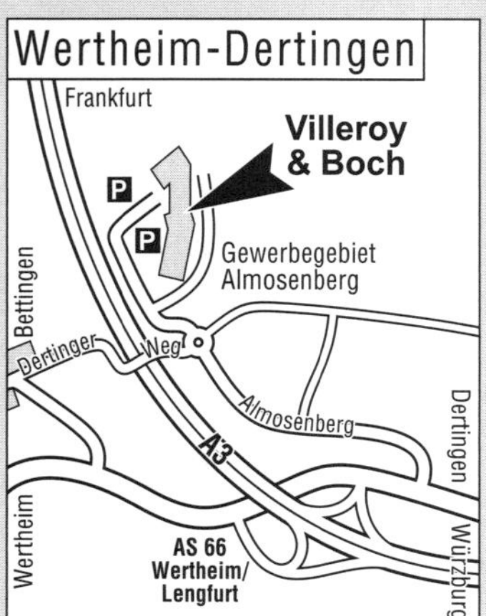

● A-7111 **Parndorf**, McArthurGlen Designer Outlet, Designer Outlet Straße 1, Tel.: 00 43/21 66/3 10 30.

● A-5071 **Wals-Himmelreich**, Designer Outlet Salzburg, Kassernenstraße 1, Tel.: 00 43/6 62/84 33 59.

Wo liegt Metzingen?

Mailand ist schön. Paris mondän. Metzingen schwäbische Provinz – aber leicht und schnell zu erreichen mit Auto, Bahn und Flugzeug. Die Outletcity Metzingen liegt Luftlinie ca. 25 km südlich von Stuttgart am Fuß der Schwäbischen Alb.

Kein Stau mehr, seit es die großzügige Ortsumfahrung Metzingen und die Einfahrt „OUTLET Stadtmitte" gibt. Einfach immer dem Schild „OUTLET Stadtmitte" folgen. Das ist bequeme Orientierung für den Besucher. Zudem hilft ein Parkleitsystem. Es führt zu den mehr als 3000 Parkplätzen in den Parkhäusern der Stadtmitte oder den Stellplätzen direkt angrenzend an die Stadtmitte.

Anreisebeschreibungen

1. Anreise zu den OUTLETS Stadtmitte (über 60 Outlets rund um Boss und den Lindenplatz)

1.1. Von den Autobahnen Heilbronn–Stuttgart, Karlsruhe–Stuttgart, Singen–Stuttgart

Am Leonberger Dreieck auf die A8, Stuttgart-München. Bei der Anschlussstelle Stuttgart-Degerloch, Ausfahrt Nr. 52, die Autobahn verlassen. Hier den Tageskilometerzähler auf km 0 stellen. Auf die B27 Richtung Tübingen/Reutlingen fahren. Von hier sind es noch 22,5 km bis Metzingen. Von der B27 zweigt ca. 2 km nach der Ausfahrt Filderstadt-Ost/Bonlanden/Sielmingen/Harthausen die B312 Richtung Reutlingen/Metzingen ab. Die B312 an der 3. Ausfahrt „OUTLET Stadtmitte Metzingen" verlassen und der neuen Ortsumgehung Metzingen folgen. Auf die B28 in Höhe der blauen Eisenbahnbrücke rechts abbiegen, sich weiter an der Beschilderung „OUTLETS Stadtmitte" orientieren bis man die großen kostenlosen Parkplätze am Festplatzgelände Bongertwasen erreicht hat. Hier kann man sich entscheiden, ob man weiter fahren will zu den ca. 600 m näher an der Stadtmitte liegenden Parkplätzen (einer kostenlos, einer kostenlos bis zu 4 Stunden Aufenthalt) oder zu den vier Parkhäusern in der Stadtmitte (1 Stunde 0,50 € Parkgebühr, Einfahrhöhe von nur 2,10 m). Hier biegt man rechts in die Reutlinger Straße ein. Auf der rechten Seite schon die ersten Outlets von Prada und Armani, dann folgen links Timberland, Adidas, Strellson und s.Oliver. Im Gebäude rechts, vom Auto aus nicht sichtbar, sind Esprit, Levi's, Swatch, Diesel, Michael Kors und andere. Im Gebäude dahinter der große Fabrikverkauf von Hugo Boss. Hier sind rechts zwei Parkhäuser und links ein Parkhaus. Sollten diese drei Parkhäuser schon belegt sein, fährt man die Reutlinger Straße weiter bis zur nächsten großen Hauptstraße (Stuttgarter Straße), biegt rechts ab und kommt nach ca. 300 m links zum nächsten Parkhaus. Auf der linken Seite erkennt man vorher die Outlets von Nike, Schiesser, Tchibo Prozente und WMF.

1.2. Autobahn München–Stuttgart, aus Richtung Ulm

A8 Stuttgart-München bis zur Ausfahrt Nr. 55, Wendlingen/Nürtingen, dort abfahren. Von hier sind es noch 16 km bis zum Ortsschild Metzingen. Auf der B313 Richtung Nürtingen nach Metzingen fahren.
Zu den OUTLETS Stadtmitte (über 60 Outlets rund um Hugo Boss und den Lindenplatz) kommt man wie folgt: immer geradeaus (rechts die Bahngleise) auf der Noyon-Allee. Es folgt eine Unterführung. Danach biegt man rechts ab in die Ulmer Straße zu den OUTLETS Stadtmitte. An der Ulmer Straße, ca. 200 m vor dem Lindenplatz, gibt es ein Parkhaus.

1.3. Anfahrt aus Richtung Reutlingen

Auf der B28 nach Metzingen fahren. Im Ortsbereich von Metzingen wurde die B28 völlig neu gestaltet. Hier gibt es neue Beschilderung „OUTLETS Stadtmitte". An dieser Beschilderung orientieren bis man die großen kostenlosen Parkplätze am Festplatzgelände Bongertwasen erreicht hat. Hier kann man sich entscheiden, ob man weiter fahren will zu den ca. 600 m näher an der Stadtmitte liegenden Parkplätzen (einer kostenlos, einer kostenlos bis zu 4 Stunden Aufenthalt) oder zu den vier Parkhäusern in der Stadtmitte (1 Stunde 0,50 € Parkgebühr, Einfahrhöhe nur 2,10 m). Hier biegt man rechts in die Reutlinger Straße ein. Auf der rechten Seite sind schon die ersten Outlets von Prada und Armani, dann folgen links Timberland, Adidas, Strellson und s.Oliver. Im Gebäude rechts, vom Auto aus nicht sichtbar, sind Esprit, Nike, Levi's, Swatch, Diesel, Michael Kors und andere. Im Gebäude dahinter der große Fabrikverkauf von Hugo Boss. Hier sind rechts zwei Parkhäuser und links ein Parkhaus. Sollten diese drei Parkhäuser schon belegt sein, fährt man die Reutlinger Straße weiter bis zur nächsten großen Hauptstraße (Stuttgarter Straße), biegt rechts ab und kommt nach ca. 300 m links zum nächsten Parkhaus. Auf der linken Seite erkennt man vorher die Outlets von Nike, Schiesser, Tchibo Prozente und WMF.

2. Anreise ab Flughafen Stuttgart-Echterdingen

Jeden Donnerstag, Freitag und Samstag fährt der Shopping Shuttle vom Flughafen und verschiedenen Hotelstandorten in Stuttgart direkt nach Metzingen. Tickets und weitere Informationen unter www.outletcity.com.

3. Anreise mit der Bahn

Ab Stuttgart Hauptbahnhof Züge Richtung Tübingen nehmen. Vom Bahnhof Metzingen führt ein angenehmer Fußweg durch die Fußgängerzone der Innenstadt zu den Outlets. Eine sehr gute Orientierung für den Besucher ist gewährleistet.

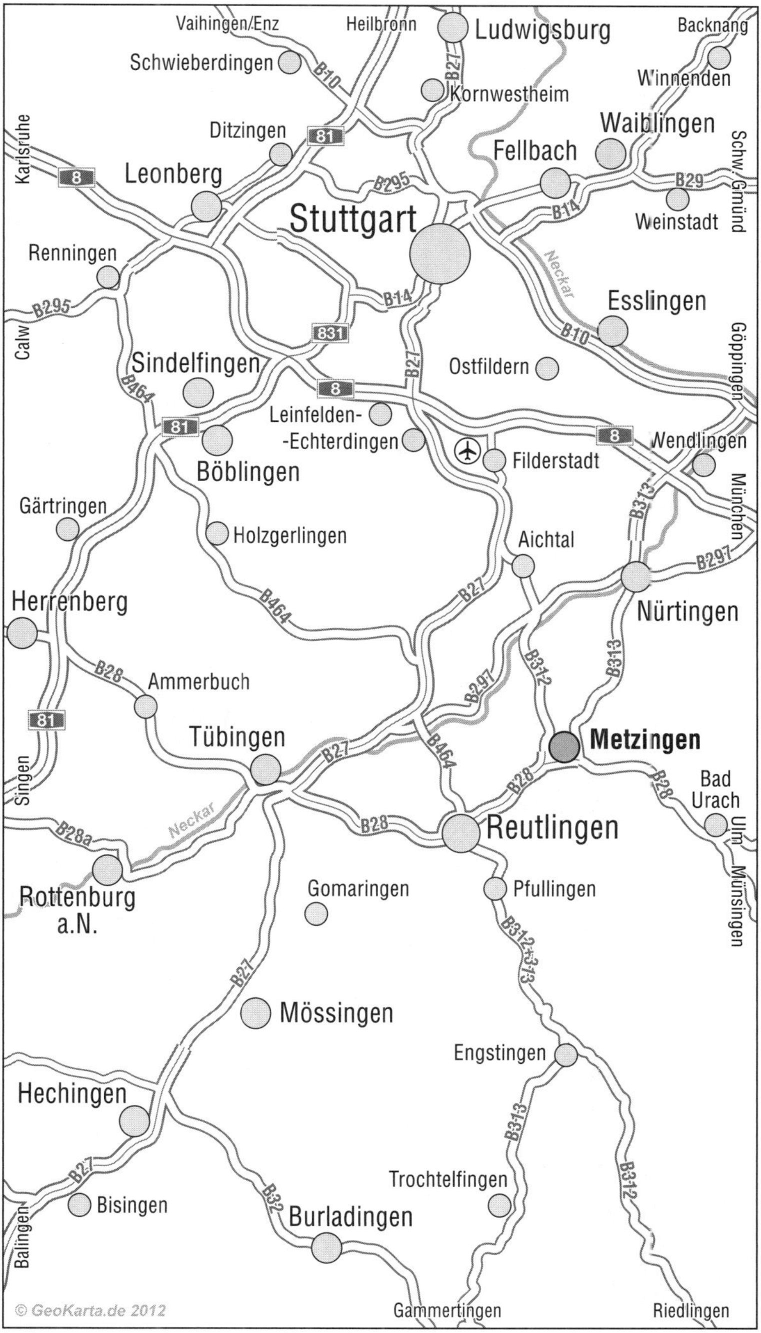
Vaihingen/Enz
Heilbronn
Ludwigsburg
Backnang
Schwieberdingen
B10
B27
Winnenden
Kornwestheim
Karlsruhe
Ditzingen
81
Waiblingen
Schw. Gmünd
Fellbach
8
Leonberg
B295
B29
B14
Weinstadt
Stuttgart
Renningen
Neckar
Esslingen
B295
B14
Calw
831
B10
Göppingen
Sindelfingen
B27
Ostfildern
B464
8
Leinfelden-
-Echterdingen
81
Filderstadt
8
Wendlingen
Böblingen
B313
München
Gärtringen
Holzgerlingen
Aichtal
B297
Nürtingen
Herrenberg
B27
B464
B312
B313
B28
Ammerbuch
B297
81
Metzingen
Tübingen
B27
B464
Bad Urach
Singen
B28
B28
Neckar
B28a
B28
Reutlingen
Ulm
Rottenburg a.N.
Gomaringen
Pfullingen
Münsingen
B312+313
B27
Mössingen
Engstingen
Hechingen
B313
B27
B312
Trochtelfingen
Bisingen
B32
Burladingen
Balingen
© GeoKarta.de 2012
Gammertingen
Riedlingen

Outlets der OUTLETCITY METZINGEN

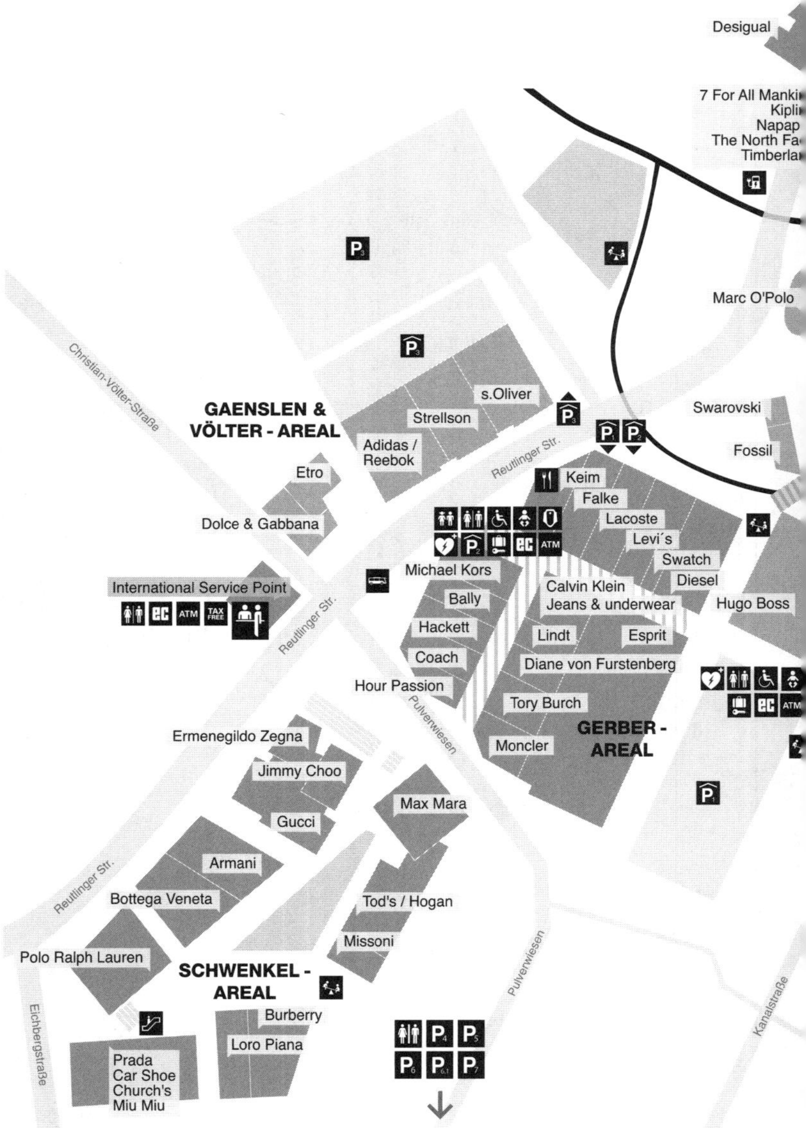

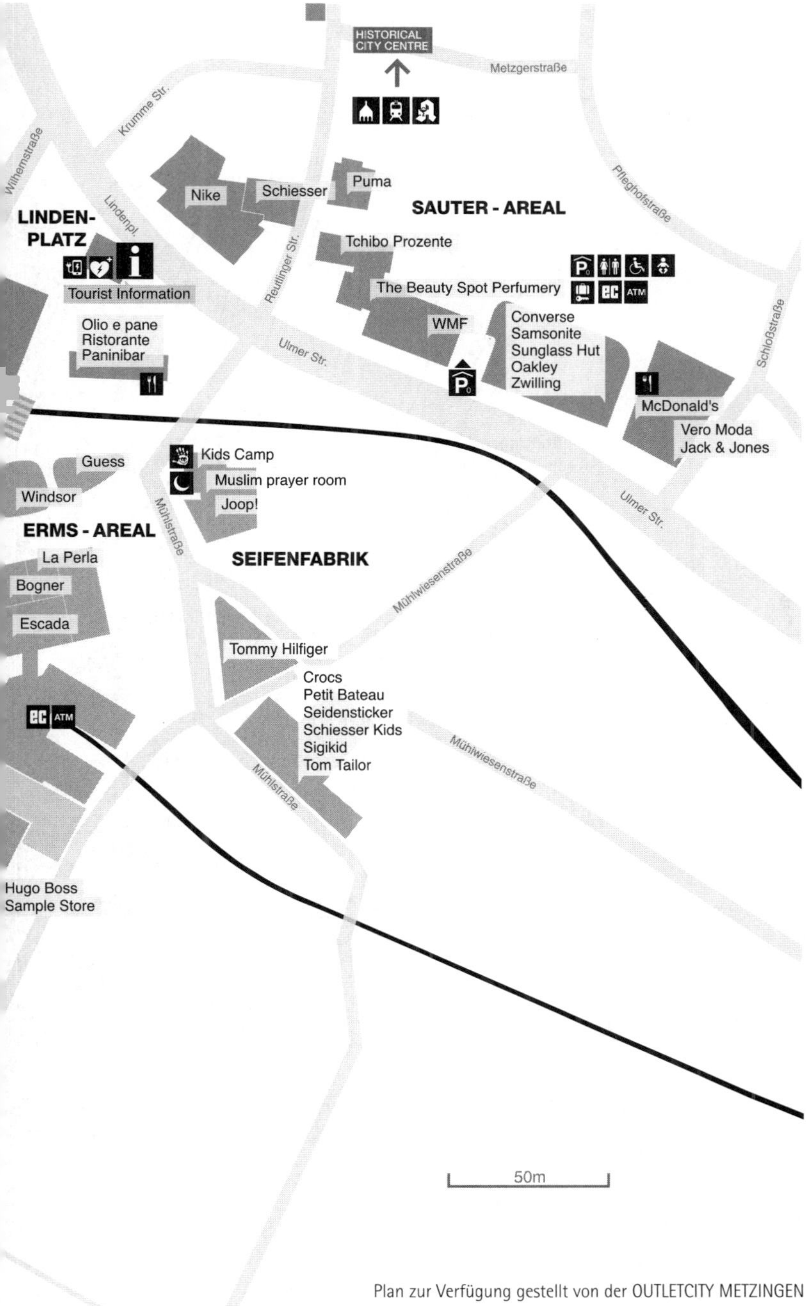

Plan zur Verfügung gestellt von der OUTLETCITY METZINGEN

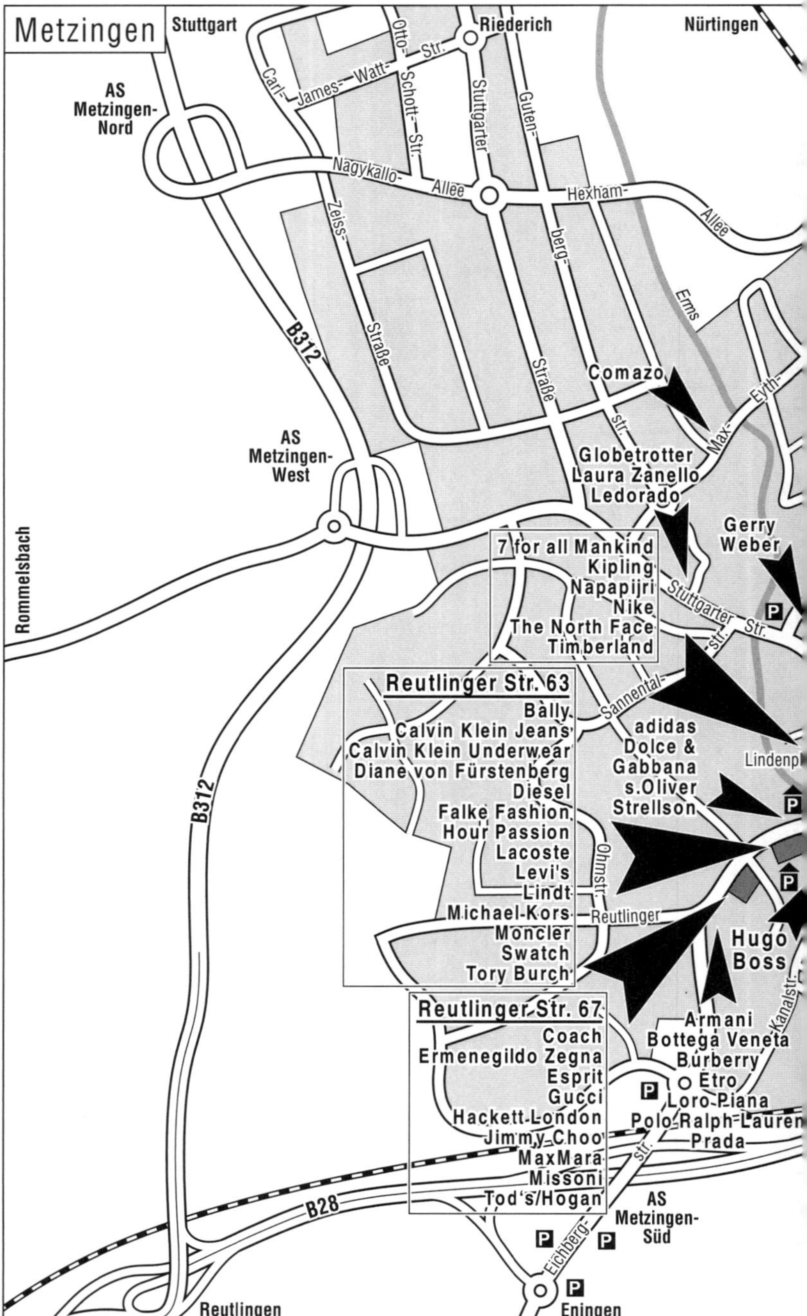
Metzingen
Stuttgart
Riederich
Nürtingen
AS Metzingen-Nord
Carl-James-Watt-Str.
Otto-Schott-Str.
Stuttgarter
Guten-berg-Straße
Nagykallo-Allee
Hexham-Allee
Zeiss-Straße
Erms
B312
Comazo
Max-Eyth-Str.
AS Metzingen-West
Globetrotter
Laura Zanello
Ledorado
Gerry Weber
Rommelsbach
7 for all Mankind
Kipling
Napapijri
Nike
The North Face
Timberland
Stuttgarter Str.
Sannental-str.
Reutlinger Str. 63
Bally
Calvin Klein Jeans
Calvin Klein Underwear
Diane von Fürstenberg
Diesel
Falke Fashion
Hour Passion
Lacoste
Levi's
Lindt
Michael-Kors
Moncler
Swatch
Tory Burch
adidas
Dolce & Gabbana
s.Oliver
Strellson
Lindenpl
Ohmstr.
Reutlinger
Hugo Boss
Kanalstr.
Reutlinger Str. 67
Coach
Ermenegildo Zegna
Esprit
Gucci
Hackett London
Jimmy Choo
MaxMara
Missoni
Tod's/Hogan
Armani
Bottega Veneta
Burberry
Etro
Loro Piana
Polo Ralph Lauren
Prada
str.
B28
AS Metzingen-Süd
Eichberg-
Reutlingen
Eningen

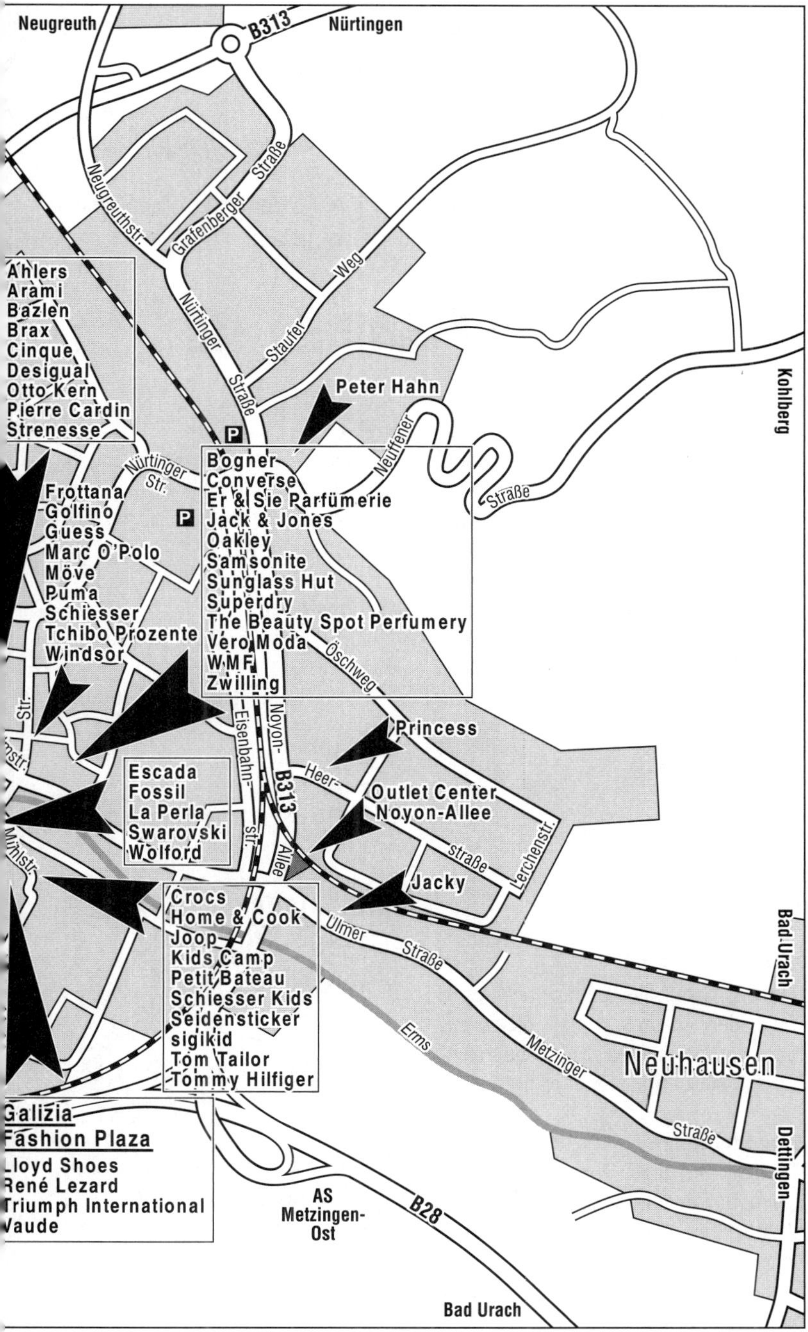
Neugreuth
B313
Nürtingen
Neugreuthstr.
Grafenberger Straße
Weg
Nürtinger Straße
Staufer
Peter Hahn
Kohlberg
Ahlers
Arami
Bazlen
Brax
Cinque
Desigual
Otto Kern
Pierre Cardin
Strenesse
P
Bogner
Converse
Er & Sie Parfümerie
Jack & Jones
Oakley
Samsonite
Sunglass Hut
Superdry
The Beauty Spot Perfumery
Vero Moda
WMF
Zwilling
Neuffener Straße
Nürtinger Str.
P
Frottana
Golfino
Guess
Marc O'Polo
Möve
Puma
Schiesser
Tchibo Prozente
Windsor
Öschweg
Str.
Eisenbahn-str.
Noyon-Allee
B313
Princess
Heer-straße
Outlet Center Noyon-Allee
Lerchenstr.
Escada
Fossil
La Perla
Swarovski
Wolford
Mühlstr.
Jacky
Crocs
Home & Cook
Joop
Kids Camp
Petit Bateau
Schiesser Kids
Seidensticker
sigikid
Tom Tailor
Tommy Hilfiger
Ulmer Straße
Bad Urach
Erms
Metzinger Straße
Neuhausen
Galizia
Fashion Plaza
Lloyd Shoes
René Lezard
Triumph International
Vaude
AS Metzingen-Ost
B28
Dettingen
Bad Urach

Shoppen in Metzingen ist jetzt kinderleicht. Und das im wahrsten Sinne des Wortes. Immer freitags von 12 bis 20 Uhr und an Samstagen zwischen 9 und 20 Uhr können Kunden der Outletcity ihre Kinder bis zu vier Stunden lang in die Obhut professioneller Betreuerinnen geben.

Wo Kinder Könige sind

Angebot

Kids Camp heißt die Kinderbetreuung der Outletcity Metzingen. Ein vielfältiges Rahmenprogramm ist speziell auf die Vorlieben der Drei- bis Zwölfjährigen abgestimmt. Vom kreativen Basteln über lustige Gruppen- und spannende Tischkickerspiele bis hin zu Kinderschminken und Luftballon-Modellage bei besonderen Veranstaltungen. Im Kids Camp wird es den Kindern sicher nicht langweilig.

Kosten

Die Betreuung kostet pro Stunde und Kind 2,50 €. Ab dem 2. Kind pro Familie 1,50 € pro Stunde.

Ambiente

Das Kids Camp bietet Anmeldebereich, Umkleiden, Bastel- und Spielecken, Kino und ist barrierefrei zugänglich. Erfrischungsgetränke gibt es gratis.

Besonderheiten

Das Kind wird gegen Vorlage eines amtlichen Dokuments abgegeben und die Mitarbeiterin über etwaige Besonderheiten informiert. Sie notiert für alle Fälle die Handynummer der Eltern und nimmt ggf. sofort Kontakt auf.

Adresse

Kids Camp – die Kinderbetreuung der Outletcity, Mühlstraße 1 (3. OG Joop), 72555 Metzingen, Tel.: 0 71 23/9 23 90 52, www.outletcity.com.

Öffnungszeiten

Freitag 12.00 bis 20.00 Uhr und Samstag 9.00 bis 20.00 Uhr. In den Ferien die Sonderöffnungszeiten beachten, s. Internet.

Anreise

Siehe Anreise-Empfehlung und Detailkarten Seite 285 ff.

Die vier renommierten Markenhersteller 7 for all Mankind, Kipling, Napapijri und The North Face haben ihre Outlets in Metzingen direkt nebeneinander in einem Gebäude eröffnet und bereichern das Angebot mit Jeans, Freizeit- und Outdoor-Bekleidung, Taschen und Rucksäcken.

Taschen, Jeans und Outdoor

Warenangebot
Jeans, Jeansbekleidung, Freizeitbekleidung, Outdoor-Bekleidung, Outdoor-Ausrüstung, Taschen, Rucksäcke, Kleinlederwaren und Reisegepäck.

Ambiente
Jeder Store hat eine Verkaufsfläche von ca. 150 m² mit 2–3 Umkleidekabinen. Die Ware wird übersichtlich präsentiert. Der Timberland Outlet Store befindet sich jetzt ebenfalls in diesem Gebäude.

Adresse
Lindenplatz 1, 72555 Metzingen.
7 For all Mankind: Tel.: 0 71 23/9 63 83 18.
Napapijri: Tel.: 0 71 23/9 63 96 59, NapapijriFOC_Metzingen@vfc.com.
The North Face: Tel.: 0 71 23/9 62 99 43.
Kipling: Tel.: 0 71 23/9 35 70 37.

Öffnungszeiten
Montag bis Freitag 10.00 bis 20.00 Uhr, Samstag 9.00 bis 20.00 Uhr.

Anreise
Siehe Anreise-Empfehlung und Detailkarten Seite 285 ff.

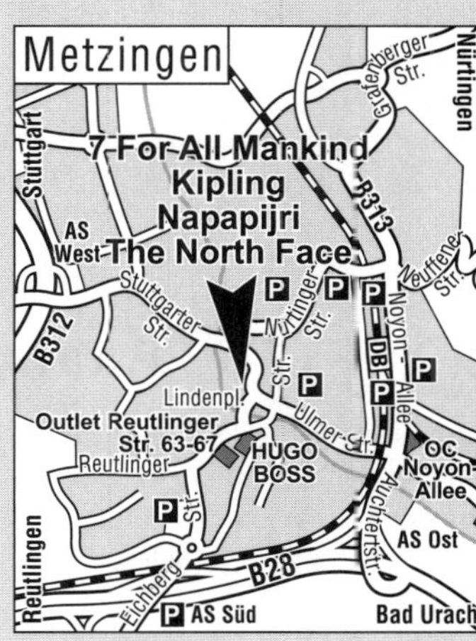

Weitere attraktive und glamoureuse Markenhersteller haben die Stadt Metzingen als Standort für ihre Outlets erkoren und bereichern das Angebot um angesagte Designermode, luxuriöse Wäsche, sportliche Schuhe, trendige Accessoires, edle Düfte und hochwertige Haushaltsgeräte. Bottega Veneta, Converse, Dolce & Gabbana, Etro, Hour Passion, La Perla, Sunglass Hut, The Beauty Sport Perfumery, Tory Burch und Home & Cook haben ihre Shops in Metzingen eröffnet.

Neue Outlets in Metzingen

BOTTEGA VENETA

Warenangebot: Exklusive Lederwaren, Kleinlederwaren und Accessoires.
Adresse: Bottega Veneta Outlet Store, Reutlinger Straße 69, 72555 Metzingen, Tel.: 0 71 23/94 74 00.
Öffnungszeiten: Montag bis Freitag 10.00 bis 20.00 Uhr, Samstag 9.00 bis 20.00 Uhr.

CONVERSE

Warenangebot: Modische Schuhe und Sneaker.
Adresse: Converse Outlet Store, Ulmer Straße 11-13, 72555 Metzingen, Tel.: 0 71 23/9 47 69 69.
Öffnungszeiten: Montag bis Freitag 10.00 bis 20.00 Uhr, Samstag 9.00 bis 20.00 Uhr.

DOLCE & GABBANA

Warenangebot: Elegante Designermode für Damen und Herren.
Adresse: Dolce & Gabbana Outlet Store, Reutlinger Straße 56, 72555 Metzingen, Tel.: 0 71 23/9 32 41 70.
Öffnungszeiten: Montag bis Freitag 10.00 bis 20.00 Uhr, Samstag 9.00 bis 20.00 Uhr.

ETRO

Warenangebot: Elegante Designermode für Damen und Herren.
Adresse: Etro Outlet Store, Reutlinger Straße 63, 72555 Metzingen, Tel.: 0 71 23/9 47 81 00.
Öffnungszeiten: Montag bis Freitag 10.00 bis 20.00 Uhr, Samstag 9.00 bis 20.00 Uhr.

Home & COOK

Warenangebot: Große Auswahl an Elektrogeräten, Küchengeräten und Haushaltswaren unterschiedlicher Markenhersteller. Marken: Emsa, Krups, Moulinex, Tefal, Lagostina, Rowenta etc.
Adresse: Home & Cook Outlet Store, Mühlstraße 5, 72555 Metzingen, Tel.: 0 71 23/9 69 55 60.
Öffnungszeiten: Montag bis Freitag 10.00 bis 20.00 Uhr, Samstag 9.00 bis 20.00 Uhr.

HOUR PASSION

Warenangebot: Große Auswahl an Uhren der Marken Calvin Klein watches + jewelry, Certina, Hamilton, Longines, Mido, Rado und Union Glashütte.
Adresse: Hour Passion Outlet Store, Reutlinger Straße 63, 72555 Metzingen, Tel.: 0 71 23/9 35 26 54.
Öffnungszeiten: Montag bis Freitag 10.00 bis 20.00 Uhr, Samstag 9.00 bis 20.00 Uhr.

LA PERLA

Warenangebot: Hochwertige, luxuriöse Dessous aus schmeichelnden Materialien.
Adresse: La Perla Outlet Store, Reutlinger Straße 49-53, 72555 Metzingen, Tel.: 0 71 23/9 68 78 58.
Öffnungszeiten: Montag bis Freitag 10.00 bis 20.00 Uhr, Samstag 9.00 bis 20.00 Uhr.

sunglass hut

Warenangebot: Sonnenbrillen der Marken Burberry, Coach, Georgio und Emporio Armani, Michael Kors, Miu Miu, Oakley, Polo Ralph Lauren, Prada, Prada Linea Rossa, Ralph und Ralph Lauren.
Adresse: Sunglass Hut Outlet Store, Ulmer Straße 11-13, 72555 Metzingen, Tel.: 0 71 23/9 61 71 51.
Öffnungszeiten: Montag bis Freitag 10.00 bis 20.00 Uhr, Samstag 9.00 bis 20.00 Uhr.

THE BEAUTY SPOT PERFUMERY

Warenangebot: Düfte der Marken Armani, Chanel, Dior, Dolce & Gabbana, Gaultier, Gucci, Lancôme, Paco Rabanne.
Adresse: The Beauty Spot Perfumery, Ulmer Straße 3-7, 72555 Metzingen, Tel.: 0 71 23/16 26 29.
Öffnungszeiten: Montag bis Freitag 10.00 bis 20.00 Uhr, Samstag 9.00 bis 20.00 Uhr.

TORY BURCH

Warenangebot: Modische Damen-Designerkleidung, Taschen, Schuhe, Accessoires.
Adresse: Tory Burch Outlet Store, Reutlinger Straße 63, 72555 Metzingen, Tel.: 0 71 23/9 49 76 40.
Öffnungszeiten: Montag bis Freitag 10.00 bis 20.00 Uhr, Samstag 9.00 bis 20.00 Uhr.

Anreise
Siehe Anreise-Empfehlung und Detailkarten Seite 285 ff.

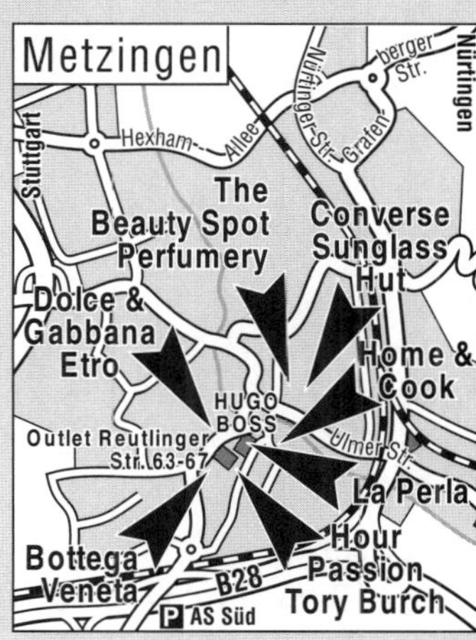

adidas outlet

adidas ist einer der größten Sportartikelhersteller Europas und die Marke adidas ist längst Symbol für Sportkult rund um den Globus. adidas hat es geschafft, ein Gefühl von Identität mit den Großen des Sports zu vermitteln.

Drei Streifen

Warenangebot
Große Auswahl an Sportschuhen und Sportbekleidung, auch für Kinder und Jugendliche. Sonderposten, Lagerüberhänge, Musterteile, Auslaufartikel, 2.-Wahl-Ware. Produktpalette übersichtlich nach Themen aufgebaut: Fitness, Running, Tennis, Golf, Training, Fußball, Basketball, Sportswear, Outdoor, Schwimmen, Trekkingschuhe, adidas Originals, Taschen und Reebok-Produkte. Keine Ware aus der aktuellen Kollektion.

Ersparnis
30 bis 70 %.

Ambiente
Großer, heller, übersichtlicher Verkaufsraum mit 926 m² Verkaufsfläche, ansprechende Architektur, ausreichend Umkleidekabinen vorhanden.

Adresse
adidas Outlet, Outletcity Metzingen, Reutlinger Straße 46-54, 72555 Metzingen, Tel.: 0 71 23/16 24 53, www.adidas.com.

Öffnungszeiten
Montag bis Freitag 10.00 bis 20.00 Uhr, Samstag 9.00 bis 20.00 Uhr.

Weitere Verkaufsstellen (Auswahl)
- 83451 **Piding-Mauthausen**, Lattenbergstraße 6, Tel.: 0 86 51/71 46 13.
- 91074 **Herzogenaurach**, Olympiaring 2, Tel.: 0 91 32/84 20 00.

Anreise
Von Stuttgart aus über die B27 und später B312 Richtung Reutlingen/Metzingen. 3. Ausfahrt Metzingen abfahren, weiter über die Reutlinger Straße. Siehe auch Anreise-Empfehlung und Detailkarten Seite 285 ff.

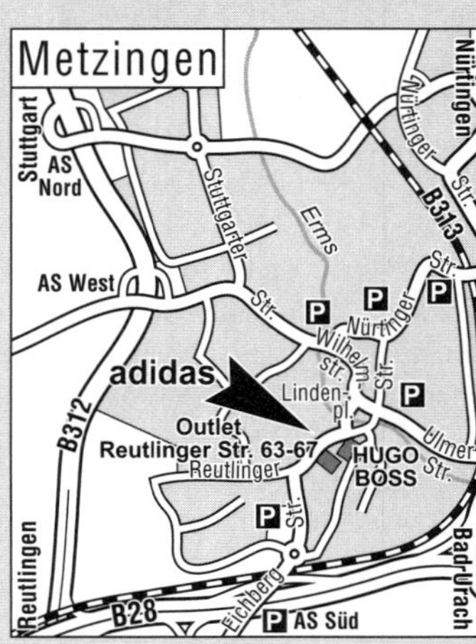

EINKAUFS-GUTSCHEIN S. 555

arami

Mode ist ein Geschmacksurteil. Stil ist ein Werturteil. Arami kreiert Lebensstil und Werte. Verwendet werden nur hochwertigste, naturbelassene und ökologische Materialien, die optimalen Tragekomfort bieten. Herstellung und Verarbeitung ausschließlich in Europa.

Stil ist ein Werturteil

Warenangebot
Herrensakkos, Anzüge, Mäntel, Hemden, Pullover, Jeans, Krawatten und Gürtel, Damenblazer, Damenhosen, Röcke, Etuikleider und Blusen.

Ersparnis
Ca. 30 bis 50 %.

Ambiente
Angenehme Einkaufsatmosphäre mit individueller, professioneller Stilberatung.

Besonderheiten
Herstellung und Verarbeitung ausschließlich in Europa. Auf Wunsch werden Änderungen vorgenommen, Abholung oder Zusendung nach ca. zwei Tagen.

Adresse
Arami Outlet, Wilhelmstraße 25, 72555 Metzingen, Tel.: 0 71 23/13 90 oder 20 60 74, www.arami.de.

Öffnungszeiten
Montag bis Freitag 10.00 bis 20.00 Uhr, Samstag 9.30 bis 20.00 Uhr.

Anreise
Siehe Anreise-Empfehlung und Detailkarten Seite 285 ff.

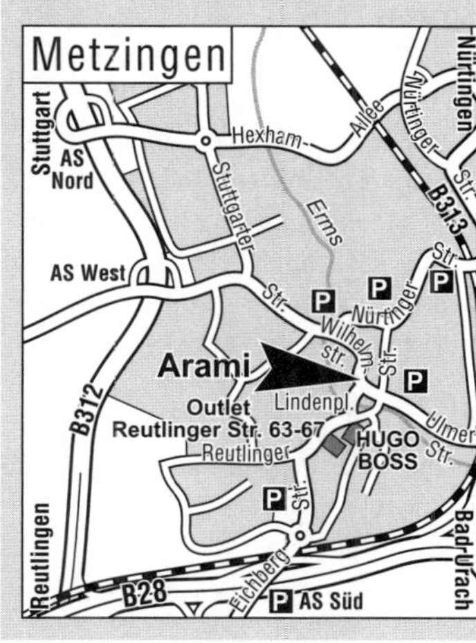

ARMANI

Armani ist einer der bekanntesten Modeschöpfer der Welt. Begehrt ist seine schlicht-elegante Herren-Businessmode. Auch die Damenmode besticht durch ihre Eleganz. Der Armani-Stil ist zeitlos-klassisch. Die Weltmarke hat ihr erstes Outlet in Deutschland eröffnet. In Metzingen. Wo sonst?

New York, Paris, Metzingen

Warenangebot

Die Giorgio Armani-Kollektion steht für die hochpreisige Herren- und Damenkonfektion, die modische Zweitlinie Emporio Armani mit Herren- und Damenbekleidung, Wäsche und Accessoires für junge Erwachsene ist im Mittelpreissegment angesiedelt. Unter EA7 wird eine Sportbekleidungskollektion angeboten, daneben die Linie Armani Jeans für ein jugendliches Publikum im unteren Mittelpreissegment. Schuhe, Taschen, Accessoires.

Ersparnis

30 bis 70%.

Ambiente

Großzügige Warenpräsentation auf ca. 800 m² hinter goldschimmernder Außenfassade. Geschmackvolle Einrichtung und sachkundige Beratung. Die Ware ist im Hochpreissegment angesiedelt.

Adresse

Armani, Reutlinger Straße 69, 72555 Metzingen, Tel.: 0 71 23/1 75 99 00.

Öffnungszeiten

Montag bis Freitag 10.00 bis 20.00 Uhr, Samstag 9.00 bis 20.00 Uhr.

Anreise

Siehe Anreise-Empfehlung und Detailkarten Seite 285 ff.

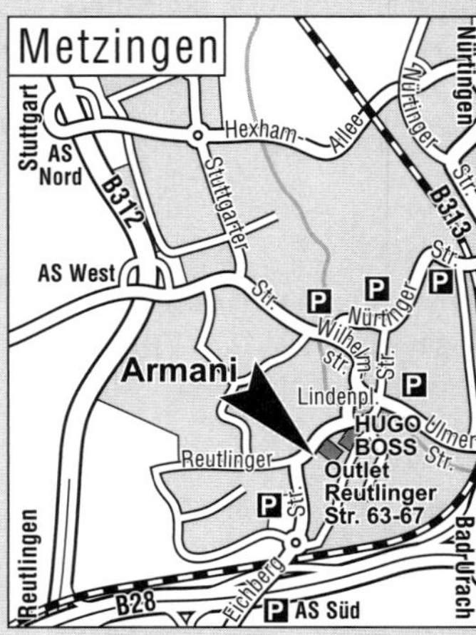

BALLY
SWITZERLAND

Bally, die internationale Luxusmarke, die für Qualität und Eleganz steht, wurde 1851 in der Schweiz gegründet.

Die feine Adresse für Schuhe

Warenangebot
Damen- und Herrenschuhe aus der Vorsaison in allen Größen, Accessoires wie Gürtel, Handtaschen, Schals sowie Lederbekleidung.

Ersparnis
30 bis 70 %.

Ambiente
Das Bally Outlet zeigt ein umfangreiches Sortiment aus den vorangegangenen Kollektionen. Sehr freundliche Atmosphäre, angenehmes Ambiente, sachkundige Verkäuferinnen.

Adresse
Bally Outlet, Reutlinger Straße 63, 72555 Metzingen, Tel.: 0 71 23/2 08 00.

Öffnungszeiten
Montag bis Freitag 10.00 bis 20.00 Uhr, Samstag 9.00 bis 20.00 Uhr.

Weitere Verkaufsstelle
● CH-5012 **Schönenwerd**, Parkstrasse 4, Tel.: 00 41/62/8 49 35 40. Montag bis Freitag 10.00 bis 18.30 Uhr, Samstag 9.00 bis 17.00 Uhr.

Anreise
Bally grenzt neben Escada direkt nördlich an den Boss-Fabrikverkauf an. Siehe auch Anreise-Empfehlung und Detailkarten Seite 285 ff.

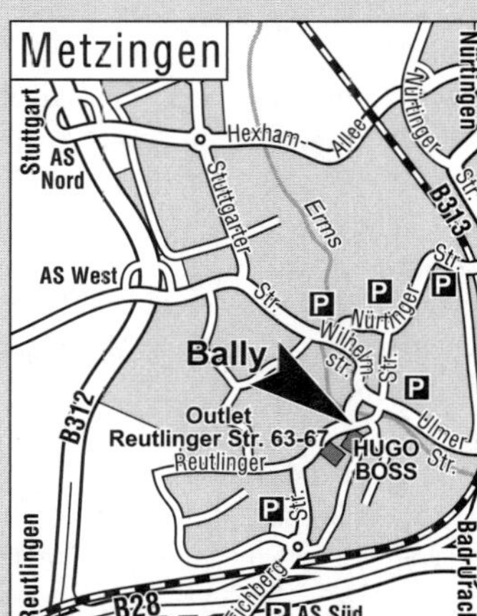

Bazlen
accessoires.

Die richtigen Accessoires bringen das gewisse Etwas. Sie finden sie im Accessoires Factory Outlet. Hier werden aus eigener Produktion hochwertige, zum Teil in Lizenz für Tom Tailor, Vanzetti, Roy Robson, B-Belt, Selection und andere gefertigte Lederwaren angeboten.

Der Kick fürs Outfit

Warenangebot
Großes Angebot an klassischen und modischen Gürteln in beachtlicher Farb- und Materialvielfalt für Damen und Herren, auch Trend-Teile für die jüngere Generation aus Baumwolle oder Synthetik. Es gibt Handtaschen, Mini-Bags, Beach-Bags, Shopper, Aktentaschen, Reisegepäck und Geldbörsen.

Ersparnis
10 bis 20 %, bei Musterteilen bis zu 40 %, zum Saisonende viele zusätzliche Preisreduzierungen.

Ambiente
Modern und großzügig gestaltete Verkaufsräume über zwei Etagen mit freundlicher Beratung.

Adresse
Factory Outlet Accessoires, Leder Bazlen, Wilhelmstraße 52, 72555 Metzingen, Tel.: 0 71 23/25 34.

Öffnungszeiten
Montag bis Donnerstag 10.00 bis 20.00 Uhr, Freitag und Samstag 9.00 bis 20.00 Uhr.

Anreise
Von Stuttgart aus über die B27 und später B312 Richtung Reutlingen/ Metzingen. Siehe auch Anreise-Empfehlung und Detailkarten Seite 285 ff. Am besten in der Reutlinger Straße parken und zu Fuß ca. fünf Minuten zum Lindenplatz gehen. Von hier aus ist das Leder Outlet Bazlen ca. 50 m weiter Richtung Westen, direkt an der Hauptstraße.

BOGNER

Die internationale Lifestyle-Marke BOGNER steht seit 80 Jahren für Sportlichkeit, Mode, Qualität und Exklusivität.

Sportlich, hochwertig, elegant

Warenangebot

BOGNER SPORT: Luxusmarke für Ski- und Golfbekleidung. BOGNER WOMAN: hochwertige, elegante Damenmode. SÔNIA BOGNER: hochwertige Designerkollektion mit internationalem Flair. BOGNER MAN: sportlich elegante Herrenmode. BOGNER FIRE+ICE: Active- und Sortswear – sportlich, lässig. Ware nicht aus dem aktuellen Sortiment oder mit kleinen Fehlern.

Ersparnis

30 bis 70 %.

Ambiente

Gepflegte, große Verkaufsräume mit Umkleidekabinen und zuvorkommendem Personal.

Adresse

BOGNER OUTLET STORE, Reutlinger Straße 49-53, 72555 Metzingen, Tel.: 0 71 23/ 96 38 47.

Öffnungszeiten

Montag bis Freitag 10.00 bis 20.00 Uhr, Samstag 9.00 bis 20.00 Uhr.

Weitere Verkaufsstellen (Auswahl)

- 14641 **Wustermark-Elstal**, Designer Outlet Berlin, Alter Spandauer Weg 1, Tel.: 03 32 34/24 97 90.
- 66482 **Zweibrücken**, The Style Outlets, Londoner Bogen 10-90, Tel.: 0 63 32/47 29 79.
- 80993 **München-Moosach**, Triebstraße 36-38, Tel.: 0 89/14 72 86 01.
- 85055 **Ingolstadt-Feldkirchen**, Ingolstadt Village, Otto-Hahn-Straße 1, Tel.: 08 41/1 29 41 84.
- 97877 **Wertheim-Dertingen**, Wertheim Village, Almosenberg, Tel.: 0 93 42/85 82 15.
- A-7111 **Parndorf**, Designer Outlet Straße 1, Tel.: 00 43/21 66/36 97.

Anreise

Siehe Anreise-Empfehlung und Detailkarten Seite 285 ff.

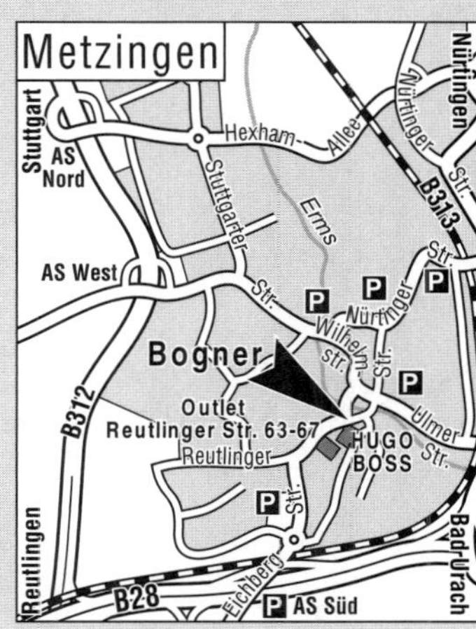

BURBERRY

Schon der 21-jährige Kaufmannsgehilfe Thomas Burberry erkannte 1870: Höchste Qualität in Stoff und Verarbeitung sind entscheidend für den Erfolg. 1944 wurde bei Burberry der Trenchcoat geboren, in Auftrag gegeben von den Offizieren der englischen Armee.

Mäntel für Wind und Wetter

Warenangebot
Klassiker wie hochwertige Gabardine-Mäntel, Trenchcoats, Dufflecoats mit den typischen Stilelementen Kapuze und Knebelknöpfen, aber auch modische Variationen der Klassiker in modernen Stoffen und in Leder. Oberbekleidung für Damen, Herren und Kinder. Mäntel, Jacken, Sakkos, Pullover, auch Kleider. Schals und Taschen in großer Auswahl, Accessoires.

Ersparnis
40 bis 50 %.

Ambiente
Ca. 200 m² Verkaufsfläche, freundliches Personal.

Adresse
Burberry Outlet Store, Reutlinger Straße 73, 72555 Metzingen, Tel.: 0 71 23/ 9 10 28 73.

Öffnungszeiten
Montag bis Freitag 10.00 bis 20.00 Uhr, Samstag 9.00 bis 20.00 Uhr.

Anreise
Von Stuttgart aus über die B27 und später B312 Richtung Reutlingen/ Metzingen. 3. Ausfahrt Metzingen abfahren, weiter über die Reutlinger Straße. Siehe auch Anreise-Empfehlung und Detailkarten Seite 285 ff.

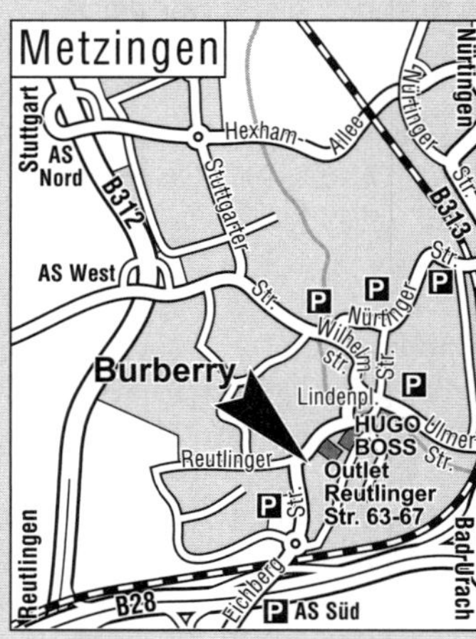

Calvin Klein Jeans

Die Erfolgsgeschichte der Calvin Klein Jeans beginnt in den 70er-Jahren. Erstmals gibt ein Designer einer Jeans seinen Namen. Er verpasst dem robusten und traditionellen Denim der Goldsucher und Minenarbeiter Amerikas ein hochwertiges Styling.

Globaler Lifestyle

Warenangebot

Jeans und Freizeitmode für Damen und Herren. Kleinlederwaren wie Gürtel und Taschen. Accessoires.

Ersparnis

30 %. Dazu immer wieder Aktionen mit einer Preisreduzierung von zusätzlich 20 bis 40 %.

Ambiente

Klare Linien in Architektur und Präsentation des Sortiments. Es wird viel Wert auf persönliche Kundenbetreuung gelegt. Das Personal kommt aus der Modebranche und bietet gute, qualifizierte Beratung.

Besonderheiten

Neben dem Jeans Shop, aber räumlich getrennt, ist der Shop von Calvin Klein Underwear.

Adresse

Calvin Klein Jeans, Reutlinger Straße 63, 72555 Metzingen, Tel.: 0 71 23/97 65 59.

Öffnungszeiten

Montag bis Freitag 10.00 bis 20.00 Uhr, Samstag 9.00 bis 20.00 Uhr.

Weitere Verkaufsstellen (Auswahl)

- 85055 **Ingolstadt-Feldkirchen**, Ingolstadt Village, Calvin Klein Jeans, Otto-Hahn-Straße 1.
- 97877 **Wertheim-Dertingen**, Wertheim Village, Calvin Klein Jeans und Underwear, Almosenberg.

Anreise

Siehe Anreise-Empfehlung und Detailkarten Seite 285 ff.

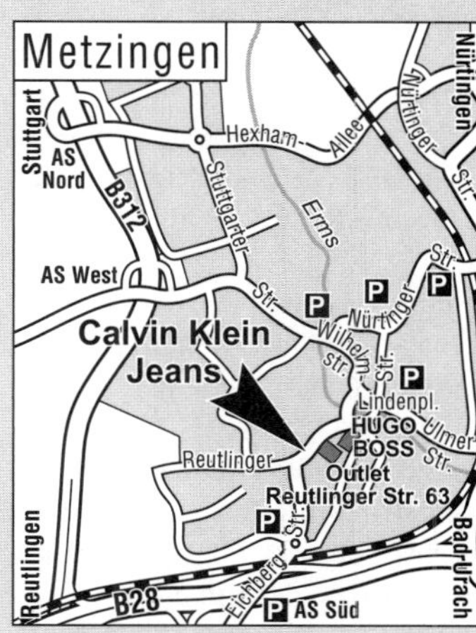

Calvin Klein
underwear

Wer nach Metzingen kommt, erlebt die Marke Calvin Klein gleich zweimal. Jeans und Underwear werden in zwei selbständigen Shops geführt, die jedoch nebeneinander liegen. Die Marke mit ihrem innovativen, klaren Design gilt als Weltmarktführer bei Unterwäsche.

Underwear-Weltmarktführer

Warenangebot
Wäsche für Damen, Herren und Kinder, auch Nachtwäsche von sportlich und hochmodisch bis elegant.

Ersparnis
30 %. Auch Aktionen mit einer Preisreduzierung von zusätzlich 20 bis 40 %.

Ambiente
Größter Shop der Marke im Wäschebereich in Europa. Klare Linien in Architektur und Präsentation des Sortiments. Persönliche Kundenbetreuung. Das Personal aus der Modebranche bietet gute, qualifizierte Beratung.

Adresse
Calvin Klein Underwear, Reutlinger Straße 63, 72555 Metzingen, Tel.: 0 71 23/9 76 95 59.

Öffnungszeiten
Montag bis Freitag 10.00 bis 20.00 Uhr, Samstag 9.00 bis 20.00 Uhr.

Weitere Verkaufsstellen (Auswahl)
- 38440 **Wolfsburg-Rothenfelde**, Designer Outlets Wolfsburg, Calvin Klein Underwear, An der Vorburg 1.
- 66482 **Zweibrücken**, The Style Outlets, Calvin Klein Jeans und Underwear, Londoner Bogen 10-90.
- 97877 **Wertheim-Dertingen**, Wertheim Village, Calvin Klein Jeans und Underwear.

Anreise
Siehe Anreise-Empfehlung und Detailkarten Seite 285 ff.

COACH

Das Coach Outlet präsentiert Kollektionen eines der bekanntesten amerikanischen Hersteller luxuriöser Handtaschen und Lifestyle-Accessoires. Die Marke hat Kultstatus. Erstklassige Verarbeitung, innovatives Design und hochwertigen Materialien zeichnen die Handtaschen aus.

Handtaschen mit Kultstatus

Warenangebot
Lederwaren und Accessoires in modischen Farben. Große Auswahl an Taschen.

Ersparnis
30 %.

Ambiente
Großzügiges Ambiente in hellen Räumen. Ca. 800 m² Verkaufsfläche. Geschmackvolle Präsentation der Lederwaren.

Adresse
Coach Outlet, Reutlinger Straße 63-67, 72555 Metzingen, Tel.: 0 71 23/9 72 45 09.

Öffnungszeiten
Montag bis Freitag 10.00 bis 20.00 Uhr, Samstag 9.00 bis 20.00 Uhr.

Anreise
Siehe Anreise-Empfehlung und Detailkarten Seite 285 ff.

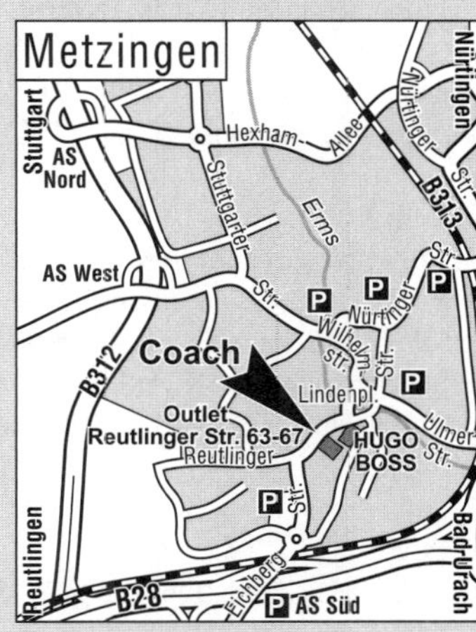

crocs™

Crocs hat den Schuh neu erfunden. Clogs von Crocs sind Klassiker und bezahlbare Schuhe für Jedermann. Das Besondere: Das Material Croslite macht den Schuh zu einem echten Leichtgewicht. Crocs gehören heute zu den Schuhen mit dem höchsten Wiedererkennungswert.

Clogs aus einem Guss

Warenangebot

Reiche Auswahl an Clogs in klassischen und hochmodischen Farben, aber auch Schuhe und Sandalen im Crocs-Material Croslite in unterschiedlichsten Stilrichtungen für Damen, Herren und Kinder. Etwas ganz Besonderes, worauf nicht nur Kinder abfahren, sind die Jibbitz, kleine dekorative Schmuckelemente in allen erdenklichen Farben und Formen. Der klassische Clog von Crocs und eine Vielzahl anderer Modelle haben extra Löcher, in denen sich die Jibbitz befestigen lassen. So kann man seine Crocs ganz individuell und kreativ gestalten und jeden Schuh zum Unikat machen.

Ersparnis

30 % bei Schuhen und Jibbitz.

Ambiente

Das Outlet bietet ein großes Sortiment, das Personal zeigt sich ausgesprochen sachkundig. Auf der gleichen Etage sind die Sportartikelmarke Reebok und die Kinderbekleidungshersteller Sigikid und Petit Bateau.

Adresse

Crocs Outlet, Mühlstraße 5, 72555 Metzingen, Tel.: 07123/164816.

Öffnungszeiten

Montag bis Freitag 10.00 bis 20.00 Uhr, Samstag 9.00 bis 20.00 Uhr.

Anreise

Siehe Anreise-Empfehlung und Detailkarten Seite 285 ff.

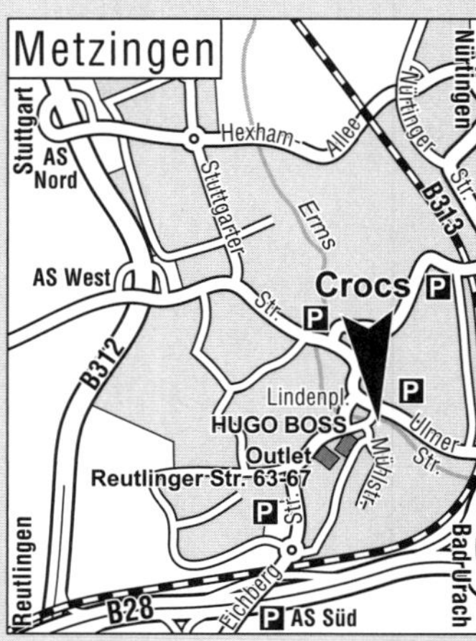

Desigual®

Das Desigual-Outlet in Metzingen bietet farbenfrohe Mode, die Spaß macht. Jung, bunt, frech und originell – so vermittelt Desigual mit optimistischen Designs die Liebe zum Leben und schafft positive Emotionen. Die Kreativität der Schuhe, Kleider und Accessoires kennt dabei keine Grenzen.

Mode für Individualisten

Warenangebot
Damenbekleidung, Herrenbekleidung, kleine Auswahl an Kindermoden, Accessoires.

Ersparnis
30 bis 50 %, teilweise bis 70 %.

Ambiente
Moderner Architekturmix auf gut 700 m² und über drei Etagen.

Adresse
Desigual Outlet Store, Wilhelmstraße 54, 72555 Metzingen, Tel.: 0 71 23/9 53 17 14.

Öffnungszeiten
Montag bis Freitag 10.00 bis 20.00 Uhr, Samstag 9.00 bis 20.00 Uhr.

Anreise
Siehe Anreise-Empfehlung und Detailkarten Seite 285 ff.

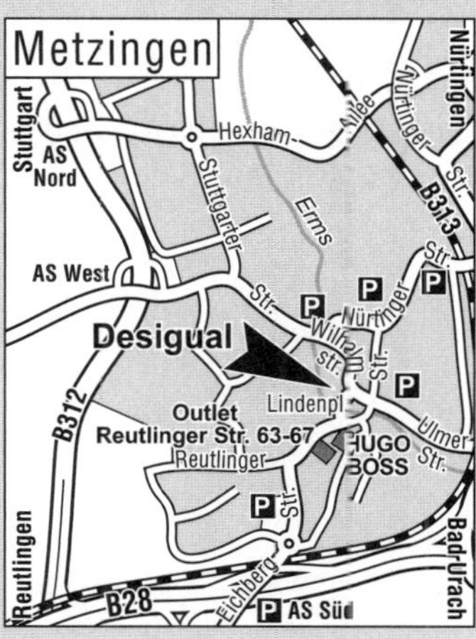

Diane von Fürstenberg ist eine weltweit bekannte Luxus-Lifestyle-Marke und einer der führenden Namen in der amerikanischen Modebranche. Das Label wurde 1972 von der gleichnamigen Designerin gegründet und ist berühmt für seine Kleider und die unverwechselbaren Prints.

Luxusmode aus Amerika

Warenangebot
Damenbekleidung, Röcke, Blusen, Accessoires wie Handtaschen, kleine Lederwaren, Schals, Brillen und Schuhe.

Ersparnis
30 bis 50%. Die Ware liegt im Preissegment der Luxusklasse.

Ambiente
Sehr edle Ausstattung in hellen Räumen, exzellente Warenpräsentation.

Adresse
DvF Outlet Store, Reutlinger Straße 63, 72555 Metzingen.

Öffnungszeiten
Montag bis Freitag 10.00 bis 20.00 Uhr, Samstag 9.00 bis 20.00 Uhr.

Anreise
Siehe Anreise-Empfehlung und Detailkarten Seite 285 ff.

DIESEL

Diesel spielt seit langem eine Vorreiterrolle im Bereich der Jeans- und Casualwear und ist dafür bekannt, den Trends in der Branche voraus zu sein. Obwohl die Marke ihren Wurzeln stets treu war, hat sich Diesel in den letzten Jahren zur Premium-Marke entwickelt.

Diesel for success

Warenangebot

Denims werden in unterschiedlichen Modellen und Waschungen für Herren und Damen präsentiert. Nicht immer sind alle Längen und Größen vorrätig. Im Fashionbereich findet man Pullover, Shirts, Sweatshirts, Jacken, Westen, Röcke und Mäntel. Ergänzend werden Taschen, Schuhe, Accessoires angeboten.

Ersparnis

30 bis 50 % gegenüber dem Originalpreis. Ausgewählte Saisonartikel werden zum Saisonende nochmals um 30 bis 50 % reduziert.

Ambiente

Freundliche Atmosphäre, schöner Ladenbau und Musik.

Adresse

Diesel Outlet Store, Reutlinger Straße 63, 72555 Metzingen, Tel.: 0 71 23/16 58 67.

Öffnungszeiten

Montag bis Freitag 10.00 bis 20.00 Uhr, Samstag 9.00 bis 20.00 Uhr. Zusätzlich diverse Late-Night-Shopping-Termine und verkaufsoffene Sonntage.

Anreise

Von Stuttgart aus auf der B27 und später B312 Richtung Reutlingen/ Metzingen. Ausfahrt Metzingen-Süd abfahren. Weiter über die B28, die in Metzingen zur Reutlinger Straße wird, nach Metzingen. In der Reutlinger Straße einen Parkplatz ansteuern. Diesel ist in der Ladenpassage, die zu Boss führt. Siehe auch Anreise-Empfehlung und Detailkarten Seite 285 ff.

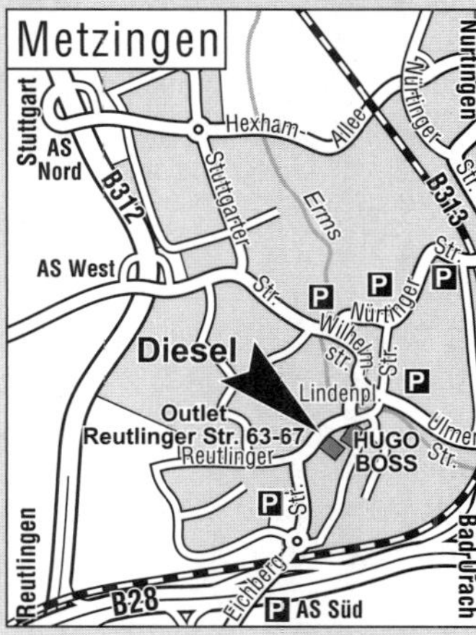

ER & SIE
PARFÜMERIE

Die Er & Sie Parfümerie ist kein Outlet Store, sondern eine Fachparfümerie, in der die Kunden hochwertige internationale Markenkosmetik finden. Sie gehört zur Douglas-Gruppe und wirbt mit bis zu 15.000 dauerhaft preisreduzierten Markenartikeln.

Fachparfümerie und mehr

Warenangebot
Im Erdgeschoss: Make up, Gesichtspflege- und Körperpflegeprodukte. Im Obergeschoss: Damendüfte, Herrendüfte, Herrenpflege.

Ersparnis
Auffallend starkes Angebot an reduzierten internationalen Markenartikeln mit einer Ersparnis von bis zu 20 %.

Ambiente
Ca. 650 m² Verkaufsfläche über zwei Etagen. Kompetente Beratung durch Fachverkäuferinnen, Visagistinnen und Kosmetikerinnen. Spezielle Serviceleistungen wie kostenlose 5-Minuten-Make ups, Pflegeberatung, Schmink- und Duftbar, Ruhezone. Parkplätze im neuen Parkhaus 50 m östlich an der Ulmer Straße.

Adresse
Er & Sie Parfümerie, Ulmer Straße 3-7, 72555 Metzingen, Tel.: 0 71 23/16 26 29.

Öffnungszeiten
Montag bis Freitag 10.00 bis 20.00 Uhr, Samstag 9.00 bis 20.00 Uhr.

Anreise
Er & Sie Parfümerie ist direkt in der Stadtmitte, ca. 150 m östlich vom Lindenplatz an der Ulmer Straße. Dort großes Parkhaus. Siehe auch Anreise-Empfehlung und Detailkarten Seite 285 ff.

Ermenegildo Zegna

Das Sortiment der italienischen Marke Ermenegildo Zegna umfasst perfekt geschnittene Anzüge, Strickwaren aus Kaschmir, Mäntel sowie Lederaccessoires. Seit 1910 beliefert Zegna andere Luxus-Modehäuser mit Wollstoffen. Das Familienunternehmen ist berühmt für seine Maßanzüge, produziert aber auch Konfektionsware.

On the Top

Warenangebot
Anzüge, Sakkos, Mäntel, Jacken, Hosen, Hemden, Krawatten, Schals, Strickwaren, Schuhe.

Ersparnis
25 bis 40 %.

Ambiente
Großzügige Warenpräsentation. Geschmackvolle Einrichtung und sachkundige Beratung. Die Ware ist im Hochpreissegment angesiedelt.

Adresse
Ermenegildo Zegna Outlet Store, Reutlinger Straße 67, 72555 Metzingen, Tel.: 0 71 23/9 54 46 20.

Öffnungszeiten
Montag bis Freitag 10.00 bis 20.00 Uhr, Samstag 9.00 bis 20.00 Uhr.

Anreise
Siehe Anreise-Empfehlung und Detailkarten Seite 285 ff.

EINKAUFS-GUTSCHEIN S. 567

ESCADA

Escada ist eine internationale Marke für Bekleidung und Accessoires im Luxusgütersegment. Escada steht für moderne Eleganz und Sinnlichkeit, Escada Sport für lässigen Schick und junge Femininität. Unverwechselbare Farben und Details, perfekte Passform und hohe Qualität zeichnen beide Linien aus.

Internationale Luxusmarke

Warenangebot
Exklusive Damenbekleidung für Business und Freizeit, sowie Accessoires von Escada und Escada Sport. 1.-Wahl-Ware aus der Vorsaison. Große Auswahl aus der kompletten Kollektion.

Ersparnis
30% auf die UVP, bis zu über 70% in der Reduzierungsphase.

Ambiente
Sehr schöne Warenpräsentation auf 500 m^2. Ansprechendes, stilvolles Ambiente.

Adresse
Escada Outlet Store, Reutlinger Straße 49-53, 72555 Metzingen, Tel.: 0 71 23/ 9 64 30, www.escada.com.

Öffnungszeiten
Montag bis Freitag 10.00 bis 20.00 Uhr, Samstag 9.00 bis 20.00 Uhr.

Anreise
Von Stuttgart aus über die B27 und später B312 Richtung Reutlingen/ Metzingen. 3. Ausfahrt Metzingen abfahren, weiter über die Reutlinger Straße. Siehe auch Anreise-Empfehlung und Detailkarten Seite 285 ff.

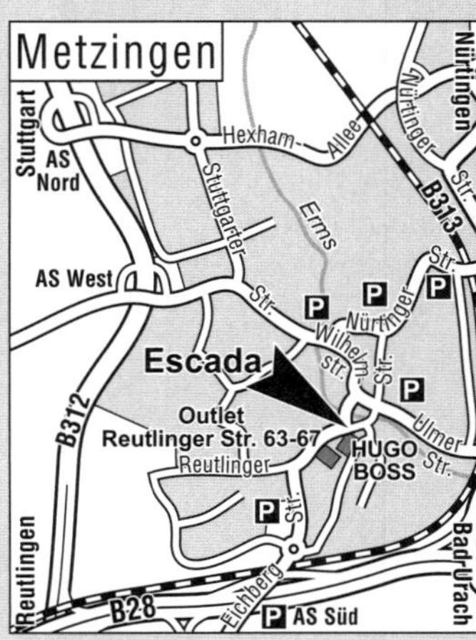

ESPRIT

Esprit ist eine internationale, junge Marke, die ihren Kunden den bezahlbaren Luxus bietet, ihr Leben immer wieder mit etwas Besonderem, etwas Neuem aufzuladen. Hier gibt es hochwertige Produkte zu akzeptablen Preisen, auch für den jugendlichen Geldbeutel.

Mode vom Feinsten

Warenangebot
Damen-, Herren- und Kinderbekleidung, Strickwaren, Sweatshirts, T-Shirts, Hosen, Jeans, Blusen, Jacken, Röcke, große Auswahl an Taschen, Gürteln und Kleinlederwaren. Ausschließlich Ware aus zurückliegenden Saisons, 2. Wahl und Musterteile. Zusätzlich gibt es Schmuck und Uhren.

Ersparnis
30 bis 60 %.

Ambiente
Nach Erweiterung jetzt 1500 m² Verkaufsfläche, übersichtlicher Lagerverkauf, der das Preissegment widerspiegelt. Die Herrenabteilung wurde vergrößert. Das Personal ist freundlich und hilfsbereit.

Adresse
Esprit Outlet, Reutlinger Straße 63-67, 72555 Metzingen, Tel.: 0 71 23/9 29 40.

Öffnungszeiten
Montag bis Freitag 10.00 bis 20.00 Uhr, Samstag 9.00 bis 20.00 Uhr.

Weitere Verkaufsstellen (Auswahl)
- 28816 **Stuhr-Brinkum bei Bremen**, Bremer Straße 117, Tel.: 04 21/8 09 49 70.
- 40878 **Ratingen-Ost**, Voisweg 10, Tel.: 0 21 02/7 43 70. Montag bis Freitag 10.00 bis 18.30 Uhr, Samstag 10.00 bis 17.00 Uhr.

Anreise
Der Esprit Factory Store befindet sich auf dem Boss Areal. Siehe auch Anreise-Empfehlung und Detailkarten Seite 285 ff.

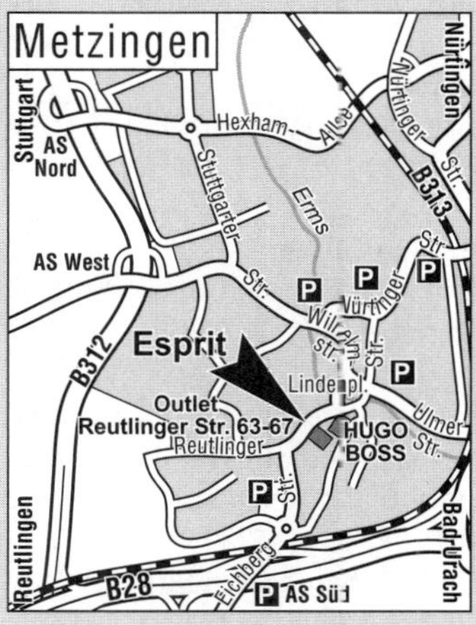

EINKAUFS-GUTSCHEIN S. 567

FALKE

Es sind die Details, durch die sich erstklassige Produkte von anderen unterscheiden. Seit 1985 steht das Familienunternehmen Falke für modische Bekleidung aus hochwertigen Materialien, verarbeitet mit handwerklicher Perfektion und Liebe zum Detail.

Mehr als nur Strümpfe

Warenangebot
Hochwertige Beinbekleidung für Damen, Herren, Kinder, Bodys und Shirts, Strickwaren für Damen und Herren. Sportsocken, Funktionswäsche, -bekleidung der Falke-Sport-Linie Ergonomic Sport System.

Ersparnis
30 bis 50 %.

Ambiente
Edel gestalteter Verkaufsraum auf ca. 200 m² Verkaufsfläche, übersichtliche Warenpräsentation, kompetente Beratung.

Adresse
Falke, Reutlinger Straße 63, 72555 Metzingen, Tel.: 0 71 23/16 26 99.

Öffnungszeiten
Montag bis Freitag 10.00 bis 20.00 Uhr, Samstag 9.00 bis 20.00 Uhr.

Weitere Verkaufsstellen (Auswahl)

- 24539 **Neumünster-Wittorf**, Designer Outlet Neumünster, Oderstraße 10, Tel.: 0 43 21/9 52 53 26.
- 57392 **Schmallenberg**, Ohlgasse 5-9, Tel.: 0 29 72/30 83 49.
- 66482 **Zweibrücken**, The Style Outlets, Londoner Bogen 10-90, Tel.: 0 63 32/46 05 11.
- 85055 **Ingolstadt-Feldkirchen**, Ingolstadt Village, Otto-Hahn-Straße 1, Tel.: 08 41/9 51 84 84.
- 97877 **Wertheim-Dertingen**, Wertheim Village, Almosenberg, Tel.: 0 93 42/9 34 85 61.

Anreise
Siehe Anreise-Empfehlung und Detailkarten Seite 285 ff.

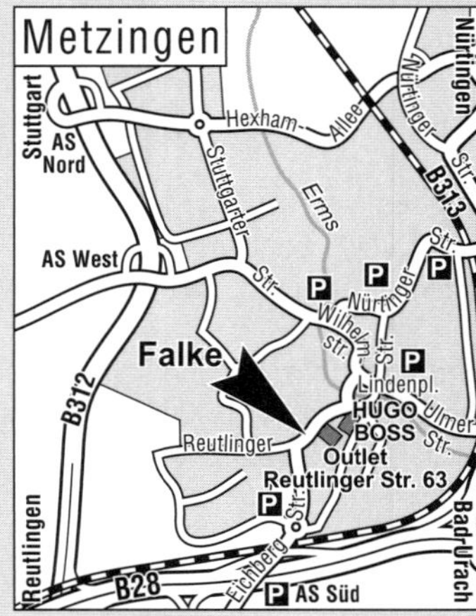

Eine Armbanduhr von einem rein funktionalen Objekt zur Zeitmessung hin zu einem modisch-emotionalen Accessoire zu entwickeln, das haben die Amerikaner vorgemacht und Fossil, die erste amerikanische Marke für preiswerte, stilvolle Uhren war geboren.

Voll im Trend

Warenangebot
Trendige Armbanduhren für Damen und Herren, Kleinlederwaren wie Handtaschen, Geldbörsen und Gürtel, Schmuck, Sonnenbrillen und Schuhe. Vor allem Ware aus der Vorsaison, aus Musterkollektionen und Produktionsüberschüssen.

Ersparnis
30 bis 70 %.

Ambiente
Shop im Fossil-Design. Freundliches und fachlich versiertes Personal.

Adresse
Fossil, Reutlinger Straße 53/1, 72555 Metzingen, Tel.: 0 71 23/16 29 97.

Öffnungszeiten
Montag bis Freitag 10.00 bis 20.00 Uhr, Samstag 9.00 bis 20.00 Uhr.

Weitere Verkaufsstellen
- 14641 **Wustermark**, Designer Outlet Berlin, Alter Spandauer Weg 1.
- 38440 **Wolfsburg-Rothenfelde**, Designer Outlets Wolfsburg, An der Vorburg 1.
- 66482 **Zweibrücken**, The Style Outlets, Londoner Bogen 10-90.
- 85055 **Ingolstadt-Feldkirchen**, Ingolstadt Village, Otto-Hahn-Straße 1.
- 97877 **Wertheim-Dertingen**, Wertheim Village, Almosenberg.

Anreise
Siehe Anreise-Empfehlung und Detailkarten Seite 285 ff.

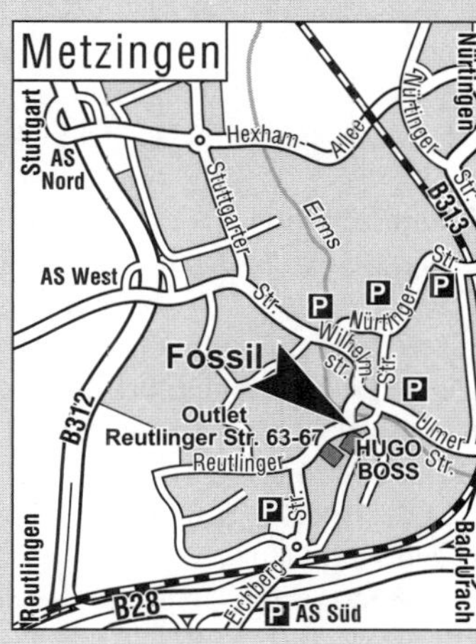

GERRY WEBER

SAMOON

TAIFUN

Gerry Weber steht für ein besonderes Lebensgefühl, das Looks faszinierend in Szene setzt, das Spiel mit Details stilsicher beherrscht und die Persönlichkeit individuell unterstreicht. Immer modern, hochwertig und unwiderstehlich feminin.

Die Lifestyle-Marke

Warenangebot
Musterteile, 2.-Wahl-Artikel, Überhänge und Restposten der Lifestyle-Marke Gerry Weber, der individuellen, femininen Marke Taifun sowie selbstbewusste Mode für Frauen mit Anschlussgrößen von Samoon by Gerry Weber.

Ersparnis
Zumeist zwischen 25 und 70%.

Ambiente
Eine angenehme Einkaufsatmosphäre, die durch gut ausgeschilderte Verkaufsräume besticht.

Adresse
Gerry Weber Outlet, Nürtinger Straße 4, 72555 Metzingen, Tel.: 07123/200446.

Öffnungszeiten
Montag bis Samstag 10.00 bis 19.00 Uhr.

Weitere Verkaufsstellen (Auswahl)
- 28816 **Stuhr-Brinkum bei Bremen**, Ochtum Park, Bremer Straße 103, Tel.: 0421/68553057.
- 50189 **Elsdorf**, Oststraße 1a, Tel.: 02274/9381596.
- 55606 **Kirn/Nahe**, Emporium – The Loft, Übergasse 8, Tel.: 06752/1313539.
- 83233 **Bernau am Chiemsee**, Hochfellnstraße 45, Tel.: 08051/9651971.
- 83404 **Ainring-Hammerau**, Sägewerkstraße 9, Tel.: 08654/7788856.
- 89343 **Jettingen-Scheppach**, Siemensstraße 2, Tel.: 08225/3095796.
- 91567 **Herrieden**, A6 Fashion Place, Am Eichelberg 1, Tel.: 09825/9279744.

Alle Verkaufsstellen im Internet unter www.gerryweber.de.

Anreise
Siehe Anreise-Empfehlung und Detailkarten Seite 285 ff.

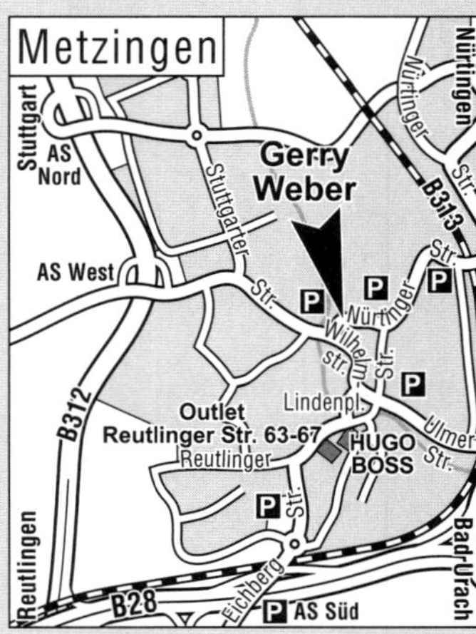

EINKAUFS-GUTSCHEIN S. 571

Globetrotter

<< NEUE HORIZONTE >>

Das Globetrotter Outlet führt starke Outdoor-Marken in Topqualität. Funktionale, passende, haltbare, hochwertige und richtungsweisende Marken und Produkte werden hier angeboten.

Outdoor, Trekking, Abenteuer

Warenangebot
1B-Ware, Sonderposten, Vorsaisonware und Lagerüberhänge aus dem Gesamtsortiment verschiedener Hersteller der Globetrotter Filialen: Bergsport-, Wander-, Outdoor-, Freizeitbekleidung. Großes Trekkingschuhangebot, Zelte, Rucksäcke, Schlafsäcke. Folgende Marken wurden entdeckt: Mammut, The North Face, Salewa, Fjällräven, Lowa, Hanwag, Teva, Marmot, Icebreaker und Meindl.

Ersparnis
30 bis 50 %, bei 1B-Ware und Einzelstücken auch höhere Nachlässe.

Ambiente
Gepflegte Verkaufsräume mit Umkleidekabinen, geschultes Verkaufspersonal, eigene Parkplätze vor dem Shop.

Adresse
Globetrotter Outlet, Stuttgarter Straße 45/1, 72555 Metzingen, Tel.: 0 71 23/ 10 80, www.globetrotter.de.

Öffnungszeiten
Montag bis Freitag 9.30 bis 19.00 Uhr, Samstag 9.00 bis 18.00 Uhr.

Anreise
Siehe Anreise-Empfehlung und Detailkarten Seite 285 ff.

EINKAUFS-GUTSCHEIN S. 571

GOLFINO Sportswear

ELEGANCE IN SPORT
SINCE 1986

Golfino steht für Fashion und Funktion in höchster Qualität. Jedes Outfit ist stilsicher, bequem und schützt durch die Verwendung innovativer High-Tech-Materialien bei jedem Wetter.

Elegance in sport since 1986

Warenangebot
Hochwertige 1.-Wahl-Ware der vergangenen Saison. Poloshirts, Hosen, Pullover, Westen, Fleecebekleidung, Windstopper, Jacken, Shorts, Strickwaren, Funktionsbekleidung, Mützen, Accessoires. Damen- und Herrenbekleidung.

Ersparnis
30 bis 50 % auf den Outlet-Preis. Monatlich wechselnde Angebote. Viele Sale-Perioden mit zusätzlich bis zu 20 % Preisreduzierung.

Ambiente
Exklusives Shopping-Erlebnis, 100 m² Verkaufsfläche, drei Umkleidekabinen, professionelles Verkaufspersonal.

Adresse
Golfino Outlet, Reutlinger Straße 24, 72555 Metzingen, Tel.: 07123/30745409, metzingen-outlet@golfino.com, www.golfino.com.

Öffnungszeiten
Montag bis Freitag 10.00 bis 20.00 Uhr, Samstag 9.00 bis 20.00 Uhr.

Weitere Verkaufsstellen (Auswahl)
- 14641 **Wustermark**, Designer Outlet Berlin, Alter Spandauer Weg 1, Tel.: 03323/4309655.
- 21465 **Reinbek**, Hermann-Körner-Straße 54, Tel.: 040/18063419.
- 66482 **Zweibrücken**, The Style Outlets, Londoner Bogen 10-90, Tel.: 06332/472440.
- 85049 **Ingolstadt-Friedrichshofen**, Friedrichshofener Straße 20.

Anreise
Siehe Anreise-Empfehlung und Detailkarten S. 285 ff.

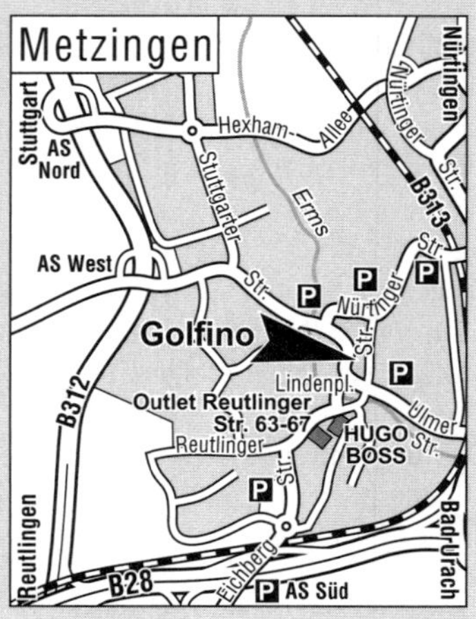

GUCCI

Gucci wurde im Jahr 1921 in Florenz gegründet und gehört zu den weltweit führenden Luxusmarken. Die äußerst begehrten Produkte zeichnen sich durch ihr unangefochtenes Renommee für Stil, ihre kompromisslose Qualität und die herausragende italienische Handwerkskunst aus.

Made in Italy

Warenangebot
Exklusive Damen- und Herrenmode, Freizeitbekleidung, Lederwaren, Lederaccessoires, Taschen, Schuhe, Sonnenbrillen, Parfum. Die Ware ist im Hochpreissegment angesiedelt.

Ersparnis
30 bis 50%.

Ambiente
Großzügige Warenpräsentation. Geschmackvolle Einrichtung und sachkundige Beratung.

Adresse
Gucci Outlet Store, Reutlinger Straße 67, 72555 Metzingen, Tel.: 07123/ 932810.

Öffnungszeiten
Montag bis Freitag 10.00 bis 20.00 Uhr, Samstag 9.00 bis 20.00 Uhr.

Anreise
Siehe Anreise-Empfehlung und Detailkarten S. 285ff.

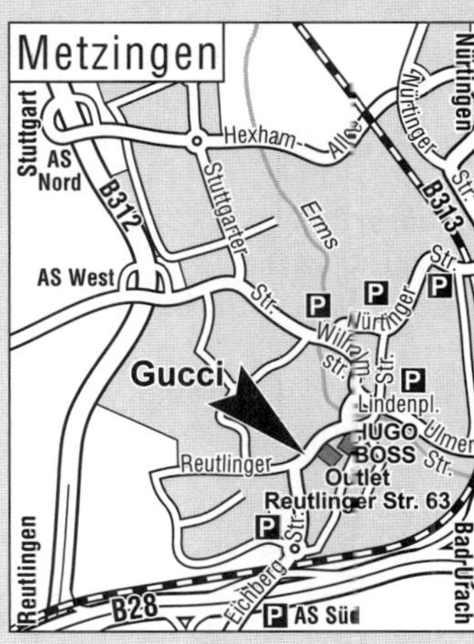

GUESS

Die GUESS Kollektionen bringen stets frischen Wind in jede Saison mit beliebten Jeans-Stilen und neuen, trendigen Passformen, die das Denim-Erbe des Labels fortsetzen, für Sie und Ihn.

The World of Guess

Warenangebot
Mode, Handtaschen, Uhren, Schuhe und anderen Accessoires.

Ersparnis
30 %. Das ganze Jahr über immer wechselnde Sonderaktionen.

Ambiente
Die Gestaltung des Ladens ist auf ein junges Publikum ausgerichtet. Lockere Atmosphäre auf ca. 400 m². Ansprechendes, umfangreiches Angebot, freundliches Personal, das auf Wunsch auch berät.

Adresse
Guess Outlet Store, Reutlinger Straße 34, 72555 Metzingen, Tel.: 0 71 23/ 9 70 88 00.

Öffnungszeiten
Montag bis Freitag 10.00 bis 20.00 Uhr, Samstag 9.00 bis 20.00 Uhr.

Anreise
Von Stuttgart aus auf der B27 und später B312 in Richtung Reutlingen/ Metzingen. Ausfahrt Metzingen-Süd abfahren. Über die B28, die in Metzingen zur Reutlinger Straße wird, nach Metzingen. In der Reutlinger Straße einen Parkplatz ansteuern. Guess ist auf der linken Seite neben den Factory Outlets von Marc O'Polo und Windsor. Siehe auch Anreise-Empfehlung und Detailkarten Seite 285 ff.

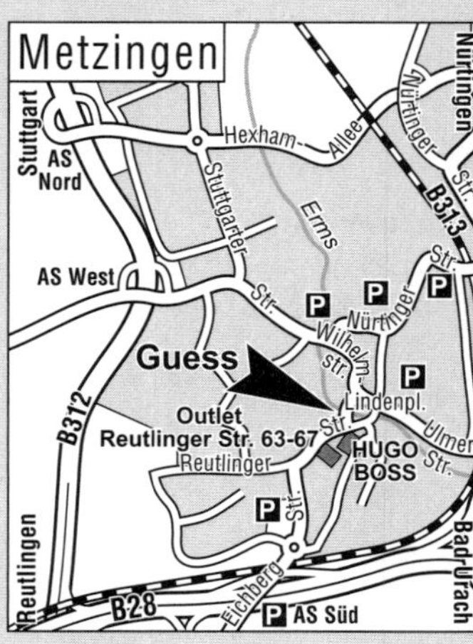

HACKETT
LONDON

Herrenmode von Hackett London ist typisch britisch. Hackett greift die Traditionen des englischen Stils auf, wirkt dabei aber keinesfalls altmodisch. Mit Kleidung von Hackett London ist der Mann für jede Gelegenheit perfekt angezogen. Die Kollektion „Little Britons" wendet sich an junge Männer.

Mode britisch

Warenangebot
Herrenmode von Kopf bis Fuß, Anzüge, Sakkos, Freizeitbekleidung, Hemden, Accessoires. Auch Kinderbekleidung.

Ersparnis
30 bis 40 %.

Ambiente
Typisch britisches Ambiente. Sehr gepflegte Atmosphäre. Dunkle Farbtöne im Interieur.

Adresse
Hackett London Outlet Store, Reutlinger Straße 63-67, 72555 Metzingen, Tel.: 07123/9754199.

Öffnungszeiten
Montag bis Freitag 10.00 bis 20.00 Uhr, Samstag 9.00 bis 20.00 Uhr.

Anreise
Siehe Anreise-Empfehlung und Detailkarten Seite 285 ff.

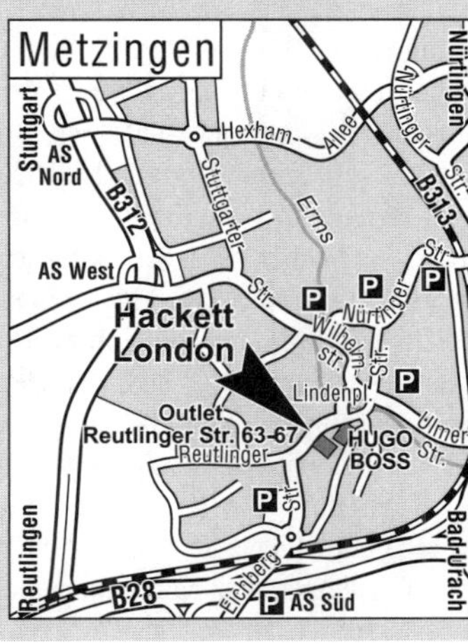

HUGO BOSS

Mit über 6000 Verkaufsstellen in über 100 Ländern ist Hugo Boss Marktführer im Bereich gehobener Bekleidung. Exzellente Passform, hervorragende Qualität und ein ausgewogenes Preis-Leistungs-Verhältnis kennzeichnen die Produkte des Hauses.

Die Weltmarke

Warenangebot

Große Auswahl der Hugo Boss-Marken Mens- und Womenswear (Business-, Freizeit-, Sportbekleidung und Düfte) und Hugo Mens- und Womenswear. Vielfältiges Angebot an Schuhen, Lederaccessoires (Taschen, Geldbörsen etc.) sowie Brillen und Uhren. In der Kanalstraße 12 gibt es einen Musterteileverkauf. Special Offer-Artikel in der Kanalstraße 18.

Ersparnis

Die Ersparnis liegt im Schnitt zwischen 30 und 40 %. Zusätzliche Ermäßigungen bei zeitlich befristeten Aktionen.

Ambiente

Große Auswahl auf über 4000 m² Verkaufsfläche. Womenswear-Bereich auf über 850 m², dieser ist zusätzlich über einen separaten Eingang (Reutlinger Straße) erreichbar. Der neu gestaltete Sportswear-Bereich mit Boss Black Sportswear, Boss Orange Sportswear, Boss Green Sportswear, Boss Selection Sportswear und Hugo Man Sportswear gibt einen Einblick in die Markenwelten von Hugo Boss. Die neue Hugo Boss Outlet Lounge bietet Sitzgelegenheiten, Getränkespender und eine angenehme Atmosphäre.

Adresse

Hugo Boss Factory Outlet, Kanalstraße 6-8 72555 Metzingen, Tel.: 07123/948555-0.

Öffnungszeiten

Montag bis Freitag 10.00 bis 20.00 Uhr, Samstag 9.00 bis 20.00 Uhr.

Anreise

Siehe Anreise-Empfehlung und Detailkarten Seite 285 ff. oder im Internet: www.outletcity.com.

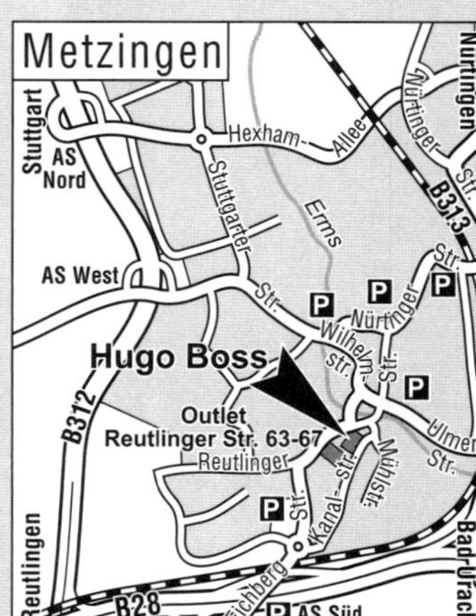

JACK & JONES®

Jack & Jones ist die Marke des dänischen Textileinzelhändlers Bestseller, der zu einem der größten europäischen Bekleidungsunternehmen aufstieg. Er zählt über 41.000 Mitarbeiter in 43 Ländern. Die Kleidung ist sportlich, flippig, elegant und alltagstauglich und gefällt vor allem Jugendlichen.

Sportlich, flippig, bezahlbar

Warenangebot
Freizeitbekleidung für 14- bis 40-Jährige in großer Auswahl.

Ersparnis
30 bis 50%. Ware ist im Niedrigpreissegment angesiedelt. Auch Aktionen wie z.B. drei T-Shirts zum Preis von 15,- €.

Ambiente
Die Marke setzt auf Erlebnis-Shopping für Jugendliche und dreht die Boxen auch schon mal lauter auf. Großes Warensortiment auf ca. 400 m² Verkaufsfläche. Das neu eröffnete Outlet muss man erst einmal finden (direkt neben McDonald's. Letzter Store in der Häuserzeile an der Ulmer Straße hinter dem Parkhaus). Im 1. OG Vero Moda.

Adresse
Jack & Jones, Ulmer Straße 15, 72555 Metzingen, Tel.: 0 71 23/9 10 22 47.

Öffnungszeiten
Montag bis Freitag 10.00 bis 20.00 Uhr, Samstag 9.00 bis 20.00 Uhr.

Anreise
Siehe Anreise-Empfehlung und Detailkarten Seite 285 ff.

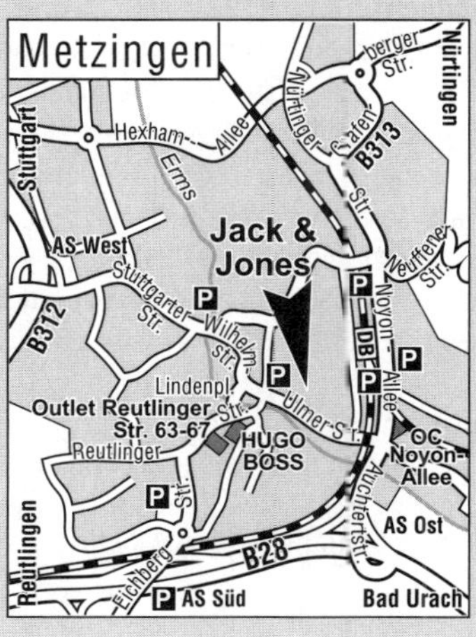

JACKY
Baby • Mini • Basic

Jacky ist seit 1965 der Spezialist im Bereich Baby- und Kinderbekleidung von Größe 44 bis 128. Hier steht das Wohl des Kindes im Mittelpunkt. Jacky überzeugt durch modische, funktionale Bekleidung mit hohem Tragekomfort. Beste Qualität zu einem kleinen Preis.

Pfiffige Kindermoden

Warenangebot

Vielseitiges Angebot für Neugeborene und Babys, Unterwäsche, Nachtwäsche, Mützen, Hosen, Anoraks, Kleider, Sweatshirts, T-Shirts, Regenbekleidung – alles von Gr. 44 bis 128. Ware in 1. Wahl, 2.-Wahl-Artikel mit kaum sichtbaren Mängeln und Sonderposten.

Ersparnis

1.-Wahl-Ware 35 bis 40% günstiger, 2. Wahl etwa 50% des Ladenverkaufspreises für 1. Wahl. Muster- und Sonderposten.

Ambiente

Angenehme Einkaufsatmosphäre auf 240 m² Verkaufsfläche. Freundliches, qualifiziertes Personal, das gerne berät. Auf Bügeln ansprechend präsentiertes Warensortiment, geordnet nach Baby und Kind. Spielecke mit Klettermöglichkeit und Laufstall für die Kleinen. Kostenlose Parkplätze auf dem Firmengelände.

Adresse

Jacky Baby- und Kindermoden, Ulmer Straße 99, 72555 Metzingen, Tel.: 0 71 23/92 95 14, www.jacky.de.

Öffnungszeiten

Montag bis Freitag 9.30 bis 18.00 Uhr, Samstag 10.00 bis 14.00 Uhr.

Anreise

Siehe Anreise-Empfehlung und Detailkarten Seite 285 ff. A8 Stuttgart–München, Autobahnausfahrt Wendlingen, auf der B313 Richtung Nürtingen, weiter nach Metzingen. Dort nach links abbiegen Richtung Ulm, Bad Urach. Nach 50 m befindet sich der Verkauf auf der linken Seite.

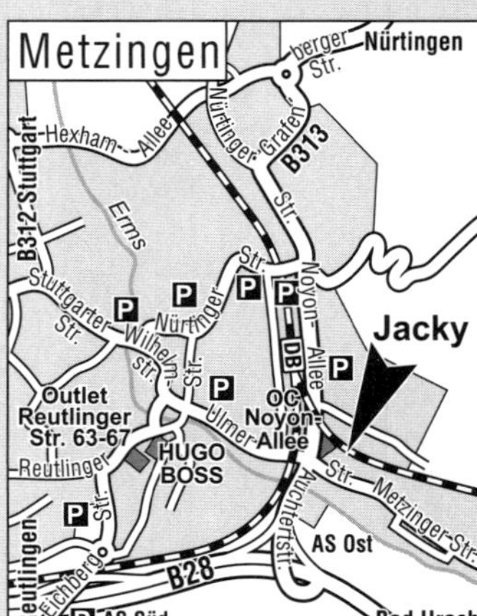

JIMMY CHOO

Der Schuhdesigner Jimmy Choo, geboren 1961 in Penang, entwarf mit elf Jahren seinen ersten Schuh. Im Londoner East End eröffnete er seinen ersten Laden. Heute gilt das Label als luxuriöse Lifestyle-Marke. Prominente Frauen tragen es und auch in großen Spielfilmen wie z.B. „Der Teufel trägt Prada" ist die Marke mit dabei.

Trägt der Teufel Jimmy Choo?

Warenangebot
Luxuriöse Taschen: Handtaschen, Schultertaschen, Abendtaschen. Elegante Damenschuhe in hochmodischen Farben und Formen von Pumps bis zu Sandaletten. Hochwertige Herrenschuhe, Lederaccessoires.

Ersparnis
Die Ware liegt im Preissegment der Luxusklasse. Zum Vergleich: Handtaschen, auch Abendtäschchen, wurden im Einzelhandel mit unverbindlichem Verkaufspreis von 900 bis 1650 Euro gesichtet. Schuhe lagen dort zwischen 395 und 850 Euro. Im Outlet werden Handtaschen und Schuhe ohne Preisauszeichnung angeboten. Nur bei Accessoires gab es eine Preisangabe. Hier wurden Preisabschläge von 50% und mehr ermittelt.

Ambiente
Sehr edle Ausstattung in hellen Räumen, cremefarbene Ledersessel, exzellente Warenpräsentation.

Adresse
Jimmy Choo Outlet Store, Reutlinger Straße 67, 72555 Metzingen, Tel.: 07123/1613103.

Öffnungszeiten
Montag bis Freitag 10.00 bis 20.00 Uhr, Samstag 9.00 bis 20.00 Uhr.

Anreise
Siehe Anreise-Empfehlung und Detailkarten Seite 285 ff.

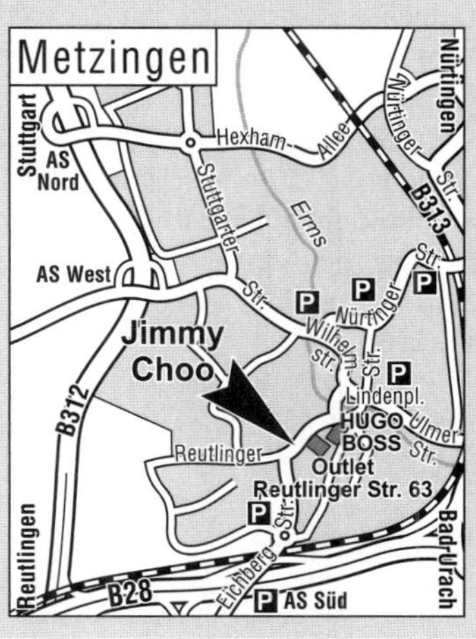

JOOP!

JOOP! ist ein Label für selbstbewusste Männer und Frauen mit ausgeprägtem Stilempfinden, Persönlichkeit und Sex Appeal. Die Kollektionen verbinden eine zeitgemäße Klassik mit traditionellen Elementen und stilvoller Lässigkeit. Business- und Freizeitaspekte ergänzen sich perfekt.

Bekleidung der Spitzenklasse

Warenangebot
Fast die gesamte JOOP!-Produktwelt für Damen und Herren. Anzüge, Sakkos, Hosen, Jeans, Hemden, Krawatten, Westen, Lederbekleidung, T-Shirts, Sweatshirts, Kleider, Blazer, Röcke, Blusen, Jacken, Mäntel, Wäsche, Strickwaren, Socken, Accessoires, Taschen, Schuhe, Schmuck.

Ersparnis
Bis zu 30 % bei aktueller Ware, herabgesetzte Ware bis zu 70 % günstiger. Zweimal jährlich Saisonendverkäufe.

Ambiente
Das Ambiente im dreistöckigen JOOP! Outlet entspricht seiner Klasse: modern, authentisch, stilvoll. Großzügige Präsentation, viele Umkleidekabinen. Kompetente Beratung. Bezahlen mit EC-Karte, Visa, Amex und Mastercard möglich.

Adresse
JOOP! Outlet, Mühlstraße 1/Am Lindenplatz, 72555 Metzingen, Tel.: 0 71 23/ 20 41 12.

Öffnungszeiten
Montag bis Freitag 10.00 bis 20.00 Uhr, Samstag 9.00 bis 20.00 Uhr.

Anreise
A8 Stuttgart-Ulm, Ausfahrt Wendlingen. Auf der B313 Richtung Nürtingen nach Metzingen. Dort Richtung Stadtmitte. JOOP! ist am Lindenplatz linke Seite (sofort erkennbar). Siehe auch Anreise-Empfehlung und Detailkarten Seite 285 ff.

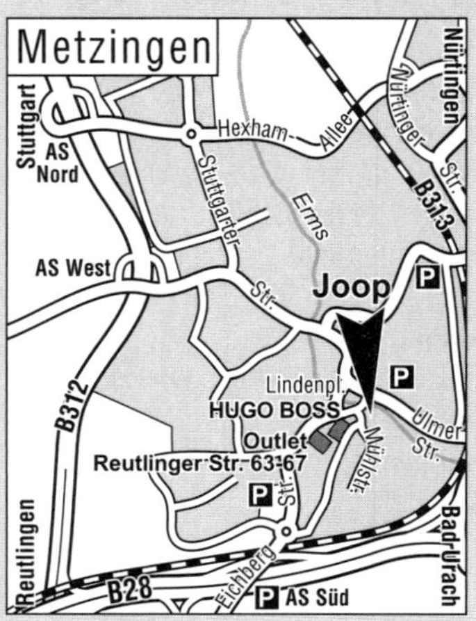

LACOSTE

Als René Lacoste 1933 sein erstes Poloshirt mit dem Krokodil auf der Brust auf den Markt brachte, konnte er noch nicht ahnen, dass dies der Anfang einer beispiellosen Erfolgsgeschichte werden sollte. Die Qualität vor allem der Polo-Piqué-Hemden ist so hervorragend, dass sogar oft den Söhnen die Hemden der Väter „vererbt" werden.

Das sportliche Krokodil

Warenangebot

Ca. 5000 Polohemden für Mann, Frau und Kind in allen Farben und Schnitten, lang- und kurzärmelig, tailliert in Stretch-Piqué oder gerade geschnitten in reinen Baumwoll-Qualitäten. Nur Ware der vergangenen Saison. Überwiegend die für Lacoste-Hemden typische Polo-Piqué-Maschenware. Sie ist sehr fein strukturiert, hat viele winzig kleine Öffnungen, die Luft an den Körper lassen und als gut schweißaufnehmend gelten.

Ersparnis

30 %.

Ambiente

Gepflegter, großer Verkaufsraum mit freundlichem, hilfsbereitem Personal und übersichtlicher Warenpräsentation.

Adresse

Lacoste Outlet Store, Reutlinger Straße 63, 72555 Metzingen, Tel.: 0 71 23/ 17 00 21, foc_metzingen@devanlay.fr, www.outletcity.com.

Öffnungszeiten

Montag bis Freitag 10.00 bis 20.00 Uhr, Samstag 9.00 bis 20.00 Uhr.

Anreise

Von Stuttgart aus auf der B27, später B312 Richtung Reutlingen/Metzingen, Ausfahrt Metzingen-Süd. Weiter über die B28, die zur Reutlinger Straße wird. Dort parken. Lacoste befindet sich in der Ladenpassage, die zu Boss führt. Siehe auch Anreise-Empfehlung und Detailkarten Seite 285 ff.

LEDORADO
» Lederland «

Laura Zanello
LEDERWELT

Hochwertiges Leder und erstklassige Verarbeitung machen diese Ledermode zu einem besonderen Erlebnis. Ob sportlich, klassisch, zeitlos oder modern, hier gibt es gute Lederbekleidung zu erschwinglichem Preis.

Die Lederprofis

Warenangebot
Jacken, Mäntel, Hemden sowie Lammfelle und -pelze, Lederhandschuhe, Taschen, Schals, Accessoires der Marken Bugatti, Christ, Christia, Lekra, Mauritius, Minkel, Oakwood, Polar, Rockhill und Saki.

Ersparnis
Bei Ware in 1. Wahl ca. 10 bis 20 %. Ständig Sonderangebote.

Ambiente
Übersichtlich angeordnete Ware auf ca. 250 m² Verkaufsfläche; fachlich fundierte Kundenberatung. 40 Kostenlose Parkplätze.

Besonderheiten
Maßkonfektion in allen Größen, vielen Farben und Qualitäten für Damen und Herren. Änderungen, Reinigungen und Reparaturen; Lederwasch- und Pflegemittel.

Adresse
Ledorado Lederland/Laura Zanello, Outlet-Center Stuttgarter Straße 60, 72555 Metzingen, Tel.: 0 71 23/6 16 05, www.Ledorado.de, www.laurazanello.de.

Öffnungszeiten
Montag bis Freitag 10.00 bis 18.30 Uhr, Samstag 10.00 bis 18.00 Uhr.

Anreise
Von Stuttgart aus auf der B27 später B312 nach Metzingen. Ausfahrt Metzingen-Stadtmitte, Richtung Zentrum. Firma ist am Ortseingang an der 2. Ampel links. Siehe auch Anreise-Empfehlung und Detailkarten Seite 285 ff.

Levi's® DOCKERS

Als Levi Strauss aus dem fränkischen Buttenheim in die USA auswanderte, ahnte niemand, dass er 1853 eine Firma gründen würde, die einmal der weltweite Inbegriff für Jeans werden sollte. Mit robuster Arbeiterbekleidung stattete Levi's die Goldsucher und Pioniere Kaliforniens aus, bis Amerikas Teenager die Levi's Jeans zum Symbol ihrer Rebellion machten.

Quality never goes out of Style

Warenangebot
Großes Angebot der Marken Levi's und Dockers. Produktionsüberhänge, 1. und 2. Wahl, Musterteile, Restposten aus der aktuellen und vergangenen Saison.

Ersparnis
30 bis 70%. Das ganze Jahr über Aktionen mit Preisreduzierung.

Ambiente
Ca. 420 m² Verkaufsfläche, geschultes Personal.

Adresse
Levi's/Dockers Outlet Store, Reutlinger Straße 63, 72555 Metzingen, Tel.: 0 71 23/9 53 80 11, Levioutletstore. Metzingen@levi.com.

Öffnungszeiten
Montag bis Freitag 10.00 bis 20.00 Uhr, Samstag 9.00 bis 20.00 Uhr.

Weitere Verkaufsstellen (Auswahl)

- 14641 **Wustermark**, Designer Outlet Berlin, Alter Spandauer Weg 1, Tel.: 03 32 34/90 40, www.b5center.de.
- 97877 **Wertheim-Dertingen**, Wertheim Village, Almosenberg, Tel.: 0 93 42/ 85 94 70.

Anreise
Siehe Anreise-Empfehlung und Detailkarten Seite 285 ff. Der Verkauf ist auf dem Hugo Boss Areal.

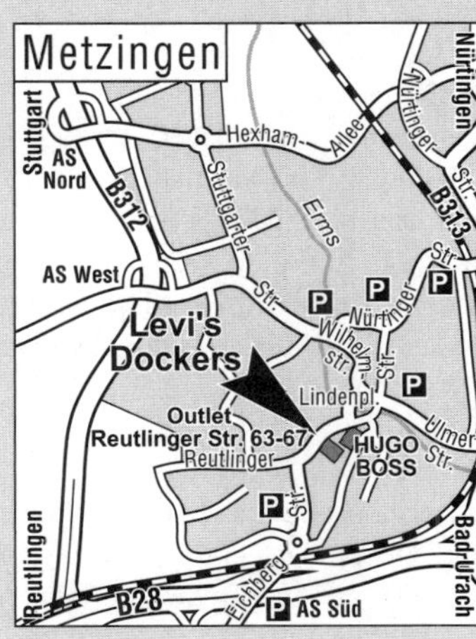

SCHWEIZER MAÎTRE CHOCOLATIER
SEIT 1845

Die Schweizer Edelmarke Lindt & Sprüngli kann man in Metzingen en gros einkaufen. Weil der hohe Qualitätsanspruch viel Bruchware bei Schokolade und Pralinen mit sich bringt, bekommt König Kunde hier feinste Schokolade und Pralinen zum günstigen Preis.

Die Edelmarke

Warenangebot
Schokoladen, gefüllt und ungefüllt, auch mit hohem Kakaoanteil. Sorten wie Lindor, Saisonprodukte wie Osterhasen, Ostereier oder Nikoläuse und Weihnachtsartikel aus Schokolade. Pralinen, Geschenkartikel, MHD-Angebote (Produkte deren Mindesthaltbarkeitsdatum bald erreicht wird).

Ersparnis
25 bis 75 % bei MHD-Angeboten. Besonders beliebt und auch preislich interessant ist die abgepackte Beutelware wie Mischbeutel oder Pralinen im Beutel.

Ambiente
Kleiner, aber feiner Laden, Warenpräsentation wie in einem hochwertigen Schokoladengeschäft. Selbstbedienung, starker Andrang jeweils vor Weihnachten und Ostern. Freundliches Personal. Großes Angebot an Parkplätzen.

Adresse
Lindt Shop, Outlet City Metzingen, Reutlinger Straße 63, 72555 Metzingen, www.lindt.de oder www.outletcity-metzingen.com.

Öffnungszeiten
Montag bis Freitag 10.00 bis 20.00 Uhr, Samstag 9.00 bis 20.00 Uhr.

Anreise
Von Stuttgart aus auf der B27, später B312 Richtung Reutlingen/Metzingen, Ausfahrt Metzingen-Süd. Weiter über die B28, die zur Reutlinger Straße wird. In der Reutlinger Straße parken. Lindt & Sprüngli befindet sich in der Ladenpassage, die von der Reutlinger Straße zu Hugo Boss führt. Siehe auch Seite 285 ff.

Weitere Verkaufsstellen (Auswahl)

- 14641 **Wustermark**, Designer Outlet Berlin, Alter Spandauer Weg 1/62. Montag bis Donnerstag 10.00 bis 19.00 Uhr, Freitag und Samstag 10.00 bis 20.00 Uhr.
- 38440 **Wolfsburg**, Designer Outlets Wolfsburg, An der Vorburg 1. Montag bis Samstag 10.00 bis 19.00 Uhr.
- 52072 **Aachen**, Süsterfeldstraße 130. Montag bis Freitag 9.00 bis 18.00 Uhr, Samstag 9.00 bis 16.00 Uhr. Sonderöffnungszeiten vor Weihnachten und Ostern.
- 85055 **Ingolstadt-Feldkirchen**, Ingolstadt Village, Unit 126/Otto-Hahn-Straße 1. Montag bis Samstag: 10.00 bis 20.00 Uhr.
- 94424 **Arnstorf**, Mariakirchener Straße 32. Montag bis Freitag 10.00 bis 18.00 Uhr, Samstag: 9.00 bis 16.00 Uhr.

- 73312 **Geislingen/Steige**, Fabrikverkäufe Geislingen, Fabrikstraße 40. Montag bis Samstag: 10.00 bis 18.00 Uhr.

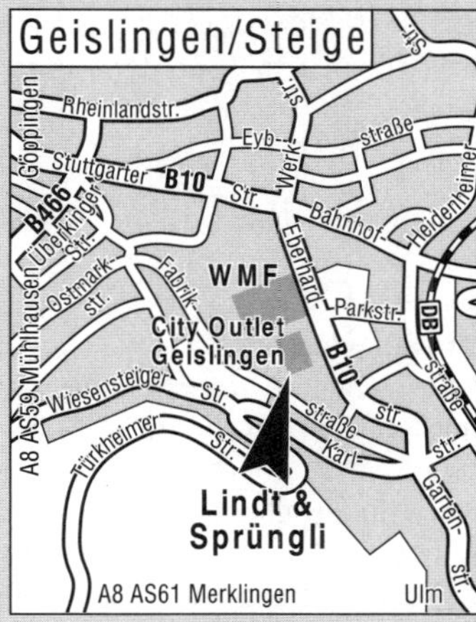

- 28816 **Stuhr-Brinkum bei Bremen**, Ochtum Park Bremen, Bremer Straße 109. Montag bis Freitag 10.00 bis 19.00 Uhr, Samstag 10.00 bis 18.00 Uhr.

- 66482 **Zweibrücken**, The Style Outlets Zweibrücken, Londoner Bogen 10-90. Montag bis Samstag: 10.00 bis 19.00 Uhr.

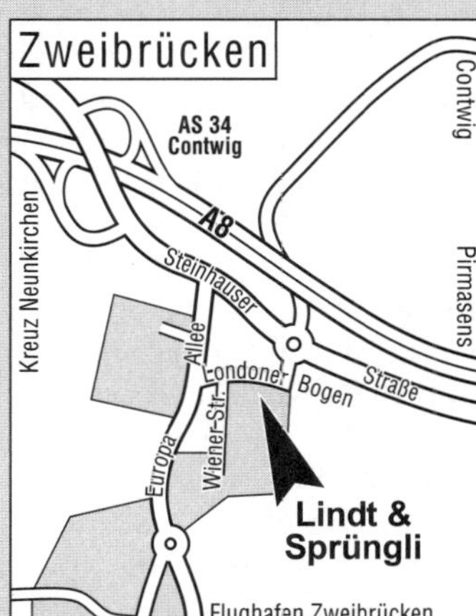

LLOYD
GERMANY

Im Jahr 1888 in Bremen gegründet, perfektioniert Lloyd seit mehr als 125 Jahren die Herstellung besonderer und wertvoller Schuhe in Qualität, Passform und Design. Unverkennbar sind Lloyd Schuhe durch ihr Markenzeichen, das seit dem Jahr 1968 den Absatz der Schuhe ziert: der rote Streifen.

Die Klassiker

Warenangebot
Großes Angebot an Herren- und Damenschuhen. Auch große Größen (Herren bis 50, Damen bis 43) sowie extra weite Schuhe in guter Auswahl. Zusätzlich: Schuhpflegemittel, Herrentextilien, Gürtel, Strümpfe, Damen- und Herrentaschen, Reisegepäck, Accessoires und Kleinlederwaren.

Ersparnis
Bei Schuhen mindestens 30%, sonstiges Angebot 20 bis 30%.

Ambiente
Großer Verkaufsraum in der zweiten Etage des Galizia Fashion Plaza. Riesenauswahl, übersichtlich geordnet, Beratung und Bedienung. Parkplätze vorhanden. Bezahlen auch mit EC- und Kreditkarte möglich.

Adresse
Lloyd Shoes GmbH, Galizia Fashion Plaza, Mühlstraße 2, 72555 Metzingen.

Öffnungszeiten
Montag bis Freitag 10.00 bis 20.00 Uhr, Samstag 9.00 bis 20.00 Uhr.

Anreise
Der Verkauf befindet sich in der Mühlstraße. Siehe Anreise-Empfehlung und Detailkarten Seite 285 ff.

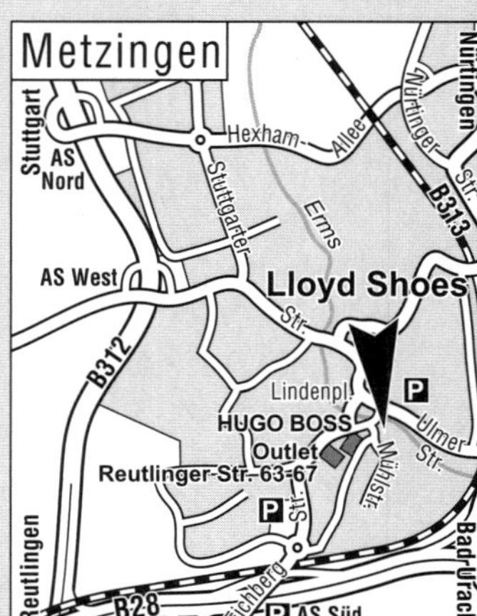

Loro Piana

Loro Piana ist der weltweit größte Cashmere-Hersteller und der größte Händler feinster Wolle. Das Unternehmen produziert feinste Anzugstoffe aus neuseeländischer Merinowolle. Die Weberei hält seit 2005 den Weltrekord für die feinste gesponnene Wollfaser mit nur 11,8 Mikrometer Durchmesser.

Feinste Cashmere-Wollstoffe

Warenangebot
Damen- und Herrenoberbekleidung in feinster Cashmere- und Merino-Qualität im höchsten Preissegment.

Ersparnis
30 bis 70%.

Ambiente
Geschmackvoll eingerichtetes Outlet und sachkundige Beratung hinter goldschimmernder Außenfassade. Die Ware ist im Hochpreissegment angesiedelt.

Adresse
Loro Piana, Reutlinger Straße 73/1, 72555 Metzingen, Tel.: 07123/9102002.

Öffnungszeiten
Montag bis Freitag 10.00 bis 20.00 Uhr, Samstag 9.00 bis 20.00 Uhr.

Anreise
Siehe Anreise-Empfehlung und Detailkarten Seite 285 ff.

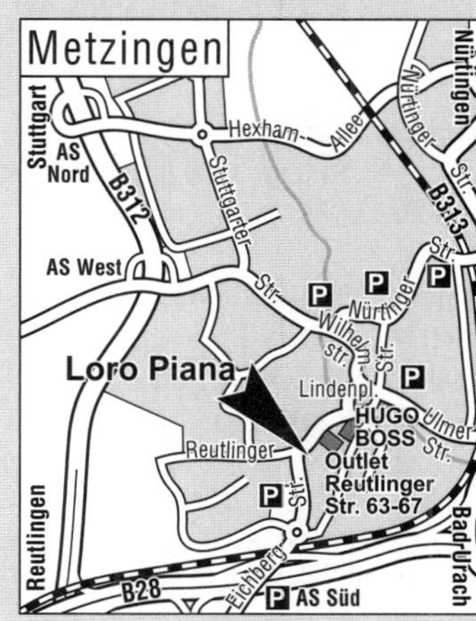

Marc O'Polo

Marc O'Polo steht für einen urbanen, lässigen Lifestyle mit gehobenem Anspruch. Zur schwedischen Herkunft der Marke gehört die Vorliebe für natürliche Materialien.

Modern Casual Wear

Warenangebot
Hochwertiges Angebot an Damen- und Herrenbekleidung, Shoes, Accessoires, Campus Women und Campus Men.

Ersparnis
30 bis 70%. Zusätzliche Produktgruppenreduzierungen während der Saison.

Ambiente
Shoppen in entspannter Atmosphäre. Fachkundige Beratung, aufmerksames Personal und eine große Auswahl.

Adresse
Marc O'Polo Factory Outlet, Reutlinger Straße 38, 72555 Metzingen, Tel.: 0 71 23/20 05 91.

Öffnungszeiten
Montag bis Freitag 10.00 bis 20.00 Uhr, Samstag 9.00 bis 20.00 Uhr.

Weitere Verkaufsstellen (Auswahl)

- 14057 **Berlin-Charlottenburg**, Kaiserdamm 7, Tel.: 0 30/3 25 61 60.
- 14641 **Wustermark bei Berlin**, Designer Outlet Berlin, Alter Spandauer Weg 1, Tel.: 03 32 34/2 39 02.
- 28816 **Stuhr-Brinkum**, Bremer Straße 113, Tel.: 04 21/8 78 45 80.
- 82152 **Planegg-Martinsried**, Lena-Christ-Straße 46, Tel.: 0 89/8 57 68 95.
- 97877 **Wertheim-Dertingen**, Wertheim Village, Almosenberg, Tel.: 0 93 42/9 34 77 22.
- B-3630 **Maasmechelen**, Belgien, Zetellaan 143, Tel.: 00 32/89 38 35 72.
- NL-6041 **Roermond**, Designer Outlet Roermond, Stadsweide 110/112, Tel.: 00 31/4 75 33 88 22.

Anreise
Siehe Anreise-Empfehlung und Detailkarten Seite 285 ff.

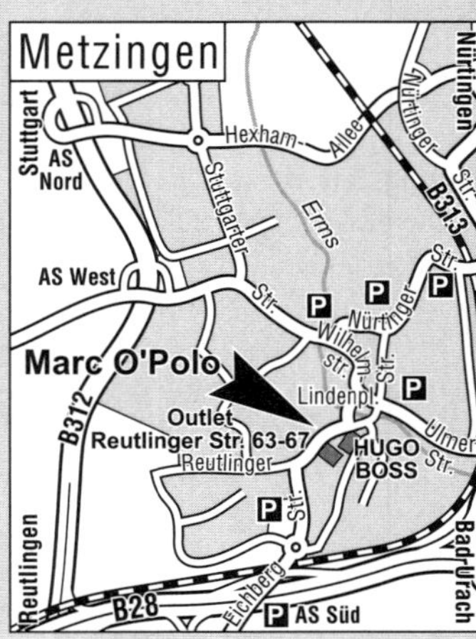

MaxMara

MaxMara steht für klassische, exquisite Designermode aus Italien. Die Kollektionen für elegante Frauen sind in bester Schneidertradition aus luxuriösen Materialien wie doppeltem Kaschmir, gekämmtem Satin oder feinster Seide gefertigt.

Italienischer Luxus

Warenangebot
Große Auswahl und Sortimentsbreite bei Damenoberbekleidung. Kostüme, Kleider, Röcke, Blazer, Hosen, Blusen, Pullover in unterschiedlichen Linien und Preissegmenten. Freizeitmode und Outfits für den Alltag ebenso wie Mode für besondere Anlässe. Damenschuhe, Handtaschen und Accessoires.

Ersparnis
30 bis 50 %.

Ambiente
Übersichtliche Präsentation der unterschiedlichen Modelinien auf ca. 500 m^2 Verkaufsfläche. Gepflegtes, geschmackvoll eingerichtetes Outlet. Zehn Umkleidekabinen. Freundliches Verkaufspersonal, guter Service.

Besonderheiten
Nur wenige Meter entfernt: Kids Camp, die Kinderbetreuung der Outletcity Metzingen.

Adresse
MaxMara Outlet Store, Reutlinger Straße 67/1, 72555 Metzingen, Tel.: 0 71 23/ 17 05 55, 0301176@mmfgshops.com.

Öffnungszeiten
Montag bis Freitag 10.00 bis 20.00 Uhr, Samstag 9.00 bis 20.00 Uhr.

Anreise
Siehe Anreise-Empfehlung und Detailkarten Seite 285 ff.

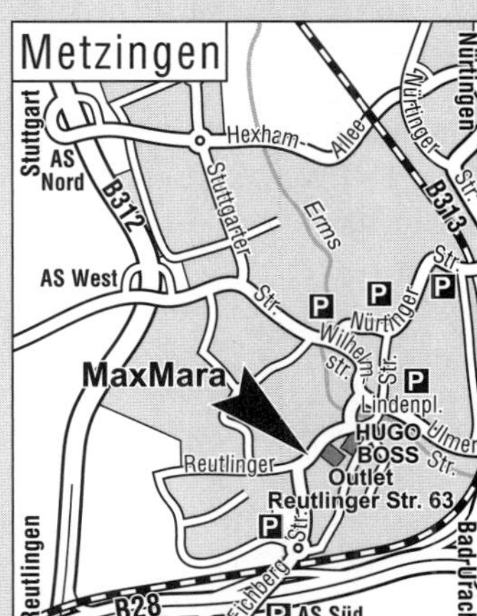

MICHAEL KORS

Michael Kors, mehrfach ausgezeichneter und weltweit anerkannter amerikanischer Designer, schaffte es mit seinem Label, den Modestandard der Reichen und Schönen in bezahlbaren Lifestyle umzuwandeln. Perfekte Verbindung von schlichtem Design und hochwertigen Materialien.

Taschendesign für alle

Warenangebot
Lederwaren und Accessoires in modischen Farben. Große Auswahl an Taschen.

Ersparnis
30 %.

Ambiente
Sehr helle, großzügige Räume. Attraktive Präsentation vor allem der Taschen in den unterschiedlichsten Farbtönen.

Adresse
Michael Kors Outlet Store, Reutlinger Straße 63, 72555 Metzingen, Tel.: 07123/975770.

Öffnungszeiten
Montag bis Freitag 10.00 bis 20.00 Uhr, Samstag 9.00 bis 20.00 Uhr.

Anreise
Siehe Anreise-Empfehlung und Detailkarten Seite 285 ff.

MISSONI

Es ist eine farbenfrohe und elegante Welt. Geschmackvolle Kombinationen aus Streifen und Wellen in einem Patchwork aus geblümtem und geometrischem Jacquard machen die Mode von Missoni unverwechselbar. Das typische Zick-Zack-Muster ist inspiriert von den Stoffen und Webwaren alter Kulturen.

Die Mode mit dem Zick-Zack

Warenangebot
Vor allem Damenbekleidung: Kleider, Röcke, Hosen, Strickwaren, Tops, Foulards.

Ersparnis
30 %.

Ambiente
Das Outlet mit ca. 100 m² Verkaufsfläche wirkt hell und freundlich. Wie eine Handschrift zieht sich der hohe Stellenwert von Farbe durch die Gestaltung. Das Personal ist ausgesprochen freundlich.

Adresse
Missoni, Reutlinger Straße 67, 72555 Metzingen, Tel.: 0 71 23/9 76 92 37.

Öffnungszeiten
Montag bis Freitag 10.00 bis 20.00 Uhr, Samstag 9.00 bis 20.00 Uhr.

Anreise
Siehe Anreise-Empfehlung und Detailkarten Seite 285 ff.

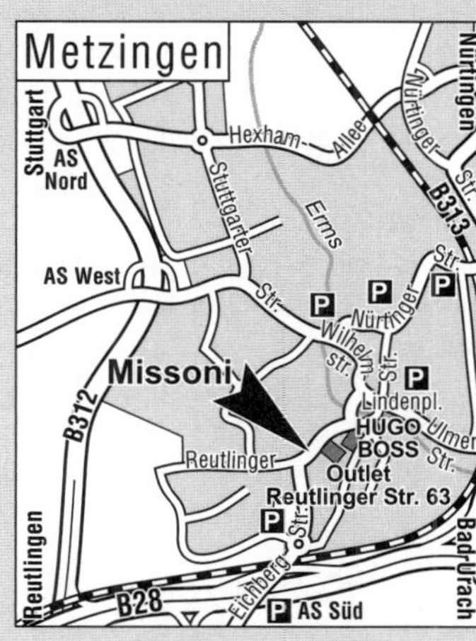

MONCLER

Das Logo zeigt den Mont Aiguille bei Grenoble, dessen Erstbesteigung 1492 als Geburtsstunde des Alpinismus gilt. International bekannt wurde das Unternehmen 1954 durch seine wattierten Daunenjacken, die für große Expeditionen gewählt wurden. 1999 wurde die erste komplette Modekollektion präsentiert.

Die Erfinder der Daunenjacke

Warenangebot
Hauptsächlich modische, aber funktionale Freizeitjacken und Anoraks in der typischen Daunen-Steppung für Damen, Herren und Kinder in großer Auswahl. Der Daunen-Look bestimmt als hochmodisches Detail – mit und ohne Daune – auch die alltagstaugliche Ware. Trendige Ski-, Winter- und Schlechtwetter-Bekleidung. Kleines Angebot an Freizeitschuhen und Accessoires.

Ersparnis
30 %. Die sportive Hauptkollektion liegt im oberen Mittelpreissegment. Ski- und Freizeitmode des Labels Moncler Grenoble im hochpreisigen Segment.

Ambiente
Stilvolles Ambiente mit großen schwarzweißen Fotos schneebedeckter Berggipfel.

Adresse
Moncler Outlet, Reutlinger Straße 63, 72555 Metzingen, Tel.: 0 71 23/9 10 21 30.

Öffnungszeiten
Montag bis Freitag 10.00 bis 20.00 Uhr, Samstag 9.00 bis 20.00 Uhr.

Anreise
Siehe Anreise-Empfehlung und Detailkarten Seite 285 ff.

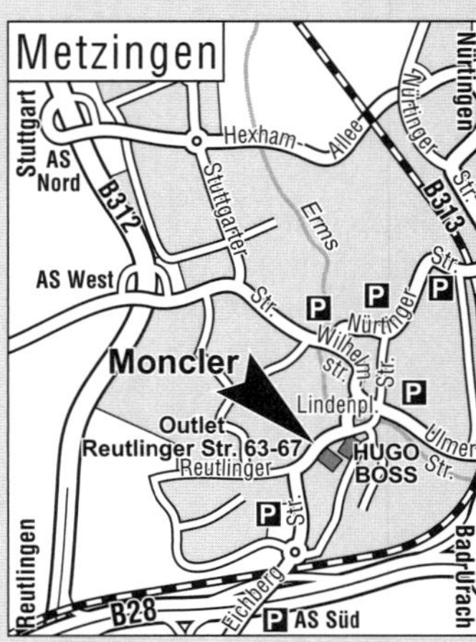

möve, das ist Lifestyle für Bad und Bett made in Germany. Kuschelige Frottierwaren in verschiedenen Materialien und Designs werden ergänzt von stilvollen Badaccessoires und hochwertiger Bettwäsche.

Lifestyle für Bad und Bett

Warenangebot
Gäste-, Hand- und Badetücher, Badematten, Badteppiche, Bademäntel für Damen, Herren und Kinder, Strandtücher, Saunaartikel, Badaccessoires, Bettwäsche.

Ersparnis
30 bis 70 %.

Ambiente
Moderner Architekturmix auf gut 700 m² und über drei Etagen.

Adresse
möve Designer Outlet Store Metzingen, Reutlinger Straße 22, 72555 Metzingen, Tel.: 0 71 23/16 55 25.

Öffnungszeiten
Montag bis Freitag 10.00 bis 20.00 Uhr, Samstag 9.00 bis 20.00 Uhr.

Weitere Verkaufsstellen (Auswahl)

- 02779 **Großschönau**, Waltersdorfer Straße 54, Tel.: 03 58 41/82 45.
- 14641 **Wustermark**, Designer Outlet Berlin, Alter Spandauer Weg 1, Tel.: 03 32 34/2 07 99.
- 28816 **Stuhr-Brinkum bei Bremen**, Ochtum Park, Bremer Straße 115-117, Tel.: 04 21/8 98 37 20.
- 66482 **Zweibrücken**, The Style Outlets, Londoner Bogen 10-90, Tel.: 0 63 32/ 99 35 15.
- 85055 **Ingolstadt-Feldkirchen**, Ingolstadt Village, Otto-Hahn-Straße 1, Tel.: 08 41/3 79 69 82.
- 97877 **Wertheim-Dertingen**, Wertheim Village, Almosenberg, Tel.: 0 93 42/ 85 85 27.
- NL-6041 **Roermond**, Designer Outlet Roermond, Stadsweide 132-134, Tel.: 00 31/4 75/33 08 47.

Anreise
Siehe Anreise-Empfehlung und Detailkarten Seite 285 ff.

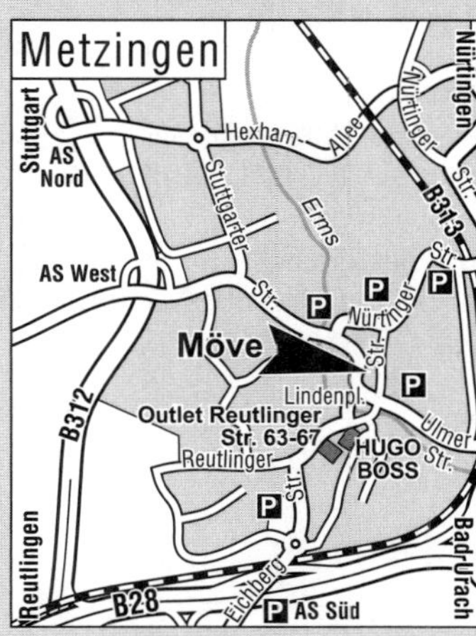

Der „Swoosh" gilt weltweit als Symbol für attraktiven Sport. Im neu eröffneten Factory Outlet Store am Lindenplatz findet man eine große Auswahl an Produkten des Weltmarktführers im Sportbereich zu reduzierten Preisen.

Der Nike Swoosh

Warenangebot
Umfangreiches Sortiment an Sportbekleidung und -ausrüstung für Damen, Herren und Kinder aus den Bereichen Fußball, Running, Fitness etc. Angeboten werden Ware aus der Vorsaison, B-Ware und Musterteile.

Ersparnis
Durchschnittlich 30%; bei besonderen Aktionen Ersparnis bis zu 70% möglich.

Ambiente
Ca. 1000 m² große Verkaufsfläche auf zwei Etagen im Stil eines Sportgeschäfts mit Umkleidekabinen und freundlichem Personal.

Adresse
Nike Factory Store, Lindenplatz 3, 72555 Metzingen, Tel.: 0 71 23/8 88 97 12.

Öffnungszeiten
Montag bis Freitag 10.00 bis 20.00 Uhr, Samstag 9.00 bis 20.00 Uhr.

Weitere Verkaufsstellen (Auswahl)

- 14641 **Wustermark**, Designer Outlet Berlin, Alter Spandauer Weg 7, Tel.: 03 32 34/20 89.
- 66482 **Zweibrücken**, The Style Outlets, Londoner Bogen 10-90, Tel.: 0 63 32/ 47 94 02.
- 97877 **Wertheim-Dertingen**, Wertheim Village, Almosenberg, Tel.: 0 93 42/ 85 82 80.

Anreise
Siehe Anreise-Empfehlung und Detailkarten Seite 285 ff.

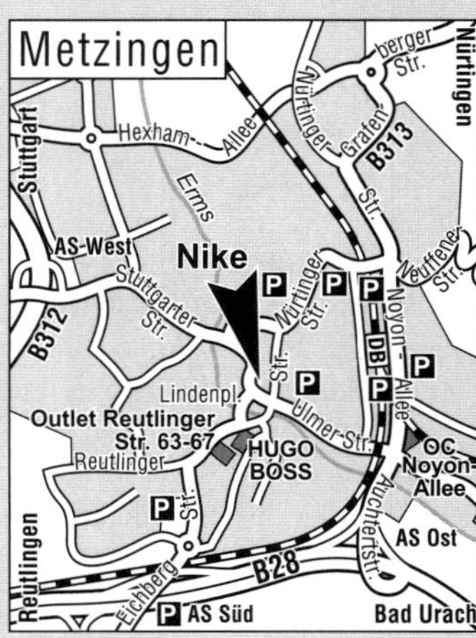

Oakley ist führend auf dem Sportbrillensektor. Mehr als 600 Patente zeugen von der Innovationskraft dieses Unternehmens. Darüber hinaus hat sich Oakley einen Namen mit Sport-, Freizeitbekleidung und Schuhen in lässiger Optik gemacht.

Brillen für Sport und Sonne

Warenangebot
Funktions-Sonnenbrillen für nahezu alle Sportarten wie z.B. Radsport, Wintersport, Moto-Cross. Lifestyle-Sonnenbrillen. Daneben ein Sortiment an Sport- und Lifestylebekleidung, Taschen, Schuhen und Uhren. Ausschließlich Ware der vergangenen Saison (second season).

Ersparnis
30 bis 50 %.

Ambiente
Die Brillen sind in verschlossenen Glasvitrinen ausgestellt. Freundliches und in Sachen Sportbrillen kompetentes Personal. Ca. 200 m² Verkaufsfläche in einem neuen Gebäude direkt an der Reutlinger Straße.

Adresse
Oakley O-Vault, Ulmer Straße 11–13, 72555 Metzingen, Tel.: 0 71 23/20 08 20.

Öffnungszeiten
Montag bis Freitag 10.00 bis 20.00 Uhr, Samstag 9.00 bis 20.00 Uhr.

Anreise
Von Stuttgart aus über die B27 und später B312 Richtung Reutlingen/ Metzingen. 3. Ausfahrt Metzingen abfahren, weiter über die Reutlinger Straße. Siehe auch Anreise-Empfehlung und Detailkarten Seite 285 ff.

EINKAUFS-GUTSCHEIN S. 585

Peter Hahn

Im Peter Hahn Outlet wird ganzjährig stark reduzierte Markenware angeboten. Regelmäßig trifft neue Ware ein.

Markenmode zum Outlet-Preis

Warenangebot

Premium-Marken: Brax, Basler, Looxent und viele andere. Für Damen: Jacken, Mäntel, Kostüme, Kleider, Blusen, Shirts, Pullover, Strickjacken, Hosen, Röcke, Schuhe, Wäsche und Heimtextilien. Für Herren: Jacken, Sakkos, Hosen, Hemden, Pullover. Ware aus den Vorsaisons, 2.-Wahl-Ware der aktuellen Kollektionen, Musterteile in kleinen Größen.

Ersparnis

Ca. 40 bis 80%.

Ambiente

Großzügiger, moderner Verkaufsraum auf einer Etage. Übersichtliche Warenpräsentation und kompetente Beratung. Parkplätze vor dem Haus.

Adresse

Peter Hahn Outlet, Neuffener Straße 5, 72555 Metzingen, Tel.: 0 71 23/9 61 40, outlet.metzingen@peterhahn.de, www.peterhahn.de.

Öffnungszeiten

Montag bis Freitag 9.30 bis 18.30 Uhr, Samstag 9.30 bis 16.00 Uhr.

Weitere Verkaufsstelle

- 73650 **Winterbach**, Bahnhofplatz 1, Tel.: 0 71 81/70 82 07, outlet.winterbach@peterhahn.de.

Anreise

Siehe Anreise-Empfehlung und Detailkarten Seite 285 ff.

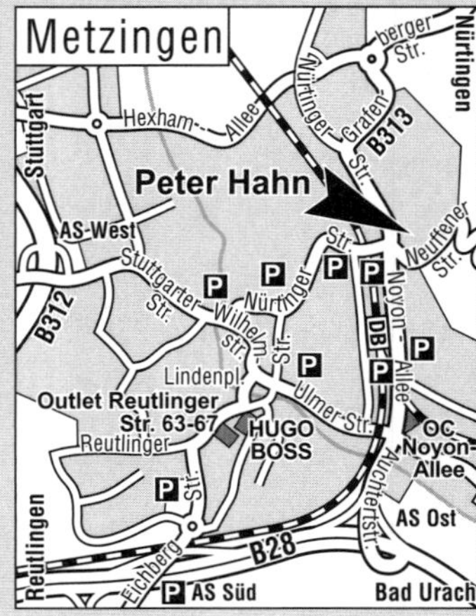

Petit Bateau ist ein bekannter Hersteller von Kinder- und Erwachsenenmode in besten Baumwollqualitäten. Oft kopiert, nie erreicht: der klassische Ringel, den der Firmengründer vor mehr als 100 Jahren kreierte. Auch heute noch ziert er in vielen Farben die Kollektionen.

Ringel-Look

Warenangebot
Großes und vielseitiges Angebot: Baby-Erstausstattung, Strampler für Babys von 0-24 Monaten und Bodys für Babys von 0-36 Monaten, Baby- und Kinderbekleidung von 3 Monaten bis 10 Jahren, Unterwäsche für Kinder von 2 bis 18 Jahren. Oberbekleidung für Teenager und Erwachsene in den Größen XS bis XL. Einlagen für Kindersitze. Kinderschlafsäcke, Krabbeldecken, Mützen, Accessoires.

Ersparnis
30 bis 50 %. Zusätzlich zeitlich befristete Aktionen.

Ambiente
Sehr freundliches und sachkundiges Personal, das gerne berät. Angenehmes Ambiente in ansprechend hellen Räumen.

Adresse
Petit Bateau, Mühlstraße 5, 72555 Metzingen, Tel.: 0 71 23/17 01 56.

Öffnungszeiten
Montag bis Freitag 10.00 bis 20.00 Uhr, Samstag 9.00 bis 20.00 Uhr.

Anreise
Anfahrtsmöglichkeiten siehe Seite 285 ff.

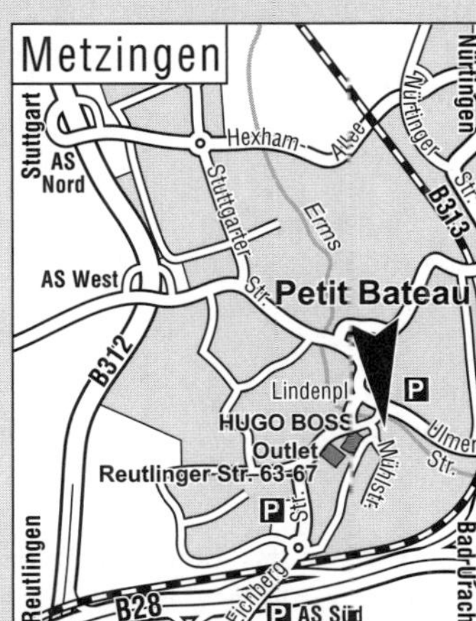

pierre cardin OTTO KERN

EINKAUFS-GUTSCHEIN S. 587

Mit den Marken Pierre Cardin und Otto Kern ist die Ahlers AG in der Outlet-Stadt Metzingen vertreten. Pierre Cardin bietet hochwertige Mode im mittleren Preissegment. Otto Kern ist bekannt für hochwertige, sportive Mode im höheren Preissegment.

Zwei große Marken

Warenangebot
Beide Marken kleiden den Mann von Kopf bis Fuß für Beruf und Freizeit in den Konfektionsgrößen normal, schlank und untersetzt. Anzüge, Hosen, Sakkos, legere und sportive Freizeitbekleidung wie Jeans, Lederjacken, Strickwaren, Sweat- und Poloshirts. Die Ware stammt jeweils aus der vergangenen Saison.

Ersparnis
30 %, ständig Sonderaktionen mit 50 bis 80 %.

Ambiente
Verkauf auf ca. 280 m². Es wird großer Wert auf gute, fachkundige Beratung gelegt.

Adresse
Pierre Cardin und Otto Kern, Wilhelmstraße 14, 72555 Metzingen, Tel.: 0 71 23/16 23 86.

Öffnungszeiten
Montag bis Freitag 10.00 bis 20.00 Uhr, Samstag 10.00 bis 19.00 Uhr.

Weitere Verkaufsstellen (Auswahl)
- 33803 **Steinhagen-Brockhagen**, Michaelisstraße 2, Tel.: 0 52 04/ 8 90 86 84.
- 48607 **Ochtrup**, Laurenzstraße 51, Tel.: 0 25 53/97 32 25.
- 50189 **Elsdorf**, Oststraße 1a, Tel.: 0 22 74/7 00 27 03.
- 78315 **Radolfzell**, Schützenstraße 50, Tel.: 0 77 32/9 42 39 72.
- 85599 **Parsdorf**, Heimstettener Straße 1, Tel.: 0 89/90 01 91 73.
- 91567 **Herrieden**, Am Eichelberg 1, Tel.: 0 98 25/9 27 96 11.

Anreise
Anfahrtsmöglichkeiten siehe Seite 285 ff.

Polo Ralph Lauren Factory Store

Klassisch, sportlich und edel – so stellt sich die Mode von Ralph Lauren dar. Es ist Mode mit persönlicher Note und wird sowohl von der Jugend als auch von der reiferen Jugend gern getragen. Angesiedelt ist sie im oberen Preissegment. Auch wenn es im Factory Store ausschließlich Waren der Vorsaison gibt, so sind sie doch keineswegs out, sondern „voll auf der Höhe".

Mit sportlicher Note

Warenangebot
Hemden, Sakkos, Herrenhosen, Pullis, Polos, Jeans u.a. Freizeitkleidung, Kostüme, Hosenanzüge, Sommerkleider, Röcke, Hosen, Bermudas, Blusen, Kinderhemden und -hosen, Sweatshirts. Neu: Home-Artikel (Bettwäsche, Handtücher, Kissen etc.).

Ersparnis
30 bis 60 %.

Ambiente
Einkaufen in entspannter Atmosphäre im typischen Ralph Lauren-Stil. Präsentes Personal.

Adresse
Polo Ralph Lauren Factory Store, Reutlinger Straße 73, 72555 Metzingen, Tel.: 0 71 23/9 24 70.

Öffnungszeiten
Montag bis Freitag 10.00 bis 20.00 Uhr, Samstag 9.00 bis 20.00 Uhr.

Anreise
Siehe Anreise-Empfehlung und Detailkarten Seite 285 ff. Der Factory Store befindet sich beim Boss-Areal.

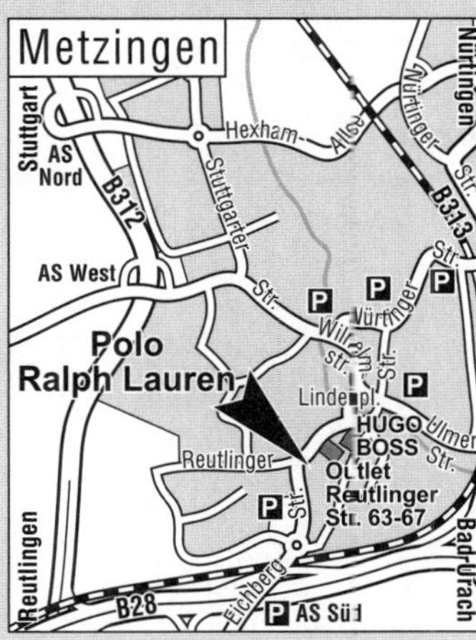

PRADA

Mit Handtaschen und Schuhen haben die Brüder Mario und Martino Prada vor 100 Jahren begonnen. Heute ist Prada ein weltweit führender Modekonzern mit über 7000 Mitarbeitern und Marken wie Prada, Miu Miu, Church's und The Original Car Shoe.

Qualität für Anspruchsvolle

Warenangebot
Exklusive Damen- und Herrenmode, Freizeitbekleidung, Lederwaren und Lederaccessoires, Taschen, Schuhe, Sonnenbrillen, Parfum. Die Ware ist im Hochpreissegment angesiedelt.

Ersparnis
30 bis 40 %.

Ambiente
Elegante Atmosphäre, das Personal ist hilfsbereit, kompetent und spricht viele Sprachen. Edles Interieur, minimalistische Präsentation der Ware auf zwei Stockwerken, die mit einer Rolltreppe verbunden sind.

Adresse
Prada Outlet, Reutlinger Straße 73, 72555 Metzingen, Tel.: 0 71 23/72 68 30.

Öffnungszeiten
Montag bis Freitag 10.00 bis 20.00 Uhr, Samstag 9.00 bis 20.00 Uhr.

Anreise
Siehe Anreise-Empfehlung und Detailkarten Seite 285 ff.

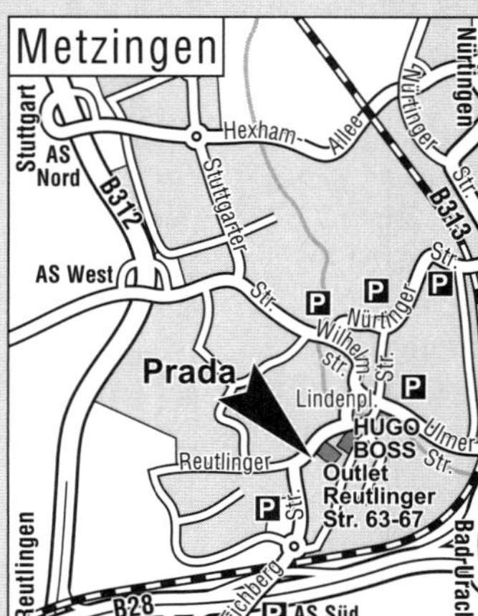

EINKAUFS-GUTSCHEIN S. 587

princess

Im bekannten Metzinger Familienbetrieb finden preis- und qualitätsbewusste Eltern alles, was sie für ihren Nachwuchs brauchen. Und das seit über 40 Jahren.

Mehr als nur Kinderwagen

Warenangebot
Alles vom Schnuller bis zum kompletten Kinderzimmer. Kinderwagen, Sportwagen, Puppenwagen, Wiegen, Reisebetten, Fußsäcke, Matratzen, Autositze, Laufgitter, Lernspielzeug. Ausschließlich aktuelle Markenware von führenden Herstellern.

Ersparnis
Ca. 10 %. Mit der Kundenkarte nach acht Einkäufen zusätzlich 3 % Rabatt. Laufend Sonderangebote.

Ambiente
Helle Verkaufsräume, übersichtliche Warenpräsentation auf ca. 3000 m² Verkaufsfläche. Eine der größten Kinderwagen-Ausstellungen in Baden-Württemberg. Sehr gute Warenkenntnis des Fachpersonals, guter Kundendienst, Reparaturabteilung im Haus. Kostenlose Parkplätze.

Adresse
Princess-Kinderwagen, Straub GmbH, Heerstraße 10, 72555 Metzingen, Tel.: 0 71 23/92 78-0, info@princess-kinderwagen.de, www.princess-kinderwagen.de.

Öffnungszeiten
Montag bis Donnerstag 10.00 bis 18.00 Uhr, Freitag 10.00 bis 19.30 Uhr, Samstag 10.00 bis 17.00 Uhr.

Anreise
B313 über Nürtingen nach Metzingen. Weiter auf der B313 bleiben bis es von der Noyon-Allee links ab in die Heerstraße zu Princess geht (Hinweisschild). Siehe auch Anreise-Empfehlung und Detailkarten Seite 285 ff.

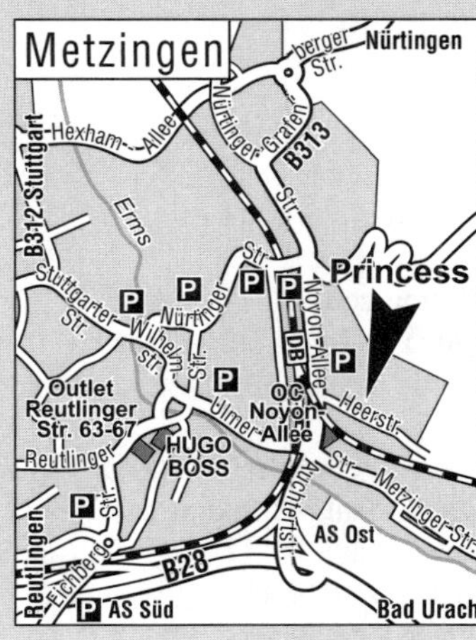

PUMA®

EINKAUFS-GUTSCHEIN S. 589

Die Raubkatze zeigt sich in ihrem Outlet Store im Zentrum von Metzingen, am Lindenplatz. Das lässt die Herzen aller PUMA-Fans höher schlagen, denn PUMA hat den Sprung von der Sport-Marke zum Lifestyle-Label gemeistert und begeistert Jung und Alt gleichermaßen.

Outlet mit Ambiente

Warenangebot
Große Auswahl aller Sportartikelbereiche: Lauf-/Joggingschuhe, Fußball-, Kinder-, Fitnessschuhe, große Auswahl an Lifestyle-Schuhen. Freizeit-, Funktions-, Sport- und Fitnessbekleidung, Kinderbekleidung, Lifestyle-Mode. Teamsportartikel wie Bälle, Taschen, Accessoires.

Ersparnis
30 bis 70 %.

Ambiente
Die Verkaufsfläche mit ca. 400 m² auf zwei Ebenen ist übersichtlich und großzügig.

Adresse
PUMA Outlet-Store, Reutlinger Straße 29, 72555 Metzingen, Tel.: 0 71 23/ 3 81 09 10, www.puma.com.

Öffnungszeiten
Montag bis Freitag 10.00 bis 20.00 Uhr, Samstag 9.00 bis 20.00 Uhr.

Weitere Verkaufsstellen (Auswahl)
- 28816 **Stuhr-Brinkum bei Bremen**, Bremer Straße 111.
- 66482 **Zweibrücken**, The Style Outlets, Londoner Bogen 10-90.
- 90411 **Nürnberg-Schafhof**, Klingenhofstraße 70, Tel.: 09 11/5 27 29 10.
- 91074 **Herzogenaurach**, PUMA Outlet, PUMA Way 1/Zum Flughafen, Tel.: 0 91 32/74 17-0.
- 97877 **Wertheim-Dertingen**, Wertheim Village, Almosenberg, Tel.: 0 93 42/ 91 86 50.

Anreise
Siehe Anreise-Empfehlung und Detailkarten Seite 285 ff.

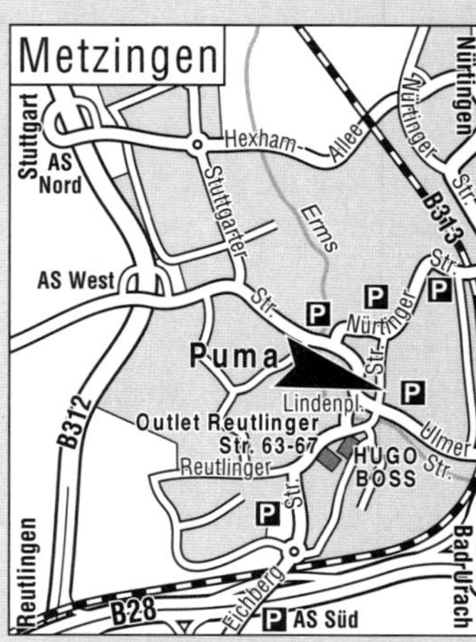

RENÉ LEZARD

Die Mode dieses Herstellers steht für kompromisslose Qualität bei Material und Verarbeitung, klassische Modernität und entspannte Eleganz.

Timeless Modernity

Warenangebot
Hochwertige Damen- und Herrenbekleidung der Vorsaison (second season), Musterkollektionen, 2.-Wahl-Ware. Mäntel, Anzüge, Lederbekleidung, Hosen, Strickwaren, Shirts, Schuhe und Accessoires für Damen und Herren. Für Damen auch Kostüme, Blusen, Kleider, Abendmode. Für Herren: Sakkos, Hemden, Krawatten, Sportswear, Taschen.

Ersparnis
30 bis 50 %, bei Sonderangeboten und -aktionen auch darüber.

Ambiente
Attraktive Warenpräsentation in angenehmer Einkaufsatmosphäre, fachkundige freundliche Beratung. Bezahlen auch mit EC-Cash und Kreditkarte möglich.

Adresse
René Lezard Factory Store, Mühlstraße 2, Galizia Fashion Plaza, 72555 Metzingen, Tel.: 0 71 23/16 27 16, FOC Metzingen@rene-lezard.com, www.rene-lezard.com.

Öffnungszeiten
Montag bis Freitag 10.00 bis 20.00 Uhr, Samstag 9.00 bis 20.00 Uhr.

Weitere Verkaufsstellen (Auswahl)
- 97359 **Schwarzach**, Industriestraße 6, Tel.: 0 93 24/30 2-14 22.
- 97877 **Wertheim-Dertingen**, Wertheim Village, Almosenberg, Tel.: 0 93 42/85 74 93.
- A-7111 **Parndorf**, Designer Outlet Parndorf, Outlet Straße 1, Tel.: 00 43/21 66/2 06 35.
- NL-6041 **Roermond**, Designer Outlet Roermond, Stadsweide 336-338, Tel.: 00 31/4 75/31 70 33.

Anreise
Siehe Anreise-Empfehlung und Detailkarten Seite 285 ff.

s.Oliver®

s.Oliver zählt zu den Marktführern im Young-Fashion-Bereich in Deutschland. Mit bis zu zwölf Kollektionen im Jahr erobert die Firma seit Jahren den jugendorientierten Sportswear- und Young-Fashion-Markt.

Das etwas andere Outlet

Warenangebot
Damen-, Herren-, Kinderbekleidung, Bodywear und Accessoires. Produktionsüberhänge, 1A-Ware und 2.-Wahl-Artikel. Die Marken Comma und by s.Oliver-Damenmode in den Größen 44 bis 52.

Ersparnis
30 bis 80 %.

Ambiente
Großer, heller, übersichtlicher Verkaufsraum mit über 800 m^2 Verkaufsfläche. 29 Umkleidekabinen.

Adresse
s.Oliver, Reutlinger Straße 46-54, 72555 Metzingen, Tel.: 0 71 23/9 73 81 80.

Öffnungszeiten
Montag bis Freitag 10.00 bis 20.00 Uhr, Samstag 9.00 bis 20.00 Uhr. Verkaufsoffene Sonntage, Late-Night-Shopping.

Weitere Verkaufsstellen (Auswahl)
- 40880 **Ratingen-Tiefenbroich**, Holterkamp 3, Tel.: 0 21 02/12 37 28-0.
- 63843 **Niedernberg**, Großostheimer Straße 6, Tel.: 0 60 28/99 77 94.
- 85599 **Parsdorf**, Heimstettener Str. 1.
- 91074 **Herzogenaurach**, Zeppelinstraße 2, Tel.: 0 91 32/8 36 65 70.
- 91350 **Gremsdorf**, Gewerbepark 1, Tel.: 0 91 93/50 89 40.
- 97359 **Schwarzach**, Gewerbering 4, Tel.: 0 93 24/98 04 03.

Anreise
Siehe Anreise-Empfehlung und Detailkarten Seite 285 ff.

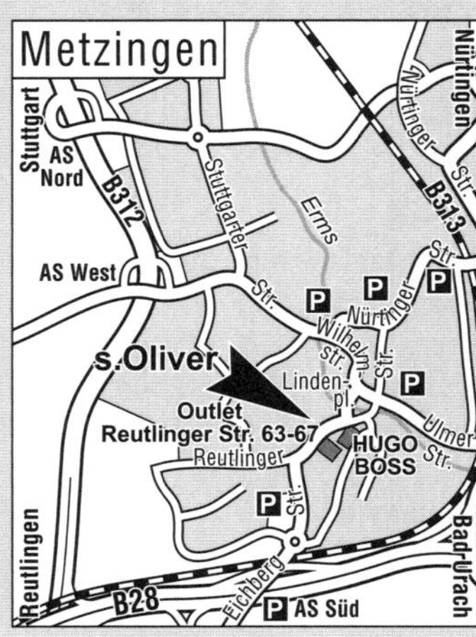

Samsonite®

Samsonite, der weltweit führende Hersteller von Reisegepäck, ist bekannt für seine Leichtgewichte. Gleichzeitig ist das Gepäck aber auch sehr belastbar. Schon das allererste Gepäckstück wurde nach Samson benannt, dem starken Mann aus der Bibel.

Starke Leichtgewichte

Warenangebot
Reisegepäck wie Hartschalenkoffer für den Flug oder leichtes Weichgepäck für die Autoreise. 500 Koffer und Reisegepäckstücke aus 15 Serien stehen zur Auswahl. Auch Taschen, Aktenkoffer, Schirme und Kleinlederwaren. Für das Reisegepäck gibt es 10 Jahre, teils auch lebenslange Garantie.

Ersparnis
30%. Die Normalpreise sind am Preisschild aufgedruckt, darunter der jeweilige Outletpreis.

Ambiente
Gepflegter Verkaufsraum. Das Reisegepäck wird sehr übersichtlich präsentiert und jede Serie, wie die Orgelpfeifen, der Größe nach vom Handgepäck bis zu den jeweils größten Koffern vorgestellt. Interessant ist die Vielfalt der Reisegepäckserien für die verschiedenen Verwendungszwecke in unterschiedlicher Ausstattung.

Adresse
Samsonite Outlet, Ulmer Straße 11-13, 72555 Metzingen, Tel.: 07123/9102019.

Öffnungszeiten
Montag bis Freitag 10.00 bis 20.00 Uhr, Samstag 9.00 bis 20.00 Uhr.

Anreise
Siehe Anreise-Empfehlung und Detailkarten Seite 285 ff.

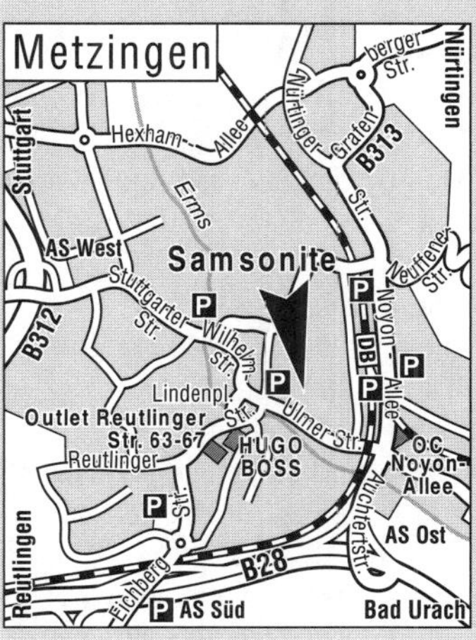

SCHIESSER

NATÜRLICH. ZEITGEIST. SEIT 1875

Schiesser, der Marktführer unter den deutschen Wäschespezialisten, entwickelt, produziert und vermarktet Tag- und Nachtwäsche, Bademoden und Sportwäsche. Schiesser-Produkte begleiten den Menschen ein Leben lang.

Qualität auf der Haut

Warenangebot
Tag- und Nachtwäsche, Homewear, Bademoden, Sportwäsche und Freizeitbekleidung für Damen und Herren. Tag- und Nachtwäsche, Bademoden und Bekleidung für Babys und Kids in der Mühlstraße 5.

Ersparnis
25 bis 50 %.

Ambiente
Schöne Verkaufsräume über zwei Etagen. Im EG für Herren, im OG für Damen. Die Ware ist sehr übersichtlich präsentiert und gut ausgezeichnet.

Adresse
Schiesser Outlet Store, Reutlinger Straße 32, 72555 Metzingen, Tel.: 0 71 23/ 3 81 05 07. Schiesser Kids Outlet, Mühlstraße 5, Tel.: 0 71 23/9 10 23 73.

Öffnungszeiten
Montag bis Freitag 10.00 bis 20.00 Uhr, Samstag 9.00 bis 20.00 Uhr.

Weitere Verkaufsstellen (Auswahl)
- 04103 **Leipzig**, Alte Messe, Deutscher Platz 4, Tel.: 03 41/ 52 03 98 11.
- 72459 **Albstadt-Lautlingen**, Eschachstraße 7, Tel.: 0 74 31/95 85 29.
- 78315 **Radolfzell** (Hauptstandort), Seemaxx, Schützenstraße 50, Tel.: 0 77 32/90 21 42.

Anreise
Der Verkauf ist gegenüber dem Lindenplatz. Siehe Anreise-Empfehlung und Detailkarten Seite 285 ff.

EINKAUFS-GUTSCHEIN S. 595

seidensticker camel active

Seidensticker ist die bekannteste Hemdenmarke Deutschlands und Europas größter Hersteller für Hemden und Blusen. In jeder Faser stecken die Werte, die das Traditionsunternehmen so erfolgreich machen: Qualität, Zuverlässigkeit, Beständigkeit, Tradition und Innovation.

Die Welt von Seidensticker

Warenangebot
Attraktive Angebote an Hemden und Blusen der Marken Seidensticker Schwarze Rose, Camel active, Jacques Britt (nicht alle Marken in allen Outlets). Abgerundet wird das Angebot durch eine ständig wechselnde Auswahl an Krawatten, Herrenschals, Damentüchern und Manschettenknöpfen.

Ersparnis
30 bis 70 %. Ständig attraktive Angebote.

Ambiente
Gepflegter, großer Verkaufsraum mit freundlichem, hilfsbereitem Personal und übersichtlicher Warenpräsentation.

Adresse
Seidensticker Factory Store, Mühlstraße 5, 72555 Metzingen, Tel.: 0 71 23/ 16 26 72, www.seidensticker.de.

Öffnungszeiten
Montag bis Samstag 10.00 bis 20.00 Uhr.

Weitere Verkaufsstellen (Auswahl)
- 33378 **Rheda-Wiedenbrück**, Bosfelder Weg 7, Tel.: 0 52 42/40 40 44.
- 97877 **Wertheim-Dertingen**, Wertheim Village, Almosenberg, Tel.: 0 93 42/ 91 66 90.
- F-67480 **Roppenheim**, The Style Outlets, 1, Route de L'Europe, Tel.: 00 33/3 88/ 63 82 78.
- NL-6041 **Roermond**, Designer Outlet Roermond, Stadsweide 18 (Jacques Britt) und 150 (Seidensticker).

Anreise
Siehe Anreise-Empfehlung und Detailkarten Seite 285 ff.

EINKAUFS-GUTSCHEIN S. 595

sigikid FIRST CLASS FOR KIDS

Die bekannte Marke mit dem Klecks! Das ist Kindermode zum Wohlfühlen, mit viel Liebe zum Detail, kuschelweiche Plüschtiere und tolle Accessoires. Seit 50 Jahren macht sigikid Kinderträume wahr – die kleinen und die großen.

Ein Klecks für Kinder

Warenangebot
Baby- und Kindermode (Größe 50 bis 128), Spielwaren und Accessoires. Ware aus der vorherigen Saison, Musterteile und 2.-Wahl-Artikel.

Ersparnis
30 bis 50 %. Zusätzliche Preisersparnis bei Aktionen.

Ambiente
Freundlich, übersichtlich, gut sortiert.

Adresse
sigikid Outlet, Mühlstraße 5, 72555 Metzingen, Tel.: 07123/972310, shop-metzingen@sigikid.de, www.sigikid.de.

Öffnungszeiten
Montag bis Freitag 10.00 bis 20.00 Uhr, Samstag 9.00 bis 20.00 Uhr.

Weitere Verkaufsstellen
- 24539 **Neumünster-Wittorf**, Mc ArthurGlen Designer Outlet, Oderstraße 10, Tel.: 04321/8529844, shop-neumuenster@sigikid.de.
- 48607 **Ochtrup**, Designer Outlet, Laurenzstraße 51, Tel.: 02553/7220836, shop-ochtrup@sigikid.de.
- 66482 **Zweibrücken**, The Style Outlets, Londoner Bogen 10-90, Tel.: 06332/4790572, shop-zweibruecken@sigikid.de.
- 95511 **Mistelbach**, Am Wolfsgarten 8, Tel.: 09201/70751, shop-mistelbach@sigikid.de.
- 97877 **Wertheim-Dertingen**, Wertheim Village, Almosenberg, Tel.: 09342/9348708, shop-wertheim@sigikid.de.

Anreise
Siehe Anreise-Empfehlung und Detailkarten Seite 285 ff.

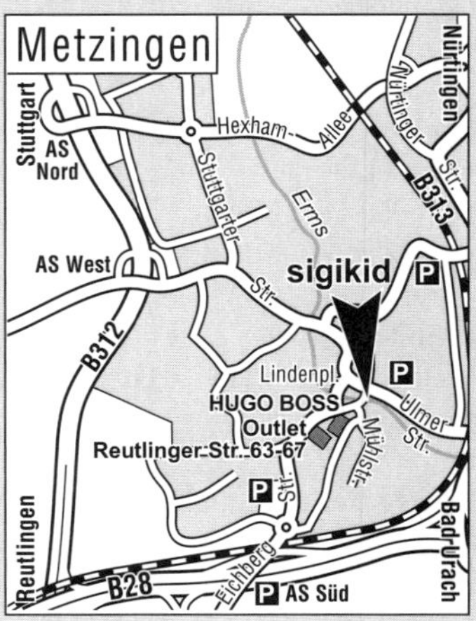

strellson

Strellson bietet moderne, qualitativ hochwertige Mode für eine neue Generation von Männern. Mit Strellson wird die Persönlichkeit des Trägers unterstrichen, egal ob im Job mit der Businesswear von Strellson Premium oder in der Freizeit mit Strellson Sportswear.

Hochwertig und bezahlbar

Warenangebot
Das gesamte Sortiment von Strellson Premium und Strellson Sportswear: Anzüge, Sakkos, Hosen, Mäntel, Jacken, Hemden, Krawatten, Jeans, T-Shirts, Sweatshirts, Lederbekleidung, Strickwaren, Unterwäsche, Schuhe, Socken, Taschen, Accessoires.

Ersparnis
30 %, am Saisonende bei einem kleinen Teil der Ware zum Teil 50 bis 70 %.

Ambiente
Ca. 700 m² Verkaufsfläche in professionellem Outlet-Design. Sehr übersichtliche Warenpräsentation, 14 Umkleidekabinen. Freundliches Personal.

Adresse
Strellson, Reutlinger Straße 46-54, 72555 Metzingen, Tel.: 0 71 23/96 27 96, www.strellson.com.

Öffnungszeiten
Montag bis Freitag 10.00 bis 20.00 Uhr, Samstag 9.00 bis 20.00 Uhr.

Anreise
Von Stuttgart aus über die B27 und später B312 Richtung Reutlingen/ Metzingen. 3. Ausfahrt Metzingen abfahren, weiter über die Reutlinger Straße. Das Strellson-Outlet liegt auf der linken Seite zwischen Adidas und s.Oliver. Siehe auch Anreise-Empfehlung und Detailkarten Seite 285 ff.

STRENESSE

Die Kollektionen von Gabriele Strehle stehen für die leisen Töne: versteckter Luxus, überlegene Schnitte, einzigartige Stoffe, hoher Qualitätsstandard. Auch bei Strenesse Metzingen: die hochwertige Herrenkollektion.

Designermode mit Gefühl

Warenangebot
Große Auswahl an Damen- und Herrenbekleidung, gutes Sortiment an Schuhen und Accessoires. Nur Second-Season-Ware.

Ersparnis
30 bis 50 %. Bei Saisonschlussverkäufen weitere Ersparnis.

Ambiente
Gepflegter, großer Verkaufsraum mit freundlichem, hilfsbereitem Personal und übersichtlicher Warenpräsentation.

Adresse
Factory Outlet Strenesse, Wilhelmstraße 44, 72555 Metzingen, Tel.: 0 71 23/ 72 00 21, info@strenesse.com.

Öffnungszeiten
Montag bis Freitag 10.00 bis 20.00 Uhr, Samstag 10.00 bis 20.00 Uhr.

Weitere Verkaufsstellen (Auswahl)
- 38440 **Wolfsburg-Rothenfelde**, Designer Outlets Wolfsburg, An der Vorburg 4, Tel.: 0 53 61/8 43 44 40.
- 86720 **Nördlingen**, (Hauptstandort), Gewerbestraße 10-14, Tel.: 0 90 81/ 2 72 65 20, info@strenesse.com.
- 97877 **Wertheim-Dertingen**, Wertheim Village, Almosenberg, Tel.: 0 93 42/ 85 90 72.

Anreise
Siehe Anreise-Empfehlung und Detailkarten Seite 285 ff.

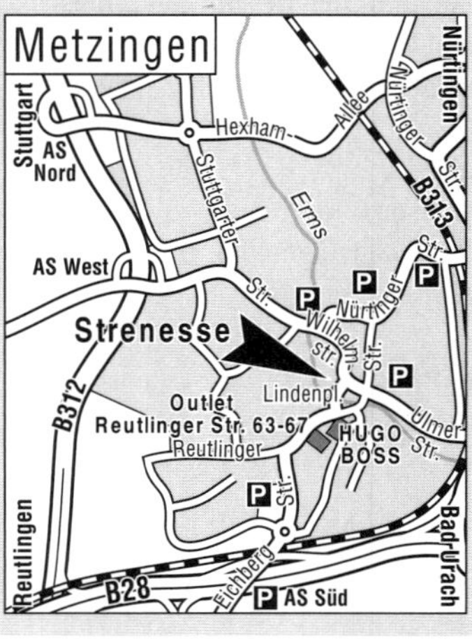

極度乾燥(しなさい) Superdry.

Superdry ist inspiriert vom lässigen amerikanischen Streetstyle und überraschenden japanischen Elementen. Das verschafft der Marke einen unverwechselbaren eigenen Stil. In kurzer Zeit hat das Label Kultstatus erreicht.

Marke mit Kultstatus

Warenangebot
Modische Freizeitbekleidung mit originellen Details und Stoffen für jüngeres Publikum. Damen- und Herrenbekleidung in charakteristischem Look. Ausgefallene T-Shirts und Holzfällerhemden, Hosen, Jacken, Schuhe.

Ersparnis
30 bis 50 %. Attraktives Preis-Leistungs-Verhältnis.

Ambiente
Großzügige Warenpräsentation in trendiger Atmosphäre. Gute Beratung.

Adresse
Superdry Outlet Store, Ulmer Straße 11-13, 72555 Metzingen, Tel.: 0 71 23/ 9 34 60 54.

Öffnungszeiten
Montag bis Freitag 10.00 bis 20.00 Uhr, Samstag 9.00 bis 20.00 Uhr.

Weitere Verkaufsstellen

- 24539 **Neumünster-Wittorf**, Designer Outlet Neumünster, Oderstraße 10, Tel.: 0 43 21/5 58 68 80. Montag bis Samstag 10.00 bis 20.00 Uhr.
- 97877 **Wertheim-Dertingen**, Wertheim Village, Almosenberg, Tel.: 0 93 42/ 9 19 91 00. Montag bis Samstag 10.00 bis 20.00 Uhr.

Anreise
Siehe Anreise-Empfehlung und Detailkarten Seite 285 ff.

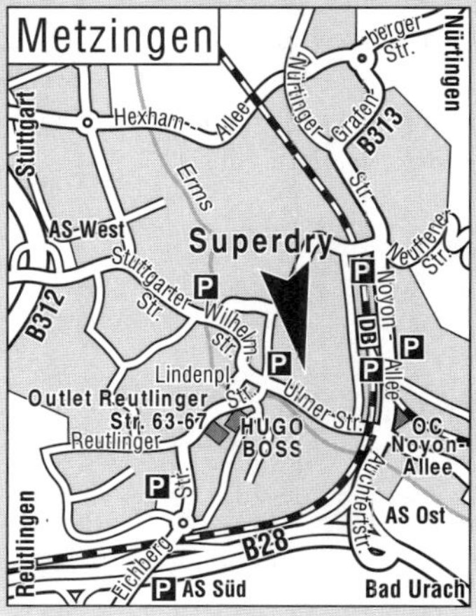

SWAROVSKI

Die Marke steht weltweit für präzise geschliffene Kristalle in höchster Qualität. Zeitlos elegant oder hochmodisch, in innovativem oder klassischem Design, so präsentiert sich in den Schauvitrinen ein reichhaltiges Sortiment an Schmuck und Wohnaccessoires.

Funkelnde Brillanz

Warenangebot

Schmuck aus geschliffenem Kristall wie Colliers, Halsketten, Armbänder, Ringe, Charms, Broschen, Ohrschmuck, Haarschmuck, Kristallfiguren, Weihnachtsschmuck.

Ersparnis

30 %. Zahlreiche Aktionen mit einem Preisvorteil von bis zu 70 %.

Ambiente

Offene, helle Boutique mit einladender Atmosphäre. Hier zeigt sich die Kristallwelt in allen Facetten. Die Faszination geschliffenen Kristalls mit seinen unendlichen Lichtbrechungen ist ein Erlebnis besonderer Art. Freundliches und fachkundiges Personal. Kreditkarten werden akeptiert.

Adresse

Swarovski, Reutlinger Straße 53/1, 72555 Metzingen, Tel.: 0 71 23/16 24 11.

Öffnungszeiten

Montag bis Freitag 10.00 bis 20.00 Uhr, Samstag 9.00 bis 20.00 Uhr.

Weitere Verkaufsstelle

● 66482 **Zweibrücken**, The Style Outlets, Londoner Bogen 10-90, Tel.: 0 63 32/ 9 93 90, www.thestyleoutlets.de.

Anreise

Siehe Anreise-Empfehlung und Detailkarten Seite 285 ff.

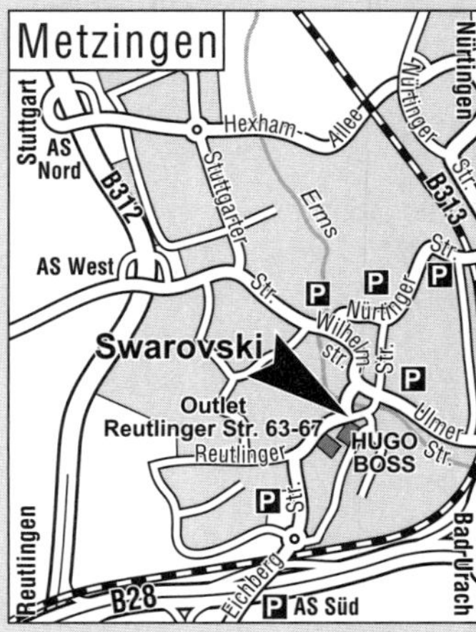

Die Uhren der Marke Swatch sind Swiss made, Quartzuhren, wasserdicht, genau, stoßfest, in bunten Farben und – im Gegensatz zu den edlen Schweizer Uhren – für jeden erschwinglich. Eine Swatch ist aber noch viel mehr: Sie ist Kult. Das Unternehmen Swatch hat aus dem guten alten Chronometer junge, frische, freche Mode gemacht. Und so steht diese Uhr nicht zuallererst für Zeitmessung, sondern für Fun und Lebensfreude.

100 % Swatch, 30 % günstiger

Warenangebot
Über 800 Modelle stehen zur Auswahl: Damen-, Herren- und Kinderuhren. 1B-Ware, also 1.-Wahl-Ware aus früheren Kollektionen. Schmuck in unterschiedlichsten Farben, Formen und Materialien.

Ersparnis
30 %.

Ambiente
Der Laden wirkt offen, farbig, modern. Hunderte von Modellen zum Anfassen und Anprobieren. Freundliches, kompetentes Personal, das die Unterschiede zwischen den Uhren erklärt und bei der Auswahl behilflich ist.

Adresse
Swatch, Reutlinger Straße 63, 72555 Metzingen, Tel.: 0 71 23/9 10 21 64.

Öffnungszeiten
Montag bis Freitag 10.00 bis 20.00 Uhr, Samstag 9.00 bis 20.00 Uhr.

Anreise
Von Stuttgart aus auf der B27 später B312 Richtung Reutlingen/Metzingen. Ausfahrt Metzingen-Süd abfahren. Weiter über die B28, die zur Reutlinger Straße wird. In der Reutlinger Straße einen Parkplatz ansteuern. Swatch befindet sich in der Ladenpassage, die zu Boss führt, zwischen Nike und Diesel. Siehe auch Anreise-Empfehlung und Detailkarten Seite 285 ff.

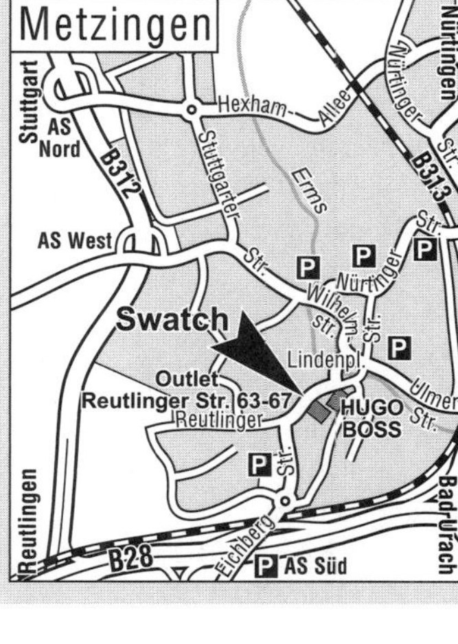

Die Tchibo Prozente Filiale bietet neben den aktuellen Tchibo Wochenwelten auch eine Vielzahl an Restpostenartikeln aus den Bereichen Wohnen, Küche, Bad und Garten, Sport- und Freizeitmode sowie Kinderbekleidung, bei denen eine Menge gespart werden kann.

Alles unter einem Dach

Warenangebot
Große Auswahl an günstigen Artikeln, wie z.B. Damen-, Herren- und Kinderbekleidung, Tag- und Nachtwäsche, Schmuck, Kinderspielzeug, Heimtextilien, Unterhaltungselektronik, Haushalts- und Elektrogeräten. Außerdem jede Woche die neuen aktuellen Tchibo Welten.

Ersparnis
Bei den Restposten 20 bis 80% Preisnachlass auf den ursprünglichen Filialpreis. Die aktuellen Wochenwelten werden zu den üblichen Tchibo-Filialpreisen angeboten.

Ambiente
Die Ware wird auf drei Etagen mit einer Verkaufsfläche von insgesamt ca. 400 m² übersichtlich präsentiert. Snackangebot und frisch zubereitete Kaffeespezialitäten.

Adresse
Tchibo Prozente, Reutlinger Straße 43, 72555 Metzingen.

Öffnungszeiten
Montag bis Freitag 10.00 bis 20.00 Uhr, Samstag 9.00 bis 20.00 Uhr.

Weitere Verkaufsstellen (Auswahl)
- 24558 **Henstedt-Ulzburg**, Kirchweg 80.
- 65203 **Wiesbaden-Biebrich**, Friedrich-Bergius-Straße 10.
- 85053 **Ingolstadt**, Eriagstraße 14.

Anreise
Siehe Anreise-Emfpehlung und Detailkarten Seite 285ff. Der Shop ist direkt am Lindenplatz.

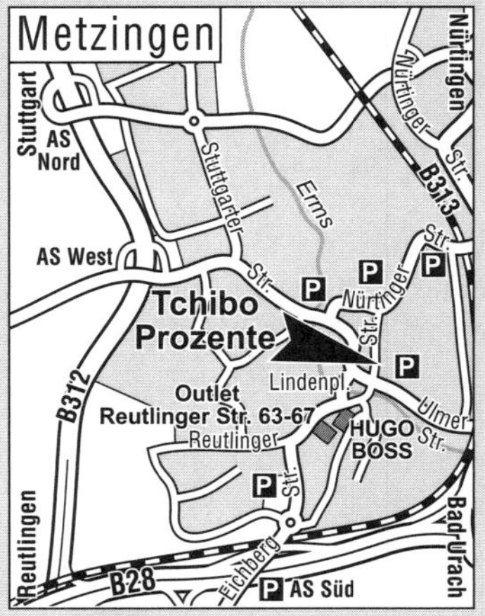

Timberland®

Outdoorerprobt und robust, so kennen und schätzen Naturliebhaber, Outdoor-Sportler und Globetrotter das Schuhwerk von Timberland. Die Outdoor-Bekleidung der Marke kann hier allerdings nur der Mann erleben.

Nicht nur für Globetrotter

Warenangebot
6000 Paar Schuhe im Shop und auf Lager für Damen, Herren und Kinder. Trekkingschuhe und Boots, Halbschuhe, Stiefel, Mokassins. Herrenbekleidung: Outdoor-Jacken, -Blousons, Trekkinghosen, Jeans, Hemden, T-Shirts, Sweatshirts. Accessoires: Taschen, Rucksäcke, Caps, Mützen.

Ersparnis
30 bis 70 %.

Ambiente
Typisches Outlet-Design, 400 m² Verkaufsfläche, sehr gute Beratung.

Adresse
Timberland Outlet Fabrikverkauf, Lindenplatz 1-5, 72555 Metzingen, Tel.: 0 71 23/17 00 09, www.timberland.com.

Öffnungszeiten
Montag bis Freitag 10.00 bis 20.00 Uhr, Samstag 9.00 bis 20.00 Uhr.

Weitere Verkaufsstellen (Auswahl)
- 82065 **Baierbrunn-Buchenhain**, Höllriegelskreuther Weg 3-5, Tel.: 0 89/ 79 36 03 90.
- 97877 **Wertheim-Dertingen**, Wertheim Village, Almosenberg, Tel.: 0 93 42/ 85 82 63.

Anreise
Siehe Anreise-Empfehlung und Detailkarten Seite 285 ff.

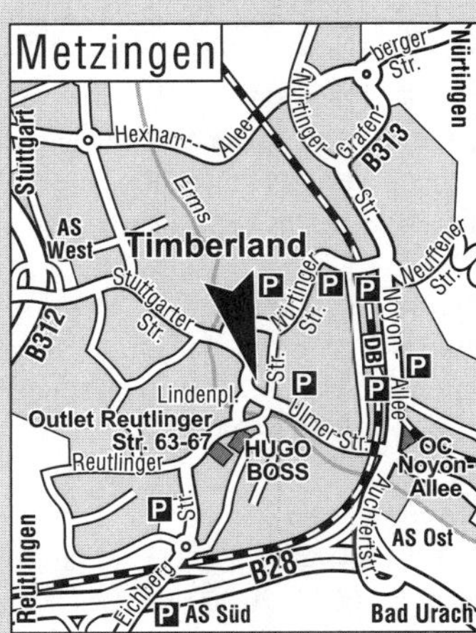

TOD'S HOGAN

Ein hochwertig gearbeiteter Ledermokassin mit 133 Gumminoppen (Gommino) als Sohle, das ist der Kern einer erfolgreichen Unternehmensgeschichte. Traditionelle Nähe zum Handwerk, erlesene Materialien und höchste Ansprüche an Qualität und Verarbeitung prägen das Image.

Modegeschichte mit 133 Noppen

Warenangebot
Taschen, Lederwaren, Schuhe für Damen und Herren. Neben Mokassins auch Slipper, Ballerinas, Wildleder- und Lederschuhe, Stiefeletten, Sneaker, Pumps, Sandalen, Winterstiefel. Accessoires.

Ersparnis
30 bis 50%. Ware liegt im Hochpreissegment. Unverbindliche Verkaufspreise im Handel sind z.B. für Ledertaschen 1200 Euro, für Schuhe 250 Euro.

Ambiente
Heller, sehr geschmackvoller Verkaufsraum (ca. 600 m²). Edel gestaltetes Interieur. Die eine Hälfte des Outlets dient der Präsentation der Schuhe, die andere zeigt in stilvollem Rahmen die Taschen. Ausgesprochen höfliches und serviceorientiertes Verkaufspersonal.

Adresse
Tod's Outlet Store/Hogan Outlet Store, Reutlinger Straße 67, 72555 Metzingen, Tel.: 07123/9544700.

Öffnungszeiten
Montag bis Freitag 10.00 bis 20.00 Uhr, Samstag 9.00 bis 20.00 Uhr.

Weitere Verkaufsstelle
- 85055 **Ingolstadt-Feldkirchen**, Ingolstadt Village, Otto-Hahn-Straße 1.

Anreise
Siehe Anreise-Empfehlung und Detailkarten Seite 285 ff.

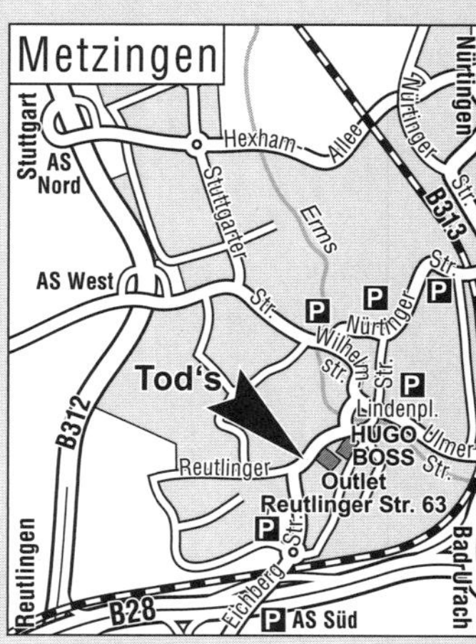

TOM TAILOR

Tom Tailor steht für junge, zwanglose, authentische Mode. Sie ist gemacht für Menschen, die sich in lässiger und unkomplizierter Kleidung wohl fühlen, ihren Stil unterstreichen, ohne sich zu verkleiden. Für all jene, die einfach natürlich aussehen wollen. Unabhängig von Geldbeutel und Alter.

Jung, natürlich, lebendig

Warenangebot
Große Auswahl bei Freizeitbekleidung und Accessoires für Damen, Herren, junge Erwachsene, Kinder. Stark in Jeansmode. Das Angebot reicht von der Winterjacke bis zum T-Shirt.

Ersparnis
30 %. Wechselnde Sonderaktionen, hier auch höhere Rabatte. Jeweils zum Beginn eines Monats kommt eine neue Kollektion auf den Markt. Schon am 15. des Monats wird die neue Kollektion auch schon im Outlet mit einem Abschlag von 30 % verkauft.

Ambiente
Moderner, gepflegter Verkaufsraum.

Adresse
Tom Tailor, Mühlstraße 5, 72555 Metzingen, Tel.: 0 71 23/9 53 18 90.

Öffnungszeiten
Montag bis Freitag 10.00 bis 20.00 Uhr, Samstag 9.00 bis 20.00 Uhr.

Weitere Verkaufsstellen (Auswahl)
- 22113 **Oststeinbek**, Im Hegen 1, Tel.: 0 40/8 19 75 70, outlet.oststeinbek@tom-tailor.com.
- 28816 **Stuhr-Brinkum bei Bremen**, Ochtum Park, Bremer Straße 103-117c.
- 66482 **Zweibrücken**, The Style Outlets, Londoner Bogen 10-90, Tel.: 0 63 32/9 93 90.
- 78315 **Radolfzell**, Seemaxx, Schützenstraße 50, Tel.: 0 77 32/3 02 99 60.
- 85055 **Ingolstadt-Feldkirchen**, Ingolstadt Village, Otto-Hahn-Straße 1.

Anreise
Siehe Anreise-Empfehlung und Detailkarten Seite 285 ff.

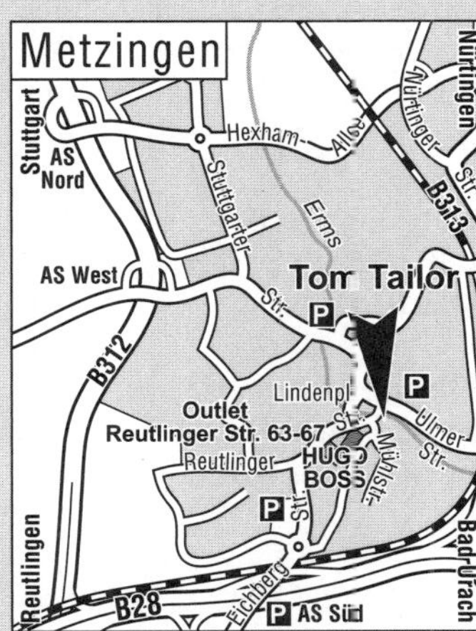

TOMMY HILFIGER

Designermode, die sich jeder leisten kann! Das ist das Motto, das sich Tommy Hilfiger als Ziel gesetzt hat. In Metzingen hat Tommy Hilfiger seinen ersten Outlet-Store in Deutschland, der zugleich sein größter in Europa ist, eröffnet. Auf über 1000 m² präsentiert er dort Freizeitmode für Kinder, Jugendliche, Damen und Herren sowie Businessmode für den Herren.

The American Way of Life

Warenangebot
Sportswear und Freizeitbekleidung für Damen, Herren und Kids. Herrenbekleidung: Anzüge, Sakkos, Hosen, Mäntel, Hemden, Krawatten, Westen, Jacken, Lederbekleidung, Strickwaren, Gürtel.

Ersparnis
Bis zu 70%, zusätzliche Reduzierung zum Saisonende.

Ambiente
Großzügige Warenpräsentation mit Shopcharakter in freundlich lockerer Atmosphäre auf drei Etagen. Farblich abgestimmte Sortimente von sportlich bis elegant, immer am Puls der Zeit.

Adresse
Tommy Hilfiger Outlet-Store, Mühlstraße 3, 72555 Metzingen, Tel.: 0 71 23/ 9 72 50 70.

Öffnungszeiten
Montag bis Freitag 10.00 bis 20.00 Uhr, Samstag 9.00 bis 20.00 Uhr.

Anreise
Siehe Anreise-Empfehlung und Detailkarten Seite 285 ff.

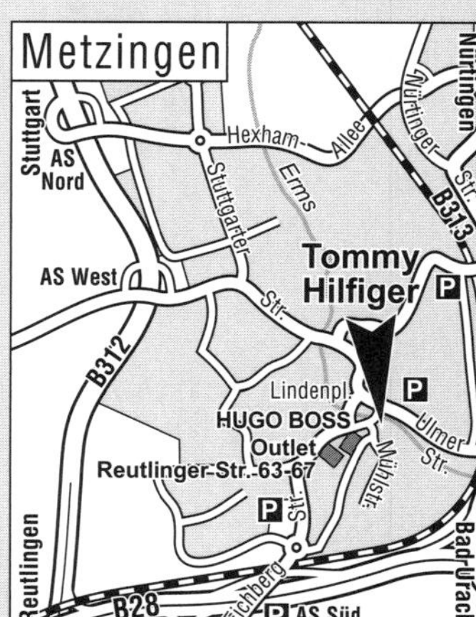

Triumph

Von der kleinen schwäbischen Korsettwaren-Manufaktur hat sich Triumph in fast 125 Jahren zum internationalen Unternehmen entwickelt. Triumph produziert Wäsche für Damen und Herren, Homewear und Bademoden.

Für den Körper, für die Sinne

Warenangebot
Tag- und Nachtwäsche, Strand- und Bademoden für Damen und Herren von klassisch-konservativ bis verführerisch-sexy in modernen High-Tech-Fasern oder anderen Materialmischungen, Homewear, Dessous und Still-BHs.

Ersparnis
20 bis 50 % bei Auslaufmodellen, Retouren und Musterteilen, bei Sonderangeboten auch mehr.

Ambiente
Großer Verkaufsraum im vierten Stock eines neu errichteten, modernen Gebäudes. Der Verkauf ist bequem mit dem Aufzug zu erreichen. Zwei Umkleidekabinen vorhanden.

Adresse
Triumph International, Galizia Fashion Plaza, Mühlstraße 2, 72555 Metzingen, Tel.: 0 71 23/16 58 03.

Öffnungszeiten
Montag bis Freitag 10.00 bis 20.00 Uhr, Samstag 9.00 bis 20.00 Uhr.

Weitere Verkaufsstellen
- 73430 **Aalen**, Industriestraße 57, Tel.: 0 73 61/5 61 22 78.
- 73540 **Heubach**, Fritz-Spiesshofer-Straße 7, Tel.: 0 71 73/66 60.
- 80335 **München-Maxvorstadt**, Marsstraße 46, Tel.: 0 89/51 11 47 84.
- 85055 **Ingolstadt-Feldkirchen**, Ingolstadt Village, Otto-Hahn-Straße 1, Tel.: 08 41/9 51 95 34.

Anreise
Siehe Anreise-Empfehlung und Detailkarten Seite 285 ff.

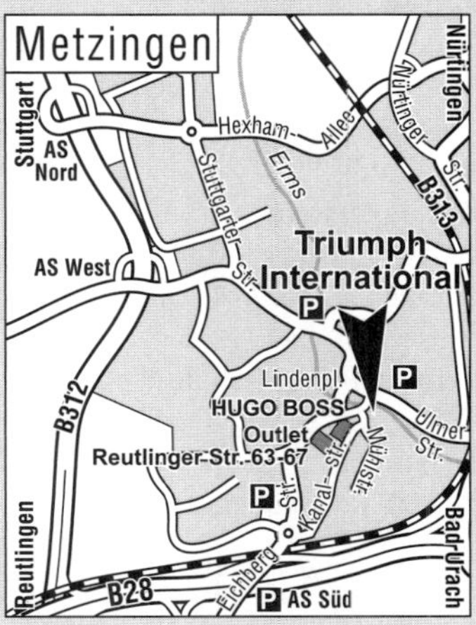

VAUDE

The Spirit of Mountain Sports

Vaude ist Europas umweltfreundlicher Outdoor-Ausrüster mit funktionellen, durchdachten Produkten für Berg, Bike und Stadt.

Der Outdoor-Spezialist

Warenangebot

Trekking- und Outdoor-Bekleidung, Kinder-Outdoor-Bekleidung, Radsportbekleidung und -ausrüstung, Schlafsäcke, Zelte, Wander- und Trekkingschuhe, Rucksäcke, Taschen, Mützen und Handschuhe.

Ersparnis

30 bis 70%, bei Aktionen auch mehr.

Ambiente

Angenehme Einkaufsatmosphäre auf über 400 m² Verkaufsfläche. Gute Warenpräsentation und freundliches, fachkundiges Personal.

Adresse

Vaude Outlet, Galizia Fashion Plaza, Mühlstraße 2, 72555 Metzingen, Tel.: 0 71 23/92 56 98.

Öffnungszeiten

Montag bis Freitag 10.00 bis 20.00 Uhr, Samstag 9.00 bis 20.00 Uhr.

Weitere Verkaufsstelle

● 88069 **Tettnang-Obereisenbach**, Siggenweiler Straße 25, Tel.: 0 75 42/ 93 14 00, www.outlet.vaude.com.

Anreise

Der Verkauf befindet sich im Galizia Fashion Plaza, gegenüber dem Tommy Hilfiger Outlet. Siehe Anreise-Empfehlung und Detailkarten Seite 285 ff.

VERO MODA®

Vero Moda ist die Marke des dänischen Textileinzelhändlers Bestseller, der zu einem der größten europäischen Bekleidungsunternehmen aufstieg. Er zählt über 41.000 Mitarbeiter in 43 Ländern. Die Freizeitbekleidung für Mädchen und junge Frauen kommt sportlich, flippig und alltagstauglich daher.

Trendig und kleiner Preis

Warenangebot
Freizeitbekleidung für 14- bis 40-Jährige in großer Auswahl.

Ersparnis
30 bis 50 %. Die Ware ist im Niedrigpreissegment angesiedelt. Auch Aktionen mit weiterer Preisreduzierung.

Ambiente
Die Marke setzt auf Erlebnis-Shopping für Jugendliche und dreht die Boxen auch schon mal lauter auf. Großes Warensortiment auf ca. 400 m² Verkaufsfläche. Das neu eröffnete Outlet muss man erst einmal finden (direkt neben McDonald's, letzter Store in der Häuserzeile an der Ulmer Straße hinter dem Parkhaus). Im Untergeschoss Jack & Jones.

Adresse
Vero Moda, Ulmer Straße 15, 72555 Metzingen, Tel.: 0 71 23/9 10 22 47.

Öffnungszeiten
Montag bis Freitag 10.00 bis 20.00 Uhr, Samstag 9.00 bis 20.00 Uhr.

Anreise
Siehe Anreise-Empfehlung und Detailkarten Seite 285 ff.

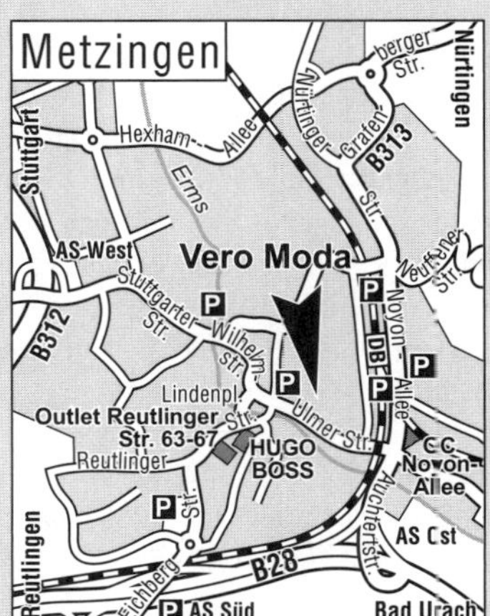

WMF steht für schwäbische Qualitätsarbeit auf höchstem Niveau. Damit wurde das Unternehmen aus Geislingen/Steige international führender Anbieter rund um Tisch und Küche. Produkte von WMF setzen auch international Maßstäbe für Qualität, Gebrauchsnutzen und Design.

Top für Tisch und Küche

Warenangebot
WMF Komplettsortiment, gedeckter Tisch und Küche. Silit Haushaltswaren, Kaiser Backformen, Alfi Isolierkannen, Home Küchenhelfer und Geschenkartikel, große Auswahl an Elektrokleingeräten von WMF CE.

Ersparnis
Im EG 2A-Ware mindestens 30 % reduziert, ständig Sonderaktionen mit 60 % und mehr. Im OG Fundgrube, Ersparnis dort 60 % und mehr. Immer Preis der WMF-Filiale und Outletpreis zum direkten Vergleich etikettiert.

Ambiente
Ansprechende Atmosphäre, Kundentheke zum Ausruhen, übersichtliche und geschmackvolle Warenpräsentation, kompetente und freundliche Verkäuferinnen. Regelmäßig Produktpräsentationen (Vitalis Dampfgarer, Wok, Backvorführungen) in der Schauküche, Kostproben inklusive.

Adresse
WMF, Ulmer Straße 3-7, 72555 Metzingen, Tel.: 0 71 23/16 49 44.

Öffnungszeiten
Montag bis Freitag 10.00 bis 20.00 Uhr, Samstag 9.00 bis 20.00 Uhr.

Anreise
Siehe Anreise-Empfehlung und Detailkarten Seite 285 ff. Das Outlet befindet sich ca. 150 m östlich vom Lindenplatz direkt neben dem neuen Parkhaus an der Ulmer Straße.

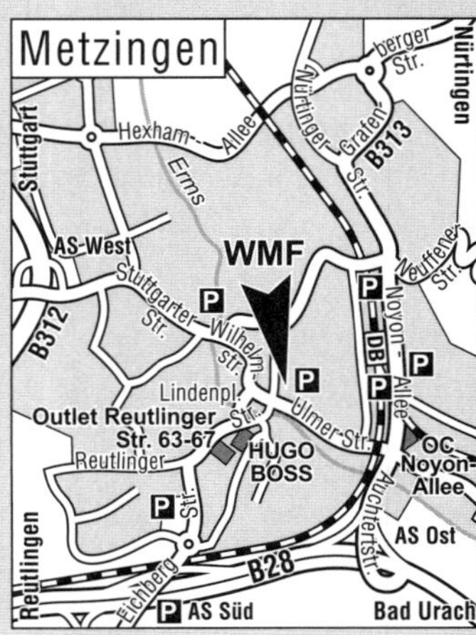

Wolford hat sich weltweit als Luxusmarke für Strümpfe, Bodywear, Bademode, Wäsche und Feinstrickkollektionen aus hochwertigsten Garnen positioniert. Die Marke aus Bregenz in Vorarlberg/Österreich legt Wert darauf, dass die wichtigsten Produktgruppen Strümpfe und Bodywear auch heute noch dort produziert werden. Wolford steht für kreative und innovative, qualitativ hochwertige Produkte.

Luxus für die Frau

Warenangebot
Strümpfe, Strumpfhosen, Wäsche, Dessous, Bademoden. In der Regel A-Ware, ein halbes Jahr alt. Aus dem B-Sortiment aktuelle Kollektionen mit kleinen Mängeln im nicht sichtbaren Bereich.

Ersparnis
30 %, die Ware ist im absolut hochpreisigen Bereich angesiedelt.

Ambiente
Ein Outlet für Frauen, die Exklusivität schätzen. Man wird begrüßt mit „Willkommen bei Wolford!" Effektive Beratung. Verkaufsambiente spiegelt Schönheit, Qualität und Komfort der Marke wider. Hochwertige Verpackung.

Adresse
Wolford Factory Outlet, Reutlinger Straße 49-53, 72555 Metzingen, Tel.: 0 71 23/ 72 63 73.

Öffnungszeiten
Montag bis Freitag 10.00 bis 20.00 Uhr, Samstag 9.00 bis 20.00 Uhr.

Anreise
A8 Karlsruhe-München, Ausfahrt Tübingen/Reutlingen/Filderstadt. Auf der B27 Richtung Reutlingen. Nach Filderstadt-Ost biegt die B312 in Richtung Reutlingen/Metzingen von der B27 (Tübingen) ab. Auf der B312 3. Ausfahrt Metzingen abfahren. Sie führt direkt auf die Reutlinger Straße. Siehe auch Anreise-Empfehlung und Detailkarten Seite 285 ff.

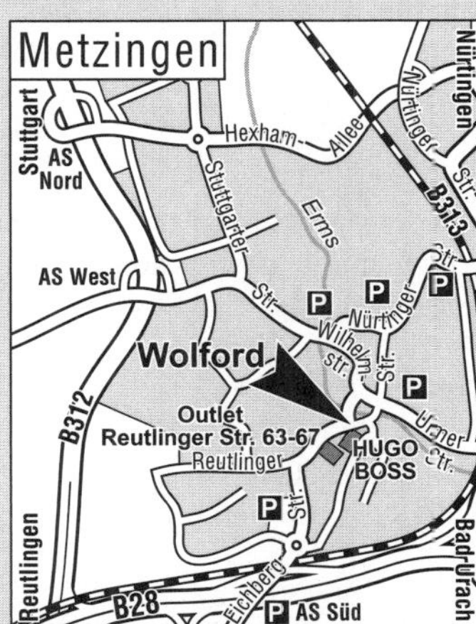

Die Zwilling J. A. Henckels AG ist einer der traditionsreichsten und weltweit größten Hersteller von Kochmessern, Scheren sowie Haushaltswaren wie Kochtöpfe und Küchenhelfer, Bestecke und Beauty-Artikel.

Weltmarke Zwilling

Warenangebot

Schneidwaren aller Art mit dem Schwerpunkt auf Messern. Die gibt es in allen Arten, Typen, Breiten, Längen und Zusammenstellungen, etwa als Kochmesserset, als Messerblock usw. Dazu Bestecke, Scheren, auch für die Haut- und Nagelpflege, Maniküre-Sets u.ä. Ergänzt wird das Angebot durch hochwertiges Kochgeschirr, Töpfe, Pfannen, Bräter etc. Im Angebot: 1. Wahl und 2.-Wahl-Ware (unterscheidet sich in der Schneidleistung nicht von der 1. Wahl, kann aber Kratzer oder Flecken haben). Volle Garantie auch auf 2. Wahl.

Ersparnis

Bei 1. Wahl nur wenig Ersparnis; 2. Wahl 30 bis 50 %.

Ambiente

Kleiner Fachmarkt für alles rund um die Küche und den schön gedeckten Tisch sowie Scheren.

Adresse

Zwilling Outlet Store, Ulmer Straße 11-13, 72555 Metzingen, Tel.: 07123/ 3810472, shop.metzingen@zwilling.com.

Öffnungszeiten

Montag bis Freitag 10.00 bis 20.00 Uhr, Samstag 9.00 bis 20.00 Uhr.

Anreise

Siehe Anreise-Empfehlung und Detailkarten Seite 285 ff.

DANIEL HECHTER PARIS LAGERFELD

Seit 1977 besteht die Symbiose zwischen Créateur Daniel Hechter und Hersteller Otto Aulbach GmbH in Miltenberg. Prêt à vivre – bereit zu leben – das ist die selbstgewählte Devise Hechters und so ist auch seine Mode: unkonventionell und erfrischend anders, ein komplettes Bekleidungsprogramm für alle Tageszeiten und Anlässe. Auch die komplette Karl-Lagerfeld-Herrenkollektion wird angeboten.

Erfrischend anders

Warenangebot
Ware 1. Wahl und Ware der aktuellen Saison. Herrenanzüge, -sakkos, -mäntel, -sportswear (Jeans, Shirts, sportliche Hemden), Lederjacken, modische Parkas, Blousons, Hemden, Krawatten und Gürtel. Große Auswahl an Damenbekleidung.

Ersparnis
40 % auf aktuelle Ware, 2. Wahl und ältere Ware noch günstiger.

Ambiente
Professioneller Fabrikverkauf. EC-Karte, Mastercard und VISA werden akzeptiert.

Adresse
Miltenberger Otto Aulbach GmbH, Frühlingstraße 17, 63897 Miltenberg, Tel.: 0 93 71/4 00 00.

Öffnungszeiten
Montag bis Freitag 10.00 bis 19.00 Uhr, Samstag 10.00 bis 18.00 Uhr.

Anreise
A3 von Frankfurt kommend, Ausfahrt Miltenberg/Obernburg, bis Ortsende Miltenberg auf der Eichenbühler Straße fahren. Links vor der Möbelfabrik Rauch, nach rückwärts versetzt: Miltenberger.

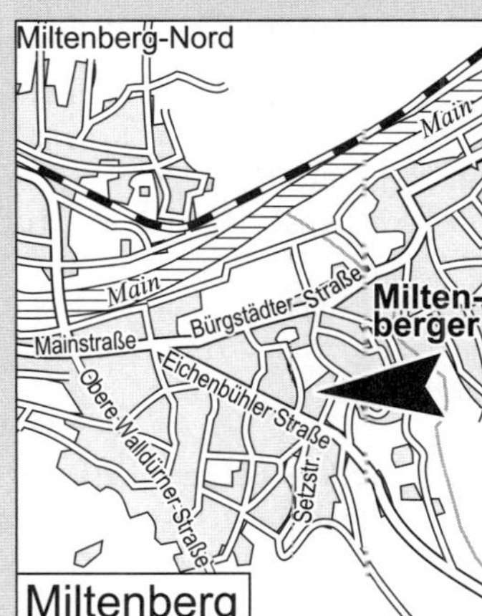

EINKAUFS-GUTSCHEIN S. 595

Die bekannte Marke mit dem Klecks! Das ist Kindermode zum Wohlfühlen, mit viel Liebe zum Detail, kuschelweiche Plüschtiere und tolle Accessoires. Seit 50 Jahren macht sigikid Kinderträume wahr – die kleinen und die großen.

Ein Klecks für Kinder

Warenangebot

Baby- und Kindermode (Größe 50 bis 128), Spielwaren und Accessoires. Ware aus der vorherigen Saison, Musterteile und 2.-Wahl-Artikel.

Ersparnis

30 bis 50%. Zusätzliche Ersparnis bei Aktionen.

Ambiente

500 m² Ladenfläche, sehr großzügig und hell. Spielecke, kinderwagenfreundlich, Parkplätze. Integrierter Shop mit aktuellem Sortiment (regulärer Preis).

Adresse

sigikid, H. Scharrer & Koch GmbH & Co.KG, Am Wolfsgarten 8, 95511 Mistelbach. Tel.: 0 92 01/7 07 51, shop-mistelbach@sigikid.de, www.sigikid.de.

Öffnungszeiten

Dienstag bis Freitag 10.00 bis 18.00 Uhr, Samstag 10.00 bis 14.00 Uhr.

Weitere Verkaufsstellen (Auswahl)

- 24539 **Neumünster-Wittorf**, Mc ArthurGlen Designer Outlet, Oderstraße 10, Tel.: 0 43 21/8 52 98 44.
- 48607 **Ochtrup**, Designer Outlet, Laurenzstraße 51, Tel.: 0 25 53/ 7 22 08 36.
- 66482 **Zweibrücken**, The Style Outlets, Londoner Bogen 10-90, Tel.: 0 63 32/ 4 79 05 72.
- 97877 **Wertheim-Dertingen**, Wertheim Village, Almosenberg, Tel.: 0 93 42/ 9 34 87 08.

Anreise

A9, Ausfahrt BT-Nord, durch Bayreuth hindurch, B22 Richtung Hollfeld. Nach dem Ortsende von Bayreuth links Richtung Mistelbach. In Mistelbach am Ortsausgang links.

CINQUE

Cinque verkörpert die Welt Italiens. Die Marke entspricht dem Wesen des italienischen Lebensstils: innerlich leidenschaftlich und emotional, äußerlich stets smart und lässig.

Lifestyle-Marke

Warenangebot
Hochwertige Damen- und Herrenbekleidung für Business und Freizeit sowie Lederwaren. Second Season-Artikel, Musterteile und 1B-Ware, aber auch aktuelle Kollektionen zu regulären Preisen (nur in Mönchengladbach).

Ersparnis
30 bis 50 %, Einzelteile bis zu 70 %.

Ambiente
Modern gestaltetes Outlet auf über 1400 m². Sehr ansprechende Warenpräsentation, ausreichend Umkleidekabinen, freundliches Personal. Kostenlose Parkplätze.

Adresse
Cinque Store Outlet, Am Kämpchen 9-13/Berliner Platz 1, 41061 Mönchengladbach, Tel.: 0 21 61/18 07 09, www.cinque.de.

Öffnungszeiten
Montag bis Freitag 10.00 bis 19.00 Uhr, Samstag 10.00 bis 18.00 Uhr. Sonderöffnungszeiten s. Internet.

Weitere Verkaufsstellen (Auswahl)
- 21337 **Lüneburg**, Bleckeder Landstraße 24, Tel.: 0 41 31/88 71 68.
- 72555 **Metzingen**, Wilhelmstraße 3-5, Tel.: 0 71 23/16 26 36.
- 85055 **Ingolstadt**, Hermann-Paul-Müller-Straße 17, Tel.: 08 41/3 70 88 05.

Anreise
A52, Ausfahrt Mönchengladbach-Nord. Richtung Mönchengladbach-Zentrum bis zur Sparkasse. Dort an der Ampel rechts. 2. Ampel am Berliner Platz rechts in die Fliethstraße. Der Verkauf ist rechts, Ecke Am Kämpchen.

GARDEUR Atelier GARDEUR G design

Der Mönchengladbacher Hosenspezialist GARDEUR GmbH fertigt hochwertige Damen- und Herrenhosen. Als einziges vollstufiges Hosenatelier Deutschlands garantiert GARDEUR auf diese Weise absolute Passformsicherheit und hohe handwerkliche Qualität.

Perfekte Passform

Warenangebot
Großes Angebot der Marken GARDEUR, G DESIGN und Thomas Rath Trousers: Hosen, Jeans, Röcke, Blusen, Hemden, Poloshirts, Strickwaren, Blazer, Sakkos, Anzüge, Krawatten und Gürtel. Produktionsüberhänge, 2. Wahl, Musterteile.

Ersparnis
30 bis 50 %.

Ambiente
Großer, heller Verkaufsraum mit 1100 m² Verkaufsfläche. Kaffeebar. Ware übersichtlich nach Damen und Herren getrennt präsentiert. Ausreichend Kabinen und Spiegel vorhanden. Kostenlose Parkplätze.

Adresse
Gardeur GmbH, Outlet Store, Künkelstraße 52, 41063 Mönchengladbach-Eicken, Tel.: 0 21 61/81 62 42, www.atelier-gardeur.de.

Öffnungszeiten
Montag bis Freitag 10.00 bis 18.00 Uhr, Samstag 10.00 bis 16.00 Uhr.

Weitere Verkaufsstelle
● 26689 **Apen-Augustfehn**, Hauptstraße 400, Tel.: 0 44 89/3 09 42. Montag bis Freitag 10.00 bis 18.00 Uhr, Samstag 9.00 bis 16.00 Uhr.

Anreise
A52 Düsseldorf–Roermond, Ausfahrt Mönchengladbach-Nord. Weiter Richtung Stadtzentrum. Nach der Eisenbahnbrücke links in die Bergstraße abbiegen bis zur Hohenzollernstraße. Dort wieder links, dem Verlauf der B57 folgen. Gardeur befindet sich rechts vor der Brücke.

van Laack

Gegründet 1881, steht van Laack für eine über 130-jährige Tradition als Shirtmaker. Weltweit von einem exklusiven und souveränen Kundenkreis geschätzt, ist van Laack das Synonym für handwerkliches Können, Präzisionsarbeit im Detail und perfekte Optik.

van Laack – The Shirtmaker

Warenangebot
Damen- und Herrenbekleidung: Hemden, Blusen, Pullover, Hosen, Sakkos, Anzüge, Tag- und Nachtwäsche, Bademoden, Schals und Accessoires. Alles vom Feinsten. 1. und 2. Wahl (hat kaum sichtbare Fabrikationsfehler).

Ersparnis
1. Wahl 30 bis 40 %, bei Sonderaktionen auch bis zu 70 %.

Ambiente
Edle Ware, edler Laden und jetzt auch eine edle Adresse, deren Name die Fußballerherzen höher schlagen lässt.

Adresse
van Laack Factory Store, Hennes-Weisweiler-Allee 25, 41179 Mönchengladbach-Rheindahlen, Tel.: 0 21 61/ 35 74 92.

Öffnungszeiten
Montag bis Freitag 10.00 bis 19.00 Uhr, Samstag 10.00 bis 18.00 Uhr.

Weitere Verkaufsstellen (Auswahl)
- 66482 **Zweibrücken**, The Style Outlets, Londoner Bogen 10-90, Tel.: 0 63 32/ 46 07 03.
- NL-6041 **Roermond**, Designer Outlet Roermond, Stadsweide 82, Tel.: 00 31/ 4 75/31 02 97.
- A-7111 **Parndorf**, Designer Outlet Parndorf, Unit 56, Tel.: 00 43/21 66/2 07 26.

Anreise
A61 Kerpen–Venlo, Ausfahrt Mönchengladbach-Holt. Auf der B57 Richtung Erklenz. Nach ca. 1,5 km rechts in die Straße „Am Nordpark" abbiegen, anschließend links in die Albert-Brülls-Straße, die direkt auf den Parkplatz führt.

In Montabaur wurde im Jahr 2015 ein großes Factory Outlet Center eröffnet. Das Gelände umfasst ca. 65.000 m², die reine Verkaufsfläche beträgt ca. 10.000 m². Rund 60 Outlet-Boutiquen sind vertreten.

Seit Sommer 2015

Warenangebot
Bekleidung für Damen, Herren, Kinder, Freizeit und Sport, Designermode, Schuhe, Lederwaren, Glaswaren, Porzellan, Keramik, Heimtextilien, Uhren, Schmuck. Ware der Vorsaison, 2. Wahl und Überproduktionen. Internationale Top-Marken wie Asics, Diesel, Desigual, Levi's, etc.

Ersparnis
Ca. 30 bis 70 % gegenüber der UVP der Hersteller.

Ambiente
Ca. 60 Boutiquen in einer topmodernen Architektur. Mehrere Cafés, Restaurants und ausreichend Parkplätze. Das Outlet ist gut mit dem ICE zu erreichen.

Adresse
Fashion Outlet Montabaur, Bahnhofsplatz 1, 56410 Montabaur, www.fashionoutletmontabaur.de.

Öffnungszeiten
Montag bis Samstag 10.00 bis 20.00 Uhr.

Anreise
A3 Köln–Frankfurt bis zur Doppelausfahrt Montabaur. Der Ausschilderung zum ICE-Bahnhof Montabaur folgen. Das Outlet befindet sich direkt gegenüber dem Bahnhofsgebäude.

EINKAUFS-GUTSCHEIN S. 601

VIANIA DESSOUS

Viania Dessous wurde vor 21 Jahren gegründet und hat sich seither nicht nur mit modisch aktuellen Serien, sondern auch mit einem ausgewogenen Basisprogramm und vor allem mit einer perfekten Passform in großen Größen einen Namen gemacht.

Wäsche und Dessous

Warenangebot
Damenwäsche und Dessous auch in großen Größen, Sport-BHs, Nachtwäsche, Herrenwäsche, Outdoor-Bekleidung.

Ersparnis
30 bis 70 %, teilweise mehr.

Ambiente
Neu gestaltete, sehr großzügige Verkaufsfläche mit geräumigen Umkleidekabinen und einer Sitzecke mit Kinderspielmöglichkeit. Beratung wie im Fachgeschäft. Kundenparkplätze am Haus.

Adresse
Viania Dessous GmbH, Christophstraße 20, 72116 Mössingen, Tel.: 07473/943543.

Öffnungszeiten
Montag bis Freitag 10.00 bis 18.00 Uhr, Samstag 10.00 bis 16.00 Uhr.

Weitere Verkaufsstellen (Auswahl)
- 04860 **Torgau**, Hafenstraße 2/4.
- 42651 **Solingen**, Mühlenplatz 1.
- 47918 **Tönisvorst-St. Tönis**, Maysweg 3.
- 52062 **Aachen**, Adalbertstraße 100.
- 83233 **Bernau am Chiemsee**, Chiemseestraße 88.
- 87459 **Pfronten**, Allgäuer Straße 26.
- 87534 **Oberstaufen**, Schlossstraße 2A.
- 94227 **Zwiesel**, Dr.-Schott-Straße 35.
- 95100 **Selb**, Vielitzer Straße 26.
- 97688 **Bad Kissingen**, Theaterplatz 2.

Anreise
Auf der B27 Tübingen Richtung Rottweil, Ausfahrt Mössingen. Am Kreisverkehr die 3. Ausfahrt nehmen und dann bei der 1. Möglichkeit rechts abbiegen. Der Verkauf ist ausgeschildert.

Die BMW und MINI Jahreswagen-Vermittlung hält attraktive Angebote für BMW und MINI Jahres- und Gebrauchtwagen von BMW Group Mitarbeitern bereit und vermittelt den direkten Kontakt zu den Fahrzeugverkäufern. Über die Jahreswagen-Vermittlung können zwischen sechs und 18 Monate „junge" BMW und MINI Jahreswagen bzw. Gebrauchtwagen ab 19 Monate nach Erstzulassung erworben werden. Alle BMW und MINI Jahreswagen sind ausschließlich von BMW Mitarbeitern gefahren, aus erster Hand und zu attraktiven Konditionen erhältlich.

BMW/MINI Jahreswagen

Warenangebot
Die Jahres- und Gebrauchtwagen der BMW Group Mitarbeiter werden u.a. in der BMW Gebrauchtwagenbörse unter www.BMW-Jahreswagen.de und in der MINI Gebrauchtwagenbörse unter www.MINI-Jahreswagen.de angeboten. Insgesamt stehen dort ca. 1500 Jahreswagen und 1000 Gebrauchtwagen zur Auswahl. Die Verhandlungen werden direkt mit dem Mitarbeiter geführt. Besichtigungstermine werden ebenfalls direkt mit dem Mitarbeiter vereinbart.

Ersparnis
Jahreswagen sollten je nach Typ, Ausstattung und gefahrenen Kilometern zwischen 15 und 30% (Gebrauchtwagen darüber hinaus) günstiger sein als der Neuwagen.

Besonderheiten
Über den exklusiven „Jahreswagen Vorvertragspool" haben Sie zudem die Möglichkeit, dass ein Mitarbeiter ein Fahrzeug genau nach Ihren Wünschen bestellt und dieses dann nach Ablauf der Mindesthaltedauer von 6 Monaten nach Erstzulassung zum vereinbarten Kaufpreis an Sie übergibt.

Adresse
BMW AG, Abteilung B6-D-3, 80788 München, Tel.: 089/125016008, jawa @BMW.de, www.BMW-Jahreswagen.de oder www.MINI-Jahreswagen.de.

EINKAUFS-GUTSCHEIN S. 593

Scherer Masshemden

Hier lassen sich Persönlichkeiten aus Politik, Fernsehen, Theater und Industriekonzernen gerne eine „Schlinge" um den Hals legen.

25 Jahre Erfahrung

Warenangebot
Hemden, Smokinghemden, Krawatten, Blusen, Maßhemden, Maßblusen, über 1800 verschiedene Stoffe. Kragenweiten 36 bis 54, Übergrößen, Kurz- und Langgrößen, Armlängen 58, 64, 68, 72. Musterhemden, Monogramme, Auswahl an Knöpfen, 90 verschiedene Kragen- und Manschettenformen. Exklusive Tag- und Nachtwäsche von Novila. Stickereien aller Art, Socken ohne Gummi, Stützstrümpfe.

Ersparnis
30 bis 70 %. Drei Hemden ab 100,- €. Maßemden ab 120,- € zzgl. Stoff.

Ambiente
Laden mit Anprobe und Stilberatung. Änderungen aller Art. Besticken von unterschiedlichsten Materialien ab 2 Tagen.

Adresse
Scherer Hemden und Maßhemden, Hannelore Scherer, St. Jakobs Platz 12, 80331 München, Tel.: 089/1 23 10 17, mobil: 0172/8 70 33 93, www.masshemden-scherer.de.

Öffnungszeiten
Montag, Mittwoch, Donnerstag, Freitag 14.00 bis 19.00 Uhr, Samstag 12.00 bis 15.00 Uhr und nach Terminvereinbarung. Dienstag geschlossen.

Anreise
Der Verkauf befindet sich in der Münchner Innenstadt und ist über den Inneren Ring, zwischen Sendlinger Tor und Isartor im Abschnitt Blumenstraße zu erreichen. Die Parkhäuser Oberanger und Schrannenhalle sind jeweils 2 Minuten entfernt.

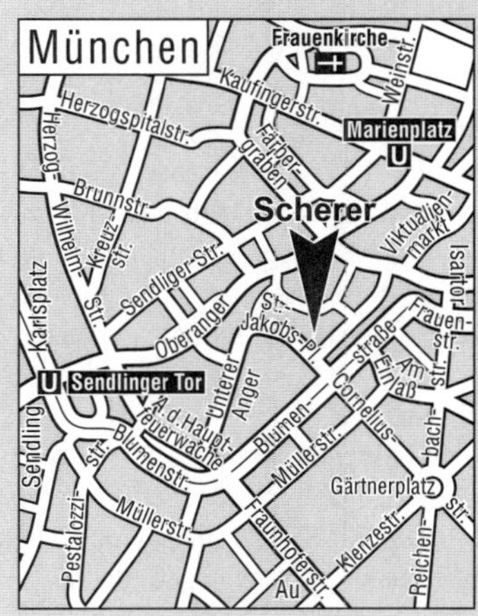

KARE

Kare ist ein lebendiges und vibrierendes Lifestylekonzept mit einer einzigartigen Inszenierung aus Möbeln, Leuchten und Wohnaccessoires. Der individuelle Stilmix ist die Maxime, unter der die erfolgreiche Marke Kare Design ihre von Fantasie und Design getriebenen Trends präsentiert.

Wohne lieber ungewöhnlich

Warenangebot
Täglich neue Schnäppchen im Bereich Wohnaccessoires, Leuchten und Möbel. Kreative Wohnideen direkt vom Hersteller mit immer extrem reduzierten Ausstellungsstücken und Highlights der Woche. Restposten, Ausstellungstücke 2.-Wahl-Produkte, aktuelle News und stylishe Messemuster wöchentlich auf www.muenchenoutlet.de. Monatlicher Newsletterservice und Sonderpreisaktionen. Best Price Garantie: Wer einen der Artikel anderswo günstiger findet, bekommt ihn zum gleichen Preis.

Ersparnis
Bis zu 80 %.

Ambiente
Auf über 1000 m² bietet das Outlet Einrichtungs- und Geschenkideen auf zwei Stockwerken. In der Verkaufsausstellung im Obergeschoss findet sich ein topaktueller Querschnitt der Kare-Produkte.

Adresse
Kare München Outlet, Lotte-Branz-Straße 6, 80939 München-Freimann, Tel.: 0 89/37 06 11 25, info@muenchen outlet.de, www.muenchenoutlet.de.

Öffnungszeiten
Montag bis Samstag 10.00 bis 20.00 Uhr.

Weitere Verkaufsstelle
● 85748 **Garching**, Schleißheimer Straße 85, Tel.: 0 89/46 13 72 42.

Anreise
A9 Richtung München, Ausfahrt Freimann. Ca. 160 m geradeaus, nach ca. 130 m rechts in die Heidemannstraße. Nach ca. 750 m links in die Maria-Probst-Straße und nach ca. 1,3 km links in die Lotte-Branz-Straße.

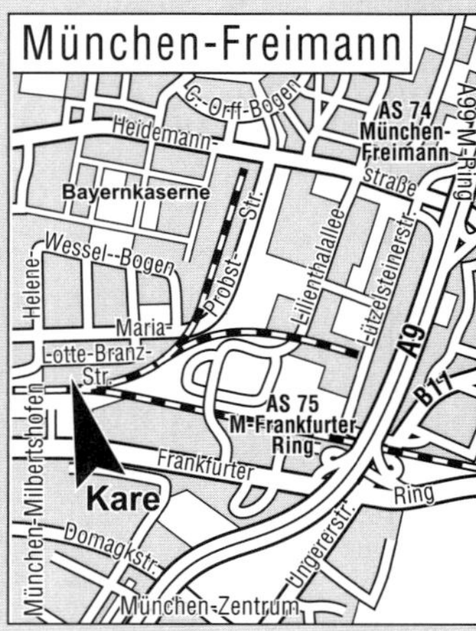

EINKAUFS-GUTSCHEIN S. 567

EUROPA LEISTEN

Das Unternehmen ist Deutschlands größter Hersteller von Stil- und Furnierrahmen. Es werden alle Arten von Stilrahmen gefertigt – auch geschnitzt – in jeder gewünschten Größe. Auf 500 m² Ausstellungsfläche über 2000 Gemälderahmen in Normgrößen auf Lager.

Alles im Rahmen

Warenangebot

Stil- und Furnierrahmen in mehr als 500 verschiedenen Ausführungen und Tönungen bis hin zu Originalmodellen aus alter Zeit. Glas und Passepartouts. Große Auswahl an Spiegeln und Rahmen.

Ersparnis

Ca. 35 bis 50 %.

Ambiente

Lagerverkauf, freundliche und kompetente Bedienung. Parkplatz im Hof.

Adresse

Europa Leisten, Bilderrahmenfabrik, Dachauer Straße 15, 80335 München-Maxvorstadt, Tel.: 0 89/55 22 65-0.

Öffnungszeiten

Montag 10.00 bis 15.00 Uhr, Dienstag bis Freitag 8.30 bis 18.00 Uhr, Samstag 10.00 bis 15.00 Uhr.

Anreise

Der Verkauf ist vom Hauptbahnhof München leicht und schnell zu erreichen (150 m). Am Kopfbahnhof Fernreisezüge in Richtung Norden, die Arnulf-, Hirten- und Marsstraße überqueren und in die Dachauer Straße einbiegen. Auf der linken Seite ist das Hotel King's Daneben das Schaufenster von Europa Leisten.

Triumph

Mit einem Portfolio, das unter anderem die Marken Triumph, Sloggi, BeeDees, Triaction und Hom umfasst, gehört Triumph International zu den weltweit führenden Herstellern von Unterbekleidung.

Für den Körper, für die Sinne

Warenangebot
Für Damen: Dessous, BHs, Sport-BHs (triaction), Tagwäsche, Nachtwäsche, Bade- und Strandmoden, Homewear, jugendliche Programme (BeeDees), Slip-Programme, Mamabel Still-BHs. Für Herren: Tagwäsche, Nachtwäsche, Bademoden, Socken, Accessoires.

Ersparnis
Ca. 20 bis 50 % u.a. auf Auslaufmodelle, Retouren, Muster.

Ambiente
Verkauf im Gebäude der Spatenbräu-Hauptverwaltung. Ware teils originalverpackt oder auf Ständern. Die Preise sind ausgezeichnet.

Adresse
Triumph International AG, Marsstraße 46, 80335 München-Maxvorstadt, Tel.: 0 89/51 11 47 84.

Öffnungszeiten
Montag bis Freitag 10.00 bis 18.00 Uhr, Samstag 10.00 bis 16.00 Uhr.

Weitere Verkaufsstellen (Auswahl)
- 72555 **Metzingen**, Mühlstraße 2, Tel.: 0 71 23/16 58 03.
- 73430 **Aalen**, Industriestraße 57, Tel.: 0 73 61/5 61 22 78. Montag bis Freitag 10.00 bis 18.00 Uhr, Samstag 10.00 bis 16.00 Uhr.
- 73540 **Heubach**, Fritz-Spiesshofer-Straße 7, Tel.: 0 71 73/66 60. Montag bis Samstag 10.00 bis 18.00 Uhr.
- 97877 **Wertheim-Dertingen**, Wertheim Village, Almosenberg, Tel.: 0 93 42/ 8 59 37 13.

Anreise
In München vom Hauptbahnhof weiter in westlicher Richtung. Die Marsstraße verläuft parallel zu den Gleisen (nördlich).

AIGNER
Outlet

In den 50er-Jahren entdeckte Etienne Aigner die Liebe zum Leder. Daraus wuchs nicht nur ein großes Modeunternehmen, sondern eine internationale Prestigemarke. Markenzeichen ist das Hufeisen, das auf keiner Handtasche, auf keinem Accessoire fehlen darf. Motto des Hauses: Form follows function with emotion. Das spürt man.

Internationale Prestigemarke

Warenangebot

Sportlich-elegante Damen- und Herrenbekleidung, vor allem aus der Vorjahreskollektion: Hemden, Jacken, Mäntel, Blusen, Sakkos, Kleider, Hosen. Taschen, Börsen, Schuhe, Gürtel, Parfum, Krawatten, Tücher.

Ersparnis

Etienne Aigner ist auch im Lagerverkauf nicht im unteren Preissegment angesiedelt. Bei 1. Wahl liegt die Ersparnis bei ca. 30 %, bei 2. Wahl und Einzelstücken bis ca. 60 % und mehr.

Ambiente

Für einen Lagerverkauf sehr schönes, großzügiges Ambiente. Ca. 200 m² Verkaufsfläche, hell und übersichtlich gestaltet. Gute Parkplatzsituation.

Adresse

Etienne Aigner Lagerverkauf, Karl-Schmid-Straße 13, 81829 München-Moosfeld, Tel.: 0 89/99 19 01 71, www.aignermunich.com.

Öffnungszeiten

Montag bis Freitag 9.30 bis 18.00 Uhr, Samstag 10.00 bis 16.00 Uhr.

Anreise

A49 München–Passau, Ausfahrt Am Moosfeld (zwischen den Ausfahrten Daglfing und Messe Riem). Nach der Ausfahrt rechts ins Gewerbegebiet Am Moosfeld. So gelangt man direkt auf den Stahlgruberring oder auf den Schatzbogen. Die Karl-Schmid-Straße verbindet als Nebenstraße diese beiden Hauptstraßen. Mit öffentlichen Verkehrsmitteln: U2 bis Am Moosfeld.

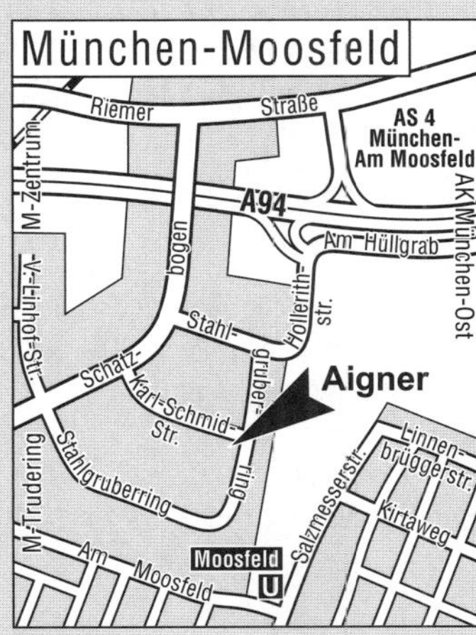

EINKAUFS-GUTSCHEIN S. 575

KAI WIECHMANN®

Seit 40 Jahren steht Kai Wiechmann, Deutschlands Teakanbieter, für Teakholz-Gartenmöbel in Premiumqualität zu günstigen Preisen. Vom Beistelltischchen bis zur Truhe für die Polsterauflagen ist hier alles zu finden.

Deutschlands Teakanbieter

Warenangebot
Gartenmöbel aus Plantagenteakholz in allen Varianten: Liegen, Tische, Sessel, Bänke, Klapptische, Beistelltische, Sonnenschirme und Accessoires.

Ersparnis
50 % gegenüber Ware vergleichbarer Qualität durch direkte Herstellung bzw. Import.

Ambiente
Mit 600 m² eine der größten Ausstellungen von Teak-Gartenmöbeln in Deutschland. Familiengeführter Betrieb mit ausgiebiger Beratung und Montage der Möbel durch eigene Tischler. Parkplätze vorhanden. Alle Ware ist vorrätig. Die Möbel können sofort mitgenommen werden, alternativ ist eine bundesweite Lieferung möglich.

Adresse
Kai Wiechmann e.K., Sollner Straße 59, 81479 München-Solln, Tel.: 0 89/ 7 91 49 59, www.kai-wiechmann.com.

Öffnungszeiten
Montag bis Samstag 10.00 bis 19.00 Uhr.

Weitere Verkaufsstellen (Auswahl)
- 22761 **Hamburg-Bahrenfeld**, Am Diebsteich 55, Tel.: 0 40/8 51 49 00.
- 24568 **Kaltenkirchen**, Gottlieb-Daimler-Straße 2, Tel.: 0 41 91/95 33 91.

Anreise
Von Norden/Westen kommend: In München auf dem Mittleren Ring Richtung Autobahnanschluss Garmisch-Partenkirchen. Nicht auf die Autobahn fahren, sondern 1. Ausfahrt rechts: Murnauer Straße folgen, geht über in die Aidenbachstraße. Dieser folgen bis Kreuzung Hofbrunnstraße.

Dockers by Gerli

Boots & Shoes

Dockers by Gerli steht für modische, sportive Schuhe. Fundiertes Know-how in der Schuhherstellung war und ist ein besonderes Merkmal der Marke – klar, denn die Gerli GmbH macht dies auch seit über 40 Jahren.

get up and dress up

Warenangebot
Große Auswahl, ständig wechselndes Sortiment, viele verschiedene Modelle. Kinderschuhe Größe 31 bis 41, Damenschuhe Größe 36 bis 42, Herrenschuhe Größe 40 bis 47. Boots, Sneaker, Sandalen, Ballerinas, etc.

Ersparnis
30 bis 50% auf die unverbindliche Preisempfehlung. Musterschuhe ab 10,–€. Mustergrößen: Damen Größe 37, Herren Größe 41, Kinder Größe 31. Saisonale Rabattaktionen und Give-aways (z.B. zu Ostern und Weihnachten).

Ambiente
Malecke für Kinder. Gute Parkmöglichkeiten.

Besonderheiten
Der Verkauf ist nur 5 km von der Schuhstadt Pirmasens entfernt, mitten im Urlaubs- und Wanderparadies Pfälzer Wald.

Adresse
Lagerverkauf Dockers by Gerli, Bahnhofstraße 3, 66981 Münchweiler a.d. Rodalb, www.dockersbygerli.de.

Öffnungszeiten
Freitag 13.00 bis 18.00 Uhr, Samstag 9.30 bis 13.00 Uhr.

Anreise
A65 Ludwigshafen-Karlsruhe, Ausfahrt 15 Landau in der Pfalz. Weiter auf der B10 Richtung Pirmasens. An der Ausfahrt Münchweiler abfahren, danach an der 2. Möglichkeit rechts abbiegen, dann die 1. wieder rechts. Der Verkauf befindet sich gleich nach dem Ortseingang rechts.

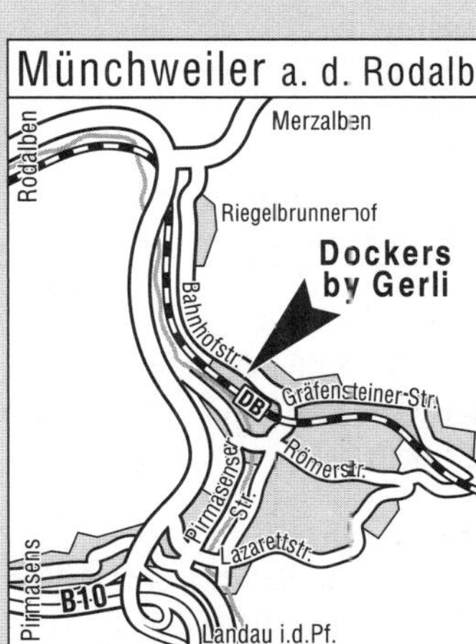

UNITED LABELS COMICWARE

EINKAUFS-GUTSCHEIN S. 599

United Labels setzt als einer der führenden europäischen Lizenzspezialisten für Comicware die aus Printprodukten, Kino oder Fernsehen bekannten und beliebten Comicstars in Lizenzprodukte um. Mit dabei sind z.B. Peanuts, Simpsons, Spongebob, Ice Age, Hello Kitty.

Comicstars zum Anfassen

Warenangebot
Breite Produktpalette mit Aufdrucken der Comicfiguren und Stars von Peanuts, Simpsons, Mia & Me, Schlümpfe, Paw Patrol, Sesamstraße, Batman, Superman, Dragons, Peppa Pig, Spongebob, Turtles, Hello Kitty, Ice Age, Looney Tunes, Trolls, My Little Pony, Family Guy, Big Bang Theory u.v.m. T-Shirts, Sweatshirts, Socken, Mützen, Schals, Wäsche, Handtücher, Kissen, Bettwäsche, Bademäntel, Tassen, Becher, Gläser, Geldbeutel, Geschenkartikel, Schreibwaren, Wecker, Plüschfiguren, Accessoires etc.

Ersparnis
Bis zu 70 %.

Ambiente
Besonders bunter Lagerverkauf mit prall gefüllten Regalen.

Adresse
United Labels AG, Gildenstraße 6, 48157 Münster-Handorf, Tel.: 02 51/3 22 10, www.unitedlabels.com.

Öffnungszeiten
Jeden 1. Samstag im Monat 9.00 bis 15.00 Uhr. Viele zusätzliche Sonderöffnungszeiten, siehe Internet.

Anreise
A1 Dortmund-Osnabrück und A43 Wuppertal-Münster bis Kreuz Münster-Süd. Auf der B51 Richtung Münster/Warendorf/Telgte. Dem Verlauf der Bundesstraße folgen. An der Kreuzung mit dem großem Gartencenter links Richtung Handorf abbiegen. 1. Straße rechts ist die Gildenstraße. Der Verkauf befindet sich auf der rechten Seite.

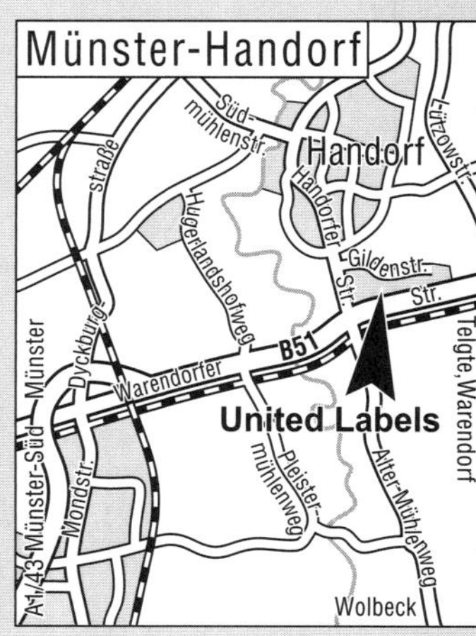

EINKAUFS-GUTSCHEIN S. 587

Pinolino Kinderträume®

kleines großes Glück ...

Das inhabergeführte Familienunternehmen mit Sitz in Münster hat es sich zur Aufgabe gemacht, Kinderträume zu erfüllen. Mit einem hochwertigen Sortiment an Kindermöbeln, Accessoires und Spielwaren gestaltet Pinolino die Lebensräume der Kleinsten.

Kinderträume

Warenangebot

Alles für die komplette Kinderzimmereinrichtung aus einer Hand: Kinderbetten, Wickelkommoden, Kleiderschränke, Wiegen, Laufgitter, Hochstühle, Jugendbetten, Matratzen, textile Ausstattungen, Holzspielwaren, tolle Outdoor-Produkte u.v.m. Stilvolles Design, Funktionalität, Qualität und Sicherheit stehen im Vordergrund.

Ersparnis

Aktionsware, wie z.B. Qualitätsmuster, Auslaufartikel, 2.-Wahl-Artikel und Schnäppchen zu besonders attraktiven Preisen. Sonderangebote und zusätzliche Verkaufsaktionen werden unter www.pinolino.de/lagerverkauf veröffentlicht.

Ambiente

Auf über 700 m^2 erwartet den Kunden die Pinolino Welt. Alle Artikel können in der Regel direkt mitgenommen werden. Gezielte Beratung durch geschultes und freundliches Fachpersonal. Getränkestation, Wickel- und Stillmöglichkeit und eine Kinderecke zum Malen. Parkplätze direkt vor der Tür.

Adresse

Pinolino Kinderträume GmbH, Sprakeler Straße 397, 48159 Münster-Sprakel, Tel.: 02 51/2 39 29-18, www.pinolino.de.

Öffnungszeiten

Montag bis Freitag 10.00 bis 17.00 Uhr,
Samstag 10.00 bis 16.00 Uhr.

Anreise

A1, Ausfahrt Münster-Nord. B54 Richtung Münster, dem Schild 'Kinderhaus' folgen. Grevener Straße (B219) Richtung Ibbenbüren, wird Sprakeler Straße. Nach der Bahnlinie rechts und wieder rechts.

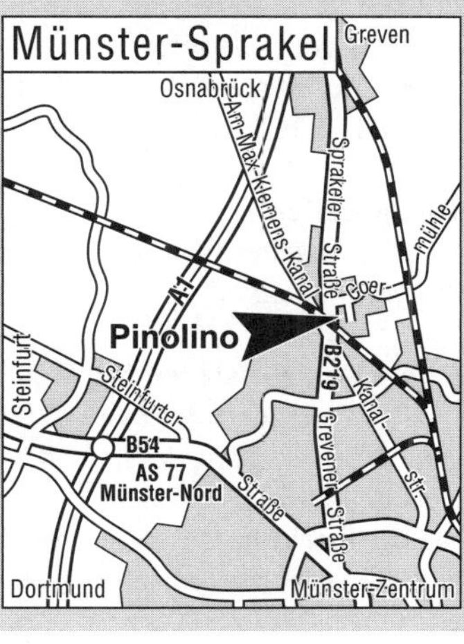

Gubor steht für „Feinstes aus Schokolade in Premium-Qualität" und bietet Schokoladenfreunden eine Vielzahl an feinen Schokoladenspezialitäten.

Die Schokoläden

Warenangebot

Saisonartikel, Premium-Schokoladenprodukte, Dragees, Schokoladenpuffreis, Fondant- und Gelee-Artikel, Sondergrößen und Bruchware der Marken Friedel, Sun Rice, Gubor, Weseke Dragees und weitere. Kein Verkauf an Händler oder Wiederverkäufer.

Ersparnis

Ca. 20%, teilweise bis zu 75% auf den Outletpreis.

Ambiente

Fabrikverkaufscharakter oder Cafés im Schwarzwald-Flair. Parkplätze vorhanden.

Adresse

Gubor Outlet, Dietzelbachstraße 1, 79244 Münstertal-Untermünstertal/Schwarzwald, Tel.: 07636/787463.

Öffnungszeiten

Die Öffnungszeiten aller Läden siehe www.guboroutlets.de.

Weitere Verkaufsstellen (Auswahl)

- 38855 **Wernigerode**, Fabrikverkauf Wergona Schokoladen, Neustadter Ring 4, Tel.: 03943/693 85 10.
- 46325 **Borken-Weseke**, Weseke Dragees GmbH Fabrikverkauf, Benningsweg 26, Tel.: 02862/30090.
- 66693 **Mettlach**, Gubor Café, Freiherr-vom-Stein-Straße 30, Tel.: 06864/8907403.
- 66787 **Wadgassen**, Myland, Saarstraße 20, Tel.: 06834/9576835.
- 69226 **Nußloch**, Max-Berk-Straße 20, Tel.: 06224/9279630.
- 73265 **Dettingen unter Teck**, Dieselstraße 9, Tel.: 07021/8088182.
- 91350 **Gremsdorf**, Gewerbepark 1, Tel.: 09193/5011453.

Anreise

A5 Karlsruhe-Basel, Ausfahrt Bad Krozingen/B31. L120 Richtung Bad Krozingen/Staufen. Weiter s. Karte.

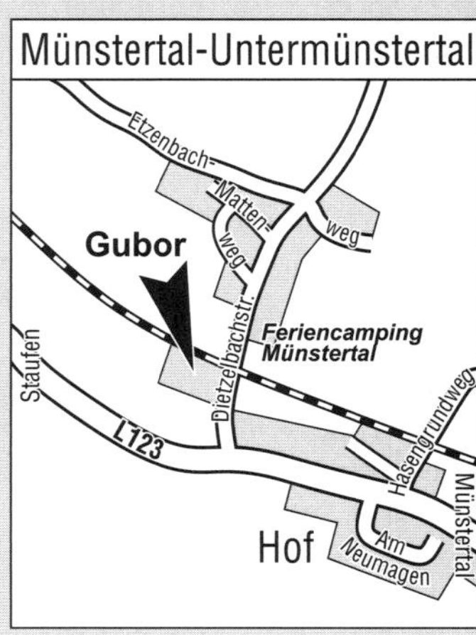

DIGEL®

Tradition haben, ohne traditionell zu wirken – das ist der Stoff, aus dem sich die Digel-Erfolgsstory entwickelt hat. Seit über 70 Jahren punktet Digel bei seiner Herrenkollektion mit modischer Stilsicherheit. Bei Digel kann man auch ab Fabrik einkaufen.

Zieht Männer an

Warenangebot
Komplettanbieter für Herrenbekleidung. Große Auswahl an Sakkos, Hosen und Anzügen, Freizeitjacken, Jeans, Hemden, Strickwaren und Accessoires. Auch große Größen. Größenmix möglich: Anzüge können völlig frei zusammengestellt werden. 2.-Wahl-Ware.

Ersparnis
Bis zu 50 %.

Ambiente
Verkauf auf ca. 1500 m². Änderungsschneiderei, Café-Bar, Kinderecke, kompetente Beratung. 150 Parkplätze vorhanden.

Adresse
Digel Fabrikverkauf, Calwer Straße 81, 72202 Nagold, Tel.: 0 74 52/6 50 03, info@digel-fabrikverkauf-nagold.de, www.digel.de.

Öffnungszeiten
Montag bis Freitag 10.00 bis 19.00 Uhr, Samstag 9.00 bis 17.00 Uhr.

Anreise
A8, Karlsruhe-Stuttgart, Ausfahrt Pforzheim-West. Auf der B463 über Calw und Wildberg nach Nagold. Der Verkauf befindet sich ca. 800 m nach dem Ortseingang auf der rechten Seite, hinter dem Sportstadion. Oder: A81 Stuttgart-Singen, Ausfahrt Rottenburg. Über Bondorf und Mötzingen nach Nagold. Richtung Nagold-Zentrum/Calw. Verkauf nach ca. 500 m links.

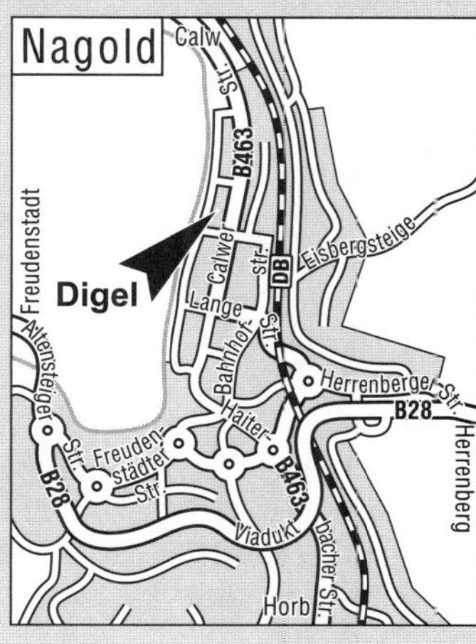

FLECHTMANUFAKTUR® KATZ

Als Meisterbetrieb für Flechtwerkgestaltung entwickelt die Firma Katz das wohl älteste Handwerk der Welt zeitgemäß weiter. An den präzise gearbeiteten Details erkennt man, dass hier wahre Flechtmeister am Werk sind.

Handgeflochten

Warenangebot
Große Auswahl an hochwertigen Korbmöbeln für den Innen- und Außenbereich. Handgeflochtene Sofas, Sessel und Stühle mit passenden Tischen aus Holz oder Geflecht. Geflochtene Accessoires, Körbe für jede Gelegenheit, Stoffe und Kissen runden das Sortiment ab.

Ersparnis
Bis zu 50% auf 2.-Wahl-Produkte, Restposten und Ausstellungsstücke.

Ambiente
Helle, moderne und schön gestaltete Ausstellungsräume auf 2 Ebenen. Diverse Zusatzflächen für 2.-Wahl- und Ausstellungsstücke. Gute und freundliche Beratung durch fachkundige Mitarbeiter.

Besonderheiten
Viermal im Jahr findet ein spezieller Fabrikverkauf statt. Termine per Telefon oder auf der Internetseite. Keine Kartenzahlung möglich.

Adresse
Flechtmanufaktur Katz, Hoher-Baum-Weg 13, Industriepark Wolfsberg, 72202 Nagold, Tel.: 07452/84760, kontakt@katz-flecht.de, www.katz-flecht.de.

Öffnungszeiten
Montag bis Mittwoch 10.00 bis 17.00 Uhr, Donnerstag und Freitag 10.00 bis 18.00 Uhr, Samstag 10.00 bis 16.00 Uhr. Jeden 4. Sonntag im Monat Schausonntag 14.00 bis 17.00 Uhr.

Anreise
A81 Stuttgart-Singen, Ausfahrt Rottenburg. B28a Richtung Nagold, Ausfahrt Nagold/Mötzingen. Nach ca. 5 km links in Richtung Industriepark Wolfsberg. 1. Kreisverkehr 3. Ausfahrt, 2. Kreisverkehr, 1. Ausfahrt. An der 2. Kreuzung links abbiegen.

LEIFHEIT

Mit den bekannten Marken Leifheit und Soehnle ist die Leifheit AG einer der führenden europäischen Anbieter von Markenprodukten für ausgewählte Bereiche im Haushalt. Die Marken stehen für innovative Produkte mit hohem Nutzen und wegweisendem Design.

Immer eine Idee besser

Warenangebot
Überwiegend 2.-Wahl-Artikel und Restposten zu Sonderpreisen. Alles für den Haushalt, Bad und Garten der Marken Leifheit und Soehnle.

Ersparnis
Zwischen 30 und 50 %.

Ambiente
Ansprechende Warenpräsentation, Ware preisausgezeichnet und übersichtlich in Regalen präsentiert. Beratung möglich. Verkäuferin gibt gerne Auskunft. Parkplätze vorhanden.

Adresse
Leifheit AG Werksverkauf, Amtsstraße 22, 56377 Nassau, Tel.: 0 26 04/94 15 41.

Öffnungszeiten
Dienstag bis Freitag 11.00 bis 18.00 Uhr, Samstag 10.00 bis 14.00 Uhr, Montag geschlossen.

Weitere Verkaufsstelle
● 74939 **Zuzenhausen**, Friedrich-Ruschitzka-Straße 1 (Eingang Ecke Gartenstraße/Birkenweg), Tel.: 0 62 26/52 11 57.

Anreise
Nassau liegt östlich von Koblenz an der B260 Koblenz-Wiesbaden. Im Ort auf der B260 bleiben. Von Wiesbaden kommend über die Lahnbrücke. Richtung Innenstadt/Fußgängerzone.

Paradies®

Seit über 160 Jahren werden die hochwertigen Bettwaren in Neukirchen-Vluyn am Niederrhein hergestellt. Das traditionsreiche Familienunternehmen wird heute in der fünften Generation der Familie Kremers geführt. Bewusst werden Paradies Produkte auch heute noch in Deutschland hergestellt.

Erholsamer, gesunder Schlaf

Warenangebot
Bettdecken, Kissen, Matratzen, Lattenroste, Steppdecken, Zudecken, Daunen- und Federdecken, Unterbetten, Matratzenauflagen, Bettwäsche, Spannbetttücher, Kissenbezüge, Wohn- und Schlafdecken, Teppiche, Badteppiche, Handtücher, Wäsche, Nachtwäsche, Bademäntel, Bekleidung, Spielzeug, Strampelsäckchen, Schlafsäcke, Bettgestelle sowie hochwertige Produkte zur Körper- und Schönheitspflege.

Ersparnis
Bis zu 50% (gegenüber der UVP), teilweise deutlich mehr.

Ambiente
Heller, freundlicher Lagerverkauf, übersichtliche Warenpräsentation, Fachberatung, separater Raum für Liegetests bei Matratzen. Parkmöglichkeiten.

Adresse
Paradies GmbH, Rayener Straße 14, 47506 Neukirchen-Vluyn, Tel.: 0 28 45/ 20 32 48, www.paradies.de.

Öffnungszeiten
Montag 11.00 bis 13.00 und 14.00 bis 17.00 Uhr, Dienstag und Mittwoch 14.00 bis 17.00 Uhr, Donnerstag 11.00 bis 13.00 und 14.00 bis 18.00 Uhr, Freitag 14.00 bis 18.00 Uhr, Samstag 10.00 bis 13.00 Uhr.

Weitere Verkaufsstellen
● 30419 **Hannover-Marienwerder**, Merkurstraße 9, Tel.: 0511/27 87 22.
● 71364 **Winnenden**, Brückenstraße 9, Tel.: 0 71 95/18 06 52.

Anreise
A40, Ausfahrt Neukirchen-Vluyn, Richtung Vluyn, dort auf den Nordring, dort links in die Rayener Straße.

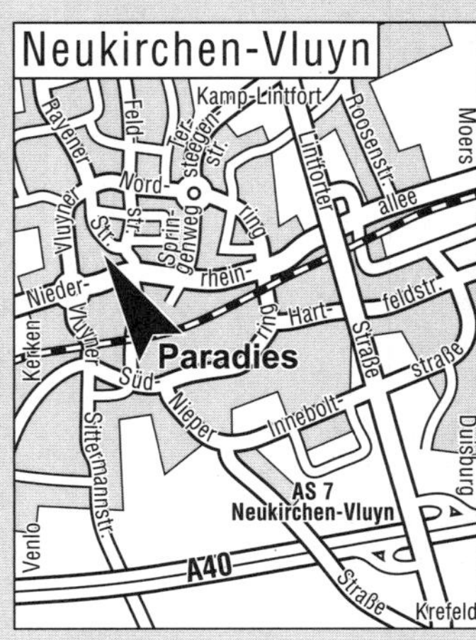

Neumünster

Das Designer Outlet Neumünster war das zweite McArthurGlen Designer Outlet in Deutschland und wurde im September 2012 eröffnet. Das nur 40 Autominuten von Hamburg, direkt an der A7 gelegene Designer Outlet bietet zahlreiche Shops namhafter Hersteller auf 15.000 m².

Das Shopping-Paradies

Warenangebot
Top Designer- und Lifestylemarken präsentieren hochwertige Ware aus Vorjahres- und Musterkollektionen sowie Überschussbeständen aus den Bereichen Designer-, Casual- und Jeans-Mode, Schuhe & Lederwaren, Accessoires, Schmuck & Uhren, Sport & Freizeitmode sowie Wohnaccessoires, Haushaltswaren und Geschenkideen. Sämtliche Marken siehe Center-Homepage.

Ersparnis
Ganzjährig 30 bis 70 %.

Ambiente
Großzügige Plätze und malerische Gassen mit Fachwerkhäusern schaffen ein Einkaufserlebnis im Village-Stil. Das Outlet bietet auf einer Verkaufsfläche von 15.000 m² zahlreiche Shops, internationale Designer- und Lifestylemarken. Restaurants & Cafés, 3000 Parkplätze.

Adresse
McArthurGlen Designer Outlet Neumünster, Oderstraße 10, 24539 Neumünster-Wittorf, Tel.: 04321/5586880, info@designeroutletneumuenster.de, www.designeroutletneumuenster.de.

Öffnungszeiten
Montag bis Samstag 10.00 bis 20.00 Uhr.

Anreise
A7 Hamburg-Flensburg, Ausfahrt Neumüster-Süd. Weiter Richtung Bad Segeberg. An der 1. Ausfahrt Altonaer Straße/Zentrum abfahren und links Richtung Innenstadt abbiegen. 1. Straße rechts.

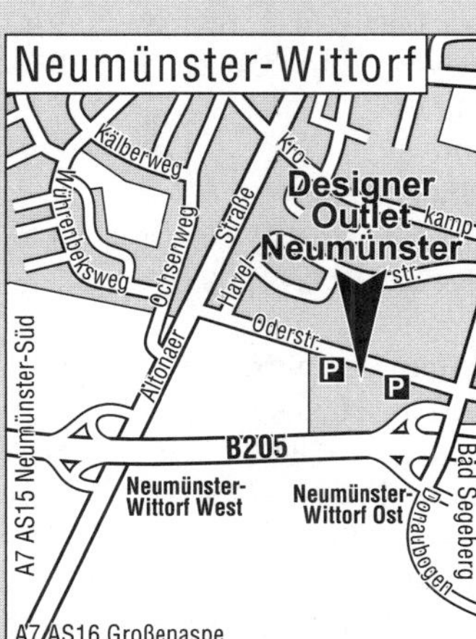

Trolli SHOP

Trolli ist ein weltweit exportierender Hersteller von Premium-Fruchtgummi mit international anerkannter Qualität.

Fruchtgummi-Fabrikverkauf

Warenangebot
Fruchtgummi in verschiedenen Formen und Rezepturen, von süß bis sauer. Spezialität: Fruchtsaft-Fruchtgummi, aber auch klassisch-bunte Fruchtgummi in gehobener Qualität. Auch 2.-Wahl-Ware und ständig wechselnde Angebotsware aus Überproduktionen.

Ersparnis
20 bis 40 %.

Ambiente
Selbstbedienungsladen. Ware übersichtlich in Regalen geordnet.

Adresse
Trolli GmbH, Industriestraße 3, 92431 Neunburg vorm Wald, Tel.: 0 96 72/ 92 18 30.

Öffnungszeiten
Montag bis Freitag 9.00 bis 17.00 Uhr, Samstag 9.00 bis 12.00 Uhr.

Weitere Verkaufsstellen
- 19230 **Hagenow**, Steegener Chaussee 13, Tel.: 0 38 83/6 10 90. Montag bis Freitag 10.30 bis 17.30 Uhr.
- 90469 **Nürnberg-Langwasser**, Zollhausstraße 18, Tel.: 09 11/98 80 03 82. Montag bis Freitag 9.00 bis 18.00 Uhr.
- 90763 **Fürth**, Hans-Bornkessel-Straße 3, Tel.: 09 11/70 90 98. Montag bis Freitag 9.00 bis 18.00 Uhr, Samstag 9.00 bis 14.00 Uhr.

Anreise
A93/E50 Regensburg-Weiden, Ausfahrt 31, Schwarzenfeld. Richtung Neunburg vorm Wald. Am Ortsanfang von Neunburg auf der Umgehungsstraße bleiben, die direkt ins Industriegebiet führt.

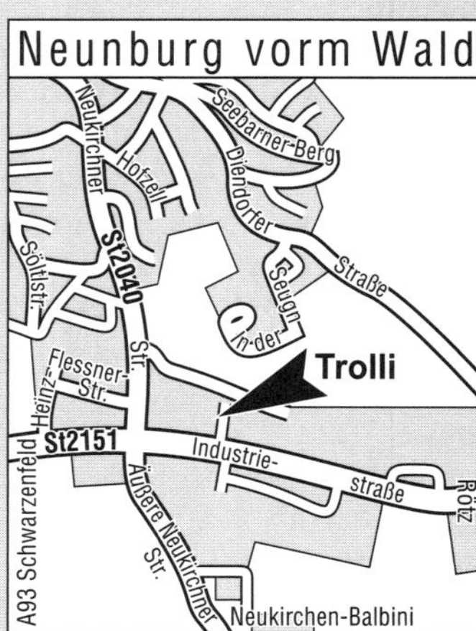

LONSDALE LONDON GOODYEAR Rocky Marciano BENLEE™

EINKAUFS-GUTSCHEIN S. 559

Der Punch Factory Store ist der Spezialist für Boxbekleidung und Boxequipment. Ein großes und hochwertiges Sortiment für alle Interessierten. Auch wer nach modischer Streetwear sucht wird hier fündig; vom T-Shirt bis zum Accessoire ist alles dabei.

Sportliche London-Fashion

Warenangebot
Fabrikverkauf der Marken Londsdale London, Goodyear, Benlee Rocky Marciano und Hardcore United. T-Shirts, Sweatshirts, Jacken, Freizeitschuhe, Accessoires etc. Boxequipment für Amateure bis zum Profibereich.

Ersparnis
40 bis 50 % günstiger, je nach Warenbeschaffenheit.

Ambiente
Sehr gut gestaltete und gut gegliederte Verkaufshalle vor Großhandelslager mit vielen Verkaufsständern und Regalen – wie einfacher Fachmarkt – Beratung und Anprobemöglichkeiten.

Adresse
Punch Outlet Store, Im Taubental 15a, 41468 Neuss-Grimlinghausen, Tel.: 0 21 31/22 99 28.

Öffnungszeiten
Montag bis Freitag 9.00 bis 18.00 Uhr, Samstag 11.00 bis 16.00 Uhr.

Anreise
A46 Neuss-Süd-Düsseldorf bis zur Ausfahrt Neuss-Uedesheim. Dann rechts Richtung Grimlinghausen. Am 1. Kreisverkehr die 2. Möglichkeit rechts, danach die 1. Straße rechts. Der Verkauf befindet sich nach dem Linksknick auf der linken Seite.

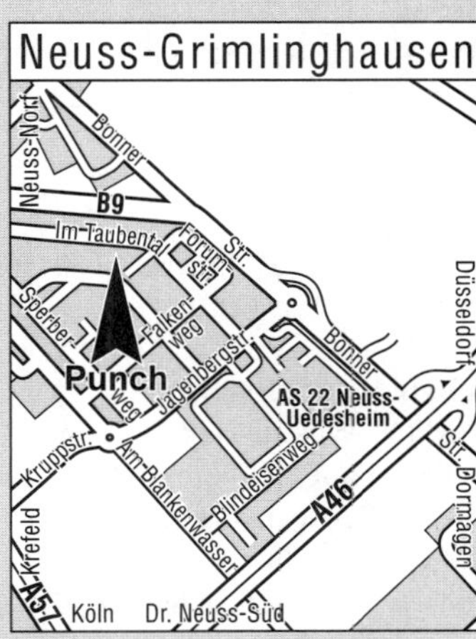

HARIBO

Die Spielwiese der Goldbären liegt direkt am Fabrikgelände. Haribo hat seinen im Oktober 2012 eröffneten Fabrikverkauf zu einer Attraktion gemacht mit viel Platz, toller Einrichtung und modernem Verkaufskonzept.

Goldbär ganz groß

Warenangebot

Vollständiges Haribo- & Maoam-Sortiment, große Auswahl an exklusiven Haribo Boutique-Artikeln. Umfangreiches Angebot an 2.-Wahl-Artikeln. Große Candy-Bar zum Selbermischen.

Ersparnis

Bei 2.-Wahl-Artikeln über 40 %.

Ambiente

Großer Laden mit sehr übersichtlicher und durchdachter Warenpräsentation und modernem Lichtkonzept. Spielecke und ausreichend Parkplätze vorhanden.

Adresse

Haribo-Shop, Ruwerstraße 6, 41464 Neuss-Pomona, Tel.: 0 21 31/4 02 11 52, Laden-Neuss@haribo.com.

Öffnungszeiten

Montag bis Freitag 9.30 bis 18.00 Uhr, Samstag 9.30 bis 16.00 Uhr.

Weitere Verkaufsstellen

- 08112 **Wilkau-Haßlau**, Haaraer Straße 7-13, Tel.: 03 75/69 22 90.
- 52653 **Solingen-Gräfrath**, Wuppertaler Straße 76, Tel.: 02 12/2 50 21 42.
- 53175 **Bonn-Bad Godesberg**, Friesdorfer Straße 121, Tel.: 02 28/9 09 29 30.
- 97350 **Mainbernheim**, Gebr.-Schmidt-Straße 14, Tel.: 0 93 23/8 71 10.

Anreise

A57 Köln-Moers bis zum Dreieck Neuss-West, dort Richtung Neuss-Zentrum abfahren. An der 1. großen Kreuzung rechts, an der nächsten Ampel links und die 1. Straße wieder links. Der Verkauf ist direkt rechts hinter der folgenden Linkskurve.

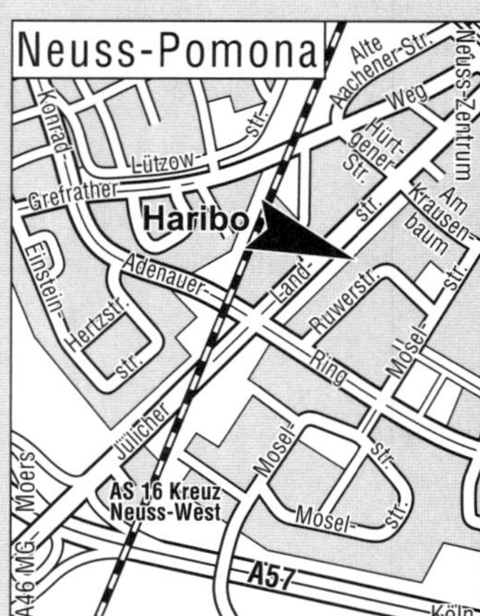

Seit über 70 Jahren bietet der Kinderfahrzeugspezialist ein reichhaltiges Sortiment an Kinderfahrzeugen. Das robuste Funktionsspielzeug „Made in Germany" wird weltweit vertrieben und ist durchgehend TÜV/GS zertifiziert und mit dem CE Zeichen versehen.

... hat das Zeug zum Spielen

Warenangebot
Hauptsächlich 1.-Wahl-Ware. Dreiräder, Rutschfahrzeuge mit Flüsterreifen, Kinderbagger, einmaliges Angebot an Trettraktoren und Zubehör, Schlitten, Schaukeltiere, Spiele für drinnen und draußen, die berühmten Stehauf-Clowns.

Ersparnis
Ca. 20 bis 30 %.

Ambiente
Verkaufsraum im Werk I mit guten Parkmöglichkeiten auf dem Werksgelände. Direkt daneben lädt das Museum der deutschen Spielzeugindustrie zum Besuch ein.

Adresse
Rolly Toys, Franz Schneider GmbH & Co. KG, Siemensstraße 13-19, 96465 Neustadt bei Coburg, Tel.: 0 95 68/8 56-0, info@rollytoys.de, www.rollytoys.de.

Öffnungszeiten
Montag bis Donnerstag 8.00 bis 12.00 und 13.00 bis 16.30 Uhr, Freitag 8.00 bis 12.00 Uhr. Samstag geschlossen. Vor Besuch anrufen.

Anreise
Auf der B303 aus Richtung Coburg kommend nach Neustadt. Hier auf die Coburger Straße, abbiegen in die Mühlenstraße, weiter in die Austraße, geradeaus und weiter in die Siemensstraße.

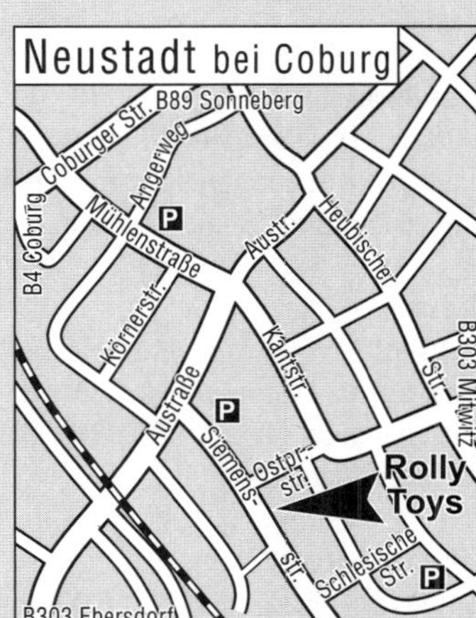

Nachtmann
FINE BAVARIAN CRYSTAL
THE LIFE STYLE DIVISION OF RIEDEL GLASS WORKS

Die Hauptattraktion in Neustadt an der Waldnaab ist der Fabrikverkauf der F. X. Nachtmann Bleikristallwerke. Erlesenes erschwinglich machen – so lautet die Maxime der Firma, die hochwertige Trinkglasgarnituren und Geschenkartikel aus Kristall anbietet.

Fine Bavarian Crystal

Warenangebot
Große Auswahl in 2. Wahl. Trinkglasgarnituren, Vasen, Kerzenleuchter, Geschenkartikel und Wohnaccessoires.

Ersparnis
Ca. 40 %. Schnäppchen und Restposten bis über 50 %. Sonderverkäufe. Sonderrabatte am 1. Wochenende des Monats. Freitags 10.00 bis 17.00 Uhr Schnäppchenmarkt.

Ambiente
Verkauf neben dem Fabriktor (orange Türe), fachkundiges Personal. Großer Parkplatz.

Besonderheiten
Im Ort gibt es neben dem echten Fabrikverkauf von Nachtmann auch interessante Läden für Glas und Porzellan.

Adresse
F. X. Nachtmann Bleikristallwerke GmbH, Zacharias-Frank-Straße 7, 92660 Neustadt/Waldnaab, Tel.: 0 96 02/30 11 76, www.nachtmann.de.

Öffnungszeiten
Montag bis Freitag 10.00 bis 18.00 Uhr, Samstag 9.00 bis 13.00 Uhr.

Weitere Verkaufsstellen (Auswahl)
- 73312 **Geislingen/Steige**, Fabrikstraße 40, Tel.: 0 73 31/7 15 13 40.
- 94227 **Zwiesel**, Theresienthal 51, Tel.: 0 99 22/60 96 17.
- 94518 **Spiegelau**, Hauptstraße 2-4, Tel.: 0 85 53/2 41 92.

Anreise
A93, Ausfahrt Altenstadt a. d. Waldnaab durch Altenstadt Richtung Neustadt, den Wegweisern folgen.

EINKAUFS-GUTSCHEIN S. 575

Jérome Leplats oberstes Prinzip ist es, edle Materialien zu hochwertigen Lederwaren zu verarbeiten.

Das Original

Warenangebot
Reisetaschen, Damenhandtaschen, Herrentaschen, Kulturtaschen aus Leder, Ledertaschen und -beutel, Kosmetikkoffer, große Auswahl an Kleinlederwaren, Krawatten, Tücher, Gürtel.

Ersparnis
Ca. 20 bis 40 %.

Ambiente
Präsentation wie in einem Fachgeschäft. Fachkundige Beratung und Preisauszeichnung, Kataloge sind erhältlich, jedoch nicht von allen Artikeln 2.-Wahl-Angebote.

Besonderheiten
Jérome-Leplat-Artikel sind Waren im oberen Preissegment. Hier ist Ware mit kaum erkennbaren Fehlern günstig zu erwerben. Großes Angebot auch an Geschenkartikeln.

Adresse
Jérome Leplat, JL Vertriebs- & Handels GmbH, Baumgartenstraße 5, 89231 Neu-Ulm, Tel.: 07 31/7 25 37 10.

Öffnungszeiten
Montag bis Donnerstag 10.00 bis 12.00 und 14.00 bis 16.00 Uhr, Freitag 14.30 bis 17.00 Uhr, Samstag 10.00 bis 12.00 Uhr.

Anreise
A7 Kreuz Ulm/Elchingen-Füssen, Ausfahrt Nersingen. Weiter auf der B10 Richtung Neu-Ulm, an der Ausfahrt Memminger Straße/Arena abfahren und rechts Richtung Innenstadt abbiegen, 2. Straße links. Der Verkauf ist auf der rechten Seite.

HAMMER
FACTORY STORE

Gegründet im Jahr 1900 als Firma Heinrich Hammer, wurde das Unternehmen in den 50er-Jahren mit der Marke Erbacher bekannt. Heute zählt die Hammer Sport AG zu den führenden Unternehmen der Freizeitindustrie.

Fitness, Wellness, E-Bikes

Warenangebot
Fitnessgeräte: Ergometer, Cross-, Heimtrainer, Rudergeräte, Laufbänder, Speedbikes, Kraftstationen, Hanteln, Rücken- und Bauchtrainer von Finnlo und Hammer. Boxingprodukte von Hammer Boxing. Elektro-Fahrräder von Hammer Hybrid. Wellnessprodukte und Massagesessel von FinnSpa.

Ersparnis
Reduzierte Aktions- und Auslaufmodelle sowie Sonderposten bis zu 50 %.

Ambiente
Große, helle und gut sortierte Verkaufsräume. Freundliches, kompetentes Fachpersonal. Kostenlose Parkplätze.

Adresse
Hammer Sport Factory Outlet, Von-Liebig-Straße 11, 89231 Neu-Ulm-Schwaighofen, Tel.: 07 31/9 74 88-10, www.hammer-outlet.de.

Öffnungszeiten
Montag bis Freitag 10.00 bis 19.00 Uhr, Samstag 10.00 bis 16.00 Uhr.

Weitere Verkaufsstellen (Auswahl)
- 60314 **Frankfurt-Ostend**, Hanauer Landstraße 205, Tel.: 0 69/40 56 22 14.
- 80335 **München-Maxvorstadt**, Nymphenburger Straße 25, Tel.: 0 89/51 50 37 33.

Anreise
A7 Würzburg–Memmingen, Ausfahrt Nersingen. B10 Richtung Ulm. Nach ca. 5 km links in die Otto-Renner-Straße. Am Kreisverkehr 3. Ausfahrt.

Ursula Christ Schmuckwarenherstellung

Der mittelständische Familienbetrieb wurde 1988 von der bekannten Designerin und Goldschmiedin Ursula Christ gegründet und fertigt ausschließlich am Produktionsstandort Niefern-Öschelbronn bei Pforzheim Schmuck in Gold, Platin und Silber an. Ausgebildete Fachkräfte beraten gerne bei der Schmuckauswahl.

Gold, Silber, Platin

Warenangebot
Anhänger, Colliers, Ohrringe, Ringe, Ketten, Armbänder, Brillantschmuck, Perlschmuck, Edelsteinschmuck, Eheringe, Einzelanfertigungen, Reparaturen und Umarbeitungen. Eine große Auswahl Silber- und Goldschmuck.

Ersparnis
Bis zu 50% auf 1.-Wahl-Ware gegenüber Juwelierpreisen.

Ambiente
Helle, freundliche Verkaufsräume auf einer Verkaufsfläche von ca. 200 m^2. Ausgebildetes Fachpersonal im Verkauf und der Produktion. Parkplätze direkt vor der Tür.

Adresse
Ursula Christ Schmuckwaren, Streiflingsweg 4, 75223 Niefern-Öschelbronn, Tel.: 07233/953330, www.fabrikverkauf-schmuck.de.

Öffnungszeiten
Montag, Mittwoch, Donnerstag bis Samstag 9.00 bis 16.00 Uhr, Dienstag 9.00 bis 20.00 Uhr.

Anreise
A8 Karlsruhe-Stuttgart, Ausfahrt Pforzheim-Ost oder -Süd. Weiter Richtung Niefern-Öschelbronn, Gewerbegebiet Öschelbronn, Industriestraße bis zur Tankstelle. Auf der linken Seite befindet sich der Streiflingsweg 4.

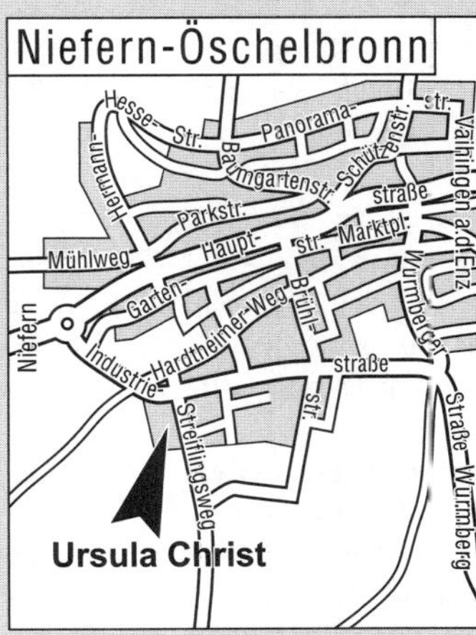

STRENESSE

Die Kollektionen von Gabriele Strehle stehen für die leisen Töne: versteckter Luxus, überlegene Schnittführung, einzigartige Stoffe, beste Qualität.

Designermode mit Gefühl

Warenangebot
Große Auswahl an Damen- und Herrenbekleidung, Schuhen und Accessoires.

Ersparnis
30 bis 50 %. Bei Saisonschlussverkäufen zusätzliche Reduzierung.

Ambiente
Heller, großzügiger Verkaufsraum, Ware übersichtlich präsentiert, mit vielen Umkleidekabinen.

Besonderheiten
Nördlingen ist eine der schönsten mittelalterlichen Städte in Deutschland.

Adresse
Strenesse AG, Gewerbestraße 10-14, 86720 Nördlingen, Tel.: 0 90 81/80 72 20, info@strenesse.com, www.strenesse.com.

Öffnungszeiten
Dienstag und Mittwoch 10.00 bis 18.00 Uhr, Donnerstag und Freitag 10.00 bis 20.00 Uhr, Samstag 10.00 bis 18.00 Uhr.

Weitere Verkaufsstellen
- 38440 **Wolfsburg-Rothenfelde**, Designer Outlets Wolfsburg, An der Vorburg 1, Tel: 0 53 61/8 43 44 40.
- 66482 **Zweibrücken**, The Style Outlets, Londoner Bogen 10-90, Tel.: 0 63 32/48 28 75.
- 72555 **Metzingen**, Wilhelmstraße 44, Tel.: 0 71 23/72 00 21.
- 85055 **Ingolstadt-Feldkirchen**, Ingolstadt Village, Otto-Hahn-Straße 1, Unit 34/35, Tel.: 08 41/93 15 94 20.
- 97877 **Wertheim-Dertingen**, Wertheim Village, Almosenberg, Unit 75, Tel.: 0 93 42/85 90 72.

Anreise
A7 Würzburg-Ulm, Ausfahrt 114, Aalen-Westhausen. Über Bopfingen nach Nördlingen. In Nördlingen Richtung Wemding ins Industriegebiet.

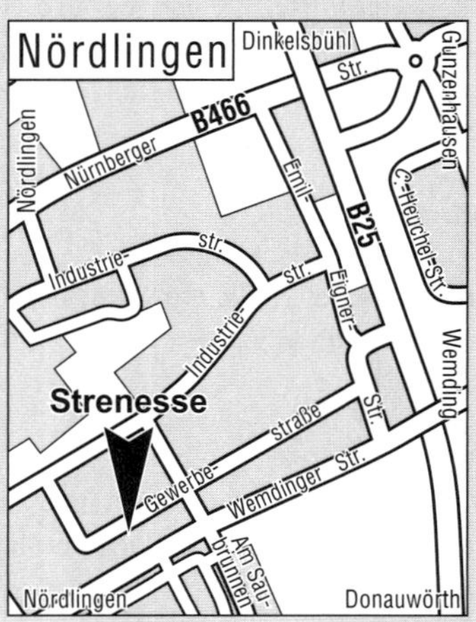

WILVORST

Der perfekte Hochzeitsanzug soll elegant und trendy sein, er soll mit dem Brautkleid harmonieren, den eigenen Typ in Szene setzen und zum Stil der Feier passen. Diesen hohen Ansprüchen werden die Modelle von Wilvorst in jeder Hinsicht gerecht.

Mister Smoking

Warenangebot
Festliche Anlassbekleidung sowie sportliche bis klassische Herrenmode. Anzüge, Sakkos, Hosen, Westen, Mäntel, Jacken, Blousons, Jeans, Hemden, Krawatten, Strickwaren und Schuhe. Accessoires, Koffer und Ledertaschen für den Mann. Folgende Marken werden angeboten: Wilvorst, Tziacco, Atelier Torino, Bugatti, Levi's, Marvelis, Lloyd, Campione, M.e.n.s.

Ersparnis
30 bis 50 %.

Ambiente
Moderner Fabrikverkauf in freundlicher Atmosphäre mit sachkundiger Beratung, wenn diese erwünscht ist. 550 m^2 Verkaufsfläche. Ausreichend Umkleidekabinen, Parkplätze vor dem Eingang.

Adresse
Wilvorst Herrenmoden GmbH, factory-outlet, Breslauer Straße 7, 37154 Northeim, Tel.: 0 55 51/70 12 95, factory-outlet@wilvorst.de, www.wilvorst-outlet.de.

Öffnungszeiten
Dienstag bis Freitag 13.00 bis 18.00 Uhr, Samstag 10.00 bis 15.00 Uhr.

Anreise
A7 Hannover-Kassel, Ausfahrt Northeim-West oder Northeim-Nord. Auf der B3 Richtung Göttingen. Nach der Altstadt rechts.

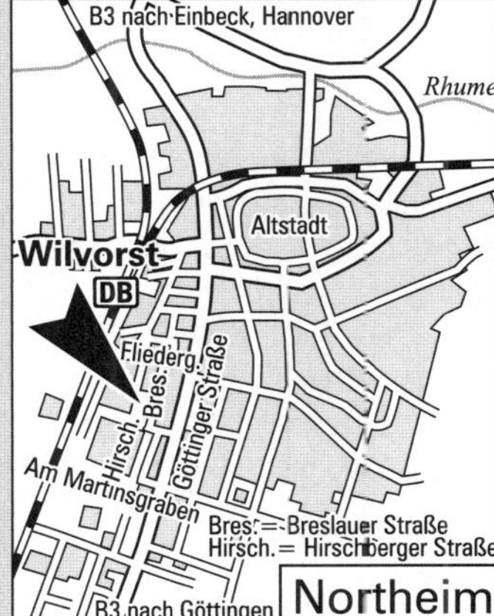

Betty Barclay

Betty Barclay steht für Niveau, Zeitgeist und Souveränität. Zielgruppe ist die moderne Frau, die Spaß an Mode und Weiblichkeit hat. Als eines der führenden Unternehmen für Damenmode in Deutschland bietet Betty Barclay attraktive Lifestyle-Welten mit hohem Identifikationspotential.

Pure Style

Warenangebot
In einigen Betty Barclay Outlets werden zusätzlich die anderen Marken der Unternehmensgruppe angeboten. Betty Barclay (Damenbekleidung und Accessoires), Gil Bret (Outdoor-Bekleidung), Vera Mont (Abend- und Anlassmode) sowie die neue Marke Cartoon (modern sportswear).

Ersparnis
30 bis 70 %.

Ambiente
Großzügig gestaltete Verkaufsräume mit übersichtlicher Warenpräsentation und vielen Umkleidekabinen.

Adresse
Betty Barclay, Fashion Park Nußloch, Max-Berk-Straße, 69226 Nußloch, Tel.: 0 62 24/90 02 07, www.fashionpark nussloch.de.

Öffnungszeiten
Montag bis Freitag 10.00 bis 19.00 Uhr, Samstag 10.00 bis 18.00 Uhr.

Anreise
A5 Frankfurt–Karlsruhe, Ausfahrt Heidelberg/Schwetzingen. Weiter Richtung Heidelberg. Auf der B535 Richtung Leimen. Rechts ab auf die B3 Richtung Bruchsal bis zur Ausfahrt Industriegebiet Nußloch.

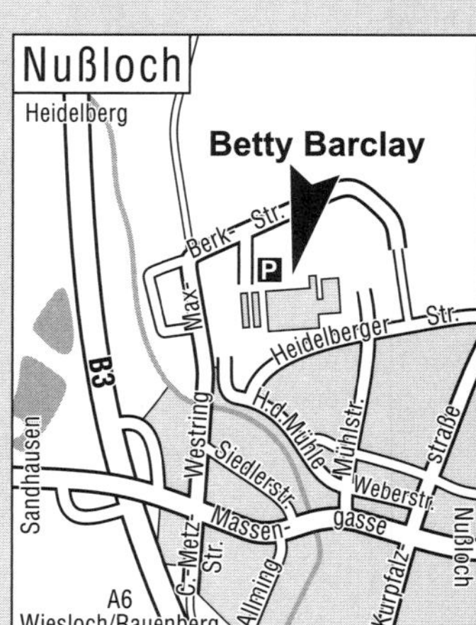

Weitere Verkaufsstellen

● 28816 **Stuhr-Brinkum bei Bremen**, Ochtum Park, Bremer Straße 103. Montag bis Freitag 10.00 bis 19.00 Uhr, Samstag 10.00 bis 18.00 Uhr.

● 66787 **Wadgassen**, Myland/Cristallerie, Saarstraße 20. Montag bis Samstag 10.00 bis 19.00 Uhr.

● 72202 **Nagold**, Calwer Straße 69. Montag bis Freitag 10.00 bis 19.00 Uhr, Samstag 9.00 bis 16.00 Uhr.

● 89343 **Jettingen-Scheppach**, Siemensstraße 2. Montag bis Samstag 10.00 bis 20.00 Uhr.

● 91567 **Herrieden**, Piazza Outlet, An der Autobahn 20. Montag bis Samstag 10.00 bis 19.00 Uhr.

● 94424 **Arnstorf**, Fashion Park, Mariakirchener Straße 32. Montag bis Freitag 10.00 bis 19.00 Uhr, Samstag 10.00 bis 18.00 Uhr.

● 95100 **Selb**, NoBasics, Am Nordbahnhof 3. Montag bis Samstag 10.00 bis 18.00 Uhr.

● 97228 **Rottendorf**, Am Moritzberg 2. Montag bis Freitag 10.00 bis 19.00 Uhr, Samstag 10.00 bis 18.00 Uhr.

● A-7111 **Parndorf**, Villagio Parndorf, Gewerbestraße 4. Montag bis Donnerstag 9.30 bis 19.00 Uhr, Freitag 9.30 bis 21.00 Uhr, Samstag 9.00 bis 18.00 Uhr.

● B-6780 **Messancy**, McArthurGlen Designer Outlet Luxemburg, 199, route d'Arlon. Montag bis Samstag 10.00 bis 19.00 Uhr.

● NL-4703 **Rosendaal**, Rosada Fashion Outlet, Rosada 70. Montag bis Sonntag 10.00 bis 18.00 Uhr.

● 29614 **Soltau**, Designer Outlet Soltau, Rahrsberg 7. Montag bis Samstag 10.00 bis 20.00 Uhr.

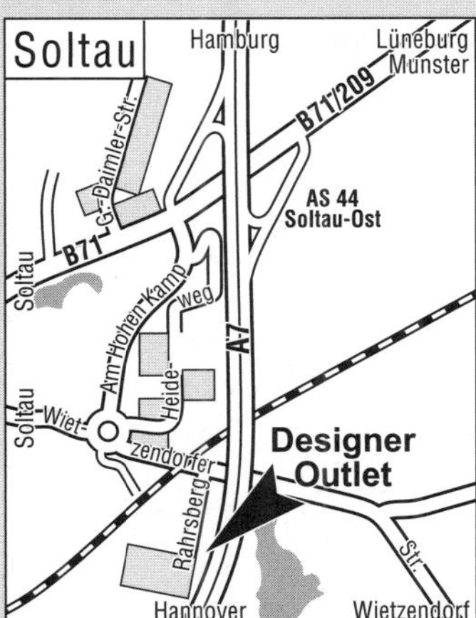

● 48607 **Ochtrup**, Designer Outlet, Laurenzstraße 51-55. Montag bis Donnerstag 10.00 bis 19.00 Uhr, Freitag und Samstag 10.00 bis 20.00 Uhr.

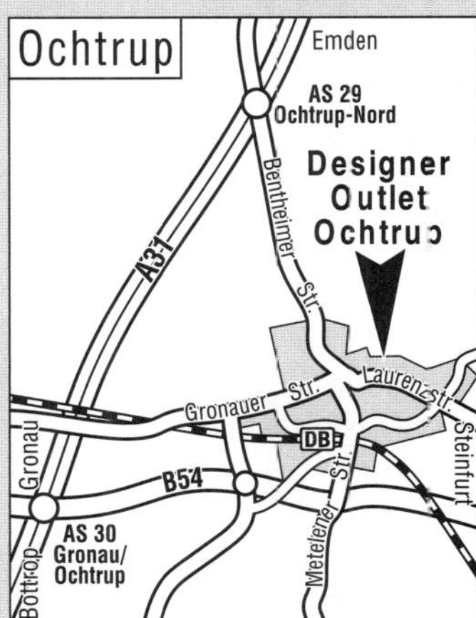

FASHION PARK NUßLOCH

Die beiden Fashion Parks haben sich zu pulsierenden Einkaufszielen in der jeweiligen Region entwickelt. Grund für die steigende Beliebtheit ist das attraktive Markenportfolio mit ganzjährigen Preisnachlässen bis zu 70% und das spannende Shopping-Erlebnis.

Attraktive Marken

Warenangebot
Betty Barclay (Damenbekleidung und Accessoires), Gil Bret (Outdoor-Bekleidung), Vera Mont (Abend- und Anlassmode), Cartoon (modern sportswear), Toni (Damenbekleidung), Speidel, Schiesser, Felina (Wäsche), Salamander (Schuhe), V. Fraas (Schals), Framsohn, Doris Meyer (Heimtextilien), Camel active, Calamar, Hattric, Digel (Herrenmode), Gubor (Schokolade), Bags and More (Taschen).

Ersparnis
Ganzjährig bis zu 50%, in den Sale-Phasen bis zu 70%.

Ambiente
Großzügig gestaltete Verkaufsräume mit übersichtlicher Warenpräsentation und vielen Umkleidekabinen.

Adresse
Fashion Park Nußloch, Max-Berk-Straße 20, 69226 Nußloch, Tel.: 0 62 24/90 02 07, www.fashionparknussloch.de.

Öffnungszeiten
Montag bis Freitag 10.00 bis 19.00 Uhr, Samstag 10.00 bis 18.00 Uhr.

Weitere Verkaufsstelle
● 94424 **Arnstorf**, Mariakirchener Straße 32, Tel.: 0 87 23/9 70 01 65. Montag bis Freitag 10.00 bis 19.00 Uhr, Samstag 10.00 bis 18.00 Uhr. Das Angebot ist nicht ganz identisch mit dem in Nußloch

Anreise
A5 Frankfurt-Karlsruhe, Ausfahrt Heidelberg/Schwetzingen. Weiter Richtung Heidelberg. Auf der B535 Richtung Leimen. Rechts ab auf die B3 Richtung Bruchsal bis zur Ausfahrt Industriegebiet Nußloch.

McArthur Glen
Designer Outlet™
Ochtrup

EINKAUFS-GUTSCHEIN S. 563

Gelegen im westlichen Münsterland ist das Designer Outlet Ochtrup das einzige Outlet Center Nordrhein-Westfalens. Angelehnt an die historische Bauweise des Münsterlandes erwarten den Besucher 65 Shops und über 100 Marken in städtischem Flair.

Zieht alle an

Warenangebot
Fashionmarken wie z.B. Adidas, Marc O'Polo, Esprit, Liebeskind Berlin, Fossil, Lacoste, Steiff und viele mehr. Das Warenangebot umfasst außerdem Schuhe, Spielwaren, Haushaltswaren und Porzellan. Vollständige Markenübersicht unter www.designeroutletochtrup.de.

Ersparnis
30 bis 70%.

Ambiente
Die Shopeinheiten befinden sich in Giebelhäusern, die im münsterländischen Stil gebaut wurden. Die Gebäude stehen teilweise unter Denkmalschutz. 1500 kostenlose Parkplätze. Kinderbetreuung für 4- bis 10-Jährige, verschiedene Restaurants.

Adresse
Designer Outlet Ochtrup, Laurenzstraße 55, 48607 Ochtrup, Tel.: 0 25 53/9 73 00, www.designeroutletochtrup.de.

Öffnungszeiten
Montag bis Donnerstag 10.00 bis 19.00 Uhr, Freitag und Samstag 10.00 bis 20.00 Uhr. Sonderöffnungszeiten, Events und verkaufsoffene Sonntage siehe Homepage.

Anreise
Über die A31 Bottrop–Emden, Ausfahrt Ochtrup, A30 und die Bundesstraßen B54, B70, B403 schnell erreichbar. An der Bahnstrecke Münster–Enschede gelegen und vom Bahnhof Ochtrup zu Fuß zu erreichen.

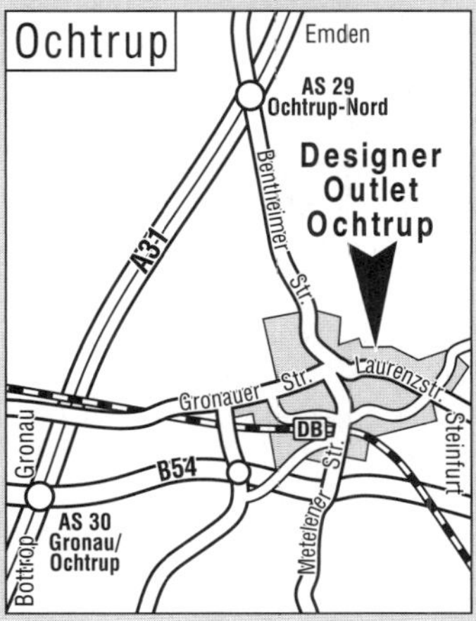

elo

Seit über 50 Jahren ist die Firma elo Hersteller hochwertiger Qualitätsbettwaren in Steppartikeln und Matratzen mit Zubehör.

Gesund und bequem schlafen

Warenangebot
Bunte Daunen- und Steppdecken, Schafschurwoll- und Edelhaar-Einziehdecken/-Steppbetten, Unterbetten, Kissen und Nackenrollen, Matratzen aller Art, Bettsysteme. Angebote für Allergiker. Alle Sonder- und Übergrößen. Sonderangebote und 2. Wahl.

Ersparnis
Bis zu 30%. Zusätzliche Preisersparnis bei Aktionen.

Ambiente
Moderner Verkaufsraum mit übersichtlichem Artikelangebot, Möglichkeiten zum Liegetest bei Matratzen. Freundliche Fachberatung.

Adresse
elo Steppdecken-Matratzen Liebrich GmbH, Fabrikstraße 3, 73275 Ohmden/Teck, Tel.: 0 70 23/90 05 60, www.elo-betten.com.

Öffnungszeiten
Dienstag bis Freitag 14.00 bis 18.00 Uhr, jeden 1. Samstag im Monat 10.00 bis 13.00 Uhr.

Anreise
Ohmden liegt unweit der A8, direkt am Fuße des Albaufstiegs Aichelberg, zwischen Kirchheim/Teck und Bad Boll. A8 von Stuttgart kommend Ausfahrt Kirchheim/Teck-Ost, weiter Richtung Weilheim. In Jesingen bei der Kirche links nach Ohmden. Aus Richtung Ulm kommend Ausfahrt Aichelberg, über Göppingen, Bad Boll, Holzmaden nach Ohmden.

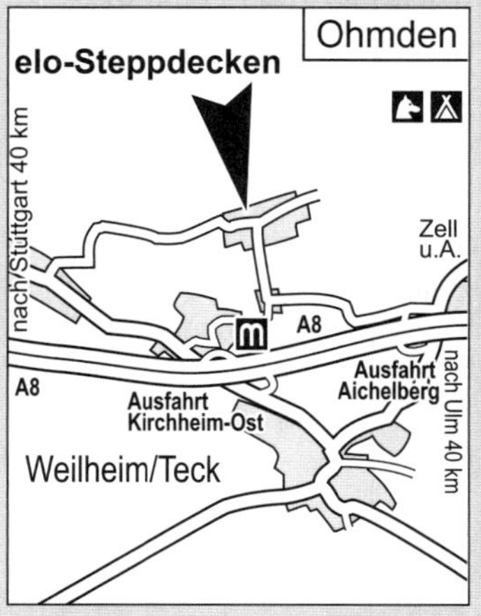

frankenstolz schlafkomfort
f.a.n.

EINKAUFS-GUTSCHEIN S. 567

fan frankenstolz Schlafkomfort ist einer der führenden deutschen Hersteller im Bereich Bettwaren und Matratzen.

f.a.n.tastische Betten

Warenangebot
Großes Matratzensortiment (Latex-, Federkern-, Viscoschaum-, Kaltschaum-, Kindermatratzen), Lattenroste, Auflagen, Steppbetten, Kissen mit Naturhaar- und Synthetikfüllungen, Nackenstützkissen, Daunen- und Federartikel, Bettwäsche, Schlafsäcke, Tagesdecken. Viele „gut" bis „sehr gut" getestete Produkte.

Ersparnis
30 bis 70 %. Zum Winter-/Sommer-Saisonende weitere Preisvorteile.

Ambiente
Übersichtlich präsentiertes Angebot, „Liegetest", Fachberatung.

Adresse
fan frankenstolz Schlafkomfort H. Neumeyer GmbH & Co.KG, Hangstraße 19-37, 04758 Oschatz-Merkwitz, Tel.: 0 34 35/67 08 30.

Öffnungszeiten
Montag, Mittwoch, Freitag 13.00 bis 17.30 Uhr, Dienstag und Donnerstag 9.00 bis 17.30 Uhr, Samstag 9.00 bis 13.00 Uhr.

Weitere Verkaufsstellen
● 63814 **Mainaschaff**, Industriestraße 1-3, Tel.: 0 60 21/70 81 31. Montag bis Samstag 9.00 bis 18.00 Uhr.

● 96132 **Schlüsselfeld-Aschbach**, Sandweg 8, Tel.: 0 95 55/92 41 41. Montag und Samstag 9.00 bis 13.00 Uhr, Freitag 13.00 bis 18.00 Uhr.

Anreise
A4 Chemnitz-Dresden, Ausfahrt Hainichen. Auf der B169 Richtung Riesa. Nach Oschatz links ab Richtung Merkwitz, Dann halb rechts halten auf die B6. Nach ca. 3 km rechts in die Erich-Weinert-Straße, nach ca. 1 km wieder rechts.

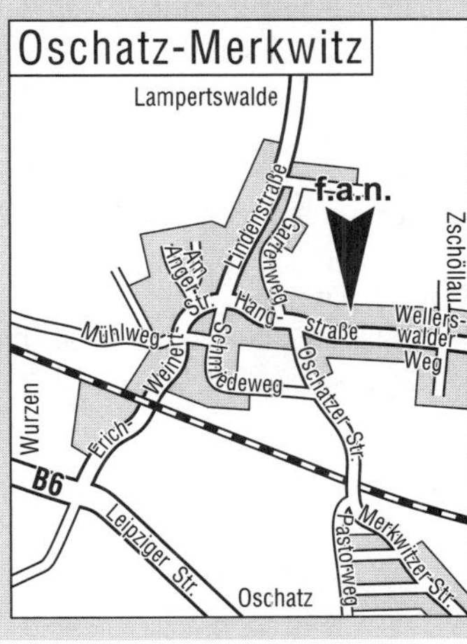

Die Conditorei Coppenrath & Wiese ist der drittgrößte Hersteller von Tiefkühlkost in Deutschland und schreibt seit über 35 Jahren eine Erfolgsgeschichte. Das Credo der Firma lautet: „Wir wollen die Conditorei in der Tiefkühltruhe sein und die beste Alternative zum selber backen bieten."

Erste Sahne für Tortenfans

Warenangebot
Tiefgekühlte Torten, Kuchen und Brötchen aller Geschmacksrichtungen. 1. und (vorwiegend) 2. Wahl. Die deutlich billigere 2. Wahl unterscheidet sich von der 1. Wahl durch kleine Schönheitsfehler.

Ersparnis
Teilweise 50% und mehr für die 2. Wahl, 1. Wahl etwas teurer.

Ambiente
Freundliche, fachlich versierte Mitarbeiterinnen mit einem Faible für die Produkte, die hier verkauft werden. Auf Wunsch wird beraten.

Adresse
Coppenrath & Wiese, Zum Attersee 2-6, 49076 Osnabrück, Tel.: 05 41/91 62-2 02.

Öffnungszeiten
Montag bis Freitag 9.30 bis 18.00 Uhr, Samstag 8.00 bis 12.00 Uhr.

Anreise
A1 Bremen–Münster, Ausfahrt Osnabrück-Hafen. Aus Richtung Münster kommend an der Kreuzung geradeaus fahren, von Bremen kommend rechts ab Richtung Osnabrück und direkt nach der Autobahnbrücke wieder rechts. Der Verkauf befindet sich direkt vor der ersten Straßeneinmündung auf der rechten Seite.

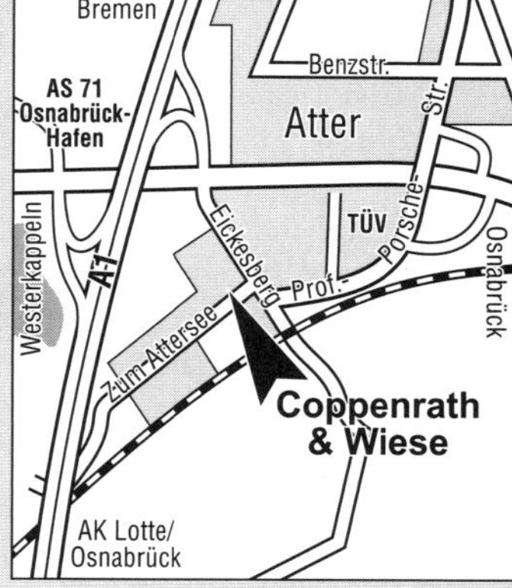

TOM TAILOR

Tom Tailor ist Mode für Menschen, die sich in lässiger und unkomplizierter Kleidung wohl fühlen und die ihren Stil unterstreichen wollen, ohne sich zu verkleiden. Für all jene, die lieber im Leben als vor dem Spiegel stehen und die natürlich gut aussehen wollen – unabhängig vom Geldbeutel oder Alter.

Lässig, lebendig, casual

Warenangebot

Hosen, Hemden, T-Shirts, Pullis, Jacken, Mäntel, Kleider, Röcke, Blusen, Jeans, Jeansjacken für Damen, Herren und Kinder. Auch Taschen, Gürtel, Socken, Unterwäsche, Bademäntel, Schuhe, Uhren, Brillen etc.

Ersparnis

30 bis 70 %. Wechselnde Aktionen.

Ambiente

Moderne und gepflegte Verkaufsräume auf ca. 900 m². Kinderspielecke, ausreichend Kassen und Umkleidekabinen. Freundliche, kompetente Verkäuferinnen. Täglich neue Ware. Parkplätze.

Adresse

Tom Tailor Outlet-Store, Im Hegen 1, 22113 Oststeinbek, Tel.: 0 40/81 97 57 50, outlet.oststeinbek@tom-tailor.com.

Öffnungszeiten

Montag bis Freitag 10.00 bis 20.00 Uhr, Samstag 10.00 bis 18.00 Uhr.

Weitere Verkaufsstellen (Auswahl)

- 22453 **Hamburg-Niendorf**, Garstedter Weg 14, Tel.: 0 40/58 95 61 90.
- 66482 **Zweibrücken**, The Style Outlets, Londoner Bogen 10-90, Tel.: 0 63 32/ 46 08 41.
- 85055 **Ingolstadt-Feldkirchen**, Ingolstadt Village, Otto-Hahn-Straße 1, Tel.: 08 41/9 93 48 82.

Anreise

A1 Hamburg-Lübeck, Ausfahrt HH-Öjendorf. Über die Glinder Straße Richtung Glinde. 1. Kreuzung links (Willenhusener Weg), wieder links (Meessen) und rechts in „Im Hegen".

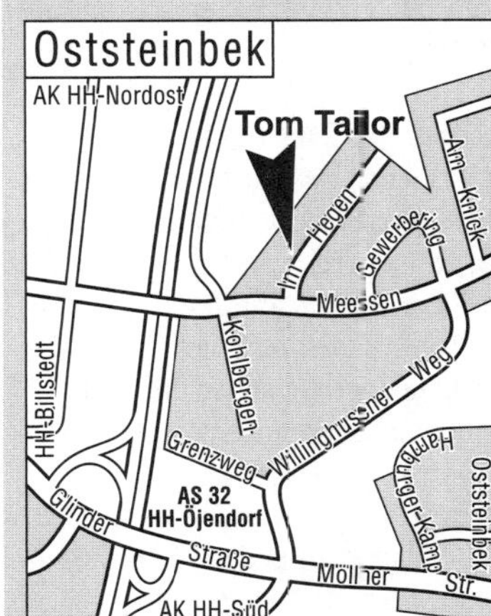

EINKAUFS-GUTSCHEIN S. 557

Was viele Kunden nicht wissen: Die Großversender verkaufen ihre Ware auch in speziellen Geschäften direkt vor Ort. Baders Einkaufsparadies heißt „Direktkauf". Hier werden vor allem Warenüberhänge aus den Katalogen mit Preisabschlägen angeboten. Die Goldstadt Pforzheim ist ein besonders guter Tipp für preiswertes Einkaufen, denn dort gibt es gleich drei Versender.

Der Katalog als Schaufenster

Warenangebot
Bader gilt als der Großversender für Mode, Möbel, Heimtextilien, Schmuck. Der Verkaufsschwerpunkt liegt auf aktuellen Warenüberhängen. Abholmarkt für Mustermöbel und Elektrogeräte. Original Katalogware in 1A-Qualität.

Ersparnis
Original Katalogware in 1A-Qualität bis zu 70 % und mehr reduziert.

Ambiente
Großzügige, moderne Verkaufsfläche, Atmosphäre eines Fachgeschäfts. Über 4000 m², Einkaufen ohne Stress.

Besonderheiten
Interessieren Sie sich für einen bestimmten Artikel (außer Großstücke wie Möbel etc.) aus dem Bader-Katalog, bitte 2 Tage vor Ihrem Besuch anrufen (Tel.: 0 72 31/ 30 32 83). Bader reserviert unverbindlich. Katalogbestellungen und -retouren werden gerne entgegengenommen.

Adresse
Großversandhaus Bader, Westliche Karl-Friedrich-Straße 184, 75172 Pforzheim, Tel.: 0 72 31/30 32 83.

Öffnungszeiten
Montag bis Freitag 10.00 bis 19.00 Uhr. April bis September: Samstag 9.00 bis 16.00 Uhr. Oktober bis März: Samstag 9.00 bis 18.00 Uhr.

Anreise
A8 Stuttgart-Karlsruhe, Ausfahrt Pforzheim-West. Immer auf der B10 Richtung Stadtmitte, dann abbiegen in die Westliche Karl-Friedrich-Straße. Verkauf ist leicht erkennbar.

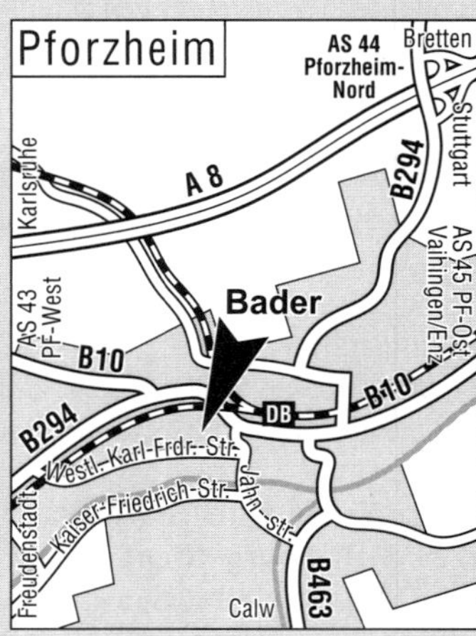

wenz
FUNDGRUBE

Folgende Marken findet man in der Wenz-Fundgrube: Amy Vermont, Come on, Graziella, Habella, Altra Moda, Marvelis, Nur Die, Dorina, Triumph, Roger Kent, Webschatz, Babista, Rieker, Brax, Tamaris u.a.

Qualität – einfach günstig

Warenangebot
Damen- und Herrenbekleidung, Lederwaren, Taschen, Schuhe, modische Accessoires, Bett- und Haushaltswäsche, Haushaltsgeräte, Geschirr, kleine Elektrogeräte, Geschenkartikel und Schmuck, Möbel in div. Stilrichtungen. 1.-Wahl-Ware aus Überhängen oder aus der Vorjahressaison.

Ersparnis
In der Fundgrube: Katalogware 40 bis 60 % reduziert (kein Vollsortiment).

Ambiente
Angenehme Einkaufsatmosphäre auf 2000 m² Verkaufsfläche, attraktive Präsentation der Ware, Schmuckboutique im neuesten Trend.

Besonderheiten
Wenn Sie Ware aus dem aktuellen Wenz-Katalog probieren wollen, bitte 2 Tage vor dem Besuch unter Telefonnummer 07231/904227 anrufen. Die Ware wird unverbindlich für Sie reserviert. Auch Kauf auf Rechnung oder Teilzahlung möglich.

Adresse
Versandhaus Wenz, „Die Fundgrube", Dennigstraße 5, 75179 Pforzheim-Brötzingen, Tel.: 07231/904227.

Öffnungszeiten
Montag bis Freitag 9.30 bis 19.30 Uhr, Samstag 9.00 bis 19.00 Uhr.

Anreise
A8 Stuttgart-Karlsruhe, Ausfahrt Pforzheim West, B294 Richtung Wildbad, Industriegebiet Brötzinger Tal.

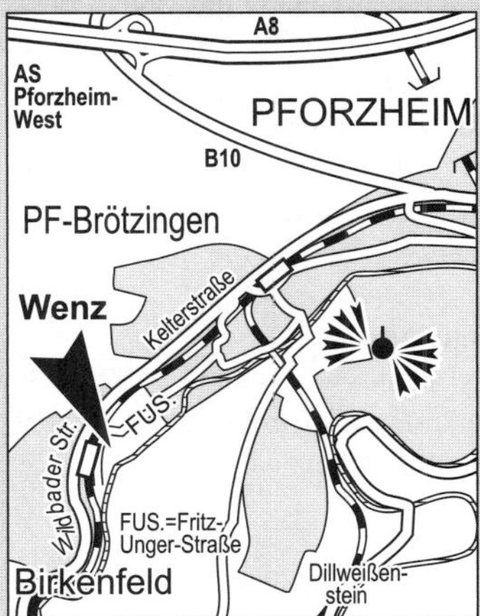

KLiNGEL Depot

Klingel, bekannt als Versender von Mode und Schmuck, verkauft hier im Klingel-Depot Ware der vergangenen Katalogsaison und teils aktuelle Ware. So vielfältig wie das Katalogangebot präsentiert sich auch der Verkauf.

Wo Sparen Spaß macht

Warenangebot
Damen- und Herrenbekleidung, Lederwaren, Taschen, Schuhe, Haushaltsgeräte, Geschirr, Bett- und Tischwäsche, Badezimmer-Ausstattung, Kleinmöbel. 1.-Wahl-Ware, Rest- und Einzelteile. Als Shop: „Gold-Depot", Süddeutschlands größtes Juwelierangebot zu sehr günstigen Preisen.

Ersparnis
Original Katalogware stark im Preis reduziert. Auf alle Teile mindestens 40 bis 60 %.

Besonderheiten
Kauf auf Rechnung oder Ratenzahlung möglich. Wenn Sie Ware aus dem aktuellen Klingel-Katalog probieren wollen, bitte zwei Tage vor Ihrem Besuch unter der Telefonnummer 0 72 31/90 41 58 anrufen. Die Ware wird unverbindlich reserviert.

Ambiente
Verkaufsfläche ca. 4000 m². Kostenlose Parkplätze. Bistrobetrieb und Postagentur vorhanden.

Adresse
Klingel-Depot, Wilhelm-Becker-Straße 11, 75179 Pforzheim-Wilferdinger Höhe, Tel.: 0 72 31/90 41 58.

Öffnungszeiten
Montag bis Freitag 9.30 bis 19.30 Uhr, Samstag 9.00 bis 19.30 Uhr.

Anreise
A8, Ausfahrt Pforzheim-West, stadteinwärts, nach 600 m Beschilderung.

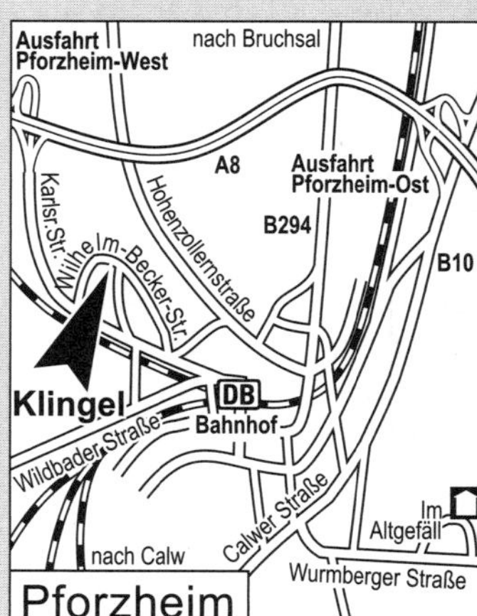

ALNO®

...die Welt der Küche

Alno ist einer der größten Küchenhersteller Europas und in Sachen individuell geplanter, qualitativ hochwertiger Einbauküchen führend in Deutschland und in Europa. Alno ist mit einem Bekanntheitsgrad von 78% die bekannteste Küchenmarke in Deutschland. Das Konzept: Markenküchen, die in Design, Material und Qualität überzeugen.

Die Welt der Küche

Warenangebot

Einzelschränke, komplette Küchen, Fronten, Küchen-Arbeitsplatten, Spülen, Küchen-Zubehör und Küchen-Einbaugeräte aus Retouren und Auslaufprogrammen.

Ersparnis

Günstige Preise für Einzelschränke, Komplettküchen, Geräte (meist Bauknecht) und Zubehör.

Ambiente

Im 2.-Wahl-Verkauf kann aus den Alno-Küchenprogrammen, zahlreichen Frontfarben und sehr preisgünstigen Teilen mit dem geschulten Personal von Alno eine Küche mühelos zusammengestellt werden. Auch komplette Küchen zu günstigem Preis.

Adresse

Alno AG, 2.-Wahl-Verkauf, Im Hesselbühl 22, 88629 Pfullendorf, Tel.: Möbel: 0 75 52/21-33 18 und 21-30 83, Elektrogeräte: 21-35 48.

Öffnungszeiten

Donnerstag und Freitag 9.30 bis 12.30 und 13.30 bis 17.00 Uhr, Samstag 8.30 bis 13.00 Uhr.

Anreise

Pfullendorf liegt zwischen Sigmaringen und Überlingen/Bodensee. In Pfullendorf der Beschilderung Gewerbegebiet Ost folgen. Alno 2.-Wahl-Verkauf ist ausgeschildert.

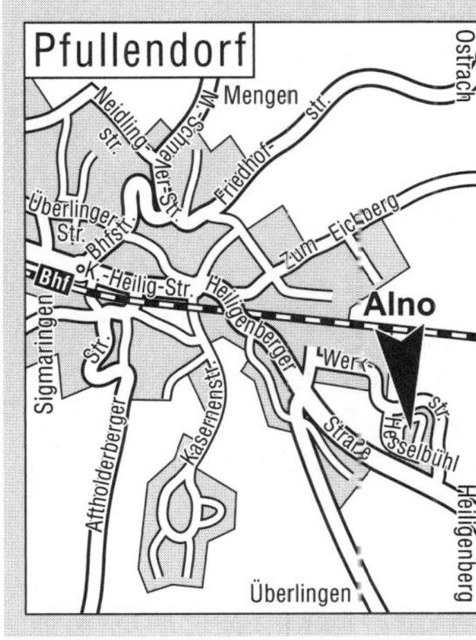

ENGEL

ENGEL SPORTS

EINKAUFS-GUTSCHEIN S. 565

ENGEL ist führender Hersteller von Naturtextilien. Alle Produkte werden in Deutschland hergestellt und nach den höchsten ökologischen und sozial verträglichen Kriterien produziert. Deshalb sind 95% der Artikel mit dem Global Organic Textile Standard (GOTS) oder mit Naturtextil-IVN BEST ausgezeichnet.

Wäsche zum Wohlfühlen

Warenangebot

Tag- und Nachtwäsche für Babys und Kinder, Babybekleidung, Frühchenwäsche, natürliches Wickelsystem, Still-BHs, Dessous, Damen- und Herrenwäsche, Sportfunktionswäsche, Wollfleecejacken, Strickwaren für Damen, Strumpfwaren, Baby- und Kinderhausschuhe, Schaffelle, Accessoires.

Ersparnis

30 bis 40%. Bei 2.-Wahl-Ware bis 50%. Sonderposten.

Ambiente

2.-Wahl-Ware ist gekennzeichnet: grünes Preisschild bei Ware mit Flecken oder Strickfehler, rotes Preisschild bei Artikeln mit Loch. Gute Beratung, Wickeltisch, Spieltisch für Kinder. Kundenparkplätze.

Adresse

Engel GmbH, Wörthstraße 155, 72793 Pfullingen, Tel.: 0 71 21/3 87 87-88, info @engel-natur.de, www.engel-natur.de.

Öffnungszeiten

Montag, Dienstag, Mittwoch 9.00 bis 15.00 Uhr, Donnerstag und Freitag 9.00 bis 18.00 Uhr. Vor Weihnachten auch Samstag 9.00 bis 14.00 Uhr.

Anreise

A8 Karlsruhe-Stuttgart, Ausfahrt Stuttgart-Degerloch. Über die B27 und B464 nach Reutlingen, dann B312 Richtung Engstingen. Am Ortsende rechts nach Pfullingen. An der 1. Kreuzung rechts, am Straßenende links, der Verkauf befindet sich nach 300 m links.

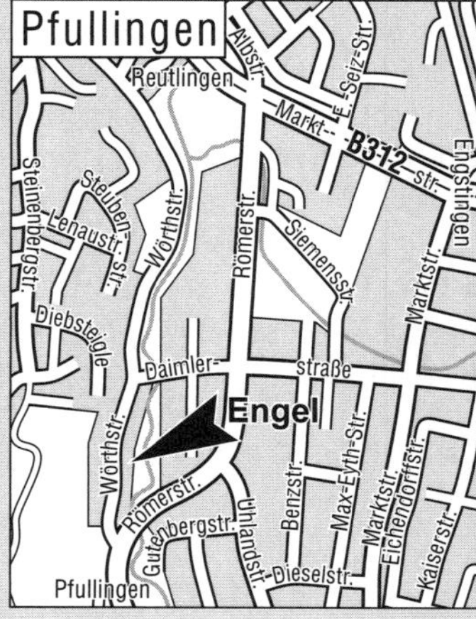

CHIBA

Die Chiba Handschuhmanufaktur wurde im Jahre 1853 gegründet und wird heute in der fünften Generation der Familie Chiba geführt. Chiba ist heute die einzige deutsche Handschuhfirma, die ihre Sporthandschuhe noch in Eigenfertigung herstellt.

Gloves for Sports

Warenangebot
Handschuhe für Alltag, Freizeit und Sport sowie Leder- und Lammfellhandschuhe in modernem Design: Rad-, Winter-, Ski-, Berg-, Flug- (für Drachenfliegen, Paragliden, etc.), Arbeits-/Schutz-, Rollstuhl- und Fein-/Lederhandschuhe. Radfahr-, Regen- und Funktionsbekleidung, Softshell-Jacken und -hosen, Mützen und Taschen.

Ersparnis
Von ca. 20 bis 50 % auf hochtechnische Radhandschuhe und Bekleidung.

Ambiente
Gepflegter Verkaufsraum mit Umkleidekabine, geschultes Verkaufspersonal, eigene Parkplätze vor dem Shop.

Adresse
Chiba Outlet, Lattenbergstraße 3a, 83451 Piding-Mauthausen, Tel.: 08651/7624090, www.chiba.de.

Öffnungszeiten
Montag bis Freitag 10.00 bis 19.00 Uhr, Samstag 9.00 bis 18.00 Uhr.

Anreise
A8 München-Salzburg, Ausfahrt Bad Reichenhall. Am Kreisverkehr an der 2. Möglichkeit rechts, danach links abbiegen.

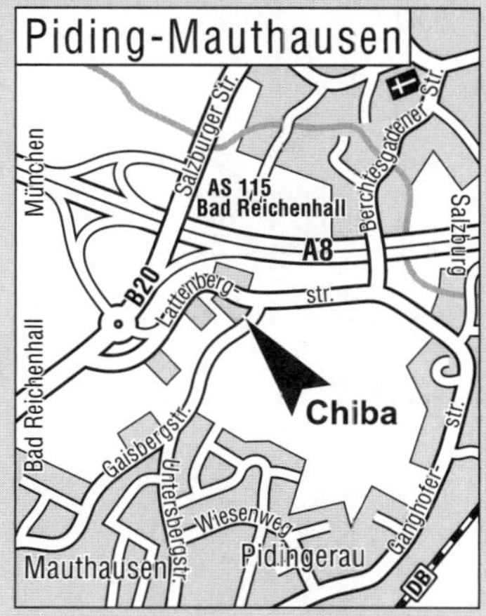

Weitere Outlets in Piding

In Piding-Mauthausen haben sich zahlreiche attraktive Outlets angesiedelt. Insbesondere Sportbekleidung und Sportartikel der Marken Adidas und Nike, Wäsche, Sport- und Freizeitbekleidung von Trigema sowie jugendliche Freizeitbekleidung von Jack & Jones werden angeboten.

adidas outlet

Adidas Factory Outlet, Lattenbergstraße 6, 83451 Piding-Mauthausen, Tel.: 0 86 51/71 46 13, www.adidas.de.

JACK & JONES®

Jack & Jones, Lattenbergstraße 5, 83451 Piding-Mauthausen, Tel.: 0 86 51/65 48 62, www.jackjones.com.

Nike Outlet Store, Lattenbergstraße 5, 83451 Piding-Mauthausen, Tel.: 0 86 51/76 80 20, www.nike.de.

trigema®

Trigema Testgeschäft, Lattenbergstraße 7, 83451 Piding-Mauthausen, Tel.: 0 86 51/71 55 00, www.trigema.de.

Kernöffnungszeiten
Montag bis Freitag 10.00 bis 19.00 Uhr, Samstag 9.00 bis 18.00 Uhr. Detaillierte Öffnungszeiten auf www.outlets-piding.de.

Anreise
A8 München–Salzburg, Ausfahrt Bad Reichenhall. Am Kreisverkehr an der 2. Möglichkeit rechts, danach links abbiegen.

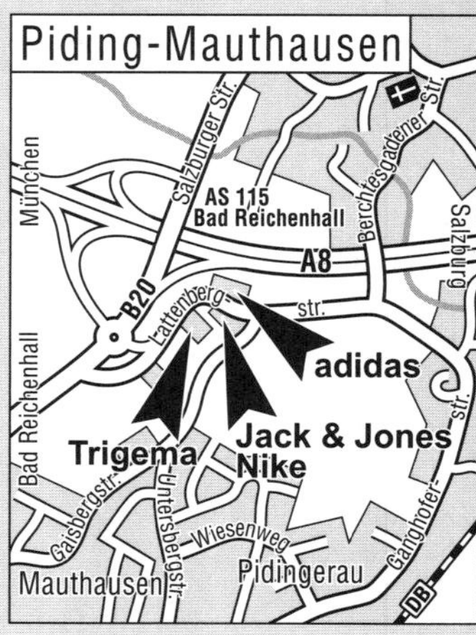

bassetti LAURA ASHLEY ZUCCHI COLLECTION

EINKAUFS-GUTSCHEIN S. 559

Bassetti bringt die Stoffe zum Leuchten. Man spürt den Süden in den Farben der Tücher, den Himmel, die Sonne, die warmen Erdtöne. Bassetti spielt mit den Farben und Tönen der Natur. Ein heiteres Design prägt die vielseitigen Kollektionen vom „großen Tuch" („Granfoulard") für die Terrasse bis zur Kissenhülle fürs Sofa. Neben der Marke Bassetti finden Sie auch Heimtextilien der Marken Zucchi und Laura Ashley.

Stoffe und Farben begeistern

Warenangebot
Hauptsächlich Ware der Vorjahreskollektion. Bettwäsche, Spannbetttücher, Granfoulards, Tagesdecken, Kissenbezüge, Tischdecken, Sets, Vorhänge, Handtücher, Bademäntel, Badetücher.

Ersparnis
1. Wahl 25 bis 50 %, 1B-Ware und 2. Wahl bis 60 %, Sonderposten bis zu 80 %.

Ambiente
Präsentation wie im Fachgeschäft, Fachberatung und große Auswahl an Kissenbezügen, Tisch- und Bettwäsche.

Adresse
Bassetti Factory Outlet, Lochhamer Straße 4, 82152 Planegg-Martinsried, Tel.: 0 89/89 54 36 04, www.bassetti.de.

Öffnungszeiten
Montag bis Freitag 9.30 bis 18.30 Uhr, Samstag 9.30 bis 14.00 Uhr.

Anreise
A95 München–Garmisch-Partenkirchen, Ausfahrt München-Fürstenried, weiter in Richtung Planegg/Fürstenfeldbruck, Abzweigung Martinsried, Max-Planck-Institut. Nach Martinsried hinein fahren, auf der Vorfahrtsstraße weiter. 1. Abzweigung links, Verkauf nach 30 m rechts.

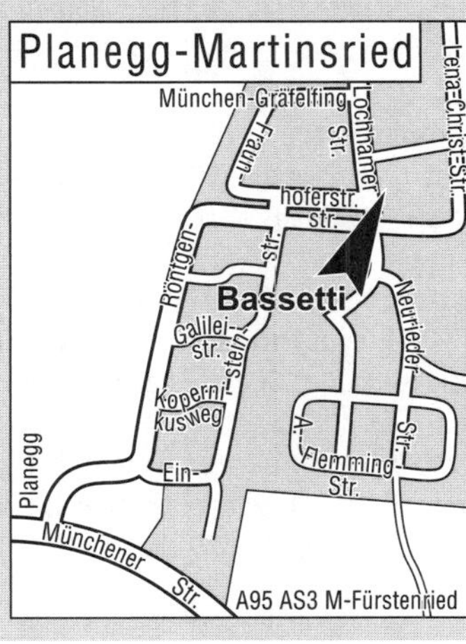

Marc O'Polo

Marc O'Polo steht für einen urbanen, lässigen Lifestyle mit gehobenem Anspruch. Zur schwedischen Herkunft der Marke gehört die Vorliebe für natürliche Materialien.

Modern Casual Wear

Warenangebot
Hochwertiges Angebot an Damen- und Herrenbekleidung, Shoes, Accessoires, Campus Women und Campus Men.

Ersparnis
30 bis 70%. Zusätzliche Produktgruppenreduzierungen während der Saison.

Ambiente
Shoppen in entspannter Atmosphäre. Fachkundige Beratung, aufmerksames Personal und eine große Auswahl.

Adresse
Marc O'Polo Factory Outlet, Lena-Christ-Straße 46, 82152 Planegg-Martinsried, Tel.: 0 89/8 57 68 95.

Öffnungszeiten
Montag bis Freitag 10.00 bis 19.00 Uhr, Samstag 10.00 bis 18.00 Uhr.

Weitere Verkaufsstellen (Auswahl)
- 14641 **Wustermark bei Berlin**, Designer Outlet Berlin, Alter Spandauer Weg 1, Tel.: 03 32 34/2 39 02.
- 24539 **Neumünster-Wittorf**, Designer Outlet Neumünster, Oderstraße 10, Tel.: 0 43 21/5 56 07 32.

Anreise
Von München-Stadtmitte Richtung Gräfelfing (auf der Würmtalstraße). Vor Gräfelfing links ins Gewerbegebiet Martinsried, nächste Straße links. Die Firma befindet sich im letzten Haus links vor der Kurve. Der Eingang ist an der Rückseite des Hauses (von der Straße aus).

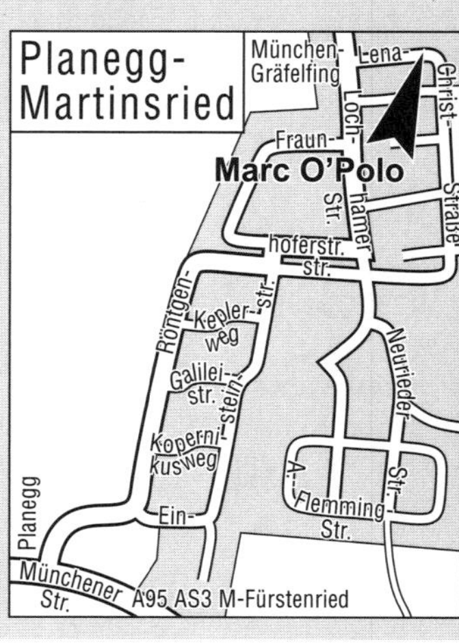

Weitere Verkaufsstellen (Auswahl)

● 38440 **Wolfsburg**, Designer Outlets Wolfsburg, An der Vorburg 1, Tel.: 0 53 61/ 2 75 99 83.

● 66482 **Zweibrücken**, The Style Outlets, Londoner Bogen 10-90, Tel.: 0 63 32/ 48 10 78.

● 72555 **Metzingen**, Reutlinger Straße 38, Tel.: 0 71 23/20 05 91.

● 85055 **Ingolstadt-Feldkirchen**, Ingolstadt-Village, Otto-Hahn-Straße 1, Tel.: 08 41/9 51 75 43.

● 97877 **Wertheim-Dertingen**, Wertheim Village, Almosenberg, Tel.: 0 93 42/ 9 34 77 22.

● F-67480 **Roppenheim**, The Style Outlets, 1, Route de l'Europe, Tel.: 00 33/ 3 88/05 08 83

● I-39041 **Brennero**, Outlet Center Brenner, St.-Valentin-Straße 9/A, Tel.: 00 39/04 72/63 67 50.

● NL-6041 **Roermond**, Designer Outlet Roermond, Stadsweide 110/112, Tel.: 00 31/4 75 33 88 22.

● NL-8242 **Lelystad**, Bataviaplein 210-212, Tel.: 00 31/3 20/21 20 30.

● 14057 **Berlin-Charlottenburg**, Kaiserdamm 7, Tel.: 0 30/3 25 61 60.

● 28816 **Stuhr-Brinkum bei Bremen**, Bremer Straße 113, Tel.: 04 21/ 8 78 45 80.

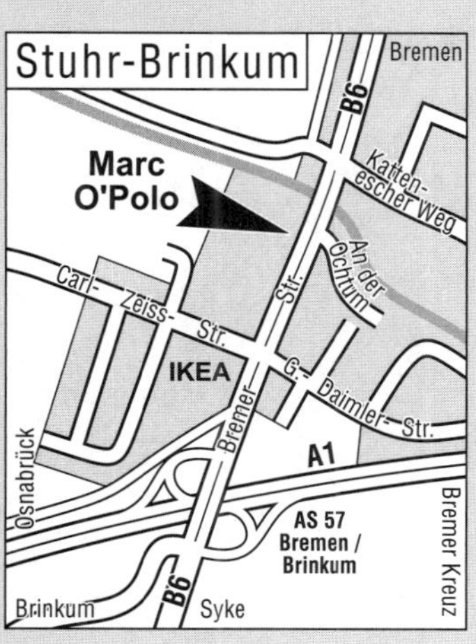

● B-3630 **Maasmechelen**, Zetellaan 143, Tel.: 00 32/89 38 35 72.

EINKAUFS-GUTSCHEIN S. 583

MODE SPITZE PLAUEN GMBH

Plauener Spitze

Beliebt sind die Heimtextilien, Damenoberbekleidung und modischen Accessoires mit dem Markenzeichen Plauener Spitze. Feinste Spitzen und Stickereien in traditionellem und modernem Design, zu 100% hergestellt in Deutschland seit 1890 in der Manufaktur Modespitze.

Modespitze Plauen – Spitze

Warenangebot

Plauener Spitze®, konfektionierte Spitze, Tüll-, Guipure- und Stoffstickereien, Allover, Motive, Gardinen, Kurzgardinen, Damenoberbekleidung sowie modische Accessoires (Damenschals, Schmuck, Taschen), Shirts, Blusen. Weihnachts- und Osterdekorationen.

Ersparnis

1.-Wahl-Ware 30 bis 40% preiswerter, bei Restbeständen und Einzelstücken ca. 50%.

Ambiente

Moderner Verkaufsraum mit Schaustickerei, fachkundiger Beratung und reichhaltigem Angebot an Plauener Spitze aus eigener Fertigung. Gezeigt wird die Entstehung von Stickereien auf einer Stickmaschine aus dem Jahr 1911.

Besonderheiten

Auf Kundenwunsch werden Sonderanfertigungen von Gardinen und Tischdecken hergestellt.

Adresse

Modespitze Plauen GmbH, Annenstraße 9, 08523 Plauen, Tel.: 0 37 41/22 25 54, www.modespitze.de.

Öffnungszeiten

Montag bis Freitag 9.00 bis 17.00 Uhr sowie nach telefonischer Vereinbarung.

Anreise

A72 Chemnitz-Hof, Ausfahrt Plauen-Ost. Weiter Richtung Stadtmitte und über die Forststraße in die Annenstraße. Verkauf nach 30 m links. Oder zu Fuß vom Zentrum in die Bahnhofstraße bis zum Filmtheater Capitol und dort in die Annenstraße.

EINKAUFS-GUTSCHEIN S. 577

lemonfish®

Lemonfish entwickelt trendige Produkte mit Anspruch auf Qualität und einen bewussten Umgang mit Mensch und Umwelt. Sie bereichern das Leben, weil sie schön und wertig sind. Lemonfish betreibt Upcycling und fertigt viele Modelle in deutschen Gefängnissen.

Ganz besondere Taschen

Warenangebot
Von Handtaschen über Shopper bis hin zu Notebooktaschen aus Bundeswehr-Seesäcken oder aus Bannern des Stuttgarter Schauspielhauses oder der Stuttgarter Staatsgalerie findet man hier eine große Auswahl verschiedenster Taschen für Mann und Frau. Abgerundet wird das Sortiment durch Sonderkollektionen wie z.B. Jacken, Kissenhüllen oder Hundeleinen. Zusätzlich bietet Lemonfish eine Vielzahl von schönen, alten Baumwollborten aus deutscher Produktion zum Verkauf an. Auslaufmodelle, 2.-Wahl-Artikel oder Restposten.

Ersparnis
Bis zu 50% reduziert.

Ambiente
Direkt bei der Musternäherei hat Lemonfish einen kleinen aber feinen Showroom eingerichtet. Hier kann man in gemütlicher Atmosphäre die aktuelle Kollektion anschauen, aber auch Schnäppchen finden.

Besonderheiten
Alle Taschen sind in Handarbeit in deutschen Justizvollzugsanstalten oder in der eigenen Näherei hergestellt.

Adresse
Lemonfish GmbH, Im Rank 10, 73655 Plüderhausen, Tel.: 07181/9943528, info@lemonfish.de.

Öffnungszeiten
Montag bis Freitag 9.00 bis 16.00 Uhr.

Anreise
Auf der B29 von Stuttgart Richtung Aalen, Ausfahrt Plüderhausen. Am Kreisverkehr links, vorbei am Sportplatz und über die Rems, links abbiegen ins Industriegebiet Im Rank.

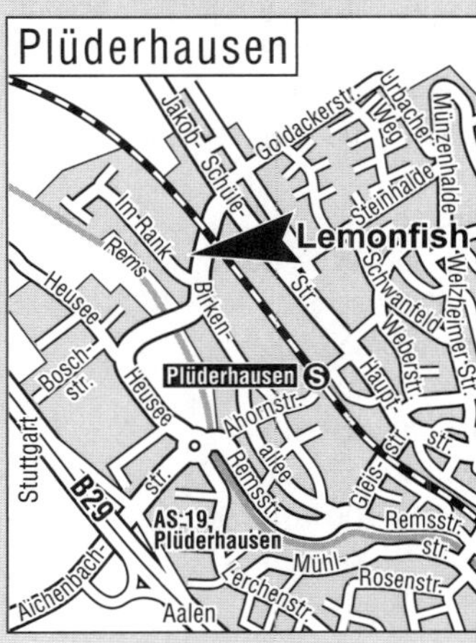

BAGS AND MORE OUTLET

Frische Trends, stilvolles Design und Qualität aus Tradition: dafür steht Bags and More. Das Unternehmen ist langjähriger Partner der deutschen Olympiamannschaften und wurde mehrfach mit dem deutschen Lederwarenpreis ausgezeichnet.

Die Fundgrube für Kenner

Warenangebot
Breit gefächertes Angebot an Accessoires und Lederwaren von hochmodisch bis hin zu zeitlosen Klassikern. Damentaschen, Reisegepäck, Kleinlederwaren, Businessartikel und Aktentaschen, Schulartikel, Schirme, Gürtel, Accessoires. Aktuelle Ware mit kleinen Schönheitsfehlern, Auslaufkollektionen und Musterartikel.

Ersparnis
Bis zu 60 %. Saisonale Sonderaktionen.

Ambiente
Verkaufsräume großzügig gestaltet, Ware übersichtlich präsentiert und preisausgezeichnet, separate Angebotsflächen. Parken direkt am Shop.

Adresse
Bags and More Outlet, Boschaplatz 3, 95355 Presseck, Tel.: 0 92 22/60 55, www.bagsandmore-outlet.de.

Öffnungszeiten
Montag bis Freitag 9.00 bis 18.00 Uhr, Samstag 9.00 bis 14.00 Uhr.

Anreise
Presseck liegt im Naturpark Frankenwald im Landkreis Kulmbach/Oberfranken. Von Kulmbach über Untersteinach, Stadtsteinach nach Presseck oder A9, Nürnberg–Berlin, Ausfahrt Bad Berneck/Himmelkron. A9, Berlin–Nürnberg, Ausfahrt Münchberg.

SCHIESSER

NATÜRLICH. ZEITGEIST. SEIT 1875

Die Schiesser AG, der Marktführer unter den deutschen Wäschespezialisten, entwickelt, produziert und vermarktet Tag- und Nachtwäsche, Bademoden und funktionale Sportwäsche. Schiesser-Produkte begleiten den Menschen ein ganzes Leben lang.

Qualität auf der Haut

Warenangebot
Tag- und Nachtwäsche, Homewear, Bademoden, Sportwäsche und Freizeitbekleidung für Damen und Herren.

Ersparnis
25 bis 50 %. Besonders preiswert sind Musterteile.

Ambiente
Neuer Verkaufsraum (ca. 1000 m²), ansprechendes Ambiente, sehr umfangreiches Angebot. Bezahlung mit EC-Karte, Visa- und Mastercard möglich.

Adresse
Schiesser Outlet Store, Seemaxx, Schützenstraße 50, 78315 Radolfzell, Tel.: 0 77 32/90 21 42.

Öffnungszeiten
Montag bis Samstag 10.00 bis 19.00 Uhr.

Anreise
A81, am Kreuz Hegau über die B33, später B34 nach Radolfzell. Dort auf der Schützenstraße bleiben.

Weitere Verkaufsstellen

● 04103 **Leipzig**, Alte Messe, Deutscher Platz 4, Tel.: 03 41/2 25 53 86.

● 04356 **Leipzig-Seehausen**, Sachsenpark, Handelsstraße 10, Tel.: 03 41/ 52 03 98 11.

● 09247 **Röhrsdorf bei Chemnitz**, Chemnitzer Straße 6, Tel.: 0 37 22/5 04 97 58.

● 14641 **Wustermark**, Nauener Straße 1, Tel.: 03 32 34/2 06 49.

● 39326 **Hermsdorf**, A2 Outlet, Am Elbepark 1, Tel.: 03 92 06/68 90 80.

● 48565 **Steinfurt-Borghorst**, Altenberger Straße 316, Tel.: 0 25 52/6 38 98 12.

● 56070 **Koblenz-Kesselheim**, August-Thyssen-Straße 15, Tel.: 02 61/98 87 60 74.

● 63303 **Dreieich-Sprendlingen**, Dieselstraße 13, Tel.: 0 61 03/2 70 27 19.

● 72459 **Albstadt-Lautlingen**, Eschachstraße 7, Tel.: 0 74 31/95 85 29.

● 72555 **Metzingen**, Reutlinger Straße 32, Tel.: 0 71 23/3 81 05 07.

● 72555 **Metzingen**, Schiesser Kids, Mühlstraße 5, Tel.: 0 71 23/9 10 23 73.

● 77977 **Rust**, Tullastraße 3, Tel.: 0 78 22/ 8 67 98 61.

● 79244 **Münstertal-Untermünstertal**, Dietzelbachstraße 1, Tel.: 0 76 36/ 7 88 97 30.

● 82467 **Garmisch-Partenkirchen**, Zugspitzstraße 16, Tel.: 0 88 21/7 30 35 51.

● 83404 **Ainring-Hammerau**, Sägewerkstraße 9, Tel.: 0 86 54/7 78 89 13.

● 87527 **Ofterschwang-Sigishofen**, Sigishofen 43, Tel.: 0 83 21/6 76 38 92.

● 91567 **Herrieden**, Am Eichelberg 1, Tel.: 0 98 25/9 27 96 14.

● 95463 **Bindlach bei Bayreuth**, Stöckigstraße 2, Tel.: 0 92 08/57 04 61.

● 97228 **Rottendorf**, Am Moritzberg 1, Tel.: 0 93 02/9 80 00 33.

● 97475 **Zeil am Main**, Erbelle Outlet, Sander Straße 3, Tel.: 0 95 24/3 03 83 33.

● 28816 **Stuhr-Brinkum bei Bremen**, Ochtum Park, Bremer Straße 115, Tel.: 04 21/87 18 90 50.

● 87509 **Immenstadt/Allgäu**, Bau5 Herstellerverkauf, Julius-Kunert-Straße 44, Tel.: 0 83 23/96 92 03.

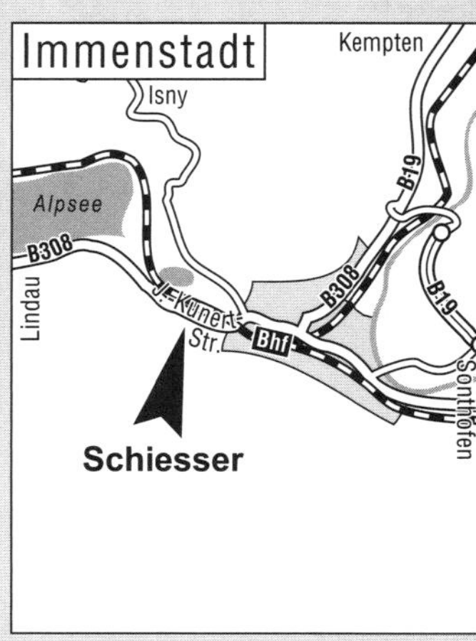

seemaxx.

Factory Outlet Center Radolfzell

Das neue, großzügig angelegte Factory Outlet Center am Bodensee wurde an der Stelle erbaut, an der zuvor der Wäschehersteller Schiesser sein größtes Einzeloutlet Deutschlands unterhielt. Das moderne Gebäude im idyllischen Radolfzell beheimatet zurzeit 15 Outlet-Shops.

Smart Shoppen am See

Warenangebot

Sport- und Jeansmode, Damen-, Herren- und Kinderbekleidung, Wäsche, Accessoires und Heimtextilien. Folgende Marken sind vertreten: Calamar, Camel active, Chevy & Healey, Dockers, Felina, Gerry Weber, K & S Shoes, Levi's, Marc Shoes, Mexx, Milano Italy, Otto Kern, Pierre Cardin, Schiesser, Schlossberg, Tom Tailor, Tommy Hilfiger, Uncover.

Ersparnis

30 bis 70 %.

Ambiente

Helle, luftige Architektur mit Ruhezonen und Café. Kinderbetreuung im „Seemäxxle". Zwei Stunden kostenlos parken.

Besonderheiten

Vom Seemaxx in die romantische Radolfzeller Altstadt oder ans Bodenseeufer sind es zu Fuß nur wenige Minuten.

Adresse

Seemaxx Factory Outlet Center Radolfzell, Schützenstraße 50, 78315 Radolfzell, Tel.: 0 77 32/94 09 99 30, info@seemaxx.de, www.seemaxx.de.

Öffnungszeiten

Montag bis Samstag 10.00 bis 19.00 Uhr.

Anreise

A81 Stuttgart-Bodensee, am Kreuz Hegau über die B33 in Richtung Konstanz, Ausfahrt Radolfzell. Hier auf die B34. Der Beschilderung Richtung Stadtmitte folgen. Die Schützenstraße ist schon die Straße Richtung Stadtmitte.

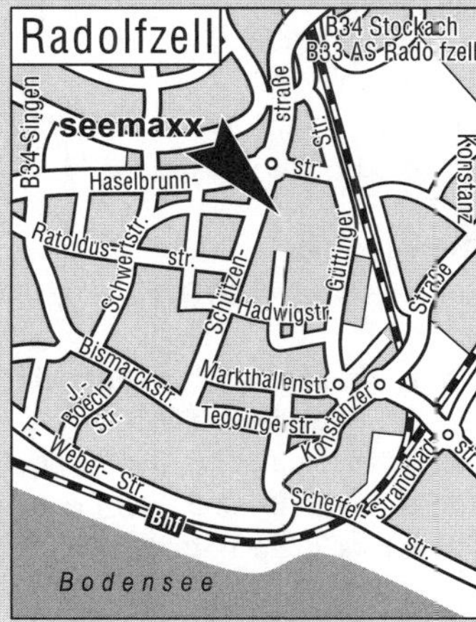

ESPRIT

Esprit ist eine internationale, junge Marke, die ihren Kunden den bezahlbaren Luxus bietet, ihr Leben immer wieder mit etwas Besonderem, etwas Neuem aufzuladen. Hier gibt es hochwertige Produkte zu akzeptablen Preisen, auch für den jugendlichen Geldbeutel.

Mode vom Feinsten

Warenangebot
Damen-, Herren- und Kinderbekleidung, Strickwaren, Sweatshirts, T-Shirts, Hosen, Jeans, Blusen, Jacken, Röcke, große Auswahl an Taschen, Gürteln und Kleinlederwaren. Ausschließlich Ware aus zurückliegenden Saisons, 2. Wahl und Musterteile. Zusätzlich Schmuck und Uhren.

Ersparnis
30 bis 60 %.

Ambiente
2012 neu eröffnetes „Super-Outlet", ca. 5000 m², ca. 900 Parkplätze, ca. 90 Umkleidekabinen.

Adresse
Esprit Factory Store, Voisweg 10, 40878 Ratingen-Ost, Tel.: 0 21 02/7 43 70.

Öffnungszeiten
Montag bis Samstag 10.00 bis 19.00 Uhr.

Weitere Verkaufsstellen (Auswahl)
- 24539 **Neumünster-Wittorf**, Designer Outlet Neumünster, Oderstraße 10.
- 28816 **Stuhr-Brinkum bei Bremen**, Ochtum Park, Bremer Straße 117c.

Anreise
A3 Oberhausen-Köln bis zum AD Ratingen-Ost, dann auf der A44 Richtung Flughafen Düsseldorf bis zur Ausfahrt Ratingen-Schwarzbach. Dort Richtung Zentrum abbiegen, am 1. Kreisverkehr die 3. Möglichkeit abfahren, am folgenden Kreisverkehr an der 1. Möglichkeit abbiegen. Der Verkauf befindet sich links. Der 40 Meter hohe Werbemast vor dem Gebäude ist kaum zu verfehlen.

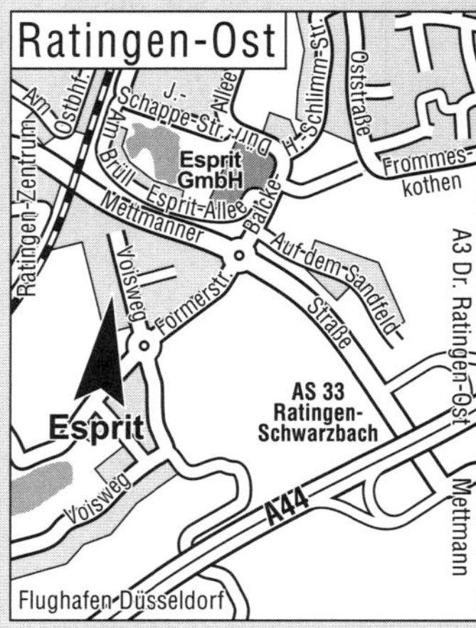

s.Oliver®

s.Oliver zählt zu den Marktführern im Young-Fashion-Bereich in Deutschland. Mit bis zu zwölf Kollektionen im Jahr erobert die Firma seit Jahren den jugendorientierten Sportswear- und Young-Fashion-Markt.

Das etwas andere Outlet

Warenangebot
Damen-, Herren-, Kinderbekleidung, Bodywear und Accessoires. Produktionsüberhänge, 1A-Ware und 2.-Wahl-Artikel. Jetzt neu: Die Marken Comma und by s.Oliver-Damenmode in den Größen 44 bis 52.

Ersparnis
30 bis 80 %. In regelmäßigen Abständen gibt es Verkaufsaktionen.

Ambiente
Großer, heller, übersichtlicher Verkaufsraum mit 690 m² Verkaufsfläche.

Adresse
s.Oliver, Holterkamp 3, 40880 Ratingen-Tiefenbroich, Tel.: 0 21 02/1 23 72 80.

Öffnungszeiten
Montag bis Freitag 10.00 bis 18.00 Uhr, Samstag 9.00 bis 18.00 Uhr.

Weitere Verkaufsstellen (Auswahl)
- 63843 **Niedernberg**, Großostheimer Straße 6, Tel.: 0 60 28/99 77 94.
- 72555 **Metzingen**, Reutlinger Straße 46-54, Tel.: 0 71 23/9 73 81 80.
- 91350 **Gremsdorf**, Gewerbepark 1, Tel.: 0 91 93/50 89 40.
- 97359 **Schwarzach**, Gewerbering 4, Tel.: 0 93 24/98 04 03.

Anreise
A52 Düsseldorf-Essen, Ausfahrt Ratingen-Tiefenbroich. Weiter Richtung Ratingen-Zentrum auf der Lintorfer Straße. 1. Abzweigung in die Jägerhofstraße, dann an der 1. Kreuzung rechts und nächste Straße wieder rechts.

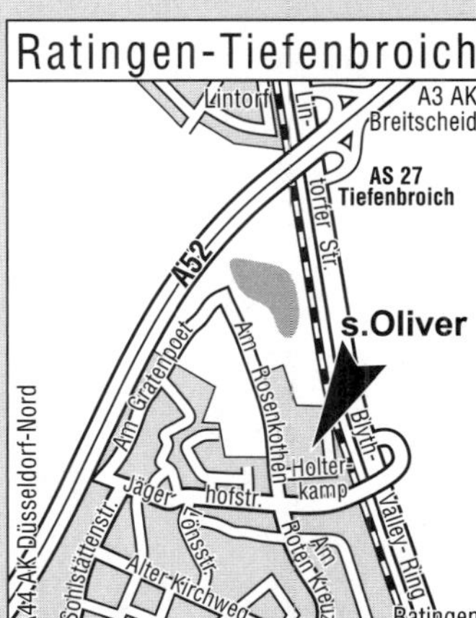

Weitere Outlets in Ratingen

Ratingen hat einige interessante Outlets zu bieten. In der Nähe der Verkäufe von Esprit und s.Oliver lässt sich auch ein Shopping-Abstecher zu den Outlets der Marken Benetton und Tom Tailor einplanen.

UNITED COLORS OF BENETTON.

Benetton Outlet, Sohlstättenstraße 48a, 40880 Ratingen-Tiefenbroich, Tel.: 0 21 02/9 43 45 59, www.benetton.com. Montag bis Freitag 10.00 bis 19.00 Uhr, Samstag 10.00 bis 17.00 Uhr.

TOM TAILOR

Tom Tailor Outlet, Am Rosenkothen 1, 40880 Ratingen-Tiefenbroich, Tel.: 0 21 02/5 59 02 00, www.tomtailor.de. Montag bis Freitag 10.00 bis 19.00 Uhr, Samstag 9.00 bis 18.00 Uhr.

Anreise

A52 Düsseldorf-Essen, Ausfahrt Ratingen-Tiefenbroich. Richtung Ratingen-Zentrum auf der Lintorfer Straße. 1. Abzweigung (Jägerhofstraße).

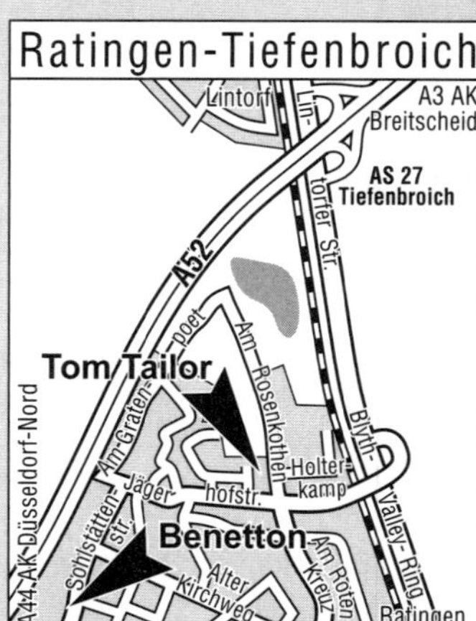

Runners Point Outlet

Im Runners Point Lagerverkauf findet man eine riesige Auswahl an reduzierten Markenartikeln aus den Bereichen Sportschuhe, Sneaker, Funktionstextilien und Zubehör. Runners Point zählt zu Deutschlands führenden Filial-Fachhändlern mit den Schwerpunkten Running und Walking.

Adidas, Nike, Converse & Co.

Warenangebot
Lauf-, Walkingschuhe und Sneaker namhafter Hersteller z.B. Adidas, Asics, Brooks, Nike und Converse sowie Kinderschuhe. Funktionelle Lauftextilien z.B. von Adidas, Asics, Nike und die hauseigene RP.-Kollektion sowie Zubehör und Accessoires aus den Bereichen Lifestyle und Funktion.

Ersparnis
30 bis 70 %.

Ambiente
Professionelle Kundenberatung, gut sortiertes Outlet auf einer Fläche von ca. 1000 m², Parkplätze vorhanden.

Adresse
Runners Point Outlet, Tiroler Straße 3, 45659 Recklinghausen-Hillerheide, Tel.: 0 23 61/3 02 47 60, www.runnerspoint.de/outlet, www.facebook.com/runnerspoint.outlet.

Öffnungszeiten
Montag bis Freitag 10.00 bis 19.00 Uhr, Samstag 10.00 bis 18.00 Uhr.

Anreise
A2 Oberhausen-Dortmund, Ausfahrt Recklinghausen-Süd. An der Ampel rechts, nächste Ampel links in die Karlsbader Straße. 2. Straße rechts in die Wiener Straße. Nächste Straße links in die Kärntner Straße und nächste Straße wieder links in die Tiroler Straße.

hering berlin

Hering Berlin ist das Aushängeschild deutscher Porzellankunst: Die Berliner Manufaktur hat sich einen Spitzenplatz in den edelsten Restaurants und Geschäften der Welt erobert. Genießer in der ganzen Welt lieben das „weiße Gold" made in Germany.

Die Retter der Tafelrunde

Warenangebot
In Handarbeit gefertigte Porzellan- und Glaskollektion. Das unglasierte, sinnlich-matte Biskuitporzellan ist Markenzeichen der Manufaktur. Alle Produkte von Hering Berlin sind aufwändige Handarbeit. Nur 2.-Wahl-Ware erhältlich.

Ersparnis
2.-Wahl-Ware: 50 %.

Ambiente
Der Verkauf ist in der Porzellanmanufaktur Reichenbach untergebracht. Auf ca. 180 m² wird die gesamte, über 1000 Stücke umfassende Kollektion präsentiert. Fachkundige Beratung. Parkplätze vor dem Haus.

Adresse
Hering Berlin c/o Porzellanmanufaktur Reichenbach, Fabrikstraße 29, 07629 Reichenbach, Tel.: 03 66 01/93 56 47, www.hering-berlin.de.

Öffnungszeiten
Montag, Donnerstag und Freitag 10.00 bis 12.00 Uhr und 14.00 bis 17.00 Uhr, Samstag 10.00 bis 13.00 Uhr und nach telefonischer Vereinbarung.

Anreise
A9 Berlin-München, Ausfahrt Hermsdorf-Süd. Reichenbach ist nur zwei Minuten vom Hermsdorfer Kreuz entfernt. Auf der L1076 Richtung St. Gangloff, 1. Straße links in die Fabrikstraße einbiegen.

Auf einen Fundus von 10.000 alten Modelformen kann diese Porzellanfabrik zurückgreifen. Es werden heute noch Porzellanfiguren gefertigt, die zum Teil vor der Jahrhundertwende 19./20. Jahrhundert geformt wurden.

Manufaktur mit guter Figur

Warenangebot
Porzellanfiguren (Biedermeier- und Rokokoformen), Tierfiguren, christliche Figuren, weiß und handbemalt, farbig und mit Goldverzierungen. Geschirrporzellan, mundgeblasenes Glas und Schmuckuhren.

Ersparnis
1.-Wahl-Ware bis zu 30 %, 2.-Wahl-Ware bis zu 50 % und bei Fehlerware bis zu 80 %.

Ambiente
In Reichmannsdorf befindet sich ein Porzellanmuseum (ehemalige Porzellanbrennofenanlage) mit einem großen Verkaufsraum in der 1. Etage. Dort ist der Fabrikverkauf.

Adresse
Porzellanfiguren Gräfenthal, Betriebsteil der Porzellanmanufaktur Reichenbach GmbH, Saalfelder Straße 2, 98739 Reichmannsdorf, Tel.: 03 67 01/2 01 00, www.porzellanmanufaktur.net.

Öffnungszeiten
Montag bis Sonntag 10.00 bis 17.00 Uhr.

Weitere Verkaufsstelle
● 07629 **Reichenbach**, Fabrikstraße 29, Tel.: 03 66 01/8 80. Montag bis Freitag 9.00 bis 17.00 Uhr, Samstag 9.00 bis 13.00 Uhr.

Anreise
A9, Ausfahrt Triptis. Auf der B281 durch Saalfeld hindurch, Richtung Neuhaus.

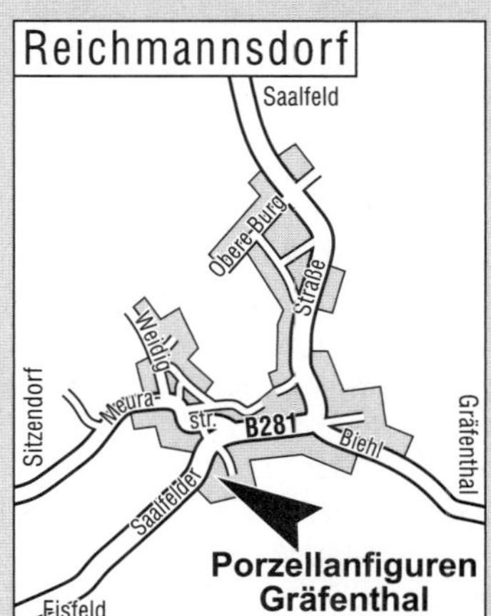

Für den Iglo-Fabrikverkauf lohnt sich die Anschaffung einer Styroporkiste. Darin bleibt Tiefkühlkost auch bei längerer Heimfahrt gefrier-frisch, vorausgesetzt es wurde reichlich eingekauft. Das aber ergibt sich beim Iglo-Fabrikverkauf fast zwangsläufig, denn die Super-Markenware wird kartonweise verkauft.

TK-Kost mit dem Blubb!

Warenangebot
Langnese-Eis (Magnum, Cornetto), Eis-Shakes und 5-Liter-Eiswannen. Iglo-Sortiment wie Backfisch, Fischfilet, Pizza-Baguettes, Fertiggerichte, Hähnchenprodukte, Mikrowellenspezialitäten, große Auswahl an Iglo-Gemüse. „Sonderware“: Überproduktion usw. Die Iglo-Qualität ist garantiert.

Ersparnis
Zwischen 30 und 50 %. Das Angebot variiert von Woche zu Woche. Knüller werden als „Super-Angebot“ oder „Rest“ gekennzeichnet.

Ambiente
Großer Tiefkühlladen mit entsprechenden Truhen und Warendisplays.

Besonderheiten
Das jeweilige Tiefkühl-Angebot steht mit Packungsmengen und Preisen im Internet unter www.iglo-fabrikverkauf.de.

Adresse
Iglo GmbH, Aeckern 1-5, 48734 Reken, Tel.: 0 28 64/82-0, www.iglo-fabrikverkauf.de.

Öffnungszeiten
Dienstag bis Freitag 10.30 bis 19.00 Uhr.

Anreise
A31 Bottrop-Emden, Ausfahrt 35, Reken. Auf der Frankenstraße Richtung Reken. An deren Ende rechts in die Bahnhofstraße, am Ende wieder rechts in die Straße Aeckern.

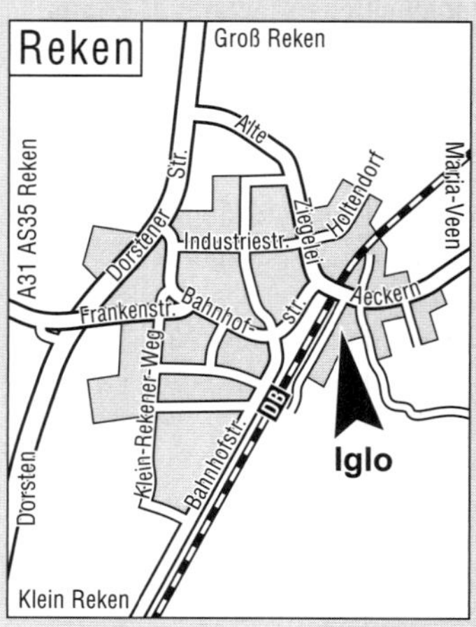

SCHAUFF®
Fahrräder seit 1932

Seit seiner Gründung 1932 setzt das Familienunternehmen Schauff in Remagen auf hochwertige Fahrräder, von Hand gefertigt, made in Germany. Qualitäts- und kundenorientiert ist Schauff auf dem deutschen Markt fest etabliert.

Lust auf Fahrrad

Warenangebot
Trekking-, City-, Touren-, Rennräder, MTB, Tandems, Falt- und Elektroräder. Individuelle Anfertigung von Fahrrädern in Wunschausstattung. Versand europaweit möglich.

Ersparnis
Bei 1. Wahl keine; Preise von 400,- bis 1000,- €. Bei 2. Wahl (Unikate, Auslaufmodelle, Restposten) zum Teil erheblich.

Ambiente
Güterbahnhofshalle zum Fachgeschäft umfunktioniert. Sehr großer Verkaufsraum, ausgezeichnete Beratung.

Adresse
Schauff-Bikeshop, Am Güterbahnhof 16, 53424 Remagen, Tel.: 0 26 42/2 29 10, www.schauff.de/octagon.

Öffnungszeiten
Montag bis Freitag 10.00 bis 12.00 und 14.00 bis 18.00 Uhr, Samstag 10.00 bis 16.00 Uhr, in der Winterzeit nur bis 14.00 Uhr.

Anreise
B9 Bonn–Koblenz. Die Güterbahnhofshalle befindet sich direkt zwischen der B9 und den DB-Gleisen.

STEINHAUS

Der Name Steinhaus steht seit 1841 für handwerkliche Fleisch- und Wurstwaren und seit vielen Jahren auch für Frischnudeln, Fertiggerichte und Soßen. Das Unternehmen bietet qualitativ hochwertige Produkte für Feinschmecker ebenso wie rustikale, deftige Erzeugnisse.

Die Edelmarke

Warenangebot
Wechselnde, hochwertige Fleischspezialitäten, Grillwaren, Wurstwaren, Aufschnitt, Schinken, aber auch Nudeln, Fertiggerichte und Soßen. Die Ware lagert direkt im Kühlhaus. Im Angebot sind Großpackungen bzw. mehrere Einzelpackungen im Sammelpack, Ware aus Über-/Sonderproduktion, Bruchwurst. Teilweise Ware mit nahem Mindesthaltbarkeitsdatum oder Auslaufartikel; wenige Kleinpackungen zu regulären Preisen.

Ersparnis
50 % und mehr.

Ambiente
Großes Kühlhaus, in dem die Ware in Regalen oder auf Paletten bereit liegt. Da es dort kalt ist, gibt es Jacken zum Ausleihen. Parkplätze vor dem Verkauf.

Adresse
Steinhaus Werksverkauf, Tenter Weg 13, 42897 Remscheid-Lennep, www.steinhaus.net.

Öffnungszeiten
Dienstag 12.00 bis 18.00 Uhr, Mittwoch bis Freitag 9.00 bis 18.00 Uhr, Samstag 9.00 bis 13.00 Uhr.

Anreise
A1 Köln–Wuppertal, Ausfahrt Remscheid. Auf der B229 links Richtung Lennep. An der nächsten großen Ampelkreuzung rechts Richtung Bergisch Born. 1. Ampel wieder rechts in die Straße Trecknase, dann 2. Straße links.

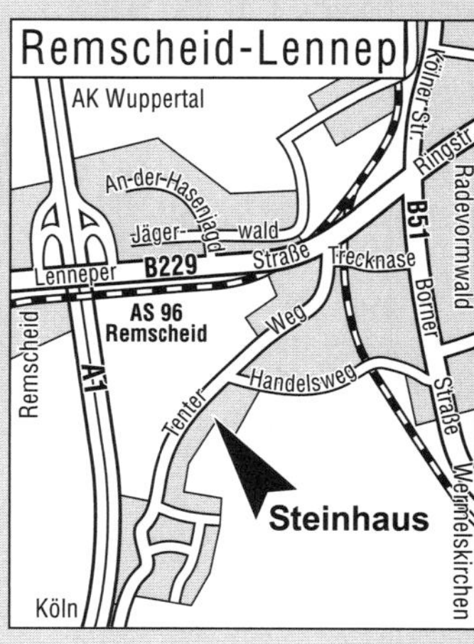

prophete keep moving

„Keep moving“, das ist auch der Anspruch, den Prophete an sich selbst stellt und das seit über 100 Jahren. Bei diesem mittelständischen Unternehmen soll das Team ständig in Bewegung bleiben, um die besten Markenprodukte mit Spaßfaktor zu entwickeln.

Räder, E-Bikes, Roller, Fitness

Warenangebot
Großes Angebot an Fahrrädern jeder Art: E-Bikes, Trekking-, Cityräder, MTB-/ATB-Bikes, Kinder- und Jugendräder, Fahrrad- und Kindertransport-Anhänger, Motorroller sowie Fitnessgeräte. Das Angebot wird durch ein Fahrrad-Zubehör-, Reparatur- und Pflegesortiment abgerundet. Werkstattservice vor Ort.

Ersparnis
Fahrräder: ca. 20 % bei 1. Wahl, bei 2. Wahl (kleine Mängel oder Lackschäden) bis 40 %. Zubehör: bis 30 %.

Ambiente
Die Räder können vor Ort Probe gefahren werden. Parkplätze vorhanden.

Adresse
Prophete Outlet Store, Lindenstraße 49, 33378 Rheda-Wiedenbrück, Tel.: 0 52 42/ 41 08 45, www.prophete.de.

Öffnungszeiten
März bis Oktober: Montag bis Freitag 9.30 bis 18.00 Uhr, Samstag 9.00 bis 13.00 Uhr. November bis Februar: Montag bis Freitag 9.30 bis 17.30 Uhr, Samstag 9.00 bis 12.00 Uhr. Jeden 1. Samstag im Monat Sonderverkauf 9.00 bis 12.00 Uhr.

Anreise
A2 Hannover-Dortmund, Ausfahrt Rheda-Wiedenbrück. Auf der B64 Richtung Rheda, 1. Ausfahrt Rheda abfahren. An der Kreuzung Bielefelder Straße geradeaus in die Holunderstraße. Nach der Autobahnüberquerung rechts in die Lindenstraße.

TÖNNIES WERKSVERKAUF

Absolute Frische, beste Qualität, kleiner Preis – das ist der Tönnies Werksverkauf in Rheda-Wiedenbrück am Stammsitz der Unternehmensgruppe Tönnies, einem der modernsten Fleischwerke Europas.

Absolute Frische

Warenangebot
Vielfältiges Sortiment frischer und tiefgekühlter Produkte von Schwein, Rind und Geflügel. Große Auswahl an Wurstwaren, aufgeschnitten oder am Stück, Schinkenspezialitäten, leckere Salate, Gewürze und vieles mehr. Hinzu kommen saisonale Artikel wie Grill- oder Festtagsspezialitäten. Auf Wunsch werden Schweinehälften oder Rinderteilstücke zerlegt. Großes Angebot an qualitativ einwandfreier Bruchware oder Artikeln mit kleinen Schönheitsfehlern, z. B. Schnitzel-Bruch oder Würstchen mit ungleicher Grammatur oder ungleichmäßiger Räucherung. Kleine Auswahl an Bio-Produkten (Hackfleisch und Schinken).

Ersparnis
Spezielle Wochen- und Tagesangebote zu Tiefstpreisen.

Ambiente
Großer Verkaufsraum mit zahlreichen Kühl- und Tiefkühlregalen, gläserne Wurstküche sowie eine große Bedientheke, an der auch Kleinstmengen erhältlich sind. Parkplätze direkt vor dem Verkauf. Direkt angeschlossenes Restaurant mit über 200 Sitzplätzen im Innen- und Außenbereich.

Adresse
Tönnies Werksverkauf GmbH, In der Mark 2, 33378 Rheda-Wiedenbrück, Tel.: 0 52 42/9 61-1 96, www.toennies-werksverkauf.de.

Öffnungszeiten
Montag bis Freitag 8.00 bis 19.00 Uhr, Samstag 8.00 bis 16.00 Uhr.

Anreise
An der A2 Oberhausen-Hannover, Ausfahrt Rheda-Wiedenbrück. Weiter Richtung Gütersloh. Verkauf nach wenigen hundert Metern.

Silit

KOCHEXPERTEN. SEIT 1920.

Seit Jahrzehnten ist Silit ein international führender Hersteller für Kochgeschirr in Premiumqualität. Das Traditionsunternehmen steht für Qualität „Made in Germany", Innovation, Funktion, Farbenvielfalt und ausgezeichnetes Design.

Kochexperten. Seit 1920.

Warenangebot
Schnellkochtöpfe (Sicomatic), Töpfe, Pfannen, Woks, Bräter, Küchenhelfer etc. sowie Produkte von WMF, Alfi, Auerhahn, Kaiser, Lindt und viele andere Marken.

Ersparnis
Ware mit kleinen Schönheitsfehlern sowie Restposten und Schnäppchen 25 bis 75 % günstiger.

Ambiente
600 m² Verkaufsfläche, gepflegte Atmosphäre, Schauküche und Historienwand. Viele Kundenparkplätze.

Adresse
Silit Werke GmbH & Co. KG, Neufraer Straße 6, 88499 Riedlingen, Tel.: 0 73 71/1 89-12 20, werksverkauf@silit.de, www.silit.de.

Öffnungszeiten
Montag bis Freitag 9.00 bis 18.00 Uhr, Samstag 9.00 bis 14.00 Uhr.

Anreise
Der Silit-Werksverkauf liegt neben dem Hauptgebäude direkt an der B311 Ulm–Mengen–Tuttlingen. Von Sigmaringen kommend, befindet sich die Firma direkt am Ortseingang links (beschildert).

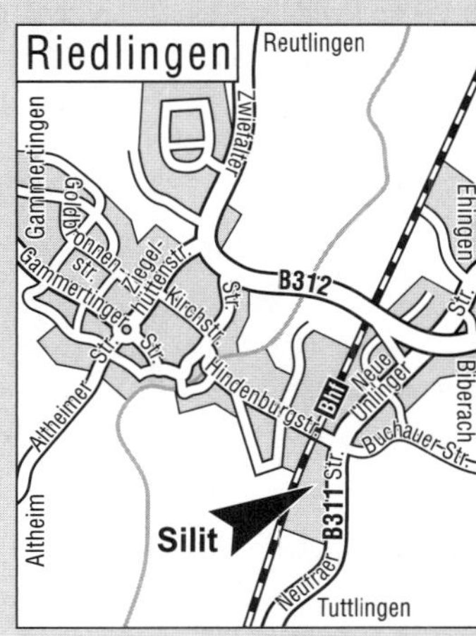

Goebel

... Tradition und Lifestyle ...

Goebel ist ein traditionsverbundenes Unternehmen, das stets offen ist für aktuelle Trends in seinen Geschäftsfeldern „Schenken, Sammeln und Dekorieren". Goebel steht für bewährte Markenqualität, die sich in allen Produktlinien widerspiegelt.

Porzellan mit Tradition

Warenangebot
Präsentation sämtlicher Goebel Produktlinien für alle Anlässe. Große Auswahl an Artikeln aus Porzellan, Glas und artverwandten Werkstoffen in 1.- und 2.-Wahl-Qualität.

Ersparnis
Grundsätzlich keine Ersparnis im Werksverkauf bei den aktuellen Kollektionen. Günstige Angebote als „Angebot des Monats", 2.-Wahl-Ware, Retouren oder Auslaufkollektionen ca. 25 bis 40%.

Ambiente
Der Verkauf wirkt wie ein Fachgeschäft. Gut eingerichtet, übersichtlich sortiert, interessant gestaltet. Keine Bedienung, doch an der Kasse fachkundige Beratung. Riesige Auswahl vor allem bei den Porzellanfiguren.

Adresse
Werksverkauf Goebel Porzellan GmbH, Coburger Straße 8, 96472 Rödental-Oeslau, Tel.: 0 95 63/7 26 20 17, www.goebel.de.

Öffnungszeiten
Montag bis Freitag 10.00 bis 17.00 Uhr, Samstag 9.00 bis 13.00 Uhr.

Anreise
Direkt an der A73, Ausfahrt Rödental, Richtung Neustadt bei Coburg-Sonneberg.

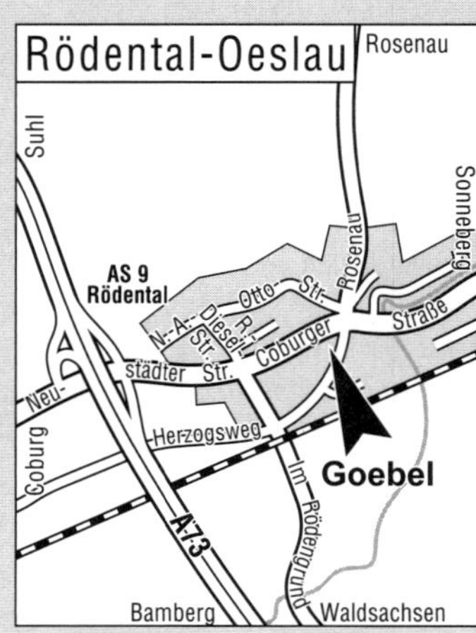

Germany. Since 1946.

Stratic Reisegepäck überzeugt durch seine Langlebigkeit und seine hohe Funktionalität. In erster Linie zeichnet es sich durch seine Leichtigkeit aus – deshalb auch der Heißluftballon als Markenzeichen.

Schleppen war gestern

Warenangebot
Restposten, 2A-Ware, Musterstücke, Rückläufer, Auslaufserien. Reisegepäck aller Art. Trolleys (2- und 4-Rollen-Systeme), Kosmetiktaschen, Reisetaschen mit und ohne Rollen, Aktentaschen, Laptoptaschen etc. aus Gewebe, 100 % Polycarbonat und Leder.

Ersparnis
30 bis 50 %.

Ambiente
Verkaufsraum im Versandgebäude auf dem Firmengelände. Ca. 50 m² Verkaufsfläche, Ware wird übersichtlich präsentiert, Beratung. Verkauf gut ausgeschildert.

Adresse
Stratic Lederwaren Jacob Bonifer GmbH, Kasseler Straße 14, 63110 Rodgau-Jügesheim, Tel.: 0 61 06/84 93 32, www.stratic.de.

Öffnungszeiten
Montag, Donnerstag und Freitag 14.00 bis 18.00 Uhr, Samstag 10.00 bis 14.00 Uhr.

Anreise
A3 Frankfurt-Würzburg, Ausfahrt Hanau. Weiter auf der B45 Richtung Darmstadt. An der 2. Ausfahrt Richtung Dietzenbach abbiegen, weiter bis zur 2. Kreuzung, dort rechts. Am Kreisverkehr geradeaus und anschließend rechts in die Kasseler Straße.

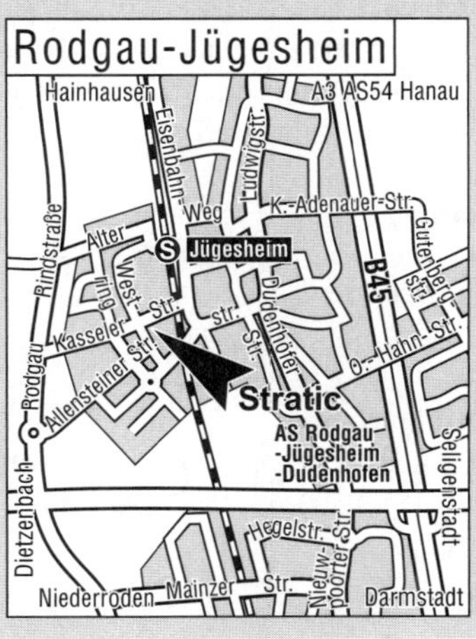

EINKAUFS-GUTSCHEIN S. 599

Die Firma Traveller bietet unter der Lizenzmarke Bugatti – bags modische und klassische Aktentaschen, Messenger- und Laptop-Bags, Weekender und Damentaschen sowie Kleinlederwaren und Reise-Business-Gepäck.

bags for life

Warenangebot
Die Marken Traveller und Bugatti prägen den Werksverkauf. Kollektions- und Musterteile, Auslaufmodelle, Restposten und 2.-Wahl-Ware. Business- und Aktentaschen, Reisegepäck, Damenhandtaschen, klassisch und modisch, Kleinlederwaren, Gürtel. Außerdem im Sortiment: Schmuck und Uhren von Joop und Esprit.

Ersparnis
Bis zu 60 %. Mehrmals jährlich Verkaufsveranstaltungen mit besonderen Preisaktionen.

Ambiente
Übersichtliche Warenpräsentation auf 180 m², fachkundige Beratung, angenehmes Ambiente, Parkplätze.

Adresse
Traveller Outlet, Ludwigstraße 81, 63110 Rodgau-Jügesheim, Tel.: 0 61 06/ 90 42 26, outlet@traveller-online.de.

Öffnungszeiten
Dienstag bis Freitag 10.00 bis 18.00 Uhr, Samstag 10.00 bis 15.00 Uhr. Montag geschlossen.

Anreise
A3 Frankfurt-Würzburg, Ausfahrt 54 Hanau. Weiter auf der B45 Richtung Rodgau. An der 1. Ausfahrt nach Rodgau-Hainhausen abfahren. An der 1. Ampel links abbiegen, der Verkauf befindet sich nach 1 km auf der linken Seite.

Gabor®

Der Weg von der Idee bis zum hochwertigen Gabor-Schuh ist weit: Erst nach 140 Arbeitsgängen mit 250 verarbeiteten Teilen aus 45 verschiedenen Materialien setzt Gabor seinen Namen darauf.

Der Schuh zur Mode

Warenangebot
Restposten der Marken Gabor und Camel active. Außerdem Gabor Bags, Textilien und Accessoires.

Ersparnis
40 bis 50 %.

Ambiente
Gepflegtes Outlet. Meist sehr viele Kundinnen. Drei bis vier Verkäuferinnen. Trotzdem kann es zu Wartezeiten kommen. Umtausch der 2.-Wahl-Ware ist ausgeschlossen.

Adresse
Gabor, Marienberger Straße 31, 83024 Rosenheim, Tel.: 0 80 31/80 10.

Öffnungszeiten
Montag bis Freitag 8.30 bis 18.30 Uhr, Samstag 9.00 bis 18.00 Uhr.

Weitere Verkaufsstellen (Auswahl)
- 83064 **Raubling-Pfraundorf**, Rosenheimer Straße 105, Tel.: 0 80 31/80 10.
- A-7111 **Parndorf**, Kälberweide 3, Top 301 B, Tel.: 00 43/21 66/2 06 15.
- A-9500 **Villach**, Udine Straße 45.
- I-39041 **Brennero**, Outlet Center Brenner, St.-Valentin-Straße 9.

Anreise
A8 München-Salzburg, Ausfahrt Rosenheim. Auf der Haupt-Einfallstraße bleiben, nach der Eisenbahnunterführung rechts. Richtung Landshut (B15) rechts abbiegen (Briançonstraße). Nächste Kreuzung links, dann geradeaus ca. 2,5 km. Am Ende der Prinzregentenstraße rechts in die Marienberger Straße.

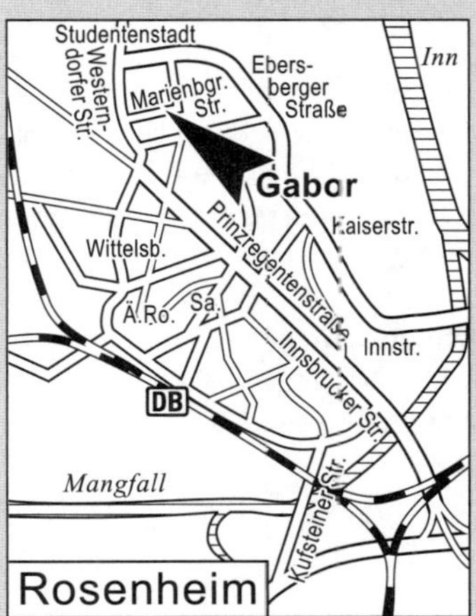

EINKAUFS-GUTSCHEIN S. 599

TIMEZONE

Timezone will bekleiden und nicht verkleiden. Mit dieser Idee wurde die Marke 1993 von Wolfgang Endler ins Leben gerufen. Die Produkte stehen für natürlichen Lebensstil mit progressivem Design. Die Zielgruppe sind junge und jung gebliebene Menschen.

Street- & Sportswear

Warenangebot
Für Damen und Herren: Jeans, Cottonpants, Shorts, Shirts, Hemden, Strickwaren, Röcke, Kleider, weitere Accessoires. Angeboten werden Musterteile.

Ersparnis
30 bis 70 %. Die Ware liegt im mittleren Preissegment. In regelmäßigen Abständen gibt es Verkaufsaktionen.

Ambiente
Das Timezone-Outlet befindet sich in einem neu renovierten Gebäude. Die Ware wird auf ca. 200 m² ansprechend präsentiert.

Adresse
Timezone, Aicherpark, Grubholzer Straße 4, 83026 Rosenheim, Tel.: 08031/ 2327575, outlet@timezone.de, www.timezone-outlet.de

Öffnungszeiten
Montag bis Freitag 9.00 bis 19.00 Uhr, Samstag 9.00 bis 18.00 Uhr.

Anreise
A8 München-Salzburg, Ausfahrt Rosenheim, weiter Richtung Rosenheim. Links abbiegen in die Miesbacher Straße. Im Kreisverkehr 1. Ausfahrt nehmen (Äußere Münchner Straße). Links abbiegen auf die Kolbermoorer Straße. Nach 80 m rechts in die Grubholzer Straße.

WAVE BOARD
AMERICAN SPORTSWEAR
Factory Outlet Stores

EINKAUFS-GUTSCHEIN S. 601

Die Marke Wave Board steht seit Jahren für Wintersport- und Outdoor-Bekleidung. Funktionalität und gute Verarbeitung sind die Qualitätsmerkmale für ihre Wander-, Trekking-, Bergsport und Regenbekleidung.

Outdoor-Spezialist

Warenangebot
Freizeit-, Wander-, Trekking-, Bergsport-, Wintersport- und Regenbekleidung, Anoraks, Freizeithosen, Wanderhosen, multifunktionale Westen, Pullover, Hemden, Sweatshirts, T-Shirts, Polohemden.

Ersparnis
30 bis 50 %.

Ambiente
Ca. 300 m² Verkaufsfläche, fachkundige Verkäuferinnen, Umkleidekabinen, Ware gut sortiert.

Adresse
Wave Board, Klepperstraße 18, 83026 Rosenheim, Tel.: 0 80 31/1 40 24.

Öffnungszeiten
Montag bis Freitag 9.30 bis 18.30 Uhr, Samstag 9.30 bis 16.00 Uhr.

Weitere Verkaufsstelle
● A-6020 **Innsbruck**, Grabenweg 12, Tel.: 00 43/5 12/36 52 71.

Anreise
Von der A8 München-Salzburg, Ausfahrt Rosenheim, kommend, weiter auf der B15, Kufsteiner Straße, geradeaus bis zur linken Abzweigung: Klepperstraße (McDonald's). Nach ca. 600 m Verkauf auf der linken Seite.

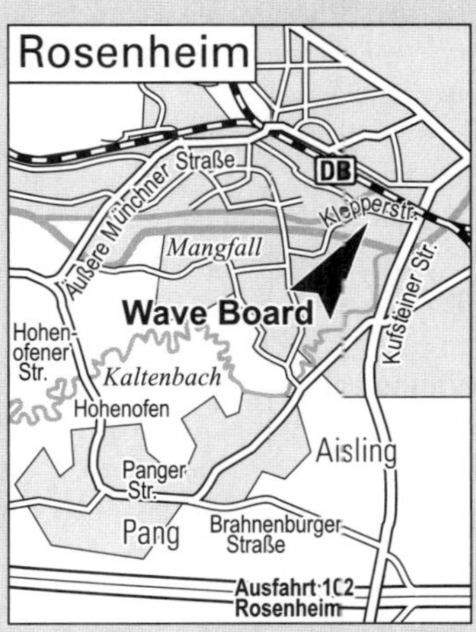

Die C. Brühl GmbH & Co. KG ist Spezialist für Hosen. Das 1923 gegründete Traditionsunternehmen hat seinen Firmensitz in Rotenburg a.d. Fulda. Brühl bietet Hosen zu einem fairen Preis. B. Bros ist moderner und maskuliner und zeichnet sich durch einen hohen Anspruch an Modernität und Zeitgeist aus. „Created in Rotenburg" sind beide Labels.

Hosenspezialist

Warenangebot
Herrenhosen, Jeans, Chinos der beiden eigenen Labels, auch 1B-Teile. Ergänzt wird das Angebot durch Anzüge, Hemden, Krawatten, T-Shirts und Pullover sowie Damenbekleidung anderer Marken.

Ersparnis
Durchschnittlich ca. 35 %, 1B-Ware ist besonders preiswert.

Ambiente
Ca. 450 m² großer, übersichtlich gestalteter Verkaufsraum mit kompetentem und freundlichem Personal. Parkmöglichkeiten vorhanden.

Adresse
C. Brühl GmbH & Co. KG, Bürgerstraße 12, 36199 Rotenburg a.d. Fulda, Tel.: 0 66 23/81 41 60.

Öffnungszeiten
Montag bis Mittwoch und Freitag 9.00 bis 17.00 Uhr, Donnerstag 9.00 bis 18.00 Uhr, Samstag 9.00 bis 14.00 Uhr.

Anreise
A7 Kassel–Fulda, Ausfahrt Malsfeld. Am Kreisel hinter Malsfeld rechts auf die B83 Richtung Rotenburg a.d.F. fahren – oder A4 Kirchheim–Erfurt, Ausfahrt Bad Hersfeld. Weiter auf der B27 bis Bebra, dort auf die B83 Richtung Rotenburg a.d.F. abfahren. In Rotenburg Richtung Stadtmitte und am Edeka Getränkemarkt rechts abbiegen.

Sebastian Kneipp war Theologe, Pflanzenkundler und vor allem Menschenfreund. In seiner Lehre spielt die Heilwirkung der Pflanzen, des Wassers, der Bewegung und der Ernährung eine entscheidende Rolle für ein harmonisches und gesundes Leben.

Wohlbefinden mit Pfarrer Kneipp

Warenangebot
Die ganze Vielfalt an Kneipp-Gesundheits- und Wohlfühlprodukten. Große Auswahl an Geschenkpackungen.

Ersparnis
10% bei 1. Wahl, bis zu 70% bei 2. Wahl. Ständig Sonderposten zu Schnäppchenpreisen, bis zu 70% reduziert.

Ambiente
Es duftet angenehm nach den verschiedensten Essenzen. Fachkundige Verkäuferin. Parkplätze vorhanden. Ausstellung zur Geschichte der Kneipp-Werke mit historischen Produkten und Ausstellungsstücken.

Adresse
Kneipp Shop & Kneipp für mich, Am Moritzberg 5, 97228 Rottendorf, Tel.: 09302/9800453.

Öffnungszeiten
Montag bis Freitag 10.00 bis 19.00 Uhr, Samstag 9.00 bis 18.00 Uhr.

Anreise
A3 Würzburg-Nürnberg, Ausfahrt Rottendorf. Am Kreuz Biebelried auf der B8 bis zur Ausfahrt Rottendorf. Am s.Oliver-Kreisel die 3. Ausfahrt abfahren; die 1. Möglichkeit links führt direkt zum Parkplatz und Verkauf.

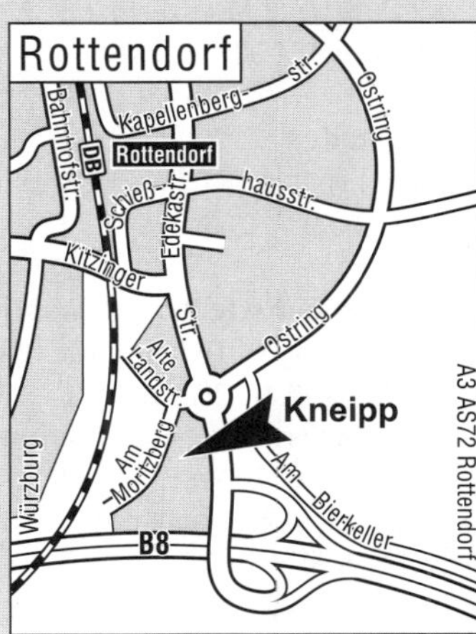

s.Oliver®

s.Oliver zählt zu den Marktführern im Young-Fashion-Bereich in Deutschland. Mit bis zu zwölf Kollektionen im Jahr erobert die Firma seit Jahren den jugendorientierten Sportswear- und Young-Fashion-Markt.

Fashion soll Spaß machen

Warenangebot
Damen-, Herren- und Kinderbekleidung, Accessoires, Bodywear. Außerdem die Marken Comma und by s.Oliver-Damenmode in den Größen 44 bis 52.

Ersparnis
30 bis 85%. In regelmäßigen Abständen Verkaufsaktionen.

Ambiente
Großer, heller und übersichtlicher Verkaufsraum mit über 1480 m² Verkaufsfläche und 29 Umkleidekabinen.

Adresse
s.Oliver Outlet, Am Moritzberg 3, 97228 Rottendorf, Tel.: 0 93 02/3 09 64 95.

Öffnungszeiten
Montag bis Freitag 10.00 bis 19.00 Uhr, Samstag 9.00 bis 18.00 Uhr.

Weitere Verkaufsstellen (Auswahl)
- 40880 **Ratingen-Tiefenbroich**, Holterkamp 3, Tel.: 0 21 02/12 37 28-0.
- 63843 **Niedernberg**, Großostheimer Straße 6, Tel.: 0 60 28/99 77 94.
- 72555 **Metzingen**, Reutlinger Straße 46-54, Tel.: 0 71 23/9 73 81 80.
- 91074 **Herzogenaurach**, Zeppelinstraße 2, Tel.: 0 91 32/8 36 65 70.
- 91350 **Gremsdorf**, Gewerbepark 1, Tel.: 0 91 93/50 89 40.
- 97359 **Schwarzach**, Gewerbering 4, Tel.: 0 93 24/98 04 03.

Anreise
A3 Würzburg-Nürnberg, Ausfahrt Rottendorf. Am Kreuz Biebelried auf der B8 bis zur Ausfahrt Rottendorf. Am s.Oliver-Kreisel die 3. Ausfahrt abfahren. 1. Möglichkeit links.

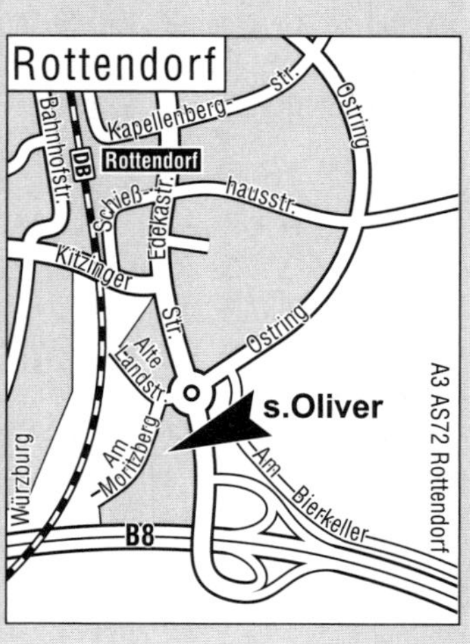

MUSTANG®

True Denim

Das Beste, was man sein kann, ist man selbst. Darum setzt die Traditionsmarke Mustang auf eine grundehrliche Denim-Philosophie, bei der Natürlichkeit und Originalität im Vordergrund stehen. So ist eine Jeans von Mustang immer daran zu erkennen, dass sie perfekt zu einem passt.

Authentische Marke

Warenangebot
Riesiges Sortiment an Jeans- und Lifestyle-Produkten der Marke Mustang Jeans für Damen und Herren, inklusive Mustang-Accessoires wie Schuhe, Lederjacken, Gürtel und Bodywear. Restposten und Modelle der vergangenen Saison. Täglich neue Warenanlieferung.

Ersparnis
30 bis 70 %.

Ambiente
Großer Shop in Halle Leipzig The Style Outlets.

Adresse
Mustang Outlet Store Halle Leipzig The Style Outlets, Thiemendorfer Markt 1, 06796 Sandersdorf-Brehna, Tel.: 03 49 54/ 49 22 30.

Öffnungszeiten
Montag bis Samstag 10.00 bis 20.00 Uhr.

Weitere Verkaufsstellen
- 74653 **Künzelsau**, Würzburger Straße 48, Tel.: 0 79 40/9 25 20.
- 74743 **Seckach**, Waidachshofer Straße 25, Tel.: 0 62 92/9 51 05.

Anreise
A9 Leipzig–Berlin, Ausfahrt 13 Halle/ Saale. Weiter auf der B100 Richtung Bitterfeld. An der ersten Ausfahrt Brehna-West abfahren und weiter Richtung Brehna. Der Verkauf befindet sich im großen Outlet Center am Ende der Straße rechts.

FALKE **Burlington**

EINKAUFS-GUTSCHEIN S. 567

Seit 1985 steht das Familienunternehmen Falke für modische Bekleidung aus hochwertigen Materialien, verarbeitet mit handwerklicher Perfektion und Liebe zum Detail.

Von Kopf bis Fuß

Warenangebot
Hochwertige Beinbekleidung für Damen, Herren, Kinder, Bodys und Shirts, Strickwaren für Damen und Herren. Sportsocken, Funktionswäsche, -bekleidung der Falke-Sport-Linie Ergonomic Sport System.

Ersparnis
Ware aus vergangenen Saisons und B-Sortierung 20 bis 50 %.

Ambiente
Edel gestalteter Verkaufsraum, ca. 600 m² Verkaufsfläche, kompetente Beratung.

Adresse
Werksverkauf Falke Fashion, Ohlgasse 5-9, 57392 Schmallenberg (Sauerland), Tel.: 0 29 72/79 93 49.

Öffnungszeiten
Montag bis Freitag 10.00 bis 18.00 Uhr, Samstag 9.00 bis 16.00 Uhr.

Weitere Verkaufsstellen (Auswahl)
- 24539 **Neumünster-Wittorf**, Designer Outlet Neumünster, Oderstraße 10, Tel.: 04321/9 52 53 26.
- 72555 **Metzingen**, Reutlinger Straße 63, Tel.: 0 71 23/16 26 99.
- A-5073 **Wals-Himmelreich**, Designer Outlet Salzburg, Kasernenstraße 1, Tel.: 00 43/6 62/85 72 53.
- B-3630 **Maasmechelen**, Maasmechelen Village, Zetellaan 100, Tel.: 00 32/89/70 11 50.
- NL-6041 **Roermond**, Designer Outlet Roermond, Stadsweide 74, Tel.: 00 31/4 75/33 11 14.

Anreise
A46, Ausfahrt und Richtung Meschede, über die B55 nach Eslohe. Über die B511 zur B236 nach Schmallenberg. 1. Hinweis in Richtung Grafschaft folgen. 1. Seitenstraße rechts.

Weitere Verkaufsstellen

● 66482 **Zweibrücken**, The Style Outlets, Londoner Bogen 10-90, Tel.: 0 63 32/46 05 11.

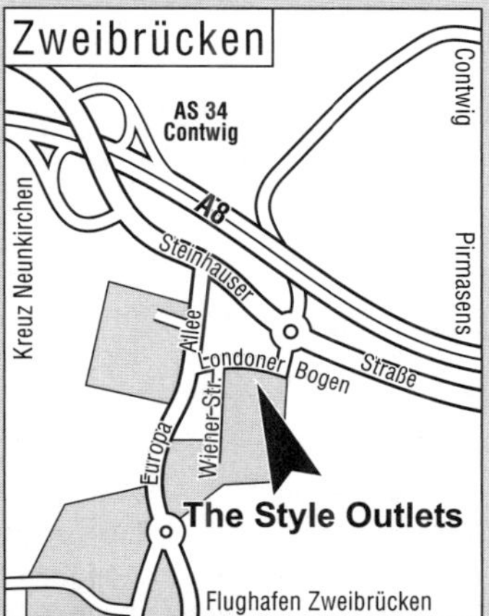

● 97877 **Wertheim-Dertingen**, Wertheim Village, Almosenberg, Tel.: 0 93 42/9 34 85 61.

● 85055 **Ingolstadt-Feldkirchen**, Ingolstadt Village, Otto-Hahn-Straße 1, Tel.: 08 41/9 51 84 84.

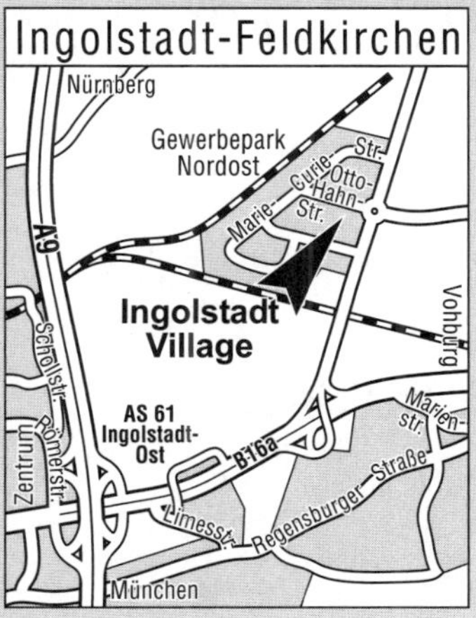

● A-7111 **Parndorf**, Designer Outlet Parndorf, Designer Outlet Straße 1, Tel.: 00 43/21 66/2 05 47.

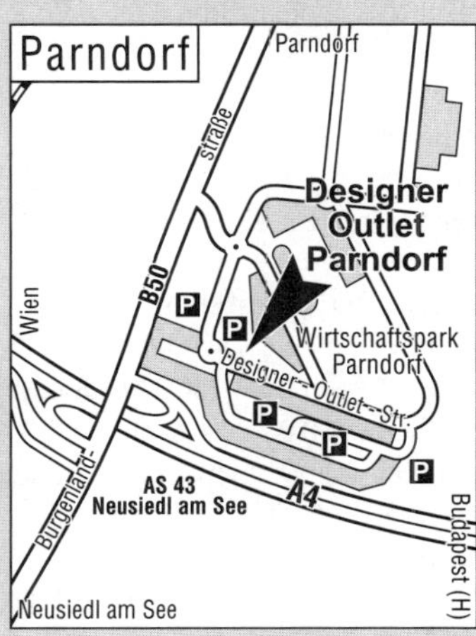

EINKAUFS-GUTSCHEIN S. 573

irisette

Die Marke gehört mit zum Besten, was in Deutschland an Bett- und Tischwäsche hergestellt wird. Hinter der Marke stehen die Bierbaum Textilwerke in Borken, die Qualitäten „Made in Germany" bieten. Hier sind auch andere Bierbaum-Marken erhältlich.

Schlafkomfort & Tischkultur

Warenangebot
Bettwäsche, Tischwäsche, Bettwaren: Daunen, Edelhaar und Kunstfaser für Allergiker, Matratzen und Lattenroste, Heim- und Schlafdecken, Frottierwaren und Bademäntel, Geschirr- und Putztücher, Herrenhemden, Tag- und Nachtwäsche für Damen und Herren.

Ersparnis
Bei Bettwäsche von Irisette bis zu 70 %, bei anderer Ware bis zu 30 %.

Adresse
Irisette Werksverkauf Schönau, Brand 24, 79677 Schönau-Brand, Tel.: 0 76 73/ 10 60.

Öffnungszeiten
Montag bis Freitag 9.00 bis 18.00 Uhr, Samstag 9.00 bis 13.00 Uhr.

Weitere Verkaufsstellen
- 73660 **Urbach**, Konrad-Hornschuch-Straße 67, Tel.: 0 71 81/88 08 73. Montag bis Mittwoch 9.00 bis 12.30 und 14.00 bis 17.00 Uhr, Donnerstag und Freitag 9.00 bis 17.30 Uhr, Samstag 9.00 bis 14.00 Uhr.
- 79669 **Zell im Wiesental-Atzenbach**, Zur alten Spinnerei 1, Tel.: 0 76 25/ 92 43 05. Montag bis Freitag 9.00 bis 18.00 Uhr, Samstag 9.00 bis 13.00 Uhr.

Anreise
Schönau-Brand liegt im südlichen Schwarzwald an der B317 zwischen Titisee-Neustadt und Schopfheim. Der Ortsteil Brand ist ca. 500 m südlich von Schönau, der Verkauf befindet sich direkt an der Bundesstraße.

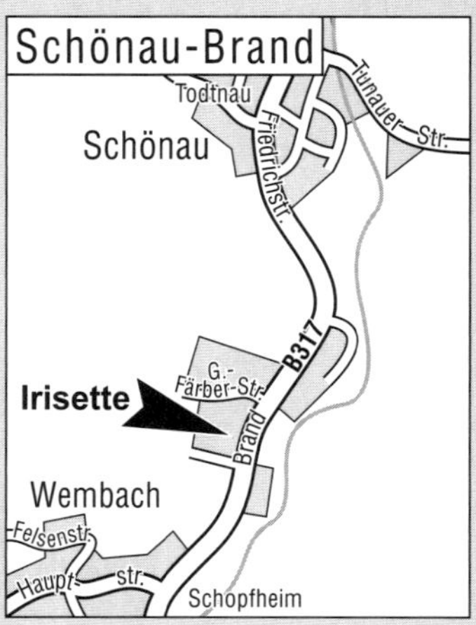

EINKAUFS-
GUTSCHEIN
S. 589

ProfiTable ist das preisgünstige Outlet des Weltmarktführers für Profi-Porzellan, der BHS tabletop AG. ProfiTable bietet deutsches Markenporzellan der Marken Bauscher, Tafelstern und Schönwald, das in der Top-Gastronomie der Welt seinen Einsatz findet.

Porzellan der Top-Gastronomie

Warenangebot

ProfiTable bietet deutsches Markenporzellan der Marken Bauscher, Tafelstern und Schönwald, das in der Top-Gastronomie der Welt seinen Einsatz findet. Außerdem viele Accessoires und Inspirationen aus aktuellen Trends der Tischkultur: Trinkgläser, Bestecke und Tischwäsche.

Ersparnis

30 bis 50 % auf das Standardsortiment sowie ständig wechselnde Porzellan-Schnäppchen ab 1,- €.

Ambiente

Über 500 m² Verkaufsfläche, übersichtlich gestaltet. Fachkundiges Personal. Zahlung mit EC- und Kreditkarte möglich. Parkplätze direkt vor dem Haus.

Adresse

ProfiTable – Werksverkauf der BHS tabletop AG, Rehauer Straße 44-54, 95173 Schönwald, Tel.: 0 92 87/56 23 45, profitable.schoenwald@bhs-tabletop.de, www.profitable.de.

Öffnungszeiten

Montag bis Freitag 9.00 bis 18.00 Uhr, Samstag 9.00 bis 13.00 Uhr.

Anreise

A93 Regensburg-Hof, Ausfahrt Schönwald. Dort links abbiegen. Nach nur 1,5 km sieht man das große Firmengelände mit Parkplatz direkt an der linken Straßenseite.

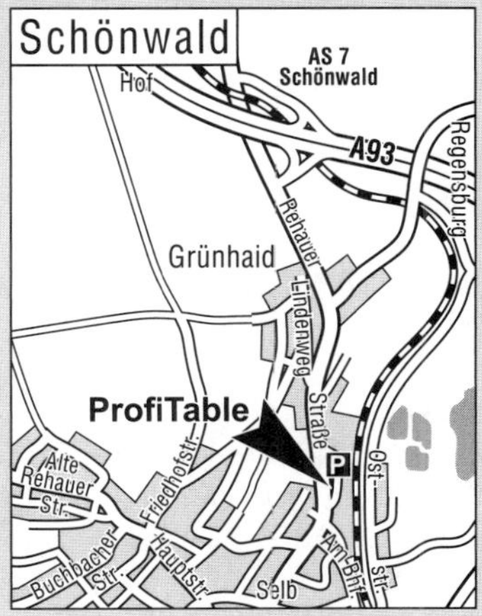

LARCA® Outdoor's Best

EINKAUFS-GUTSCHEIN S. 577

Die Firma arbeitet mit den großen Outdoor-Herstellern zusammen: Salewa, Tatonka, Patagonia, Ecco, Coleman, Leki, Lowa, Fjällräven, Asics, Ortlieb, Deuter, Schöffel, Columbia, Meindl, Camping Gaz, Herbertz, Eagle Creek, Crocs, Tagoss, Therm-a-Rest, MSR, Cocoon, Hanwag, Relags, Sigg, Teva, Sevylor, Zarges, Mountain Hardwear, Hanes, Marmot, Petzl, Osprey, Keen, Boulder Mountain usw. Aktuelle Katalogware und Restposten.

Alles für draußen

Warenangebot

Sport- und Outdoor-Bekleidung für Damen und Herren: Unterwäsche, Fleecebekleidung, Radsportbekleidung, Wetterschutzkleidung. Strümpfe, Schuhe für Trekking, Wandern, Sport, Sandalen, Gummistiefel. Kindersportbekleidung. Sportartikel: Rucksäcke und Taschen, Schlafsäcke, Zelte, Hängematten, Pflegemittel, Reiseutensilien.

Ersparnis

Reguläre Ware 30 bis 70 %. Große Auswahl an günstigen Angeboten. Immer wieder Zusatz-Sparaktionen. Wer im Adressverteiler ist, wird informiert. Katalog gratis.

Ambiente

2500 m² Verkaufsfläche auf zwei Stockwerken: Sportbekleidung im OG, Sportartikel im EG.

Adresse

LARCA Outlet-Center, Waiblinger Straße 60, 73614 Schorndorf, Tel.: 07181/93806-0, LARCA@LARCA.de, www.LARCA.de.

Öffnungszeiten

Montag bis Freitag 9.00 bis 20.00 Uhr, Samstag 9.00 bis 18.00 Uhr.

Anreise

B14 Stuttgart–Waiblingen, dort weiter auf der B29 nach Schorndorf (Richtung Schwäbisch Gmünd). Das Outlet-Center befindet sich direkt an der B29, Ausfahrt Schorndorf-West. Am 1. Kreisverkehr die 3. Ausfahrt nehmen. LARCA ist links.

EINKAUFS-GUTSCHEIN S. 583

nubert
SPEAKER FACTORY

Seit über 40 Jahren produziert Nubert Lautsprecher und HiFi-Elektronik mit herausragendem Preis-Leistungs-Verhältnis. Vom kompakten Regallautsprecher bis zum Heimkino-Surroundset der Sonderklasse. Qualifizierte, erfahrene Berater.

Klangfaszination

Warenangebot
Nubert begeistert HiFi- und Heimkinofans: Regal- und Standlautsprecher, Subwoofer und Sourroundsets, Verstärker und andere Unterhaltungselektronik. Für Einsteiger die Lautsprecher der nuBox-Serie oder die aktiven nuPro-Modelle. Die eleganten nuLine-Modelle wenden sich mit ihrem hochwertigen Äußeren an Liebhaber klarer Formen. Die High-End-Linie nuVero erfüllt höchste Ansprüche.

Ersparnis
Sehr gutes Preis-Leistungs-Verhältnis, wie viele Fachmagazine und Online Test-Portale bestätigen.

Ambiente
Direkter Vergleich unter praxisgerechten Hörbedingungen in mehreren wohnraumgerechten Hörstudios und einem großzügigen Heimkino-Studio.

Besonderheiten
Bundesweiter Versand mit vier Wochen Testzeit und Rückgaberecht.

Adresse
Nubert Speaker Factory, Goethestraße 69, 73525 Schwäbisch Gmünd, gebührenfreie Hotline: 08 00/6 82 37 80, www.nubert.de.

Öffnungszeiten
Montag bis Freitag 9.30 bis 18.30 Uhr, Samstag 9.00 bis 16.00 Uhr.

Weitere Verkaufsstelle
- 47249 **Duisburg-Buchholz**, Düsseldorfer Landstraße 73.
- 73430 **Aalen**, Bahnhofstraße 111, Tel.: 0 73 61/95 50 80.

Anreise
B29, Ausfahrt Schwäbisch Gmünd-West, rechts, ca. 1,5 km stadteinwärts.

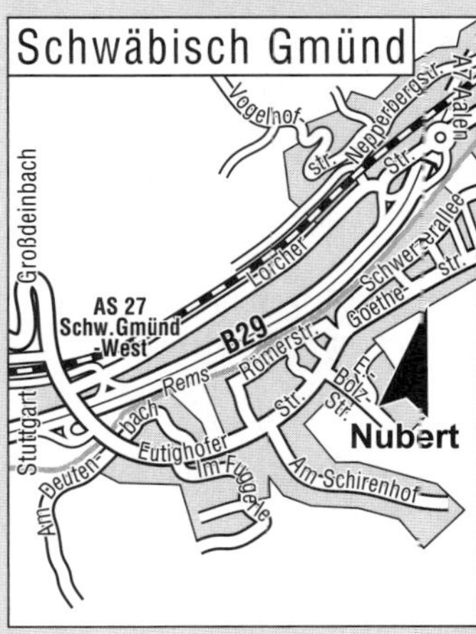

ROHDE

Neue Designtrends in tragbare Mode für Damen, Herren und Kinder umzusetzen und qualitativ hochwertig zu produzieren – das ist der Anspruch von Rohde. Viele treue Kunden bestätigen der großen deutschen Schuhmarke dieses Erfolgskonzept.

Stil ist keine Frage des Preises

Warenangebot
Umfangreiche Schuhkollektionen der Marken Rohde, Sioux und Daniel Hechter für Damen, Herren und Kinder. Unkomplizierte Freizeitschuhe und Sneakers, modische Sandalen im Sommer sowie Halbschuhe und Stiefel, auch mit Sympatex-Ausstattung für den Winter sind die Highlights, City-Mode. Homewear vervollständigt das Angebot.

Ersparnis
20 bis 50 % auch bei besten Qualitäten. Zum Saisonende zusätzlich 30 %.

Ambiente
Es werden über 40.000 Paar Schuhe auf einer Verkaufsfläche von über 700 m² angeboten. Preisauszeichnung übersichtlich, Fachberatung kompetent und freundlich. Bei großem Andrang muss man Geduld aufbringen. Parkplätze direkt vor dem Fabrikverkauf.

Adresse
Erich Rohde GmbH, Schuhfabriken, Erich-Rohde-Straße 22, 34613 Schwalmstadt, Tel.: 0 66 91/7 81 43.

Öffnungszeiten
Montag bis Freitag 10.00 bis 18.00 Uhr, Samstag 10.00 bis 15.00 Uhr.

Anreise
Schwalmstadt liegt nahe der A49 zwischen Kassel und Marburg an der Kreuzung der B254 und der B454. Ab Gewerbegebiet Süd im Stadtteil Ziegenhain gibt es Hinweisschilder.

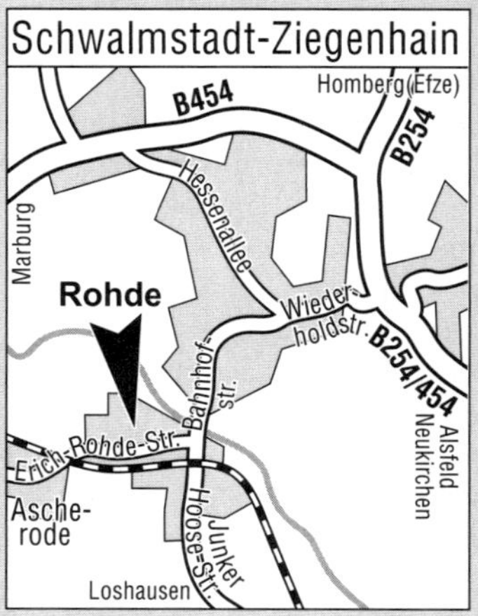

EINKAUFS-GUTSCHEIN S. 581

minx sallie sahne

Minx Mode steht für klassische Damenbekleidung: flotte, junge Kombinationsmode, abgerundet durch hochwertige Strickwaren sowie Jersey, Stretch und Jeans. Besonderes Interesse findet die Sallie Sahne-Kollektion, eine zeitgemäß klassische Mode für große Größen (40-54) mit vielfältigen Kombinationsmöglichkeiten.

Mode zum Wohlfühlen

Warenangebot

Komplettes Damenbekleidungssortiment in den Größen 34 bis 54: Blazer, Mäntel, Jacken, Röcke, Shorts, Blusen, hochwertige Strick- und Jerseywaren, Stretchartikel aller Art, T-Shirts, Jeansbekleidung. Komplettes Programm auch im großen Größenbereich. Im Verkauf sind Produkte aus der Vorjahreskollektion, hauptsächlich 1.-Wahl-Ware.

Ersparnis

Ca. 40 bis 60 %. Sonder- und Restverkäufe.

Ambiente

Verkaufsraum mit Einzel-Umkleidekabinen und einer Sammelkabine. Ware nach Kollektionen geordnet.

Adresse

Minx Mode Acc. GmbH, Gewerbering Nord 4, 97359 Schwarzach, Tel.: 0 93 24/ 90 34 41, www.minx-mode.de und www.sallie-sahne.de.

Öffnungszeiten

Montag bis Freitag 10.00 bis 19.00 Uhr, Samstag 10.00 bis 17.00 Uhr.

Anreise

A3 Frankfurt–Nürnberg, Ausfahrt Kitzingen/Schwarzach. Rechts auf die L 2271 Richtung Volkach. Ca. 2 km dem Straßenverlauf folgen. Nach dem Ort Hörblach (Ortsumfahrung) auf die B22 Richtung Bamberg. Am Kreisverkehr 1. Ausfahrt Richtung Bamberg. Man umfährt Schwarzach. Nach ca. 1 km rechts Richtung Kleinlangheim. Nach 200 m links abbiegen in das Gewerbegebiet.

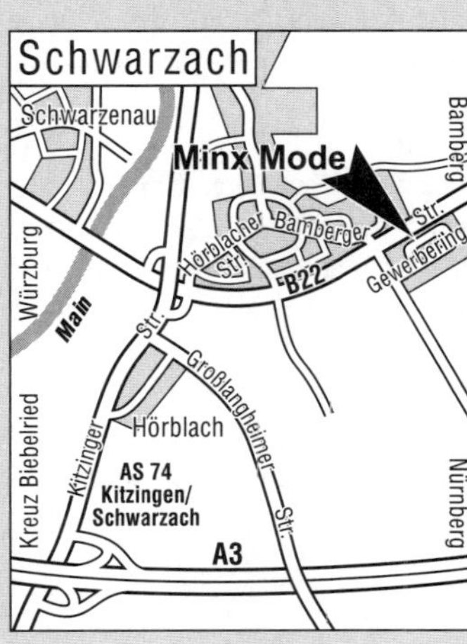

PAULIG
TEPPICHE

EINKAUFS-GUTSCHEIN S. 585

Das Unternehmen gehört seit Jahren zu den weltweit führenden Herstellern beidseitig verwendbarer Handwebteppiche. Bevorzugt werden qualitativ hochwertige Schurwolle aus Neuseeland und geruchsneutrale Jute verarbeitet.

Natürlich schöner leben

Warenangebot
Aus eigener Herstellung: Handwebteppiche, Handknüpfteppiche, Designerteppiche, Sitzkissen und vieles mehr. Auslaufartikel, Musterwaren und Ausstellungsteppiche.

Ersparnis
1.-Wahl-Ware bis 50 %, 2. Wahl bis zu 80 % reduziert.

Ambiente
Fabrikverkauf auf dem Firmengelände. Teppiche hängen an den Wänden und liegen gestapelt. Fachberatung falls erwünscht. Parkplätze vor dem Eingang. Personal hilft bei Bedarf beim Einladen.

Adresse
Paulig Teppichweberei GmbH, Gewerbering Nord 1, 97359 Schwarzach, Tel.: 0 93 24/98 20-24, kundenservice@paulig.de, www.paulig.de.

Öffnungszeiten
Montag, Donnerstag und Freitag 10.00 bis 18.00 Uhr, Samstag 10.00 bis 16.00 Uhr.

Anreise
A3 Frankfurt-Nürnberg, Ausfahrt Kitzingen/Schwarzach. Rechts auf die L2271 Richtung Volkach (berühmter Weinort). Nach dem Ort Hörblach (Ortsumfahrung) auf die B22 Richtung Bamberg. Am Kreisverkehr 1. Ausfahrt Richtung Bamberg (man umfährt somit Schwarzach). Nach ca. 1 km rechts Richtung Kleinlangheim. 200 m links in das Gewerbegebiet. Dort 1. Gebäude auf der linken Seite. Separater Eingang Fabrikverkauf ist ausgeschildert.

RENÉ LEZARD

Die Mode dieses Herstellers steht für kompromisslose Qualität bei Material und Verarbeitung, klassische Modernität und entspannte Eleganz.

Timeless Modernity

Warenangebot
Hochwertige Damen- und Herrenbekleidung der Vorsaison (second season), Musterkollektionen, 2.-Wahl-Ware. Mäntel, Anzüge, Lederbekleidung, Hosen, Strickwaren, Shirts, Schuhe und Accessoires. Für Damen auch Kostüme, Blusen, Kleider, Abendmode. Für Herren: Sakkos, Hemden, Krawatten, Sportswear, Taschen.

Ersparnis
30 bis 50 %, bei Sonderangeboten und -aktionen auch darüber.

Adresse
René Lezard Mode GmbH, Industriestraße 6, 97359 Schwarzach, Tel.: 0 93 24/3 02 14 22, FOCSchwarzach@rene-lezard.com, www.rene-lezard.com.

Öffnungszeiten
Montag bis Mittwoch 10.00 bis 18.00 Uhr, Donnerstag und Freitag 10.00 bis 20.00 Uhr, Samstag 9.00 bis 17.00 Uhr.

Weitere Verkaufsstellen (Auswahl)
- 14641 **Wustermark bei Berlin**, Designer Outlet Berlin, Alter Spandauer Weg 1, Tel.: 03 32 34/2 18 77.
- 66482 **Zweibrücken**, The Style Outlets, Londoner Bogen 10-90, Tel.: 0 63 32/ 4 79 07 34.
- 85055 **Ingolstadt-Feldkirchen** Ingolstadt Village, Otto-Hahn-Straße 1, Tel.: 08 41/9 51 74 34.
- A-5073 **Wals-Himmelreich**, Kasernenstraße 1, Tel.: 00 43/6 62/85 30 69.

Anreise
A3 Frankfurt-Nürnberg, Ausfahrt Kitzingen/Schwarzach. Rechts Richtung Volkach. Nach Hörblach (Ortsumfahrung) auf die B22 Richtung Bamberg. Am Ortsende an einer Kreuzung (Gewerbegebiet) links und sofort wieder rechts. Am Firmengelände vorbeifahren. Fabrikverkauf nach 200 m rechts.

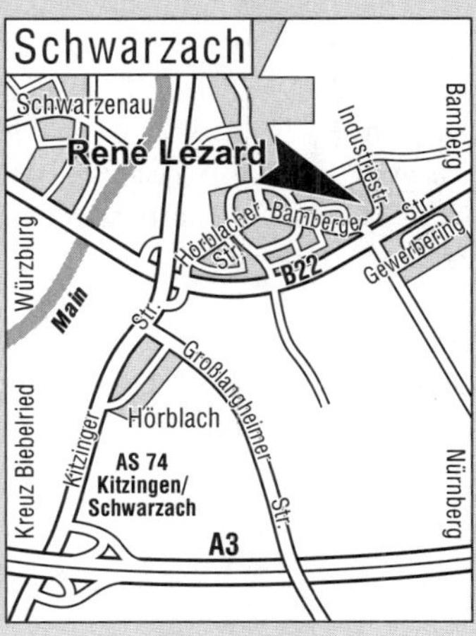

SPORTMAN

Modische Herrenbekleidung, die in der Branche einen guten Namen hat. Ein umfassendes Angebot an sportlicher und klassischer Mode. Bekleidung in allen (auch in Über-) Größen.

Sportlich und klassisch

Warenangebot
1.- und 2.-Wahl-Ware. Sakkos, Lederjacken, Hemden, Hosen, Jeans, Pullover, T-Shirts, Anzüge.

Ersparnis
1. Wahl bis zu 40 % günstiger. Sonderposten und Auslaufmodelle bis zu 70 % günstiger.

Ambiente
Angenehme Einkaufsatmosphäre auf ca. 450 m². Gute Beratung. Ware übersichtlich nach Themen und Größen geordnet. Ca. 20 Umkleidekabinen. Gute Parkmöglichkeiten.

Adresse
Sportman Mode, Inhaber: René Lezard Mode GmbH, Industriestraße 2, Gewerbegebiet, 97359 Schwarzach, Tel.: 0 93 24/3 02-14 50, Sportman@renelezard.com.

Öffnungszeiten
Montag bis Freitag 10.00 bis 18.00 Uhr, Samstag 9.00 bis 16.00 Uhr.

Anreise
A3 Nürnberg-Frankfurt, Ausfahrt Kitzingen/Schwarzach. Rechts Richtung Volkach. Nach dem Ort Hörblach auf die B22 Richtung Bamberg. Man umfährt Schwarzach. Am Ortsende an einer Kreuzung (Gewerbegebiet) links und dann sofort wieder rechts. In der selben Straße ist der Verkauf von René Lezard.

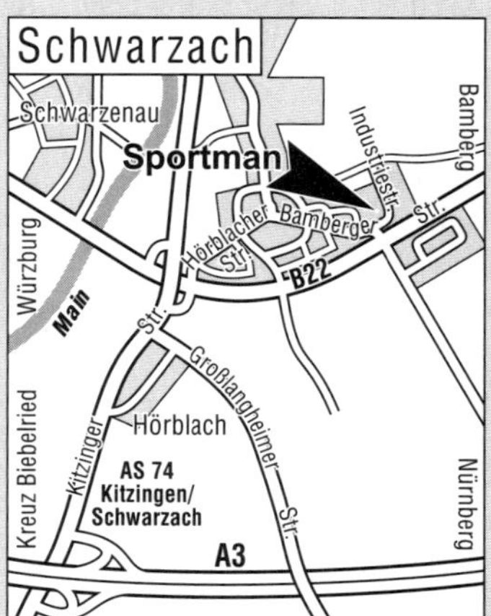

EINKAUFS-GUTSCHEIN S. 557

Arzberg GERMANY

Seit 130 Jahren wird Arzberg-Porzellan ausschließlich in Deutschland produziert. Formschönes Porzellan, von traditionell bis design-orientiert.

Die feine Linie für Porzellan

Warenangebot
Haushaltsporzellan, Glas, Figuren, Kerzen, Filz- und Geschenkartikel.

Ersparnis
40 bis 70%. Bei Aktionen und im Schnäppchenmarkt zusätzliche Rabatte.

Ambiente
Großzügig gestalteter Verkaufsraum mit großem Angebot an Auslaufserien, Porzellan mit kleinen Fehlern und Schnäppchenmarkt. Fachkundige Beratung.

Adresse
Arzberg-Porzellan GmbH, Outlet Selb, Vielitzer Straße 8, Tel.: 09287/6704911, arzberg-selb.outlet@rosenthal.de, www.arzberg-porzellan.com.

Öffnungszeiten
Montag bis Freitag 10.00 bis 18.00 Uhr, Samstag 10.00 bis 15.00 Uhr.

Weitere Verkaufsstellen (Auswahl)
- 94249 **Bodenmais**, Bahnhofstraße 72, Tel.: 09924/8009911. Montag bis Freitag 10.00 bis 17.00 Uhr, Samstag 10.00 bis 16.00 Uhr.
- 95100 **Selb**, Rosenthal Outlet Center, Philip-Rosenthal-Platz 1, Tel.: 09287/72490. Montag bis Samstag 10.00 bis 18.00 Uhr.
- 95659 **Arzberg**, Arzberg Outlet, Jakobsburg 2, Tel.: 09233/7193921. Montag bis Freitag 10.00 bis 18.00 Uhr, Samstag 10.00 bis 13.00 Uhr.

Anreise
A9 München-Berlin. Am Autobahndreieck Holledau auf die A93 Richtung Regensburg/Hof. Oder: A9 Berlin-München. Am Autobahndreieck Hochfranken auf die A93 Richtung Regensburg/Prag. Ausfahrt Selb West. Weiter Richtung Stadtmitte. Das Outlet befindet sich ca. 250 m südwestlich des Bahnhofs Selb Stadt.

FACTORY IN
OUTLET CENTER SELB

Das Outlet Center Factory In befindet sich auf dem ehemaligen Fabrikgelände der Heinrich Porzellan GmbH. Mittlerweile gibt es hier rund 70 Marken in über 20 Shops.

Shopping in der Fabrik

Warenangebot
Vor allem Haushaltswaren, aber auch Bekleidung und Schuhe. Unter anderem sind folgende Marken vertreten: Alfi, Bärenland, Blank Home, Goebel Porzellan, Kaiser Backformen, Maerz, Modewerk mit H.I.S., CMP, Kenny S., Delmod, Via Appia, Alaskan, Bergson u.v.m., Naama Naot, Naturana, Porzellanmanufaktur Flügel, ProfiTable mit Bauscher, Tafelstern und Schönwald, Rösle, Silit, Villeroy & Boch.

Ersparnis
Ca. 30 bis 70%.

Ambiente
Ca. 20 Shops auf zwei Ebenen in der ehemaligen Porzellanmanufaktur Heinrich. Heinrich's Coffee & Food mit Biergartenbetrieb im ehemaligen Fabrikhof, Factoria: Wine, Food & Specials, Kulturprogramm.

Adresse
Factory In Outlet Center Selb, Vielitzer Straße 26, 95100 Selb, Tel.: 09287/998078, info@factory-in.de, www.factory-in.de.

Öffnungszeiten
Montag bis Samstag 9.30 bis 18.00 Uhr.

Anreise
A9 München–Berlin. Am Autobahndreieck Holledau auf die A93 Richtung Regensburg/Hof. Oder: A9 Berlin–München. Am Autobahndreieck Hochfranken auf die A93 Richtung Regensburg/Prag. Ausfahrt Selb West. Weiter Richtung Stadtmitte. Das Outlet befindet sich ca. 250 m südwestlich des Bahnhofs Selb Stadt.

EINKAUFS-GUTSCHEIN S. 583

NO basics MODEFABRIK

Wo früher exklusives Porzellan entwickelt wurde, befindet sich heute ein Modeparadies für Schnäppchenjäger. In einem Gebäude neben dem Rosenthal Outlet Center werden mehr als 35 internationale Modemarken präsentiert.

Mode im Bauhaus-Tempel

Warenangebot
Führende deutsche Modemarken und internationale Designerlabels. Alle Premiummarken unter einem Dach. Der Mix aus erstklassigem Markenangebot für Damen, Herren und Kinder, umfangreichem Service und kompetenter Beratung ermöglicht ein ganz besonderes Einkaufserlebnis. Die wichtigsten Marken: Bench, Benvenuto, Betty Barclay, Camel Active, Cinque, Luisa Cerano, Maerz, More & More, Palmers, Sanetta, Schneiders, Sigikid, Speidel, Steiff, Vaude.

Ersparnis
30 bis 80 %.

Ambiente
Verkaufsräume auf 3 Etagen. Die Räume, die ursprünglich als Werkstoffzentrum von Rosenthal dienten, sind lichtdurchflutet und architektonisch interessant. Damen-, Herren- und Kindersortimente werden in eigenen Bereichen präsentiert. Große Umkleidekabinen, Ruheinseln, Kinderspielecken, Fahrstuhl, Café-Bar, Sammelkasse im EG.

Adresse
NoBasics Modefabrik, Am Nordbahnhof 3, 95100 Selb, Tel.: 09287/8828570, modefabrik@nobasics.eu, www.nobasics.eu.

Öffnungszeiten
Montag bis Samstag 10.00 bis 18.00 Uhr. Verkaufsoffene Sonntage siehe Website.

Anreise
A93 Regensburg–Hof, Ausfahrt Selb Nord. Am Kreisverkehr Richtung Stadtmitte. Der Beschilderung Rosenthal Outlet Center ca. 1 km folgen.

EINKAUFS-GUTSCHEIN S. 589

ProfiTable ist das preisgünstige Outlet des Weltmarktführers für Profi-Porzellan, der BHS tabletop AG. ProfiTable bietet deutsches Markenporzellan der Marken Bauscher, Tafelstern und Schönwald, das in der Top-Gastronomie der Welt seinen Einsatz findet.

Porzellan der Top-Gastronomie

Warenangebot
ProfiTable bietet deutsches Markenporzellan der Marken Bauscher, Tafelstern und Schönwald, das in der Top-Gastronomie der Welt seinen Einsatz findet. Außerdem viele Accessoires und Inspirationen aus aktuellen Trends der Tischkultur: Trinkgläser, Bestecke und Tischwäsche.

Ersparnis
30 bis 50% auf das Standardsortiment sowie ständig wechselnde Porzellanschnäppchen.

Ambiente
Über 170 m² Verkaufsfläche, übersichtlich gestaltet. Fachkundiges Personal. Zahlung mit EC- und Kreditkarte möglich. Parkplätze direkt vor dem Haus.

Adresse
ProfiTable – Werksverkauf der BHS tabletop AG, Factory In, Vielitzer Straße 26, 95100 Selb, Tel.: 09287/965217, Fax: 9652560, profitable.selb@bhs-tabletop.de, www.profitable.de.

Öffnungszeiten
Montag bis Samstag 9.30 bis 18.00 Uhr.

Weitere Verkaufsstelle
- 95173 **Schönwald**, Rehauer Straße 44-54, Tel.: 09287/562345, Fax: 562204, profitable.schoenwald@bhs-tabletop.de, www.profitable.de.

Anreise
A93 Regensburg-Hof, Ausfahrt Selb-West. Weiter Richtung Stadtmitte. Das Factory In befindet sich 250 m südwestlich des Bahnhofs Selb-Stadt.

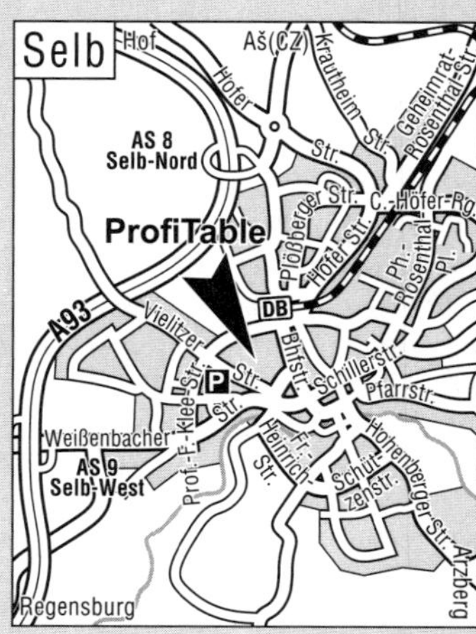

RONA

Die Rona Deutschland GmbH mit Sitz in Selb/Bayern macht Glas, Gläser und noch mehr Glas! Gläser für Genießer und für den professionellen Einsatz in Gastronomie und Hotellerie. Rona Glas ist robust, brillant, beständig und spülmaschinenerprobt.

Nicht nur für Gastronomen

Warenangebot
Glas, großes Sortiment an Trinkgläsern für Haushalt und Gastronomie (Wein-, Sekt-, Saftgläser), außerdem Karaffen, Porzellan, Vasen und Geschenkartikel.

Ersparnis
30 bis 50 %.

Adresse
Rona Deutschland GmbH, Heinestraße 6, 95100 Selb, Tel.: 09287/9988490, www.ronaglas.de.

Öffnungszeiten
Montag bis Freitag 10.00 bis 18.00 Uhr, Samstag 9.00 bis 16.00 Uhr.

Anreise
A9 München–Berlin. Am Autobahndreieck Holledau auf die A93 Richtung Regensburg/Hof.
Oder: A9 Berlin–München. Am Autobahndreieck Hochfranken auf die A93 Richtung Regensburg/Prag. Ausfahrt Selb-West. Weiter Richtung Stadtmitte und der Ausschilderung Factory In folgen. Nach 1 km links abbiegen, nach weiteren 50 m rechts in die Heinestraße.

Rosenthal
OUTLET CENTER

EINKAUFS-GUTSCHEIN S. 591

Das Rosenthal Outlet Center wurde 2010 komplett neu gestaltet. Auf rund 4000 m² präsentiert das traditionsreiche Porzellanunternehmen am Stammsitz seine Markenwelt, erweitert um Outlet Shops von WMF, Vossen, MAC, Trigema, Bassetti, Lambert und Art of Cocolate.

Faszination Outlet Center

Warenangebot
Aktuelle Ware, 2.-Wahl-Ware, Auslaufserien, Vorjahreskollektionen und Musterartikel. Das Sortiment umfasst Porzellan-Service, Porzellan-Geschenke, Bestecke, Gläser, Saisonartikel, Kunstfiguren sowie Tischwäsche der Marken Rosenthal, Versace, Hutschenreuther, Thomas und Arzberg. Außerdem Bestecke, Edelstahl-Geschenkartikel, Schneidwaren, Töpfe und Pfannen der italienischen Marken Sambonet und Paderno. Monatlich wechselnde Aktionen, ein Ostermarkt und ein ganzjähriger Weihnachtsmarkt ergänzen das Angebot. In weiteren Shops sind die Marken WMF mit attraktiven Angeboten rund ums Kochen, Vossen als führender Hersteller exklusiver Heimtextilien, MAC, der Hosenspezialist, Trigema, Deutschlands größter Hersteller von Sport- und Freizeitbekleidung, Bassetti mit Homewear rund ums Bett auch von Laura Ashley und Zucchi vertreten, Lambert für exklusives Wohndesign und Art of Chocolate zeigt die ganze Welt der Schokolade.

Ersparnis
30 bis 70 % unter dem empfohlenen Ladenverkaufspreis. Großer Schnäppchenmarkt mit Sonder- bzw. Restposten. Ersparnis hier bis 80 %.

Ambiente
Sehr stilvoll gestaltetes Ambiente in einer ehemaligen Ofenhalle mit einem verbliebenen Tunnelofen. Übersichtliche Warenpräsentation, breite Wege, Ruheplätze, Kinderecke und ein Fabrik-Café mit täglich wechselndem Mittagsgericht.

Besonderheiten
In unmittelbarer Nähe befinden sich das Industriemuseum sowie das Deutsche Porzellanmuseum. Besonders während der „Wochen des Weißen Goldes“ Ende Juli/ Anfang August sind in Selb viele attraktive Veranstaltungen geboten. Highlight ist das Fest der Porzelliner am 1. Wochende im August. Das Rosenthal Casino (Kasinostraße 3, Tel.: 0 92 87/ 80 50, www.rosenthal-casino.de) bietet kulinarische Köstlichkeiten und angenehme Übernachtungsmöglichkeiten.

Adresse
● Rosenthal Outlet Center, Philip-Rosenthal-Platz 1, 95100 Selb, Tel.: 0 92 87/72-4 90, selb.outlet@rosenthal.de, www.rosenthal-outlet-center.de.

Öffnungszeiten
Montag bis Samstag 10.00 bis 18.00 Uhr.

Weitere Verkaufsstellen

- 38440 **Wolfsburg-Rothenfelde**, Rosenthal Shop in den Designer Outlets Wolfsburg, An der Vorburg 1, Tel.: 0 53 61/2 76 38 93, wolfsburg.outlet@rosenthal.de.
- 73312 **Geislingen/Steige**, Rosenthal Outlet, Fabrikverkäufe Geislingen, Fabrikstraße 40, Tel.: 0 73 31/9 77 25 71, geislingen.outlet@rosenthal.de.
- 85055 **Ingolstadt-Feldkirchen**, Rosenthal Shop im Ingolstadt Village, Otto-Hahn-Straße 1, Tel.: 08 41/9 51 95 14, ingolstadt.outlet@rosenthal.de.
- 94227 **Zwiesel**, Rosenthal Outlet, Stadtplatz 30, Tel.: 0 99 22/50 30 87, zwiesel.outlet@rosenthal.de.
- 94249 **Bodenmais**, Rosenthal Outlet, Kötztinger Straße 36, Tel.: 0 99 24/90 50 56, bodenmais.outlet@rosenthal.de.
- 95469 **Speichersdorf**, Rosenthal Outlet & das Gastro Outlet, Danziger Straße, Tel.: 0 92 75/6 02 76, speichersdorf.outlet@rosenthal.de.

Anreise
A9 Nürnberg-Berlin, Ausfahrt Gefrees oder Hof in Richtung Selb. Direkt an der A93 Regensburg-Hof. Ausfahrt Selb Nord. Ab dem Ortsschild sehr gut ausgeschildert.

Villeroy & Boch
1748

Das 1748 gegründete Unternehmen hat sich zu einem der bedeutendsten Keramikhersteller der Welt entwickelt. Die Marke Villeroy & Boch bürgt für Qualität und gutes Design, eine Marke mit Ausstrahlung und Prestige.

Tischkultur komplett

Warenangebot
Vollsortiment für den gedeckten Tisch. Tafelgeschirr in vielfältiger Materialauswahl (Premium Bone Porcelain, Premium Porcelain, Hartporzellan), Trinkgläser, Bestecke, Tisch- und Wohnaccessoires. Alle Teile auch einzeln erhältlich.

Ersparnis
30 bis 40 % im regulären Sortiment. Restposten, Auslaufdekore bis 70 %.

Ambiente
Spezialgeschäft für Porzellan, Besteck, Glas, Accessoires (ganzjährig auch für Weihnachten) und Fundgrube. Ansprechende Atmosphäre und Präsentation. Freundliche, fachkundige Beratung.

Besonderheiten
Auch im Factory In: Modewerk-Herstellerverkauf (H.I.S, CMP, Kenny S., Via Appia, Tresspass, Alaskan, Bergson, Nina von C., Viania u.a.), ProfiTable Outlet (Bauscher, Tafelstern, Schönwald), Goebel-Rösle Shop, WMF-Silit-Shop, Der Schuhladen, Blank Home, Heinrich's Coffee & Food, Factoria Food & Wine.

Adresse
Villeroy & Boch Factory Outlet Selb, Vielitzer Straße 26, 95100 Selb, Tel.: 0 92 87/99 80 70, foc.selb@villeroy-boch.com, www.factory-in.de.

Öffnungszeiten
Montag bis Samstag 9.30 bis 18.00 Uhr. Sonderöffnungszeiten siehe unter www.factory-in.de.

Anreise
Das Factory In liegt ca. 250 m südwestlich vom Bahnhof Selb-Stadt. Nach Selb über die A9 Nürnberg-Berlin, Ausfahrt Selb-West. Weiter Richtung Stadtmitte.

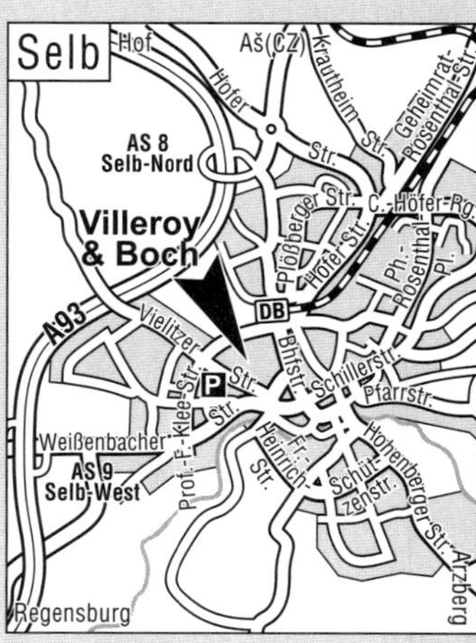

Topmodische Schulranzen, die Kinderherzen höher schlagen lassen und die Eltern hinsichtlich Ergonomie, Trageverhalten, Leichtigkeit und Sicherheit überzeugen.

Schulspaß von Anfang an

Warenangebot
Umfangreiches Angebot aus dem Mc Neill und Take it Easy-Sortiment. Mc Neill Schulranzen Zubehör sowie Take it easy Schul- und Freizeitrucksäcke.

Ersparnis
Sondermodelle, Einzelstücke, Entwicklungsmuster und Auslaufmodelle 20 % und mehr.

Ambiente
Outlet am Ortseingang von Seligenstadt. Fachberatung. Parkplätze vorhanden.

Adresse
Mc Neill und Take it easy factory outlet, Lachenwörthsweg 2, Am Amaliasee, 63500 Seligenstadt, Tel.: 06182/ 9 59 74 34.

Öffnungszeiten
Dienstag bis Freitag 11.00 bis 18.00 Uhr, Samstag 10.00 bis 14.00 Uhr.

Anreise
A3 Frankfurt-Aschaffenburg, Ausfahrt Seligenstadt. In Seligenstadt nach dem Bahnübergang 2. Straße links. Auf der Kapellen-, später Ellenseestraße weiter Richtung Hainburg. Am 2. Kreisverkehr an der 2. Ausfahrt abfahren. Der Verkauf befindet sich direkt am Kreisverkehr.

WÜSTHOF

Wüsthof Messer sind hochwertige Spitzenerzeugnisse, die mit Sorgfalt bis ins Detail hergestellt werden. Messer, die einfach Spaß machen und bereits die Speisezubereitung zum kulinarischen Genuss werden lassen. Die Messerserien unterscheiden sich im Griffdesign und werden damit individuellen Ansprüchen an Ergonomie und Geschmack gerecht.

Der Dreizack

Warenangebot
Schneidwaren aller Art mit dem Schwerpunkt auf Messern. Messer, Messersets, Messerblöcke, Scheren, Küchenhelfer, Maniküre-Sets.

Ersparnis
Ca. 30% Nachlass auf reguläre Ware. 50 bis 60% auf B-Ware.

Ambiente
Übersichtlicher Laden mit kompetentem Verkaufspersonal.

Adresse
Ed. Wüsthof Dreizackwerk KG, Kronprinzenstraße 49, 42655 Solingen, Tel.: 02 12/2 06 70, www.wuesthof.com.

Öffnungszeiten
Montag, Dienstag, Donnerstag und Freitag 9.00 bis 16.00 Uhr, Mittwoch 9.00 bis 12.30 Uhr. An Brückentagen und zwischen Weihnachten und Neujahr geschlossen.

Anreise
A46 Düsseldorf–Wuppertal, Ausfahrt Haan-Ost. Weiter Richtung Solingen, auf der Wuppertaler Straße (B 224) vorbei an Gräfrath. Nach ca. 1,5 km an der großen Kreuzung rechts ab in die Kronprinzenstraße. Der Werksverkauf befindet sich auf dem Firmengelände.

CARL MERTENS

EINKAUFS-GUTSCHEIN S. 563

Mit viel Leidenschaft für traditionelle deutsche Handarbeit und herausragende Qualität, stehen die Produkte von Carl Mertens für Langlebigkeit, Funktionalität, Präzision und außergewöhnliches Design. Carl Mertens spürt auch neue Trends auf und entwickelt innovative Produkte, die der Kunde benötigt.

Solinger Qualität

Warenangebot
Bestecke, Messer, Töpfe und Pfannen sowie hochwertige Edelstahlprodukte für Küche, Tisch und Tafel in bester Qualität.

Ersparnis
1. Wahl mindestens 20 %, 2. Wahl und Sonderposten bis 70 %, Bestecke 30 %.

Ambiente
Die Verkaufsräume sind in den Betrieb integriert. Fachlich versiertes, motiviertes Personal, Parkmöglichkeiten vorhanden.

Adresse
Carl Mertens International GmbH, Krahenhöher Weg 8, 42659 Solingen-Burg, Tel.: 02 12/ 2 42 25-0, info@Carl-Mertens.com.

Öffnungszeiten
Montag bis Donnerstag 8.00 bis 16.00 Uhr. Freitag 8.00 bis 14.00 Uhr. Jeden 1. Samstag im Monat 10.00 bis 14.00 Uhr.

Anreise
A1 Köln–Wuppertal, Ausfahrt Wermelskirchen. Weiter Richtung Solingen Zentrum. Dort an der 1. großen Ampelkreuzung, am Restaurant Weidenhof „Olympia", rechts in die Schaberger Straße. Nach 250 m rechts in den Krahenhöher Weg.

Die Zwilling J. A. Henckels AG ist einer der traditionsreichsten und weltweit größten Hersteller von Kochmessern, Scheren sowie Haushaltswaren wie Kochtöpfe und Küchenhelfer, Bestecke und Beauty-Artikel.

Weltmarke Zwilling

Warenangebot
Schneidwaren aller Art mit dem Schwerpunkt auf Messern. Die gibt es in allen Arten, Typen, Breiten, Längen und Zusammenstellungen, etwa als Kochmesserset, als Messerblock usw. Dazu Bestecke, Scheren, auch für die Haut- und Nagelpflege, Maniküre-Sets u.ä. Ergänzt wird das Angebot durch hochwertiges Kochgeschirr, Töpfe, Pfannen, Bräter etc. der Marken Demeyere und Staub. Im Angebot: 1. Wahl und jetzt deutlich mehr 2.-Wahl-Ware (unterscheidet sich in der Schneidleistung nicht von der 1. Wahl, kann aber Kratzer oder Flecken haben. Volle Garantie auch auf 2. Wahl.

Ersparnis
Bei 1. Wahl nur wenig Ersparnis; 2. Wahl 30 bis 50 %.

Ambiente
Großer Fachmarkt für alles rund um die Küche und den schön gedeckten Tisch sowie Scheren. Extra-Abteilung für 2.-Wahl-Artikel. Parkplätze vor dem Haus.

Adresse
Zwilling-Shop, Grünewalder Straße 14-22/Ecke Zwillingsweg, 42657 Solingen-Höhscheid, Tel.: 02 12/88 22 92.

Öffnungszeiten
Montag bis Freitag 9.30 bis 19.00 Uhr, Samstag 9.30 bis 14.00 Uhr.

Anreise
A3, Köln-Oberhausen, Ausfahrt Solingen-Langenfeld. B229 Richtung Stadtmitte Solingen. Die B229 heißt vor dem Werk Grünewalder Straße. Der Zwillingsweg zweigt vor dem Werk rechts ab. Aus der Gegenrichtung: Werk unmittelbar nach der Bahnüberführung. Leicht erkennbar: rotes Backsteingebäude.

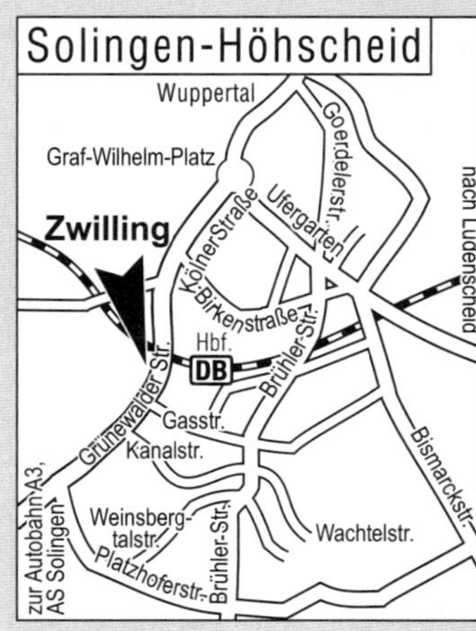

KRUPS Rowenta TEFAL

Von Solingen aus eroberte der Name Krups mit dem legendären 3-Mix in den 60er-Jahren die Weltmärkte für Elektrokleingeräte. Espresso- und Kaffeeautomaten festigten den Ruf der Premiummarke. Nachdem Krups zur Groupe SEB kam, bietet der Krups Shop zwei weitere, nicht weniger attraktive Marken an: Rowenta und Tefal.

Kleiner Shop – große Marken

Warenangebot
Alles aus dem Krups-, Rowenta- und Tefal-Sortiment: Espresso-, Kaffee- und Kombiautomaten, Wasserkocher, Toaster, Rührgeräte, Mixer, Küchenmaschinen, Friteusen, Töpfe, Pfannen, Küchen- und Personenwaagen, Elektromesser, Haarpflegegeräte, Bügeleisen, Staubsauger, Lüfter, Ventilatoren, Öfen. Im Verkauf 1B-Ware aller drei Marken, Auslaufware, Geräte mit beschädigter Verpackung.

Ersparnis
25 bis 60 %, je nach Gerät.

Ambiente
Verkauf nach Art einer Kundendienstausgabe mit Ausstellung. Da es sich hier um einen Kundendienst-Shop handelt, ist auch das gesamte Zubehör- und Ersatzteilangebot der drei Marken erhältlich. Ferner Reparaturannahme.

Adresse
Krups Shop, Nümmener Feld 10, 42719 Solingen-Wald, Tel.: 02 12/3 87-0.

Öffnungszeiten
Montag bis Mittwoch und Freitag 8.30 bis 16.30 Uhr, Donnerstag 8.30 bis 18.00 Uhr.

Anreise
A46 Düsseldorf-Wuppertal, Ausfahrt Haan-Ost. Weiter Richtung Solingen. An der Einmündung zur B224 rechts Richtung Zentrum. Nach ca. 2 km rechts in die Focherstraße nach Solingen-Wald. Die 2. Straße rechts ist das Nümmener Feld.

EINKAUFS-GUTSCHEIN S. 565

designer outlet Soltau

Direkt an der A7 zwischen den Metropolen Hamburg, Bremen und Hannover in der Lüneburger Heide gelegen, vereint das Designer Outlet Soltau über 80 Designer-Marken aus den Bereichen Mode, Sportswear sowie Accessoires, Kinderbekleidung, Schuhe und Leder – immer 30 bis 70 % günstiger.

Das Shopping-Erlebnis

Warenangebot
Breite Auswahl an Designer-, Sportswear-, Casual- und Premium-Marken wie Nike, Desigual, Gerry Weber und Tom Tailor oder Gant, Comma und Lacoste.

Ersparnis
Immer 30 bis 70 Prozent gegenüber der UVP des Herstellers.

Ambiente
Seinen besonderen Charme versprüht das Designer Outlet Soltau durch seine hochwertige Village-Architektur, in der es sich nicht nur shoppen, sondern auch entspannen lässt. Zahlreiche gastronomische Angebote und familienfreundliche Services runden das Shopping-Erlebnis ab.

Adresse
Designer Outlet Soltau, Rahrsberg 7, 29614 Soltau, Tel.: 05191/60280, info@designeroutletsoltau.com, www.designeroutletsoltau.com.

Öffnungszeiten
Montag bis Samstag 10.00 bis 20.00 Uhr. Verkaufsoffene Sonntage siehe Homepage.

Anreise
A7 Hannover–Hamburg, Ausfahrt 44 Soltau-Ost. Aus Richtung Hannover kommend links unter der AB hindurch und wieder links. Von Hamburg kommend geradeaus – in die Straße Am Hohen Kamp, beim Kreisverkehr die 3. Ausfahrt Richtung Wietzendorf, nach dem Bahnübergang rechts direkt zum Outlet.

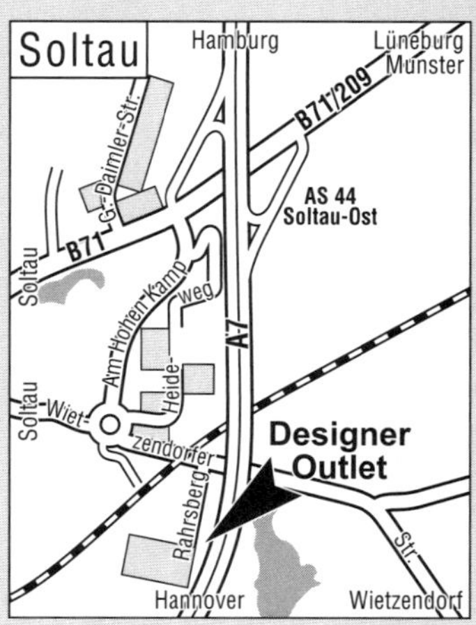

hauck

FUN FOR KIDS

Wer einen Kinderwagen, einen Autositz oder andere Produkte fürs Baby sucht, findet bei Hauck ein breit gefächertes Sortiment. Seit 1923 liegt dem Marktführer das Wohl ganzer Babygenerationen am Herzen. Alle Produkte sind TÜV- und GS-geprüft.

Absolute Schnäppchenpreise

Warenangebot
Multifunktionale Kinderwagensets, Kinderwagen, Geschwisterwagen, Dreirad-Sportwagen, Buggys, Kinderwagenzubehör, Autositze (Gruppen 0+/I/II/III), Autozubehör, Beistellbetten, Reisebetten, Türschutzgitter, Wippen.

Ersparnis
30%, bei Einzelstücken 50% und mehr.

Ambiente
1000 m² Ausstellungsfläche mit riesiger Produktauswahl. Parkplatz auf dem Firmengelände vor dem Verkauf.

Adresse
Hauck GmbH & Co. KG, Frohnlacher Straße 8, 96242 Sonnefeld, Tel.: 0 95 62/ 98 60, info@hauck.de, www.hauck.de.

Öffnungszeiten
Montag 12.00 bis 16.30 Uhr, Dienstag bis Donnerstag 10.00 bis 16.30 Uhr, Freitag 12.00 bis 16.00 Uhr, Samstag 10.00 bis 14.00 Uhr.

Anreise
A73, Ausfahrt Ebersdorf bei Coburg, auf der B303 Richtung Kronach. Das Firmengelände befindet sich gleich am Ortseingang von Sonnefeld. Nach dem Ortseingang links abbiegen und gleich wieder rechts.

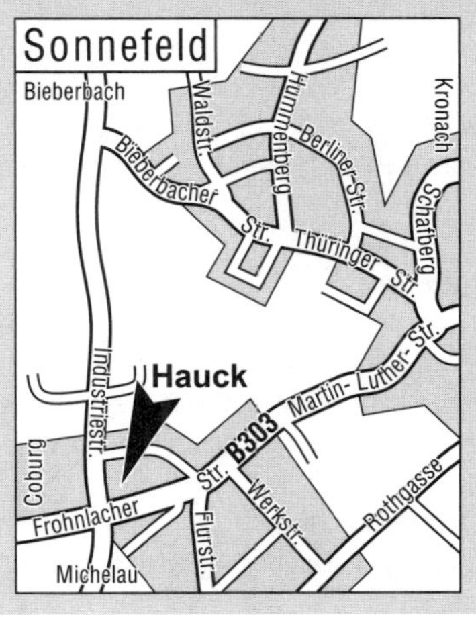

Wer mit dem Nachwuchs mobil sein will, braucht einen Kinderwagen. Bei Hartan haben Mami und Papi die Qual der Wahl. Aus der Kinderwagenproduktion des Herstellers verlassen bis zu 100 verschiedene Kinderwagenmodelle die Produktionsstätten. Diese befinden sich nicht nur in Deutschland, sondern auch in Europa, ja sogar in Übersee. Da ist für jeden Geschmack und jeden Geldbeutel was dabei.

Ein Großer der Branche

Warenangebot

1.-Wahl-Ware. Kinderwagen, Kindersportwagen, Zwillingswagen.

Ersparnis

Ca. 20 bis 30 %.

Ambiente

Großes Warenangebot im 2. Stock des Firmengebäudes, auch mit dem Aufzug zu erreichen. Man muss sich an der Pforte erkundigen, ob auch eine Verkäuferin im Verkaufsraum ist. Beratung unbedingt zu empfehlen und vorher Kinderwagen-Tests und Kauf-Tipps der Stiftung Warentest lesen. Die Kinderwagen sind nicht preisausgezeichnet, aber die Verkäuferin kennt sich gut aus. Großparkplatz.

Adresse

J. G. Hartan Kinderwagenwerk, Mühlenweg 1, 96242 Sonnefeld-Gestungshausen, Tel.: 0 92 66/96 90, www.hartan.de.

Öffnungszeiten

Montag bis Donnerstag 13.00 bis 16.00 Uhr.

Anreise

B303 Coburg–Kronach nach Sonnefeld. Ca. 3 km nach Sonnefeld links abbiegen in den Ortsteil Gestungshausen. In Richtung Ortsmitte und der Beschilderung „Kronach" folgen. Weiter auf der Kronacher Straße. Kurz vor dem Ortsende befindet sich das Firmengelände auf der rechten Seite.

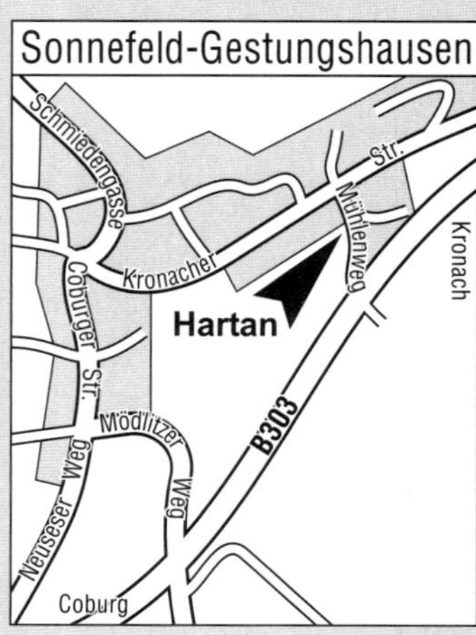

EINKAUFS-GUTSCHEIN S. 595

seidensticker

Seidensticker ist die bekannteste Hemdenmarke Deutschlands und Europas größter Hersteller für Hemden und Blusen. In jeder Faser stecken die Werte, die das Traditionsunternehmen so erfolgreich machen.

Die Welt von Seidensticker

Warenangebot
Attraktive Angebote an Hemden und Blusen der Marken Seidensticker Schwarze Rose, Camel active, Jacques Britt (nicht alle Marken in allen Outlets). Abgerundet wird das Angebot durch eine ständig wechselnde Auswahl an Krawatten, Herrenschals, Damentüchern und Manschettenknöpfen.

Ersparnis
30 bis 70 %. Ständig attraktive Angebote.

Ambiente
Gute, übersichtliche Warenpräsentation, ausreichend Parkplätze vorhanden.

Adresse
Factory Outlet Store Seidensticker, Burgsiedlung 1, 87527 Sonthofen, Tel.: 0 83 21/67 43 50, www.seidensticker.de.

Öffnungszeiten
Montag bis Freitag 10.00 bis 18.30 Uhr, Samstag 10.00 bis 16.00 Uhr.

Weitere Verkaufsstellen (Auswahl)
- 33378 **Rheda-Wiedenbrück**, Bosfelder Weg 7, Tel.: 0 52 42/40 40 44.
- 85055 **Ingolstadt-Feldkirchen**, Ingolstadt Village, Otto-Hahn-Straße 1, Tel.: 08 41/9 81 91 01.
- F-67480 **Roppenheim**, The Style Outlets, 1, Route de L'Europe.
- NL-6041 **Roermond**, Designer Outlet Roermond, Stadsweide 150.

Anreise
A7 Ulm-Füssen bis Dreieck Allgäu bei Kempten. Weiter auf der A980 bis Waltenhofen, dann auf der B19 bis Sonthofen. 1. Ausfahrt auf der B308 in Richtung Bad Hindelang abfahren und an der 6. Ampel links abbiegen.

STOFF
KONTOR

Die internationalen Stoffverlage verändern ihre Kollektionen jährlich. Die sorgfältig zusammengestellten Auslaufstoffe bilden hier eine eigene Welt schöner und edler Textilien.

Stoffe für Liebhaber

Warenangebot

Stoffe für Polstermöbel, Stühle, Bänke, Kissen, Gardinen, Vorhänge, Tischdecken etc. Die Materialien reichen von Mohair, Wolle, Leinen, Baumwolle, Seide bis hin zu Mischgeweben. Auch Stoffe für den Objektbereich. Sorgfältig zusammengestellte Reststücke von 1 m bis 20 m Länge ermöglichen ungeahnte Kombinationsvielfalt. Die Verkäufer sind Innenarchitekten und Designer mit Freude an kompetenter Beratung. Am besten Fotos, Maße und ggf. Farb- und Materialproben mitbringen.

Ersparnis

30 bis 80 %.

Ambiente

Freundliche Atmosphäre auf 220 m² Verkaufsfläche in einer ehemaligen Möbelfabrik.

Adresse

Stoffkontor, Fröbelstraße 3, 31655 Stadthagen, Tel.: 01 75/4 12 71 24, www.stoffkontor-schaumburg.de.

Öffnungszeiten

Freitag 10.00 bis 18.00 Uhr, Samstag 10.00 bis 14.00 Uhr oder nach Vereinbarung.

Anreise

Von Hannover über die A2, Ausfahrt Bad Nenndorf. Weiter auf der B65 Richtung Minden. In Stadthagen links in den Ostring, im Kreisverkehr rechts in die Habichhorster Straße. Am nächsten Kreisverkehr Richtung Bückeburg, dann nächste Straße rechts in die Schachtstraße und an der 1. Ampel rechts in die Seilerstraße fahren. Nach ca. 100 m ist die 1. Straße links die Fröbelstraße.

Von Bielefeld über die A2, Ausfahrt Bad Eilsen. Weiter über Obernkirchen, dann B65 Richtung Stadthagen.

fröscher

Die Firma Fröscher beliefert exklusiv und individuell den Büromöbelfachhandel mit Dreh-, Büro- und Konferenzstühlen sowie den entsprechenden Tischen. Nur Auslaufserien und Mustermöbel gelangen direkt an den Endverbraucher.

Erfolgreicher kommunizieren

Warenangebot
Büro- und Konferenzmöbel, Drehstühle, Stoffe etc. Angeboten werden Auslaufserien und Mustermöbel.

Ersparnis
30 bis 70 %.

Ambiente
Verkaufsraum auf dem Firmengelände. Individuelle Beratung. Parkplätze vorhanden.

Adresse
Fröscher GmbH & Co.KG, Industriestraße 28, 71711 Steinheim a.d. Murr, Tel.: 07144/204199, werksverkauf@froescher.com, www.froescher.com.

Öffnungszeiten
Siehe im Internet unter: www.froescher.com/werksverkauf oder telefonisch erfragen.

Anreise
A81 Stuttgart-Heilbronn, Ausfahrt 14 Pleidelsheim. Weiter Richtung Steinheim, Großbottwar. Nach dem 2. Tunnel links Richtung Steinheim, 1. Straße rechts abbiegen und danach die 2. wieder rechts, der Verkauf befindet sich rechts.
Ins Navigationssystem „Steinheim an der Murr", nicht die Postleitzahl eingeben.

Schütz Hemden und Blusen Gino Lombardi®

Mit über 90-jähriger Erfahrung in der Herstellung von Hemden und Blusen ist Schütz bekannt für höchste Qualität und erstklassige Verarbeitung. Die Marke Gino Lombardi steht für italienisches Design aus hochwertigen Baumwollstoffen.

Der Hemden- und Blusenprofi

Warenangebot
Herrenhemden in reiner Baumwolle und Vollzwirnhemden mit erstklassigem Tragekomfort, passend zum Anzug oder für die Freizeit, auch in bügelfreier Verarbeitung. Klassische und modische slimline-Formen, verschiedene Armlängen, Übergrößensortiment dazu die passenden Krawatten. Klassische Angebote sowie aktuelle Modetrends bei Damenblusen und Damenshirts. Alle Produkte in hochwertiger Qualität. Ware in 1. und 2. Wahl. Fehler sind gekennzeichnet.

Ersparnis
Bis zu 70 %. Bei Sonderposten Anfangspreislagen ab 5,- €.

Ambiente
Ganzjährig riesiges, gut sortiertes Warenlager. Sehr übersichtliche Warenpräsentation im Lagerstil, Artikel nach Schnitt und Größe geordnet. 2.-Wahl-Ware in separaten Regalen. Kompetente und freundliche Beratung.

Adresse
Schütz Hemden und Blusen, Schwenninger Straße 3, 72510 Stetten am kalten Markt, Tel.: 0 75 73/50 50.

Öffnungszeiten
Montag bis Donnerstag 8.00 bis 17.00 Uhr, Freitag 8.00 bis 12.00 Uhr, Samstag geschlossen.

Anreise
In Stetten auf der Hauptverkehrsstraße Richtung Schwenningen. Von der Ortsmitte kommend ist die Firma nach der Kirche (links) auf der linken Seite in der Rechtskurve (noch ca. 100 m). Achtung, die große Kirche an der Durchgangsstraße ist gemeint, nicht die kleine blaue im Ortskern.

adidas outlet

adidas ist einer der größten Sportartikelhersteller Europas und die Marke adidas ist längst Symbol für Sportkult rund um den Globus. adidas hat es geschafft, ein Gefühl von Identität mit den Großen des Sports zu vermitteln.

Drei Streifen

Warenangebot
Sportschuhe und Sportbekleidung aller Art, Sonderposten, Lagerüberhänge, Musterteile, Auslaufartikel, 2.-Wahl-Ware. Die Produktpalette ist übersichtlich nach Themen aufgebaut: Fitness, Running, Tennis, Golf, Training, Fußball, Basketball, Sportswear, Outdoor, Schwimmen, Trekkingschuhe, adidas Originals, Taschen und Reebok-Produkte.

Ersparnis
30 bis 70 %.

Ambiente
Angenehmer Verkauf auf 1000 m². Hilfsbereites Personal, übersichtliches Warenangebot, zahlreiche Umkleidekabinen.

Adresse
adidas Outlet, Ochtum Park, Bremer Straße 111, 28816 Stuhr-Brinkum bei Bremen, Tel.: 04 21/8 77 54 46.

Öffnungszeiten
Montag bis Samstag 10.00 bis 19.00 Uhr.

Weitere Verkaufsstellen (Auswahl)
- 14641 **Wustermark bei Berlin**, Designer Outlet Berlin, Alter Spandauer Weg 10, Tel.: 03 32 34/2 06 21.
- 66482 **Zweibrücken**, The Style Outlets, Londoner Bogen 10-90, Tel.: 0 63 32/47 27 35.
- 72555 **Metzingen**, Reutlinger Straße 46-54, Tel.: 0 71 23/16 24 53.
- 91074 **Herzogenaurach**, Olympiaring 2, Tel.: 0 91 32/84 20 00.

Anreise
A1 Ausfahrt Bremen-Brinkum, der Beschilderung Ochtum Park folgen. Mit öffentlichen Verkehrsmitteln ab Bremen: ZOB mit den Linien 101, 120, 150, 226 direkt nach Brinkum, Haltestelle IKEA.

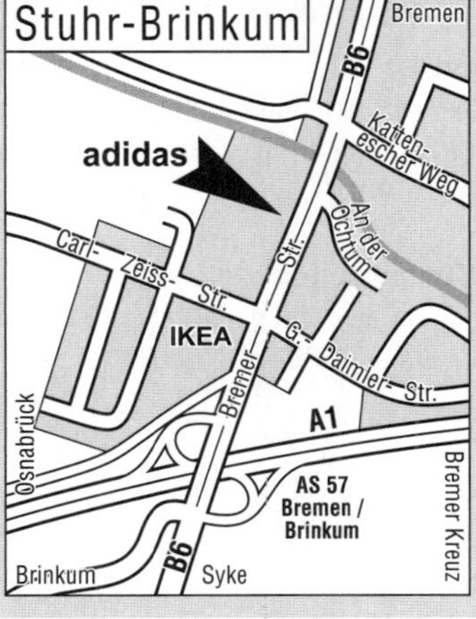

Der „Swoosh" gilt weltweit als Symbol für attraktiven Sport. Im Factory Outlet Store finden Sie eine große Auswahl an Produkten des Weltmarktführers im Sportbereich zu reduzierten Preisen.

Der Nike Swoosh

Warenangebot
Umfangreiches Sortiment an Sportbekleidung und -ausrüstung für Damen, Herren und Kinder aus den Bereichen Fußball, Running, Fitness etc. Angeboten werden Ware aus der Vorsaison, B-Ware und Musterteile.

Ersparnis
Durchschnittlich 30 %; bei besonderen Aktionen Ersparnis bis zu 70 % möglich.

Ambiente
Ca. 630 m^2 große Verkaufsfläche im Stil eines Sportgeschäfts mit Umkleidekabinen; freundliches Personal, Garantieanspruch; Umtauschmöglichkeiten.

Adresse
Nike Factory Store, Bremer Straße 109, 28816 Stuhr-Brinkum bei Bremen, Tel.: 04 21/8 40 07 60.

Öffnungszeiten
Montag bis Freitag 10.00 bis 19.00 Uhr, Samstag 10.00 bis 18.00 Uhr.

Anreise
A1 Ausfahrt Bremen-Brinkum, der Beschilderung Ochtum Park folgen. Mit öffentlichen Verkehrsmitteln ab Bremen: ZOB mit den Linien 101, 120, 150, 226 direkt nach Brinkum, Haltestelle Ochtum Park/IKEA.

Weitere Verkaufsstellen

- 38440 **Wolfsburg-Rothenfelde**, Designer Outlets Wolfsburg, An der Vorburg 1, Tel.: 0 53 61/2 76 44 04 10.
- 83451 **Piding-Mauthausen**, Lattenbergstraße 5, Piding Factory Store, Tel.: 0 86 51/7 68 02 10.
- 85055 **Ingolstadt-Feldkirchen**, Ingolstadt Village, Otto-Hahn-Straße 1, Tel.: 08 41/99 35 42 10.
- 97877 **Wertheim-Dertingen**, Wertheim Village, Almosenberg, Tel.: 0 93 42/ 85 82 80.
- A-7111 **Parndorf**, Designer Outlet Parndorf, Designer Outlet Straße 1, Tel.: 00 43/2 16/6 36 72.
- CH-1165 **Allaman**, ES Grangettes 5, Tel.: 00 41/21/8 07 49 02.
- CH-6850 **Mendrisio**, Fox Town, Via Angelo Maspoli 18, Tel.: 00 41/91/ 6 40 40 60.
- CH-7302 **Landquart**, Designer Outlet Landquart, Tardisstrasse 41, Tel.: 00 41/ 81/3 22 67 23.

- 14641 **Wustermark**, Designer Outlet Berlin, Alter Spandauer Weg 7, Tel.: 03 32 34/20 89 10.

- 66482 **Zweibrücken**, The Style Outlets, Londoner Bogen 10-90, Tel.: 0 63 32/47 94 02.

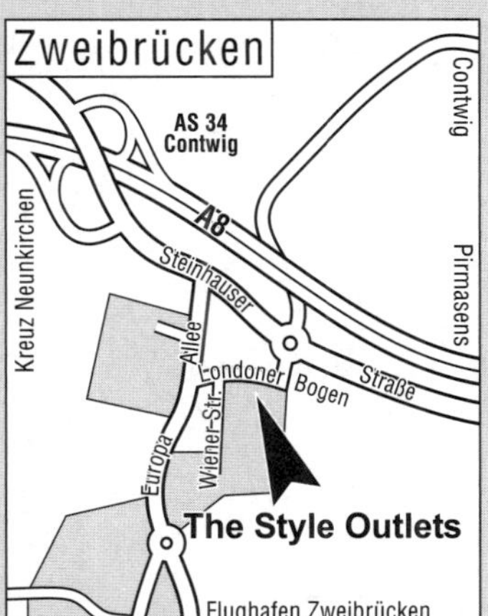

- 72555 **Metzingen**, Lindenplatz 3, Tel.: 0 71 23/88 89 70.

Seit 2002 gibt es den Ochtum Park, aus anfänglich vier Outlets sind mittlerweile über 50 geworden. Auf etwa 25.000 m² bieten über 50 Designermarken in gepflegter Atmosphäre ihre Waren an.

100 % Marke, 50 % Preis

Warenangebot

Mode, Freizeitbekleidung, Outdoor- und Sportartikel, Kinderbekleidung, Tag- und Nachtwäsche, Schuhe, Accessoires, Haushaltswaren, Bettwaren, Kosmetik. Unter anderem folgende Marken: Adidas, Jack & Jones, Mustang, Marc O'Polo, McTrek, Nike, Tommy Hilfiger, Lindt, WMF, Esprit, Schiesser, Puma, Marvelis, Brax, Levi's, Home & Cook, Betty Barclay, Tom Tailor, Tom Tailor Kids, Daniel Hechter, Gerry Weber, Crocs, Seidensticker, s.Oliver, Asics, Lacoste, Fossil, Mavi, Estella, Kneipp, Street One, Samsonite, The Beauty Spot, sigikid, Triumph, Wellensteyn und Watch Station.

Ersparnis

30 bis 70 %. Zum Saisonende sind die Preise zusätzlich reduziert.

Ambiente

Ca. 50 Marken im Center, die Shops sind zwischen 120 m² und 4700 m² groß. 2400 kostenlose Parkplätze. Mc Donald's, Burger King, ein italienisches Restaurant, Park Café, Tankstelle und E-Tankstelle, EC-Automat.

Adresse

Ochtum Park, Bremer Straße 103-117c, 28816 Stuhr-Brinkum bei Bremen, Telefonnummern der einzelnen Shops finden Sie im Internet unter www.ochtumpark.de.

Öffnungszeiten

Montag bis Freitag 10.00 bis 19.00 Uhr, Samstag 10.00 bis 18.00 Uhr.

Anreise

A1 Ausfahrt Bremen-Brinkum, der Beschilderung Ochtum Park folgen. Mit öffentlichen Verkehrsmitteln von Bremen aus: ZOB mit den Linien 101, 102, 120, 150, 226 direkt nach Brinkum, Haltestelle Ochtum Park/Ikea.

Mercedes-Benz

Im Großraum Stuttgart kennt fast jeder einen, der „beim Daimler schafft", und der hat auch einen Jahreswagen. Doch manche Autofahrer, die einen Jahreswagen mit Stern haben wollen, möchten sich nicht immer am Geschmack und der PS-Zahl ihres Nachbarn orientieren. Es soll aber auch langfristige Bestellungen beim Mercedes-Nachbarn geben. Andere gehen zum Jahreswagenhändler oder studieren gern seitenlange Anzeigen mit Jahreswagen in der Zeitung. Es gibt aber noch eine Alternative: Mercedes-Benz bietet einen eigenen Jahreswagenverkauf an. Über eine gebührenfreie Telefonnummer erreichen Sie kompetente Ansprechpartner.

Mercedes-Jahreswagen

Warenangebot
In Stuttgart-Wangen stehen manchmal nur 15 Jahreswagen. Aber im Computer wird es einem schwindelig vor Sternen. Ständig bis zu 50.000 Autos.

Ersparnis
Bei Jahreswagen gibt es natürlich ebenso unterschiedliche Ausstattungen wie bei Neuwagen. Je nach Typ und Marktgängigkeit liegt die Ersparnis bei 20 bis 35 %.

Adresse
Mercedes-Benz, Niederlassung Stuttgart – Jahreswagenverkauf, Ulmer Straße 196, 70188 Stuttgart-Wangen, Tel.: 08 00/9 87 98 76 (gebührenfrei) und 07 11/2 59 04 99, www.mercedes-benz.de.

Öffnungszeiten/Erreichbarkeit
Montag bis Freitag 9.00 bis 18.30 Uhr, Samstag 9.00 bis 16.00 Uhr.

Anreise
Verkauf im Stuttgarter Osten. Von Stuttgart-Mitte über Gaisburg nach Wangen. Die Ulmer Straße ist die Hauptdurchgangsstraße.

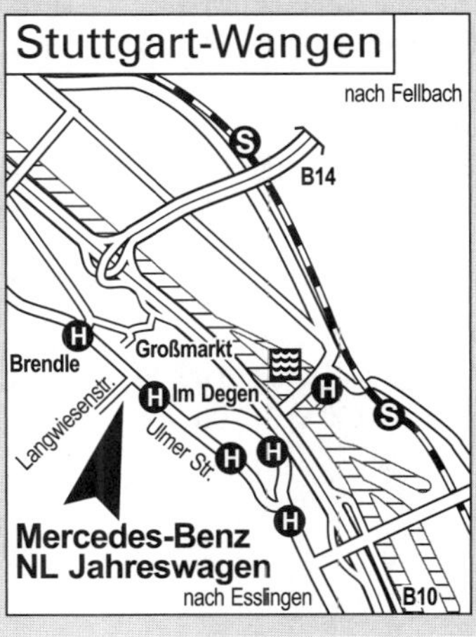

LLOYD
GERMANY

1888 in Bremen gegründet, perfektioniert Lloyd seit mehr als 125 Jahren die Herstellung besonderer und wertvoller Schuhe. Unverkennbar sind Lloyd Schuhe durch ihr Markenzeichen, der rote Streifen im Absatz.

Der Klassiker

Warenangebot
Großes Angebot an Herren- und Damenschuhen. Auch große Größen (Herren bis 50, Damen bis 43) sowie extra weite Schuhe in guter Auswahl. Zusätzlich: Schuhpflegemittel, Herrentextilien, Gürtel, Strümpfe, Damen- und Herrentaschen, Reisegepäck, Accessoires und Kleinlederwaren.

Ersparnis
Bei Schuhen mindestens 30 %, sonstiges Angebot 20 bis 30 %.

Ambiente
Riesenauswahl, übersichtlich geordnet, Beratung und Bedienung. Parkplätze vorhanden. Keine Kreditkartenzahlung.

Adresse
Lloyd Shoes GmbH, Hans-Hermann-Meyer-Straße 1, 27232 Sulingen, Tel.: 0 42 71/94 00.

Öffnungszeiten
Montag bis Freitag 9.00 bis 19.00 Uhr, Samstag 9.00 bis 18.00 Uhr.

Weitere Verkaufsstellen (Auswahl)
- 14641 **Wustermark bei Berlin**, Designer Outlet Berlin, Alter Spandauer Weg 1, Unit 17-19. Montag bis Donnerstag 10.00 bis 19.00 Uhr, Freitag und Samstag 10.00 bis 20.00 Uhr.
- 36275 **Kirchheim**, Hauptstraße 2d. Montag bis Samstag 10.00 bis 19.00 Uhr.

Anreise
Der Verkauf liegt am westlichen Stadtrand von Sulingen, im Kreuzungsbereich der B61 und B214 und ist gut ausgeschildert.

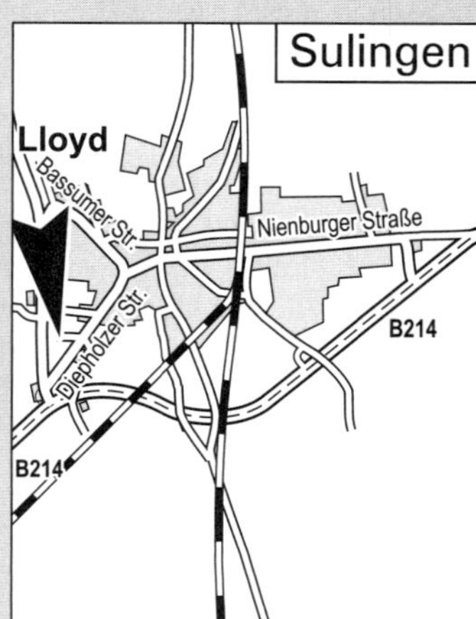

Weitere Verkaufsstellen (Auswahl)

- 72555 **Metzingen**, Mühlstraße 2. Montag bis Freitag 10.00 bis 20.00 Uhr, Samstag 9.00 bis 20.00 Uhr.
- 97877 **Wertheim-Dertingen**, Wertheim Village, Almosenberg. Montag bis Samstag 10.00 bis 20.00 Uhr.
- A-7111 **Parndorf**, Designer Outlet Parndorf, Designer Outlet Straße 1. Montag bis Donnerstag 9.30 bis 19.00 Uhr, Freitag 9.30 bis 21.00 Uhr, Samstag 9.00 bis 18.00 Uhr.
- NL-6041 **Roermond**, Designer Outlet Roermond, Stadsweide 300. Montag bis Sonntag 10.00 bis 20.00 Uhr.

- 66482 **Zweibrücken**, The Style Outlets, Londoner Bogen 10-90. Montag bis Samstag 10.00 bis 19.00 Uhr.

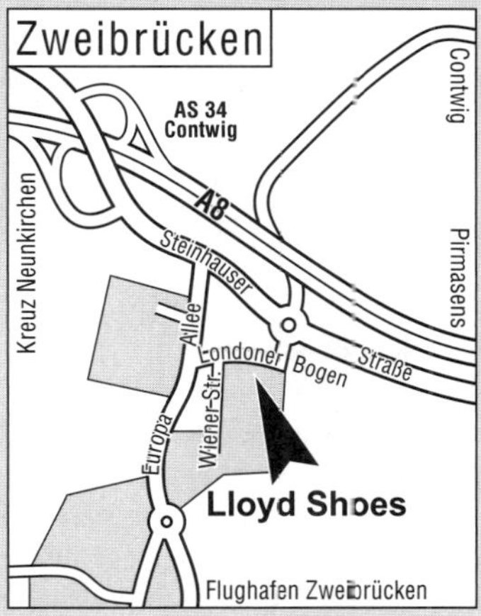

- 85055 **Ingolstadt-Feldkirchen**, Ingolstadt Village, Otto-Hahn-Straße 1. Montag bis Samstag 10.00 bis 20.00 Uhr.

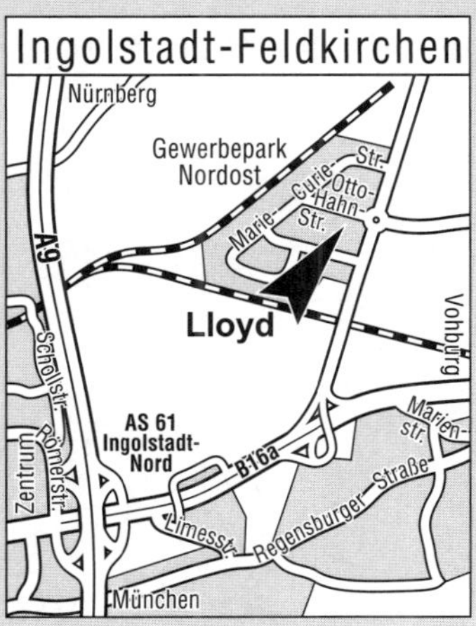

- I-39041 **Brennero**, Outlet Center Brenner, St.-Valentin-Straße 9/A. Montag bis Sonntag 10.00 bis 19.00 Uhr.

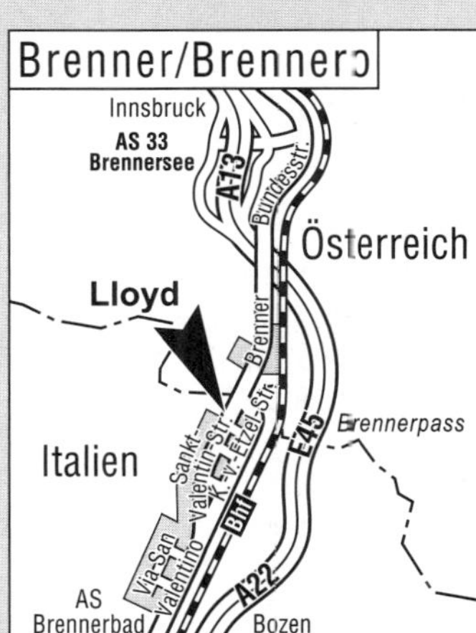

HILTL

GERMAN FOR FINEST TROUSERS

Seit 1955 arbeitet HILTL daran, die besten Herrenhosen der Welt zu schneidern. Mit kompromissloser Qualität, exklusiv für HILTL angefertigten Spezialmaschinen und den besten Nähereien Europas. Und mit einem ausgetüftelten Schnittsystem, das für jede Passform und Beinlänge den perfekten Sitz ermöglicht. Noch heute wird am Unternehmensstandort gefertigt.

Hosenmanufaktur seit 1955

Warenangebot
Hochwertige und moderne Hosen, die im Alltag ideale Begleiter zu Sakko, Weste und Krawatte sind, aber ebenso in der Freizeit perfekt kombiniert werden können. Im Fabrikverkauf gibt es ein breites Angebot an Baumwollhosen, Jeans und Wollhosen - abgerundet durch Gürtel, Hemden, Poloshirts und Pullover.

Ersparnis
Immer Aktionsartikel und Einzelteile mit 35 bis 60% Nachlass.

Ambiente
Verkaufsraum mit Lageratmosphäre. Kompetente Beratung.

Adresse
Fritz HILTL Hosenfabrik GmbH & Co. KG, Asamstraße 6, 92237 Sulzbach-Rosenberg, Tel.: 09661/57-0, fabrikverkauf@hiltl.de, www.hiltl.de.

Öffnungszeiten
Donnerstag und Freitag, 13.00 bis 16.00 Uhr, Samstag 9.00 bis 13.00 Uhr.

Anreise
A6 Nürnberg–Amberg, Ausfahrt Sulzbach-Rosenberg. Weiter Richtung Sulzbach-Rosenberg, die Landstraße wird im Ort zur B14. Der Verkauf befindet sich nach der Bahnunterführung in der 2. Straße links.

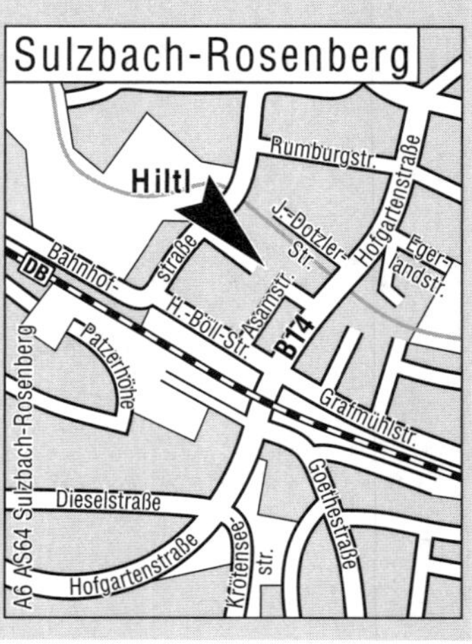

Zu den Marken, die echten Glanz in jede Küche bringen und die wegen ihrer schönen Produkte weit über Deutschland hinaus bekannt sind, gehört Schulte-Ufer. Die Qualität von Schulte-Ufer hat dafür gesorgt, dass diese Marke sozusagen Abonnent von besten Testergebnissen bei der Stiftung Warentest ist.

Edles für die Küche

Warenangebot

Kochtöpfe, Bratpfannen, Schnellkoch- und Thermotöpfe zum Energiesparen, Bräter, Spaghettitöpfe, Entsafter, Dämpfer, Woks, Fonduegeräte, Kessel, Koch- und Backzubehör (inkl. Bücher), Green-Life-Artikel. Produkte in 1. und 2. Wahl, einzeln oder im Set.

Ersparnis

Bei 1. Wahl wenig Ersparnis. Bei 2. Wahl (Kratzer, kleine vom Laien nicht erkennbare Fehler, aber mit Garantie) bis zu 65 %.

Ambiente

Schön eingerichteter Laden nahe des Fabrikgebäudes. Zwei Räume, übersichtlich, liebevoll aufgebautes Angebot. Verkäufer, die ihre Produkte spürbar mögen.

Adresse

Josef Schulte-Ufer KG, Hauptstraße 60, 59846 Sundern, Tel.: 0 29 33/9 81-2 69.

Öffnungszeiten

Montag, Dienstag, Donnerstag und Freitag 9.00 bis 12.00 und 15.00 bis 18.00 Uhr, Mittwoch 9.00 bis 12.00 Uhr, Samstag 10.00 bis 13.00 Uhr. Während der Schulferien in NRW nur Samstag 10.00 bis 13.00 Uhr.

Anreise

A44 Dortmund-Kassel, am Kreuz Werl auf die A445, später A46 Richtung Arnsberg bis Ausfahrt 64, Hüsten. Weiter über die B229 Richtung Balve bis Arnsberg-Hachen. Dort links Richtung Sundern. In Sundern halb rechts in die Grünewaldstraße und über den Kreisverkehr weiter in die Hauptstraße.

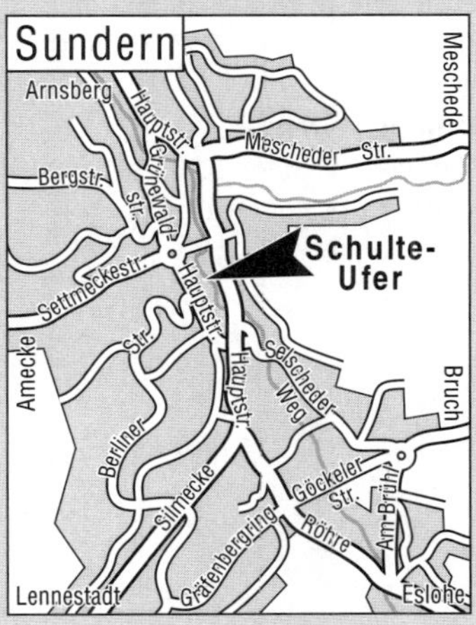

SEVERIN

willkommen zu hause

Seit mehr als 60 Jahren fertigt und vertreibt Severin Elektrokleingeräte. Über 200 verschiedene Elektrogeräte befinden sich im Lieferprogramm des Unternehmens aus dem Sauerland. Rund 1800 Mitarbeiter sind weltweit bei Severin beschäftigt.

Kompetente Begleiter

Warenangebot
Elektrokleingeräte wie Kaffeemaschinen, Raclettegeräte, Waffeleisen, Eierkocher, elektrische Barbecue-Grills, Toaster, Wasserkocher. Die Geräte sind vom Design aufeinander abgestimmt.

Ersparnis
Etwa 15 bis 25 %.

Ambiente
Übersichtliches Ladengeschäft mit guter Warenplatzierung.

Adresse
Severin Elektrogeräte GmbH, Röhre 27, 59846 Sundern, Tel.: 0 29 33/98 20.

Öffnungszeiten
Montag bis Freitag 10.00 bis 18.00 Uhr, Samstag 10.00 bis 16.00 Uhr.

Anreise
A44 Dortmund-Kassel, am Kreuz Werl auf die A445, später A46 Richtung Arnsberg bis Ausfahrt 64, Hüsten. Weiter über die B229 Richtung Balve bis Arnsberg-Hachen. Dort links Richtung Sundern. Im Ort einmal links Richtung Eslohe abbiegen. Der Verkauf befindet sich am Ortsende auf der linken Seite.

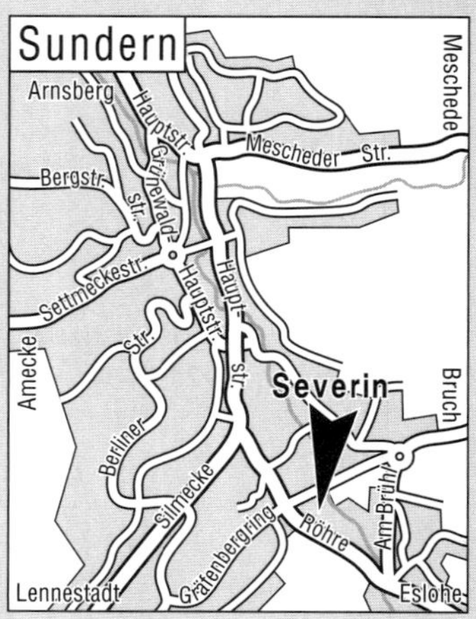

himolla

Einer der renommiertesten Polstermöbelhersteller in Europa: hochwertige Polstermöbel – eine wahre Fundgrube.

Der Polstermöbel-Riese

Warenangebot
Polstermöbel, die als Fotostücke, Messegarnituren oder Ausstellungsstücke gedient haben: Einzelsofas und -sessel sowie komplette Garnituren.

Ersparnis
Bei Garnituren 30 bis 50 %, Einzelstücke sind oft so günstig, dass nicht einmal der Materialwert ersetzt wird.

Ambiente
Sehr gute Beratung, großes Angebot, helle, übersichtliche Ausstellung, Parkplätze vor dem Haus.

Besonderheiten
Innerhalb Deutschlands können die Möbel auch zugestellt werden.

Adresse
Himolla-Polstermöbel GmbH, ZV-Lager-Verkauf, Schlossfeldstraße, 84416 Taufkirchen/Vils, Tel.: 0 80 84/2 52 36.

Öffnungszeiten
Montag, Dienstag, Donnerstag, Freitag 12.45 bis 18.00 Uhr, Samstag 9.00 bis 13.00 Uhr. Mittwoch geschlossen. Betriebsferien im August.

Anreise
Taufkirchen liegt südlich von Landshut. In Taufkirchen orientiert man sich Richtung Landshut, am Kreisverkehr zweimal rechts in die Schlossfeldstraße. Der Verkauf kommt nach ca. 200 m links, hinter Deichmann Schuhe. Vorsicht! Das Werk und die Verwaltung sind in der Landshuter Straße. Dort kein Verkauf.

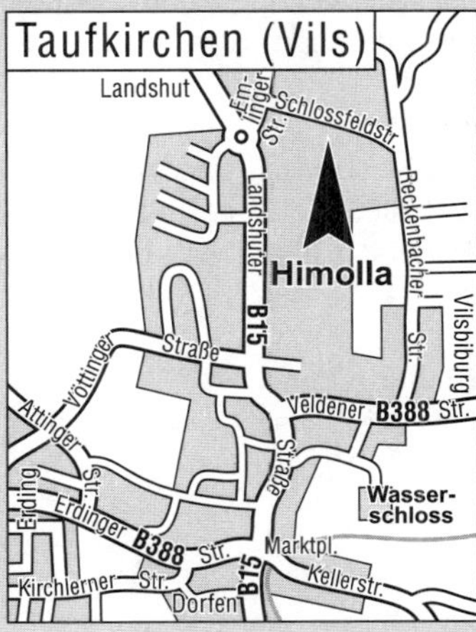

VAUDE

The Spirit of Mountain Sports

Vaude ist Europas umweltfreundlicher Outdoor-Ausrüster mit funktionellen, durchdachten Produkten für Berg, Bike und Stadt.

Der Outdoor-Spezialist

Warenangebot

Trekking- und Outdoor-Bekleidung, Kinder-Outdoor-Bekleidung, Radsportbekleidung und -ausrüstung, Schlafsäcke, Zelte, Wander- und Trekkingschuhe, Rucksäcke, Taschen, Mützen und Handschuhe.

Ersparnis

30 bis 70 %, bei Aktionen auch mehr.

Ambiente

Große Auswahl und gute Beratung auf über 400 m² Verkaufsfläche. Ware übersichtlich präsentiert. Von Ostern bis Mitte Oktober lockt das Schnäppchenzelt vor dem Fabrikverkauf mit zusätzlich reduzierten Angeboten. Umtausch gegen Vorlage des Kassenbons.

Adresse

Vaude Fabrikverkauf, Siggenweiler Straße 25, 88069 Tettnang-Obereisenbach, Tel.: 0 75 42/93 14 00, www.outlet.vaude.com.

Öffnungszeiten

Montag bis Freitag 10.00 bis 19.30 Uhr, Samstag 10.00 bis 18.00 Uhr.

Weitere Verkaufsstelle

- 72555 **Metzingen**, Galizia Fashion Plaza, Mühlstraße 2, Tel.: 0 71 23/ 92 56 98.

Anreise

B30 Ravensburg-Friedrichshafen nach Tettnang. Dort zunächst Richtung Wangen bis zur Beschilderung „Bodnegg". Weiter Richtung Bodnegg. Ca. 5 km nach Tettnang kommt man nach Obereisenbach. Vaude direkt am Ortseingang rechts.

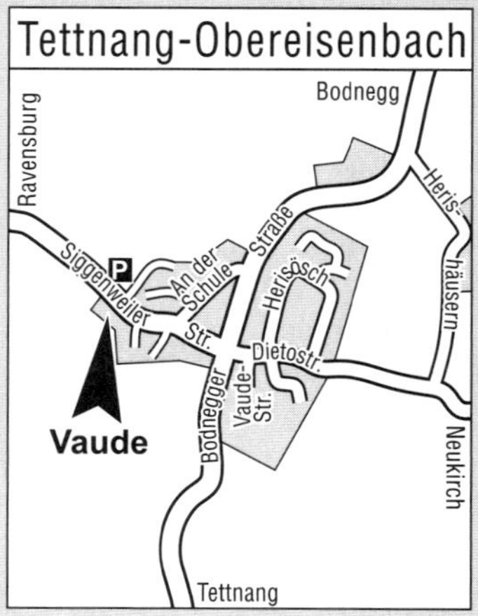

Porzellanhersteller

Aelteste Volkstedter Porzellanmanufaktur GmbH, Breitscheidstraße 7, 07407 Rudolstadt-Volkstedt, Tel.: 0 36 72/4 80 20. November bis April: Montag bis Freitag 10.00 bis 17.00 Uhr. Mai bis Oktober: Montag bis Freitag 10.00 bis 18.00 Uhr, Samstag 10.00 bis 15.00 Uhr.

Neue Porzellanfabrik Ilmenau, Am Eichicht 1, 98693 Ilmenau, Tel.: 0 36 77/65 10. Montag bis Freitag 10.00 bis 17.00 Uhr.

Könitz Porzellan GmbH, Bahnhofstraße 2, 07333 Könitz, Tel.: 03 67 32/34 40. Montag bis Freitag 9.00 bis 17.00 Uhr, Samstag 10.00 bis 16.00 Uhr.

Porzellanmanufaktur Reichenbach GmbH, Fabrikstraße 29, 07629 Reichenbach, Tel.: 03 66 01/8 80. Montag bis Freitag 9.00 bis 17.00 Uhr, Samstag 9.00 bis 13.00 Uhr.

Glas- und Porzellanmalerei Schneider, Heinz Schneider, Marienstraße 25, 07389 Ranis, Tel.: 0 36 47/41 52 99. Montag bis Freitag 10.00 bis 18.00 Uhr sowie nach Absprache.

Neue Porzellanfabrik Triptis GmbH, Puschkinstraße 12, 07819 Triptis, Tel.: 03 64 82/88 49 22. Montag bis Freitag 9.00 bis 18.00 Uhr, Samstag 9.00 bis 13.00 Uhr.

Wagner & Apel GmbH Porzellanfiguren Lippelsdorf, Lippelsdorf Nr. 54, 98743 Gräfenthal, Tel.: 03 67 01/ 6 10 71. Montag bis Freitag 9.00 bis 17.00 Uhr, Samstag, Sonntag nach Anmeldung.

Weimar Porzellan GmbH, Christian-Speck-Straße 5, 99444 Blankenhain, Tel.: 03 64 59/6 01 94. Montag bis Freitag 9.00 bis 18.00 Uhr, Samstag 9.00 bis 16.00 Uhr.

Wallendorfer Porzellan, Kirchweg 1, 98739 Lichte-Wallendorf, Tel.: 03 67 01/ 6 90. Montag bis Freitag 10.00 bis 17.00 Uhr.

Weitere Informationen im Internet unter www.thueringerporzellanstrasse.de.

HATICO pure

Hatico ist als Hemdenhersteller bekannt für hochwertige und topmodische Qualitätshemden. Der Fabrikverkauf ist ständig mit bis zu 10.000 Hemden für alle Wünsche bestens sortiert. Angeboten werden die Marken: Hatico, Hatico Super Cotton, pure, jupiter und Leonardo.

Oberpfälzer Hemdenparadies

Warenangebot
Riesige Auswahl an Hemden, ein Drittel davon aktuelle 1.-Wahl-Ware, zwei Drittel 2.-Wahl-Ware. Auch Sonderposten. Große Auswahl bei Übergrößen. Hosen, Anzüge, Strickwaren, Krawatten, Gürtel, Accessoires, Socken, Tag- und Nachtwäsche, T-Shirts, Poloshirts.

Ersparnis
1.-Wahl-Ware ca. 30 bis 50 %, 2.-Wahl-Ware, Sonderposten und Saison-Auslaufware bis zu 75 %.

Ambiente
Großer, heller Verkaufsraum, Top-Übersicht, Kaffee-Ecke und Kinderspieltisch. Zwei Umkleidekabinen, freundliches Verkaufspersonal.

Adresse
Hatico Werksverkauf, Bahnhofstraße 23, 95643 Tirschenreuth, Tel.: 09631/607-188.

Öffnungszeiten
Montag bis Freitag 9.00 bis 18.00 Uhr, Samstag 9.00 bis 13.00 Uhr.

Anreise
Von Weiden kommend auf der B15 nach Tirschenreuth, Richtung Mitterteich-Hof. Ab Ortsschild Tirschenreuth noch ca. 1,5 km weiter.

Silit
KOCHEXPERTEN. SEIT 1920.

NAOT

In Torgau gibt es auch Produkte der Marken Silit und Naot zum Outletpreis. Der Kibbutz Naot Mordechai gründete 1942 die Schuhfabrik Naot, die zunächst nur einfache Arbeitsschuhe und Sandalen herstellte. Sie entwickelte sich in Israel zum Marktführer und größten Schuhexporteur.

Outletcenter in Torgau

Warenangebot
Haushaltswaren der Marken Silit, Kaiser, Alfi und Zwilling. Damen- und Herrenschuhe, Taschen sowie Accessoires von Naot.

Ersparnis
30 bis 50%.

Ambiente
Kleines Factory Outlet Center. Ausreichend Parkplätze vorhanden.

Adresse
Outlet Center Torgau, Hafenstraße 2/4, 04860 Torgau, Tel.: Vorwahl: 03421 Silit: 703150, Naama Naot: 775985, silit-shop-torgau@silit.de.

Öffnungszeiten
Montag bis Freitag 9.30 bis 18.00 Uhr, Samstag 9.30 bis 15.00 Uhr.

Anreise
A14 Halle-Döbeln, Ausfahrt Taucha. Auf der B87 Richtung Herzberg.

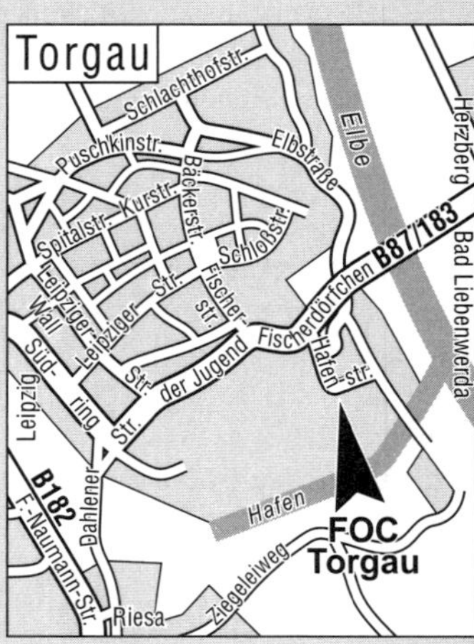

Villeroy & Boch
1748

Das 1748 gegründete Unternehmen hat sich zu einem der bedeutendsten Keramikhersteller der Welt entwickelt. Die Marke Villeroy & Boch bürgt für Qualität und gutes Design, eine Marke mit Ausstrahlung und Prestige.

Tischkultur komplett

Warenangebot
Vollsortiment für den gedeckten Tisch. Tafelgeschirr in vielfältiger Materialauswahl (Premium Bone Porcelain, Premium Porcelain, Hartporzellan), Gläser, Bestecke, Tisch- und Wohnaccessoires. Alle Teile auch einzeln. Silit-Shop nebenan.

Ersparnis
30 bis 40 % beim regulären Sortiment. Auslaufdekore und Restposten bis 70 %.

Ambiente
Spezialgeschäft für Porzellan, Besteck, Accessoires (ganzjährig auch für Weihnachten) und Fundgrube. Ansprechende Atmosphäre, fachkundige Beratung.

Adresse
Villeroy & Boch Factory Outlet Torgau, Hafenstraße 2-4, 04860 Torgau, Tel.: 0 34 21/74 01 78, foc.torgau@villeroy-boch.com.

Öffnungszeiten
Montag bis Freitag 9.30 bis 18.00 Uhr, Samstag 9.30 bis 15.00 Uhr.

Weitere Verkaufsstellen (Auswahl)
- 14641 **Wustermark bei Berlin**, Designer Outlet Berlin, Alter Spandauer Weg 1, Tel.: 03 32 34/2 06 77.
- 24539 **Neumünster-Wittorf**, Designer Outlet Center Neumünster, Oderstraße 10, Tel.: 0 43 21/4 89 68 54.
- 66482 **Zweibrücken**, The Style Outlets, Londoner Bogen 10-90, Tel.: 0 63 32/ 47 99 62.
- 66693 **Mettlach**, Freiherr-vom-Stein-Straße 4-6, Tel.: 0 68 64/20 31.
- 95100 **Selb**, Vielitzer Straße 26, Tel.: 0 92 87/99 80 70.

Anreise
A14 Halle-Döbeln, Ausfahrt Taucha. Auf der B87 Richtung Herzberg.

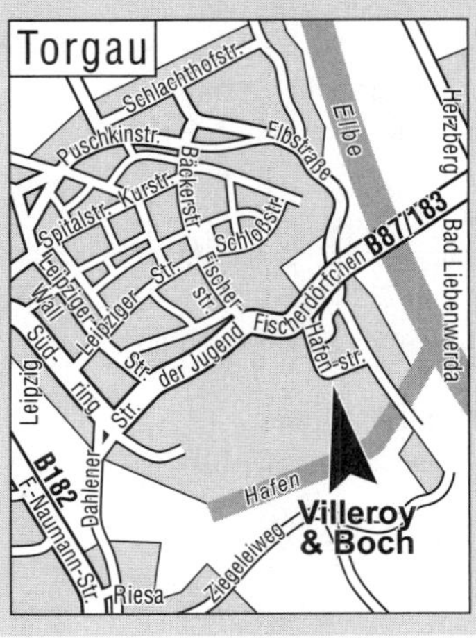

ROMIKA®

„Erleben & Staunen – Einkaufen & Sparen – Wohlfühlen & Genießen!" So lautet der neue Slogan der Romika-Erlebniswelt. In Trier erwartet die Romika Shoes GmbH, ein Unternehmen der Josef-Seibel-Gruppe, ihre Besucher mit einem Erlebniskonzept rund um das Thema Schuhe.

World of Romika

Warenangebot
Hohe Qualität zu attraktiven Sonderpreisen für Damen, Herren und Kinder. Haus- und Freizeitschuhe, Sportschuhe, Stiefel und Sandalen der Marken Romika, Romikids und Westland.

Ersparnis
Ganzjährig ca. 30 bis 70 % auf die Kollektionen der Marken Romika, Romikids und Westland.

Ambiente
Eigene Erlebnisgastronomie „Romikulum" mit stilvollem Restaurant (150 Plätze) und schönem Biergarten (450 Plätze), viele Sport- und Freizeitmöglichkeiten, Kinderspielplatz. Großes kostenloses Parkplatzangebot auf dem Gelände.

Adresse
Romika Shoes GmbH, Metternichstraße 35, 54292 Trier, Tel.: 06 51/20 44 63, info@romika.de, www.romika.de.

Öffnungszeiten
Montag bis Samstag 10.00 bis 18.00 Uhr.

Anreise
A1 bis Autobahndreieck Moseltal, dort auf die A602 Richtung Trier, Ausfahrt Verteilerkreis Trier-Nord, 3. Ausfahrt: Trier-Ruwer. Nach ca. 20 m Straße rechts in die Dasbachstraße. Am Ende der Dasbachstraße rechts in die Metternichstraße. „World of Romika" nach etwa 50 m links.

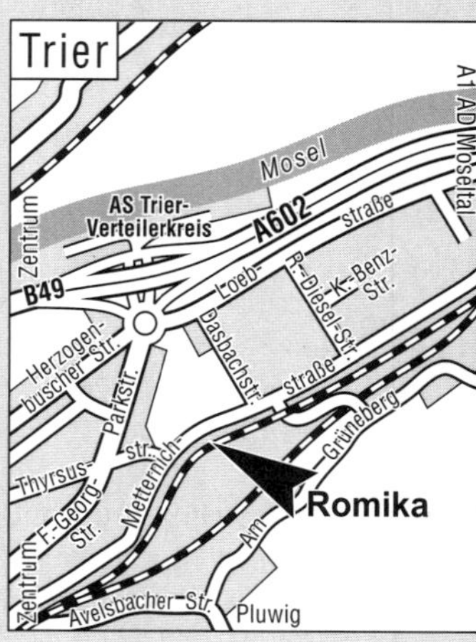

RÖSCH
CREATIVECULTURE

FÉRAUD
PARIS

Die Marken Rösch, Féraud Paris und Blanche Fleur sind bekannt für Beachwear, Homewear und Lingerie in bester Qualität.

Spitzenträume aus 1001 Nacht

Warenangebot
Schlafanzüge, Nachthemden, Morgenmäntel, Bademoden und Strandkleider, Frottierwaren, T-Shirts, Tagwäsche, BHs, Slips, Strings.

Ersparnis
Edle Stücke aus den Musterkollektionen sehr preisgünstig. Im Schnitt Ersparnis um 30%; bei Angeboten und Musterware bis 70%.

Ambiente
Übersichtlicher Verkaufsraum mit Umkleidekabinen, fachkundige, freundliche Bedienung.

Adresse
Gerhard Rösch GmbH, Schaffhausenstraße 101, 72072 Tübingen, Tel.: 0 70 71/ 15 31 95, fabrikverkauf@gerhard-roesch.de.

Öffnungszeiten
Montag bis Freitag 10.00 bis 18.30 Uhr, Samstag 9.00 bis 16.00 Uhr.

Weitere Verkaufsstellen
- 70806 **Kornwestheim**, Stammheimer Straße 10, Tel.: 0 71 54/8 05 79 14.
- 89407 **Dillingen**, Johannes-Scheiffele-Straße 11, Tel.: 0 90 71/58 07 30.

Anreise
A8 Stuttgart-München, Ausfahrt Stuttgart-Degerloch, B27 Richtung Tübingen, Ausfahrt „Unterer Wert".

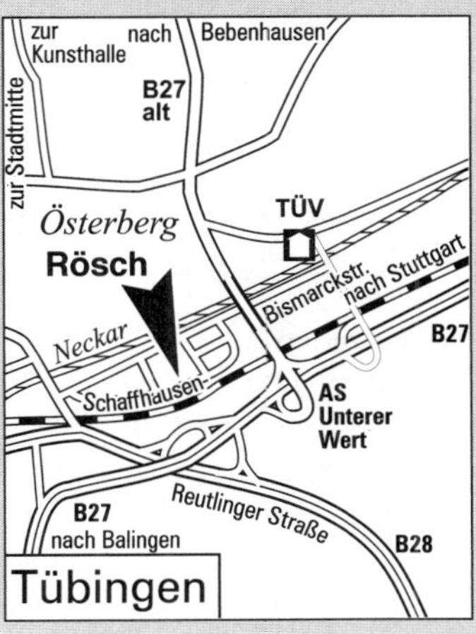

ORWELL

Die Marke Orwell ist viel mehr als ein erfolgreiches Hosenprogramm, das vor allem mit Strechanteilen die berufstätige Frau zwischen 25 und 45 Jahren anspricht. Die Hose hat Zuwachs bekommen, wurde um Oberteile ergänzt und gilt heute im gehobenen DOB-Markt als eine anerkannte Marke. Die Kollektionen zeigen einen klaren, unverwechselbaren Stil, sind erstklassig verarbeitet und aus hochwertigen Materialien gefertigt.

Mode mit Niveau

Warenangebot
Hosen, Blusen, Jacken, Outdoor-Jacken, Röcke, Kleider, Sets, Strickwaren, Shirts, Accessoires wie Schals und Gürtel.

Ersparnis
Modische Ware aus der Vorsaison mit 50 % Ersparnis. Die Ware liegt im hochpreisigen Segment.

Ambiente
Großzügige Verkaufsfläche in der galerieartigen Atmosphäre eines Loftgebäudes. Freundliche und kompetente Beratung.

Adresse
Orwell Fabrikverkauf, Bahnhofstraße 8, 76698 Ubstadt-Weiher, www.orwell.com.

Öffnungszeiten
Mittwoch bis Freitag 10.00 bis 17.00 Uhr, Samstag 10.00 bis 15.00 Uhr.

Anreise
A5 Karlsruhe–Mannheim, Ausfahrt Bruchsal. Die B35 weiter in Richtung Bruchsal und dann in Richtung Ubstadt-Weiher. Der Verkauf befindet sich in der Bahnhofstraße.

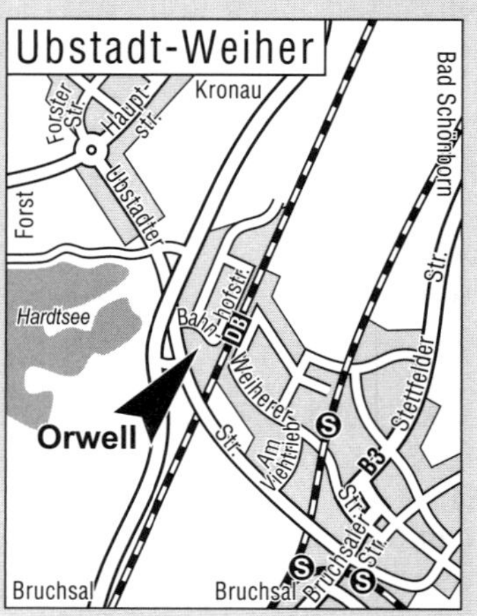

Fakir
HAUSGERÄTE

Die Fakir-Hausgeräte GmbH produziert qualitativ hochwertige und zuverlässige elektronische Haushaltsgeräte. Von Bodenreinigungs- und Bodenpflegegeräten über Dampfreiniger, Bügelstationen, Akkusauger, Klima- und Luftreinigungsgeräten bis hin zu Ventilatoren und Heizgeräten gibt es hier für jede Gelegenheit das Gerät, das Ihnen die Arbeit erleichtert.

Aus Liebe zum Raum

Warenangebot
2.-Wahl-Geräte sowie Auslaufmodelle und Restposten aber auch Neugeräte. Bodenstaubsauger, Kombisauger, Beutellosstaubsauger, Akkusauger, Handstaubsauger, Staub- und Wassersauger, Bohnergeräte, Dampfreiniger, Klima- und Luftreinigungsgeräte, Ventilatoren, Heizgeräte.

Ersparnis
Ca. 20 bis 70 %.

Ambiente
Ausstellungsraum mit Schnäppchenmarkt. Zuvorkommende und kompetente Beratung.

Adresse
Fakir Hausgeräte GmbH, Industriestraße 6, 71665 Vaihingen/Enz-Kleinglattbach, Tel.: 0 70 42/9 12-0, info@fakir.de, www.fakir.de und www.fakirshop.de.

Öffnungszeiten
Montag, Dienstag und Donnerstag 8.00 bis 12.00 und 12.30 bis 16.30 Uhr, Mittwoch 8.00 bis 12.00 und 12.30 bis 17.30 Uhr, Freitag 8.00 bis 13.00 Uhr.

Anreise
A5 von Frankfurt kommend bis Ausfahrt Bruchsal, auf der B35 Richtung Stuttgart. Am Illinger Eck auf die B10 Richtung Stuttgart. Nach ca. 3 km links Richtung Vaihingen/Enz. Nach ca. 2 km am Kreisverkehr rechts nach Kleinglattbach. Nach ca. 2 km unter der Brücke links in die Industriestraße. Firma nach 150 m rechts. Auf der A5/A8 von Karlsruhe her kommend: A8 Richtung Stuttgart bis Pforzheim-Ost. Auf die B10 Richtung Stuttgart.

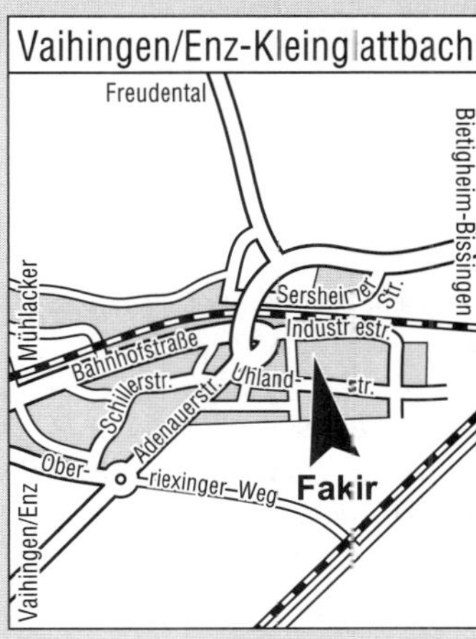

Gummi Bären Land®

Premium-Qualität zu Outlet-Preisen. Im Fabrikverkauf der JUNG Bonbonfabrik findet man alles, was das Herz jeder Naschkatze höher schlagen lässt. Vor allem Fruchtgummi-Artikel aus natürlichem Fruchtsaft.

Das Gummi Bären Land

Warenangebot
Über 100 hochwertige Fruchtgummi-Artikel, größtenteils mit hohem Fruchtsaftgehalt, über 35 Bonbonsorten, Popcorn aus eigener Produktion, Schokoladen, Diabetiker- und Saisonartikel.

Ersparnis
Durchschnittlich 35 %.

Ambiente
Shop auf 400 m² Verkaufsfläche in einem klimatisierten Gebäude. Das einzige deutsche Bonbon-Museum auf über 300 m² befindet sich im selben Gebäude. Hier erfährt der Besucher alles rund um das Bonbon, seine Geschichte, die Fertigung etc.

Adresse
Gummi Bären Land, Fabrikverkauf der JUNG Bonbonfabrik GmbH & Co.KG, Industriestraße 9-11, 71665 Vaihingen/Enz-Kleinglattbach, Tel.: 0 70 42/95 94 40, www.gummibaerenland.de.

Öffnungszeiten
Montag bis Freitag 9.00 bis 19.00 Uhr, Samstag 9.00 bis 14.00 Uhr. Das Museum schließt 30 Min. früher.

Anreise
A81 Stuttgart-Heilbronn, Ausfahrt Vaihingen/Enz/Stuttgart-Zuffenhausen. Auf der B10 nach Vaihingen/Enz, Ortsteil Kleinglattbach. Weiter auf der Durchgangsstraße. Vor der Brücke rechts ins Industriegebiet.

Weitere Verkaufsstellen (Auswahl)

● 70469 **Stuttgart-Feuerbach**, Heilbronner Straße 393 (beim Media-Markt), Tel.: 07 11/8 06 91 58. Montag bis Freitag 10.00 bis 20.00 Uhr, Samstag 10.00 bis 19.00 Uhr.

● 72770 **Reutlingen-Betzingen**, Ferdinand-Lasalle-Straße 17, Tel.: 0 71 21/16 13 07. Montag bis Freitag 10.00 bis 20.00 Uhr, Samstag 9.00 bis 18.00 Uhr.

Bestellung auch rund um die Uhr unter www.gummibaerenland.de.

● 73312 **Geislingen/Steige**, Fabrikverkäufe Geislingen, Fabrikstraße 40, Tel.: 0 73 31/44 12 22. Montag bis Samstag 10.00 bis 18.00 Uhr.

● 75179 **Pforzheim-Wilferdinger Höhe**, Karlsruher Straße 24a, Tel.: 0 72 31/35 22 87. Montag bis Freitag 9.00 bis 19.00 Uhr, Samstag 10.00 bis 18.00 Uhr.

Friesland

Die Firma Friesland Porzellanfabrik, die in den 50er-Jahren gegründet wurde, stellt Porzellan und Geschirr von hoher Qualität in edlem Stil her.

Der Außerfriesische

Warenangebot
Vor allem Geschirr, sowohl Tafel- als auch Kaffeeservice in sehr großer Auswahl und unterschiedlichen Stilrichtungen. Außerdem 2.-Wahl-Artikel von Kochtöpfen und Pfannen der Firma Berndes, BSF-Bestecke, Gläser von Nachtmann, Haushaltsartikel der Marken Melitta, Küchenprofi, Cilio, Zassenhaus, Roesle u.a.

Ersparnis
Bei Porzellan und Steinzeug 40 %. Im Sonderpostenmarkt auf dem Werksgelände werden zusätzliche Schnäppchen zu besonders günstigen Preisen angeboten.

Ambiente
Sehr großer, heller Verkaufsraum. Die Ware wird übersichtlich präsentiert. Fachliche Beratung, Parkplätze vorhanden. Für Werksführungen kann man sich unter Tel.: 0 44 51/1 72 21 anmelden.

Adresse
Friesland Porzellanfabrik GmbH & Co. KG, Rahlinger Straße 23, 26316 Varel, Tel.: 0 44 51/1 70, Durchwahl Verkauf: 1 72 09.

Öffnungszeiten
Montag bis Freitag 10.00 bis 17.00 Uhr, Samstag 10.00 bis 13.00 Uhr.

Anreise
Von Varel Zentrum Richtung Bockhorn, dann ein Stück hinter Varel rechts Richtung Jeringhave.

Marc Aurel

Marc Aurel liebt junge Mädchen und Frauen. Für sie hat er ein sehr großes Angebot an sehr modischer und dabei tragbarer Mode. Besonders interessant sind Modelle, die auf Modenschauen getragen wurden. Die werden hier zum Superpreis verkauft.

Von der Modenschau nach Verl

Warenangebot
Modische Markenware für Damen und Mädchen, Lagerüberhänge, 2. Wahl, Musterstücke, Modellkleider von Modenschauen plus (manchmal) die passenden Schuhe (auf Modenschauen getragen). Dazu Röcke, Mäntel, Blazer. Sets aus Blazern, Röcken und Blusen, vorwiegend für Kundinnen um die 40 und jünger. Dazu Stoffreste, Kurzwaren.

Ersparnis
25 bis 70 %, je nach Ware. Schuhe von Modenschauen bis zu 80 % gegenüber vergleichbaren Modellen.

Ambiente
Großer, heller und gepflegter Laden mit guter Warenpräsentation und freundlicher Beratung. Reichlich Parkplätze.

Adresse
Marc Aurel GmbH, „Shop", Vorderhaus, Hülshorstweg 30, 33415 Verl, Tel.: 0 52 46/93 48 33.

Öffnungszeiten
Montag bis Freitag 10.00 bis 18.00 Uhr, Samstag 10.00 bis 14.00 Uhr.

Anreise
A2, Ausfahrt Gütersloh/Verl, Richtung Verl. Etwa nach 1500 m links in den Hülshorstweg.

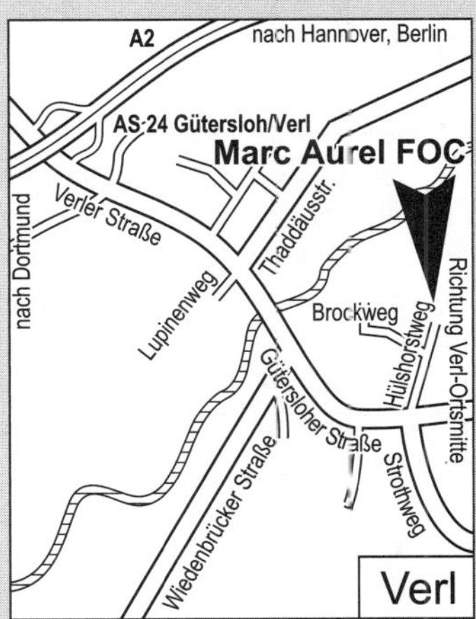

Rund um das ehemalige Factory Outlet Center der Weltmarke Villeroy & Boch gruppieren sich sechs neue Gebäude mit rund 25 Ladeneinheiten. Dort wird eine breite Auswahl an Markenprodukten angeboten.

Das shoppt

Warenangebot
Porzellan, Kristall, Bestecke von Villeroy & Boch, Feinkostspezialitäten von Wajos, Wohnaccessoires, Dekorationsartikel und Möbel im Depot Store, Schuhe, Bekleidung, Accessoires folgender Marken: Ara Shoes, Blank Home, Braun Büffel, Bruno Banani Underwear, Bugatti Shoes, Camel Active, Cecil, Daniel Hechter Shoes, Depot, Dornbusch, Gubor, Hatico, J. Philipp, Kenny S., Kiki-Kinderbekleidung (Pampolina, S&D, etc), Nina von C., Nolita, Schiesser, Seidensticker, Street One, Tom Tailor, Viania, Speers of London, Schwarze Rose, etc.

Ersparnis
30 bis 70 %.

Ambiente
Das unter Denkmalschutz stehende Gebäude der Cristallerie wurde 1843 errichtet. Die für die damalige Glasproduktion typischen Schmelzöfen wurden aufwendig saniert und in den Ladenbau integriert. Über 250 Parkplätze, 2 Cafés/Bistros, ca. 5000 m² Verkaufsfläche aufgeteilt auf ca. 25 Stores.

Adresse
Myland/Cristallerie Wadgassen, Saarstraße 20, 66787 Wadgassen, Tel.: 0681/9380450, info@myland.eu, www.myland.eu.

Öffnungszeiten
Montag bis Samstag 10.00 bis 19.00 Uhr.

Anreise
A620 Saarbrücken–Saarlouis, Ausfahrt Wadgassen. Beim Kreisverkehr die 3. Möglichkeit rechts in die Saarstraße. Vor der Brücke rechts befindet sich das Outlet in der Seitenstraße.

Villeroy & Boch
1748

Das 1748 gegründete Unternehmen hat sich zu einem der bedeutendsten Keramikhersteller der Welt entwickelt. Die Marke Villeroy & Boch bürgt für Qualität und gutes Design, eine Marke mit Ausstrahlung und Prestige.

Tischkultur komplett

Warenangebot
Vollsortiment für den gedeckten Tisch. Tafelgeschirr in vielfältiger Materialauswahl (Premium Bone Porcelain, Premium Porcelain, Hartporzellan), Trinkgläser, Bestecke, Tisch- und Wohnaccessoires. Alle Teile auch einzeln erhältlich.

Ersparnis
30 bis 40 % beim regulären Sortiment. Restposten und Auslaufdekore bis 70 %.

Ambiente
Spezialgeschäft für Porzellan, Bestecke, Accessoires (ganzjährig auch für Weihnachten) und Fundgrube. Ansprechende Atmosphäre, fachkundige Beratung.

Adresse
Villeroy & Boch Factory Outlet, Saarstraße 20, myland Outlet, 66787 Wadgassen, Tel.: 0 68 34/4 09 07 61, foc.wadgassen@villeroy-boch.com.

Öffnungszeiten
Montag bis Samstag 10.00 bis 19.00 Uhr.

Weitere Verkaufsstellen
- 14641 **Wustermark bei Berlin**, Designer Outlet Berlin, Alter Spandauer Weg 1, Tel.: 03 32 34/2 06 77.
- 24539 **Neumünster-Wittorf**, Designer Outlet Center Neumünster, Oderstraße 10, Tel.: 0 43 21/4 89 68 54.
- 66693 **Mettlach**, Freiherr-vom-Stein-Straße 4-6, Tel.: 0 68 64/20 31.
- 95100 **Selb**, Vielitzer Straße 26, Tel.: 0 92 87/99 80 70.

Anreise
A620 Saarbrücken-Saarlouis, Ausfahrt Wadgassen. Beim Kreisverkehr die 3. Möglichkeit rechts in die Saarstraße. Vor der Brücke rechts befindet sich die Firma in der Seitenstraße.

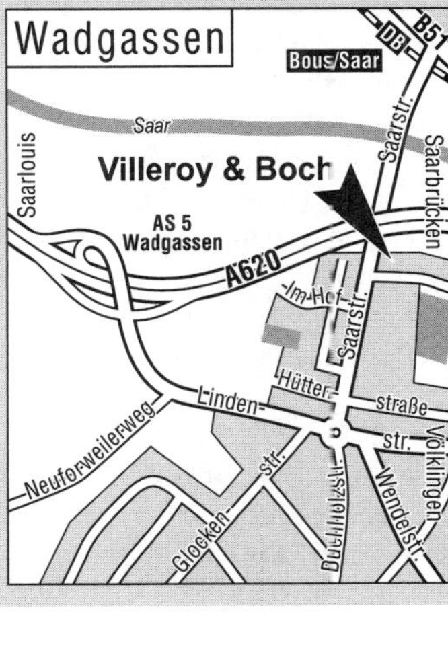

Ritter SPORT

1932 erfand Clara Ritter die charakteristische quadratische Schokolade. „Machen wir doch eine Schokolade, die in jede Sportjacketttasche passt, ohne dass sie bricht und das gleiche Gewicht hat wie die normale Langtafel." Heute verlassen täglich über drei Millionen Schokoladenquadrate das Werk.

Quadratisch. Praktisch. Gut.

Warenangebot
Tafelsortiment 100 g, mini, 250 g, vegan, laktosefrei und Bio; Schokoladenwürfel, Geschenkartikel, Nuss-Nugat-Creme, Weihnachtsartikel, Bruchschokolade, Schokolade mit kürzerem MHD und wechselnde Sonderaktionen.

Ersparnis
20 bis 30 % je nach Artikel; besonders beliebt ist die 2 kg-Aktionstasche.

Ambiente
Moderner Fabrikverkauf mit attraktiver Warenpräsentation auf 350 m². Ausreichend Parkplätze vorhanden.

Besonderheiten
Schoko-Ausstellung mit Wissenswertem rund um die Schokolade. Schoko-Werkstatt für Teilnehmer von 7 bis 18 Jahren. Anmeldung erforderlich unter www. Schokowerkstatt.ritter-sport.de. Museum Ritter mit wechselnden Ausstellungen zum Thema Quadrat. Museums- Café.

Adresse
Alfred Ritter GmbH & Co. KG, Alfred-Ritter-Straße 25, 71111 Waldenbuch, Tel.: 0 71 57/9 70-0, info@ritter-sport.de, www.ritter-sport.de.

Öffnungszeiten
Montag bis Freitag 8.00 bis 18.30 Uhr, Samstag 9.00 bis 18.00 Uhr. Ausgewählte Sonn- und Feiertage (siehe Homepage).

Weitere Verkaufsstelle
- 10117 **Berlin-Mitte**, Französische Straße 24, Tel.: 0 30/2 00 95 08-0.

Anreise
Waldenbuch liegt zwischen Stuttgart und Tübingen an der alten B27 (L1208). Im Kreisverkehr in der Ortsmitte Richtung Ritter Sport.

EINKAUFS-GUTSCHEIN S. 589

ProfiTable ist das preisgünstige Outlet des Weltmarktführers für Profi-Porzellan, der BHS tabletop AG. ProfiTable bietet deutsches Markenporzellan der Marken Bauscher, Tafelstern und Schönwald, das in der Top-Gastronomie der Welt seinen Einsatz findet.

Porzellan der Top-Gastronomie

Warenangebot
ProfiTable bietet deutsches Markenporzellan der Marken Bauscher, Tafelstern und Schönwald, das in der Top-Gastronomie der Welt seinen Einsatz findet. Außerdem viele Accessoires und Inspirationen aus aktuellen Trends der Tischkultur: Trinkgläser, Bestecke und Tischwäsche.

Ersparnis
30 bis 50% auf das Standardsortiment sowie ständig wechselnde Porzellanschnäppchen ab 1,- €.

Ambiente
Über 250 m² Verkaufsfläche, übersichtlich gestaltet. Fachkundiges Personal. Zahlung mit EC- und Kreditkarte möglich. Parkplätze direkt vor dem Haus.

Adresse
ProfiTable – Werksverkauf der BHS tabletop AG, Fabrikstraße, 92637 Weiden, Tel.: 09 61/82-38 00, Fax: 82 38 01, profitable.weiden@bhs-table top.de, www.profitable.de.

Öffnungszeiten
Montag bis Freitag 9.30 bis 18.00 Uhr, Samstag 9.30 bis 14.00 Uhr.

Anreise
A93 Regensburg-Hof, Ausfahrt Weiden-Süd. Weiter Richtung Gewerbegebiet Untere Bauscherstraße. An der 2. Ampel links abbiegen. Am Ende der Straße zweimal rechts.

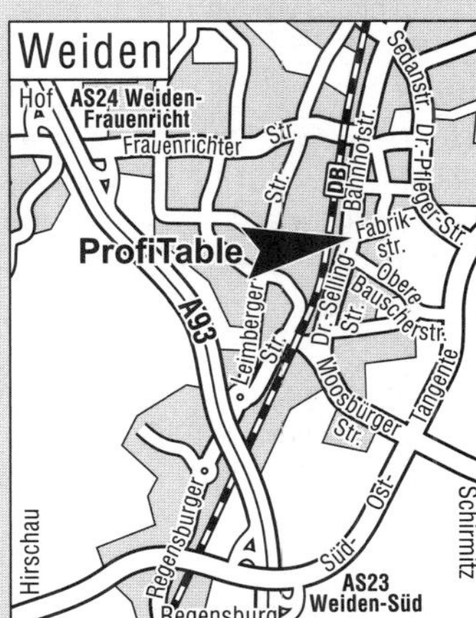

„Porzellan fürs Leben“, so lautet der Werbeslogan von Seltmann Weiden. Der Schwerpunkt liegt auf der Herstellung von Gebrauchsporzellan, das höchsten Ansprüchen gerecht wird, hergestellt ausschließlich in Deutschland.

Porzellan fürs Leben

Warenangebot
Porzellanwaren, wie Speise-, Kaffee-, Teeservice, Gastronomieporzellan, Geschenkartikel, Vasen, Leuchten, Thüringer Porzellanfiguren. Sonderposten und 2.-Wahl-Ware in reicher Auswahl, übersichtlich geordnet.

Ersparnis
Nachlässe zwischen 20 und 30%. Bei Sonderposten bis zu 50% und mehr.

Ambiente
Hell und freundlich, Waren ordentlich und übersichtlich präsentiert, Fehlware und Sonderposten ausreichend vorhanden. Parkplätze vor der Tür.

Adresse
Porzellanfabriken Christian Seltmann GmbH, Fabrikverkauf Weiden, Christian-Seltmann-Straße 59-67, 92637 Weiden-Rehbühl, Tel.: 09 61/20 41 15, www.seltmann-weiden.com.

Öffnungszeiten
Montag bis Freitag 9.00 bis 17.00 Uhr, Samstag 9.00 bis 13.00 Uhr.

Anreise
A93, Hof-Regensburg, Ausfahrt Weiden-West, stadteinwärts. Werksverkauf rechte Seite im Fabrikgelände – gut sichtbar beschildert.

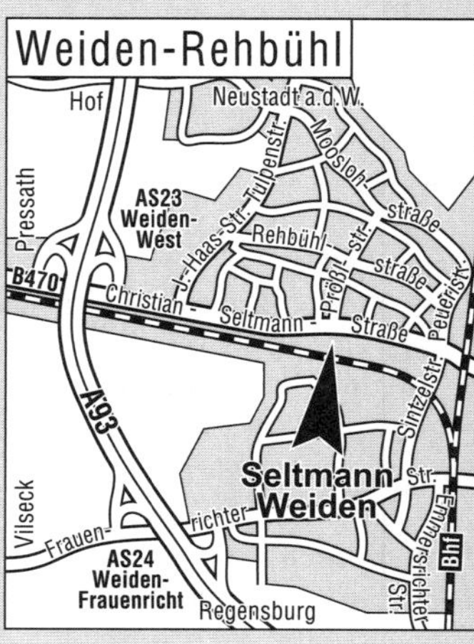

Weitere Verkaufsstellen

- 07407 **Rudolstadt**, Gläserne Porzellanmanufaktur, Breitscheidstraße 7, Tel.: 0 36 72/48 02 17.
- 73312 **Geislingen/Steige**, Fabrikverkäufe Geislingen an der WMF Fischhalle, Fabrikstraße 40, Tel.: 0 73 31/30 17 76, focgei@seltmann.com.
- 92681 **Erbendorf**, Bahnhofstraße 25, Tel.: 0 96 82/18 26 04 31.
- 96355 **Tettau**, Fabrikstraße 1, Tel.: 0 92 69/98 02 61.
- 98744 **Unterweißbach**, Unterweißbacher Werkstätten für Porzellankunst, Oberweißbacher Straße 7-10, Tel.: 03 67 30/2 23 41.

Weitere Fachgeschäfte (Auswahl), die neben regulärer Ware preisreduzierte Artikel mit kleinen Schönheitsfehlern führen:

- 94227 **Zwiesel**, Dr.-Schott-Straße 23, Porzellanfachgeschäft Christian Seltmann GmbH, Tel.: 0 99 22/5 00 44 13, foczwi@seltmann.com.
- 94518 **Spiegelau**, Hauptstraße 2-4, Porzellanfachgeschäft Christian Seltmann GmbH, Filiale Spiegelau I und II, Tel.: 0 85 53/97 85 26 und 97 85 40, focsp@seltmann.com.

EINKAUFS-GUTSCHEIN S. 603

Das Versandhaus Witt Weiden vermarktet Katalogware aus vorangegangenen Saisons in seinen 27 Preislandfilialen supergünstig.

Der Sonderverkauf

Warenangebot

Damen- und Herrenbekleidung, Nachtwäsche und Wäsche für Damen und Herren, Bett- und Tischwäsche, Schuhe, Badausstattung.

Ersparnis

Bei aktueller Ware 50 % Rabatt, Restposten 70 bis 90 % reduziert.

Ambiente

Verkauf auf ca. 1000 m^2 Verkaufsfläche. Angenehme Einkaufsatmosphäre. Ausreichend kostenlose Parkplätze. Das Betriebsrestaurant ist auch für Kunden geöffnet.

Adresse

Witt Weiden, Preisland, Bavariastraße 10, 92637 Weiden-Ullersricht, Tel.: 09 61/ 4 00-53 00, www.witt-weiden.de.

Öffnungszeiten

Jeden 1. Donnerstag im Monat bis zum übernächsten Samstag (ca. 1,5 Wochen). Montag bis Freitag 10.00 bis 18.00 Uhr, Samstag 10.00 bis 16.00 Uhr.

Anreise

A3, Ausfahrt Weiden-Süd. Richtung Amberg/Hirschau. An der Kreuzung links Richtung Rothenstadt. Nach dem Ortsschild Ullersricht rechts abbiegen und gleich wieder links, an der Gaststätte vorbei.

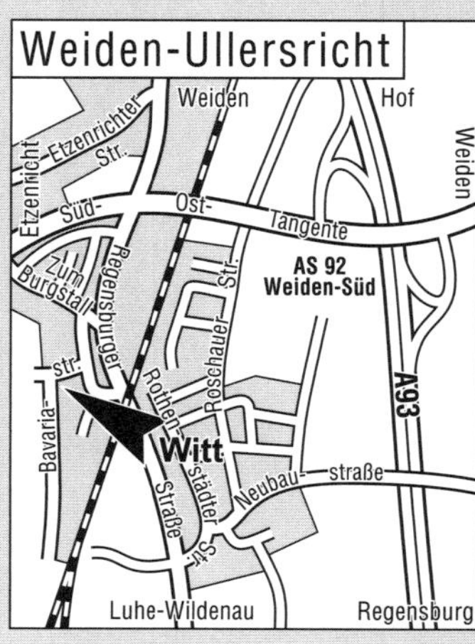

Weitere Verkaufsstellen

- 35066 **Frankenberg**, Steingasse 4-8, Tel.: 0 64 51/92 77.
- 36251 **Bad Hersfeld**, Breitenstraße 33, Tel.: 0 66 21/7 44 42.
- 73433 **Aalen-Wasseralfingen**, Wilhelmstraße 101, Tel.: 0 73 61/7 27 51.
- 78224 **Singen**, Scheffelstraße 5, Tel.: 0 77 31/6 57 90.
- 82418 **Murnau**, Untermarkt 58, Tel.: 0 88 41/4 87 58 10.
- 83029 **Rosenheim-Süd**, Georg-Aicher-Straße 12-16, Tel.: 0 80 31/ 2 34 02 81.
- 83308 **Trostberg**, Alte Pallinger Straße 3, Tel.: 0 86 21/64 65 53.
- 83395 **Freilassing**, Hauptstraße 35, Tel.: 0 86 54/57 69 49.
- 84359 **Simbach**, Pfarrkirchner Straße 1, Tel.: 0 85 71/92 43 18.
- 84513 **Töging**, Hauptstraße 25, Tel.: 0 86 31/9 50 88.
- 86152 **Augsburg**, Ludwigstraße 12, Tel.: 08 21/51 99 52.
- 86609 **Donauwörth**, Kapellstraße 38, Tel.: 09 06/9 80 04 83.
- 86633 **Neuburg a.d. Donau**, Rosenstraße 99, Tel.: 0 84 31/53 65 41.
- 89407 **Dillingen**, Königstraße 11/12, Tel.: 0 90 71/7 05 49 40.
- 89520 **Heidenheim/Brenz**, Schnaitheimer Straße 15, Tel.: 0 73 21/2 28 17.
- 90443 **Nürnberg-Steinbühl**, Tafelfeldstraße 13, Tel.: 09 11/9 94 42 50.
- 90489 **Nürnberg-Gärten**, Stresemannplatz 4, Tel.: 09 11/5 98 56 05.
- 93059 **Regensburg-Weichs**, Donaustaufer Straße 172c, Tel.: 09 41/44 91 63.
- 93309 **Kelheim**, Donaustraße 14, Tel.: 0 94 41/17 99 16.
- 93437 **Furth im Wald**, Pfarrstraße 15, Tel.: 0 99 73/50 06 44.
- 94060 **Pocking**, Am Stadtplatz 1, Tel.: 0 85 31/24 77 58.
- 94209 **Regen**, Stadtplatz 9, Tel.: 0 99 21/30 28.
- 94315 **Straubing**, Ittlinger Straße 197, Tel.: 0 94 21/18 56 84.
- 94447 **Plattling**, Ludwigplatz 10, Tel.: 0 99 31/89 07 30.
- 95028 **Hof**, Ludwigstraße 38, Tel.: 0 92 81/1 83 03.
- 97616 **Bad Neustadt a.d. Saale**, Hohnstraße 18, Tel.: 0 97 71/6 30 78 00.

blutsgeschwister

Ganz Europa treibt im modischen Mainstream dahin? Nein, eine kreative Marke bietet dem Einheitslook seit 2001 erfolgreich die Stirn mit mehr Kreativität in der Mode. Die kunstvollen Schnitte sind figurbetont und die auffälligen Farb- und Stoffdesigns exklusiv von Blutsgeschwister angefertigt.

Märchenhaft

Warenangebot
Blutsgeschwister Ladies bietet unkonventionelle Designerkollektionen für Frauen. Raffinierte Accessoires runden den Blutsgeschwister-Look ab. Die Linie Blutsgeschwister Kids ermöglicht es auch den Kleinen, die verspielten Lieblingsstücke zu kombinieren.

Ersparnis
30 bis 60 % bei 1.-Wahl-Ware aus den vergangenen Kollektionen, 50 % und mehr auf 2.-Wahl-Ware und Musterteile.

Ambiente
Originelle Einrichtung: Ein überdimensionales Nähkästchen lädt zum Verweilen ein. Sachkundige und freundliche Beratung auf rund 130 m².

Adresse
Blutsgeschwister GmbH, Schnapp Shop, Schusterinsel 7, 79576 Weil am Rhein-Friedlingen, Tel.: 07621/1639434, www.blutsgeschwister.de.

Öffnungszeiten
Montag bis Freitag 11.00 bis 19.00 Uhr, Samstag 10.00 bis 19.00 Uhr.

Anreise
A5 Karlsruhe-Basel, Ausfahrt Weil am Rhein/Hüningen. Auf der Colmarer Straße geradeaus Richtung Friedlingen. Das Outlet befindet sich nach ca. 1300 m links, direkt vor dem Rhein Center.

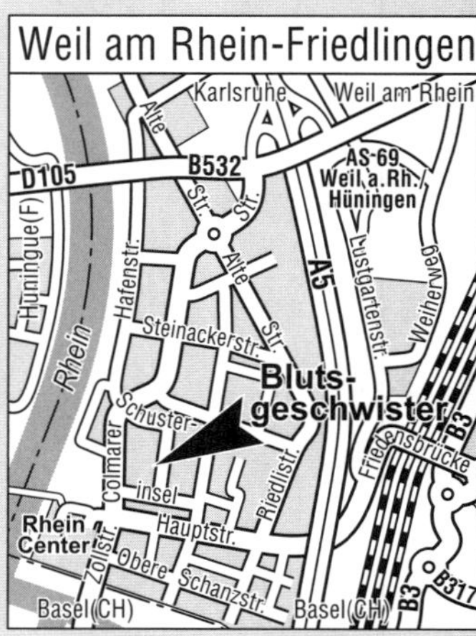

Auf insgesamt 3000 m² findet man in The Outlet ein breites Spektrum an Kleidung, Schuhen, Accessoires, Skate- und BMX-Artikeln. Carhartt, Edwin Jeans, Pointer und Big Star bieten führende Streetwear- und Denim-Marken zu reduzierten Preisen an.

International young fashion

Warenangebot
Carhartt: Streetwear-Kultmarke. Hosen, Jacken, Sweat- und T-Shirts. Mützen, Schuhe, Skateboard- und BMX-Artikel. Großer Skateshop. **Edwin Jeans**: Die Nr. 1 aus Japan: Punkfashion, großes Denim-Sortiment. **Pointer**: Casual Schuhe. **Buffalo**: Damen- und Herrenschuhe, Taschen. **Zoo York**: Skater-Bekleidung. **Ecko unltd.**: Hip Hop-Bekleidung.

Ersparnis
30 bis 70 %.

Ambiente
Große Multimediawand, Live DJs, Café, kostenlose Tiefgarage, großer Parkplatz.

Adresse
The Outlet, Colmarer Straße 2/Schusterinsel, 79576 Weil am Rhein-Friedlingen, Tel.: 0 76 21/4 22 03 90, www.outlet-city-weil.com.

Öffnungszeiten
Montag bis Freitag 11.00 bis 19.00 Uhr, Samstag 10.00 bis 19.00 Uhr.

Anreise
A5 Karlsruhe-Basel, Ausfahrt Weil am Rhein/Hüningen. Auf der Colmarer Straße geradeaus Richtung Friedlingen. Das Outlet befindet sich nach ca. 1300 m links, direkt vor dem Rhein Center.

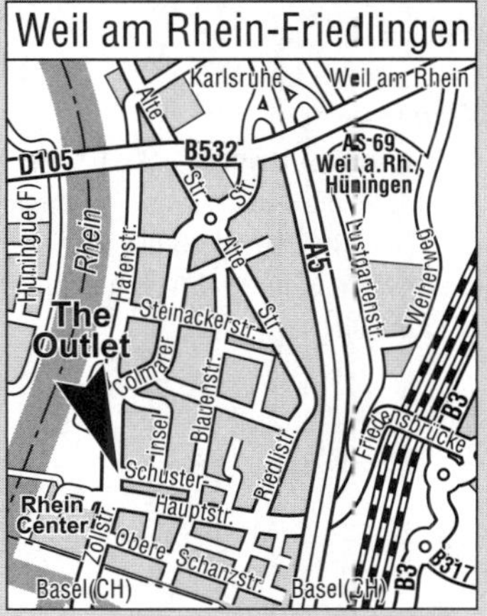

GEMINI®
EIN GUTES GE(H)FÜHL

EINKAUFS-GUTSCHEIN S. 571

Gemini-Schuhe sind weich, leicht, strapazierfähig und schön. Was dahinter steht, sind hochwertige Materialien, moderne Technologien und Menschen, die in handwerklicher Tradition und mit aktuellem Know-how für Gehvergnügen sorgen. Alle Modelle werden in Deutschland entwickelt.

Schuhe – modisch und bequem

Warenangebot
Schuhe, Taschen und Tücher.

Ersparnis
20 bis 30 %, Restposten und Musterschuhe 50 bis 70 %.

Ambiente
250 m² Lagerverkauf in die Betriebshalle integriert.

Adresse
Gemini Schuhproduktions- und Vertriebs GmbH, Zeppelinstraße 12, 73235 Weilheim/Teck, Tel.: 07023/7456-56, gemini@gemini-schuh.de, www.gemini-schuh.de.

Öffnungszeiten
Montag bis Mittwoch 9.00 bis 12.30 und 14.00 bis 18.00 Uhr, Donnerstag 9.00 bis 12.30 und 14.00 bis 19.00 Uhr, Freitag 9.00 bis 18.00 Uhr, Samstag 9.00 bis 13.00 Uhr.

Anreise
A8 Stuttgart–Ulm, Ausfahrt 58 Aichelberg. Weiter Richtung Weilheim/Teck, an der 1. Ampel links abbiegen ins Gewerbegebiet Tobelwasen, dann die 2. Straße wieder links. Der Verkauf befindet sich auf der rechten Seite.

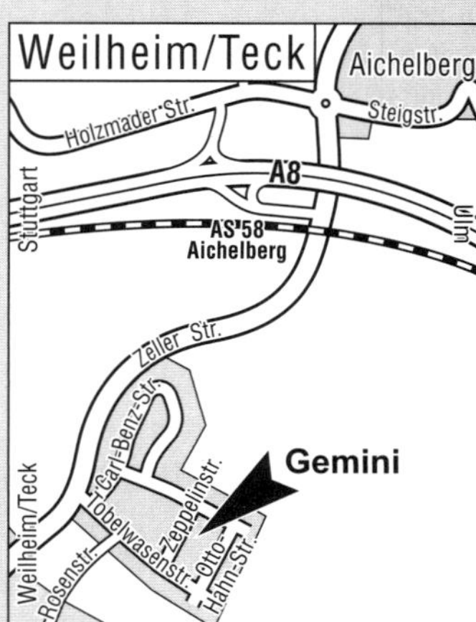

EINKAUFS-GUTSCHEIN S. 579

LUXORETTE

Aktuelle Designs für Schlafzimmer, Bad und Küche. Bettwäsche aus 100% Baumwolle, florale oder grafische Muster, dazu farblich passende Spannbetttücher.

Ein Hauch von Luxus

Warenangebot
Bettwäsche in Markenqualität (auch in Komfortgröße 155x220): Mako-Satin, Brokat-Damast, Interlock-Feinjersey, Seersucker, Spannbetttücher, auch mit 5% Elastan in allen gängigen Größen und großer Farbauswahl. Tischdecken nach Maßanfertigung. Geschirrtücher, Schürzen, Frottierwaren, Stofftaschentücher.

Ersparnis
Sehr lohnenswert vor allem das monatlich wechselnde Bettwäsche-Angebot mit bis zu 50% Rabatt und die Auslaufware.

Ambiente
Nach der Pforte geradeaus weiter bis zum 2. Gebäude (links). Großer Verkaufsraum mit ansprechender Warenpräsentation. Kostenlose Parkplätze.

Adresse
Luxorette Haustextilien GmbH, Schäferhauser Straße 2, 73240 Wendlingen, Tel.: 0 70 24/94 61 99, www.luxorette.de.

Öffnungszeiten
Montag bis Freitag 9.00 bis 18.00 Uhr, Samstag 9.00 bis 12.00 Uhr.

Anreise
A8 Ulm–Stuttgart, Ausfahrt Wendlingen, Richtung Industriegebiet „Schäferhausen". Die Schäferhauser Straße beginnt nach der Brücke. Die Firma befindet sich gegenüber der Shell-Tankstelle.

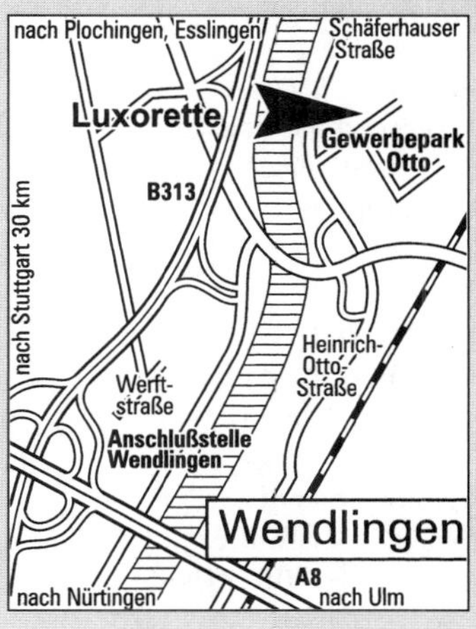

alfi®

Das Unternehmen ist weltweit führend in der Herstellung hochwertiger Isoliergefäße (Kannen, Flaschen, Aktiv-Flaschenkühler). Die Produkte bestechen durch ihr Design, ihre Haltbarkeit und die ausgezeichnete Funktion.

Alles andere als kalter Kaffee

Warenangebot
Isolierkannen, Edelstahl-Isolierflaschen, Aktiv-Flaschenkühler, Design-Artikel, Bestecke, Töpfe, Pfannen, Porzellan, Gläser und Geschenkartikel der Marken WMF, Silit, Leonardo, Seltmann Weiden, Stölzle, Kaiser-Backformen und Lurch. Sonderserien und Restposten.

Ersparnis
Bis zu 50 %.

Ambiente
Ansprechender Werksverkauf im alfi-Commercial-Center auf ca. 300 m². Bistro, großer Parkplatz, Werksbesichtigung auf Anfrage.

Adresse
alfi GmbH, Commercial Center, Ferdinand-Friedrich-Straße 9, 97877 Wertheim-Bestenheid, Tel.: 0 93 42/87 74 70, www.alfi.de.

Öffnungszeiten
Montag bis Freitag 9.30 bis 18.00 Uhr, Samstag 9.30 bis 14.00 Uhr.

Weitere Verkaufsstellen
● 63897 **Miltenberg**, Eichenbühler Straße 61, Tel.: 0 93 71/4 00 00.
● 97877 **Wertheim**, Maingasse 24, Tel.: 0 93 42/87 74 50.

Anreise
A3 aus Richtung Frankfurt: Ausfahrt Marktheidenfeld, Richtung Wertheim, in Kreuzwertheim Richtung Hasloch, über die Spessartbrücke Richtung Wertheim. An der Ampel Richtung Miltenberg, vor Ecke Autohaus/ARAL: rechts Mühlenweg, später Ernst-Abbe-Straße. Am alfi-Werk: rechts Hüttenweg und wieder rechts.

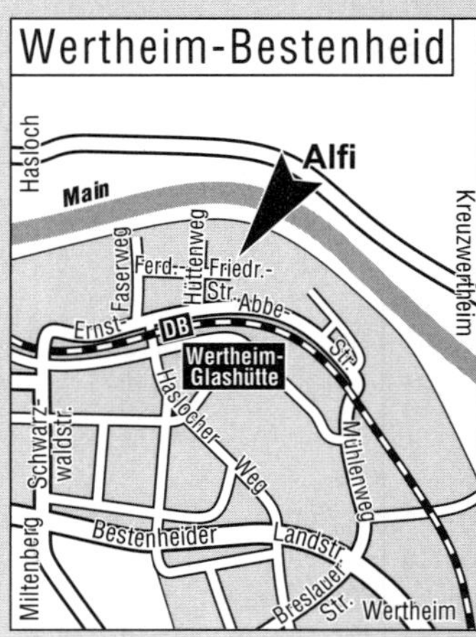

Wertheim Village
CHIC OUTLET SHOPPING®

Im Wertheim Village finden Sie über 110 Mode- und Designermarken wie z.B. Belstaff, Escada, Desigual, Gant, Bogner, Longchamp, Marc O'Polo, Liebeskind Berlin. Dieses Outlet Center, in der Architektur eines fränkischen Fachwerkstädtchens, deckt ein breites Warenspektrum ab: Von Mode, Sport- und Outdoor-Bekleidung bis hin zu Haushaltswaren und Accessoires. Für die Shopping-Pause gibt es wahlweise ein italienisches Restaurant, einen amerikanischen Coffee Shop oder ein hochwertiges Burger Restaurant.

Shopping mit Ambiente

Warenangebot
Damen-, Herren- und Kinderbekleidung, Sport- und Outdoor-Bekleidung, Wäsche, Lederwaren, Reisegepäck, Schmuck, Uhren, Accessoires, Haushaltswaren.

Ersparnis
Zwischen 30 und 70 %.

Ambiente
Architektur der Shops im typisch fränkischen Fachwerkstil. Café, Restaurant, Spielplatz, Ausstellungen und Events.

Besonderheiten
Herrliche Gegend in Mainfranken. Ideal für einen Kultur-/Shopping-Kurzurlaub.

Adresse
Wertheim Village, Almosenberg, 97877 Wertheim-Dertingen, Tel.: 0 93 42/ 9 19 91 00, www.WertheimVillage.com.

Öffnungszeiten
Montag bis Samstag 10.00 Uhr bis 20.00 Uhr. Nach Ankündigung auch Open-Sundays sowie Late-Night-Shopping.

Weitere Verkaufsstelle
- 85055 **Ingolstadt-Feldkirchen**, Ingolstadt Village, Otto-Hahn-Straße 1, Tel.: 08 41/8 86 31 00, www.Ingolstadt Village.com.

Anreise
A3 Frankfurt-Würzburg, Ausfahrt 66, Wertheim/Lengfurt. Der Beschilderung zum Wertheim Village folgen.

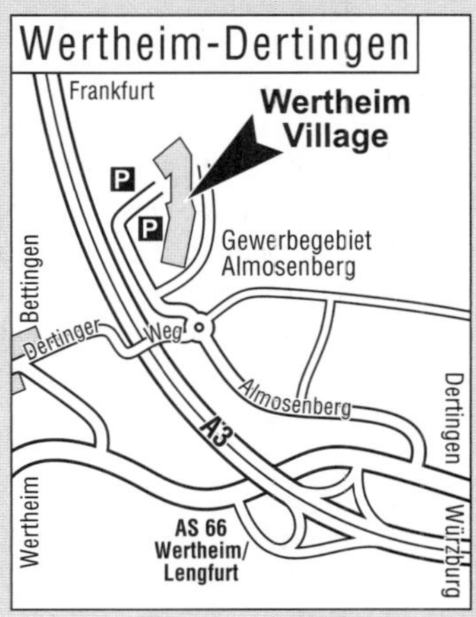

CRUSE

LEATHER|SPORTSWEAR

Martina Cruse entwirft den Look der hochmodischen Lederkollektion Marke Cruse. Die Cruses beschäftigen sich seit 1925 mit der Bekleidungsfertigung – doch, anders als die Altvorderen, setzten die Jungen auf Ledermode, wie es sie so vor ihnen nicht gab. Die Ware überzeugt.

„Lifestyle in Leder"

Warenangebot

Damen- und Herrenbekleidung, Lederbekleidung direkt vom Spezialisten. Neueste Trends und klassische Basics, auch Kurz- und Großgrößen. Hochwertige Qualitäten aus Lamm, Ziegenvelours, Drucke, Porcvelours, Cow im Antiklook. Sportliche Jacken, Blousons, Blazer, Gehröcke, Hosen, Lederjeans in allen Größen, Röcke, Mäntel und Jacken aus gewachsenem Lammfell oder in Leder-Pelz-Kombinationen.

Ersparnis

50 %, bei 2. Wahl noch darüber.

Ambiente

Großzügiger, freundlicher Verkauf auf zwei Etagen mit guter Warenpräsentation. Der zweite Stock ist die Schnäppchenetage mit 2.-Wahl-Ware, Musterteilen, Überhängen aus der vorigen Saison. Qualifiziertes Personal zeigt auf Wunsch die kleinen Fehler der 2.-Wahl-Ware. Diese sind im Leder naturgegeben und für den Laien kaum erkennbar.

Adresse

Cruse Leather/Sportswear, Industrieweg 2, 48493 Wettringen, Tel.: 0 25 57/ 93 85-36.

Öffnungszeiten

Montag bis Freitag 10.00 bis 18.00 Uhr, Samstag 10.00 bis 14.00 Uhr.

Anreise

A30 Osnabrück-Amsterdam, Ausfahrt 7 Rheine-Nord. Auf der B70 bis zum 1. Kreisverkehr mit Beschilderung Wettringen. Dort die 1. Möglichkeit rechts ab, am Ende der Hauptstraße links Richtung Stadtmitte, am folgenden Kreisel wieder die 1. rechts und beim 3. Kreisel die 2. Möglichkeit ins Gewerbegebiet.

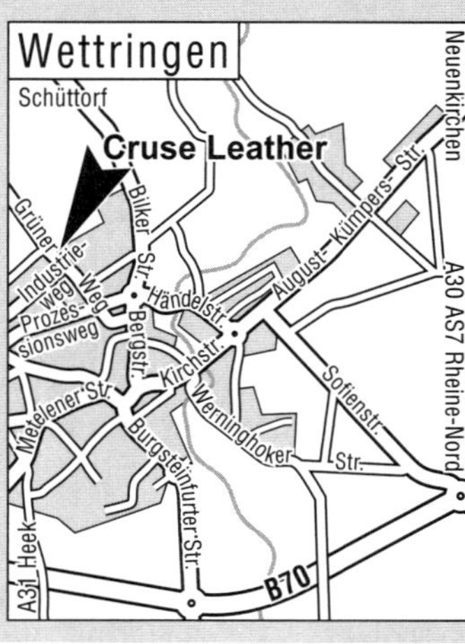

Die PEINE GmbH stellt Herrenbekleidung der Marken BARUTTI und MASTERHAND her. Im Fabrikverkauf finden Sie zeitgemäße, moderne Herrenmode mit hervorragendem Preis-Leistungs-Verhältnis: Hochwertige Konfektion aus eigener Fertigung zum besten Preis.

Der Modische

Warenangebot
BARUTTI: Männermode von klassisch bis modern. Anzüge, Sakkos, Westen, Hosen, Hemden, Strickwaren, Poloshirts, Accessoires. MASTERHAND: Hochzeits- und Gesellschaftsmode, Smokings, Fräcke, Dinnerjackets, Cuts, Westen, Accessoires, auch Sondergrößen.

Ersparnis
30 bis 40 %.

Ambiente
Der Fabrikverkauf befindet sich in der Hauptniederlassung der PEINE GmbH. Große Auswahl. Es gibt freundliches Personal, Umkleidekabinen sind ausreichend vorhanden.

Adresse
PEINE GmbH, Ebertstraße 58b, 26382 Wilhelmshaven, Tel.: 04421/484231, fabrikverkauf-wilhelmshaven@peinegmbh.com.

Öffnungszeiten
Montag bis Freitag 10.00 bis 18.00 Uhr, Samstag 10.00 bis 16.00 Uhr.

Weitere Verkaufsstellen (Auswahl)
- 66787 **Wadgassen**, Outlet Center Wadgassen, Gebäude 6, Einheit 66, Saarstraße 20.
- 53902 **Bad Münstereifel**, City Outlet Bad Münstereifel, Orchheimer Straße 23.
- 93059 **Regensburg**, Im Gewerbepark C 49, Donaustaufer Straße 23.

Anreise
A29 Oldenburg-Wilhelmshaven, Ausfahrt Fedderwarden/Stadtmitte. Immer geradeaus Richtung Stadtmitte. Am Ende der Peterstraße rechts abbiegen und an der nächsten Kreuzung links in die Ebertstraße.

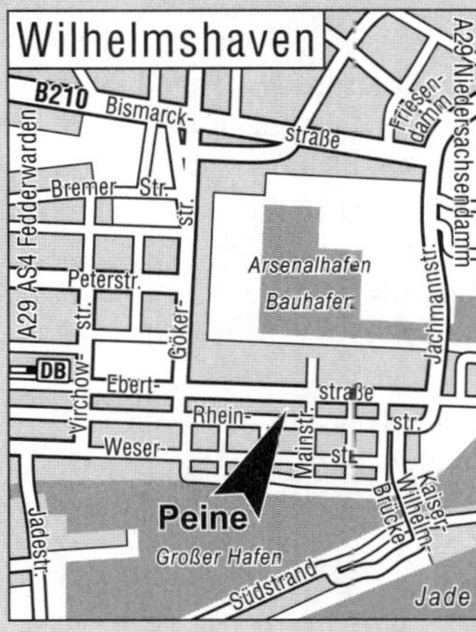

EINKAUFS-GUTSCHEIN S. 565

designeroutlets WOLFSBURG

Dies ist das bisher einzige Outlet Center Deutschlands in Innenstadtlage. Auf ca. 16.000 m² bieten über 75 Designermarken in gepflegter Atmosphäre Vorsaisonware, Musterkollektionen, 1B-Ware und Überhänge an.

Bis zu 70 % auf alles. Immer.

Warenangebot
Große Auswahl an Markenprodukten: Abercrombie & Fitch, Adidas, Atelier Torino, Benetton, Blank Home, Brax, Bruno Banani, Bugatti, Bugatti Shoes, Calida, Calvin Klein Jeans, Calvin Klein Underwear, Camel Active, Cinque, Claire's, Clarks, Coach, Desigual, Diesel, Dyrberg/Kern, Falke, Fossil, Gant, Garcia, GK Mayer Shoes, Hanna White, Kneipp, Laurèl, Le Creuset, Levi's, Liebeskind Berlin, Lindt, Mammut, Marc O'Polo, Marc Picard, Marvelis, Melvin & Hamilton, Michael Kors, Möve, Nike, O'Neill, Oakley, Park Avenue, Polo Ralph Lauren, Polo Ralph Lauren Children, Puma, Reebok, Rituals, René Lezard, Rosenthal, Roy Robson, Salamander, Samsonite, Sarar, Seidensticker, Sigikid, Starbucks, Superdry, Timberland, Tom Tailor, Tom Tailor Kids, Tommy Hilfiger, van Laack, Vans, Watch Station.

Ersparnis
Bis zu 70 %. Zum Saisonende mehr.

Ambiente
Einkaufsstadt mit gepflegter Atmosphäre. Gastronomieangebote, Kinderbetreuung.

Adresse
Designer Outlets Wolfsburg, An der Vorburg 1, 38440 Wolfsburg, Tel.: 0 53 61/ 89 35 00, wolfsburg@designeroutlets.com, www.designeroutlets.com.

Öffnungszeiten
Montag bis Donnerstag 10.00 bis 19.00 Uhr. Freitag, Samstag 10.00 bis 20.00 Uhr, verkaufsoffene Sonntage 13.00 bis 18.00 Uhr (Termine s. im Internet).

Anreise
A39 Ausfahrt Wolfsburg-Mitte. Braunschweiger Straße Richtung Innenstadt. Wechsel auf Berliner Ring. Beschilderung beachten.

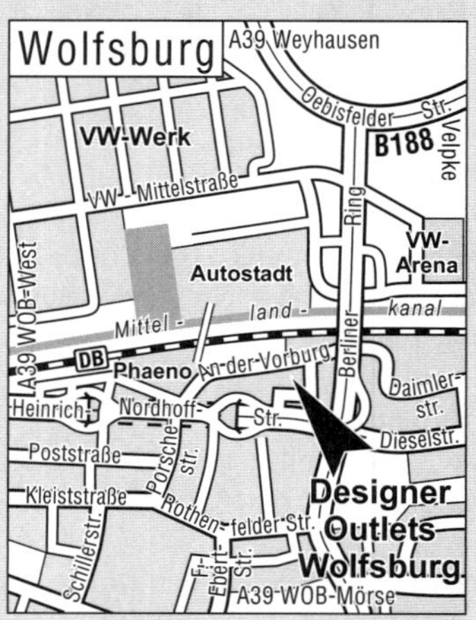

Die Abteilung VDG-3 Gebraucht- und Jahreswagen der Volkswagen AG unterstützt die Mitarbeiter beim Verkauf ihrer Jahreswagen.

VW-Jahreswagen

Warenangebot

Im Angebot sind ca. 500 Jahreswagen der gesamten Volkswagen Modellpalette.

Ersparnis

10 % günstiger als beim Jahreswagenhändler.

Ambiente

Sie können persönlich, telefonisch, per Fax oder Internet Ihr Auto bestellen. Der Service ist kostenlos.

Besonderheiten

Ein Besuch des Wolfsburger Jahreswagenmarktes lohnt sich. Auf dem Parkplatz vor dem Forschungs- und Entwicklungsgebäude der Volkswagen AG stehen bis zu 250 Fahrzeuge zur Auswahl.

Adresse

Volkswagen AG, VDG Gebraucht- und Jahreswagen, Büro Fallersleben, Wolfsburger Landstraße 22, 38422 Wolfsburg-Fallersleben, Tel.: 0 53 61/94 64 77, Fax: 98 77 41, vw-Jahreswagen@volkswagen.de, www.vw-jahreswagen.de.

Öffnungszeiten

Samstag 9.00 bis 13.00 Uhr.

Anreise

A2 Hannover–Berlin bis Kreuz Wolfsburg/Königslutter. Weiter auf der A39, Ausfahrt Wolfsburg-West.

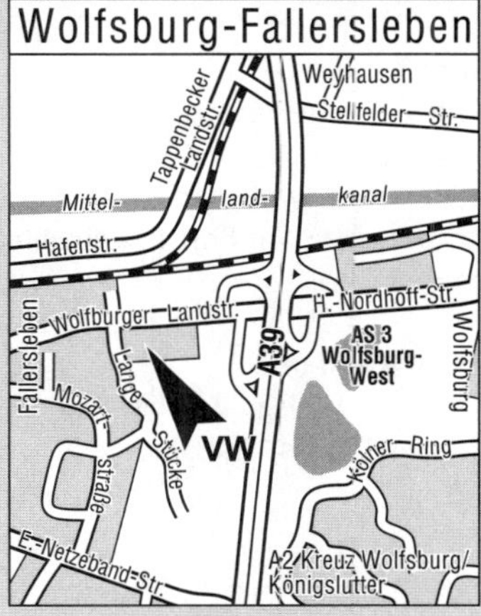

KETTLER shop

Zur Produktpalette der Unternehmensgruppe Kettler gehören nicht nur die weltbekannten Sport- und Fitnessgeräte, das Kettcar, Alu-Fahrräder, die wetterfeste Tischtennisplatte, sondern auch hochwertige Garten- und Freizeitmöbel, Kindermöbel und Kinderwagen.

Sport, Spaß und Spiel

Warenangebot
Kettler: Hochwertige Garten- und Freizeitmöbel, Alu-Fahrräder, Heimsport-, Kraftsport- und Kinderspielgeräte, Kinderfahrzeuge. Herlag: Kinderwagen, Buggys, Kinderzimmer, Laufställe, Hochstühle etc. Angeboten werden 2.-Wahl-Ware, Auslauf- und Sondermodelle.

Ersparnis
20 bis 50 %, bei Einzelteilen auch mehr.

Ambiente
Übersichtliche Warenpräsentation in einer umgebauten Werkshalle. Beratung bei Bedarf.

Adresse
Kettler Shop, Cronsbostel 5, 31515 Wunstorf-Bokeloh, Tel.: 0 50 31/70 44 60, kettler-shop-wunstorf@kettler.de, www.kettler.de. **Vor Besuch unbedingt anrufen.**

Öffnungszeiten
Montag bis Freitag 10.00 bis 18.00 Uhr, Samstag 9.00 bis 14.00 Uhr.

Weitere Verkaufsstellen
- 59174 **Kamen**, Zollpost 8, Tel.: 0 23 07/ 9 10 72 14.
- 59457 **Werl**, Neuwerk 1/Ecke Hammer Straße, Tel.: 0 29 22/8 20 91.

Anreise
A2, Ausfahrt Wunstorf-Luthe, auf der B441 Richtung Hagenburg, dann links nach Bokeloh. Hier den Hinweisschildern folgen.

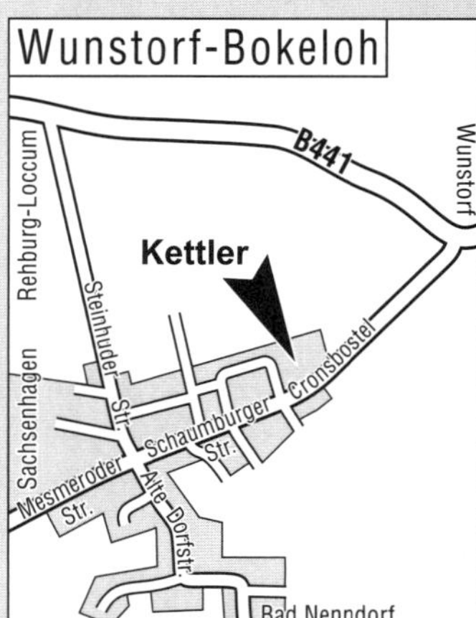

VORWERK

Vorwerk hat vorgemacht (und vorgelegt), dass Teppichböden keine langweilige Einheitsware sein müssen. Im Design und in konsequenter Beachtung der Umweltverträglichkeit hat Vorwerk der Konkurrenz einiges voraus. Dies ist eine der wenigen Adressen in Deutschland für Teppiche und Teppichböden „direkt vom Hersteller".

Die Welt liegt Ihnen zu Füßen

Warenangebot
Teppiche und Teppichböden, Auslegeware in vielen, auch modernen Designs, auch als Ketteltepppichböden mit Einfassung, Auslaufstücke, Entwicklungsware, einfarbige und gemusterte Teppiche, nur 2. Wahl.

Ersparnis
Über 33 bis knapp 60 %, 2. Wahl (= kleine, nur für Fachleute erkennbare Fehler), vor allem bei Auslegeware besonders günstig.

Ambiente
Lagerähnlicher Verkauf auf 900 m² bei dem die Teppiche an Rollen und auf Stapeln besichtigt werden können.

Adresse
Vorwerk & Co., Werksverkauf Teppichboden, Am Diek 52, 42277 Wuppertal-Oberbarmen, Tel.: 02 02/5 64 49 88.

Öffnungszeiten
Montag bis Donnerstag 10.00 bis 12.30 und 13.30 bis 18.00 Uhr, Freitag 10.00 bis 12.30 und 13.30 bis 17.30 Uhr. Jeden 1. Samstag im Monat 10.00 bis 14.00 Uhr.

Weitere Verkaufsstelle
● 31785 **Hameln**, Kuhlmannstraße 11, Tel.: 0 51 51/10 30.

Anreise
A46, Ausfahrt Wichlinghausen, 1. Kreuzung links in die Müggenburgstraße, geradeaus Kreuzstraße bis Ende. Dort links, nach 20 m rechts in die Hofeinfahrt „Am Diek 52". Achtung: Am Ende der Kreuzstraße ist nur rechts abbiegen erlaubt, Wendemöglichkeit suchen und zurück.

CAMP DAVID

Camp David verkörpert hochwertige Menswear-Kollektionen verbunden mit einem authentischen Lifestyle. Aufwendig gestaltete Details unterstreichen diesen Way of Life und geben der Marke ihr unverwechselbares Gesicht. Ob modische Casual Wear, lässige Denim Wear oder elegante Formalwear: Qualität und Leidenschaft stecken in jeder Faser.

Qualität und Leidenschaft

Warenangebot
Casualwear (Shirts, Hemden, Strickwaren, Hosen, Jacken, etc.), Formalwear (Anzüge, Hemden, Sakkos, Krawatten, etc.), Footwear, Bodywear, Taschen, Accessoires.

Ersparnis
Bis zu 70%. Alle Mehrwertclub-Karten werden akzeptiert.

Ambiente
Fashion Outlet Store des Menswear-Labels Camp David sowie des Womenswear-Labels Soccx direkt am Designer Outlet Berlin. Auf mehr als 900 m² Verkaufsfläche wird das komplette Sortiment der beiden Marken angeboten. Kostenlose Parkplätze vor dem Store.

Adresse
Camp David Fashion Outlet, Alter Spandauer Weg 6B, 14641 Wustermark, Tel.: 03 32 34/24 68 46, www.campdavid-soccx.de.

Öffnungszeiten
Montag bis Donnerstag 10.00 bis 19.00 Uhr, Freitag und Samstag 10.00 bis 20.00 Uhr.

Weitere Verkaufsstelle
● 15366 **Hoppegarten**, Neuer Hönower Weg 7, Camp David|Soccx Flagshipstore, Tel.: 0 33 42/3 06 61 00.

Anreise
Von der Stadtmitte Berlin über die Heerstraße (B5) stadtauswärts. Direkt vor der Auffahrt zur A10 liegt rechts das Designer Outlet Berlin. Oder: Regionalbahn Richtung Rathenow bis Bahnhof Elstal, von dort Bus 662.

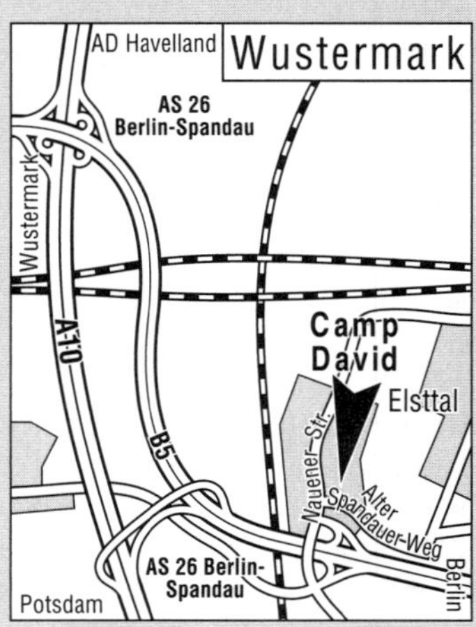

Berlin
Designer Outlet™
Managed by McArthurGlen

Das Designer Outlet Berlin liegt 30 Autominuten von Berlin entfernt und gehört zur britischen Outletkette McArthurGlen. Auf einer Verkaufsfläche von ca. 16.500 m² gibt es hier über 80 Shops internationaler Markenhersteller mit breitem Angebot zu günstigen Preisen.

Fashion, Fun & Food

Warenangebot
Bekleidung für Damen, Herren und Kinder, junge Mode, Designermode, Jeans, z.B. von Stefanel, Escada, Levi's, Marc O'Polo, Mango, Schuhe und Lederwaren von Lloyd, Navyboot, Liebeskind Berlin und Geox, Sportartikel und -bekleidung von Adidas und Nike. Waren aus Überproduktionen, Vorsaisonkollektionen, Auslaufmodelle und Lagerbestände.

Ersparnis
Ganzjährig 30 bis 70 %.

Ambiente
Das neue Outlet-Dorf ist im architektonischen Stil der Mark Brandenburg gehalten und lädt mit seinem angenehmen Village-Ambiente zum Erkunden und Verweilen ein. 2000 kostenlose Parkplätze, Restaurants, Kinderbetreuung.

Adresse
Designer Outlet Berlin, Alter Spandauer Weg 1, 14641 Wustermark, Centerhotline: 03 32 34/90 40, www.designeroutletberlin.de.

Öffnungszeiten
Montag bis Samstag 10.00 bis 20.00 Uhr. Verkaufsoffene Sonntage 13.00 bis 20.00 Uhr (fünf Mal im Jahr, siehe Webseite).

Anreise
Von der Stadtmitte Berlin über die Heerstraße (B5) stadtauswärts. Direkt vor der Auffahrt zur A10 liegt rechts das Designer Outlet Berlin. Mit öffentlichen Verkehrsmitteln: Regionalbahn Richtung Rathenow bis Bahnhof Elstal, von dort Bus 662 bis Haltestelle Designer Outlet Berlin.

SOCCX
THE WOMEN'S BRAND

Soccx – The Women's Brand steht für hochwertige Mode, einzigartige Looks und aktuellen Zeitgeist. Unverwechselbare Details prägen den Soccx-Stil und definieren damit den Charakter des Labels.

feminin, clever, selbstbewusst

Warenangebot
Casualwear (Oberbekleidung, Hosen, Denim, Jacken), Footwear, Taschen, Accessoires.

Ersparnis
Bis zu 70%. Alle Mehrwertclub-Karten werden akzeptiert.

Ambiente
Fashion Outlet Store des Womenswear-Labels Soccx sowie des Menswear-Labels Camp David direkt am Designer Outlet Berlin, nur 30 Minuten entfernt von Berlin. Auf mehr als 900 m² Verkaufsfläche wird das komplette Sortiment der beiden Marken angeboten. Kostenlose Kundenparkplätze stehen vor dem Store zur Verfügung.

Adresse
Soccx Fashion Outlet, Alter Spandauer Weg 6B, 14641 Wustermark, Tel.: 03 32 34/24 68 46, www.campdavid-soccx.de.

Öffnungszeiten
Montag bis Donnerstag 10.00 bis 19.00 Uhr, Freitag und Samstag 10.00 bis 20.00 Uhr.

Weitere Verkaufsstelle
● 15366 **Hoppegarten**, Neuer Hönower Weg 7, Camp David|Soccx Flagshipstore, Tel.: 0 33 42/3 06 61 00.

Anreise
Von der Stadtmitte Berlin über die Heerstraße (B5) stadtauswärts. Direkt vor der Auffahrt zur A10 liegt rechts das Designer Outlet Berlin. Oder: Regionalbahn Richtung Rathenow bis Bahnhof Elstal, von dort Bus 662.

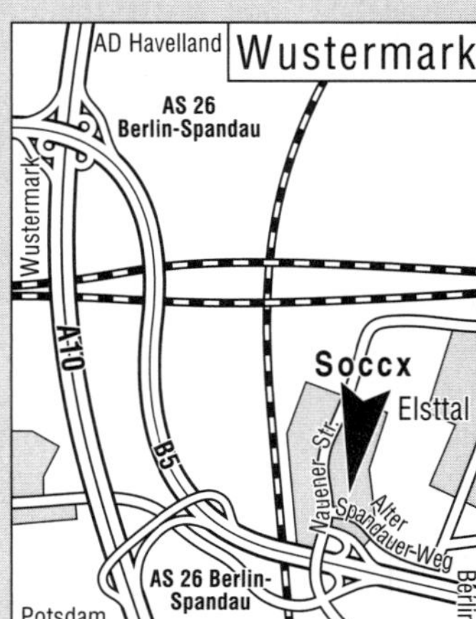

erbelle

Die Marke erbelle steht vor allem bei Stoffen und Bettwäsche für hochwertige Ware im mittleren Preissegment.

Qualität zum Wohlfühlen

Warenangebot

Bettwäsche, Spannbetttücher, Bettwaren, Frottierwaren, Bademäntel, Matratzen, Lattenroste, Schaumstoff, Kissenhüllen, Moltons, Stoffe, Tischwäsche, Wachstücher, Schlafdecken, Vorhänge, Gardinenstangen, Badteppiche, Nicky- und Taschentücher.

Ersparnis

1.-Wahl-Ware 30 bis 50 %, 1B-Ware bis 60 %.

Ambiente

Neu gestalteter, ca. 1000 m² großer Verkaufsraum. Fachkundiges Personal, übersichtliche Präsentation der Ware. Großer Parkplatz vor dem Fabrikgebäude.

Adresse

Erbelle Werksverkauf, Sander Straße 3, 97475 Zeil am Main, Tel.: 0 95 24/82 24-0.

Öffnungszeiten

Montag bis Freitag 10.00 bis 18.00 Uhr, Samstag 10.00 bis 17.00 Uhr.

Anreise

A70 Schweinfurt–Bamberg, Ausfahrt 11, Knetzgau. Weiter in Richtung B26 und Zeil. Nach der Mainbrücke rechts fahren. Die Sander Straße führt etwas später nach links in den Ort.

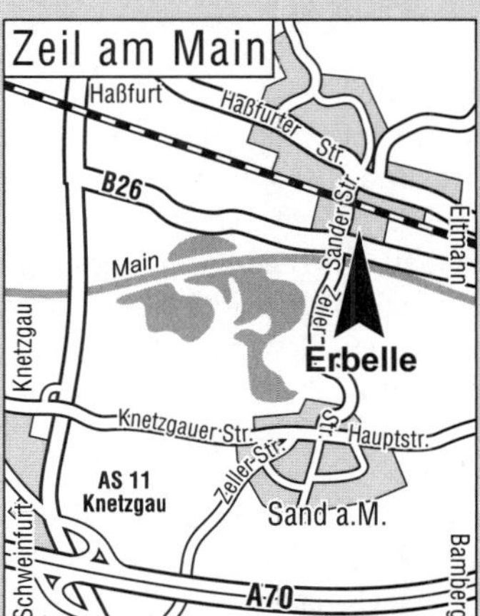

erbelle center

Marken Outlet Shopping

Seit 2003 hat Zeil am Main sein eigenes Outlet Center. Auf über 3500 m² wird in lichtdurchfluteten Räumen günstige Markenqualität angeboten. Hier findet man zehn Einzelshops unter einem Dach.

Shopping-Spaß

Warenangebot
Breites Angebot an Matratzen, Lattenrosten, Bettwaren, Frottierwaren, Stoffen. Kinderbekleidung, Tag- und Nachtwäsche, Strumpfwaren, Kurzwaren, Damen-, Herren- und Kindermarkenschuhe, Taschen sowie Glaswaren. Erhältlich sind aktuelle Ware, Second-Season-Ware sowie 2.-Wahl-Ware. Unter anderem sind folgende Marken vertreten: Erbelle, Hatico, Bonita, Kenny S., H.V. Herstellerverkauf, Ara Shoes, Schiesser, Piazzetta, Kurzwaren & mehr.

Ersparnis
30 bis 70 %; gutes Preis-Leistungs-Verhältnis.

Ambiente
Modernes Gebäude mit klimatisierten Verkaufsräumen. Guter Service, kompetente Beratung, Events (Termine im Internet). Café und Bistro (Selbstbedienung) mit Tagesgerichten sowie Kaffee und Kuchen. Kostenloser Parkplatz vor dem Verkauf; behindertengerecht.

Adresse
Erbelle-Outlet-Center, Sander Straße 3, 97475 Zeil am Main, Tel.: 0 95 24/82 24-0, www.erbelle-outlet.de.

Öffnungszeiten
Montag bis Freitag 10.00 bis 18.00 Uhr, Samstag 10.00 bis 17.00 Uhr.

Anreise
A70, Schweinfurt–Bamberg, Ausfahrt Knetzgau. Weiter in Richtung B26 und Zeil. Nach der Mainbrücke rechts fahren. Die Sander Straße führt etwas später nach links in den Ort.

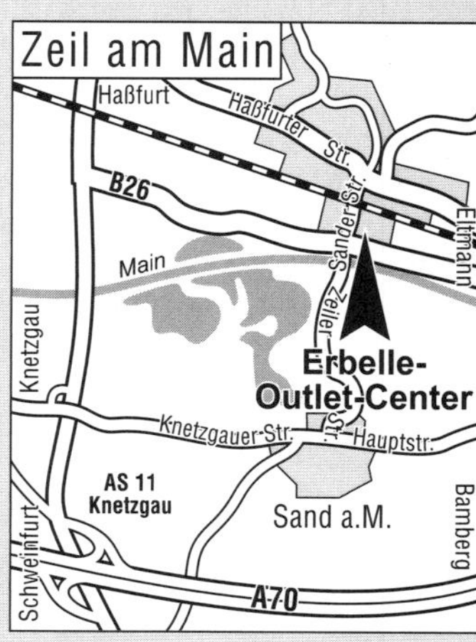

Das handgestaltete Ostheimer-Holzspielzeug wird aus heimischen Hölzern gefertigt, mit zertifizierten Farben bemalt und mit natürlichen Ölen endbehandelt. Es entspricht der strengen Spielzeug-Sicherheitsrichtlinie DIN EN 71 und ist Made in Germany/Europe.

Fantasievolles Spielen

Warenangebot

Nur 2.-Wahl-Ware. Holzfiguren und -tiere: Bauernhof-, Märchen- und Krippenfiguren, Wild- und Waldtiere. Das „Drumherum", wie Bäume usw. gibt es ebenfalls aus Holz.

Ersparnis

Ca. 20 %.

Ambiente

Ware auf Holzregalen präsentiert, Preisauszeichnung, Selbstbedienung. 2.-Wahl-Ware ist vom Umtausch ausgeschlossen. Ganzjährig gutes Angebot.

Adresse

Margarete Ostheimer GmbH, Boschstraße 17, 73119 Zell u. Aichelberg, Tel.: 0 71 64/94 20 14, www.ostheimer.de.

Öffnungszeiten

Montag und Freitag 9.30 bis 12.30 Uhr, Dienstag und Donnerstag 14.00 bis 17.00 Uhr, Samstag 10.00 bis 13.00 Uhr.

Anreise

A8 Stuttgart-Ulm, Ausfahrt Bad Boll/Göppingen. Dann Richtung Bad Boll. Nach ca. 1,5 km links nach Zell u. A. Die 2. Querstraße rechts in die Göppinger Straße. Dann 2. Querstraße links in die Daimlerstraße. Bis zur Kreuzung Boschstraße, dann gleich links. Glashaus mit 2.-Wahl-Verkauf.

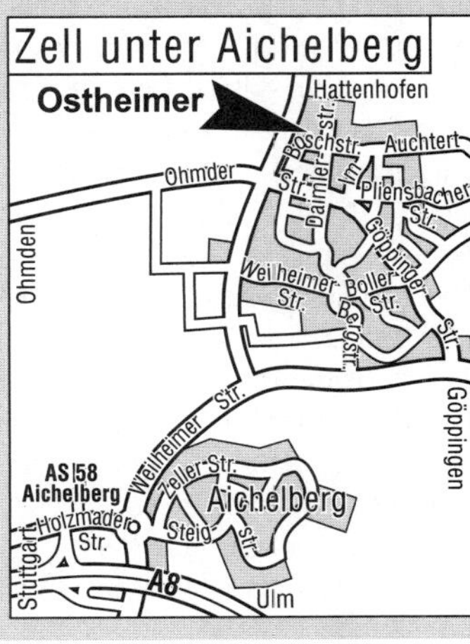

zweibrücken
thestyleoutlets

Zweibrücken The Style Outlets sind Deutschlands größtes Outlet Center. Auf ca. 30.300 m^2 Gesamtfläche bieten über 120 Premium- und Modemarken ihre Waren an. Verkauft werden Vorsaison- und Musterkollektionen, 1B-Ware sowie Überhänge. Die Preise liegen 30 bis 70 % unter den unverbindlichen Preisempfehlungen der Hersteller.

Shopping-Traumziel

Warenangebot
Mode, Sportswear, Outdoor- und Sportartikel, Dessous, Porzellan, Heimtextilien, Elektrokleingeräte, Lederwaren, Schuhe, Schmuck und Kosmetik. Ob klassisch oder extravagant, modisch oder sportlich, in allen Warenbereichen gibt es eine große Angebotsvielfalt und Auswahl für Damen, Herren, Jugendliche und Kinder.

Unter anderem sind hier folgende Marken von A bis Z vertreten:
Adidas, Aigner, Airfield, Apriori, Armani, Art in the City, Asics, Baldinini, Barbour, Basler, Bench, Biba, Björn Borg, Bogner, Boxeur des Rues, Brax, Bruno Banani, Bugatti, Calvin Klein Jeans, Calvin Klein Underwear, Camper, Centa Star, Cerruti, Cinque, Clarks, Columbia, Conradt, Converse, Crocs, Daniel Hechter, Desigual, Diesel, Diesel Kids, Dockers, Ecko Unltd., Escada, Esprit, Estella, Etiqueta Negra, Falke, Felina, Flip Flop, Fossil, Gant, Gant Footwear, G.K. Mayer Shoes, Gas, Geox, Golfino, Guess, Hallhuber, Högl, Home & Cook, Hooper's London, Hudson, Jacques Heim, Jette Joop, K.I.D.S, Kangaroos, Kennel und Schmenger, Krups, Kunert, Lacoste, Lagostina, Lambert, Laurèl, Le Creuset, Lee, Levi's, Lindt, Lloyd, Mandarina Duck, Mango, Marc O'Polo, Marc Picard, Marlboro Classics, Marvelis, MBT, Mexx, Mey, Möve, Mustang Jeans, Nike, Oakley, Odlo, Olymp, Park Avenue, Petit Bateau, Polo Ralph Lauren, Prince of Argyle, Princess of Argyle, Puma, Quiksilver, René Lezard, Rowenta, Roxy, Roy Robson, Salewa, Samsonite, Sarar, Sigikid, Signum, Skechers, St.Emile, Strenesse, Swarovski, Swatch, United Colors of Benetton, van Laack, Versace, Villeroy & Boch, WMF Home, Wolford und viele mehr.

Ersparnis
30 bis 70 %. Zum Saisonende sind die Preise zusätzlich reduziert.

Ambiente
Einkaufsstadt mit gepflegter Atmosphäre, gemütlichen Cafés, einem Bistro, einer Lounge und einer Vinothek. Kinderspielplatz und Kinderbetreuung. 2600 kostenfreie Pkw- und Busparkplätze.

Adresse
Zweibrücken The Style Outlets, Londoner Bogen 10-90, 66482 Zweibrücken, Tel.: 0 63 32/9 93 90, www.thestyleoutlets.de.

Öffnungszeiten
Montag bis Samstag 10.00 bis 19.00 Uhr. Verkaufsoffene Sonntage 13.00 bis 18.00 Uhr. Termine siehe im Internet unter www.thestyleoutlets.com.

Weitere Verkaufsstelle
● 06796 **Sandersdorf-Brehna**, Halle Leipzig The Style Outlets, Thiemendorfer Mark 1, Tel.: 03 49 54/4 92 20.

Anreise
A8 Pirmasens/Zweibrücken Ausfahrt 34, Contwig/Flugplatz. Das Outlet Center ist sehr gut ausgeschildert. Bereits vor der Autobahnausfahrt gibt es den Hinweis, dass Outlet-Besucher zunächst dem Flughafenwegweiser folgen sollen.

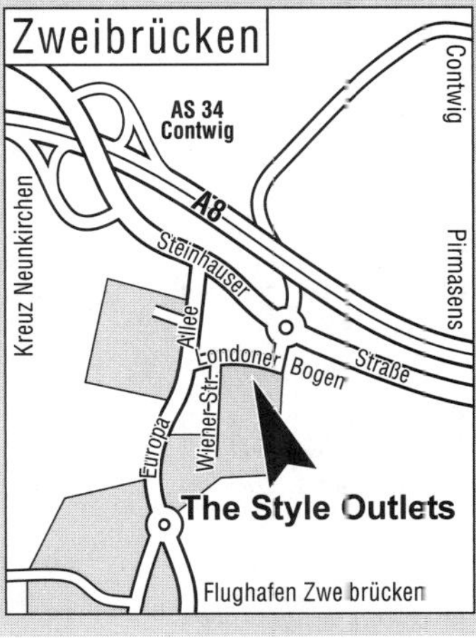

Outlets in Europa

Nicht nur in Deutschland freuen sich die Verbraucher über die wachsende Zahl an attraktiven Fabrikverkäufen und Outlet Centern, in denen Markenhersteller ihre Produkte direkt an den Endverbraucher verkaufen. Auch im europäischen Ausland - häufig nahe der Grenze zu Deutschland - ziehen viele Outlet Center mit einem riesigen Angebot an preisgünstigen Markenprodukten die Schnäppchenjäger an. Eine ideale Gelegenheit, um auf dem Weg in den Urlaub oder in der Nähe des Reiseziels die Garderobe oder die Ausrüstung zu ergänzen, ohne die Urlaubskasse all zu sehr in Mitleidenschaft zu ziehen.

An folgenden Orten finden Sie interessante Outlets oder Fabrikverkäufe:

MAASMECHELEN VILLAGE®

CHIC OUTLET SHOPPING®

Nur eine gute Autostunde von Köln und Düsseldorf entfernt befindet sich Maasmechelen Village. Mehr als 100 Boutiquen säumen die Straßen des Shopping-Dorfs und bieten ein vielfältiges Angebot, das stetig erweitert wird.

Lauter Schnäppchen-Adressen

Warenangebot
Über 150 führende internationale Mode- und Lifestylemarken bieten hier ihre Vorjahreskollektionen an. Schuhe, Accessoires, Haushaltswaren, Geschenkartikel und Wohnaccessoires runden das umfassende Angebot ab. Folgende Marken sind vertreten: Barbour, Desigual, Diesel, Escada, Furla, Gaastra Footwear, G-Star Raw, Hugo Boss, Karen Millen, Lacoste, Laurèl, Le Creuset, Levi's, Liu Jo, Marc O'Polo, MaxMara, Scapa, Seven for all Mankind, Tommy Hilfiger, UGG, Versace, Villeroy & Boch.

Ersparnis
Reduzierungen von mindestens 30 bis 60 % gegenüber den ehemaligen unverbindlichen Preisempfehlungen. Im Ausverkauf (Januar und Juli) bis zu 80 %. Ganzjährig Sonderaktionen.

Ambiente
Gemütliches Village, das Shopping-Erlebnis steht im Vordergrund. Die Boutiquen sind edel. Spielplätze, Restaurants, Cafés, Parkplätze.

Adresse
Maasmechelen Village, Zetellaan 100, B-3630 Maasmechelen, Belgien, Tel.: 00 32/89 77 40 00, www.maasmechelenvillage.com.

Öffnungszeiten
Montag bis Freitag 10.00 bis 19.00 Uhr, Samstag und Sonntag 10.00 bis 19.00 Uhr. Geschlossen: 25./26.12. und 1.1. Sonderöffnungszeiten siehe im Internet.

Anreise
A4 Köln bis zum Aachener Kreuz. Auf der E314 Richtung Antwerpen, Ausfahrt 33, Maasmechelen Leisure Valley, später der Beschilderung Maasmechelen Village folgen.

roppenheim
thestyleoutlets

Französischer Chic mit einem leicht deutschen Akzent: Roppenheim The Style Outlets nahe der deutschen Grenze. Auf über 27.000 m² Gesamtfläche bieten über 100 Premium- und Modemarken ihre Waren an. Verkauft werden Vorsaison- und Musterkollektionen, 1B-Ware sowie Überhänge.

Shopping-Traumziel

Warenangebot

Mode, Sportswear, Outdoor- und Sport-Artikel, Accessoires, Wäsche, Dessous, Porzellan, Heimtextilien, Lederwaren, Schuhe, Schmuck und Kosmetik. Ob klassisch oder extravagant, modisch oder sportlich, in allen Warenbereichen gibt es eine große Vielfalt und Auswahl für Damen, Herren, Jugendliche und Kinder. Unter anderem sind hier folgende Marken vertreten: Adidas, Calvin Klein Jeans, Cinque, Desigual, Docker's, Eden Park, Gant, Guess, Marc O'Polo, Nike, Pepe Jeans, Puma, Schumacher, Samsonite, Superdry, United Colors of Benetton, Ventilo, Villeroy & Boch, Wellensteyn.

Ersparnis

30 % gegenüber der ehemaligen UVP. Zum Saisonende zusätzlich reduziert.

Ambiente

Outlet Center im Stil eines elsässischen Dorfes. Gepflegte Atmosphäre, Cafés, Restaurants, Kinderspielplatz, WIFI-Zugang. Mehrsprachiges Personal. 1700 kostenfreie Parkplätze.

Adresse

Roppenheim The Style Outlets, 1, Route de l'Europe, F-67480 Roppenheim, Tel.: 00 33/3 88/72 77 17, www.thestyle outlets.fr.

Öffnungszeiten

Montag bis Samstag 10.00 bis 19.00 Uhr, Verkaufsoffene Sonn- und Feiertage sowie verlängerte Öffnungszeiten siehe unter www.thestyleoutlets.fr.

Anreise

A5 Karlsruhe-Basel, Ausfahrt 51 Baden-Baden. Auf der B500 Richtung Frankreich. 2 km hinter der Grenze befindet sich die beschilderte Ausfahrt.

OUTLET CENTER BRENNER

Das Outlet Center Brenner befindet sich in Südtirol, direkt am Brennerpass. Ein idealer Ort, um auf der Durchreise eine Shopping-Pause einzulegen. Über 55 Shops bieten Damen-, Herren- und Kinderbekleidung sowie Accessoires, Wäsche und Haushaltswaren an.

Shoppen am Brenner

Warenangebot

Reichhaltige Auswahl an Produkten international bekannter Markenhersteller wie z.B. Nike, Adidas, Jack Wolfskin, Schöffel, Salomon, Sisley, Millet, Mustang Jeans, Timberland, Puma, Benetton, Lindt, Reebok, Lloyd Shoes, Billabong, Marc O'Polo und viele mehr.

Ersparnis

30 bis 70 %.

Ambiente

Zweigeschossiges, architektonisch reizvoll gestaltetes Factory Outlet Center mit einer Gesamtfläche von aktuell 10.000 m^2 und über 55 Shops. Gastronomieangebot und kostenloses Parkhaus mit 1200 Auto- und Busparkplätzen unmittelbar vor dem Nordeingang.

Adresse

Outlet Center Brenner AG, St.-Valentin-Straße 9/A, I-39041 Brennero (BZ), Tel.: 00 39/04 72/63 67 00, www.dob-brennero.com.

Öffnungszeiten

Montag bis Sonntag 9.00 bis 19.00 Uhr an 360 Tagen im Jahr.

Anreise

A13 von München/Innsbruck bis Anschlussstelle S33, Ausfahrt Brennersee. Weiter Richtung Brennerpass/Grenze oder mautfrei auf der Brenner Bundesstraße. Das Outlet Center befindet sich direkt hinter der Staatsgrenze auf der linken Seite.

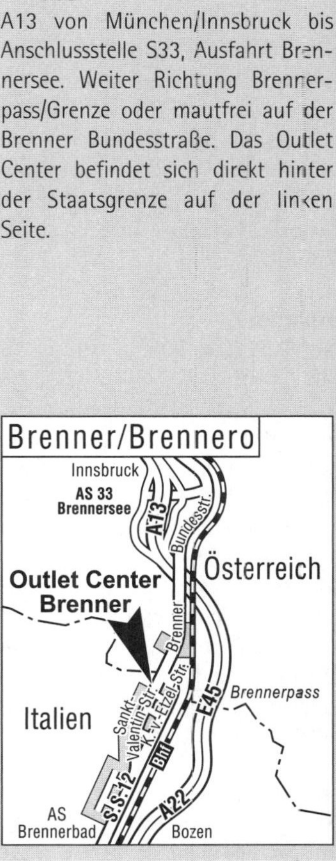

Managed by McArthurGlen

Das Designer Outlet Roermond befindet sich nur wenige Kilometer von der deutsch-niederländischen Grenze entfernt und bietet ganzjährig Einkaufsvergnügen in entspannter Atmosphäre. Restaurants, Spielplatz und die Innenstadt von Roermond laden zum Verweilen ein.

Das Shopper-Paradies

Warenangebot
Fashionmarken wie z.B. Adidas, Diesel, Dolce & Gabbana, Ermenegildo Zegna, Furla, Gant, Golfino, Gucci, Guess, Hallhuber, Hugo Boss, Lacoste, Levi's, Marc O'Polo, Marc Cain, Michael Kors, Mulberry, Nike, Polo Ralph Lauren, Prada, René Lezard, Salvatore Ferragamo, Scotch & Soda, Strenesse, Superdry, Swarovski, Tag Heuer, Timberland, Tod's und UGG.

Ersparnis
Ganzjährig 30 bis 70 % günstiger als die UVP.

Ambiente
Mehr als 200 internationale Designermarken in über 150 Shops. Elf Restaurants. Parkgebühr pro Tag 3,- €.

Adresse
Designer Outlet Roermond, Stadsweide 2, 6041 TD Roermond, Niederlande, Tel.: 00 31/4 75/ 35 17 77, info@designer-outlet-roermond.com, www.designer-outlet-roermond.com.

Öffnungszeiten
Montag bis Freitag 10.00 bis 20.00 Uhr, Samstag und Sonntag 9.00 bis 20.00 Uhr. Das Center ist an 363 Tagen im Jahr geöffnet. Nur am 25.12. und 1.1. ist es geschlossen.

Anreise
Aus Richtung Düsseldorf: A52 Richtung Roermond; der N280 nach der Grenze geradeaus folgen. Aus Richtung Duisburg: A40 Richtung Venlo und A73 Richtung Roermond. Das Center ist gut ausgeschildert.

Weitere Verkaufsstellen (Auswahl)

Österreich

- A-5073 **Wals-Himmelreich bei Salzburg**, Designer Outlet Salzburg, Kasernenstraße 1, Tel.: 00 43/6 62/25 44-0.
- A-7111 **Parndorf**, Designer Outlet Parndorf, Designer Outlet Straße 1, Tel.: 00 43/21 66/36 14.

Belgien

- B-6780 **Messancy**, Luxembourg Designer Outlet, 199, Route d'Arlon, Tel.: 00 32/63 23 00 40.

Frankreich

- F-59100 **Roubaix**, Designer Outlet Roubaix, 44 Mail de Lannoy, Tel.: 00 33/3 28/33 36 00.
- F-10150 **Pont-Sainte-Marie**, Designer Outlet Troyes, Voie du Bois, Tel.: 00 33/3 25/70 47 10.

Großbritannien

- **Ashford**, Kent, TN24 0SD, UK, Ashford Designer Outlet, Kimberley Way, Tel.: 00 44/12 33/89 59 00.
- **Bridgend**, South Wales, CF32 9SU, UK, Bridgend Designer Outlet, The Derwen, Tel.: 00 44/1 65/6 66 57 00.
- **Cheshire Oaks**, South Wirral, CH65 9JJ, UK, Cheshire Oaks Designer Outlet, Kinsey Road, Ellesmere Port, Tel.: 00 44/1 51/3 48 56 00.
- **Livingston**, West Lothian, EH54 6QX, UK, Livingston Designer Outlet, Almondvale Avenue, Tel.: 00 44/15 06/ 42 36 00.
- **South Normanton**, Derbyshire, DE55 2JW, UK, East Midlands Designer Outlet, Mansfield Road, Tel.: 00 44/17 73/54 50 00.
- **Swindon**, Wiltshire, SN2 2DY, UK, Swindon Designer Outlet, Kemble Drive, Tel.: 00 44/17 93/50 76 00.
- **York**, YO19 4TA, UK, York Designer Outlet, St. Nicholas Avenue, Fulford, Tel.: 00 44/19 04/68 27 00.

Griechenland

- GR-19004 **Spata**, Athens Designer Outlet, Block E 71, Tel.: 0 30/2 10/6 63 08 40.

Italien

- I-00128 **Castel Romano (RM)**, Castel Romano Designer Outlet, Via Ponte di Piscina Cupa, 64, Tel.: 00 39/06/5 05 00 50.
- I-15069 **Serravalle Scrivia (AL)**, Serravalle Designer Outlet, Via della Moda, 1, Tel.: 00 39/1 43/60 90 00.
- I-30020 **Noventa di Piave (VE)**, Via Marco Polo, 1, Veneto Designer Outlet, Tel.: 00 39/04 21/57 41.
- I-50031 **Barberino di Mugello (FI)**, Barberino Designer Outlet. Via Meucci snc, Tel.: 00 39/0 55/84 21 61.
- I-81052 **Marcianise (CE)**, La Reggia Designer Outlet, S.P. 336 Sannitica, Tel.: 00 39/08 23/51 02 44.

Weitere Informationen bzgl. Öffnungszeiten, Markenangebot der einzelnen Outlets, Anreise etc. finden Sie im Internet unter www.mcarthurglen.com.

Anita SINCE 1886 OUTLET

Über 125 Jahre Erfahrung, ein untrügliches Auge für Qualität und Funktionalität sowie modernstes Know-how machen die internationale Firma Anita Dr. Helbig zu einem der besten Spezialanbieter für Damenwäsche und Bademoden, speziell für große Cups und Größen.

Perfekte Passform

Warenangebot
Nur für Damen: BHs, Sport-BHs, Schwangerschafts- und Still-BHs, Bodys, Korseletts, Miederhosen, Bademoden, Größen 70 bis 115 bzw. 36 bis 54, Cup-Größen von B bis H Cup.

Ersparnis
Ca. 30 bis 60 %. Angeboten werden nur Auslaufmodelle und 1B-Ware.

Ambiente
Moderne und großzügige Verkaufsfläche mit großen und geräumigen Umkleidekabinen, Spielecke für Kinder. Warenpräsentation und Beratung wie im Fachgeschäft. Kostenlose Parkplätze sind vorhanden.

Adresse
Anita Outlet, Endach 25, A-6330 Kufstein, Tel.: 00 43/53 72/6 28 89, www.anita.com.

Öffnungszeiten
Dienstag bis Freitag 9.00 bis 18.00 Uhr, Samstag 9.00 bis 14.00 Uhr. Montag geschlossen.

Anreise
A93 Rosenheim Richtung Österreich, bis 6 km nach der Grenze. Ausfahrt Kufstein-Süd. Beim 1. Kreisverkehr die 1. Abfahrt nehmen. Beim 2. Kreisverkehr an der 3. Möglichkeit rechts Richtung B171 Kufstein-Endach. Der Verkauf befindet sich direkt am Ortseingang rechts.

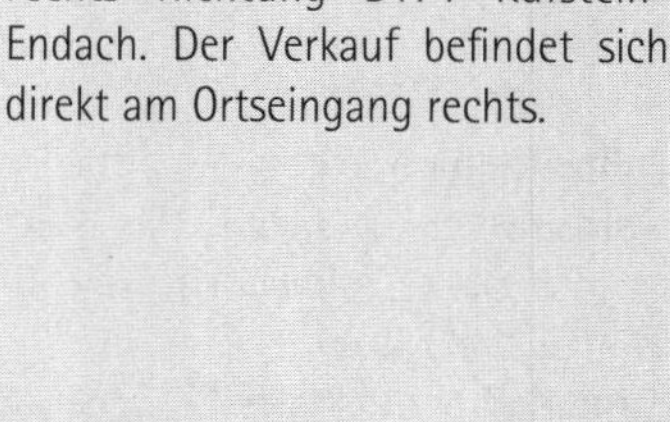

Wolfram Siebeck schreibt: „Es ist das große Verdienst von Claus Riedel, den Zusammenhang zwischen der Form eines Weinglases und seinem Inhalt erforscht und daraus die richtigen Konsequenzen gezogen zu haben. Seine Schöpfungen haben das Leben der Weintrinker derart verändert, dass man mit Fug und Recht von einer Revolution sprechen kann."

Erleben Sie den Unterschied

Warenangebot

Für jede Weinsorte gibt es ein eigenes Glas. Die Form des Glaskelches wird hier dem Charakter des Weines untergeordnet. Gläser für über 20 Weinsorten, Champagner, Sekt, Bier, Spirituosen, Wasser, Karaffen, Vasen, Teller und Schalen.

Ersparnis

20 bis 70 %, bei 2.-Wahl-Ware mit kleinsten Fehlern. Aber ein Rotweinglas in 2. Wahl kostet noch ab 10,- €.

Ambiente

Attraktive Schauräume auf über 200 m^2. Fachkundige Bedienung. „Schau-Hütte" und Sensorik-Museum „Sinnfonie", hier erlebt der Besucher beeindruckend die Welt des Glases. „Schwemme", ein Verkauf mit Angeboten und Restposten bis zur 3. Wahl mit sichtbaren Fehlern. Wein-Glas-Verkostungen: Sie können für Ihren mitgebrachten Lieblingswein hier das perfekte Glas herausfinden.

Adresse

Tiroler Glashütte GmbH, Shop-Verkauf, Weissachstraße 28-34, A-6330 Kufstein, Tel.: 00 43/(0) 53 72/64 89 6-901, Info@Riedel.com, www.Riedel.com.

Öffnungszeiten

Montag bis Freitag 9.00 bis 12.00 und 13.00 bis 16.00 Uhr.

Anreise

E60/A12 München-Rosenheim-Innsbruck Ausfahrt Kufstein-Süd. Der Beschilderung „Glashütte" folgen.

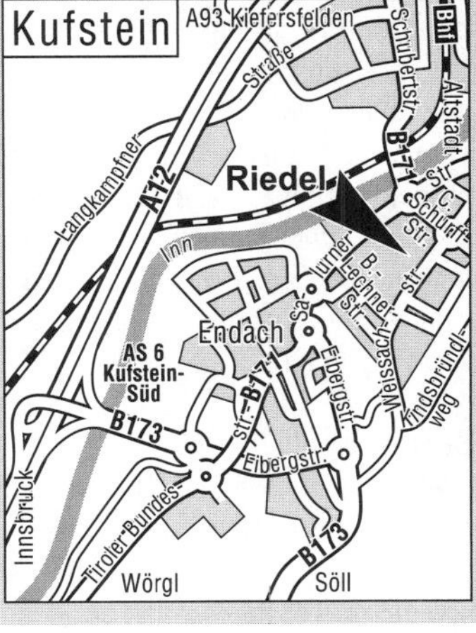

Parndorf Designer Outlet™

McArthurGlen

Rund 130 Shops mit internationalen Top Designermarken sind hier in einem stilvollen „Outlet-Dorf"-Ambiente versammelt. Das Center liegt nur 30 Fahrminuten von Wien entfernt, im Herzen der Tourismusregion Neusiedlersee. Auf einer Verkaufsfläche von 42.000 m² bieten internationale Markenhersteller eine breite Palette an Mode, Schuhen, Accessoires, Sportswear etc. an.

Shoppen im Markenparadies

Warenangebot

Damen-, Herren-, Kindermode, Sportartikel, Schuhe, Accessoires, Freizeitbekleidung, Unterwäsche, Lederwaren, Schmuck und Haushaltswaren. U. a. sind folgende Marken vertreten: Prada, Burberry, Gucci, Desigual, Diesel, Adidas, Nike, Polo Ralph Lauren, Tommy Hilfiger.

Ersparnis

30 bis 70 %.

Ambiente

Die „Arkaden", in denen sich zahlreiche Shops direkt nebeneinander befinden, laden zum ausgiebigen Bummeln ein. Auch im „Forum" oder in den „Galerien" findet jeder sein Lieblingsteil. Die internationalen Luxusmarken präsentieren sich am Fashion Plaza. 3000 kostenlose Parkplätze, Kinderspielplatz und Gastronomie vorhanden. 3 Geldautomaten; in fast allen Shops werden Kredit- und EC-Karten akzeptiert.

Adresse

McArthurGlen Designer Outlet Parndorf, Designer Outlet Straße 1, A-7111 Parndorf, Tel.: 00 43/21 66/3 61 40, www.designeroutletparndorf.at.

Öffnungszeiten

Montag bis Donnerstag 9.30 bis 19.00 Uhr, Freitag 9.30 bis 21.00 Uhr, Samstag 9.00 bis 18.00 Uhr.

Anreise

A4 Wien-Budapest/Ungarn bis zur Ausfahrt Neusiedl am See/Gewerbepark. Der Beschilderung McArthurGlen Designer Outlet Parndorf folgen.

adidas outlet

adidas ist Symbol für Sport rund um den Globus. Die legendären drei Streifen haben Kultcharakter.

Drei Streifen

Warenangebot
Große Auswahl an Sportschuhen und Sportbekleidung, auch für Kinder und Jugendliche. Sonderposten, Lagerüberhänge, Muster, Auslaufartikel, 2.-Wahl-Ware. Die Produktpalette ist übersichtlich nach Themen aufgebaut: Fitness, Running, Tennis, Golf, Training, Fußball, Basketball, Sportswear, Outdoor, Schwimmen, Trekkingschuhe, adidas Originals, Taschen und Reebok-Produkte. Es wird hier keine Ware aus der aktuellen Kollektion angeboten.

Ersparnis
30 bis 70 %.

Ambiente
Großer, übersichtlicher Verkaufsraum mit kompetenter Beratung.

Adresse
adidas Outlet Viktring, Adi-Dassler-Gasse 6, A-9073 Viktring-Klagenfurt, Tel.: 00 43/ 4 63/2 84 82 51, www.adidas.at.

Öffnungszeiten
Montag bis Freitag 9.00 bis 19.00 Uhr, Samstag 8.30 bis 17.00 Uhr.

Weitere Verkaufsstellen (Auswahl)
- A-7111 **Parndorf**, Designer Outlet Straße 1, Tel.: 00 43/21 66/2 07 63.
- CH-6330 **Cham**, Brunnmatt 14, Tel.: 00 41/41/7 83 10 50.
- CH-6850 **Mendrisio**, Fox Town, Via. Ang. Maspoli 18, Tel.: 00 41/91/6 30 18 70.
- CH-1170 **Aubonne**, Chemin d'es Bons 14, Tel.: 00 41/21/8 07 02 84.

Anreise
B 91 von Klagenfurt Richtung Loiblpass/Slowenien bis zum Abzweig Viktring. Dort rechts abbiegen. Den Verkauf finden Sie in der 1. Straße rechts nach der Ortschaft Stein auf der rechten Seite.

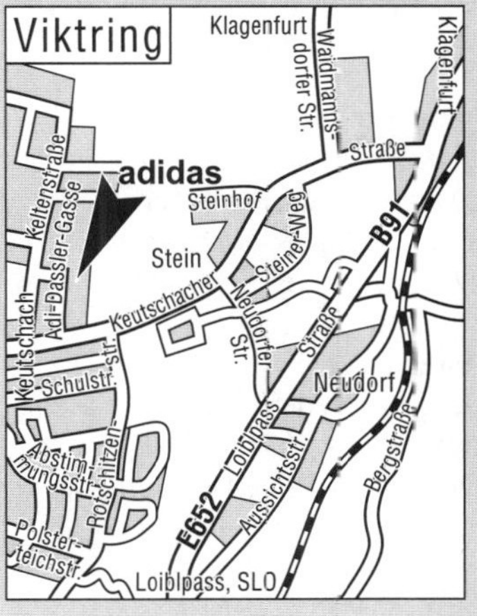

Salzburg Designer Outlet™

McArthurGlen

Das Designer Outlet Salzburg wurde im September 2009 in Wals-Himmelreich, nur 10 Minuten von der Salzburger Innenstadt entfernt, eröffnet. Das Erscheinungsbild erinnert an elegante, traditionelle Kaufhäuser des 19. Jahrhunderts und fügt sich harmonisch in die Umgebung ein.

Das Shopping-Paradies

Warenangebot

Designer-, Sport- und Jeans-Mode für Damen, Herren und Kinder. Accessoires, Wäsche, Schmuck & Uhren, Geschenkartikel. Folgende Marken werden angeboten: Baldinini, Barbour, Belstaff, Calvin Klein Collection, Daniel Hechter, Desigual, Diesel, Escada, Gant, Guess, Hanna White, Hugo Boss, Jil Sander, Le Creuset, La Perla, K.I.D.S. (Mode für die Kleinen u.a. von Chloé, DKNY Kids und Escada Kids), Lego Wear, Rosenthal, Skechers, Spazio d' Ambrosio, Stefanel, Tom Tailor, Valentino, Vans, Villeroy & Boch.

Ersparnis

Ganzjährig 30 bis 70 %.

Ambiente

28.000 m² Verkaufsfläche mit mehr als 200 internationalen Designermarken in über 100 Shops. Restaurants & Cafés, 2200 Parkplätze. Dinoland für Kinder.

Adresse

Designer Outlet Salzburg, Kasernenstraße 1, A-5073 Wals-Himmelreich, Tel.: 00 43/6 62/2 54 40, www.designer outletsalzburg.at.

Öffnungszeiten

Montag bis Donnerstag 9.30 bis 19.00 Uhr, Freitag 9.30 bis 21.00 Uhr, Samstag 9.00 bis 18.00 Uhr.

Anreise

A8 München–Salzburg. Nach dem Grenzübergang Walserberg weiter auf die A1 Richtung Wien, Ausfahrt Salzburg Flughafen. Geradeaus führt die Straße direkt zum Center. Von der Salzburger Innenstadt verkehren die Buslinien 2, 8, 27, 31 und 32 im 3-Minuten-Takt.

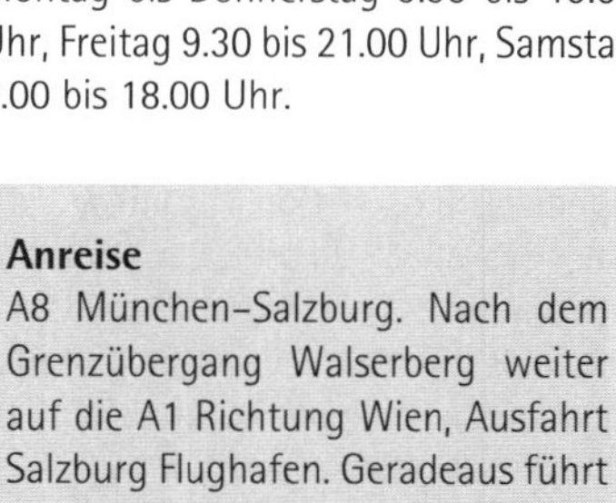

schuh braun

Kampf den Listenpreisen, das ist das Motto des Allround-Schuh-Fachmarkts. Fast alle bekannten und aktuellen Markenschuhe (keine Auslaufmodelle oder Altware) gibt es hier zu „Hauspreisen".

Markenschuhe billiger

Warenangebot

Damen-, Kinder- und Herrenschuhe. Nur Markenware wie z.B. Timberland, Paul Green, Fretz Men, Clarks, Rieker, Marc O'Polo, Esprit, s.Oliver, Puma, Adidas, Crocs, Superfit, Richter, Primigi, Converse und viele andere. Auch viele italienische Fabrikate, außerdem eine gute Auswahl an Taschen und Accessoires. Besonderer Service in der Kinderabteilung: Fußabmessung nach WMS. Großes Angebot an Damen- und Herrenschuhen in Übergrößen.

Ersparnis

Ca. 20 %. Einzelpaare und Restposten 30 bis 50 %.

Ambiente

Große Halle mit Paarvorwahl, eingerichtet wie ein Schuhfachgeschäft. Trotz der „Hauspreise" wird Wert auf fachgerechte und freundliche Beratung gelegt. Großer Parkplatz direkt vor der Tür.

Adresse

Schuh-Braun Vertrieb GmbH, Loigerstraße 87, A-5071 Wals-Siezenheim, Tel.: 00 43/6 62/85 10 15, www.schuhbraun.com.

Öffnungszeiten

Montag bis Freitag 10.00 bis 18.00 Uhr, Samstag 9.30 bis 14.00 Uhr.

Anreise

Von der A1 München-Salzburg kommend, Ausfahrt Salzburg-Flughafen. Rechts abbiegen und den Kreisverkehr geradeaus durchfahren (rechts ist eine BP Tankstelle). Unter der Unterführung hindurch. Nächste Kreuzung (Innsbrucker Bundesstraße) überqueren. Gegenüber auf der rechten Seite befindet sich der Verkauf.

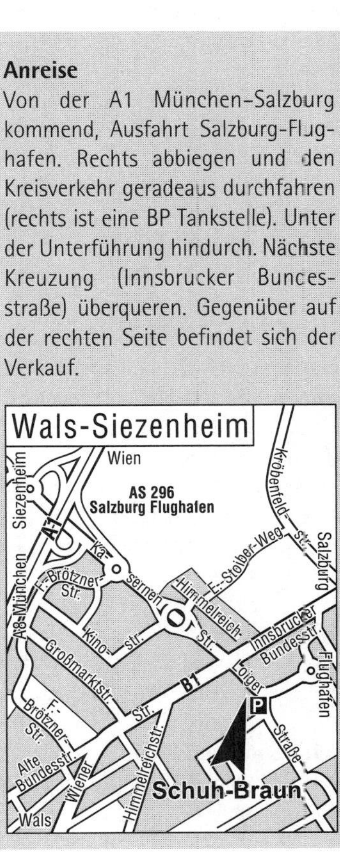

zimmerli
of Switzerland

Zimmerli of Switzerland hat sich weltweit einen ausgezeichneten Ruf für die Herstellung feinster Damen- und Herrenwäsche erworben. In der Schweiz nach höchsten Qualitätsstandards produziert, verschaffen die Zimmerli-Textilien dem Besitzer ein besonderes Wohlgefühl. Und das seit 1871.

The world's finest since 1871

Warenangebot
Feinste Tagwäsche, Nachtwäsche und Freizeitbekleidung für Damen und Herren, Badeshorts, Poloshirts und Socken für Herren.

Ersparnis
30 bis 70 % auf den regulären Verkaufspreis. Zahlreiche Schnäppchen und Einzel-/Musterteile. EC- und Kreditkarten werden akzeptiert.

Ambiente
Direktverkauf am Hauptsitz mit guter Beratung durch freundliches Personal. Ausreichend Parkplätze vorhanden.

Adresse
Zimmerli Factory Store, Feldstrasse 25, CH-4663 Aarburg, Tel.: 00 41/62/ 7 87 40 00, info@zimmerli.com, www.zimmerli.com.

Öffnungszeiten
Mittwoch bis Freitag 12.30 bis 18.00 Uhr, Samstag, 9.00 bis 15.00 Uhr.

Weitere Verkaufsstelle
- CH-6850 **Mendrisio**, Centro Sassi, Via Angelo Maspoli 7.

Anreise
A1 Zürich-Bern/A2 Basel-Luzern, Ausfahrt 46 Rothrist. Weiter Richtung Olten, nach dem 2. Tunnel an der 2. Ampel links in die Ruttigerstrasse, dann rechts in die Feldstrasse, zum Verkauf nach 200 m links.

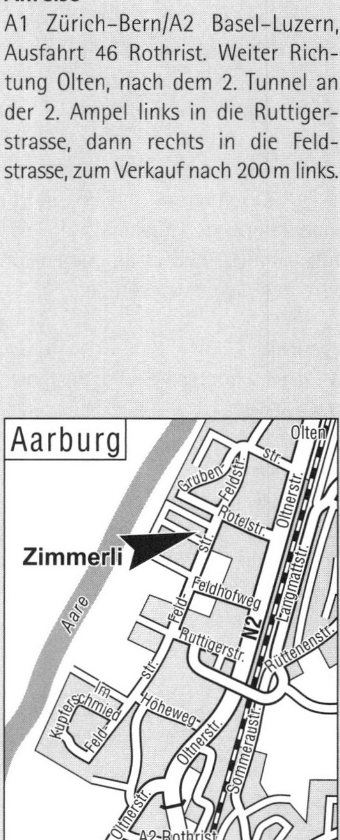

Triumph

Triumph International gehört zu den weltweit größten Herstellern von Unterbekleidung. Mit seinen Hauptmarken Triumph®, Sloggi®, Valisère® und HOM® ist das Unternehmen in mehr als 120 Ländern präsent. Triumph beschäftigt weltweit mehr als 36.500 Mitarbeiter.

Für den Körper, für die Sinne

Warenangebot
Für Damen: Tagwäsche, Nachtwäsche, Bade- und Strandmoden, Homewear, Dessous, BHs, Sport-BHs, Jugendliche Programme, Slip-Programme, Still-BHs. Falke-Strümpfe und Accessoires. Für Herren: Tag- und Nachtwäsche, Bademoden sowie Socken und Accessoires.

Ersparnis
Ca. 20 bis 70 % u.a. auf Basisartikel, Auslaufmodelle und Retouren.

Ambiente
Zweckmäßiger Fabrikladen, sehr kompetentes, freundliches Personal.

Besonderheiten
Bad Zurzach ist ein sehr schöner Ort am Rhein mit Thermalbad.

Adresse
Triumph Factory Outlet, Promenadestrasse 24a, CH-5330 Bad Zurzach, Tel.: 00 41/56/2 69 92 85.

Öffnungszeiten
Dienstag bis Freitag 10.00 bis 18.30 Uhr, Samstag 10.00 bis 17.00 Uhr. Montag geschlossen.

Anreise
Aus Richtung Waldshut über die Rheinbrücke und auf der Schweizer Seite auf der B7 Richtung Winterthur. Der 1. große Ort ist Bad Zurzach. Die Promenadestraße verläuft parallel zum Rhein. Am besten Richtung Bahnhof orientieren. Vom Bahnhof Richtung Osten in die Bahnhofstraße. Diese trifft auf die Promenadestraße. Der Fabrikverkauf befindet sich auf der rechten Seite.

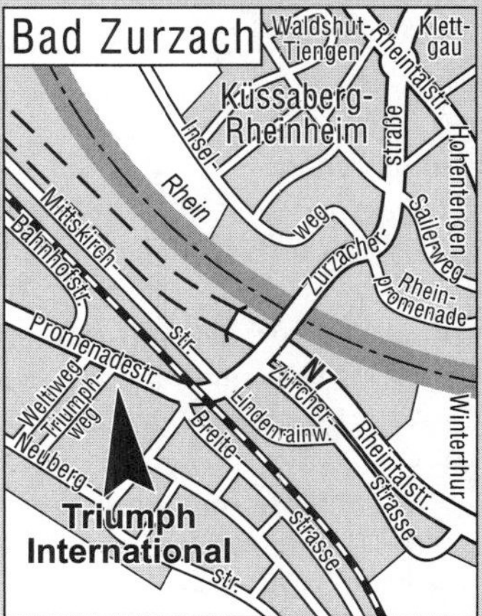

SCHIESSER

NATÜRLICH. ZEITGEIST. SEIT 1875

Schiesser ist Trendsetter im Wäschebereich und für Millionen von Verbrauchern Inbegriff von Qualität. Das Unternehmen setzt auf modische Unterwäsche. Trendig und klassisch, beides gibt es im Outlet Store.

Qualität auf der Haut

Warenangebot
Tag- und Nachtwäsche für Damen, Herren und Kinder. Dessous, Homewear, Bademoden, Sportwäsche, Freizeitbekleidung, Kinderbekleidung, große Auswahl an Basic-Artikeln.

Ersparnis
20 bis 50 % und mehr! Besonders preiswert sind Musterteile.

Ambiente
Fachkundige Beratung, hilfsbereite Verkäuferinnen. Anprobe ist möglich.

Adresse
Schiesser AG, Hauptstrasse 29, CH-8280 Kreuzlingen, Tel.: 00 41/71/6 72 38 90, www.schiesser.ch.

Öffnungszeiten
Montag bis Freitag 9.30 bis 18.30 Uhr, Samstag 9.00 bis 17.00 Uhr.

Weitere Verkaufsstellen (Auswahl)
- CH-5012 **Schönenwerd**, Fashion Fish, Bally Areal, Parkstrasse 1, Tel.: 00 41/62/ 8 49 74 10.
- CH-8400 **Winterthur**, Obergasse 16, Tel.: 00 41/52/2 03 47 27.
- CH-8004 **Zürich**, Ankerstrasse 53, Tel.: 00 41/43/3 22 07 70.
- CH-8590 **Romanshorn**, Alleestrasse 27, Tel.: 00 41/71/4 63 66 17.

Anreise
A81 nach Singen und weiter auf der B33 zur Schweizer Grenze. An den folgenden drei Kreisverkehren nach dem Grenzübergang jeweils Richtung Kreuzlingen/Bahnhof fahren. Der Verkauf befindet sich nach dem Bahnhof auf der rechten Seite.

strellson windsor. JOOP!

Lifestyle-Marken für modisch interessierte Frauen und Männer gibt es in Kreuzlingen/Schweiz, dem Nachbarort von Konstanz. Strellson bietet moderne Business- und Casualwear für Männer. Von JOOP!, windsor. und Tommy Hilfiger gibt es die Kollektionen für Frauen, Männer und Kinder.

Hochwertig, aber bezahlbar

Warenangebot
Sehr hochwertige Ware, hervorragende Auswahl für Herren, Damen und Kids. Anzüge, Sakkos, Hosen, Mäntel, Jacken, Jeans, Hemden, Krawatten, Sportswear, Leder- und Strickbekleidung, Unterwäsche, Schuhe, T-Shirts, Sweatshirts, Taschen, Socken, Blazer, Hosen, Röcke, Blusen, Accessoires.

Ersparnis
30 bis 70 %.

Ambiente
Gradlinige Architektur und großzügige Warenpräsentation. Auf 2000 m² Verkaufsfläche finden sich die aktuellen Kollektionen von Strellson, Tommy Hilfiger (Men, Women, Kids), JOOP! (Men & Women) und windsor. (Men & Women) sowie 2.-Wahl-Ware und Second Season.

Adresse
Strellson AG, Sonnenwiesenstrasse 21, CH-8280 Kreuzlingen/Schweiz, Tel.: 00 41/71/6 86 33 27.

Öffnungszeiten
Montag bis Freitag 10.00 bis 19.00 Uhr, Samstag 9.00 bis 18.00 Uhr.

Anreise
A81 Stuttgart-Singen, Ausfahrt Hegau. Auf der B33 nach Konstanz/Bodensee. Kreuzlingen/Schweiz ist der Nachbarort von Konstanz. In Kreuzlingen immer Richtung St. Gallen/Romanshorn. Ab Hauptbahnhof Kreuzlingen, der auf der linken Seite liegt, sind es noch ca. 2 km. Man fährt über mehrere Kreisel immer geradeaus. Nach dem Migros-Einkaufszentrum links in die Sonnenwiesenstraße. Der Fabrikverkauf liegt ca. 100 m vom Bodenseeufer entfernt.

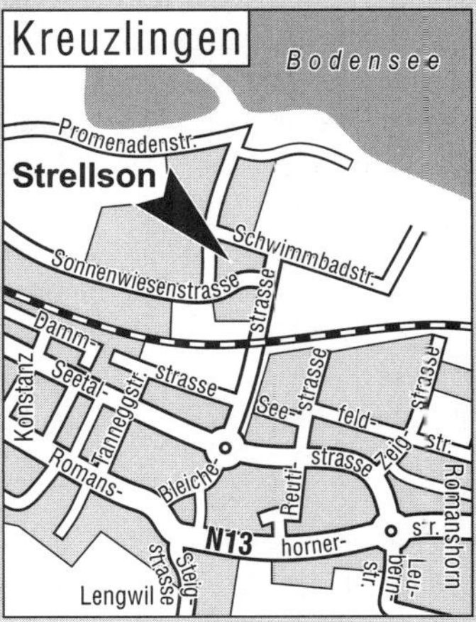

% designer outlet Landquart

Über 160 Marken unwiderstehlich günstig. Von Sport- und Outdoor- bis hin zu internationalen Mode- und Designermarken. Landquart ist das „Tor" zu den weltbekannten Orten Davos, St. Moritz und Laax.

Schnäppchenparadies

Warenangebot

Vorjahres-/Musterkollektionen u.a. der Marken: AJ Malloy, Amefa, Barutti, Bassetti, Billabong, Boggi Milano, Bogner, Bonita, Boxeur des Rues, Braun Büffel, Calvin Klein Jeans, Calvin Klein Underwear, Companys, Desigual, Diesel, Dockers, Fox, FTC Cashmere, Garcia, Geox, Gianfranco Ferré, Hallhuber, Hogan, Home & Cook, Hugo Boss, IBS DeLuxe, Jet Set, Josef Seibel, Kuhn Rikon, Lacoste, Le Creuset, Lee, Levi's, Lindt, Luxury Mall, Maestrani Chocolate, Marc Picard, Max Mara, Maya Maya, MBT, McGregor, Mustang Jeans, Möve, Naccari Bijouterie, Napapijri, Navyboot, Nici, Nike Factory Store, Oakley, Odlo, Pepe Jeans London, Puma, Quiksilver, Rip Curl, Roxy, Rukka, Sarar, Schlossberg, Silvertag, St. Emile, Strenesse, Sunglasses by Pfendt Optic, Tiger of Sweden, Tod's, Tom Tailor Kids, Tommy Hilfiger, Vans, Versace Collection, Walder Junior, Wellensteyn, Wenger, WMF, Wrangler, Zauberstern Kids Fashion, Zeal, Zimtstern.

Ersparnis

Mindestens 30%.

Ambiente

Village-Center, das einem Bündnerdorf nachempfunden ist, mit Cafés und Restaurants.

Adresse

Designer Outlet Landquart, Tardisstrasse 20a, CH-7302 Landquart, Tel.: 0041/81/ 3000290, info@designeroutletland quart.ch, www.designeroutletlandquart. ch.

Öffnungszeiten

Montag bis Sonntag 10.00 bis 19.00 Uhr. Geschlossen an Neujahr, Ostersonntag, 25. und 26.12.

Anreise

60 Minuten von Zürich direkt an der A13, Ausfahrt Landquart.

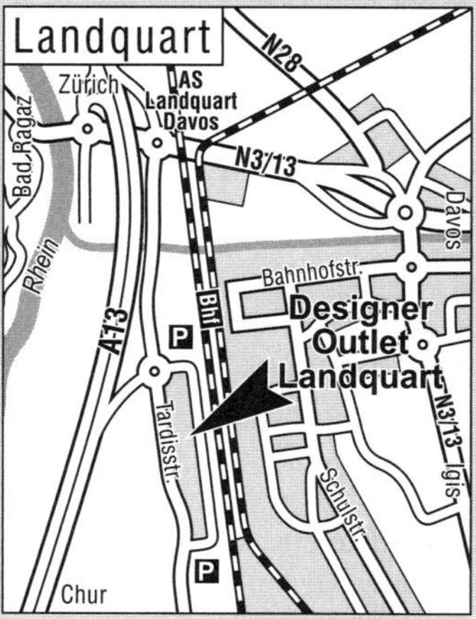

zimmerli
of Switzerland

Zimmerli of Switzerland hat sich weltweit einen ausgzeichneten Ruf für die Herstellung feinster Damen- und Herrenwäsche erworben. In der Schweiz nach höchsten Qualitätsstandards produziert, verschaffen die Zimmerli-Textilien dem Besitzer ein besonderes Wohlgefühl. Und das seit 1871.

The world's finest since 1871

Warenangebot
Feinste Tagwäsche, Nachtwäsche und Freizeitbekleidung für Damen und Herren, Badeshorts, Poloshirts und Socken für Herren. Zudem hochwertige Hemden, Sweater und Krawatten der Marke Eton.

Ersparnis
30 bis 70% auf den regulären Verkaufspreis. Zahlreiche Schnäppchen und Einzel-/Musterteile. EC- und Kreditkarten werden akzeptiert.

Ambiente
Großzügiges, lichtdurchflutetes Outlet an optimaler Verkehrslage mit kompetenter Beratung durch mehrsprachiges Personal.

Adresse
Zimmerli Outlet, Centro Sassi, Via Angelo Maspoli 7, CH-6850 Mendrisio, Tel.: 0041/91/6463434, outlet.mendrisio@zimmerli.com, www.zimmerli.com.

Öffnungszeiten
Montag bis Freitag 10.30 bis 18.30 Uhr, Samstag und Sonntag 10.30 bis 19.00 Uhr.

Weitere Verkaufsstelle
● CH-4663 **Aarburg**, Feldstrasse 25. Mittwoch bis Freitag 12.30 bis 18.00 Uhr, Samstag 9.00 bis 15.00 Uhr.

Anreise
A2 Basel-Luzern-Chiasso, Ausfahrt 52, Mendrisio. Im 2. Kreisverkehr die 3. Ausfahrt in die Via Angelo Maspoli nehmen. Der Verkauf befindet sich nach 100 m auf der rechten Seite.

Factory Outlet FASHION FISH

EINKAUFS-GUTSCHEIN S. 569

Wo einst feinstes Leder zu modischen Schuhen und Accessoires verarbeitet wurde, befindet sich der Anziehungspunkt für modebegeisterte Smart-Shopper: Fashion Fish vereint 47 Geschäfte mit mehr als 100 Top-Marken unter einem Dach.

Schön und günstig

Warenangebot

Damen- und Herrenmode, Kinderbekleidung, Heimtextilien, Wohnaccessoires, Schuhe, Accessoires, Sonnenbrillen, Schmuck, Sportbekleidung, Lederwaren, Wäsche, Bademoden. Unter anderem folgende Marken: Bally, Bogner, Boss, Camp David, Desigual, Diesel, Gant, Guess, Jack Wolfskin, Kuhn Rikon, Lacoste, Liebeskind Berlin, Marc O'Polo, Modeva, Navyboot, Salomon, Schiesser, Schlossberg, Skiny, Strenesse, Superdry und Timberland.

Ersparnis

30 bis 70 %. Bei Sonderaktionen bis 80 %.

Ambiente

Industrieller Charme und moderne Architektur mit 47 Shops auf über 14.000 m². Kinderspielecke, 2 verschiedene Cafés, über 300 freie und überdachte Parkplätze

Adresse

Fashion Fish Premium Factory Outlet, Bally Areal, Parkstrasse 1, CH-5012 Schönenwerd, Tel.: 00 41/62/8 58 21 21, info@fashionfish.ch, www.fashionfish.ch.

Öffnungszeiten

Montag bis Mittwoch und Freitag 10.00 bis 18.30 Uhr, Donnerstag 10.00 bis 20.00 Uhr, Samstag 10.00 bis 18.00 Uhr.

Anreise

Dank der zentralen Lage ist Schönenwerd von Zürich, Bern, Basel, Luzern, Olten und Aarau gut erreichbar. Schönenwerd liegt in unmittelbarer Nähe der A1 und A2 und ist innerhalb von 10 Minuten ab Autobahnausfahrt Aarau West, via Kölliken Zentrum Gretzenbach zu erreichen.

Schnäppchenführer–Verlag

Wie jeder Jäger muss der Schnäppchenjäger sein Revier pflegen Die Hege und Pflege ist auch wichtiger Teil der Schnäppchenjagd. Deshalb werden unsere Adressen ständig gepflegt. Die Hege liegt den Autoren am Herzen. Deshalb unsere Bitte: Helfen Sie uns, wenn Sie neue Adressen finden und schreiben Sie uns, wenn Sie mit einem Fabrikverkauf nicht zufrieden waren.

Das Schnäppchen-Revier wächst

Warenangebot
Ein paar Angaben, was in etwa verkauft wird, helfen uns.

Ersparnis
Hier würden wir uns über Ihre Schätzung freuen, auch wenn wir verpflichtet sind, selbst noch einmal zu recherchieren. Aber die berühmte „Hausnummer" signalisiert schon einmal, welche Qualität der Fabrikverkauf besitzt. Ein paar Preisbeispiele sind sicher nützlich.

Ambiente
Es gibt angenehme Märkte und Geschäfte, die sich kaum von üblichen Einzelhandelsgeschäften unterscheiden. Manchmal aber wird man auf den Hof gebeten, weil dort ein Lagerverkauf im abgeteilten Bereich einer großen Halle veranstaltet wird. Ein paar Tipps helfen uns weiter. Gibt es Ankleidekabinen? Ist das Personal motiviert oder mürrisch? Hat es Sachkunde? Uns interessiert alles, was Ihnen in einem Fabrikverkauf aufgefallen ist.

Adresse
Hier kommt es schlicht auf die Adresse an, unter der Sie den Verkauf gefunden haben. Wenn möglich, eine Telefonnummer dazu schreiben. Uns erreichen Sie unter: Schnäppchenführer-Verlag, Heinz Waldmüller, Lucas-Cranach-Straße 7, 70794 Filderstadt, Fax: 07 11/77 72 06, E-Mail: info@schnaeppchenfuehrer.com.

Besonderheiten
Keine Leistung ohne Gegenleistung. Jeder gute Tipp ist uns die neueste Ausgabe des Schnäppchenführers mit den neuesten Adressen, direkt von den Jägern und Hegern, wert.

Öffnungszeiten
Wann hat der Laden geöffnet? An welchen Tagen, zu welcher Uhrzeit?

Anreise
Wie kommt man hin? Ist der Eingang zum Fabrikverkauf leicht zu finden. Eine Anfahrtsskizze oder das örtliche Straßenverzeichnis helfen uns für den Erstbesuch sehr.
Herzlichen Dank im Voraus.

Rahmenbedingungen

zum Einlösen der Einkaufsgutscheine

(bitte unbedingt vor dem Einkauf lesen!)

1. **Die Gültigkeit der Gutscheine ist begrenzt auf den Zeitraum 1. September 2017 bis 31. Dezember 2019.**
2. Die Einkaufsgutscheine werden von zahlreichen, in diesem Buch aufgeführten Herstellern/Adressaten zur Verfügung gestellt. Die entsprechenden Firmen sind jeweils auf ihrer Firmendarstellung im Innenteil des Buches mit dem Hinweis „Einkaufsgutschein" gekennzeichnet. Von genau diesen Firmen finden Sie die Gutscheine auf den nachfolgenden Seiten.
3. Der Verlag übernimmt keinerlei Haftung. Der Verlag tritt als Mittler auf, der nach bestem Wissen und Gewissen die Gutschein-Aktion für diesen Schnäppchenführer organisiert. Insbesondere haftet der Verlag nicht bei einer etwaigen Nichtgewährung eines Gutscheines.
4. Der Einkaufsgutschein stellt einen geldwerten Vorteil für den Kunden dar. Er kann nur bei einem tatsächlichen Einkauf im Fabrikverkauf/Factory Outlet eingelöst werden. Die Bedingungen zum Einlösen des Einkaufsgutscheines sind in diesen Rahmenbedingungen und darüber hinaus individuell direkt auf dem Gutschein selbst verbindlich festgelegt. Insbesondere kann der Einkaufsgutschein nicht in Bargeld eingetauscht werden. Der Gutschein ist in den meisten Fällen auch an einen Mindestwarenwert des Einkaufs gekoppelt.
5. Unabhängig von einem Einkaufsgutschein für einen konkreten Betrag in Euro kann auch ein Rabattwert in % oder ein anderer Kundenvorteil benannt werden. Ein Kumulieren (Aufaddieren) von geldwerten Vorteilen ist nicht möglich (Beispiel: 10,- € Warengutschein und zusätzlich 10 % Rabatt).
6. Der Einkaufsgutschein ist nur direkt an dem Standort des Herstellers einlösbar, der auf der Firmenseite unter der Rubrik Adresse aufgeführt ist. Wenn keine besondere Einschränkung auf dem Gutschein vermerkt ist, gilt der Einkaufsgutschein auch in den „Weiteren Verkaufsstellen", die ebenfalls auf dieser Seite genannt sind.
7. Alle Einkaufsgutscheine werden auf den nachfolgenden Seiten abgedruckt und zwar in alphabetischer Reihenfolge der Marken. Enthält eine Adresse mehrere Marken, ist der Einkaufsgutschein unter der Marke mit dem höchsten Bekanntheitsgrad abgedruckt.
8. Die Gutscheine sind fester Bestandteil dieses Buches und können, um gültig zu werden, nur vom Kassenpersonals des Fabrikladens/Factory Outlets aus diesem Schnäppchenführer ausgeschnitten werden, es sei denn, das Kassenpersonal fordert den Inhaber des Gutscheines extra dazu auf, das Ausschneiden des Gutscheines selbst vorzunehmen.
9. Jeder Käufer kann bei einem Einkauf nur einen Gutschein einlösen.

WICHTIG!

Diese Gutscheine sind nur dann gültig, wenn sie beim Einkauf vom Kassenpersonal des Fabrikverkaufs ausgeschnitten werden; es sei denn, das Personal gibt Ihnen im Einzelfall andere Anweisungen. Gutscheine gültig bis 31.12.2019.

SCHNÄPPCHENFÜHRER EINKAUFSGUTSCHEIN

AHORN SPORTSWEAR ESTABLISHED 1964

WERT: **10,- €**

Mindestwarenwert des Einkaufs: 50,- €.

SCHNÄPPCHENFÜHRER EINKAUFSGUTSCHEIN

Alba Moda

WERT: **20,- €**

Mindestwarenwert des Einkaufs: 100,- €.
Nur gültig für Outletware, nicht für Katalogware in Verbindung mit kostenloser Vorteils-Card (vor Ort beantragen).

SCHNÄPPCHENFÜHRER EINKAUFSGUTSCHEIN

ara® since 1949

10% Rabatt

Nicht gültig für Aktions- und Sonderangebote.

SCHNÄPPCHENFÜHRER EINKAUFSGUTSCHEIN

arami

WERT: **10,- €**

Mindestwarenwert des Einkaufs: 100,- €.
Nicht gültig für Aktions- und Sonderangebote.

Schnäppchenführer-Einkaufsgutschein

Schnäppchenführer-Einkaufsgutschein

Schnäppchenführer-Einkaufsgutschein

Schnäppchenführer-Einkaufsgutschein

www.schnaeppchenfuehrer.com

WICHTIG!

Diese Gutscheine sind nur dann gültig, wenn sie beim Einkauf vom Kassenpersonal des Fabrikverkaufs ausgeschnitten werden; es sei denn, das Personal gibt Ihnen im Einzelfall andere Anweisungen. Gutscheine gültig bis 31.12.2019.

SCHNÄPPCHENFÜHRER EINKAUFSGUTSCHEIN

Arzberg
GERMANY

WERT: 10,- €

Mindestwarenwert des Einkaufs: 100,- €.
Nicht gültig für Aktions- und Sonderangebote.

SCHNÄPPCHENFÜHRER EINKAUFSGUTSCHEIN

AUTHENTIC STYLE
LAGERVERKAUF

WERT: 10,- €

Mindestwarenwert des Einkaufs: 50,- €.

SCHNÄPPCHENFÜHRER EINKAUFSGUTSCHEIN

BADER
DIREKT kauf

WERT: 10,- €

Mindestwarenwert des Einkaufs: 50,- €.
Nur gültig im Bader-Direktkauf.

SCHNÄPPCHENFÜHRER EINKAUFSGUTSCHEIN

BÄR®
Ihr Leben wird gut laufen®

WERT: 10,- €

Mindestwarenwert des Einkaufs: 100,- €.
Nicht gültig für Aktions- und Sonderangebote.

Schnäppchenführer-Einkaufsgutschein

Schnäppchenführer-Einkaufsgutschein

Schnäppchenführer-Einkaufsgutschein

Schnäppchenführer-Einkaufsgutschein

www.schnaeppchenfuehrer.com

WICHTIG!

Diese Gutscheine sind nur dann gültig, wenn sie beim Einkauf vom Kassenpersonal des Fabrikverkaufs ausgeschnitten werden; es sei denn, das Personal gibt Ihnen im Einzelfall andere Anweisungen. Gutscheine gültig bis 31.12.2019.

Schnäppchenführer EINKAUFSGUTSCHEIN

bassetti

WERT: 10,- €

Mindestwarenwert des Einkaufs: 100,- €.
Nicht mit anderen Rabatten oder Gutscheinen kombinierbar.

Schnäppchenführer EINKAUFSGUTSCHEIN

Rocky Marciano BENLEE™ LONSDALE LONDON GOODYEAR

20 % Rabatt

Mindestwarenwert des Einkaufs: 50,- €.

Schnäppchenführer EINKAUFSGUTSCHEIN

bequemschuh-versand
Hausschuhe | Schuhe

WERT: 10,- €

Mindestwarenwert des Einkaufs: 45,- €.
Einzelne Rabatte sind nicht kombinierbar.

Schnäppchenführer EINKAUFSGUTSCHEIN

Bett-Art
Matratzen zum Träumen!

WERT: 15,- €

Mindestwarenwert des Einkaufs: 100,- €.

Schnäppchenführer-Einkaufsgutschein

Schnäppchenführer-Einkaufsgutschein

Schnäppchenführer-Einkaufsgutschein

Schnäppchenführer-Einkaufsgutschein

www.schnaeppchenfuehrer.com

WICHTIG!

Diese Gutscheine sind nur dann gültig, wenn sie beim Einkauf vom Kassenpersonal des Fabrikverkaufs ausgeschnitten werden; es sei denn, das Personal gibt Ihnen im Einzelfall andere Anweisungen. Gutscheine gültig bis 31.12.2019.

SCHNÄPPCHENFÜHRER EINKAUFSGUTSCHEIN

billerbeck HOME STORES

WERT: **20,- €**

Mindestwarenwert des Einkaufs: 100,- €. Gutschein ausschließlich einzeln einlösbar und nicht kombinierbar mit anderen Aktionen. Gültig nur im Billerbeck Markenshop in 76703 Kraichtal-Münzesheim.

SCHNÄPPCHENFÜHRER EINKAUFSGUTSCHEIN

BONACELLI since 1931 Factory-Store

WERT: **15,- €**

Mindestwarenwert des Einkaufs: 100,- €. Nicht gültig für reduzierte Ware. Nicht kombinierbar mit anderen Aktionen. Nur gültig im Fabrikverkauf in Lahr und in Lörrach.

SCHNÄPPCHENFÜHRER EINKAUFSGUTSCHEIN

Calao® by S.T.A.

WERT: **10,- €**

Mindestwarenwert des Einkaufs: 100,- €.

SCHNÄPPCHENFÜHRER EINKAUFSGUTSCHEIN

CARL GROSS

SINCE 1925

CG CLUB of GENTS

WERT: **10,- €**

Mindestwarenwert des Einkaufs: 100,- €. Nur gültig für Carl Gross- und CG – Club of Gents-Ware; nicht gültig für Aktions- und Sonderangebote.

Schnäppchenführer-Einkaufsgutschein

Schnäppchenführer-Einkaufsgutschein

Schnäppchenführer-Einkaufsgutschein

Schnäppchenführer-Einkaufsgutschein

www.schnaeppchenfuehrer.com

WICHTIG!

Diese Gutscheine sind nur dann gültig, wenn sie beim Einkauf vom Kassenpersonal des Fabrikverkaufs ausgeschnitten werden; es sei denn, das Personal gibt Ihnen im Einzelfall andere Anweisungen. Gutscheine gültig bis 31.12.2019.

SCHNÄPPCHENFÜHRER EINKAUFSGUTSCHEIN

CARL MERTENS

WERT: 10,- €

Mindestwarenwert des Einkaufs: 50,- €.
Nicht gültig für Aktions- und Sonderangebote.

SCHNÄPPCHENFÜHRER EINKAUFSGUTSCHEIN

comazo

20 % Rabatt

Nicht gültig für Aktions- und Sonderangebote.

SCHNÄPPCHENFÜHRER EINKAUFSGUTSCHEIN

ombrelloni di creco

WERT: 15,- €

Mindestwarenwert des Einkaufs: 300,- €.
Nur gültig für Holzschirme und Zubehör.
Nicht gültig für Sonderaktionen und Sonderpreise.

SCHNÄPPCHENFÜHRER EINKAUFSGUTSCHEIN

McArthur Glen Designer Outlet™ Ochtrup

10 % Extra-Rabatt

Bei Vorlage dieses Gutscheins erhalten Sie am Guest Service den Fashion Passport, mit dem Sie weitere 10 % Rabatt in ausgewählten Shops erhalten.

Schnäppchenführer-Einkaufsgutschein

Schnäppchenführer-Einkaufsgutschein

Schnäppchenführer-Einkaufsgutschein

Schnäppchenführer-Einkaufsgutschein

www.schnaeppchenfuehrer.com

WICHTIG!

Diese Gutscheine sind nur dann gültig, wenn sie beim Einkauf vom Kassenpersonal des Fabrikverkaufs ausgeschnitten werden; es sei denn, das Personal gibt Ihnen im Einzelfall andere Anweisungen. Gutscheine gültig bis 31.12.2019.

SCHNÄPPCHENFÜHRER EINKAUFSGUTSCHEIN

designer outlet Soltau

designeroutletsoltau.com

10 %

Extra-Rabatt

Bei Vorlage dieses Coupons an der Center Information des Designer Outlet Soltau erhalten Sie eine Day Discount Card für 10 % Extra-Rabatt auf Ihre Einkäufe.

SCHNÄPPCHENFÜHRER EINKAUFSGUTSCHEIN

designeroutlets WOLFSBURG

10 %

Extra-Rabatt

Bei Abgabe dieses Coupons in der Center-Information. Nicht gültig während des Sales 02.01.2018 – 09.02.2018 und 14.06.2018 – 04.08.2018. Coupon gültig bis 31.12.2018.

SCHNÄPPCHENFÜHRER EINKAUFSGUTSCHEIN

Collection DORIS MEYER Exclusive Bettwäsche

WERT: **10,- €**

Mindestwarenwert des Einkaufs: 100,- €. Nur gültig für Doris-Meyer-Ware.

SCHNÄPPCHENFÜHRER EINKAUFSGUTSCHEIN

ENGEL

WERT: **10,- €**

Oder **10 %** Rabatt

Mindestwarenwert des Einkaufs: 75,- €.

Schnäppchenführer-Einkaufsgutschein

Schnäppchenführer-Einkaufsgutschein

Schnäppchenführer-Einkaufsgutschein

Schnäppchenführer-Einkaufsgutschein

www.schnaeppchenfuehrer.com

WICHTIG!

Diese Gutscheine sind nur dann gültig, wenn sie beim Einkauf vom Kassenpersonal des Fabrikverkaufs ausgeschnitten werden; es sei denn, das Personal gibt Ihnen im Einzelfall andere Anweisungen. Gutscheine gültig bis 31.12.2019.

Schnäppchenführer EINKAUFSGUTSCHEIN

ESCADA

WERT: 20,- €

Mindestwarenwert des Einkaufs: 200,- €.

Schnäppchenführer EINKAUFSGUTSCHEIN

EUROPA® LEISTEN BILDERRAHMENFABRIK

WERT: 10,- €

Mindestwarenwert des Einkaufs: 100,- €.

Schnäppchenführer EINKAUFSGUTSCHEIN

FALKE

WERT: 10,- €

Mindestwarenwert des Einkaufs: 75,- €.

Schnäppchenführer EINKAUFSGUTSCHEIN

f.a.n. frankenstolz schlafkomfort

WERT: 20,- €

Mindestwarenwert des Einkaufs: 200,- €.

Schnäppchenführer-Einkaufsgutschein

Schnäppchenführer-Einkaufsgutschein

Schnäppchenführer-Einkaufsgutschein

Schnäppchenführer-Einkaufsgutschein

www.schnaeppchenfuehrer.com

WICHTIG!

Diese Gutscheine sind nur dann gültig, wenn sie beim Einkauf vom Kassenpersonal des Fabrikverkaufs ausgeschnitten werden; es sei denn, das Personal gibt Ihnen im Einzelfall andere Anweisungen. Gutscheine gültig bis 31.12.2019.

Schnäppchenführer EINKAUFSGUTSCHEIN

Factory Outlet
FASHION FISH

WERT: **25,- CHF**

Mindestwarenwert des Einkaufs: 100,- CHF.
An der Infotheke Fashion Fish base vorlegen.

Schnäppchenführer EINKAUFSGUTSCHEIN

Fissler

WERT: **10,- €**

Mindestwarenwert des Einkaufs: 100,- €.
Nicht gültig für speziell gekennzeichnete Aktionsartikel.

Schnäppchenführer EINKAUFSGUTSCHEIN

FRAAS
THE SCARF COMPANY

10%
Rabatt

Schnäppchenführer EINKAUFSGUTSCHEIN

Gailing
GUTE NACHT SCHÖNER TAG.

WERT: **50,- €**

beim Kauf einer Matratze der Marke Wellmed.
20% auf alle reduzierten Ausstellungsbetten.

Schnäppchenführer-Einkaufsgutschein

Schnäppchenführer-Einkaufsgutschein

Schnäppchenführer-Einkaufsgutschein

Schnäppchenführer-Einkaufsgutschein

www.schnaeppchenfuehrer.com

WICHTIG!

Diese Gutscheine sind nur dann gültig, wenn sie beim Einkauf vom Kassenpersonal des Fabrikverkaufs ausgeschnitten werden; es sei denn, das Personal gibt Ihnen im Einzelfall andere Anweisungen. Gutscheine gültig bis 31.12.2019.

SCHNÄPPCHENFÜHRER EINKAUFSGUTSCHEIN

CATZ-KANUS

WERT: **10,- €**

Mindestwarenwert des Einkaufs: 95,- €. Nicht gültig für reduzierte Ware. Außerdem **10,- €** Ermäßigung bei Kanumiete. Mietdauer mindestens 2 Tage.

SCHNÄPPCHENFÜHRER EINKAUFSGUTSCHEIN

GEMINI®
EIN GUTES GE(H)FÜHL

WERT: **10,- €**

SCHNÄPPCHENFÜHRER EINKAUFSGUTSCHEIN

Globetrotter
<< NEUE HORIZONTE >>

10% Rabatt

Nicht gültig für reduzierte Ware.
Nur gültig während der Laufzeit des Buches.

SCHNÄPPCHENFÜHRER EINKAUFSGUTSCHEIN

GOLFINO Sportswear
ELEGANCE IN SPORT SINCE 1986

WERT: **10,- €**

Mindestwarenwert des Einkaufs: 100,- €.

Schnäppchenführer-Einkaufsgutschein

Schnäppchenführer-Einkaufsgutschein

Schnäppchenführer-Einkaufsgutschein

Schnäppchenführer-Einkaufsgutschein

www.schnaeppchenfuehrer.com

WICHTIG!
Diese Gutscheine sind nur dann gültig, wenn sie beim Einkauf vom Kassenpersonal des Fabrikverkaufs ausgeschnitten werden; es sei denn, das Personal gibt Ihnen im Einzelfall andere Anweisungen. Gutscheine gültig bis 31.12.2019.

Schnäppchenführer EINKAUFSGUTSCHEIN

Gonso BIKE & ACTIVEWEAR

maier sports

WERT: 10,- €

Mindestwarenwert des Einkaufs: 50,- €.
Nur 1 Gutschein pro Person und Einkauf einlösbar.
Nicht mit anderen Rabatten oder Gutscheinen kombinierbar

Schnäppchenführer EINKAUFSGUTSCHEIN

GÖTZBURG
Stil aus Tradition seit 1889.

ceceba BODYWEAR SINCE 1893

WERT: 10,- €

Mindestwarenwert des Einkaufs: 50,- €. Gültig in Bad Buchau und Balingen. Nicht gültig für Aktions- und Sonderangebote.

Schnäppchenführer EINKAUFSGUTSCHEIN

irisette

WERT: 10,- €

Mindestwarenwert des Einkaufs: 100,- €.
Nur gültig in Schönau-Brand, Urbach und Zell im Wiesental.

Schnäppchenführer EINKAUFSGUTSCHEIN

JAMES & NICHOLSON

WERT: 10,- €

Mindestwarenwert des Einkaufs: 100,- €.

Schnäppchenführer-Einkaufsgutschein

Schnäppchenführer-Einkaufsgutschein

Schnäppchenführer-Einkaufsgutschein

Schnäppchenführer-Einkaufsgutschein

www.schnaeppchenfuehrer.com

WICHTIG!
Diese Gutscheine sind nur dann gültig, wenn sie beim Einkauf vom Kassenpersonal des Fabrikverkaufs ausgeschnitten werden; es sei denn, das Personal gibt Ihnen im Einzelfall andere Anweisungen. Gutscheine gültig bis 31.12.2019.

Schnäppchenführer EINKAUFSGUTSCHEIN

JL

Jérome Leplat

WERT: 10,- €

Mindestwarenwert des Einkaufs: 50,- €.

Schnäppchenführer EINKAUFSGUTSCHEIN

KAI WIECHMANN®

11% Rabatt

Nicht gültig für reduzierte Ware.
Einlösbar in den Verkaufsstellen Hamburg-Bahrenfeld, Kaltenkirchen, München-Solln und Norderstedt-Garstedt.

Schnäppchenführer EINKAUFSGUTSCHEIN

KAULFUSS
KRÄUTER-GEWÜRZ-TEELADEN

10% Rabatt

Nicht gültig für Sonderangebote, Alkohol und Bücher.

Schnäppchenführer EINKAUFSGUTSCHEIN

OTTO KERN

KUMPF BODY FASHION

Sweety for kids

Gebrüder Haasis Herstellerverkauf

10% Rabatt

Schnäppchenführer-Einkaufsgutschein

Schnäppchenführer-Einkaufsgutschein

Schnäppchenführer-Einkaufsgutschein

Schnäppchenführer-Einkaufsgutschein

www.schnaeppchenfuehrer.com

WICHTIG!

Diese Gutscheine sind nur dann gültig, wenn sie beim Einkauf vom Kassenpersonal des Fabrikverkaufs ausgeschnitten werden; es sei denn, das Personal gibt Ihnen im Einzelfall andere Anweisungen. Gutscheine gültig bis 31.12.2019.

SCHNÄPPCHENFÜHRER EINKAUFSGUTSCHEIN

Lafuma

WERT: 10,- €

Mindestwarenwert des Einkaufs: 100,- €.
Nur gültig in Bissingen/Teck.

SCHNÄPPCHENFÜHRER EINKAUFSGUTSCHEIN

LARCA® Outdoor's Best

WERT: 10,- €

Mindestwarenwert des Einkaufs: 100,- €.
Nicht mit anderen Rabatten oder Gutscheinen kombinierbar.

SCHNÄPPCHENFÜHRER EINKAUFSGUTSCHEIN

lemonfish®

10% Rabatt

Gültig für die aktuelle Kollektion.
Nicht gültig für bereits reduzierte Ware.

SCHNÄPPCHENFÜHRER EINKAUFSGUTSCHEIN

Lück

WERT: 10,- €

Mindestwarenwert des Einkaufs: 75,- €.

Schnäppchenführer-Einkaufsgutschein

Schnäppchenführer-Einkaufsgutschein

Schnäppchenführer-Einkaufsgutschein

Schnäppchenführer-Einkaufsgutschein

www.schnaeppchenfuehrer.com

WICHTIG!

Diese Gutscheine sind nur dann gültig, wenn sie beim Einkauf vom Kassenpersonal des Fabrikverkaufs ausgeschnitten werden; es sei denn, das Personal gibt Ihnen im Einzelfall andere Anweisungen. Gutscheine gültig bis 31.12.2019.

Schnäppchenführer EINKAUFSGUTSCHEIN

LUXORETTE

10% Rabatt

Schnäppchenführer EINKAUFSGUTSCHEIN

MADELEINE

WERT: 10,- €

Mindestwarenwert des Einkaufs: 100,- €.

Schnäppchenführer EINKAUFSGUTSCHEIN

MARC ART OF WALKING

20% Rabatt

Schnäppchenführer EINKAUFSGUTSCHEIN

märklin

5% Rabatt

auf alle im Märklin Museum gekauften Artikel;
gültig nur für 1 Person. Kein Rabatt auf den Museumswagen.
Gutschein gültig bis 31.12.2019.

Schnäppchenführer-Einkaufsgutschein

Schnäppchenführer-Einkaufsgutschein

Schnäppchenführer-Einkaufsgutschein

Schnäppchenführer-Einkaufsgutschein

www.schnaeppchenfuehrer.com

WICHTIG!

Diese Gutscheine sind nur dann gültig, wenn sie beim Einkauf vom Kassenpersonal des Fabrikverkaufs ausgeschnitten werden; es sei denn, das Personal gibt Ihnen im Einzelfall andere Anweisungen. Gutscheine gültig bis 31.12.2019.

SCHNÄPPCHENFÜHRER EINKAUFSGUTSCHEIN

McTREK OUTDOOR SPORTS

WERT: 10,- €

Mindestwarenwert des Einkaufs: 100,- €. Gültig in allen McTrek Filialen, nicht gültig für Online-Bestellungen.

SCHNÄPPCHENFÜHRER EINKAUFSGUTSCHEIN

Medima®

10 %

Angora-Verkauf Rabatt

Gültig nur für eine Person.

SCHNÄPPCHENFÜHRER EINKAUFSGUTSCHEIN

Mikolasch

WERT: 30,- €

Mindestwarenwert des Einkaufs: 100,- €.

SCHNÄPPCHENFÜHRER EINKAUFSGUTSCHEIN

minx

WERT: 10,- €

Mindestwarenwert des Einkaufs: 100,- €. Nicht gültig für Aktions- und Sonderangebote oder 2.-Wahl-Ware.

Schnäppchenführer-Einkaufsgutschein

Schnäppchenführer-Einkaufsgutschein

Schnäppchenführer-Einkaufsgutschein

Schnäppchenführer-Einkaufsgutschein

www.schnaeppchenfuehrer.com

SCHNÄPPCHENFÜHRER EINKAUFSGUTSCHEIN

MODE SPITZE PLAUEN GMBH
Plauener Spitze®

WERT: 10,- €

Mindestwarenwert des Einkaufs: 100,- €.

SCHNÄPPCHENFÜHRER EINKAUFSGUTSCHEIN

NICI

20 % Rabatt

Mindestwarenwert des Einkaufs: 50,- €.
Nur gültig im Nici-Laden, Altenkunstadt.

SCHNÄPPCHENFÜHRER EINKAUFSGUTSCHEIN

NO basics MODEFABRIK

10 % Rabatt

Mindestwarenwert des Einkaufs: 100,- €. Gültig nur für original Outlet-Preise, nicht für reduzierte Ware.

SCHNÄPPCHENFÜHRER EINKAUFSGUTSCHEIN

nubert SPEAKER FACTORY

WERT: 10,- €

Mindestwarenwert des Einkaufs: 200,- €.
Nur gültig für Nubert-Boxen und bei Selbstabholung.
Nicht mit anderen Rabatten oder Gutscheinen kombinierbar.

WICHTIG!

Diese Gutscheine sind nur dann gültig, wenn sie beim Einkauf vom Kassenpersonal des Fabrikverkaufs ausgeschnitten werden; es sei denn, das Personal gibt Ihnen im Einzelfall andere Anweisungen. Gutscheine gültig bis 31.12.2019.

Schnäppchenführer-Einkaufsgutschein

Schnäppchenführer-Einkaufsgutschein

Schnäppchenführer-Einkaufsgutschein

Schnäppchenführer-Einkaufsgutschein

www.schnaeppchenfuehrer.com

WICHTIG!

Diese Gutscheine sind nur dann gültig, wenn sie beim Einkauf vom Kassenpersonal des Fabrikverkaufs ausgeschnitten werden; es sei denn, das Personal gibt Ihnen im Einzelfall andere Anweisungen. Gutscheine gültig bis 31.12.2019.

Schnäppchenführer EINKAUFSGUTSCHEIN

ODERMARK

WERT: 10,- €

Mindestwarenwert des Einkaufs: 100,- €.
Nicht gültig für Aktionsangebote.

Schnäppchenführer EINKAUFSGUTSCHEIN

OUTDOOR & SPORT
MARKENLAGERVERKAUF

WERT: 10,- €

Mindestwarenwert des Einkaufs: 100,- €.

Schnäppchenführer EINKAUFSGUTSCHEIN

PAULIG
TEPPICHE

WERT: 10,- €

Mindestwarenwert des Einkaufs: 100,- €.

Schnäppchenführer EINKAUFSGUTSCHEIN

Peter Hahn

20 % Rabatt

Mindestwarenwert des Einkaufs: 80,- €.
Nur gültig in Metzingen.

Schnäppchenführer-Einkaufsgutschein

Schnäppchenführer-Einkaufsgutschein

Schnäppchenführer-Einkaufsgutschein

Schnäppchenführer-Einkaufsgutschein

WICHTIG!

Diese Gutscheine sind nur dann gültig, wenn sie beim Einkauf vom Kassenpersonal des Fabrikverkaufs ausgeschnitten werden; es sei denn, das Personal gibt Ihnen im Einzelfall andere Anweisungen. Gutscheine gültig bis 31.12.2019.

SCHNÄPPCHENFÜHRER EINKAUFSGUTSCHEIN

Pflanzgefäße-Hamburg.de

WERT: 25,- €

Mindestwarenwert des Einkaufs: 100,- €. Nur auf den regulären Outletpreis. Nicht gültig für das Outlet im Outlet.

SCHNÄPPCHENFÜHRER EINKAUFSGUTSCHEIN

ahlers FABRIKVERKAUF FACTORYOUTLET

OTTO KERN

pierre cardin

WERT: 10,- €

Mindestwarenwert des Einkaufs: 100,- €.

SCHNÄPPCHENFÜHRER EINKAUFSGUTSCHEIN

Pinolino® Kinderträume

kleines großes Glück ...

WERT: 15,- €

Mindestwarenwert des Einkaufs: 100,- €.
Nur 1 Gutschein pro Einkauf einsetzbar.

SCHNÄPPCHENFÜHRER EINKAUFSGUTSCHEIN

princess

WERT: 10,- €

Mindestwarenwert des Einkaufs: 100,- €.

Schnäppchenführer-Einkaufsgutschein

Schnäppchenführer-Einkaufsgutschein

Schnäppchenführer-Einkaufsgutschein

Schnäppchenführer-Einkaufsgutschein

WICHTIG!
Diese Gutscheine sind nur dann gültig, wenn sie beim Einkauf vom Kassenpersonal des Fabrikverkaufs ausgeschnitten werden; es sei denn, das Personal gibt Ihnen im Einzelfall andere Anweisungen. Gutscheine gültig bis 31.12.2019.

Schnäppchenführer EINKAUFSGUTSCHEIN

PROFI TABLE
Profi-Porzellan – direkt ab Werk

WERT: 10,- €

Mindestwarenwert des Einkaufs: 50,- €.
Gültig in allen ProfiTable-Outlets.

Schnäppchenführer EINKAUFSGUTSCHEIN

PUMA®

10% Rabatt

Mindestwarenwert des Einkaufs: 100,- €. Gültig in allen deutschen PUMA Outlet Stores. Nur 1 Gutschein pro Person und Einkauf einlösbar. Nicht mit anderen Rabatten oder Gutscheinen kombinierbar.

Schnäppchenführer EINKAUFSGUTSCHEIN

RABE
1920
LUCIA
Le Comte

10% Rabatt

Mindestwarenwert des Einkaufs: 50,- €.
Nur gültig im Outlet in Hilter.

Schnäppchenführer EINKAUFSGUTSCHEIN

Destillerie Dr. Gerald Rauch
Gräf's Party-Minis
Käfer

10% Rabatt

Mindestwarenwert des Einkaufs: 50,- €.
Nur 1 Gutschein pro Einkauf einlösbar.

Schnäppchenführer-Einkaufsgutschein

Schnäppchenführer-Einkaufsgutschein

Schnäppchenführer-Einkaufsgutschein

Schnäppchenführer-Einkaufsgutschein

Schnäppchenführer EINKAUFSGUTSCHEIN

RHM
HOSEN ZU OUTLET-PREISEN
FÜR SIE UND IHN

WERT: **10,- €**

Mindestwarenwert des Einkaufs: 100,- €.

Schnäppchenführer EINKAUFSGUTSCHEIN

RICHTER®
Leuchten
Werksverkauf

WERT: **20,- €**

Mindestwarenwert des Einkaufs: 100,- €.

Schnäppchenführer EINKAUFSGUTSCHEIN

Rosenthal
OUTLET CENTER

WERT: **10,- €**

Mindestwarenwert des Einkaufs: 50,- €.
Nur 1 Gutschein pro Einkauf einlösbar.

Schnäppchenführer EINKAUFSGUTSCHEIN

RÖSLE

10%
Rabatt

Mindestwarenwert des Einkaufs: 100,- €.
Nur gültig für das Rösle-Sortiment.

WICHTIG!

Diese Gutscheine sind nur dann gültig, wenn sie beim Einkauf vom Kassenpersonal des Fabrikverkaufs ausgeschnitten werden; es sei denn, das Personal gibt Ihnen im Einzelfall andere Anweisungen. Gutscheine gültig bis 31.12.2019.

Schnäppchenführer-Einkaufsgutschein

Schnäppchenführer-Einkaufsgutschein

Schnäppchenführer-Einkaufsgutschein

Schnäppchenführer-Einkaufsgutschein

www.schnaeppchenfuehrer.com

WICHTIG!

Diese Gutscheine sind nur dann gültig, wenn sie beim Einkauf vom Kassenpersonal des Fabrikverkaufs ausgeschnitten werden; es sei denn, das Personal gibt Ihnen im Einzelfall andere Anweisungen. Gutscheine gültig bis 31.12.2019.

Schnäppchenführer EINKAUFSGUTSCHEIN

ROY ROBSON

10% Rabatt

Mindestwarenwert des Einkaufs: 100,- €.
Nur gültig für das Sortiment von Roy Robson.

Schnäppchenführer EINKAUFSGUTSCHEIN

SAN | SIRO

WERT: **10,- €**

Mindestwarenwert des Einkaufs: 100,- €.
Ausgenommen sind Aktions- und Sonderangebote.

Schnäppchenführer EINKAUFSGUTSCHEIN

Scherer Masshemden

WERT: **10,- €**

Mindestwarenwert des Einkaufs: 100,- €. Nicht gültig für Aktions- und Sonderangebote sowie Anfertigungen.

Schnäppchenführer EINKAUFSGUTSCHEIN

schlafen24

10% Rabatt

Mindestwarenwert des Einkaufs: 100,- €.

Schnäppchenführer-Einkaufsgutschein

Schnäppchenführer-Einkaufsgutschein

Schnäppchenführer-Einkaufsgutschein

Schnäppchenführer-Einkaufsgutschein

WICHTIG!

Diese Gutscheine sind nur dann gültig, wenn sie beim Einkauf vom Kassenpersonal des Fabrikverkaufs ausgeschnitten werden; es sei denn, das Personal gibt Ihnen im Einzelfall andere Anweisungen. Gutscheine gültig bis 31.12.2019.

SCHNÄPPCHENFÜHRER EINKAUFSGUTSCHEIN

seidensticker

10% Rabatt

Mindestwarenwert des Einkaufs: 100,- €. Gültig in allen Outlet Stores. Kein Aufaddieren von Rabatten möglich.

SCHNÄPPCHENFÜHRER EINKAUFSGUTSCHEIN

sigikid® FIRST CLASS FOR KIDS

WERT: **10,- €**

Mindestwarenwert des Einkaufs: 100,- €.
Nur 1 Gutschein pro Person und Einkauf einlösbar.
Gültig in allen Sigikid-Outlets.

SCHNÄPPCHENFÜHRER EINKAUFSGUTSCHEIN

Sioux® FEEL THE INDIAN SPIRIT

10% Rabatt

Mindestwarenwert des Einkaufs: 100,- €.
Nicht mit anderen Rabatten oder Gutscheinen kombinierbar. Nur 1 Gutschein pro Person und Einkauf einlösbar. Gültig in den Sioux Factory Outlets Bietigheim-Bissingen, Hauenstein und Weiterstadt-Riedbahn.

SCHNÄPPCHENFÜHRER EINKAUFSGUTSCHEIN

SPEIDEL. Feines auf der Haut

WERT: **10,- €**

Mindestwarenwert des Einkaufs: 100,- €.
Nicht gültig für reduzierte Ware und bei Aktionen.
Nur 1 Gutschein pro Person und Einkauf einlösbar.
Nicht mit anderen Rabatten oder Gutscheinen kombinierbar.

Schnäppchenführer-Einkaufsgutschein

Schnäppchenführer-Einkaufsgutschein

Schnäppchenführer-Einkaufsgutschein

Schnäppchenführer-Einkaufsgutschein

www.schnaeppchenfuehrer.com

WICHTIG!

Diese Gutscheine sind nur dann gültig, wenn sie beim Einkauf vom Kassenpersonal des Fabrikverkaufs ausgeschnitten werden; es sei denn, das Personal gibt Ihnen im Einzelfall andere Anweisungen. Gutscheine gültig bis 31.12.2019.

Schnäppchenführer EINKAUFSGUTSCHEIN

SPORT HOFFMANN

WERT: 15,- €

Mindestwarenwert des Einkaufs: 100,- €.

Schnäppchenführer EINKAUFSGUTSCHEIN

susa seit 1859

10 % Rabatt

Mindestwarenwert des Einkaufs: 50,- €.

Schnäppchenführer EINKAUFSGUTSCHEIN

TERAMICO

WERT: 20,- €

Mindestwarenwert des Einkaufs: 100,- €.
Nur gültig in Achim bei Bremen.

Schnäppchenführer EINKAUFSGUTSCHEIN

THONET

WERT: 15,- €

Schnäppchenführer-Einkaufsgutschein

Schnäppchenführer-Einkaufsgutschein

Schnäppchenführer-Einkaufsgutschein

Schnäppchenführer-Einkaufsgutschein

www.schnaeppchenfuehrer.com

WICHTIG!

Diese Gutscheine sind nur dann gültig, wenn sie beim Einkauf vom Kassenpersonal des Fabrikverkaufs ausgeschnitten werden; es sei denn, das Personal gibt Ihnen im Einzelfall andere Anweisungen. Gutscheine gültig bis 31.12.2019.

SCHNÄPPCHENFÜHRER EINKAUFSGUTSCHEIN

TIMEZONE

WERT: 10,- €

Mindestwarenwert des Einkaufs: 100,- €.

SCHNÄPPCHENFÜHRER EINKAUFSGUTSCHEIN

traveller
wherever you go

WERT: 10,- € / 15,- € / 20,- €

Mindestwarenwert des Einkaufs: 100,- €/200,- €/300,- €.

SCHNÄPPCHENFÜHRER EINKAUFSGUTSCHEIN

TUCANO
TRADING

WERT: 20,- €

Mindestwarenwert des Einkaufs: 100,- €.
Nur gültig in Hamburg-Bahrenfeld.

SCHNÄPPCHENFÜHRER EINKAUFSGUTSCHEIN

UNITED LABELS
COMICWARE

10% Rabatt

Schnäppchenführer-Einkaufsgutschein

Schnäppchenführer-Einkaufsgutschein

Schnäppchenführer-Einkaufsgutschein

Schnäppchenführer-Einkaufsgutschein

WICHTIG!

Diese Gutscheine sind nur dann gültig, wenn sie beim Einkauf vom Kassenpersonal des Fabrikverkaufs ausgeschnitten werden; es sei denn, das Personal gibt Ihnen im Einzelfall andere Anweisungen. Gutscheine gültig bis 31.12.2019.

Schnäppchenführer EINKAUFSGUTSCHEIN

VIA APPIA

WERT: **10,- €**

Mindestwarenwert des Einkaufs: 100,- €.
Nicht gültig für Aktions- und Sonderangebote.

Schnäppchenführer EINKAUFSGUTSCHEIN

VIANIA DESSOUS

10% Rabatt

Mindestwarenwert des Einkaufs: 30,- €.
Nicht gültig für Aktions- und Sonderangebote.

Schnäppchenführer EINKAUFSGUTSCHEIN

vileda®

Präsent

Eine Vileda-Kulttasche mit ausgewählten Vileda-Produkten ab einem Einkauf von 50,–€.

Mindestwarenwert des Einkaufs: 50,- €.

Schnäppchenführer EINKAUFSGUTSCHEIN

WAVE BOARD
AMERICAN SPORTSWEAR
Factory Outlet Stores

WERT: **10,- €**

Mindestwarenwert des Einkaufs: 100,- €.

Schnäppchenführer-Einkaufsgutschein

Schnäppchenführer-Einkaufsgutschein

Schnäppchenführer-Einkaufsgutschein

Schnäppchenführer-Einkaufsgutschein

www.schnaeppchenfuehrer.com

WICHTIG!

Diese Gutscheine sind nur dann gültig, wenn sie beim Einkauf vom Kassenpersonal des Fabrikverkaufs ausgeschnitten werden; es sei denn, das Personal gibt Ihnen im Einzelfall andere Anweisungen. Gutscheine gültig bis 31.12.2019.

Schnäppchenführer EINKAUFSGUTSCHEIN

WELLINGTON® OF BILMORE

WERT: 20,- €

Mindestwarenwert des Einkaufs: 100,- €.
Nur gültig für nicht reduzierte Ware.

Schnäppchenführer EINKAUFSGUTSCHEIN

WILKENS Silbermanufaktur seit 1810

WERT: 10,- €

Mindestwarenwert des Einkaufs: 100,- €.

Schnäppchenführer EINKAUFSGUTSCHEIN

PREIS WITT LAND WEIDEN

WERT: 10,- €

Mindestwarenwert des Einkaufs: 50,- €.

Schnäppchenführer-Einkaufsgutschein

Schnäppchenführer-Einkaufsgutschein

Schnäppchenführer-Einkaufsgutschein

Warenregister

Firmen- und Markenregister

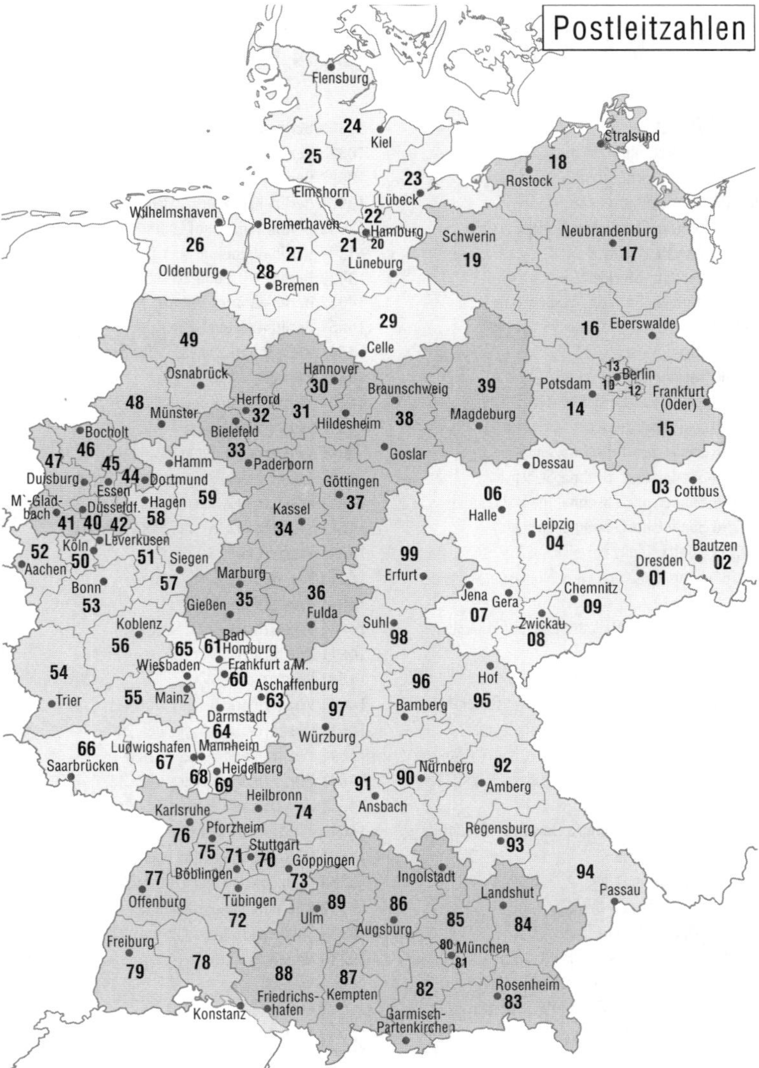
Postleitzahlen
Flensburg
24
Kiel
25
Stralsund
18
Rostock
23
Lübeck
Elmshorn
Wilhelmshaven
Bremerhaven
22
Hamburg
20
21
Schwerin
Neubrandenburg
26
27
Lüneburg
19
17
Oldenburg
28
Bremen
29
Celle
16
Eberswalde
49
Osnabrück
Hannover
30
13
Berlin
10
12
Braunschweig
39
Potsdam
Frankfurt (Oder)
48
Münster
Herford
32
31
Hildesheim
38
Magdeburg
14
15
Bocholt
Bielefeld
46
33
Goslar
47
45
Hamm
Paderborn
Dessau
Duisburg
44
Dortmund
Göttingen
03
Cottbus
Essen
06
M'-Gladbach
Düsseldf.
Hagen
59
37
Kassel
Halle
41
40
42
58
34
Leipzig
04
Leverkusen
52
Köln
51
99
Bautzen
Aachen
50
Siegen
Erfurt
Dresden
02
01
Marburg
57
Jena
Chemnitz
Bonn
36
Gera
09
53
Gießen
35
Fulda
07
Suhl
Zwickau
Koblenz
Bad Homburg
98
08
56
65
61
Frankfurt a.M.
Hof
54
Wiesbaden
60
96
Aschaffenburg
95
Trier
55
Mainz
63
97
Bamberg
Darmstadt
64
Würzburg
66
Ludwigshafen
Mannheim
67
Saarbrücken
Nürnberg
92
68
Heidelberg
69
91
90
Amberg
Heilbronn
Ansbach
74
Karlsruhe
Regensburg
76
Pforzheim
93
75
71
Stuttgart
70
Göppingen
94
77
Böblingen
73
Ingolstadt
Offenburg
Tübingen
89
86
Landshut
Passau
72
Ulm
85
84
Augsburg
Freiburg
80
München
81
79
78
88
87
82
Rosenheim
Friedrichshafen
Kempten
83
Konstanz
Garmisch-Partenkirchen

Hamburg
22
Wandsbek
Altona
20
Harburg
21
Bergedorf

Berlin
13
Pankow
Spandau
10 Mitte
14
Zehlendorf
Schöneberg
Köpenick
12

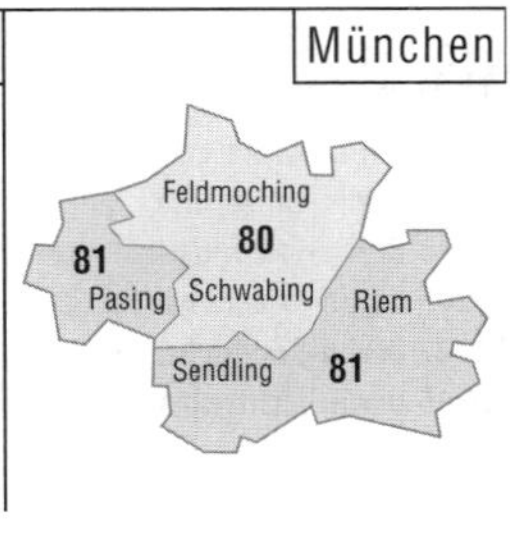
München
Feldmoching
80
81
Pasing
Schwabing
Riem
Sendling
81

Postleitzahlenregister

30000

40000

50000

60000

70000

80000

90000

Belgien

Frankreich

Großbritannien

Griechenland

Italien

Niederlande

Österreich

Schweiz

Tschechische Republik

Wo finde ich was?

Mit Gratis-Update siehe Seite 80

Neuigkeiten und Änderungen, die dieses Buch betreffen, gibt es immer aktuell unter www.schnaeppchenfuehrer.com.

E 3/12.2018

Die Daten und Fakten für diesen Schnäppchenführer wurden nach bestem Wissen erarbeitet und geprüft. Da diese Daten jedoch ständigen Veränderungen unterliegen, kann für deren Richtigkeit keine Garantie übernommen werden.

Lucas-Cranach-Straße 7
70794 Filderstadt
Fax: 07 11/77 72 06
E-Mail: info@schnaeppchenfuehrer.com
www.schnaeppchenfuehrer.com

Herausgeber: Heinz Waldmüller
Autor: Florian Waldmüller
Kartographie: Jens Ewers, www.GeoKarta.de
Redaktion, Produktionskoordination: Beatrice Weber
Satz: Frank Weber, Weber-DTP

ISBN: 978-3-936161-91-5